DES MÉTAPHORES
DE JÉRÉMIE

ÉTUDES BIBLIQUES

(Nouvelle série N° 9)

DES MÉTAPHORES
DE JÉRÉMIE

par

Daniel BOURGUET

PARIS

LIBRAIRIE LECOFFRE

J. GABALDA et Cie ÉDITEURS

RUE PIERRE ET MARIE CURIE, 18

1987

ISBN 2-85021-030-7

A mes parents
mes frères et sœurs
Vincent
Jean-Pierre
Marianne
Magali
A Daniel *LYS*

INDICATIONS PRÉLIMINAIRES

Pour les auteurs cités, leurs ouvrages ne sont pas indiqués en cours de texte ; on voudra bien se reporter à la bibliographie donnée à la fin ; dans le texte seule la page est donnée. Lorsque la bibliographie comprend plusieurs ouvrages d'un même auteur, on trouvera dans le texte la mention de l'année de l'ouvrage cité avant la mention de la page. Lorsqu'à propos d'un auteur ni année ni page ne sont donnés, c'est qu'il s'agit d'un commentaire ou d'une traduction de Jérémie ; il suffira alors d'aller consulter ces ouvrages à l'endroit où sont étudiés le verset ou le passage concernés.

Les commentaires (de ces cent dernières années) que j'ai consultés sont les suivants par ordre chronologique (l'année indiquée ici étant celle de l'édition que j'ai utilisée et non pas forcément celle de la première édition) :

Hitzig 1866
Cheyne 1883 (T. I : Jr 1-29), 1885 (T. II : Jr 30-52)
Giesebrecht 1894
Duhm 1901
Driver 1906
Peake 1910 (T. I : Jr 1-24), 1911 (T. II : Jr 25-52)
Condamin 1920
Volz 1922
Steinmann 1952
Weiser 1952 (T. I : Jr 1-25/14), 1955 (T. II : Jr 25/15ss)
Hyatt 1956
Aeschimann 1959
Rudolph 1968
Nicholson 1973 (T. I : Jr 1-25), 1975 (T. II : Jr 26-52)
Fohrer 1974 et 1975
Freehof 1977
Schneider 1980
Neher 1980
Schreiner 1980 (T. I : Jr 1-25/14), 1984 (T. II : Jr 25/15ss)
Bright 1981
Thompson 1981

Les traductions françaises utilisées sont, par ordre chronologique, les suivantes (avec l'année de l'édition utilisée) :

Ostervald 1823
Version synodale 1927 (citée ici par l'abréviation VS)
Crampon 1939
Bible du Centenaire 1945 (= BC)
Bible de la Pléiade 1959 (= BP)
Segond 1960
Bible du Rabbinat 1966
Darby 1972
Bible de Jérusalem 1961 (= BJ 1)
Bible de Jérusalem, nouvelle édition (= BJ 2)
Osty 1973
Traduction Œcuménique de la Bible 1975 (= TOB)
Chouraqui 1976 (= Chouraqui 1)
De Beaumont 1981
Bible en français courant 1982 (= FC)
Chouraqui 1983 (= Chouraqui 2)

Dans l'exégèse des textes tous les commentaires et traductions ne seront pas systématiquement cités ; je ne mentionnerai que certains, surtout lorsque plusieurs commentateurs expriment un même point de vue.

Pour les citations de la LXX je donne comme numérotation de chapitres et de versets celle qui correspond à celle du TM, avec entre parenthèses celle de la LXX selon l'édition de Rahlfs, pour les passages où la numérotation diffère de celle du TM.

INTRODUCTION

Il n'existe pas, à ma connaissance, d'étude approfondie sur les métaphores dans l'hébreu biblique, alors qu'on peut compter par centaines le nombre de métaphores dans l'AT. L'absence d'un article « métaphore » dans DB, comme dans SDB, est significatif du manque d'une telle étude. Quelques bonnes pages sur cette question sont à lire dans un livre récent (1980) de Caird, mais cet ouvrage englobe AT et NT, sans trop se soucier des différences qu'il peut y avoir entre métaphores grecques et hébraïques. C'est donc faute d'une étude de fond sur la métaphore hébraïque, que je dois, dans ce travail sur Jérémie, commencer par esquisser une telle étude fondamentale. Mais, faute de temps, je ne peux faire cette esquisse pour l'ensemble de l'AT, même si je souhaite que pour l'AT une étude de fond soit menée à bien sans tarder. C'est le souhait que vient aussi de formuler tout récemment (1984) Westermann ; mon propos n'est pas ici d'y répondre, puisque je me limite au seul livre de Jérémie, tout en étant conscient des dangers que présente une telle restriction du champ d'investigation.

Dans la présente introduction on trouvera une synthèse d'éléments repérés dans l'étude des différentes métaphores du livre de Jérémie. Il me paraît nécessaire de présenter cette synthèse en guise d'introduction, mais il est clair que cet ordre de présentation ne correspond pas à l'ordre heuristique. Il doit être clair aussi que cette synthèse ne s'appuie que sur les seuls textes de Jérémie[1] ; sans doute serait-elle à corriger sur certains points si l'on prenait en compte les métaphores d'autres livres de l'AT. Que l'on se garde donc bien de généraliser.

Ceci dit, il me faut commencer par donner une définition de la métaphore.

---

1. En parlant des textes de Jérémie, je ne prétends pas régler la question de l'auteur ; « les textes de Jérémie » signifie « les textes du livre de Jérémie ».

1. DÉFINITION DE LA MÉTAPHORE

Il n'existe pas en hébreu biblique de mot signifiant « métaphore »[2] ; en hébreu moderne on parle de *mètâphôrâh* (cf. Elmaleh), ce qui montre bien que l'Israël biblique, à la différence des Grecs, n'a pas conceptualisé cette figure de langage qu'il a pourtant abondamment utilisée et que c'est à la rhétorique grecque qu'il nous faut avoir recours pour appréhender le phénomène métaphorique vétérotestamentaire.

« La métaphore est le transport à une chose d'un nom qui en désigne une autre, transport ou du genre à l'espèce, ou de l'espèce au genre, ou de l'espèce à l'espèce, ou d'après le rapport d'analogie. » Cette définition donnée par Aristote[3], le premier grand théoricien de la métaphore, a été retenue par la rhétorique classique, jusqu'à ce que cette dernière tombe en déclin au cours du siècle dernier. Une nouvelle rhétorique est en train de naître des travaux de la linguistique moderne ; la métaphore y a sa place, mais avec un contenu suffisamment nouveau pour que la définition d'Aristote, en partie caduque, ne soit plus qu'un point de repère dans l'histoire de la métaphore. Les travaux de la linguistique moderne, sur ce point, sont admirablement présentés, examinés et poursuivis par Ricœur, dans un livre que l'on peut considérer comme une synthèse et comme un coup d'envoi pour la génération qui vient : *La métaphore vive*. Ce livre n'aborde pas les métaphores bibliques, mais la réflexion de fond qu'il mène doit permettre une approche de ces dernières. C'est à partir de ce livre que je propose de la métaphore la définition suivante : *le fait de décrire intentionnellement, de manière médiate ou immédiate, une chose dans les termes d'une autre qui lui ressemble et qui appartient à une autre isotopie.*

Je ferai dans ce premier chapitre quelques remarques explicatives sur cette définition.

a) « *décrire* »

On trouve sous la plume de Ricœur à propos de la métaphore les mots suivants : « Parler d'une chose dans les termes d'une autre qui lui ressemble » (p. 250). « Parler » est un terme adéquat, mais trop limité à l'oralité pour être repris ici, dans un travail qui porte sur des métaphores écrites. « Décrire » est donc préférable, car, sans exclure l'oralité, il l'englobe ainsi que l'écriture.

---

2. Avec Caird (p. 183) on peut dire qu'en hébreu biblique, l'ensemble des figures de langage, y compris la métaphore, était désigné par le mot *mšl* ; ce mot, en effet, désigne aussi bien un proverbe (Pv 1/1, 10/1, 25/1) qu'une lamentation (Mi 2/4 en parallèle avec *nhy*), qu'une plainte (Jb 27/1, 29/1), qu'une allégorie (Ez 17/2) ou qu'une métaphore (Ez 18/2) ; ou encore un oracle (Nb 23/7, 18, 24/3, 15, 20, 21, 23). Il faut sans doute donner à *mšl* un sens aussi vaste que « sentence » ou « parole rythmée », étant donné la variété des textes dont le contenu est ainsi défini.

3. ARISTOTE : *Poétique* 1457b 6-9.

Cette question de l'oralité et de l'écriture fait jaillir quelques remarques ; dans les métaphores orales interviennent parfois de façon importante l'intonation, les mimiques ou les gestes : autant d'éléments qu'une étude de la métaphore peut et doit prendre en compte, mais que nous sommes contraints d'abandonner, faute de ne pouvoir entendre et voir « parler » l'auteur (peu importe si c'est Jérémie ou un autre) de chaque métaphore.

L'intonation peut avoir une place décisive dans l'interprétation d'une métaphore ; en effet, le sens d'une métaphore peut changer du tout au tout suivant l'intonation avec laquelle elle est dite ; le ton ironique peut faire dire l'inverse aux mots entendus ; les mimiques de l'orateur peuvent amplifier ou amoindrir le sens... L'écriture peut rendre une partie de l'intonation ; cela est possible en français par l'usage du point d'exclamation pour l'ironie, par l'usage du trait qui souligne ou des caractères italiques pour l'amplification... mais ces procédés n'existent pas en hébreu biblique. Le stade écrit des métaphores de Jérémie laisse de côté l'intonation, qui pourtant fait partie intégrante de la métaphore. Bien des discussions entre exégètes cesseraient si cette intonation nous était rendue d'une façon ou d'une autre ; on aimerait savoir par exemple, pour faciliter l'interprétation, si le ton de la métaphore du marteau en 50/23 est celui de la stupéfaction ou du sarcasme ; l'emploi en 50/23 de l'exclamatif *'yk* ne suffit pas pour en décider ; cette exclamation, en effet, peut être catastrophée (2 S 1/19) ou ironique (Es 14/4)[4].

Il faut ajouter à cela que, si la ponctuation hébraïque peut et doit être prise en compte dans l'étude de la métaphore, cela doit être fait avec prudence, car, d'une part, le système de ponctuation présent dans le TM n'est pas celui de l'époque de Jérémie et lui est postérieur d'un millénaire environ ; d'autre part, cette ponctuation massorétique nous échappe encore trop ; peut-être, en effet, que celle-ci a servi, en plus du ton et de l'accent, à rendre compte de l'intonation, mais, si c'est le cas, nous n'en savons plus rien.

Dans de très rares cas, la mise par écrit des métaphores de Jérémie est accompagnée d'une mention des gestes qui leur étaient liés ; c'est ainsi qu'en 51/63-64 par exemple le contenu métaphorique est spécifié par un geste décrit, accompagnant des paroles : « Quand tu auras fini ce livre, tu lui attacheras un caillou et tu le jetteras au milieu de l'Euphrate, puis tu diras : Ainsi Babylone sera engloutie... » Ces descriptions de gestes sont très précieuses, mais invitent aussi à penser que d'autres gestes semblables n'ont pas été transmis : c'est ainsi que certains exégètes (Volz, Weiser, Bright) supposent que 13/12-14 a été prononcé lors d'un banquet où l'on avait réellement rempli des cruches ; le geste a-t-il accompagné la parole ? Le récit reste muet sur ce point.

Nous avons donc affaire à des métaphores écrites, avec cependant la

---

4. BDB parle pour *'yk* de « lamentation » et de « satisfaction ».

certitude que la plupart ont été parlées, puisqu'elles se trouvent le plus souvent dans des oracles dont l'introduction manifeste qu'ils ont été proclamés oralement (« Tu crieras *aux oreilles de* Jérusalem pour dire... » 2/2) avec parfois des gestes à l'appui (« Hananiah dit *aux yeux de* tout le peuple... » 28/11). Telles sont les métaphores que nous devons étudier : non plus orales, mais écrites, amputées le plus souvent de l'intonation, des mimiques et des gestes qui pouvaient les accompagner. Ce qui pourra être dit de la métaphore le sera pour des métaphores qui ne sont plus accessibles que sous une forme écrite. « Décrire » sera donc ici envisagé dans un sens restreint, laissant de côté l'oralité.

b) « *une chose... une autre* »

Le mot « chose » est à prendre ici dans un sens très large ; la métaphore, en effet, peut décrire un objet, mais aussi un animal, une personne et même Dieu... Pour remédier à ce caractère trop imprécis du mot « chose », je parlerai désormais de métaphorisé et de métaphorisant ; le *métaphorisé* étant la chose décrite et le *métaphorisant* ce avec quoi la chose est décrite. La définition de la métaphore peut alors devenir la suivante : décrire intentionnellement, de manière médiate ou immédiate, un métaphorisé dans les termes d'un métaphorisant qui lui ressemble et qui appartient à une autre isotopie. Dans « Israël est une brebis », « Israël » est le métaphorisé et « une brebis » le métaphorisant (50/17).

Caird parle de « teneur » (*tenor*) et de « véhicule » (*vehicle*) à la suite de Richards (cf. Ricœur p. 105 ss, 110 s), mais comme ces termes ne sont pas propres à la métaphore (ils peuvent aussi être utilisés pour la comparaison), je crois préférable, parce que plus précis, de parler de métaphorisé et de métaphorisant. Je me rapproche ici de Westermann qui parle de « *Das Vergleichende* » et de « *Das Verglichene* » (p. 12) ; certes ces termes sont aussi utilisés pour la métaphore comme pour la comparaison, mais la construction avec participe présent et participe passé suit le même principe que celui que j'adopte ici pour métaphorisant et métaphorisé. Ricœur parle parfois de teneur et de véhicule, mais occasionnellement aussi de métaphorisant et de métaphorisé.

c) « *qui appartient à une autre isotopie* »

J'entends par *isotopie* un secteur de vocabulaire qui concerne un sujet (isotopie de la pêche, isotopie des fleurs, isotopie de la famille...).

Dire qu'un métaphorisant n'appartient pas à la même isotopie que celle du métaphorisé, c'est dire que la métaphore met toujours en jeu *deux* isotopies, celle du métaphorisé et celle du métaphorisant. « Israël est une brebis » (50/17) est une métaphore, car il y a description d'une nation avec un terme emprunté à l'isotopie animale (isotopie à laquelle n'appartient pas « Israël ») ; « votre épée a dévoré comme un lion » (2/30) est aussi une métaphore ; par contre, en 7/15, la comparaison entre Israélites du nord et du sud n'est pas métaphorique, car elle se fait sans changement isotopique

(« Je vous (Judéens) rejetterai loin de moi comme j'ai rejeté tous vos frères, toute la descendance d'Ephraïm ») : on compare des habitants d'un
royaume à ceux d'un autre royaume. Décrire un objet dans les termes d'un
autre qui lui ressemble, mais qui appartient à la même isotopie, n'est pas
une métaphore mais une comparaison (cf. Ricœur p. 232, 234). En 2/36,
avoir honte de l'Égypte comme on a eu honte de l'Assyrie est une comparaison, mais en 2/26 la honte du peuple comme la honte d'un voleur est
métaphorique. Le changement isotopique est indispensable pour qu'il y ait
métaphore.

Le mot « comparaison » employé ici par opposition à celui de « métaphore » est à préciser, car cette opposition, comme on va le voir tout de
suite, n'est pas la même que dans la rhétorique classique.

d) « de manière médiate ou immédiate »

Ce point de la définition de la métaphore veut signifier que la description du métaphorisé est faite avec (= médiate) ou sans (= immédiate) particule de comparaison. Nous touchons là une des différences importantes
entre les points de vue des classiques et des modernes concernant métaphore
et comparaison. Pour Aristote et la rhétorique classique, il n'y a pas de particule comparative dans la métaphore, alors qu'il y en a une dans la comparaison, en sorte que la présence de la particule fait à elle seule la différence
entre métaphore et comparaison[5]. Dans la rhétorique moderne, ces deux derniers mots n'ont plus le même contenu, depuis en particulier un article de
Jakobson encore assez récent, mais qui a fait date[6]. Dès lors métaphore et
comparaison ne diffèrent plus par la particule de comparaison, mais par
le changement isotopique. Pouvant contenir une particule comparative, la
métaphore moderne recouvre donc la métaphore classique et une partie des
comparaisons (à savoir les comparaisons qualitatives : « Pierre est long
comme une asperge ») ; n'est plus appelée aujourd'hui comparaison qu'une
partie des comparaisons classiques : celles où il n'y a pas changement isotopique, c'est-à-dire les comparaisons quantitatives (« Pierre est aussi grand
que son frère »). Je retiens ici le sens moderne de « métaphore » et de « comparaison », avec leur distinction qui ne se fait plus sur la particule, mais
sur le changement d'isotopie.

Il est exact que la rhétorique classique, avec sa distinction de la métaphore et de la comparaison, mettait le doigt sur le côté provoquant de la
métaphore (« Achille est un lion ») que n'a pas aussi fortement la comparaison à cause de la particule (« Achille est comme un lion ») ; côté provo-

---

5. « Quand Homère dit d'Achille : « Il s'élance comme un lion », c'est une
comparaison ; mais quand on dit « le lion s'élança » c'est une métaphore. » (ARIS-
TOTE : *Rhétorique* 1406b 20-22).

6. JAKOBSON : *Deux aspects du langage et deux types d'aphasie*, 1953, cf.
Ricœur p. 222 s.

quant lié au caractère abusif de l'utilisation des termes dans la métaphore (« le lion s'élança » en parlant d'Achille), ce que ne fait pas la comparaison ; il serait donc dommage d'abandonner complètement ce que la rhétorique classique a su distinguer.

Mais il est exact aussi que la linguistique moderne a raison de faire disparaître une distinction somme toute trop tranchée, quand on s'aperçoit, comme on le verra plus loin, que le mécanisme des métaphores et des comparaisons classiques est fondamentalement le même. Les classiques avaient d'ailleurs bien vu la proximité de ces deux figures de rhétorique[7] ; ils étaient même d'accord pour reconnaître une filiation entre les deux, même s'ils s'opposaient quant à l'ordre de cette filiation : pour Aristote priorité est accordée à la métaphore, que la comparaison ne fait que développer en ajoutant une particule[8] ; pour Quintilien et la rhétorique classique c'est la comparaison qui est considérée comme antérieure ; la métaphore n'étant qu'un court-circuit ou une réduction de la comparaison[9].

Pour la clarté de l'analyse, il est bon de garder le sens moderne du mot métaphore, tout en tenant compte de la distinction opérée par les Anciens ; c'est l'intention de Ricœur lorsqu'il donne à la comparaison classique le nom de « métaphore développée ». Je ne le suivrai pas sur ce point, car cette appellation est une manière de donner raison à Aristote contre Quintilien ; ne voulant pas trancher dans ce débat toujours ouvert entre ces deux Anciens, je préfère parler ici de *métaphore courte* quand il n'y a pas de particule de comparaison et de *métaphore longue* quand il y en a une.

La métaphore moderne s'enrichit donc d'une partie des comparaisons classiques ; cependant la distinction entre métaphore et comparaison n'est plus liée à un indice formel facile à repérer (la particule), mais à un indice isotopique, il est vrai pas toujours facile à apprécier ; « la peau de ses mains était brûlée comme un désert » est une métaphore à cause du changement isotopique ; mais peut-on en dire autant, par exemple, de 9/11 où c'est 'rṣ qui est brûlée comme un désert ? Si avec Condamin on traduit ici 'rṣ par « terre », on peut ne pas voir de changement isotopique entre « terre » et « désert » et considérer 9/11 comme une comparaison ; si avec BP on traduit 'rṣ par « pays », on peut parler d'un changement isotopique et opter pour la métaphore. Sans doute risque-t-on d'être conduit à trancher à partir d'une appréciation théologique au niveau des connotations de 'rṣ et de *mdbr*, ce qui est une porte ouverte à tous les a priori théologiques possibles. Faut-il donc classer 9/11 avec les comparaisons ou avec les métaphores ?

---

7. « La comparaison est aussi une métaphore : elle en diffère peu » (ARISTOTE : *Rhétorique* 1406b 20-21). « La comparaison est... une métaphore qui ne diffère que par le mode de présentation » (*id.* 1410b 17 ss). « Les comparaisons sont des métaphores, nous l'avons dit à plusieurs reprises » (*id.* 1413a 15-16).

8. « Les comparaisons sont des métaphores qui demandent à être développées » (ARISTOTE : *Rhétorique* 1407a 13).

9. Cf. Ricœur p. 35 s, 222.

Le problème des indices pour distinguer les unes des autres devient ici particulièrement important.

e) « *qui lui ressemble* »

Dans la métaphore le rapport métaphorisé/métaphorisant repose sur la ressemblance : sans ce point de ressemblance entre les deux, il n'est pas possible de bâtir une métaphore. J'appellerai « foyer » ce point si primordial. Celui-ci n'apparaît pas forcément au premier abord et c'est ce qui donne à certaines métaphores une allure déconcertante, mais il faut à tout prix le repérer sous peine de passer à côté du sens de la métaphore.

S'il y a un point de ressemblance entre métaphorisé et métaphorisant, cela signifie que la même chose peut être dite des deux, en sorte que dans les métaphores les plus claires le foyer apparaît dans une répétition d'un terme ; c'est le cas par exemple en 5/27 où l'adjectif *ml'* est employé une première fois pour le métaphorisant et une deuxième pour le métaphorisé : « De même qu'un panier est plein d'oiseaux, de même leurs maisons sont pleines de rapines ». Dans la majorité des cas le redoublement existe, mais il est sous-entendu ; ainsi 2/30 où le verbe *'kl*, employé pour le métaphorisé (épée), est sous-entendu pour le métaphorisant (lion) : « Votre épée a dévoré vos prophètes comme un lion destructeur (dévore) ».

Cette question de la ressemblance est importante, car elle permet de faire la distinction entre métaphore et métonymie. Parmi les figures de langage, la rhétorique classique comptait la métonymie et la synecdoque. Le dictionnaire *le Petit Robert* s'inscrit dans ce courant-là par les définitions qu'il donne de ces deux mots. Pour la *métonymie* il dit qu'il s'agit d'« un procédé de langage par lequel on exprime un concept au moyen d'un terme désignant un autre concept qui lui est uni par une relation nécessaire (la cause pour l'effet, le contenant pour le contenu, le signe pour la chose signifiée) ». L'exemple classique en français est « boire un verre » pour « boire le contenu (généralement du vin !) d'un verre ». Comme dans la métaphore, il y a désignation d'un objet (le vin) par un terme qui en désigne un autre (le verre), mais, à la différence de la métaphore, la substitution d'un mot à l'autre ne se fait pas en raison de la ressemblance, mais en raison de la contiguïté (= « uni par une relation nécessaire »). Il y a une contiguïté isotopique entre « verre » et « vin », appartenance à une même isotopie (la boisson). Caird donne comme exemples de métonymies hébraïques (p. 136) le sceptre pour désigner l'autorité (Gn 49/10), la clé pour l'autorité (Es 22/22), l'épée pour la guerre (Lv 26/6) ; il ajoute à juste titre (p. 175) le nez (*'p*) comme désignation de la colère. Dans chacun de ces cas, en effet, il y a substitution d'un terme à l'autre non à cause de la ressemblance mais à cause de la contiguïté. Dans le livre de Jérémie les exemples de métonymies ne manquent pas ; je signalerai tout d'abord que l'exemple donné plus haut en français y a son équivalent ; 49/12 parle, en effet, de « boire la coupe » ; j'ajouterai ensuite qu'en 14/2 l'expression « les portes languissent » ne dénote pas le languissement des portes elles-mêmes, mais métonymiquement celui des gens qui s'y tiennent. Enfin, la mention de la pierre et du bois (2/27, 3/9) pour désigner les idoles est métonymique puisqu'on prend le signe pour le signifié. Dans tous ces cas il y a contiguïté et non ressemblance.

La *synecdoque* est, toujours selon le *Petit Robert*, une « figure de rhétorique qui consiste à prendre le plus pour le moins, la matière pour l'objet, l'espèce pour le genre, la partie pour le tout, le singulier pour le pluriel ou inversement ». Là encore un mot est employé pour un autre (« une voile » pour «un navire » est l'exemple classique), mais à la différence de la métaphore la substitution ne repose pas sur la ressemblance ; comme dans la métonymie elle repose sur la contiguïté. Caird donne comme exemples (p. 135) les roues comme désignation des véhicules à roues (Es 5/28, Ez 23/24, 26/10), ou bien Israël en 1 S 4/2 comme désignation de l'armée d'Israël. J'ajouterai qu'en Jérémie la mention de l'orgueil en 50/31-32 pour l'orgueilleuse Babylone est une synecdoque.

Dans la linguistique moderne, depuis Jakobson, étant donné que métonymie et synecdoque reposent toutes deux sur la contiguïté, il n'est plus question que de métonymie.

Dans la définition qu'il donnait de la métaphore (cf. plus haut p. 10), Aristote distinguait quatre sortes de métaphores. Par ailleurs, il déclarait que des quatre la dernière était la plus caractéristique[10]. Aristote souligne donc lui-même l'importance de la ressemblance ; cependant qu'en est-il des trois premières sortes de métaphores ? Si l'on remarque qu'Aristote ne mentionne jamais à ma connaissance (dans ce qu'il nous reste de son œuvre) la métonymie et la synecdoque, je crois pouvoir dire que ses trois premières sortes de métaphores correspondent à ce qui aujourd'hui est métonymie. Reste donc le « rapport d'analogie » (ou la ressemblance) comme caractéristique essentielle de la métaphore. Sans foyer (basé sur le rapport d'analogie ou sur la ressemblance) il n'y a pas de métaphore.

Étant donné l'importance du foyer et la nécessité de sa présence dans la métaphore, il sera intéressant d'élaborer une typologie des foyers ; ce sera fait à la fin de ce chapitre.

f) « *dans les termes de (= du métaphorisant)* »

Il est important de noter que le métaphorisant ne se réduit pas forcément à un mot[11] ; si, par exemple, en 4/13 le métaphorisant est le seul mot « nuages » (*hnh k'nnym y'lh*), on peut remarquer qu'en 11/19a il est consti-

---

10. « Des quatre sortes de métaphores, les plus réputées sont celles qui se fondent sur une analogie » (*Rhétorique* 1411a 1-2).

11. Ricœur a tout à fait raison d'insister sur ce point ; il en fait même l'objet de sa troisième étude (p. 87 ss) : le passage de la métaphore-mot à la métaphore-énoncé. Ricœur lui-même considère (p. 8) cette troisième étude comme « l'étude-clé ». Par sa définition (« la métaphore est le transport d'un *nom*... ») Aristote s'en tenait à la métaphore-mot ; c'est un progrès considérable que d'être passé aujourd'hui à la métaphore-énoncé.

tué de « comme un agneau docile conduit à la boucherie ». Cela m'amène à faire la distinction entre *sujet métaphorisant* (nuages, agneau), ou nom de ce à quoi le métaphorisé est comparé[12], et *énoncé métaphorisant*, qui est l'ensemble des termes de la métaphore qui s'appliquent au métaphorisant. En 4/13 l'énoncé métaphorisant correspond au sujet (les nuages), en 11/19a cet énoncé (un agneau docile conduit à la boucherie) déborde le sujet (un agneau).

Un exemple peut montrer l'importance qu'il y a à tenir compte de l'énoncé métaphorisant ; en 14/9 et 20/11 Dieu est comparé à un guerrier et dans chacun de ces textes le sujet métaphorisant est rigoureusement le même (*gbwr*), alors que l'énoncé métaphorisant ne l'est pas ; en 14/9 Dieu est « comme un guerrier qui ne peut sauver » ; en 20/11 il est « comme un guerrier puissant ». On voit par là que le seul sujet métaphorisant ne suffit pas à être pris en compte pour la compréhension de la métaphore ; l'énoncé métaphorisant qui l'accompagne est capital. Il n'est donc pas possible, quand on parle de métaphorisant, de s'en tenir seulement à un terme.

Grâce à la distinction entre sujet métaphorisant et énoncé métaphorisant, on peut facilement remarquer que le sujet métaphorisant n'est pas toujours nommé explicitement (ce qui mobilisera l'attention du commentateur). En 25/30 par exemple (« D'en haut le Seigneur rugit, de sa sainte habitation il donne de la voix. Il rugit, oui il rugit contre son domaine... ») le vocabulaire employé est en partie emprunté à l'isotopie du lion, sans que, à la différence de 2/15[13], le mot « lion » apparaisse ; il s'agit donc d'une métaphore sans mention du sujet métaphorisant, mais avec toutefois un énoncé métaphorisant (il rugit... il donne de la voix). En 20/16 (« Que cet homme devienne pareil aux villes que, de façon irrévocable, le Seigneur a renversées ») l'exégèse montre que le sujet métaphorisant est en réalité « Sodome et Gomorrhe » et non simplement ce qui est exprimé par l'énoncé métaphorisant (les villes que...), qui est une périphrase pour désigner ce sujet. En 48/11 (« Moab était tranquille depuis son jeune âge, il reposait sur sa lie, n'ayant jamais été transvasé — autrement dit, il n'était jamais allé en exil. Aussi a-t-il conservé son goût et son bouquet est-il intact. ») Moab se trouve métaphorisé dans des termes empruntés à l'isotopie du vin : autre cas de sujet métaphorisant non explicite.

Ce dernier exemple fait aussi apparaître de façon très claire un nouveau problème qui occupera l'exégète et qui est propre cette fois à l'énoncé métaphorisant : celui de sa délimitation. Pour délimiter en 48/11 l'énoncé métaphorisant, il s'agira de déterminer quels sont les termes qui relèvent de l'isotopie du vin ; on s'apercevra alors que cet énoncé se poursuit, d'une

---

12. C'est par le sujet métaphorisant que dans ce travail je nomme chaque métaphore : métaphore des nuages (4/13), métaphore de l'agneau (11/19a).

13. « Contre Israël rugissent les jeunes lions (= les ennemis), ils donnent de la voix. »

part, dans le verset suivant (48/12) et, d'autre part, que cet énoncé n'est pas développé de façon continue : en 48/11 la mention de l'exil s'applique au métaphorisé et non au métaphorisant et elle se trouve insérée dans l'énoncé métaphorisant qu'elle interrompt.

Détermination du sujet métaphorisant et délimitation de l'énoncé métaphorisant sont deux tâches importantes que l'exégète devra effectuer à propos du métaphorisant.

La distinction entre sujet et énoncé est à faire de la même façon pour le métaphorisé. Le *sujet métaphorisé* peut lui aussi être explicite ou pas ; ainsi en 50/17 (« Israël était une brebis isolée ») il l'est (Israël), et alors qu'en 11/16 il n'est pas dit qui est comparé à l'olivier, en sorte que le sujet métaphorisé est à découvrir. Quant à l'*énoncé métaphorisé*, c'est par opposition à l'énoncé métaphorisant qu'il peut être délimité ; on y reviendra.

Une dernière remarque pour éviter toute équivoque sur le mot « sujet » (métaphorisant ou métaphorisé) : parler de « sujet métaphorisant » ou de « sujet métaphorisé » ne veut pas forcément dire qu'il s'agit du sujet grammatical de la métaphore ; en 2/13 (« Mon peuple m'abandonne, moi, la source d'eau vive. ») « source » est sujet métaphorisant et complément du verbe *'zb* ; le sujet métaphorisé est *'ty* (= Dieu) et non *'my* (mon peuple) qui est sujet grammatical de l'énoncé métaphorisé. « Sujet métaphorisant » et « sujet métaphorisé » ne sont donc pas à considérer comme des expressions désignant une fonction grammaticale.

g) « *intentionnellement* »

Décrire une chose avec un terme qui ne relève pas de son isotopie peut se produire par inadvertance, méprise ou ignorance ; cette non-intentionnalité empêche de parler de métaphore. Il arrive par exemple qu'en français l'on parle d'un vieillard « décrépi » ; cette orthographe est en principe fautive ; ce n'est que si elle est intentionnelle que l'on pourra parler d'une métaphore, où le vieillard est comparé à un mur.

Cette notion d'intentionnalité est importante dans la question des métaphores pour une raison particulièrement bien mise en valeur par Ricœur ; si l'ouvrage de ce dernier porte le titre de *la métaphore vive*, c'est parce qu'il existe des *métaphores mortes* (cf. Ricœur p. 368 ss). Une métaphore vive, précise Ricœur, est une métaphore d'invention, qui naît un jour sous la plume d'un poète ou dans le langage populaire. On peut dire qu'il y a un jour (même si, le plus souvent, celui-ci est insaisissable) où une métaphore naît, créée par son auteur. Lorsque par exemple Jérémie compare le peuple à une ânesse en chaleur (2/24), ou bien des cadavres à des gerbes de blé (9/21), il s'agit là de métaphores vives, neuves, de métaphores d'invention. On peut admirer la beauté ou l'originalité d'une métaphore et vouloir la transmettre ; mais il arrive alors que des métaphores sans cesse reprises finissent par s'user, si belles soient-elles. A la longue, même, à force de reprendre une métaphore, il n'est plus nécessaire d'en indiquer le métaphorisé, car il est connu de tous. C'est ainsi que la métaphore s'use et finit par mourir. On peut dire

qu'elle est morte lorsqu'elle est lexicalisée, c'est-à-dire lorsque sa signification métaphorique est intégrée comme acception du terme, intégrée dans
sa polysémie. Ricœur donne l'exemple du mot « tête » : « Seule la connaissance de l'étymologie du mot permet de reconstituer dans le français *tête*
le latin *testa* — « petit pot » — et la métaphore populaire d'où notre mot
français dérive ; dans notre usage actuel, la métaphore est tellement lexicalisée qu'elle est devenue le mot propre » (p. 368). Plus récemment on peut
dire que le mot « poulet » pour désigner un gendarme est une métaphore
morte, depuis que dans les dictionnaires on trouve que « gendarme » est
une des acceptions du terme « poulet » (cf. *Le Petit Robert*). En hébreu
on peut considérer le mot *ro'èh* comme une métaphore morte ; à l'origine
on a d'abord comparé un roi ou un chef à un berger ; cette métaphore s'est
usée ; elle a été morte à partir du moment où il n'a plus été nécessaire de
mentionner le métaphorisé. C'est le cas, sans nul doute, à l'époque de Jérémie, puisqu'en 2/8 *r'ym* désigne les chefs politiques (à côté des prêtres et
des prophètes) et non les bergers. Parler de la « bouche » de l'épée ou de
l'épée qui « mange » sont d'autres exemples de métaphores mortes (cf. plus
bas l'exégèse de 2/30).

Il est important de repérer à quelle époque une métaphore est vive et
à quelle époque elle est morte. Celle de la vigne, par exemple, pour désigner
Israël peut être considérée comme vive à l'époque d'Esaïe (cf. Es 5), car
il est nécessaire d'en donner le métaphorisé (Es 5/7), et comme morte à l'époque de la rédaction du Ps 80 (cf. v 9 ss), puisque dans ce dernier le métaphorisé, n'étant plus nommé, doit être connu de tous.

La particularité des métaphores mortes c'est que leur lexicalisation[14]
entraîne leur emploi sans intentionnalité métaphorique. C'est cette non-
intentionnalité qui fait que je ne les étudierai pas forcément ici. Je n'étudierai que les métaphores mortes qui, à l'occasion, sont revivifiées. Il est possible, en effet, de réanimer (cf. Ricœur p. 370) ou de revivifier une métaphore morte ; c'est le cas lorsque d'autres mots de l'isotopie métaphorisante
sont utilisés. En 2/8, on l'a vu, la mention des bergers est une métaphore
morte et il n'y a pas dans ce verset d'autres mots de l'isotopie pastorale que

---

14. Parler de lexicalisation des métaphores mortes est correct pour les langues
vivantes ; il en va autrement pour une langue morte, parce que les dictionnaires sont
faits postérieurement, une fois morte la langue, en sorte que, d'une certaine manière
toutes les métaphores y sont mortes comme la langue ! Voilà pourquoi en hébreu
biblique toutes les métaphores (les vives comme les mortes) sont en gros lexicalisées,
c'est-à-dire signalées par les dictionnaires. BDB et KB³ indiquent que *ptyš* désigne
Babylone en 50/23 ; cette métaphore est cependant à considérer comme vive car Jérémie, indiquant dans ce même verset quel est le métaphorisé, suppose que ses auditeurs l'ignoraient. BDB indique aussi que *r'h* désigne un chef ; cette métaphore est
morte puisque Jérémie peut l'envoyer sans avoir à préciser à ses auditeurs le métaphorisé (cf. 2/8). Si nous avions un dictionnaire de l'époque de Jérémie, c'est à partir d'un tel dictionnaire que nous pourrions parler de lexicalisation des métaphores
mortes.

r'ym. En 23/1-4, par contre, il y en a d'autres (ne serait-ce que *ṣ'n*) ; on peut alors dire que par ce regain d'intérêt pour l'isotopie pastorale il y a revivification de la métaphore morte et déceler dans ce regain d'intérêt une intentionnalité métaphorisante, en sorte qu'il est possible de compter cette dernière métaphore au rang des métaphores vives.

Dans ce travail sur Jérémie la revivification d'une métaphore morte suffira pour que cette métaphore soit étudiée dans tous les passages (de Jérémie) où elle apparaît, même si elle n'est pas revivifiée dans tous. La revivification de la métaphore du berger en 23/1-4 suffit donc pour que des passages comme 2/8 soient étudiés, même si c'est pour constater que la métaphore y est morte. Je ne ferai donc pas comme Dhorme qui dans son étude sur les emplois métaphoriques des noms des parties du corps étudie des métaphores qui, pour la plupart, sont mortes et non revivifiées, ce dont il était lui-même très conscient : « Nous ne nous dissimulerons pas, avoue-t-il, que les mots akkadiens ou hébreux ainsi employés métaphoriquement finissaient par ne plus éveiller l'image originelle » (p. 161).

Il arrive aussi que l'on fasse un emprunt à une isotopie pour pallier l'absence d'un terme dans le vocabulaire ; l'emprunt est intentionnel, mais il est surtout le fait d'une contrainte, à cause d'une lacune de vocabulaire ; on dira alors qu'il y a *catachrèse* et non métaphore (cf. Ricœur p. 65, 369). C'est sans doute le cas en français pour « les ailes » d'un moulin, s'il n'y a pas, comme je le crois, d'autre terme que celui-là pour désigner cette partie du moulin. En hébreu il se peut que la mention des *'oṣroth* (réservoirs, coffres) pour le vent, en Jer 10/13 ou Ps 135/7, comme lieu où se tiennent les vents, soit une catachrèse, car il ne semble pas qu'il y ait d'autre mot hébreu pour désigner ce lieu[15].

La distinction entre catachrèse et métaphore me paraît particulièrement importante pour ce qui est du vocabulaire qui s'applique à Dieu. Il est souvent affirmé que tout le vocabulaire qui s'applique à Dieu est, en fin de compte, métaphorique ; ainsi Caird : *We have no other language besides metaphor with which to speak about God* (p. 174). Il est tout à fait vrai que tous les mots utilisés pour parler de Dieu sont empruntés à d'autres isotopies et qu'ils sont tous, autant les uns que les autres, inadéquats pour parler de l'Indicible, de l'Inqualifiable. Mais quels sont les termes qui appartiennent en propre et réellement à l'isotopie divine ? A vrai dire aucun (sinon,

---

15. Pour Aristote la distinction entre catachrèse et métaphore n'était pas faite et ces deux figures étaient globalement appelées « métaphores » : « Dans un certain nombre de cas d'analogie il n'y a pas de nom existant mais on n'en exprimera pas moins pareillement le rapport ; par exemple, l'action de lancer la graine s'appelle « semer », mais pour désigner l'action du soleil qui lance sa lumière, il n'y a pas de mot ; cependant le rapport de cette action à la lumière du soleil est le même que celui de « semer » à la graine ; c'est pourquoi on a dit « semant une lumière divine » » (*Poétique* 1457b 25-29). Ce qui par Aristote est ici considéré comme un cas particulier de métaphore est maintenant à considérer comme catachrèse.

à la rigueur le tétragramme), en sorte qu'on peut considérer l'isotopie divine comme vide de mots qui lui sont propres. S'il y a donc emprunt à d'autres isotopies, c'est parce qu'il y a lacune du vocabulaire, c'est parce que nous y sommes contraints. Caird lui-même en fait l'aveu quand il dit qu'il n'y a *pas d'autre* discours sur Dieu que métaphorique (*no other language*) ; une telle contrainte qualifie donc le discours théologique de catachrésique et non de métaphorique. Cela me paraît capital.

Cependant, si en fin de compte le discours sur Dieu est catachrèse, cela veut-il dire qu'il ne pourrait pas y avoir de métaphores dont Dieu serait le métaphorisé ? Certainement, de telles métaphores peuvent exister. Nous ne sommes pas, en effet, perpétuellement sous la contrainte du vocabulaire catachrésique quand il s'agit de parler de Dieu ; si nous le sommes le plus souvent, il n'en reste pas moins qu'il est toujours possible de choisir intentionnellement et sans contrainte un nouveau terme, une nouvelle image pour désigner Dieu. Comment alors distinguer la catachrèse de la métaphore quand il s'agit de Dieu ?

On vient de voir que l'isotopie divine est, en fin de compte, une isotopie vide de mots qui lui sont propres et que, par ailleurs, la nécessité ou le besoin de parler de Dieu contraignent à combler ce vide par un ensemble de termes d'emprunt, de termes catachrésiques. Il faut préciser maintenant que ces emprunts ne sont pas faits à une seule isotopie ; en effet, en parlant de Dieu comme d'un roi, d'un juge ou d'un père, c'est à autant d'isotopies d'emprunt qu'il faut puiser ; diverses isotopies d'emprunt, c'est-à-dire aussi autant d'images que les catachrèses véhiculent depuis leurs isotopies d'origine (roi, juge, père...), en sorte que, d'une certaine manière, on peut dire que nous sommes en présence d'un ensemble hétéroclite de catachrèses ; le vocabulaire sur Dieu est une sorte de « patchwork », un ramassis d'images véhiculées par les catachrèses.

Cependant, il faut préciser aussi que ce ramassis d'images, ces catachrèses diverses deviennent un ensemble unifié ; petit à petit, avec l'usage, l'isotopie divine, primitivement vide, se constitue grâce aux catachrèses en s'unifiant du seul fait que ces termes ont été rassemblés par un unique objet à désigner : Dieu. Les diverses catachrèses s'unifient autour de celui qu'elles désignent. Ainsi, bien que catachrésique, l'isotopie divine n'est plus vide. Un vocabulaire théologique se constitue pour devenir, à l'usage, traditionnel, reçu. Mais en s'unifiant, ces termes ont aussi tendance à couper plus ou moins les liens qui les rattachent aux diverses isotopies d'emprunt, ce qui signifie que, au fur et à mesure que ces liens sont coupés, le caractère catachrésique de ces termes tend à disparaître ; les images véhiculées par les catachrèses tendent à disparaître, sinon à s'estomper. Autant on peut dire que des métaphores peuvent à la longue devenir des métaphores mortes, autant on peut dire que des catachrèses peuvent à la longue devenir des catachrèses mortes.

Il faut préciser enfin que, si l'isotopie divine est, en fin de compte, une isotopie vide de termes qui lui sont propres, aucune génération, aucun homme, aussi loin que l'on puisse remonter, ne se trouve face à un tel vide ; chacun est en présence d'une isotopie divine déjà constituée, faite de termes qui n'ont plus forcément le caractère catachrésique qu'ils pouvaient avoir antérieurement, des termes dont le caractère imagé a pu s'estomper ou disparaître et qui ont pu devenir des termes propres à l'isotopie divine. C'est face à cette situation d'une isotopie divine déjà constituée et reçue que chacun se trouve, avec encore la possibilité de créer, de métaphoriser. La création de métaphores peut alors se faire, me semble-t-il, de deux manières : soit en choisissant un terme nouveau ou une expression nouvelle par rapport à l'isotopie divine traditionnelle de l'époque en en soulignant le caractère imagé, soit en revivifiant une catachrèse dont l'image a pu s'estomper ou s'effacer.

Pour ce qui est de la première manière de métaphoriser à propos de Dieu, un exemple peut être pris en Jr 2/13 ; décrire, en effet, Dieu comme une « source d'eau vive » est, à ma connaissance, nouveau pour l'époque de Jérémie ; en outre, et c'est sans doute le plus important, s'il est toujours difficile d'apprécier la part de la contrainte dans le choix des termes pour désigner Dieu, il est clair qu'ici, en prolongeant l'image par celle des citernes, Jérémie souligne qu'il y a emprunt à l'isotopie de l'eau, sans être contraint en quoi que ce soit à souligner ainsi. Emprunter à une autre isotopie pour désigner Dieu peut être dicté par la contrainte d'un vide dans l'isotopie divine et c'est alors une catachrèse, mais souligner l'emprunt en multipliant les termes de l'isotopie d'origine est le fait, non de la contrainte, mais d'une libre intentionnalité d'image : il ne s'agit plus alors d'une catachrèse mais d'une métaphore.

Pour ce qui est de la revivification d'une catachrèse, un exemple intéressant me paraît être celui du verbe yṣr. Ce verbe, en effet, ayant donné le terme ywṣr qui désigne un potier, appartient à l'isotopie du potier ; ce verbe, utilisé aussi pour parler de l'activité créatrice de Dieu, fait donc aussi partie des termes d'emprunt présents dans l'isotopie divine, véhiculant avec lui l'image du potier et l'ajoutant dans le « patchwork » à celles du roi, du juge, du père... Par ce verbe, Dieu est en quelque sorte un Dieu potier. Emprunté, quand il s'agit de Dieu, ce verbe est catachrésique, mais l'est-il toujours ? Lorsqu'il est dit en Ps 74/17 que Dieu a fait (yṣr) l'hiver et l'été, cela signifie que Dieu est l'auteur des saisons et l'on serait bien en peine de parler ici d'un Dieu potier ; l'image véhiculée par le verbe a bel et bien disparu ; le verbe yṣr a été utilisé en tant que terme reçu, traditionnellement présent dans l'isotopie divine, sans se soucier de son appartenance première à l'isotopie du potier ; l'emprunt n'est pas ici intentionnel, il est reçu ; il s'agit clairement d'une catachrèse et peut-être même d'une catachrèse morte. Cependant, ci ce verbe catachrésique a pu perdre son caractère catachrésique pour devenir un terme propre à l'isotopie divine, il n'en demeure pas moins qu'un auteur a toujours la possibilité de revivifier dans ce verbe l'image du Dieu potier ; s'il le fait c'est alors de manière volontaire, intentionnelle, sans la contrainte d'une lacune du vocabulaire théologique ; de ce fait, cette intentionnalité sans contrainte ne permet plus de parler de catachrèse, mais de métaphore ; la catachrèse devient métaphore. Ainsi, dire avec Es 64/7 : « Nous sommes l'argile et tu nous as façonnés » (*'th yṣrnw*) restaure pour Dieu l'image du potier grâce à l'adjonction d'un autre terme de l'isotopie du potier (argile). D'une manière générale, je dirai que le passage de la catachrèse à la métaphore a lieu lorsqu'à un terme catachrésique est ajouté un ou plusieurs termes de l'isotopie d'emprunt. Un terme demeure catachrésique tant qu'il est seul terme appartenant à son isotopie d'origine. C'est ce qui fait que Ps 74/17 est catachrésique et Es 64/7 métaphorique.

Avec Es 64/7, l'expression « tu nous as façonnés » est métaphorique parce qu'elle est immédiatement précédée par la mention de l'argile. Le simple ajout d'un terme de l'isotopie d'emprunt suffit, s'il est proche, à faire du discours sur Dieu un discours métaphorique. Plus le terme « argile » serait éloigné du verbe *yṣr*, plus il serait difficile de parler de métaphore. La distance entre les mots joue donc, mais elle peut être compensée par l'abondance des termes issus de l'isotopie d'origine. C'est ainsi qu'en Es 45/11 on peut dire que la mention de Dieu « ayant façonné (*yṣr*) Israël » est métaphorique ; elle l'est parce que l'ensemble du verset 9, bien que relativement éloigné, est abondamment constitué de termes appartenant à l'isotopie du potier. Cette abondance en 45/9 permet de considérer *yṣr* en 45/11 comme métaphorique.

Pour ce qui est du livre de Jérémie, où se trouve aussi le verbe *yṣr* appliqué à Dieu, on peut dire ceci : en 10/16 (et 51/19 parallèle) l'affirmation sur Dieu selon laquelle « il a tout créé » (*ywṣr hkl hw'*) est catachrésique, parce que dans ce verset comme dans le contexte immédiat il n'y a pas d'autres termes de l'isotopie du potier ; par contre en 18/11 (« je façonne contre vous un malheur ») il y a métaphore malgré l'absence d'autres termes de l'isotopie du potier dans ce verset, parce que dans le contexte de ce début du chapitre 18 le verset 11 est en lien (rédactionnel ou pas, peu importe) avec les versets 1 à 6 qui comparent longuement Dieu à un potier.

Conclusion

Après cette définition commentée de la métaphore, différents points restent en suspens. L'un d'eux va faire l'objet du prochain chapitre. Ce point a été souligné plus haut (p. 15) : quels sont les indices qui permettent de repérer une métaphore ?

2. LES INDICES MÉTAPHORIQUES

Donner une définition de la métaphore est une chose, repérer une métaphore dans un texte (puisque je me limite aux seules métaphores écrites) en est une autre. Avant d'analyser les métaphores, le premier travail est de les repérer.

Une métaphore séparée d'un texte, isolée de son contexte, est tout bonnement une « extraction », une sorte d'abstraction qui ne m'intéresse pas et que je laisse de côté, puisque cela ne correspond pas à mon propos : repérer dans un texte donné les métaphores qui s'y trouvent insérées. Si j'isole par exemple les premiers mots de 12/2 (« tu les plantes, ils prennent même racine et vont jusqu'à porter du fruit ») je suis incapable de dire si ces propos s'adressent ou pas à un véritable jardinier, s'ils sont métaphoriques ou pas, faute de pouvoir accéder au contexte. Cette extraction ne m'intéresse pas. Je m'en tiens donc au texte (et au texte du livre de Jérémie). La question est de savoir si, dans un texte donné, la métaphore se signale d'elle-même d'une façon ou d'une autre à l'attention de l'auteur ; la question est celle des indices textuels.

Si la métaphore décrit un métaphorisé, non avec les termes de l'isotopie de ce métaphorisé, mais avec les termes d'une isotopie nouvelle, étrangère à ce métaphorisé, ce changement brutal ne peut qu'étonner ou surprendre ; il ne peut passer inaperçu, car là où le lecteur attend les termes d'une isotopie en harmonie avec le contexte, il se trouve en présence d'une isotopie nouvelle, insolite dans la phrase. La métaphore se caractérise, peut-on dire, par un certain choc. Ce choc est-il direct ou indirect, médiat ou immédiat ? On a déjà vu que la différence entre métaphores « courtes » et « longues » tenait précisément au fait que le choc dû au changement isotopique était immédiat pour les courtes et médiatisé pour les longues. Ces particules médiatisantes apparaissent donc comme des indices *formels*, les indices les plus importants sans doute que nous ayons pour reconnaître les métaphores. Commençons par eux pour nous exercer le regard. Mais je peux dire déjà que la métaphore a d'autres façons de se signaler au lecteur ; elle fournit d'autres indices, de types différents, *non formels* ; je n'étudierai ici que ceux que le livre de Jérémie utilise ; outre les indices formels, il utilise des indices *syntaxiques* et des indices *sémantiques*.

Une dernière remarque est à faire avant l'étude des indices ; en disant, comme je viens de le faire, que la métaphore se signale elle-même au lecteur, qu'elle se caractérise par un certain choc et qu'elle ne cherche pas à se dissimuler, je fais là une différence avec d'autres figures qui, elles, cherchent à se dissimuler : ces figures sont l'énigme et l'allégorie. Dans l'énigme comme dans l'allégorie l'isotopie d'emprunt pour décrire un objet envahit le texte au point que la réalité décrite est occultée, cachée. Le repérage de ces figures ne peut plus alors être le même ; les indices pour les repérer sont autres. Si la métaphore ne cherche pas la dissimulation, il est alors permis de penser qu'elle fournit elle-même de quoi la repérer, qu'elle donne elle-même les indices auxquels nous nous attachons maintenant.

Les indices formels

Les indices de ce type sont ceux qui sont le plus utilisés dans le livre de Jérémie. En ce qui concerne les métaphores, un indice formel est une particule ou un mot qui, n'appartenant à aucune des deux isotopies mises en jeu, signale le passage de l'une à l'autre, le médiatise.

« Mon cœur gémit comme gémissent des flûtes » (48/36) : je ne me prononce pas ici sur la question de savoir si « comme » fait partie du métaphorisant ou du métaphorisé, mais je peux dire pour l'instant que cette particule ne relève d'aucune des deux isotopies présentes dans cette phrase et qu'elle n'apparaît que parce qu'il y a deux isotopies pour signaler leur rapprochement. Si j'enlève l'une des deux parties de la phrase (n'importe laquelle), cela entraîne la disparition de la métaphore et avec elle de la particule ; « comme » est ici lié à la présence de la métaphore, il la signale, il en est un indice formel. Si je change dans cette métaphore le métaphorisé ou le métaphorisant, la particule n'est pas modifiée pour autant (« la mer gémit comme des flûtes », « mon cœur gémit comme la mer »). On voit bien l'indépendance de la particule par rapport aux isotopies et la dépendance par rapport au fait métaphorique.

Différentes particules de ce type existent en hébreu ; dans le livre de Jérémie se trouvent utilisées les suivantes : la préposition k^e (sous sa forme proclitique k^e ou sous sa forme séparée $k^e m\hat{o}$), la préposition *min* (sous sa forme proclitique *mi-*), les adverbes *Kén, 'akhén, koh* et *kâkhâh* et la conjonction *(ka)'ašèr*.

A côté de ces particules, il existe aussi des tournures pour lesquelles on peut dire aussi qu'elles n'appartiennent pas aux deux isotopies présentes et qu'elles appartiennent au fait métaphorique. Ces tournures dont le but est également de signaler le rapprochement isotopique dans la métaphore sont aussi à considérer comme des indices formels. En français, je pense à des tournures comme « comparer à », « ressembler à »... En hébreu, le livre de Jérémie utilise *ntn l* (cf. « je *fais de* toi une ville fortifiée » 1/18), *ntn k* (cf. « je les *rendrai semblables* à des figues » 29/17) etc.

Passons donc en revue ces différents indices formels.

LES PARTICULES COMPARATIVES

Toutes ces particules ne sont pas utilisées de la même manière en Jérémie ; on peut noter que dans les métaphores *kh, kn* et *'kn* sont employés avec une autre de ces particules, que *mn* et *kkh* sont toujours employés seuls et que *k* et *(k)'šr* peuvent tantôt être employés seuls, tantôt se trouver avec une autre particule. Il en résulte que suivant les métaphores il y a soit une, soit plusieurs particules.

LES MÉTAPHORES AVEC UNE SEULE PARTICULE

a) la particule *k*

Sauf erreur ou omission, la particule *k* est utilisée 178 fois dans Jérémie : 2/10, 26, 30, 3/2, 15, 4/4, 13*bis*, 17, 31*bis*, 5/9, 16, 26, 27, 29, 6/7, 9*bis*, 23*bis*, 24, 8/6, 9/8, 11, 21*bis*, 10/5, 6, 7, 11, 16, 11/4, 5, 19, 12/3, 8, 13/2, 10, 21, 24, 14/6, 8*bis*, 9*bis*, 15/18, 19, 17/2, 6, 8, 10*bis*, 18/6*bis*, 13, 17, 19/12, 13, 20/9, 11, 16, 21/2, 12, 14, 22/23, 23/9*bis*, 12, 14*bis*, 29*bis*,

24/2, 5, 8, 25/12, 14*bis*, 18, 30, 34, 38, 26/6, 8, 9, 14*bis*, 20, 27/12, 29/17, 22*bis*, 30/6, 7, 20, 31/10, 12, 18, 32, 32/8, 19*bis*, 20, 33/7, 11, 34/5, 35/10, 18, 36/8, 16, 23, 32, 38/4, 27, 41/6, 7, 13, 17, 42/4, 5, 20, 43/1, 44/6, 22, 23, 46/7*bis*, 8*bis*, 18*bis*, 21, 22*bis*, 26, 48/6, 28, 36*bis*, 38, 40, 41, 49/16, 18, 19*bis*, 22*bis*, 24, 50/8, 9, 11*bis*, 21, 26, 29*bis*, 40, 42*bis*, 43, 44*bis*, 51/14, 19, 27, 33, 34, 38*bis*, 40*bis*, 55, 61, 63, 52/2, 22.

La première chose à noter c'est que la préposition k (tant proclitique que séparée) ne se trouve pas uniquement dans les métaphores, ce qui interdit dès lors de décréter, du fait de sa seule mention, la présence d'une métaphore[16]. Dictionnaires et grammaires sont clairement unanimes sur cette polysémie de k. Un exemple suffit à le montrer : le k à valeur temporelle (cf. J 166m) ; c'est ainsi qu'en 25/12, 26/8, 36/16, 23, 41/6, 7, 13, 43/1, 51/61, 63, se trouvent des k suivis d'un infinitif, avec la signification de « dès que », « après que ». Si, comme le dit Joüon, la préposition dans ces cas-là « suppose une comparaison implicite, une corrélation entre les temps des deux actions » (166m), il est clair que cette « comparaison implicite » n'est pas une métaphore ; ainsi est-il difficile de voir en 25/12 (« Lorsque (k) les soixante-dix ans seront révolus (*ml'*), je sévirai (*pqd*) contre le roi de Babylone ») un lien métaphorique entre les actions exprimées par *ml'* et *pqd*.

Lorsque k a une valeur comparative, on n'est pas encore sûr d'avoir affaire à une métaphore ; cette particule en effet est utilisée, avec la même valeur comparative, aussi bien dans les comparaisons (= sans changement isotopique) que dans les métaphores (= avec changement). En 31/31-32 par exemple, il s'agit d'une comparaison entre l'alliance que Dieu conclut avec les Israélites et l'alliance que Dieu a conclue avec les ancêtres de ces derniers : il n'y a pas de changement isotopique. Par contre, en 48/36, il s'agit d'une métaphore puisque le cœur est comparé à une réalité d'une autre isotopie (des flûtes). La même particule k se trouve utilisée dans les deux cas avec la même signification.

Dès lors la particule k apparaît comme un indice formel très relatif, *ni nécessaire* pour qu'il y ait métaphore (cf. toutes les métaphores courtes, qui n'utilisent pas de particules comparatives), *ni suffisant* puisque sa présence n'est pas forcément liée à un changement isotopique (c'est le cas dans les comparaisons).

On peut alors se demander si c'est dans la manière de l'utiliser, dans sa syntaxe, que le k métaphorique se distingue des autres ; en fait on découvre qu'il n'en est rien.

Dans une métaphore k peut être employé avec une autre particule (mais

---

16. Peu importe la forme proclitique ou séparée de cette particule ; en effet, on trouve aussi bien la forme séparée dans une métaphore (cf. 10/6, 7, 13/21, 15/18, 49/19, 50/26, 44) que dans un passage non métaphorique (cf. 30/7 et 41/17) ; de même pour la forme proclitique (cf. la suite).

cf. plus loin les métaphores avec deux particules). Si c'est la seule particule comparative de la métaphore, elle peut être suivie d'un pronom (10/7), d'un nom indéfini (4/13 : nuages), d'un nom avec article (4/13 : l'ouragan), d'un nom avec démonstratif (18/6), d'un nom avec suffixe (15/19), d'un nom à l'état construit (4/17), d'un nom avec relative (20/16), d'un nom propre (46/18), d'un infinitif (17/2) ; elle peut être utilisée avec valeur de conjonction (11/19 : « comme un agneau docile est mené à la boucherie », cf. J 174d) ; après k on peut sous-entendre un verbe qui reprend celui de la proposition principale (31/10 : « comme un berger (garde) son troupeau ») la particule k peut aussi être dédoublée en parallèle synonymique tel qu'on peut parler d'une seule métaphore avec un double k (51/38 : « comme des lionceaux, comme des petits de lion ») ; elle peut enfin être employée dans une construction prégnante (en 22/23 les souffrances de Jérusalem sont *kyldh* c'est-à-dire *khyl yldh*, comme les souffrances d'une accouchée, ce qui revient à comparer la ville à une accouchée = métaphore ; voir J 133h sur cette construction).

Ces différentes façons d'utiliser le k se retrouvent toutes dans les passages non métaphoriques : devant un pronom (30/7 : un jour comparé à un autre jour), un nom indéfini (6/23b : tous les hommes comme un seul homme), un nom avec article (c'est rare, mais on le trouve, cf. Lv 5/10 : « selon la règle »), un nom avec démonstratif (38/4 : « selon ces paroles »), un nom avec suffixe (17/10 : « d'après sa conduite »), un nom à l'état construit (24/2 : de figues comme des figues primeurs), un nom avec relative (31/32 : « comme l'alliance que... »), un nom propre (29/22), un infinitif (cf. plus haut pour le k temporel), avec valeur de conjonction (Abd 16 : les nations, comme elles n'ont pas été) ; suivie d'une proposition avec verbe sous-entendu semblable à celui de la principale (26/14 : faire comme il paraît bon « de faire ») ; particule dédoublée pour parallèle synonymique (17/10 : « selon sa conduite, selon le fruit de ses actes ») ; dans une construction prégnante (26/6, 9 : étant donné que Silo existe encore du temps de Jérémie, d'après 41/5, ce n'est pas Silo, mais le sanctuaire de Silo qui a été détruit ; de ce fait *kšlh* est une forme prégnante pour *kbyt šlh*, ce qui donne une comparaison entre deux sanctuaires de deux villes = sans changement isotopique).

Il n'y a donc pas de syntaxe de k propre aux métaphores, en sorte que le k métaphorique n'a rien de distinctif par rapport aux autres.

Dans la métaphore on peut noter que k ne se place pas n'importe où : il est toujours situé devant le métaphorisant.

Si l'on veut faire maintenant le décompte des emplois métaphoriques de k en Jérémie, on s'aperçoit que ce n'est pas chose aisée et que c'est même une tâche compliquée parfois par la présence-même de k ; c'est un comble ! Il est clair que le repérage de la métaphore ne se fait pas par le seul repérage d'un k ; il se fait surtout par le repérage d'un changement isotopique, que k accompagne et souligne, mais de là à être compliqué par la présence de k ! Pour s'en convaincre il suffit de considérer le k dans les constructions prégnantes ; ces constructions ne sont pas toujours faciles à repérer ; or, ce sont elles parfois qui font la différence entre comparaison et métaphore. Joüon donne 50/9 comme exemple de construction prégnante (J 133h) ; s'il a raison la phrase signifie alors que les flèches des soldats ennemis sont comme les flèches d'un soldat adroit (= « comme celles de »), il n'y a pas alors de changement isotopique et le verset est une comparaison[17]. Mais le propre de la construction prégnante est de n'être signalée par rien, en sorte que l'on peut aussi considérer ce verset comme non prégnant et traduire avec TOB par « leurs flèches sont comme un héros victorieux » ; dans ce cas il y a métaphore car il y a changement isotopique (flèches comparées à un homme)[18]. On voit bien que c'est la présence du k qui entraîne une double possibilité de lecture et donc que c'est le k qui entraîne une possibilité de confusion entre comparaison et métaphore. A propos de ce verset les commentaires se partagent ; Rudolph par exemple est d'avis que le k est prégnant et Bright pense le contraire. C'est dire à quel point la présence de k peut être source de confusion dans le repérage des métaphores.

Un exemple identique apparaît en 23/14 ; TOB considère qu'il y a dans ce verset une utilisation du k avec construction prégnante (« Tous sont devenus pour moi pareils *aux gens de* Sodome, ses habitants ressemblent à *ceux de* Gomorrhe ») ; pour BP ce n'est pas prégnant (« Eux tous sont devenus pour moi comme Sodome et les habitants de la ville comme Gomorrhe »). Si la construction est prégnante il s'agit d'une comparaison (= sans changement isotopique : habitants d'une ville comparés aux habitants d'une autre ville) ; si elle ne l'est pas il s'agit d'une métaphore, où des hommes sont comparés à une ville[19]. Sur le plan grammatical les deux explications sont possibles, ce qui montre encore une fois que la particule a ici, par sa présence, entraîné une possibilité de confusion entre métaphore et comparaison[20].

---

17. C'est la solution adoptée par Crampon (« Leurs flèches sont celles d'un guerrier habile ») et BP (« Leurs flèches sont celles d'un guerrier adroit ») qui suppriment même la particule.

18. Une telle métaphore est possible ; à noter qu'en Ps 127/4 c'est la métaphore inverse : enfants comparés à des flèches.

19. Il ne s'agirait pas là d'une métonymie puisque les villes auxquelles ces hommes seraient comparés ne sont pas celles où ils habitent. Comparer les Jérusalémites à Jérusalem serait métonymique, mais les comparer à Sodome et à Gomorrhe serait métaphorique. Une telle métaphore est tout à fait possible si l'on considère qu'en 1/18 et 20/16 un rapprochement métaphorique est fait entre un homme et une ville (1/18) ou des villes (20/16).

20. Pour en finir avec ce k prégnant dont la simple lecture ne suffit pas à dire si le passage est métaphorique ou pas, il faut avoir recours à l'exégèse pour parvenir à déterminer si le k est prégnant ou pas, ce qui ne place pas la particule au premier plan pour le repérage de la métaphore. En 50/9, il paraît difficile, si le k n'est pas prégnant, de penser que *des* flèches sont comparées à *un* guerrier ; il serait plus clair de parler *des* flèches et *des* guerriers (cf. Ps 127/4 où il s'agit d'enfants et de flè-

Si *k* est un indice formel désignant une métaphore, il est un indice de faible valeur en fin de compte, ni nécessaire, ni suffisant et parfois même source de confusion.

Pour donner une idée de l'importance de l'utilisation de *k* dans les métaphores, j'ajouterai que je dénombre 105 emplois de *k* dans les métaphores sur les 178 occurrences de cette particule en Jérémie. Ce dénombrement devra être justifié dans l'exégèse des textes ; il montre simplement que *k* est dans Jérémie la particule la plus utilisée dans les métaphores.

b) la particule *k'šr*

Si *k'šr* peut introduire une proposition comparative (J 174a), il peut aussi introduire une proposition temporelle (J 166n) ou causale (J 170k) ; c'est dire que *k'šr* n'est pas un indice suffisant pour déceler une métaphore. Sur les 28 emplois de *k'šr* en Jérémie, il s'en trouve deux à sens temporel (38/28 et 39/4), aucun à sens causal et 26 à sens comparatif (2/36, 5/19, 7/14, 15, 12/16, 13/5, 11, 17/22, 18/4, 19/11, 23/27, 26/11, 27/13, 31/28, 32/42, 39/12, 40/3, 42/2, 18, 43/12, 44/13, 17, 30, 48/13, 50/15, 18).

Sur les 26 emplois comparatifs de *k'šr*, pour 3 seulement on peut observer un changement isotopique et parler de métaphore (13/11, 19/11 et 43/12). Par exemple, en 2/36, les mentions de l'Égypte et de l'Assyrie (« Tu auras honte de l'Égypte comme tu as eu honte de l'Assyrie ») relèvent de la même isotopie ; en 13/11, par contre, il y a changement isotopique dans la description d'Israël comme une ceinture (« De même qu'on attache une ceinture à ses hanches, je m'étais ainsi attaché tous les gens d'Israël et tous les gens de Juda »).

Sur les 3 métaphores, 2 font intervenir une autre particule et seront étudiées plus loin (13/11 et 19/11). Seul 43/12 utilise *k'šr* seul. On peut observer que dans ce passage *k'šr* y est employé avec après lui une reprise du verbe de la principale ; le sens de ce verbe est discuté (« s'envelopper » ou « épouiller »), mais peu importe, c'est la syntaxe de *k'šr* qui intéresse ici : « Nabuchodonosor s'enveloppera du/épouillera le pays d'Égypte comme le berger s'enveloppe du/épouille son vêtement ». Cette manière d'utiliser *k'šr* se rencontre aussi dans les comparaisons (cf. 2/36, cité plus haut, avec

---

ches) ; je crois donc, avec Joüon, qu'en 50/9 le *k* est prégnant et que des flèches sont comparées à d'autres flèches (« celles de ») : le passage n'est donc pas métaphorique. En 23/14 ce qui est dit des prophètes et des Jérusalémites porte sur l'adultère et le mensonge, ce qui invite à penser que le rapprochement est fait avec d'autres personnes adultères et mensongères, à savoir les habitants de Sodome et Gomorrhe, et non avec ces villes, pour lesquelles il est difficile de dire (sinon métonymiquement) qu'elles sont adultères et mensongères. Je crois donc qu'en 23/14 les *k* sont prégnants et qu'il n'y a pas métaphore. Par contre ce qui est dit en 1/18 de Jérémie semblable à une ville fortifiée porte sur l'invincibilité, ce qui peut bien être dit d'une ville comme d'un homme. De même en 20/16 le point de ressemblance entre un homme et des villes (aussi Sodome et Gomorrhe) porte sur le « chamboulement », ce qui peut être dit d'un homme comme d'une ville.

reprise du verbe *bwš*). La différence entre comparaison et métaphore n'apparaît donc pas ici dans la syntaxe de *k'šr* mais dans le changement d'isotopie, qui se manifeste par un changement de sujet en 43/12, alors qu'en 2/36 le sujet des deux propositions est le même. De toute manière ce n'est pas *k'šr* qui permet de découvrir le changement isotopique ; la syntaxe de *k'šr* dans la métaphore n'offre rien de particulier.

Comme *k*, *k'šr* est un indice formel qui n'est *ni nécessaire* (puisqu'un bon nombre de métaphores s'en passent) *ni suffisant* (puisqu'on le trouve ailleurs que dans les métaphores). Comme *k* aussi, il est toujours placé devant le métaphorisant.

c) la préposition *mn*

Sauf erreur ou omission, la préposition *mn* (séparée ou proclitique) se trouve 550 fois dans Jérémie ; j'en donne la liste des emplois car cela ne se trouve pas dans les Concordances : 1/1, 5, 8, 13, 14, 17, 2/5, 6, 15, 20, 25bis, 35, 36bis, 37, 3/1, 4, 9, 11, 14bis, 18, 19, 20, 23, 24, 25, 4/1, 4, 6, 7ter, 8, 12, 13, 14, 15bis, 16, 17, 26bis, 28, 29, 5/3bis, 6bis, 15bis, 22, 25, 6/1bis, 8, 13bis, 20bis, 22bis, 25, 29, 7/1, 7, 12, 15, 22, 25bis, 26, 28, 32, 34bis, 8/1, 3bis, 10bis, 16bis, 19, 9/1, 2, 3, 6, 9bis, 10, 11, 18, 20bis, 21, 10/2bis, 3, 5, 6, 7, 9bis, 10, 11bis, 13bis, 14bis, 17, 22, 11/1, 4bis, 7, 11, 15, 19, 20, 12/2, 4, 12, 13bis, 14bis, 13/6bis, 7, 14, 17, 20, 25, 14/16, 15/1, 7, 8, 12, 17, 19, 21bis, 16/5, 9, 12, 13, 14, 15bis, 16bis, 17bis, 19, 17/4, 5, 8, 9, 12, 16, 22, 26sex., 18/1, 8, 11, 14, 18ter, 22, 23, 19/1bis, 11, 14, 20/3ter, 8, 10bis, 12, 13, 17, 18, 21/1, 2, 4, 7ter, 12bis, 22/2, 11, 19, 20, 21, 22, 24, 25, 30, 23/3, 7, 8bis, 9bis, 10, 14, 15, 16, 22bis, 23bis, 30, 39, 24/1, 2, 3, 4, 8, 10, 25/3, 5ter, 10, 15, 16, 17, 27, 28, 29, 30bis, 32bis, 33, 35bis, 37, 38bis, 26/1, 3bis, 9, 10, 17, 20, 23, 27/1, 10, 16, 20, 28/1, 3, 6, 8, 10, 11, 12, 16, 29/1bis, 2, 4, 14ter, 17, 20, 22, 30/1, 7bis, 8, 10bis, 17, 19, 21bis, 31/3, 8bis, 10, 11bis, 13, 16ter, 20, 32, 36bis, 37, 38, 32/1, 4, 9, 17, 21, 24, 27, 30, 31bis, 37, 40bis, 43, 33/5, 8, 10quinq., 12, 18, 21, 24, 26bis, 34/1, 3, 8, 12, 13bis, 14bis, 21, 22, 35/1, 4, 11bis, 15, 36/1, 2bis, 3, 4, 6bis, 7, 9, 11, 17, 18, 21bis, 27, 29, 32, 37/5bis, 9, 11bis, 12bis, 17, 21bis, 38/8, 9, 10bis, 11, 12, 13, 14, 18, 23, 25, 27, 39/10, 14, 17, 40/1bis, 4, 7bis, 9, 12, 41/1, 5ter, 6, 9, 14, 15, 16ter, 18bis, 42/1, 2, 4, 7, 8, 11quater, 16bis, 17, 43/5, 10, 12, 44/3, 5, 7, 12, 17, 18, 19, 22ter, 23, 28ter, 45/1, 46/5, 10bis, 16, 19, 20, 23, 25, 27bis, 47/2, 3ter, 48/2, 3, 9, 10, 11bis, 13bis, 18, 21, 27, 32, 33ter, 34bis, 42, 44bis, 45ter, 49/5, 7, 14, 16, 19bis, 21, 29, 32, 36, 38, 50/3bis, 6, 8bis, 9bis, 13, 16bis, 26, 28, 41bis, 44bis, 46, 51/2, 5ter, 6, 7, 16bis,, 17bis, 26, 29, 31, 34, 37, 44, 45bis, 48, 50bis, 53, 54bis, 55, 62, 64, 52/1, 3, 7, 8, 15, 16, 20, 23, 25bis, 27, 29, 31, 32, 34.

Comme les particules déjà étudiées, *mn* est employé dans des sens différents (cf. J 133e pour séparation, matière, partitif, 170i pour la cause, 132d pour l'agent). Comme les particules déjà étudiées *mn* n'est aussi ni nécessaire, ni suffisant pour dire qu'il y a métaphore. Ce qui nous intéresse ici est son emploi pour la comparaison de supériorité ; or, cet emploi est fort rare dans Jérémie ; il ne se trouve que 4 fois (4/13, 5/3, 15/8 et 46/23) :

tous ces emplois sont métaphoriques non pas uniquement par la présence de la particule, mais par le changement isotopique que l'on observe et que *mn* accompagne et souligne. Comme k et k'$\check{s}r$, la préposition *mn* se place toujours devant le métaphorisant. Du point de vue de la syntaxe, il n'y a encore rien de particulier à noter, pas de différences entre les emplois dans les métaphores et les autres. Dans les quatre passages métaphoriques *mn* est toujours proclitique, précédant un nom indéterminé, mais un tel emploi se rencontre aussi dans des passages non métaphoriques (cf. 1/5, 2/25, 3/11...).

d) la particule *kkh*

On trouve 5 fois *kkh* en Jérémie (13/9, 19/11, 22/8, 28/11, et 51/64). Cet adverbe signifiant « ainsi » n'a pas forcément une valeur comparative ; c'est le cas, une seule fois en Jérémie, en 22/8 : « Pourquoi le Seigneur a-t-il agi *ainsi* ? »

Dans les 4 autres emplois, on trouve *kkh* utilisé en début de discours, après une action décrite, avec laquelle une comparaison est établie ; cette comparaison est métaphorique en 13/9, 19/11 et 51/64, mais elle ne l'est pas en 28/11 (un joug est comparé à un autre joug, ce qui ne constitue pas de changement isotopique) ; la différence entre les deux ne vient pas d'une utilisation différente de *kkh*. Le meilleur exemple est donné par 19/11 et 28/11 : dans les deux cas *kkh* est suivi du même verbe *šbr* qui est chaque fois une reprise du verbe du récit précédent (*šbr* en 19/10 et 28/10) ; la syntaxe est identique, pourtant 19/10-11 est métaphorique, parce qu'il y a changement isotopique (Israël comparé à une gargoulette), et 28/10-11 ne l'est pas (joug comparé à un joug) ; *kkh* n'est pour rien dans cette différence entre les deux textes.

kkh est toujours placé devant le métaphorisé.

On peut dire pour l'instant à propos des métaphores avec une seule particule, que la particule utilisée n'est jamais exclusive des métaphores et n'est jamais un indice suffisant pour permettre de repérer ce qui est métaphorique de ce qui ne l'est pas. *k*, *k*'*šr*, *mn*, *kkh* ne sont pas utilisés avec des syntaxes différentes s'il s'agit d'un texte métaphorique ou pas. *k*, *mn* et *k*'*šr* sont toujours placés devant le métaphorisant et *kkh* toujours devant le métaphorisé.

LES MÉTAPHORES AVEC DEUX PARTICULES DIFFÉRENTES

Dans le livre de Jérémie, on trouve parfois deux particules différentes combinées dans une même métaphore ; les combinaisons ainsi offertes sont peu nombreuses.

a) *k* suivi de *kn*

La construction *k*... *kn* se rencontre 9 fois en Jérémie (2/26, 5/27, 6/7, 18/6, 24/5, 8, 34/5, 42/5, 20). Cette construction n'est pas propre aux métaphores, puisqu'en 6 passages seulement (2/26, 5/27, 6/7, 18/6, 24/5, 8) il y a changement isotopique. Par exemple, 5/27 (« Comme un panier est plein d'oiseaux, ainsi leurs maisons sont pleines de rapines ») est métaphorique, mais 34/5 (« Comme les fumigations de tes pères... ainsi on fera des fumigations pour toi (Sédécias) ») ne l'est pas (sans changement isotopique).

Que la phrase soit métaphorique ou pas, la syntaxe de la construction est la même ; *k* est suivi d'un nom avec un prédicat dans les métaphores (2/26, 5/27, 18/6, 24/5, 8) comme dans les autres textes (34,5, 42/5, 20) ; il peut être suivi d'une proposition à l'infinitif en 6/7 (métaphorique), comme c'est le cas aussi en 1 S 9/13 (non métaphorique). *kn* introduit l'apodose dans les métaphores (2/26, 6/7, 24/5) comme dans les autres textes (34/5, 42/5, 20) ; le verbe de cette proposition peut être la reprise d'un terme de la même racine présent dans la protase ; cela se rencontre dans les métaphores (*bwš* en 2/26, *qrr* en 6/7) mais pas dans toutes (cf. 24/5) et cela se rencontre aussi dans les textes non métaphoriques (ainsi il y a reprise de *śrp* en 34/5, mais pas de reprise en 42/5, 20). *kn* peut aussi être suivi d'une apodose nominale dans les métaphores (5/27, 18/6, 24/8), comme dans les autres textes (cf. 2 S 14/17).

Étant donné que *k* est toujours devant le métaphorisant, *kn* est toujours devant le métaphorisé.

b) *(k)'šr* suivi de *kn*

Cette construction se trouve 7 fois dans Jérémie (5/19, 13/11, 19/11-12, 31/28, 32/42, 39/12, 42/18) ; elle n'est pas propre aux métaphores : seuls en effet 13/11 et 19/11-12 sont métaphoriques (des hommes comparés à une ceinture en 13/11 ou à une gargoulette en 19/11-12). Dans ces deux passages métaphoriques *k'šr* et *kn* introduisent protase et apodose, comme c'est le cas aussi dans les textes non métaphoriques (5/19, 31/28, 32/42, 39/12, 42/18). Il peut y avoir un verbe identique dans ces deux propositions, mais cela se trouve dans les métaphores (13/11 : *dbq*), comme dans les autres passages (*'bd* en 5/19, *šqd* en 31/28...). Dans la métaphore de 19/11-12 les verbes diffèrent, mais c'est le cas aussi dans le texte non métaphorique de 39/12.

De cette construction en *k'šr... kn* on peut rapprocher celle en *'šr... kn* que l'on peut considérer comme identique (J. 174f, GK 161b). Cette dernière construction ne se trouve que deux fois dans l'AT (Jr 33/22 et Es 54/9), mais *'šr* y a exactement la même fonction et la même signification que *k'šr*. Le texte de Jérémie est métaphorique (descendance comparée aux étoiles et au sable), celui d'Esaïe ne l'est pas (serment de Dieu comparé à un autre serment de Dieu) ; en Jr 33/22 le verbe après *'šr* n'est pas le même que ceux qui suivent *kn*, comme cela peut aussi se trouver dans la construction en *k'šr... kn*, que les textes soient métaphoriques ou pas.

L'ordre dans la construction est toujours le même : *(k)'šr* est suivi du métaphorisant et *kn* du métaphorisé.

c) *kh* suivi de *k*

Cette construction est extrêmement rare : on ne la trouve que deux fois dans l'AT (Jr 23/29 et Es 24/13) et ces deux passages sont métaphoriques.

Dans les deux cas la construction est suivie d'un deuxième *k*, qui introduit un deuxième métaphorisant, en sorte que *kh* introduit un métaphorisé qui est commun aux deux métaphorisants suivants, ce qui donne la construction suivante : *kh* + métaphorisé commun, *k* + métaphorisant, *k* + nouveau métaphorisant.

Il serait risqué de généraliser à partir de ces deux seuls textes ; la construction est trop rare pour qu'on puisse dire qu'elle est significative des métaphores ; ceci d'autant plus si l'on note que la construction inverse (*k*... *kh*) se rencontre deux fois, en Nb 11/31 qui est un texte non métaphorique.

d) *'kn* suivi de *kn*

Cette construction que l'on trouve en 3/20 pour une métaphore (peuple comparé à une femme) est unique dans l'AT, en sorte qu'il n'est pas possible de dire si la même construction pourrait exister dans une phrase non métaphorique. Je ne me hasarde pas à plus avec cet hapax.

L'ordre dans la construction est le suivant : *'kn* suivi du métaphorisant et *kn* du métaphorisé.

PASSAGE AVEC PLUS DE DEUX PARTICULES DIFFÉRENTES

Un seul passage est à examiner ici : 19/11-12, où l'on trouve dans l'ordre suivant *kkh*, *k'šr*, *kn* et *k*. Dans tous les commentaires et traductions que j'ai pu consulter, on considère que le verset 11 présente la construction *kkh*... *k'šr*, ce qui laisse pour le verset 12 la construction *kn*... *k*, à moins que l'on ne construire ainsi : *kkh*... *k'šr*... *kn*, puis *k*. La traduction de Darby me paraît significative : « Je briserai ainsi (*kkh*) ce peuple et cette ville, comme (*k'šr*) on brise un vase de potier (...) Je ferai ainsi (*kn*) à ce lieu (...) pour rendre cette ville semblable (*k*) à Topheth ». Il est difficile de dire, d'après cette construction, si *kn* est rattaché à ce qui précède ou à ce qui suit, mais il est clair que Darby rattache *k'šr* à *kkh*. Un tel découpage me paraît fautif : jamais, en effet, dans l'AT on ne trouve la construction *kkh*... *k'šr* ; par contre, comme on l'a vu, on trouve souvent *kkh* en début de discours, avec renvoi à ce qui est décrit dans le récit précédent (Dt 25/9, Jr 13/9, 28/11, 51/64, Ez 4/13, Est 6/9, 11, Neh 5/13). On a vu plus haut que le verbe après *kkh* peut être une reprise d'un verbe du récit, ce qui est le cas ici comme en 13/9, 28/11, Ez 4/13, Neh 5/13. Il faut donc ici rattacher *kkh* à ce qui précède et non au *k'šr* suivant. Il en résulte alors que *k'šr* est à considérer comme construit avec le *kn* suivant, ce qui est une construction fréquente déjà vue. Quant au *k* de la fin du verset 12, il ne peut être rattaché au *kn* précédent ; la construction *kn*... *k* est extrêmement rare (Ex 10/14, Esd 10/12) et, qui plus est, ce n'est pas exactement la même qu'ici, car en Ex 10/14 et Esd 10/12 il n'y a pas de waw entre *kn* et *k*, comme c'est le cas ici. En fait, *k* introduit ici une nouvelle comparaison (le Tophet) différente de celle qui précède (le vase) et construite avec *ntn* comme on le rencontre souvent (cf. 26/6 et 29/17).

En conclusion, 19/11-12 est à traduire ainsi : « C'est *ainsi* (= comme le geste dont il a été question en 19/10) que je briserai ce peuple et cette ville. *De même que* l'on brise le vase du potier qui (...) *de même* ferai-je pour ce lieu (...) afin de rendre cette ville *comme* le Tophet ». Cela dit, il y a deux métaphores et une métonymie dans ce passage : le peuple comparé à la gargoulette, puis les Jérusalémites comparés au vase du potier (= métaphore parallèle) et enfin le contenant (Jérusalem) traité comme le contenu (Tophet), qui est, pour être plus exact, une comparaison avec relation métonymique.

L'erreur des exégètes et traducteurs sur ce passage me semble venir de la ponctuation qui sépare $k\overset{\vee}{s}r$ de kn, mais aussi du triple emploi du verbe $\overset{\vee}{s}br$; au lieu de rapprocher le deuxième $\overset{\vee}{s}br$ (qui suit kkh) du troisième (qui suit $k\overset{\vee}{s}r$), il faut rattacher le $\overset{\vee}{s}br$ qui suit kkh au premier $\overset{\vee}{s}br$, celui du récit précédent. Ce qui a pu enfin être source d'erreur, c'est la présence en 11b d'une glose repérable d'après la LXX (cf. plus loin l'exégèse de ce texte).

Bref, il n'y a pas en Jérémie de métaphores avec plus de deux particules comparatives différentes.

Avec l'étude des particules comparatives nous avons fait le tour des métaphores longues. Certains de ces passages vont être repris dans l'analyse des tournures comparatives (si par exemple certaines de ces tournures sont bâties avec la particule k) ; mais pour l'instant disons que dans les métaphores, qu'il y ait une ou deux particules différentes, le seul emploi de ces particules ne suffit pas à permettre de repérer une métaphore, puisqu'on peut trouver ces particules employées de la même façon pour des textes non métaphoriques. Les seules constructions qui pourraient être propres aux métaphores ($kh... k... k...$ et $'kn... kn$) sont en fait trop peu utilisées dans l'AT pour que l'on puisse réellement se prononcer.

Si les particules ne sont *pas suffisantes*, si elles ne sont *pas* forcément *nécessaires* (cf. les métaphores courtes), c'est que le changement isotopique, indispensable dans le fait métaphorique, peut se passer des particules. Toutefois, on a pu noter, d'une part, que ces particules accompagnent et soulignent le changement isotopique, et, d'autre part, que certaines (k, $k\overset{\vee}{s}r$, mn et $'kn$) introduisent toujours le métaphorisant et jamais le métaphorisé, alors que les autres (kn, kkh et kh) sont toujours liées au métaphorisé et jamais au métaphorisant, en sorte qu'on peut parler d'une spécialisation des particules au regard du métaphorisant et du métaphorisé.

Ni nécessaires, ni suffisantes pour le fait métaphorique, les particules accompagnent cependant le changement isotopique qu'elles soulignent.

LES TOURNURES COMPARATIVES

Il existe en hébreu différentes tournures pleines d'intérêt pour la recherche des indices formels qui nous occupe ici ; l'emploi de $dmh\ l$ par exemple (Es 1/9, 46/5...) ou $dmh\ 'l$ (Ez 31/2, 8...) ; de même aussi des expressions avec le verbe $\overset{\vee}{s}wh$ ou le hiphil de $m\overset{\vee}{s}l$. Cependant, étant donné que Jérémie n'emploie pas ces expressions-là, je ne les étudierai pas ici ; je m'en tiendrai aux seules expressions présentes dans le livre de Jérémie et qui sont les suivantes :

a) *ntn* + accusatif et *l*

Parmi ces tournures que l'on peut considérer comme relais pour passer du métaphorisé au métaphorisant, sans que cette tournure fasse vraiment partie de l'isotopie de l'un ou de l'autre, la plus utilisée est *ntn* + un accusatif + *l*[21]. Cette tournure se trouve 62 fois dans Jérémie : 1/5, 18, 3/15, 19, 5/14, 7/7, 14, 8/10, 9/10, 12, 11/5, 12/10, 13/16, 14/13, 15/4, 9, 13, 20, 16/13, 15, 17/3, 4, 18/21, 19/7, 20/4, 21/8, 22/13, 23/39, 24/7, 9, 10, 25/5, 18, 31, 26/4, 6, 24, 27/5, 6, 28/14, 29/6, 11, 18, 30/3, 16, 31/35, 32/22, 39, 34/17, 35/5, 15, 37/21, 39/10, 14, 40/5, 11, 42/12, 43/3, 44/10, 45/5, 48/9, 51/25. Il s'agit toujours ici du qal de *ntn*, car cette tournure ne peut avoir un sens comparatif qu'à cette conjugaison.

La plupart du temps (40 fois) cette formule est une simple formule de don ou d'attribution, sans la moindre valeur métaphorique (1/5, 3/15, 19, 7/7, 14, 8/10, 9/12, 11/5, 13/16, 14/13, 15/9, 16/13, 15, 17/4, 18/21, 21/8, 22/13, 23/39, 24/7, 10, 25/5, 31, 26/4, 27/5, 6, 28/14, 29/6, 11, 30/3, 32/22, 39, 35/5, 15, 37/21, 39/10, 40/5, 11, 42/12, 44/10, 48/9). Dans 3 passages c'est un infinitif à sens final qui suit le lamed (26/24, 39/14, 43/3) : passages non métaphoriques.

Dans les 19 derniers cas cette tournure est une formule de transformation d'une chose ou personne en une autre. A cette tournure peut se joindre un deuxième lamed (d'attribution) (c'est le cas en 1/18, 15/4, 20, 19/7, 20/4, 24/9, 26/6, 29/18, 31/35, 34/17, 45/5), mais peu importe ici, où seule la tournure de transformation m'intéresse. L'important est de noter que cette tournure peut dénoter une transformation réelle ou métaphorique : « Je ferai de toi (= Jérémie) une ville fortifiée » (1/18) est métaphorique, mais « Je ferai de leurs cadavres (= des Israélites) une nourriture pour les oiseaux » (19/7) ne l'est pas, alors que sur le plan formel la tournure est rigoureusement la même. Aucun indice syntaxique n'est donné pour distinguer ce qui est métaphorique de ce qui ne l'est pas ; on peut ainsi noter que dans un cas comme dans l'autre le nom qui suit le lamed est toujours indéfini[22]. Ce n'est que devant une différence isotopique, accompagnée d'une certaine incohérence, que je peux parler de métaphore. On peut donc retenir ici comme telles les passages suivants : 1/18 (où Jérémie devient une ville, une colonne et un mur), 5/14 (où les paroles de Dieu deviennent du feu), 15/20 (où Jérémie devient un mur), 20/4 (où Pašḥour devient un épouvantail). Les pas-

---

21. Peu importe pour l'instant l'ordre de l'accusatif et du *l*.

22. Il s'agit là sans doute de la principale différence avec le lamed d'attribution qui est suivi, lui, le plus souvent d'un nom défini (article, suffixe) ou d'un nom propre. On peut aussi noter comme autre particularité de ce lamed de transformation, par rapport au lamed d'atrribution, qu'il se place (en tout cas chez Jérémie) toujours après l'accusatif de *ntn*, même si ce verbe est déplacé (comme en 15/13, 17/3, 26/6, 30/16), ce qui n'est pas forcément le cas pour le lamed d'attribution. Mais, de toute manière, pour ce qui est du seul lamed de transformation, l'ordre des mots n'est pas changé si la transformation est réelle ou métaphorique.

sages restants ne sont pas métaphoriques à cause d'une certaine contiguïté isotopique qui n'entraîne aucune incohérence (9/10, 12/10, 15/4, 13, 17/3, 19/7, 24/9, 25/18, 26/6, 29/18, 30/16, 31/35, 34/17, 45/5, 51/25)[23].

Comme pour les particules, on peut dire que cette tournure n'est *ni nécessaire*, puisque toutes les métaphores ne l'utilisent pas, *ni suffisante*, puisqu'elle se trouve aussi dans des textes non métaphoriques. Comme les particules aussi, elle accompagne le changement isotopique ; le lamed introduit toujours le métaphorisant et l'accusatif est réservé au métaphorisé.

b) *ntn* + accusatif et *k*

Comme dans la tournure précédente *ntn* est au qal. On trouve 3 fois dans Jérémie la tournure *ntn* + accusatif + *k* (19/12, 26/6 et 29/17). L'ordre des mots y est toujours le même : verbe, complément d'objet puis nom avec la particule *k*. Le nom qui suit la particule n'est jamais indéfini (article en 29/17, nom propre dans les deux autres passages). Aucune différence formelle n'est à noter, pourtant seul 29/17 est métaphorique (des hommes comparés à des figues) et pas les autres (19/12 et 26/6 ont déjà été étudiés ; cf. plus haut p. 27 et 33).

Encore une fois, cette tournure n'est pas exclusive des métaphores et cet indice formel n'est pas suffisant. Dans le texte métaphorique le *k* introduit le métaphorisant et l'accusatif est utilisé pour le métaphorisé.

c) *ntn* avec double accusatif

Le verbe *ntn* est encore au qal. Cette tournure se rencontre 9 fois dans Jérémie : 1/5, 5/14[24], 6/27, 8/23, 9/1, 10*bis*, 29/26, 49/15.

D'accord avec J 125bN2 on peut dire que l'accusatif suffixe de 9/1 a valeur de datif, en sorte qu'il s'agit dans ce verset d'une formule d'attribution. Dans les 8 autres occurrences cette tournure dénote le passage d'une situation à une autre, ou la transformation d'une chose en une autre. La

---

23. Tous ces passages non métaphoriques ne sont pas faciles à classer, car on peut hésiter parfois sur le sens à donner à la tournure : transformation ou bien attribution. C'est le cas, par exemple pour 15/13 et 17/3, où l'on peut voir une formule de transformation (transformer les trésors en objet de pillage) ou d'attribution (livrer les trésors au pillage) ; de même en 15/4, 24/9, 29/18, 34/17, où il peut s'agir de transformation (quelqu'un en sujet de raillerie) ou d'attribution (livrer quelqu'un à la raillerie). On peut aussi noter que 51/25 et 12/10 se trouvent dans des métaphores, mais dans la description du métaphorisant et non pour passer du métaphorisé au métaphorisant, ce qui ne peut constituer un indice formel pour le repérage de la métaphore.

24. On peut avec Condamin ne pas faire dépendre *wh'm hzh'ṣm* de *ntn*, mais avec Rudolph je rattache ces mots à ce verbe, même si les mots précédents sont construits avec lamed. Cette double construction de *ntn* se retrouve, à peu de choses près, en 9/10a, où l'on a « je transformerai Jérusalem en tas de pierres » (avec lamed) et « je transformerai Jérusalem en repaire de chacals » (sans lamed). Je traduis donc 5/14 par « je transformerai ce peuple en bouts de bois » et non par « ce peuple sera des bouts de bois » (avec verbe « être » sous-entendu). Je retiens donc ce texte pour la tournure étudiée.

tournure signifie ainsi : « faire que a (un des accusatifs) devienne b (l'autre accusatif) ». L'ordre des accusatifs est variable : a-b, comme 9/10[b] (« je ferai des villes de Juda une désolation »), 5/14, 8/23, 29/26, 49/15, mais aussi b-a, comme en 1/5 (« un prophète je ferai de toi ») et 6/27. En outre, on peut noter que a est toujours défini et b toujours indéfini. Telle est donc, me semble-t-il, la syntaxe de cette tournure, en tout cas chez Jérémie. Or certains de ces passages sont métaphoriques et d'autres pas, sans que la syntaxe ainsi dégagée aide à distinguer les passages métaphoriques des autres ; ainsi « je ferai de ce peuple du bois » (5/14) est métaphorique, de même que 6/27, 8/23, et « je ferai des villes de Juda une désolation » 9/10[b] ne l'est pas, de même que 1/5, 29/26, 49/15. C'est finalement la logique du texte, plus encore que le changement isotopique, qui permet de déceler la métaphore, mais en tout cas pas la tournure elle-même. *nby'... nttk* (1/5) et *bḥwn nttk* (6/27) ont une construction identique ; Jérémie pourrait bien être à la fois « prophète » et « essayeur de métaux » et exercer les deux métiers, de même qu'Amos pouvait passer pour prophète tout en exerçant un autre métier (cf. Am 7/14). Si Jér 6/27 est métaphorique, alors que 1/5 ne l'est pas, c'est à cause de ce qui est dit dans la suite de la phrase et en 6/28-30. On voit donc clairement que la tournure utilisée n'a pas permis de déceler la métaphore. Il s'ensuit que cet indice formel est encore une fois insuffisant, comme il n'est pas exclusif pour la métaphore.

Telles sont, me semble-t-il, les seules tournures comparatives utilisées par Jérémie ; encore une fois, il en existe d'autres en hébreu (ainsi avec les verbes *šyt* ou *śym* à la place de *ntn*, dans le sens de « faire d'une chose ou d'une personne une autre chose ») mais Jérémie ne les utilise pas pour les métaphores. Pour celles qu'il utilise, on peut dire qu'aucune n'est nécessaire ou suffisante pour le repérage de la métaphore. Nous en arrivons à la même conclusion que pour les particules.

Pour ce qui est des indices formels, on peut conclure, aussi bien pour les particules que pour les expressions, qu'aucun de ces indices n'est exclusif pour la métaphore, aucun n'est suffisant pour permettre de repérer la métaphore, il faut toujours que l'indice formel soit accompagné d'un changement isotopique et ce changement est souligné par la particule ou par la tournure comparative.

Les indices syntaxiques

En dehors des cas où la métaphore se signale par la présence d'une ou de plusieurs particules comparatives, la métaphore peut se signaler par une sorte de surcharge au niveau de la phrase ; le plus souvent cette surcharge est une simple apposition. « Surcharge de la phrase », « apposition », c'est ce que j'appelle un indice syntaxique. Les cas sont peu nombreux ; je ne peux encore que les énumérer.

11/4 est le meilleur exemple d'*apposition métaphorique* : « Au jour où je les ai fait sortir du pays d'Égypte, de la fournaise de fer » ; le même objet est ici désigné deux fois : une première fois réellement (pays d'Égypte), une deuxième fois métaphoriquement (fournaise de fer) ; ces deux désignations ont dans la phrase la même fonction grammaticale ; métaphorisé et métaphorisant sont en apposition, avec reprise asyndétique de la préposition *mn*. L'apposition est ici clairement un indice syntaxique qui signale la métaphore.

En 17/13 nouvelle claire apposition au niveau du complément : « car ils abandonnent la fontaine d'eau vive, le Seigneur » ; l'ordre est inversé cette fois : le métaphorisant est nommé avant le métaphorisé, mais les deux ont la même fonction grammaticale, même si la particule *'t* ne se trouve qu'une fois (devant le métaphorisé) ; l'apposition est encore asyndétique ; elle souligne bien le changement isotopique.

En 2/13 la phrase est presque identique à celle de 17/13 : « moi ils abandonnent la fontaine d'eau vive » ; même fonction grammaticale pour métaphorisant et métaphorisé avec, comme en 17/13, la particule *'t* pour le seul métaphorisé. Comme en 11/4 c'est le métaphorisant qui est en apposition. Cependant il n'y a pas ici stricte juxtaposition des compléments, puisque le verbe s'intercale entre eux. Je parlerai donc ici, si c'est possible, d'apposition indirecte.

En 9/2 (« ils bandent leur langue, leur arc ») toutes les caractéristiques de l'apposition sont présentes : apposition asyndétique, même fonction grammaticale. On peut remarquer que le métaphorisant est nommé en second et que *'t* ne se trouve que devant le métaphorisé.

En 6/28 « bronze et fer » apparaît comme apposition du sujet (*klm*, au début du verset) dont il est disjoint : il y a apposition indirecte. Cependant, nous sommes tributaires ici de la ponctuation massorétique ; sans elle, « bronze et fer » serait alors directement apposé, asyndétiquement, au deuxième *klm*, qui reprend le premier, en sorte que l'apposition métaphorique directe serait en ordre inverse : métaphorisant, métaphorisé : « bronze et fer, tous ils sont corrompus ».

En 23/19 (= 30/23) il y a apposition du sujet : « la tempête du Seigneur, la colère jaillit » ; l'apposition est directe, asyndétique, avec le métaphorisant en premier. La suite du verset montre bien que le mot « tempête » désigne un phénomène atmosphérique métaphorisant la colère ; l'apposition souligne ici le changement isotopique.

En 25/15 c'est au niveau du complément de nom qu'il y a apposition (« prends cette coupe de vin, de colère ») ; le métaphorisé suit directement, asyndétiquement, le métaphorisant ; les deux, avec article, dépendent de « coupe » à l'état construit.

Le dernier cas à envisager est discutable : en 2/21 on peut en effet hésiter entre apposition et double accusatif. On peut penser au double accusatif, à cause d'Es 5/2, qui est à l'arrière-plan et qui avec le même verbe *nṭ'* présente une construction avec double accusatif : le suffixe *hw* de ce verbe renvoyant à *krm* et désignant le terrain qui est planté, puis *śrq* désignant ce qui est planté sur ce terrain ; chacun des accusatifs en Es 5/2 a sa fonc-

tion propre dans l'expression, en sorte qu'il s'agit bien là d'un double accusatif et non d'une apposition. En Jr 2/21 le suffixe de *nt'* désigne la femme
décrite au verset précédent ; il désigne le métaphorisé ; avec l'accusatif suivant qui désigne un plant de vignes (*śrq*) il y a changement d'isotopie ; reste
à savoir, cependant, à quoi la femme est comparée pour déterminer s'il y
a double accusatif ou apposition. Si la femme est comparée à un vignoble
(un terrain), il y a alors double accusatif, sur le modèle d'Es 5/2. Si la femme
est comparée à un plant de vigne (une plante), il y a alors apposition, car
śrq désigne une espèce de plant de vigne. La suite du verset permet de trancher : il y est dit que la femme est devenue *gpn*, c'est-à-dire pied de vigne
et non vignoble, plante et non terrain ; c'est dire que la femme était déjà
comparée à une plante (devenue une autre plante) et non à un terrain. Malgré la grande proximité des images, l'image de Jérémie n'est pas tout à fait
la même que celle d'Esaïe et l'expression avec *nt'* n'est pas utilisée de la même
manière dans les deux passages ; en Es 5/2 il y a double accusatif et en
Jr 2/21 apposition[25]. Dans cette apposition le lien métaphorisé métaphorisant est le même qu'en 2/13 : « Ils ont abandonné moi, fontaine », « J'ai
planté toi, plant délicieux ». La métaphore se signale donc ici par une apposition du métaphorisant au métaphorisé, mais il faut reconnaître que pour
les contemporains de Jérémie, qui avaient Es 5 en tête, cet indice syntaxique pouvait difficilement être remarqué, d'autant plus que la précision (*gpn*
plutôt que *krm*) n'apparaît que dans la suite du verset. A cause du contexte
culturel de cette métaphore il y a équivoque, mais une lecture attentive permet de classer ce passage dans les appositions, comme métaphore avec indice
syntaxique.

Tels sont les passages ou une apposition sert d'indice pour faire remarquer la métaphore. On peut ranger ces passages en deux groupes, suivant
que le métaphorisant est nommé en premier ou en second :

— le métaphorisant est nommé en premier en 17/13 (la fontaine),
23/19, 30/23 (la tempête) et 25/15 (le vin). On peut noter que, dans tous
ces passages, Rudolph (dans les notes de la BHS) soupçonne une glose et
que c'est chaque fois la mention du métaphorisé qui est mise en doute.
L'apposition, la surcharge du texte, apparaît comme douteuse et non comme
indice facilitant le repérage de la métaphore. Si glose il y a, le glossateur, en
spécifiant le métaphorisé, éclaire la métaphore qui court le risque de devenir
énigme ; cependant l'apposition, ne pouvant être attribuée à l'auteur de la
métaphore, est indice formel dans le deuxième stade seulement de la trans-
mission de la métaphore. S'il n'y a pas glose, l'apposition est constitutive
de la métaphore ; l'indice formel demeure le même, il aide de la même
manière à repérer la métaphore. Pour trancher, reste à savoir si la surcharge,
ou l'apposition, peuvent être reconnues comme procédé littéraire utilisé par
l'auteur d'une métaphore ;

---

25. Je donne donc ici raison à Rudolph, qui note l'apposition, contre Condamin, qui pense à un double accusatif.

— le métaphorisant est nommé en second en 2/13 (la fontaine), 2/21 (le plant délicieux), 6/28 (le bronze et le fer) et 11/4 (la fournaise de fer). En 6/28 seulement Rudolph soupçonne une glose, en sorte que pour les autres textes au moins on peut plus facilement affirmer que l'apposition a pu être un procédé littéraire utilisé par les auteurs des métaphores comme indice permettant de signaler celles-ci.

Ce type d'indice est assez étonnant : il permet en tout cas de constater que dans l'énoncé métaphorique le choc des isotopies est total, sans la médiation d'une particule de comparaison, ni même la médiation d'un waw de coordination. Métaphorisant et métaphorisé sont placés côte à côte dans la phrase, avec la même fonction grammaticale ; du point de vue du sens, il s'agit d'une répétition, puisque les deux mots ou expressions en apposition désignent la même réalité (réellement et métaphoriquement), mais cette répétition souligne le changement isotopique.

L'apposition, bien sûr, n'est pas le propre des métaphores ; cette figure très utilisée en hébreu[26], l'est aussi dans des textes non métaphoriques (il suffit pour s'en convaincre de mentionner simplement les appositions ou un individu est désigné par son nom puis par son titre (« Sédécias, roi de Juda », « Hananiah, le prophète », en 28/1). L'indice syntaxique n'est donc plus suffisant, pas plus qu'il n'est nécessaire, pour le repérage des métaphores, mais il accompagne et souligne le changement isotopique qui, lui, est nécessaire.

LE PARALLÉLISME

Si l'apposition a permis de voir que la simple juxtaposition du métaphorisant et du métaphorisé a lieu dans des métaphores, il peut en être de même lorsque la juxtaposition n'est pas celle de mots ou d'expressions, mais de propositions : l'une décrivant le métaphorisant et l'autre le métaphorisé ; c'est le parallélisme, forme classique de la phrase hébraïque, non spécifique des métaphores, mais utilisée aussi pour la métaphore. Encore une fois les passages sont peu nombreux en Jérémie ; ils peuvent être passés en revue.

50/23 est le passage le plus clair, car le parallélisme est souligné ici par la reprise du terme *'yk* au début de chaque membre ; le premier est consacré au métaphorisant (« Comment ! il est abattu et brisé, le marteau de toute la terre »), le second au métaphorisé (« Comment ! elle est devenue désolation, Babylone parmi les nations »). Le parallélisme est asyndétique. C'est parce que le parallélisme peut être en hébreu synonymique, que cette structure de la phrase peut permettre de signaler la métaphore. La ressemblance n'est pas exprimée par une particule ou une tournure de comparaison, mais par le fait que le parallélisme peut mettre côte à côte deux affirmations

---

26. « L'apposition est employée en hébreu d'une façon beaucoup plus large que dans nos langues », écrit Joüon (131a) ; c'est ce qui me permet de penser en particulier que les gloses repérées par Rudolph n'en sont sans doute pas.

synonymes ou ressemblantes. L'indice métaphorique est ici syntaxique et non formel.

En 17/11 la première moitié du verset est aussi un clair parallèle :

qr' dgr wl' yld
'sh 'sr wl' bmspt

On a encore l'ordre métaphorisant-métaphorisé, sans waw de coordination. On peut parler ici de proverbe (= métaphorisé général et non unique) et remarquer au passage que cette structure métaphorique est fréquente dans le livre des Proverbes (cf. 25/4-5, 23, 25, 26/9, 27/18...). Dans la juxtaposition, apparaît en Jr 17/11 la métaphore.

En 13/23 se trouve une double métaphore (Israélites comparés à un Éthiopien puis à une panthère) : métaphorisants et métaphorisé sont aussi dans deux membres de phrase en parallèle (sans waw de coordination entre les deux membres) dans le même ordre que précédemment : métaphorisants puis métaphorisé.

Dans les autres passages le parallélisme est formellement moins marqué, mais il y a toujours juxtaposition entre une proposition relative au métaphorisant et une autre relative au métaphorisé. Ainsi 4/7 (le destructeur comparé à un lion, avec un waw de cordination), 8/7 (le peuple comparé à des oiseaux, avec waw), 5/22-23 (le peuple désobéissant comparé à la mer obéissante, avec waw), 18/14-15 (si l'on considère la synonymie des verbes *'zb* et *škh*, ce qui permet de comparer une situation d'oubli à une autre relevant d'une autre isotopie ; sans waw). Dans tous ces passages, comme dans les précédents, le métaphorisant est chaque fois exposé avant le métaphorisé[27].

Ces passages ont en commun de mettre en parallèle des syntagmes relevant de deux isotopies différentes pour les comparer, non en utilisant des particules ou des tournures de comparaison, mais en les juxtaposant simplement, de manière syndétique ou pas. Cette juxtaposition apparaît comme comparative étant donné qu'en hébreu le parallélisme est souvent synonymique ; elle apparaît comme métaphorique étant donné qu'il y a changement isotopique ; mais chaque fois c'est la juxtaposition des phrases qui signale le rapport métaphorique.

Cependant, dans tout parallélisme hébreu il n'y a pas changement isotopique ; il suffit alors d'un seul exemple de parallélisme non métaphorique (cf. simplement le multiple parallélisme de 4/23-26), pour se convaincre qu'il n'y a pas dans le parallélisme un indice suffisant pour le repérage de la métaphore. Ni suffisant, ni nécessaire, cet indice doit, pour être métaphorique, être accompagné d'un changement d'isotopie, qu'il souligne cependant.

---

27. Cette remarque me permet aussi de mettre en doute ce que Rudolph supposait être des gloses dans les métaphores avec apposition métaphorique. Dans ces appositions, en effet, l'ordre d'exposition est, pour la plupart d'entre elles, le même que dans le parallélisme : métaphorisant-métaphorisé.

Les indices sémantiques

Il est des métaphores, où il n'y a ni indice formel, ni indice syntaxique. Dans celles-ci les deux isotopies mises en présence ne sont pas simplement juxtaposées ; elles sont intégrées l'une et l'autre, de manière égale, dans le cours de la phrase, sans surcharge, sans répétition, sans particule ou tournure comparatives ; mais toujours, à un moment ou à un autre de la phrase, jaillit un point insolite sur le plan sémantique ; il y a une certaine *incohérence sémantique* ; c'est là, dans cet insolite sémantique, dans cette incohérence de sens, qu'apparaît l'indice sémantique qui signale la métaphore. Les métaphores qui sont ainsi signalées sont trop nombreuses pour être toutes présentées ici. C'est l'exégèse qui les décèlera. Je ne mentionnerai ici que certaines, comme exemples.

L'oracle sur les Philistins commence en 47/2 par l'annonce d'une inondation, qui peut très bien être réelle. Dans le verset suivant il est question de chevaux et de chars et ces mots sont accompagnés de pronoms suffixes. Du point de vue grammatical, ces suffixes masculins singuliers ne peuvent renvoyer qu'au mot *nḥl*, en sorte qu'il s'agirait des chars du torrent et des chevaux du torrent. Du point de vue de la grammaire, de la syntaxe, il n'y a là aucune particularité, aucune incohérence. C'est du seul point de vue du sens qu'il y a incohérence ; c'est cette incohérence-là qui signale que le mot « torrent » désigne autre chose, pour laquelle on peut parler de chars et de chevaux. L'incohérence de sens est indice sémantique, qui fait découvrir que métaphoriquement le torrent désigne une armée.

Si l'incohérence sémantique n'est apparue en 47/3 qu'après la métaphore, elle apparaît le plus souvent dès les premiers mots de la métaphore. Dire ainsi en 12/2, à propos des méchants, que Dieu les plante, qu'ils prennent racine et portent des fruits, est une suite d'incohérences sémantiques qui ne peuvent être qu'indices de la présence d'une métaphore comparant les méchants à des arbres.

Si 12/2 développe l'incohérence, d'autres métaphores, elles, ne se signalent que par un point ; ainsi « le prépuce de vos cœurs » (4/4), « leur langue est une flèche » (9/7), « l'Égypte est une génisse » (46/20) : autant d'incohérences qui signalent autant de métaphores, sans l'aide de la moindre particule, sans la moindre surcharge de la phrase, sans la moindre particularité syntaxique.

Toutefois une telle particularité sémantique n'est pas propre aux métaphores. En effet, il s'en trouve aussi dans d'autres figures de rhétorique : la métonymie par exemple. Ainsi, lorsqu'il est demandé à Jérémie de parler « aux oreilles de Jérusalem » (2/2), il y a là une certaine incohérence de sens. Les oreilles dont il s'agit ne sont pas celles de Jérusalem, mais des Jérusalémites. On voit ici que le rapport entre signifiant (Jérusalem) et signifié (les Jérusalémites) ne repose pas sur la ressemblance, mais sur la contiguïté et qu'en outre il ne fait pas intervenir un changement d'isotopie, puisque Jérusalem et les Jérusalémites appartiennent à une même isotopie. Il s'en suit que l'incohérence sémantique n'est pas un indice suffisant pour désigner la métaphore ; il doit y avoir en plus un changement isotopique. Le fait enfin que certaines métaphores ne présentent aucune incohérence de sens (c'est le cas en particulier des métaphores longues), permet de dire que cet indice n'est pas nécessaire.

LE JEU DES MOTS

Certaines métaphores se signalent comme telles grâce à un jeu de mots qui unit métaphorisant et métaphorisé, sans qu'il y ait d'autre indice que celui-là. C'est le cas par exemple en 1/11-12, où l'amandier (*šâqédh*) est métaphorisant pour Dieu qui veille (*šoqédh*), grâce à ce jeu de mots sur la racine *šqd*. C'est le cas aussi en 1/13-14 où les termes *npwḥ* et *ṣpwnh* appliqués au métaphorisant (le chaudron) font jeu de mots avec *tptḥ* et *mṣpwn* appliqués au métaphorisé (le malheur).

La subtilité de ces jeux de mots (toujours plus grande pour un étranger) rend ceux-ci toujours plus ou moins difficiles à saisir, mais il ne me paraît pas hasardeux de supposer qu'ils n'échappaient pas aux auditeurs de Jérémie. Lorsqu'en Nb 21/6 il est dit que Dieu envoie (*šlḥ*) contre le peuple des serpents (*nḥš*) qui mordent (*nšk*), on s'accorde à penser, avec raison, qu'il ne s'agit pas là d'une métaphore, mais bien de réels serpents. Par ailleurs, en Jr 8/17, que penser de la mention de l'envoi (*šlḥ*) par Dieu contre le peuple de serpents (*nḥš*) qui mordent (*nšk*) ? Aucune particule ou tournure de comparaison, aucune apposition, aucune incohérence sémantique ne permet de dire s'il s'agit d'une métaphore. Seul un détail permet de le dire ; en 8/17 en effet les serpents ne sont pas appelés *śrpym* comme en Nb 21/6, mais *ṣp'nym* : il y a dans ce dernier terme (comme le relèvent Rudolph et Reventlow p. 193 n. 318) un jeu de mots avec *ṣpwn*, qui désigne ainsi ces serpents comme « ceux du Nord » et, de ce fait, comme métaphorisants de l'ennemi du Nord. Le jeu de mots est dans ce cas le seul indice pour s'assurer que le changement isotopique est métaphorique.

Mais, encore une fois, le jeu de mots n'est pas propre aux métaphores ; cette « alchimie du verbe »[28] ne produit pas que des métaphores ; c'est ainsi que les jeux de mots faits sur les noms propres des individus ne désignent pas ces derniers métaphoriquement, mais désignent au contraire la réalité profonde de leur être (cf. les jeux de mots sur les noms de Caïn et d'Abel signalés par Lys, 1960, p. 118 s.). Le jeu de mots n'est donc pas un indice suffisant (pas plus qu'il n'est nécessaire) pour le repérage des métaphores. Il doit accompagner un changement d'isotopie.

Conclusion

Je crois avoir ici passé en revue les différents types d'indices métaphoriques présents dans le livre de Jérémie. A cette occasion, je n'ai pas pré-

---

28. Je fais ici allusion à l'article de D. Lys paru en 1960.

senté toutes les métaphores, mais dans certains cas quelques-unes seulement qui ont servi d'exemples, mais toutes les métaphores de Jérémie (ou presque) se rattachent à au moins un de ces types. Je dis « presque » toutes, car j'en ai laissé certaines de côté. J'ai laissé les métaphores mortes, car leur particularité est que leur métaphorisé est déjà connu, en sorte que ces métaphores-là n'ont pas à se signaler elles-mêmes par un quelconque indice. J'ai aussi laissé de côté les métaphores qui sont des développements d'une autre qui les précède et qui, de ce fait, s'appuient sur le ou les indice(s) de la métaphore précédente ; par exemple, la métaphore du taon en 46/20 ne se signale comme telle que parce qu'elle développe la métaphore de la génisse, qui la précède immédiatement. J'ai enfin laissé de côté les métaphores qui sont des citations ; pour celles-ci en effet la recherche des indices devrait être faite dans leur contexte d'origine ; une fois citées, ces métaphores peuvent être en effet dépouillées de leurs indices, car pour ceux qui reconnaissent la citation le caractère métaphorique est déjà connu (elles se rapprochent en cela des métaphores mortes) ; c'est le cas par exemple de 31/29 (« on ne dira plus : les pères ont mangé du raisin vert... ») ; ceux qui connaissent ce proverbe savent déjà s'il est métaphorique ou pas ; il n'y a donc plus aucune obligation à donner quelqu'indice pour le spécifier. C'est sans doute le cas aussi de 4/3 (« Défrichez votre lopin ») où ne se trouve pas d'indice métaphorique ; la raison doit en être qu'il s'agit d'une citation d'Os 10/12 et que c'est chez Osée qu'il faut chercher s'il s'agit ou non d'une métaphore.

Si l'on met donc à part les métaphores mortes, les développements et les citations, on peut alors conclure de la manière suivante : aucun des indices étudiés n'est exclusif de la métaphore ; aucun n'est nécessaire ; aucun n'est suffisant, mais la présence d'au moins un, quel qu'il soit, de ces indices est nécessaire à condition qu'il soit accompagné d'un changement isotopique. Le changement isotopique n'est pas lui-même suffisant ; il doit être en effet accompagné d'un indice, grâce auquel ce changement se révèle être métaphorique. Changer d'isotopie n'est pas forcément métaphoriser. C'est donc la somme changement isotopique + indice, qui permet de déceler la métaphore.

3. LE MÉCANISME MÉTAPHORIQUE

Je viens de dire que tout changement isotopique n'est pas forcément métaphorique ; cela me semble être facile à montrer ; dans l'annonce de la venue de serpents faite en Nb 21/6 (cf. plus haut p. 43), la mention de ces animaux représente dans ce récit des Nombres un changement brutal d'isotopie sans qu'il y ait pour autant métaphore. Le même changement isotopique en Jr 8/17 se révèle être métaphorique, parce qu'il est accompagné d'un indice (le jeu de mots). Le seul changement isotopique n'est donc pas suffisant ; la seule présence d'un jeu de mots non plus ; mais les deux ensemble permettent de déceler la métaphore. Il me semble important maintenant, avant de faire l'exégèse des métaphores individuelles, de voir comment fonctionnent les différents éléments mis en jeu par la métaphore, comment se fait le rapprochement des deux isotopies présentes.

Pour faciliter cet examen du mécanisme métaphorique, il me paraît préférable de commencer par examiner les métaphores longues et, mieux encore, les métaphores les plus longues, c'est-à-dire celles qui utilisent non pas une mais deux particules comparatives différentes ; disons que ces métaphores les plus longues sont en quelque sorte les plus loquaces, les plus voyantes et que c'est cette loquacité qui va permettre le meilleur examen du mécanisme des métaphores. On ira ensuite dans le sens de la concision, avec les métaphores à une seule particule, puis les métaphores courtes, sans présupposer pour autant que c'est dans ce sens-là qu'est allé l'homme métaphorisant au fil de l'histoire. Peu importe ici qui a raison, d'Aristote ou Quintilien ; il s'agit d'un procédé d'analyse et de rien d'autre.

LES MÉTAPHORES AVEC DEUX PARTICULES DIFFÉRENTES

Le livre de Jérémie comprend 11 métaphores avec deux particules différentes : 6 en *k... kn* (2/26, 5/27, 6/7, 18/6b, 24/5, 8), 2 en *k'šr... kn* (13/11, 19/11a-12 avec en 19/11b une glose signalée plus haut), 1 en *'šr... kn* (33/22), 1 en *kh...k* (23/29) et 1 en *'kn...kn* (3/20).

On a déjà vu que les particules marquent la délimitation entre énoncé métaphorisant et énoncé métaphorisé, avec en outre une spécialisation de chacune d'elles : ainsi *k*, *k'šr*, *'šr* et *'kn* sont toujours devant le métaphorisant, *kn* et *kh* toujours devant le métaphorisé. On peut maintenant dire, grâce à la présence des particules, qu'il y a toujours, dans les métaphores qui nous occupent, juxtaposition des énoncés métaphorisant et métaphorisé (quel que soit l'ordre de ces énoncés), succession de l'un et de l'autre dans la métaphore. Les particules sont ici des bornes extrêmement sûres : « *De même qu*'on attache une ceinture à ses hanches (= énoncé métaphorisant), *ainsi* je m'étais attaché tous les gens d'Israël et tous les gens de Juda (= énoncé métaphorisé) » (13/11).

On peut aussi observer que, dans plus de la moitié des cas (6 fois), il y a entre métaphorisant et métaphorisé une reprise d'un mot, sinon d'une racine : ainsi en 2/26 (*kbšt... kn hbyšw*), 5/27 (*K... ml'... kn... ml'ym*), 6/7 (*khqyr... kn hqrh*), 18/6 (*k... byd... kn... bydy*), 13/11 (*k'šr ydbq... kn hdbqty*) et 3/20 (*'kn bgdh... kn bgdtm*). S'il y a reprise entre les deux énoncés, cela signifie que la racine en question est commune aux deux isotopies ; en d'autres termes on s'aperçoit qu'il y a (en tout cas au niveau de cette racine commune) un recoupement entre les deux isotopies d'une métaphore.

Si l'on examine de près ce recoupement isotopique, on constate qu'il correspond au point de ressemblance sur lequel porte la métaphore, au foyer de la métaphore, et que c'est d'ailleurs pour souligner le foyer qu'il y a répétition : « De même qu'on *attache* une ceinture à ses hanches, ainsi je m'étais *attaché* tous les gens d'Israël et tous les gens de Juda ». La reprise observée

n'est pas marginale, mais centrale, constitutive même de la métaphore; Si
le recoupement isotopique n'existait pas, la répétition ne pourrait avoir lieu,
le foyer ne pourrait pas être exprimé ; il est même vraisemblable que sans
cette possibilité de conceptualiser le foyer, la métaphore ne pourrait exister.

Si telle est l'importance du point de recoupement isotopique, qu'en est-il
des 5 métaphores où il n'apparaît pas ? En 24/5, il est clair que l'expression
« considérer en bien » (*nkr ltwbh*), présente dans l'énoncé métaphorisé, peut
être sous-entendue dans l'énoncé métaphorisant : « Comme (on considère
en bien) les belles figues que voici, ainsi je considère en bien les déportés
de Juda ». Le recoupement isotopique existe mais n'est pas explicité : il est
virtuel. En 24/8 il en est de même avec l'expression « laisser périr » (*ntn...
lr'h*, si l'on considère les versets 8 et 9), présente dans le métaphorisé, est
sous-entendue dans le métaphorisant : « Comme (on laisse périr) les mauvaises figues (...), ainsi je laisse périr Sédécias... ». En 19/11-12 le verbe
šbr, attendu dans le métaphorisé, est remplacé par le verbe *'śh* au contenu
sémantique assez vaste pour englober celui de *šbr*, au point qu'on peut considérer *šbr* comme présent dans le métaphorisé, mais de façon implicite ;
« ainsi briserai-je (*šbr*) ce lieu » est contenu en « ainsi ferai-je (*'śh*) à ce
lieu ». Il faut préciser que le remplacement de *šbr* par *'śh* ne vient pas du
fait que *šbr* n'appartiendrait pas à l'isotopie du métaphorisé (isotopie des
villes) (cf. Ez 27/26, 34 avec *šbr* pour la ville de Tyr). A travers *'śh* il y a
donc bien ici recoupement des isotopies. En 33/22, les verbes des métaphorisants (*spr* et *mdd*) sont aussi sous-entendus dans le métaphorisé, non pas
cette fois dans le verbe de celui-ci (*rbh*), mais après ; en effet, le contenu
du métaphorisé peut être ainsi développé : « ainsi multiplierai-je (*rbh*) les
descendants de David mon serviteur et les Lévites qui sont mes ministres,
au point que l'on ne pourra les compter (*spr*) ni les dénombrer (*mdd*).
En 23/29, enfin, le mécanisme métaphorique est compliqué par le fait qu'à
la double métaphore (feu et marteau) s'en ajoute une troisième (paille-
froment, en 23/28), qui se combine à l'ensemble. Cette combinaison entraîne
alors trop de complications structurelles pour que nous puissions y faire face
ici, dans cette étude qui porte sur le mécanisme d'une seule métaphore et
non sur trois combinées.

Si l'on tient donc 23/29 de côté, on peut dire qu'en 24/5, 8, 19/11-12
et 33/22 il y a recoupement isotopique, mais virtuel, implicite à l'énoncé
métaphorique. Or, dans ces quatre passages, ce recoupement isotopique correspond toujours au foyer de la métaphore : « considérer en bien » (24/5),
« laisser périr » (24/8), « briser » (19/11s) et « ne pas compter, ne pas
dénombrer » (33/22). A travers le recoupement isotopique, c'est bien au
foyer de chaque métaphore que nous avons accès, à ce point essentiel du
fait métaphorique.

En conclusion, les métaphores (sauf 23/29) qui utilisent deux particules comparatives différentes se caractérisent par deux points : la *juxtaposition des énoncés* et le *recoupement des isotopies*. Ce recoupement est virtuel ou exprimé ; dans le dernier cas surtout il souligne l'importance du

foyer. En outre, dans ce recoupement, on peut noter la place prépondérante des verbes : reprise explicite de *qrr* en 6/7, *dbq* en 13/11, *bgd* en 3/20 et reprise implicite de *nkr* en 24/5, *ntn* en 24/8, *spr* et *mdd* en 33/22.

Avant d'aller plus loin et pour vérifier ce qui vient d'être dit à partir, somme toute, d'une dizaine de métaphores seulement, il me paraît intéressant d'examiner dans le reste de l'AT les métaphores bâties aussi avec deux particules comparatives différentes. Sauf erreur ou omission, ces métaphores sont les suivantes : Es 26/17-18, 31/5, 38/13, 14, 47/14-15, 51/6 (texte incertain), 61/11, 63/14, 66/13, Ez 22/22, 23/44, 34/12, 36/38, Jl 2/4, Ps 42/2, 83/15-16, 103/15, 127/4, Pv 10/26, 26/1, 2, 8, 18-19, 27/8, Jb 7/2-3, Ct 2/2, 3, Ec 3/19, 7/6 avec *k... kn* ; Es 29/8, 31/4, 55/10-11, 65/8, 66/22, Ez 15/6, Am 3/12 avec *k*ʾšr*... kn*. Toutes ces métaphores rejoignent Jérémie dans le fait qu'elles utilisent des paires de particules aussi utilisées par lui. Mais ce dernier offre de son côté une plus grande variété, puisqu'il est le seul dans l'AT à bâtir des métaphores sur *ʾšr... kn, kh... k* et *ʾkn... kn*.

Pour ce qui est de la juxtaposition des énoncés, on peut vérifier sa présence dans toutes les métaphores ; cependant les particules ont dans certaines d'entre elles un rôle de délimitation un peu moins strict que ce qui est apparu dans Jérémie ; ainsi, en Ps 127/4-5 et Ct 2/3-4, le métaphorisant est d'abord exposé avant le métaphorisé puis repris après lui, ce qui est une rupture de l'énoncé métaphorisant, sans nouvelle particule pour la reprise de ce métaphorisant ; en Ec 3/19 métaphorisé et métaphorisant sont déjà mis ensemble en présence avant même l'emploi de *k* et *kn* ; enfin, en Es 47/14 et 63/14, le métaphorisé apparaît déjà après *k* et avant *kn*. Au total, y compris Jérémie, la juxtaposition des énoncés est parfaitement délimitée par les particules dans 42 métaphores et moins bien dans 5.

Pour ce qui est du recoupement isotopique, celui-ci est explicité par une reprise radicale en Es 26/17-18 (*hrh* et *ḥyl*), 55/10-11 (*šwb*), 61/11 (*ṣmḥ*), 65/8 (*šḥt*), 66/13 (*nḥm*), 66/22 (*ʿmd*), Ez 15/6 (*ntn*), 22/22 (*ntk*), 23/44 (*bwʾ*), 34/12 (*bqr*), Am 3/12 (*nṣl*), Ps 42/2 (*ʿrg*), 103/15 (*ṣyṣ*), Pv 27/8 (*nwd*), Ec 3/19 (*mwt*) ; il est implicite en Es 29/8 (*ryq* et *ʿyp*), 31/4 (*ḥtt* et *ʿnh*), 31/5 (*ʿwp*), 38/13 (*šbr*), 38/14 (*ṣpp*), 47/14-15 (*nṣl*), 51/6 (*mwt*), 63/14 (*nhg*), Ez 36/38 (*mlʾ*), Jl 2/4 (*rwṣ*), Ps 83/15-16 (*rdp* et *bhl*), 127/4-5 (*mlʾ*), Pv 26/1 (*nʾh*), 26/2 (*bwʾ*), 26/18-19 (*mwt*), Jb 7/2 (*šʾp* et *qwh*), Ct 2/3 (*ḥmd* et *yšb*), Ec 7/6 (*hbl*). Si dans trois métaphores le foyer n'est pas du tout exprimé, il est cependant virtuellement présent et facile à conceptualiser ; ces métaphores laissent en effet au lecteur le soin de le déduire lui-même ; ainsi en Pv 10/26 (« être désagréable »), 26/8 (« être inutile ») et Ct 2/2 (« être beau »). Toutes ces métaphores mettent donc en avant le foyer, même si c'est parfois avec la complicité du lecteur (surtout dans la littérature de sagesse). Au total, y compris Jérémie, le recoupement des isotopies est explicite dans 21 métaphores, implicite dans 22 et absent dans 4.

LES MÉTAPHORES AVEC UNE PARTICULE

Il n'est pas possible cette fois de passer en revue toutes les métaphores de Jérémie, car elles sont trop nombreuses (une avec k'$\check{s}r$, 3 avec kkh, 4 avec mn et 97 avec k) ; néanmoins des exemples suffiront pour comprendre le mécanisme de ces métaphores.

La seule métaphore utilisant k'$\check{s}r$ (43/12) présente les mêmes caractéristiques que celles que nous venons d'étudier : juxtaposition des énoncés métaphorisant et métaphorisé médiatisée par k'$\check{s}r$; recoupement explicite des isotopies sur le verbe '$t h$ présent dans les deux énoncés ; ce recoupement correspond au foyer de la métaphore.

Les 3 métaphores en kkh (13/9, 19/11, 51/64) ne présentent encore rien de nouveau : métaphorisant et métaphorisé y sont toujours juxtaposés de part et d'autre de la particule ; la répétition des verbes $\check{s}ht$ (13/7, 9) et $\check{s}br$ (19/10, 11) explicite le recoupement isotopique, qui correspond encore au foyer. En 51/64 le recoupement est implicite : le verbe $\check{s}q$' du métaphorisé est seulement sous-entendu dans le métaphorisant après le verbe $\check{s}lk$; en explicitant la métaphore, on obtient en effet : « Quand tu auras terminé la lecture de ce livre, tu y attacheras un caillou, tu le jetteras au milieu de l'Euphrate (et il coulera) et tu diras : C'est ainsi que Babylone coulera » ; le recoupement correspond au foyer.

Rien de neuf dans ces quatre métaphores : les métaphores avec une seule particule ne fonctionnent pas suivant un mécanisme d'un type nouveau.

Les métaphores avec k ou avec mn présentent quelques points particuliers qui attirent l'attention.

Tout d'abord, dans ces métaphores, le recoupement isotopique n'apparaît jamais explicitement ; il n'y a jamais de répétition comme on a pu l'observer jusqu'ici. Cependant, s'il n'y a jamais répétition et explicitation du recoupement, cela ne signifie pas pour autant que ce recoupement n'existe pas et que le mécanisme métaphorique serait d'un type nouveau. Quelques exemples suffisent à montrer que ce recoupement existe et qu'il demeure lié au foyer de la métaphore. On remarque encore, en effet, qu'un verbe ou un adjectif de la métaphore (celui du foyer) est sous-entendu, le plus souvent dans le métaphorisant, mais parfois aussi dans le métaphorisé. 31/10 montre clairement ce sous-entendu dans le métaphorisant : « Le Seigneur garde Israël, comme un berger (garde) son troupeau » ; 'drw peut difficilement être autre chose que complément d'object direct d'un verbe $\check{s}mr$ sous-entendu (cf. Lisowsky, qui classe 'drw dans les compléments). Avec mn c'est toujours dans le métaphorisant qu'un terme (toujours un verbe) est sous-entendu : « Ils sont plus nombreux que les sauterelles (ne sont nombreuses) » (46/23). En 20/9 c'est dans le métaphorisé qu'il faut sous-entendre le verbe b'r du métaphorisant : « La parole du Seigneur est dans mon cœur (brûlante) comme un feu brûlant ». Le mécanisme est donc identique à celui que nous connaissons déjà. S'il n'y a jamais répétition dans ces métaphores, cela tient au fait que k est rarement suivi d'un verbe ; cette préposition se comporte rarement comme une conjonction, ce qui entraîne alors une certaine concision de l'énoncé métaphorique. C'est plus clair encore avec *mn* qui, dans les métaphores, n'est jamais suivi d'un verbe et ne peut être employé comme conjonction. La concision métaphorique entraînée par la présence de ces particules affecte avant tout (bien sûr) tout ce qui dans la phrase pourrait être répétition.

Ensuite, on peut noter que cette concision métaphorique entraîne parfois un fait que nous n'avons pas encore observé : au lieu d'avoir un verbe sous-entendu dans le métaphorisant ou dans le métaphorisé, la métaphore présente un verbe commun aux deux ; cela se repère par le fait que sur le plan grammatical il est impossible de distinguer si le verbe est à rattacher au métaphorisant ou au métaphorisé. Un exemple le montre : en 51/38a le munaḥ conjonctif invite à considérer *kprym* comme sujet de *yš'gw* (« comme des lionceaux rugissent »). En outre, le verset se présente comme un chiasme (« comme des lionceaux ils rugissent, ils grondent comme des petits de lions »). Ce chiasme invite à considérer que les deux verbes ont un sujet grammatical commun, qui ne peut être que *yḥdw* (« ensemble, comme des lionceaux, ils rugissent, ils grondent comme des petits de lions »). Il résulte de cela qu'il n'est pas possible de décider si le sujet grammatical de *yš'gw* est le métaphorisant (*kprym*) ou le métaphorisé (*yḥdw*). En réalité les deux sont sujets grammaticaux de sorte que le verbe n'est pas sous-entendu pour l'un ou pour l'autre, mais commun aux deux ; *yš'gw* fait partie à la fois de l'énoncé métaphorisant et de l'énoncé métaphorisé de telle façon que ces derniers se recoupent. Tel est le point nouveau : il n'y a pas juxtaposition, mais zone mitoyenne dans les énoncés, recoupement des énoncés. Cela peut étonner parce que c'est nouveau, mais l'explication en est claire : ce recoupement des énoncés est un reflet du recoupement isotopique que nous connaissons déjà et l'on peut dire que c'est ce recoupement isotopique qui a entraîné le recoupement des énoncés.

D'autres exemples de tels recoupements peuvent être donnés ; en 46/21 les mercenaires de l'Égypte sont comparés à des veaux ; une fois cette métaphore présentée, il n'est plus possible dans la suite de l'énoncé (à partir du premier *ky*) d'attribuer aux verbes un seul sujet grammatical ; ces verbes ont à la fois pour sujets le métaphorisant (veaux) et le métaphorisé (mercenaires) ; il y a mitoyenneté dans l'énoncé, recoupement des énoncés métaphorisant et métaphorisé. En 9/21, à la fin de l'énoncé métaphorique, l'expression « il n'y a personne pour rassembler » est une zone mitoyenne ; elle s'applique au métaphorisant (personne pour rassembler les gerbes) mais aussi au métaphorisé (personne pour rassembler les cadavres)[29], sur le plan grammatical les deux peuvent être compléments du participe *m'sp*. En 6/23 on peut dire que le sujet grammatical de *yhmh* est à la fois *qwlm* (cf. BP : « Leur voix mugit comme la mer ») et *ym* (cf. TOB : « Le bruit qu'ils font

---

29. Cf. les emplois du verbe *'sp* à propos des personnes mortes : Gn 25/8, 17, 35/29... Ce verbe appartient à l'isotopie des morts.

est comme le mugissement de la mer ») ; la ponctuation relie le verbe à *ym*, mais la construction peut aussi être celle de la prolepse du sujet, ce qui relie le verbe à *qwlm* ; en fait, il ne faut pas choisir ; il faut laisser l'ambiguïté du sujet. Dernier exemple (mais il y en aurait beaucoup d'autres) : en 46/7 le sujet de *y'lh* peut être le métaphorisant, si l'on suit la ponctuation massorétique (cf. TOB : « Qui donc est comme le Nil qui monte ? »), ou le métaphorisé, si l'on tient compte de la mise en valeur de ce dernier au début de la phrase (cf. BP : « Quel est celui qui montait comme le Nil ? »). Dans tous ces passages il y a une zone mitoyenne dans l'énoncé, recoupement des énoncés. Dans chaque cas, on peut dire que le recoupement isotopique permet et entraîne le recoupement des énoncés.

On se trouve donc devant une double possibilité pour les énoncés métaphorisant et métaphorisé : — ou bien ils sont juxtaposés (cf. 2/30, où il y a recoupement isotopique sur le verbe *'kl* présent dans l'énoncé métaphorisé et sous-entendu dans l'énoncé métaphorisant, mais juxtaposition des énoncés de part et d'autre de la particule et non recoupement des énoncés, car le féminin de *'klh* ne peut s'accorder qu'au féminin du métaphorisé *ḥrb* et non au masculin du métaphorisant *'ryh*), — ou bien ils se recoupent en même temps que les isotopies, comme on l'a vu. Ce phénomène métaphorique est particulièrement important pour l'exégèse ; si, en effet, le recoupement isotopique peut entraîner (mais pas forcément) le recoupement des énoncés, il sera toujours très précieux dans l'analyse de bien repérer ce qui relève de l'énoncé métaphorisant et ce qui relève de l'énoncé métaphorisé ou ce qui relève des deux.

Les exemples donnés plus haut montrent que, s'il y a mitoyenneté dans les énoncés, la zone commune peut être un seul terme (cf. *yš'gw* en 51/38), une expression (*w'yn m'sp*) en 9/21) ou plusieurs (cf. 46/21 : « Eux aussi, ils tournent le dos, ils fuient tous ensemble, ils ne résistent pas »).

Un examen attentif des métaphores fait apparaître que dans certaines le recoupement isotopique entraîne seulement un recoupement partiel des énoncés. En 9/21, on l'a vu, il y a recoupement des énoncés en « il n'y a personne pour ramasser » ; mais le recoupement isotopique pour cette métaphore va au-delà ; le verbe « tomber » en effet peut s'appliquer au métaphorisé (les cadavres) et aux métaphorisants (fumier et gerbes) ; il y a sur ce verbe recoupement isotopique mais pas recoupement des énoncés car le sujet grammatical de *nplh* est *nblh* (au féminin) et non *dmn* ou *'myr* (au masculin). Dans une même métaphore, le recoupement isotopique entraîne sur un point (*w'yn m'sp*) le recoupement des énoncés, mais pas sur un autre (*nplh*). La mitoyenneté dans les énoncés est partielle par rapport au recoupement isotopique.

Ces différents exemples montrent la variété des recoupements possibles entre métaphorisant et métaphorisé. Devant cette variété, le travail de l'exégèse consistera à apprécier l'étendue de chacun des recoupements.

Il faut aller plus loin et noter une constante dans ces métaphores ; jamais le recoupement n'affecte les sujets métaphorisant et métaphorisé ; il y a là un point de résistance au recoupement, un point capital qui ne supporte aucune exception.

La distinction faite plus haut (p. 17 s.) entre sujet et énoncé s'avère ici importante. Si l'on reprend les exemples examinés plus haut, il y a en 51/38 recoupement des énoncés sur le verbe *š'g* et non sur les sujets métaphorisant (*kprym* : lionceaux) et métaphorisé (*yḥdw* : eux ensemble, c'est-à-dire les Babyloniens) qui restent distincts, juxtaposés ; de même en 6/23, où le recoupement a lieu sur le verbe *hmh* et non sur les sujets métaphorisant (mer) et métaphorisé (voix) qui restent juxtaposés ; idem en 46/7-8 avec la distinction des sujets (qui ? c'est-à-dire Égypte en 46/8, et Nil) et le recoupement au niveau des énoncés (*y'lh*) ; de même encore en 9/21 avec la juxtaposition des sujets (cadavres puis fumier et gerbes) ; de même enfin en 46/21 avec la mention des mercenaires et des veaux. On peut le vérifier sur toutes les métaphores avec une particule : le recoupement peut être plus ou moins important entre l'énoncé métaphorisant et l'énoncé métaphorisé, mais il n'affecte jamais le sujet métaphorisant et le sujet métaphorisé ; tel est le point de résistance que le recoupement ne transgresse jamais.

A voir de plus près, ce point de résistance tient à la présence même de la particule de comparaison ; cette particule rapproche en effet deux sujets tout en interdisant la moindre confusion entre eux ; bien que rapprochés par la particule, les sujets demeurent distincts. C'est toute la différence entre « être » et « être comme ». La présence de la particule fait obstacle à toute confusion, à toute assimilation. La médiation de la particule interdit toute autre situation que la juxtaposition des sujets. Voilà pourquoi, s'il peut y avoir une certaine superposition, identité ou confusion dans les énoncés métaphorisant et métaphorisé, cela ne peut affecter les sujets. On verra plus loin ce qui se passe lorsqu'il n'y a pas de particule.

Dernière vérification pour tester ce point de résistance : il se peut qu'un des sujets reste anonyme dans la métaphore, qu'il y soit même complètement passé sous silence. En 4/13 (*hnh k'nnym y'lh*) aucun terme ne désigne le sujet métaphorisé ; la seule trace de sa présence est le singulier du verbe ; ce dernier, ne pouvant avoir pour sujet grammatical le sujet métaphorisant pluriel (nuages), a forcément pour sujet le sujet métaphorisé pourtant absent ; il ne peut y avoir ici confusion ou recoupement entre les sujets métaphorisant et métaphorisé, ce que la traduction fait encore plus apparaître avec l'ajout d'un pronom pour le métaphorisé (« voici comme des nuages *il* monte »). En 25/38 la situation est plus difficile dans la mesure où le sujet métaphorisé et le sujet métaphorisant sont tous deux au masculin singulier (*'zb kkpyr skw*) ; c'est en cela que je peux dire qu'en hébreu le sujet métaphorisé est « complètement passé sous silence ». Pourtant il n'y a pas confusion des sujets, comme le français le fait bien apparaître (« *Il* quitte comme un lion son fourré ») ; en effet, dans cette phrase le sujet métaphorisant (*kpyr*) n'est pas sujet grammatical du verbe *'zb* exprimé, mais sujet d'un verbe *'zb* sous-entendu ; quant au sujet du verbe exprimé, il ne peut être que « il », le sujet métaphorisé. Faire de « lion » le sujet grammatical du verbe exprimé serait une erreur grammaticale ; ce qui interdit de faire une telle erreur est la présence de la particule ; c'est donc bien cette dernière qui interdit la confusion des sujets. Ce qui a été dit plus haut demeure et se précise : quand il y a une particule dans une métaphore le recoupement des énoncés ne peut affecter les sujets métaphorisant et métaphorisé, même si l'un de ces sujets n'est pas exprimé. Tel est le point de résistance ultime que la particule empêche de transgresser dans le recoupement métaphorique.

En conclusion, si l'analyse d'une métaphore avec une seule particule se complique, le mécanisme reste simple : le foyer de la métaphore apparaît dans un recoupement isotopique dont il dépend ; ce recoupement sous-tend la métaphore où métaphorisant et métaphorisé sont juxtaposés ; il peut parfois entraîner entre énoncé métaphorisant et énoncé métaphorisé un recoupement dont l'étendue reste à apprécier, mais qui ne peut en aucune manière inclure le sujet métaphorisant et le sujet métaphorisé.

LES MÉTAPHORES SANS PARTICULES

La première tâche à effectuer à propos de ces métaphores est de vérifier si elles fonctionnent selon le même mécanisme que celles qui sont accompagnées de particule(s).

Rares sont les métaphores dans lesquelles peut se repérer un recoupement isotopique explicite, une répétition telle qu'on a pu en voir dans les métaphores avec deux particules principalement ; mais, quoique rare, ce recoupement isotopique explicite existe. Ainsi en 13/12-13 il y a reprise explicite du verbe *ml'* entre le métaphorisant (les cruches, v. 12) et le métaphorisé (les hommes du v. 13) ; la parenté est donc grande avec une métaphore à deux particules que l'on pourrait formuler ainsi : « de même qu'on remplit de vin les cruches, de même je remplirai d'ivresse les habitants ». Cela montre que, pour ce qui est du recoupement isotopique la métaphore sans particule fonctionne suivant le mécanisme que nous connaissons. Cela peut se vérifier sur d'autres, comme la métaphore de 8/7 par exemple avec la reprise explicite du verbe *yd'*.

On peut aussi trouver des métaphores avec recoupement isotopique implicite, c'est-à-dire avec reprise sous-entendue d'un terme (celui du foyer). Ainsi, en 15/20, dans la métaphore du mur, il est dit du métaphorisé (« ils te (= Jérémie) combattront ») ce qui est sous-entendu pour le métaphorisant (« comme on combat un mur de fortification »). Ce sous-entendu apparaît comme point de recoupement isotopique et comme foyer métaphorique : le mécanisme est donc toujours le même. Autre exemple en 2/31, dans la métaphore du désert, où il est dit du métaphorisé (« nous n'irons plus vers toi ») ce qui est sous-entendu pour le métaphorisant (« de même qu'on ne va pas vers un désert »).

Enfin, dans ces métaphores, il arrive aussi que le recoupement isotopique entraîne un recoupement entre énoncés métaphorisant et métaphorisé. Ainsi en 2/13, où le verbe *'zb* (sur lequel porte le foyer) a pour complément le métaphorisé (*'ty* = Dieu) ainsi que le métaphorisant (source d'eau vive) ;

le verbe est commun aux deux énoncés et non sous-entendu pour l'un ou pour l'autre ; en outre la zone mitoyenne se limite bien aux seuls énoncés, sans affecter les sujets métaphorisant (source) et métaphorisé (Dieu), qui restent distincts. Il en est de même en 11/4, où le foyer de la métaphore est exprimé dans le verbe *hwṣy'y*, qui est commun au métaphorisé (le pays d'Égypte) et au métaphorisant (la fournaise de fer) ; il y a bien recoupement entre énoncés, sans toutefois affecter les sujets.

Jusque là rien de bien nouveau, sinon l'assurance que les métaphores sans particules fonctionnent bien suivant le même mécanisme que les métaphores avec particule(s).

Sachant maintenant que le mécanisme métaphorique est toujours le même, qu'il y ait ou non des particules, on peut aborder un point nouveau, propre aux métaphores sans particules ; un point qui s'inscrit dans la logique du mécanisme déjà repéré. Dans ce chapitre sur le mécanisme, l'analyse progresse dans le sens de la concision ; concision qui se traduit déjà par la disparition progressive des particules. Le passage de deux particules à une a révélé que la concision pouvait être accompagnée par un phénomène de recoupement au niveau des énoncés : recoupement ou mitoyenneté, puisque des termes étaient communs aux deux ; cette mitoyenneté est signe de concision. Le passage d'une particule à zéro va pouvoir être accompagné d'un nouveau phénomène de concision : l'éclipse, où un terme n'est pas mitoyen, commun, mais employé à la place d'un autre. Cette éclipse n'affecte pas cette fois l'énoncé métaphorisant ou métaphorisé, mais le sujet métaphorisant ou métaphorisé, celui-ci étant éclipsé par celui-là ou inversement.

« Voici que du Nord des eaux grossissent et deviennent un torrent qui déborde (...) ; au bruit du martèlement des sabots de ses étalons, au grondement de ses chars, au fracas de ses roues... » (47/2-3, cf. plus haut p. 42) : dans cette description d'une inondation (47/2) les suffixes masculin singulier (47/3) de « étalons », « chars » et « roues » renvoient grammaticalement à « torrent », mais sémantiquement à autre chose qui est sans doute une armée. Mais le mot « armée » ne s'y trouve pas : il y a une sorte d'anonymat du sujet métaphorisé, qui n'est pas du même type que ce qui a été observé dans les métaphores à une particule, où le métaphorisé anonyme ne pouvait être grammaticalement confondu avec le métaphorisant, mais juxtaposé à lui. Ici par contre le sujet métaphorisé anonyme est grammaticalement confondu avec le sujet métaphorisant nommé ; cependant la confusion est grammaticale et non sémantique ; par derrière le sujet métaphorisant nommé se trouve présent, mais anonymement, le sujet métaphorisé ; telle est donc l'éclipse que nous observons : l'éclipse du sujet métaphorisé par le sujet métaphorisant. Tout cela se passe au seul niveau des sujets, sans affecter le reste de la métaphore. Ce phénomène n'est possible que par l'absence de toute particule. Rajouter la moindre particule dans cette métaphore ferait disparaître l'éclipse et rétablir la juxtaposition des sujets. Sans la particule, on passe en quelque sorte de « l'armée est comme un torrent » à « l'armée est un torrent », puis, étant donné cette identité métaphorique, à la substitution d'un terme à l'autre.

Le même phénomène peut être observé en 4/11-13 (« Un vent brûlant sur les hauteurs, dans le désert, est en route vers mon peuple (...) ; voici, il monte comme des nuages ; ses chars sont comme l'ouragan, ses chevaux plus rapides que les aigles »). Après la description du vent (ici au masculin, cf. *ybw'*), la mention de « ses chars » et de « ses chevaux » en 4/13 renvoie grammaticalement à « vent », mais sémantiquement à autre chose qui est éclipsé par lui, et c'est encore une fois le sujet métaphorisant qui a éclipsé le sujet métaphorisé, ceci grâce à l'absence de toute particule de comparaison.

Ce phénomène d'éclipse peut être en sens inverse ; en 12/1-2 (cf. déjà plus haut p. 42), il est question d'individus appelés *rš'ym* (méchants) et *bgdy bgd* (traîtres) qui sont synonymes ; c'est à eux que renvoient les suffixes masculin pluriel de 12/2b (« leurs » bouches, « leurs » reins) ; c'est à eux aussi que renvoient les masculins pluriel de 2a (tu les plantes, ils prennent racine et vont jusqu'à porter du fruit) ; c'est grammaticalement clair, mais sémantiquement cela renvoie à un terme non-dit (plante ? arbre ?) auquel se sont substitués *rš'ym* et *bgdy bgd*, c'est-à-dire le sujet métaphorisé ; cette fois, c'est le sujet métaphorisant qui a été éclipsé par le sujet métaphorisé. C'est la même chose en 48/11 (cf. déjà, plus haut p. 17 s.), où grammaticalement la description est celle de Moab (sujet métaphorisé), mais sémantiquement celle d'un vin ou d'une boisson alcoolisée (sujet métaphorisant non nommé) ; le sujet métaphorisé éclipse le sujet métaphorisant.

Dans tous ces passages, il y a bien éclipse et non mitoyenneté et cela affecte toujours les seuls sujets. Il ne s'agit pas d'un mot qui est commun au métaphorisant et au métaphorisé, mais d'un mot caché par un autre. Chaque fois, un des sujets est passé sous silence et l'autre lui est substitué. Cela est un effet de la disparition de la particule de comparaison, qui, lorsqu'elle est présente, médiatise les deux sujets et interdit de remplacer l'un par l'autre.

Il est à noter que le phénomène d'éclipse n'interdit pas dans la même métaphore une possibilité de mitoyenneté, de recoupement entre les énoncés ; les deux peuvent être combinés dans une même métaphore et il faut y être attentif pour l'exégèse. En 47/2, où l'éclipse du sujet métaphorisé a été notée, on peut remarquer que la mention des cris en 2b faisant suite à l'inondation fait partie de l'énoncé métaphorisant (et il s'agit alors des cris provoqués par l'inondation[30] ; mais en même temps, ces cris sont mentionnés juste avant la description de l'envahisseur, en sorte qu'ils font aussi partie de l'énoncé métaphorisé (et il s'agit alors des cris provoqués par l'invasion armée de l'ennemi[31]). Comme on le verra plus loin dans l'exégèse de

---

30. Cf. BP qui, par sa ponctuation, rattache les cris à ce qui précède : « Voici que les eaux montent du Nord et deviennent un torrent qui inonde, elles inondent le pays et ce qui l'emplit, la ville et ceux qui habitent en elle : les hommes crient et ils gémissent, tous ceux qui habitent le pays. Au bruit du trot des sabots de ses coursiers... ».
31. Cf. TOB qui, par sa ponctuation, rattache les cris à qui suit : « Au Nord, des eaux grossissent, elles deviennent un torrent tumultueux ; elles submergent le

ce passage, la mention de ces cris appartient aux deux énoncés. Cette partie mitoyenne aux énoncés accompagne donc l'éclipse au niveau des sujets. Étant donné que l'éclipse concerne toujours un des sujets et que la mitoyenneté concerne toujours les énoncés, rien n'empêche, on le voit, de rencontrer les deux phénomènes dans une même métaphore, mais a priori rien ne le rendrait obligatoire non plus. En 8/17 par exemple, où le sujet métaphorisant (serpents) éclipse le sujet métaphorisé (les ennemis ?), la mitoyenneté se limite à « voici, j'envoie contre vous ». En 2/15, où le sujet métaphorisant (lions) éclipse le sujet métaphorisé (les ennemis ?), il y a mitoyenneté dans « ils réduisent le pays en dévastation ». En fin de compte, je ne trouve pas de métaphore de Jérémie avec éclipse sans mitoyenneté ! Peut-être sommes-nous ici face à une limite imposée par le corpus métaphorique choisi ; l'étude des métaphores de l'ensemble de l'AT permettrait sans doute d'avancer sur ce point, ce que je n'ai pu encore faire.

Le phénomène d'éclipse est abondamment utilisé dans les métaphores, à ceci près que, si la métaphore est morte, le sujet métaphorisé n'est pas remplacé par le sujet métaphorisant mais intégré à lui : le métaphorisé devient une des acceptions du terme métaphorisant (cf. plus haut p. 19 s. avec l'exemple en français du terme « poulet », métaphore morte, dont une des acceptions lexicalisée est « gendarme » métaphorisé par lui). Il n'est alors plus question de remplacer un mot par un autre, mais de préciser quelle acception du terme est en jeu. En 2/8, il n'est plus possible de parler d'éclipse du mot « chef » par le mot « berger » ; il s'agit plutôt de dire que le mot r'h est ici pris dans son acception politique et non pastorale. Avec la métaphore morte, on passe de l'éclipse à l'assimilation, de la substitution à l'intégration. Cette remarque sur la métaphore morte, comme dérivant du phénomène d'éclipse, en entraîne une autre, à savoir que les métaphores mortes sont toujours des métaphores sans particules, sinon l'intégration du métaphorisé au métaphorisant serait impossible ; dès qu'il y a une particule, la métaphore morte est revivifiée. Ainsi en 31/10, où il est dit à propos de Dieu et d'Israël : « Il le garde comme un berger son troupeau », le sujet métaphorisé (Dieu, qui est pourtant acception possible de la métaphore morte du berger ; cf. Ps. 80/2) n'est plus ici assimilé au sujet métaphorisant, mais juxtaposé à lui médiatement ; la métaphore morte est ici revivifiée, d'autant plus qu'apparaît un autre terme de l'isotopie du berger : « troupeau ».

En conclusion, on peut dire que le mécanisme métaphorique est identique pour toutes les métaphores. Pour celles qui sont sans particules on observe les mêmes caractéristiques que pour les autres ; mais il s'y ajoute parfois, étant donné qu'elles sont le plus concises, un phénomène d'éclipse par lequel l'un des sujets métaphoriques se substitue à l'autre.

---

pays et tout ce qui s'y trouve : la ville et ceux qui l'habitent. Les gens crient au secours ; tous les habitants du pays hurlent au bruit de ses coursiers... ».

LE RECOUPEMENT ISOTOPIQUE

Si, d'une part, l'éclipse d'un des sujets de la métaphore est propre aux métaphores sans particules et si, d'autre part, le recoupement des énoncés est propre aux métaphores avec une seule particule ou sans particules, par contre le recoupement des isotopies est commun à toutes les métaphores ; ce recoupement est une constante. En réalité il est constitutif du fait métaphorique, car c'est lui qui dit la ressemblance entre métaphorisé et métaphorisant ; c'est lui qui contient le foyer de la métaphore. Il est sans aucun doute le centre vital, le cœur de la métaphore. Il est bon alors d'essayer maintenant de cerner comment est utilisé ce recoupement dans la métaphore, quel est son mécanisme.

Il y a recoupement isotopique quand un terme, une expression ou plusieurs termes sont communs aux deux isotopies. Indépendamment de toute métaphore, deux isotopies quelconques peuvent avoir entre elles plusieurs termes communs, mais une métaphore n'en retient qu'un ou quelques-uns pour signifier le point de ressemblance qu'elle veut dénoter. Ainsi *ml'* en 5/27 (« comme une cage est pleine d'oiseaux, ainsi leurs maisons sont pleines de rapines »). Le terme « bruyant » est aussi un terme commun à ces mêmes isotopies et pourrait donner lieu à une nouvelle métaphore (« comme est bruyante une cage pleine d'oiseaux, ainsi sont bruyantes leurs maisons ») ; mais il s'agit bien là d'une autre métaphore que celle de 5/27 où l'idée de bruit n'est pas retenue comme point de ressemblance. Dans la zone commune à deux isotopies, chaque métaphoriseur opère une sélection. C'est ce qui est retenu de cette zone commune par l'auteur d'une métaphore que j'appelle ici recoupement isotopique.

Le recoupement isotopique est constitutif de la métaphore et cela se traduit par le fait qu'il y a au moins un mot commun au métaphorisé et au métaphorisant. Un même mot est présent dans les deux énoncés. Il peut l'être explicitement dans les deux (cf. *ml'* en 5/27). Il peut n'être présent explicitement que dans l'un des deux (cf. *npl* en 9/21). Il est tellement commun, tellement le même, qu'il n'est alors pas toujours besoin de le répéter (« les cadavres tombent comme du fumier sur la surface des champs, comme des gerbes derrière le moissonneur »). Ne pas expliciter la répétition du terme commun ne rend pas pour autant obscure la métaphore. Chaque lecteur repère aisément ce point et se trouve en mesure de rétablir lui-même la répétition (« les cadavres tombent comme *tombe* du fumier sur la surface des champs, comme *tombent* des gerbes derrière le moissonneur »). Cela montre à quel point la présence d'un point commun (ou foyer) va de soi, à quel point toute métaphore s'organise autour du foyer.

Le « même mot » pour deux isotopies… ! Chacun sait qu'un mot n'est qu'un élément dans un foisonnement de sens, un carrefour. La plupart des mots sont polysémiques. Suivant les contextes dans lesquels un mot se trouve, il a des dénotations voire des connotations différentes. Il s'ensuit qu'un même mot, dans deux isotopies différentes, peut avoir des dénotations voire des

connotations différentes. Comment la métaphore va-t-elle alors faire face
à cette situation ? Comment va-t-elle courir le risque du « même » mot, qui
ne sera pas forcément le « même » en changeant d'isotopie ?

En 13/11 le recoupement isotopique se fait sur le verbe *dbq* qui est le
« même » dans les énoncés métaphorisant et métaphorisé. La première chose
à noter est qu'il est une fois au qal et une fois au hiphil ; même verbe, mais
conjugaisons différentes. Le changement de conjugaison opéré par l'auteur
de la métaphore montre que ce n'est pas à l'insu de ce dernier que ce verbe
est le même et pas le même.

L'affirmation que « Dieu s'est attaché les Israélites » est unique dans
l'AT, mais elle rejoint celle de l'attachement du peuple à Dieu, avec le qal
en Dt 10/20, 11/22, 13/5, 30/20, Js 22/5, 23/8, 2 R 18/6 (toujours qal + *b*).
L'isotopie est celle de l'alliance ; le verbe dénote un attachement existentiel, fait d'amour, d'obéissance. Ce même verbe *dbq*, employé avec *'l* à propos d'une ceinture qui s'attache aux reins d'un homme, dénote un attachement physique. C'est la même expression avec *'l* qu'en Lm 4/4 (une langue
desséchée s'attache au palais) et 2 S 23/10 (une main fatiguée qui se crispe
sur une épée). Attachement existentiel, attachement physique : telles sont
les acceptions de ce verbe. On s'aperçoit alors que la métaphore s'articule
sur un même mot, mais avec des contenus sémantiques différents. C'est le
même et pas tout à fait le même : il y a un certain clivage dans ce collage !
un léger porte-à-faux ; il y a du jeu dans la mécanique ! Qu'est-ce à dire ?
Dire que Dieu s'est attaché les Israélites est une chose ; dire que cet attachement est comme celui d'une ceinture aux reins d'un homme en est une autre.
Grâce à la métaphore le contenu sémantique du verbe dans le métaphorisant s'ajoute au contenu sémantique de ce même verbe dans le métaphorisé, en sorte que la métaphore dit quelque chose de plus, quelque chose
de neuf, quelque chose qui n'était pas dit jusque là et qu'il n'est peut-être
pas possible de dire autrement. Le clivage observé a été l'occasion d'une
création de sens. Dès lors, ce clivage n'apparaît pas comme un vice de forme,
mais comme une ouverture laissant la place à du neuf. C'est grâce à ce clivage que la métaphore peut devenir hautement créatrice, poétique. Elle peut
être l'occasion d'une parole nouvelle et sans doute est-ce pour cela que les
prophètes ont tant métaphorisé. Dans le cas présent Jérémie dit quelque chose
de neuf sur l'« attachement » de Dieu au peuple.

« La métaphore, disait Aristote, est le transport à une chose d'un nom
qui en désigne une autre » (cf. plus haut p. 10). Aristote a vu juste en parlant de transport (*épiphora*). Certes sa définition ne correspond plus
aujourd'hui qu'à celle des métaphores courtes, où un nom (le sujet métaphorisant) est effectivement transporté à la place d'un autre (le sujet métaphorisé) ; cependant, même pour les métaphores longues la notion de transport peut être maintenue, si l'on parle pour ces dernières du transport d'un
nom (le sujet métaphorisant) dans une autre isotopie (celle du métaphorisé).
Mais ce n'est pas là que je veux en venir. En parlant de transport, Aristote
a dit quelque chose d'essentiel sur les métaphores, mais il en est resté, me

semble-t-il, à la surface du fait métaphorique ; à la surface, parce qu'au niveau des mots : le transport dont il parle se situe au niveau du vocabulaire. Si l'on se penche, comme on vient de le faire, sur le clivage au niveau du foyer, on observe un autre phénomène de transport, non pas au niveau des mots cette fois (puisque le terme focal est le même dans chaque énoncé), mais au niveau du sens : il y a transport de sens, transport du sens qu'a un terme dans une isotopie (celle du métaphorisant) sur le sens qu'a ce même terme dans une autre isotopie (celle du métaphorisé). Ce transport-là se situe plus en profondeur dans l'épaisseur métaphorique ; il est sémantique et, de ce fait, autrement plus riche à mes yeux. C'est dire qu'au transport de mot, repéré par Aristote, au niveau des sujets, s'ajoute un transport de sens au niveau du foyer. Cela donne une importance nouvelle à la notion de transport (*épiphora*) effectivement caractéristique de la métaphore (*metaphora*).

Autre exemple pour saisir l'importance du clivage dans le recoupement focal, qui selon les métaphores peut être diversement exploité (pour un enrichissement sémantique ou pour un retournement), un exemple pour s'assurer aussi que ce clivage n'est pas fortuit, mais recherché et exploité par l'auteur de la métaphore. Une des acceptions du verbe *ṣhl* est la jubilation festive, l'acclamation religieuse (cf. 31/7 : criez de joie, « jubilez ») ; ce même verbe dénote aussi le cri d'un étalon, en connotant sans doute le rut, puisque le rut de cet animal s'accompagne de tels cris (cf. 5/8). Or en 50/11 se trouve toute une liste de verbes pour inviter les Babyloniens à la joie : *tśmḥw* (réjouissez-vous = jussif, J 114g) *t'lzw* (exultez de joie). Dans un tel contexte *ṣhl* ne peut qu'inviter à la jubilation festive. Mais, avec le métaphorisant qui accompagne ce verbe (« comme des étalons »), le recoupement isotopique présente un important clivage qui permet de faire basculer l'invitation festive (« jubilez ») en moquerie (« comme des étalons hennissent »). Ainsi la métaphore provoque un choc dans la polysémie du verbe et ce choc est créateur de sens. Ce choc créateur, poétique, ne peut être que voulu.

Le clivage au niveau du recoupement isotopique n'est pas toujours de la même ampleur. Il ne porte pas forcément sur des dénotations différentes ; il peut parfois porter sur des connotations différentes. Dire qu'on porte (*nś'*) une idole est connoté par l'attitude de l'homme devant le sacré : le plus souvent attitude de joie, puisque c'est d'ordinaire lors d'une procession triomphale qu'on portait ces représentations des divinités[32]. Cependant dire, avec 10/5, qu'on porte les idoles « comme un épouvantail dans un champ de concombres », c'est employer le verbe *nś'* avec la même dénotation pour le métaphorisé et pour le métaphorisant. Mais la métaphore bouscule la con-

---

32. On peut comparer ceci au transport de l'arche, symbole de la présence de Dieu. L'arche est ainsi « portée » (cf. *nś'* en 2 S 6/3-5, 1 S 4/4ss) lors de processions, en sorte que le rapprochement attendu serait : porter les idoles comme l'arche.

notation religieuse et sacramentelle avec une ironie qui ne peut échapper. Cette ironie se glisse dans le clivage qui s'opère dans le recoupement isotopique, non pas au niveau des dénotations cette fois, mais au niveau des connotations, en sorte que « porter une idole » prend ici un sens nouveau ; la métaphore est occasion d'une parole neuve, d'importance théologique. Il y a toujours transport (*épiphora*) de sens au niveau du foyer, mais cette fois au niveau des connotations.

En conclusion, je dirai que le mécanisme métaphorique est toujours le même. La présence de particules de comparaison dans une métaphore ou l'absence de ces particules rend l'énoncé métaphorique plus ou moins concis. Cette concision, en grandissant, entraîne des phénomènes comme la mitoyenneté dans les énoncés ou l'éclipse d'un des sujets. Mais, mis à part ces phénomènes éventuels dus à la concision, toutes les métaphores (vives) reposent sur un recoupement isotopique qui comporte un certain clivage. C'est grâce à ce clivage, à ce jeu dans la mécanique, que la métaphore est hautement créatrice de sens, porteuse d'une parole nouvelle, d'un kérygme. C'est là un point d'un grand intérêt théologique. Pour l'exégèse, plus on sera attentif au mécanisme métaphorique, plus on sera attentif au clivage dans le foyer, plus on goûtera le jeu qu'il y a dans cette mécanique et son importance pour la compréhension de la métaphore.

On le voit, ce qui au niveau de la signification d'une métaphore est au premier plan réside dans le recoupement isotopique, c'est-à-dire dans le foyer. Il me paraît intéressant d'établir maintenant une typologie des foyers, telle qu'elle peut ressortir des métaphores de Jérémie.

TYPOLOGIE DES FOYERS

D'une manière générale, quel que soit le type de foyer présent dans une métaphore, celui-ci est avant tout verbal ; les exemples sont extrêmement nombreux . « ils abandonnent la source, le Seigneur » (17/13 : '*zb*) ; « leurs visages sont plus durs que la pierre » (5/3 : *ḥzq*) ; « votre épée dévore comme un lion » (2/30 : '*kl*)... Si le verbe est prépondérant, l'adjectif peut aussi constituer le foyer (cf. *ml'* en 5/27). Très rarement le foyer est exprimé par un nom ; c'est le cas en 2/28, où il y a une métaphore entre les dieux et les villes quant au nombre (*mspr*). Parfois enfin, le foyer est une expression ; par exemple en 9/21 : « tomber à la surface du sol ».

Foyer dédoublé

C'est le foyer le plus facile à repérer, celui qui s'impose le plus à l'évidence, à cause de la répétition entre métaphorisant et métaphorisé. Il ne s'agit pas de deux foyers, mais d'un seul avec répétition. En 13/11 par exemple le verbe *dbq* est répété ; le foyer est l'ensemble des deux emplois de ce verbe.

Une variante de foyer dédoublé se rencontre avec deux mots d'une même racine ; par exemple en 2/26 avec *bwš* et *bšt* qui constituent à eux deux le foyer. On peut alors parler de foyer paronomastique, puisque le dédoublement de la racine se fait par paranomase.

Comme on l'a vu, les foyers dédoublés ne sont pas forcément accompagnés de particules ; par exemple, il n'y a aucune particule de comparaison en 13/12-13 et le foyer est tout de même dédoublé puisqu'on trouve *ml'* pour le métaphorisant (les cruches) et pour le métaphorisé (le peuple).

Parfois le dédoublement peut se faire avec inversion, c'est-à-dire avec un emploi positif et un emploi négatif du même terme. Par exemple en 8/7 la cigogne (métaphorisant) connaît (*yd'*) et le peuple (métaphorisé) ne connaît pas (*l' yd'*).

Foyer simple

C'est le cas le plus fréquent ; il n'y a plus répétition explicite, mais implicite. Le foyer peut se trouver explicitement dans le métaphorisé, comme en 31/10 (Dieu *garde* Israël comme un berger son troupeau), ou dans le métaphorisant, comme en 20/9 (« La parole du Seigneur est dans mon cœur comme un feu *brûlant* », cf. plus haut p. 48). Il peut encore être mitoyen entre les deux énoncés, comme en 51/38 (« Tous ensemble comme des lionceaux *rugissent* », cf. plus haut p. 49).

Foyer synonymique

Au lieu d'être constitué par un seul terme, le foyer est parfois constitué de deux termes synonymes de racines différentes (ce qui le distingue du foyer dédoublé). L'un de ces termes peut se trouver dans le métaphorisant et l'autre dans le métaphorisé ; c'est le cas en 18/14-15 (« Est-ce que la neige du Liban *abandonne* le rocher (...) ? Mon peuple, lui, m'a *oublié* ») où les verbes synonymes *'zb* (abandonner) et *škḥ* (oublier) constituent à eux deux le foyer (cf. plus haut p. 41). Les deux termes synonymes peuvent aussi se trouver tous deux dans l'énoncé métaphorisé, comme en 25/30 (« D'en haut le Seigneur *rugit*, de sa sainte habitation il *donne de la voix* »), ou dans l'énoncé métaphorisant, comme en 2/15, où avec les deux mêmes expressions qu'en 25/30 les lionceaux métaphorisent cette fois les ennemis (« Contre Israël des lionceaux *rugissent*, ils *donnent de la voix* »). Dans chacun de ces textes, on aurait tort de décréter que le foyer n'est constitué que d'un de ces éléments. Quand on connaît le goût de l'hébreu pour le parallélisme synonymique, on ne peut s'étonner de le voir apparaître aussi dans les foyers des métaphores.

Foyer jeu de mots

Dans de rares métaphores le foyer repose sur un jeu de mots. C'est le cas par exemple en 1/13-14 où le point commun entre le chaudron et le malheur venu du Nord n'est pas dans un recoupement des isotopies, mais dans une proximité phonique entre les verbes *npḥ* et *ptḥ* (proximité soulignée par la mention du Nord dans chacun des énoncés ; cf. plus haut p. 43).

Foyer secondaire

On peut aussi rencontrer des métaphores dont le foyer est clairement souligné, mais dans lesquelles aussi apparaît un deuxième foyer. C'est le cas par exemple en 13/12-14 (que l'on vient de voir p. 60), où le verbe *ml'*, étant répété, s'impose comme foyer principal. Cette métaphore ne s'arrête pas à ce simple rapport métaphorique ; elle se poursuit avec le verbe *npṣ* (« Puis je les *briserai* l'un contre l'autre », 13/14) qui s'applique au peuple (métaphorisé), mais qui, pouvant s'appliquer aussi aux cruches (métaphorisant), devient nouveau foyer que l'on appellera secondaire par rapport au premier, qui par son dédoublement est souligné, apparaissant ainsi comme principal. Grâce au foyer secondaire on peut parler d'une suite ou d'une relance de la métaphore, mais il y a bien un deuxième foyer différent du premier.

Un autre exemple apparaît en 46/7-8, où le verbe *'lh* se présente comme premier foyer ; en 46/8b un troisième emploi de ce verbe marque une insistance qui souligne ce foyer. Viennent ensuite deux verbes (*ksh* et *'bd*) qui sont aussi des foyers, étant donné que ce que dit l'Égypte (métaphorisé) peut également être dit par le Nil (métaphorisant), qui lui-aussi « couvre la terre » et « détruit ». Ces deux nouveaux foyers sont secondaires.

Une précision donnée sur le sujet métaphorisant peut être considérée comme foyer secondaire, dès lors qu'elle peut s'appliquer aussi au sujet métaphorisé. En 22/28 par exemple, le foyer principal est synonymique (Joyakin est *jeté* et *lancé* comme un vase et comme un ustensile). Or, du premier métaphorisant choisi (vase), il est précisé qu'il est « méprisé » (*nbzh*), et du deuxième (ustensile) qu'on n'a « pour lui aucun plaisir » (*'yn ḥpṣ bw*). De telles précisions sur les métaphorisants semblent faire allusion au fait que Joyakin (métaphorisé) est lui-même « méprisé » (cf. *nbzh* pour un individu en Ps 119/141 et Es 53/3) et que Dieu n'a « plus de plaisir en lui » (cf. cette même dernière expression pour des individus en Ml. 1/10 et Ec 5/3). C'est en cela qu'on peut parler ici de foyers secondaires.

Foyers multiples

Il est des métaphores où se trouvent plusieurs foyers, sans que l'on puisse dire que l'un est principal et les autres secondaires ; on peut alors parler de foyers multiples. En 10/5 par exemple, après la mention du métaphorisant (un épouvantail) et du métaphorisé (*hmh*, c'est-à-dire les idoles) vient une énumération de différents points de ressemblance d'égale importance : a) elles ne parlent pas, b) il faut les porter car elles ne marchent pas, c) ne pas les craindre car elles ne font pas de mal, pas plus que du bien.

Foyers successifs

Alors que dans l'exemple précédent les foyers sont simplement énumérés et qu'ils pourraient l'être dans un ordre différent, il existe des métaphores présentant plusieurs foyers ; seulement ces derniers se succèdent en une suite logique qui ne peut être perturbée. En 21/12 par exemple, la colère de Dieu est comparée à un feu. Cette métaphore repose sur trois points de ressemblance : « ma colère *jaillira* comme un feu, elle *brûlera* sans que personne puisse l'*éteindre* ». L'ordre des foyers ne peut être modifié, c'est pourquoi je parle de foyers successifs[33].

Foyer diffus

Dans certaines métaphores le foyer me paraît être insaisissable ; il n'est ni simple, ni multiple, ni synonymique... mais tout simplement diffus. Tel est le cas, me semble-t-il, de cette description métaphorique d'Israël : « Une ânesse sauvage habituée à la steppe ! En chaleur, elle renifle le vent ; son rut, qui peut le refouler ? Tous ceux qui la cherchent n'ont pas à se fatiguer, ils la trouvent en son mois. » (2/24) Cette métaphore est constituée d'une succession de propositions, sans qu'on puisse vraiment définir ce qui peut relever du foyer. Si rien ne s'impose comme foyer, tout l'énoncé cependant semble contribuer à évoquer ce foyer, que l'on peut dire alors diffus. Dans cette métaphore, dont l'énoncé est ébauche de récit, sans doute sommes-nous aussi devant un cas limite, proche de la parabole[34].

Foyer absent

Il est des métaphores où le foyer n'est pas exprimé, ce qui ne veut pas dire pour autant qu'il n'existe pas et qu'il pourrait s'agir de métaphores sans foyer. Cette non explicitation du foyer, peut, suivant les métaphores, être expliquée de différentes manières.

Le foyer peut être sous-entendu parce qu'il y a renvoi à un passage où la même métaphore apparaît, cette fois avec une explicitation du foyer. La métaphore du fumier, par exemple, se trouve quatre fois dans le livre de Jérémie (8/2, 9/21, 16/4 et 25/33). En 9/21 elle est complète avec deux foyers successifs (*npl* et *'sp*). En 8/2 et 25/33 un seul de ces deux verbes apparaît (*'sp*), à ceci près que dans ces deux passages *'sp* est utilisé avant l'énoncé de la métaphore, c'est-à-dire en dehors d'elle. Pour le lecteur familier du livre de Jérémie, le verbe *'sp* en 8/2 et 25/33 est une amorce de la métaphore et une allusion à 9/21, qui seul permet de dire que ce verbe est un foyer de la métaphore. Mais pour quiconque ignore 9/21, les métaphores

---

33. Il est à noter que les foyers se suivent ici comme dans une ébauche d'histoire. Peut-être a-t-on dans ce type de métaphore une amorce de parabole, si la parabole est une métaphore développée en récit (cf. Westermann p. 106).

34. Avec cet exemple, comme avec le précédent (21/12) on touche du doigt une difficulté : si d'une certaine manière certaines métaphores sont pures, toutes ne le sont pas et cela de plusieurs manières. Certaines comme ici s'apparentent à la parabole, d'autres par contre sont constituées d'éléments métonymiques ; par exemple lorsque l'Égypte est comparée au Nil (46/7s) cela repose sur un lien métonymique ; cependant à partir de ce lien c'est bien une métaphore qui est bâtie dans la mesure où il y a points de ressemblance (« monter », « couvrir », « faire périr ») et non relation de simple contiguïté. Comme on ne peut parler de ressemblance dans une métonymie et qu'ici il y a ressemblance, on en conclura que cette image est une métaphore reposant sur un lien métonymique, On ne peut ignorer ces glissements possibles entre diverses figures de rhétorique et les négliger dans l'analyse.

de 8/2 et 25/33 sont sans foyer. C'est encore plus vrai en 16/4 oú ne se trouvent ni *npl* ni *'sp* ; dans ce dernier texte aucun foyer n'est exprimé ni amorcé ; cependant on dira que le foyer, quoiqu'absent, existe tout de même par allusion à 9/21 auquel le vocabulaire renvoie. Avec 16/4 on s'aperçoit donc qu'un foyer peut être absent, parce que le lecteur est supposé suffisamment familier de Jérémie pour le rétablir lui-même. Cela doit nous rendre attentifs : lorsque nous nous trouvons devant une métaphore dont nous ne percevons pas le foyer, il ne faut pas forcément conclure qu'elle n'en a pas ; le texte métaphorique peut être éclairé par un autre auquel il renvoie ; dans ce renvoi le foyer peut être éludé.

Le foyer peut être contenu dans le sujet métaphorisé. Lorsque par exemple, en 10/7, les sages sont comparés à Dieu, le foyer n'est pas spécifié : « Parmi tous les sages des nations et dans tous les royaumes, il n'y a personne comme toi ». Dans cette métaphore sans foyer exprimé, ce dernier découle en réalité du métaphorisé lui-même, en sorte que l'énoncé métaphorique peut être ainsi développé : parmi les *sages* nul n'est *sage* comme toi tu es sage. C'est là une autre forme de concision métaphorique, où cette fois le sujet métaphorisé contient le foyer. La même chose peut se passer avec le sujet métaphorisant ; c'est le cas en 14/8, où il est dit à Dieu : « Pourquoi es-tu comme un étranger dans le pays ? » Le foyer non exprimé de cette métaphore est contenu dans le sujet métaphorisant : « Pourquoi es-tu *étranger* comme un *étranger* dans le pays ? »

Un foyer absent peut être celui de la métaphore précédente. « Ses chars comme l'ouragan », lit-on en 4/13. Si l'on s'en tient à ce seul énoncé, le foyer n'apparaît pas. Mais si l'on remarque que cette métaphore en suit immédiatement une autre dont l'énoncé se termine par le foyer (*'lh*), étant donné la place de ce foyer, nous sommes invités, me semble-t-il, à considérer ce même foyer comme sous-entendu dans la métaphore de l'ouragan : « Voici, comme des nuages il monte et ses chars (montent) comme l'ouragan ».

On le voit, l'absence de foyer n'est en fin de compte qu'une non explicitation du foyer, soit par concision (le foyer est contenu dans l'un des deux sujets), soit par allusion (au foyer identique de la métaphore qui précède immédiatement ou bien au foyer de la même métaphore développée dans un contexte plus ou moins proche).

Foyer mort

Le dernier type de foyer qu'il faut considérer est celui des métaphores mortes non revivifiées. Dans ces dernières le foyer est mort, c'est-à-dire pas simplement sous-entendu, mais inexistant. Cela tient au statut particulier de ces métaphores, dont la mort, on peut dire, a entraîné la mort du foyer. Leur donner un foyer serait une manière de les revivifier. Lorsqu'en 2/8 Dieu se plaint des dirigeants israélites, ces derniers sont désignés par la métaphore des bergers : « Les bergers se révoltent contre moi ». Le verbe *pš'* (« se révolter ») appartient à l'isotopie politique (cf. 2 R 1/1, 3/5, 7, 8/20,

22...) et non à l'isotopie pastorale (dans l'AT il n'est jamais ailleurs qu'ici utilisé pour des bergers ou pour quoi que ce soit de l'isotopie pastorale) en sorte que, n'étant pas commun aux deux isotopies, ce verbe ne peut pas être considéré comme foyer. Il est choisi pour décrire l'attitude du métaphorisé (les chefs) et non celle du métaphorisant (les bergers). Sans recoupement isotopique des énoncés cette métaphore n'a pas de foyer. Je dirai que ce dernier est mort comme est morte la métaphore.

Tels sont les différents types de foyers que l'on trouve dans les métaphores de Jérémie.

Dans ce chapitre portant sur le mécanisme, le recoupement isotopique, porteur du foyer, est apparu comme une constante des métaphores vives et comme l'élément le plus riche du point de vue du sens. A la recherche du sens, l'exégète des métaphores devra, me semble-t-il, être particulièrement attentif au foyer ; avec cette typologie il sera mieux armé, je l'espère, pour accomplir sa tâche.

4. CLASSEMENT DES MÉTAPHORES

Il n'est qu'à feuilleter le livre de Jérémie pour se rendre compte que les métaphores y sont extrêmement nombreuses. Pour donner un ordre de grandeur, elles avoisinent les 250 : de quoi mobiliser plusieurs exégètes ou bien un seul pendant plusieurs années, si l'on veut étudier en détail chacune de ces métaphores. Je ne peux mener à bien un tel travail dans le simple cadre de cette thèse. Le lecteur s'en désolera ou s'en réjouira suivant le temps qu'il peut lui-même consacrer à ce sujet ! En ce qui me concerne il me faut choisir. Mais comment procéder dans ce choix ? Westermann, après avoir passé en revue un échantillonnage de textes de Jérémie, parle des métaphores les plus fréquentes ou des plus importantes (p. 53). Il entend par « plus importantes » celles dont le contenu est le « plus important » pour la théologie du prophète. S'il est relativement aisé de savoir quelles sont les métaphores qui reviennent le plus souvent dans Jérémie, comment savoir quelles sont les « plus importantes » ? Si ce n'est pas la fréquence qui révèle l'importance, à partir de quel critère repérer les métaphores qui sont (dans leur contenu) les plus importantes dans le message du prophète ?

Divers classements peuvent être opérés. On peut procéder en classant par sujets métaphorisants (les animaux, les plantes, les métiers...) ou bien par sujets métaphorisé (Dieu, Israël, Jérusalem, Babylone...) ou bien encore à partir des genres littéraires des textes ou les métaphores apparaissent (les confessions, les oracles sur les nations...). On peut aussi ne pas classer et étudier les métaphores dans l'ordre de leur apparition, chapitre après chapitre, au fil de la lecture. Toutes ces approches sont possibles.

Avant de faire mon propre choix, il m'a paru bon d'établir un répertoire des métaphores et de procéder à quelques classifications. Pour ce qui est du répertoire, il ne s'agit encore que d'une ébauche pour débroussailler, car toutes les métaphores ne sont pas forcément repérables aujourd'hui en première lecture. Ceci ne tient pas à l'absence d'indices métaphoriques dans ces métaphores, mais au décalage culturel et historique dont nous sommes tributaires. Ce décalage peut nous rendre myopes et nous empêcher de remarquer certains indices métaphoriques qui n'échappaient pas aux contemporains de Jérémie. Pour avoir moi-même constaté la myopie des exégètes actuels dans le repérage de la métaphore du soleil en 15/9 (cf. plus loin), je ne peux répondre ici de ma propre myopie dans le repérage de telle ou telle métaphore. Voilà pourquoi je préfère parler d'ébauche de répertoire. La liste que je pourrai faire est donc à considérer comme approximative, révisable lors d'études ultérieures. Pour ce qui est de la classification, j'ai d'abord procédé à une classification par sujets métaphorisants. Puis, étant donné qu'au fil de la recherche le foyer s'est petit à petit imposé à moi comme plus important pour le contenu sémantique des métaphores (ce dont j'ai essayé de rendre compte dans les chapitres précédents), il m'a paru préférable alors de procéder à une classification par foyers. Dans l'épaisseur métaphorique, le sujet métaphorisant apparaît en surface et s'impose en première lecture ; ensuite, dans la profondeur sous-jacente, grâce au clivage dans le recoupement isotopique (cf. plus haut, p. 50 s.), c'est le foyer qui se révèle être sémantiquement plus riche. Pour redire en d'autres termes l'importance du clivage repéré dans le foyer et pour reprendre ceux d'Aristote, la métaphore se caractérise par un transport (*épiphora*) : avec le sujet métaphorisant il s'agit du transport d'un mot dans une autre isotopie (celle du métaphorisé), avec le foyer il s'agit d'un transport de sens : transport de la signification qu'un terme a dans une isotopie (celle du métaphorisant) sur la signification que ce même terme a dans une autre isotopie (celle du métaphorisé).

Je rendrai compte ici de la double classification à laquelle j'ai procédé : d'abord par sujets métaphorisants, puis par foyers.

Classification par sujets métaphorisants

Lorsqu'on procède au repérage des métaphores dans le livre de Jérémie, une première constatation s'impose, c'est l'importance et la complexité des métaphores féminines, c'est-à-dire des métaphores dont le sujet métaphorisant est une femme. Ces métaphores se distinguent des autres de plusieurs manières : tout d'abord, il est extrêmement difficile de savoir s'il s'agit vraiment de métaphores ; ensuite, elles ont des énoncés plus étendus que toute autre ; enfin, elles sont souvent étroitement imbriquées avec d'autres métaphores. Ces métaphores féminines sont certainement ce qu'il y a de plus difficile, en sorte qu'il serait maladroit de commencer par elles ; autant garder le plus difficile pour plus tard, lorsqu'on sera aguerri à l'étude des métaphores.

LES MÉTAPHORES FÉMININES

Pour ces métaphores les énoncés métaphorisants apparaissent dans les passages suivants : 2/2, 16-25, 32-37, 3/1-13, 19-20, 4/7, 11, 17, 18, 30,

31, 5/7, 6/2, 3, 8, 23-26, 7/29, 8/11, 19, 21-23, 9/6, 10/17, 19, 20, 11/15-17, 12/7, 13/20-22, 25-27, 14/17, 15/5-6, 8, 9, 18/13, 21/13-14, 22/20-23, 30/6, 12-17, 31/3-5, 15-17, 21, 22, 46/11-12, 19, 24, 48/2, 4, 9, 18, 19, 41, 49/4-5, 22, 24, 50/12, 37, 42, 43, 51/8, 9, 30, 33, 36 ; c'est-à-dire 116 versets.

Les différentes figures qui apparaissent dans ces textes sont les suivantes : la fiancée et la jeune mariée (2/2, 32), la prostituée (2/20, 3/1, 2, 8, 9, 13/27), la répudiée (3/1, 8), l'infidèle (3/6, 8, 11, 12), la sœur (3/7, 10), l'adultère (3/8, 9, 13/27), la traîtresse (3/8, 10, 11, 20), la fille (4/11, 31, 6/2, 23, 8/11, 19, 21, 22, 23, 9/6, 14/17, 31/22, 46/11, 19, 24, 48/18, 49/4, 50/42, 51/33), l'accouchée (4/31, 6/24, 13/21, 22/23, 30/6, 48/41, 49/22, 24, 50/43), la mère (5/7, 10/20, 15/8, 9, 31/15, 17, 48/4, 50/12), l'endeuillée (6/26, 31/15), la consacrée (7/29), la blessée ou la malade (8/22, 10/19, 30/12, 13, 15, 17, 46/11, 51/8, 9), ou la bien aimée (11/15, 12/7), la bergère (13/20, la violée (13/22), la vierge (14/17, 18/13, 31/4, 21, 46/11), Rachel (31/15), la femme-femelle (31/22), l'exilée (46/19), la « femmelette » (50/37, 51/30). A eux seuls ces textes pourraient faire l'objet d'une thèse.

La première difficulté est de savoir s'il s'agit à proprement parler de métaphores. Pour certains de ces textes les images sont clairement métaphoriques ; par exemple, lorsqu'un roi est comparé à une accouchée (50/43), lorsque des soldats sont comparés à des « femmelettes » (50/37, 51/30). Mais ce n'est pas toujours aussi facile : lorsque, par exemple, Israël est comparé à une femme adultère qui se prostitue, en 3/6-8, une telle image est donnée à Israël à cause du comportement adultère des prostituées sacrées qui existent réellement dans le peuple ; c'est dire que l'attitude de certaines femmes israélites sert pour décrire l'attitude du peuple entier ; en cela l'image est métonymique. Cependant ce même passage décrit Israël comme adultère par rapport à Dieu, en sorte que ce dernier, en remettant une lettre de divorce à Israël, apparaît comme époux. De ce fait, Israël, femme adultère, apparaît comme épouse de Dieu, ce qui est métaphorique et non métonymique. Bref, il ressort de ce passage que l'image d'Israël adultère est à la fois métonymique et métaphorique ; cela complique grandement l'analyse. Cette difficulté se retrouve dans presque toutes les images où un peuple ou une ville apparaît sous les traits d'une femme, c'est-à-dire dans la grosse majorité des cas.

En deuxième lieu, les métaphores féminines peuvent être développées sur plusieurs versets (cf. 2/16-25 ou 3/1-13) ; à cause de cela différentes figures féminines peuvent dans un même passage se succéder ou se superposer : c'est ainsi qu'en 13/20-22, par exemple, l'image de l'accouchée vient se surajouter à celle de la bergère qui va se faire violer. En outre, si l'on voulait faire des statistiques ou des graphiques, les métaphores féminines y seraient tellement dominantes qu'elles écraseraient les autres. Pour en avoir une idée, il suffit de noter que l'ensemble de toutes les autres métaphores occupe, sauf erreur, 241 versets. On peut dire qu'avec leurs 116 versets, les métaphores féminines sont hors concours !

Enfin, on peut noter qu'à l'intérieur des métaphores féminines d'autres métaphores viennent parfois se loger ; par exemple les images de la vigne (2/21), de la chamelle (2/23) et de l'ânesse (2/24) viennent se greffer sur celle de la femme (2/16-25), qui est elle-même le métaphorisé de ces trois métaphores, tout en désignant le peuple de manière métaphorique ou/et métonymique. Il en va de même en 3/2, où la métaphore de l'Arabe a pour métaphorisé la femme qui de manière métaphorique et/ou métonymique désigne Israël. On peut noter que dans chaque cas la métaphore féminine, d'une certaine ampleur, sert de base à d'autres métaphores de moindre ampleur qui se surajoutent. Cette insertion des métaphores surajoutées est plus ou moins profonde ; ainsi en 2/16-25 la femme est interpellée à la 2e p. et il est question de l'ânesse à la 3e p., ce qui marque une certaine distance, alors que pour la vigne la 2e p. est maintenue, ce qui amenuise cette distance ; quant à la chamelle, ce terme semble être un vocatif, ce qui intégretait plus encore cette métaphore dans la métaphore féminine.

Répartition des énoncés métaphorisants dans Jérémie

Ch.	Métaphores féminines	Autres métaphores	Versets communs
1		11, 13, 18	
2	2, 16-25, 32-37	3, 5, 8, 13, 15, 21, 23, 24, 26, 27, 28, 30, 31	21, 23, 24
3	1-13, 19-20	2, 4, 15, 19, 24	2, 4, 19
4	7, 11, 17, 18, 30, 31	3, 4, 7, 11, 12, 13, 17	7, 11, 17
5	7	3, 6, 8, 10, 13, 14, 16, 22, 26, 27	
6	2, 3, 8, 23-26	3, 7, 9, 10, 23, 27, 28, 29, 30	3, 23
7	29	11	
8	11, 19, 21-23	2, 6, 7, 13, 17, 19, 23	19, 23
9	6	2, 7, 21, 25	
10	17, 19-20	5, 6, 7, 8, 15, 16, 21	
11	15-17	4, 13, 16, 17, 19	16, 17
12	7	2, 3, 5, 8, 9, 10	
13	20-22, 25-27	7, 10, 11, 12, 13, 14, 17, 20, 23, 24, 27	20, 27
14	17	6, 8, 9, 22	
15	5, 6, 8, 9	7, 8, 9, 12, 14, 16, 18, 19, 20, 21	8, 9
16		4, 16, 19	
17		1, 2, 4, 6, 8, 11, 13, 16	
18	13	6, 11, 14, 17, 18, 20, 22	
19		10, 11	
20		3, 4, 9, 11, 16, 17	
21	13-14	12, 14	14
22	20-23	6, 7, 19, 22, 23, 24, 26, 28	22, 23
23		1-4, 5, 9, 19, 28, 29	
24		5, 8	
25		15, 16, 26, 27, 28, 30, 32-38	
26			
27			
28			
29		17	
30	6, 12-17	14, 23	14
31	3-5, 15-17, 21-22	9, 10, 12, 18, 20, 29, 30, 33	

Ch.	Métaphores féminines	Autres métaphores	Versets communs
32		18	
33		15, 22	
34			
35			
36			
37			
38			
39			
40			
41			
42			
43		12	
44			
45			
46	11, 12, 19, 24	7, 8, 10, 18, 20, 21, 22, 23	
47		2	
48	2, 4, 9, 18, 19, 41	11, 12, 15, 17, 27, 28, 31, 36, 38, 40	
49	4, 5, 22, 24	9, 12, 16, 19, 20, 22, 23, 32, 36	22
50	12, 37, 42, 43	6, 7, 8, 11, 17, 19, 23, 24, 26, 27, 42, 44, 45	42
51	8, 9, 30, 33, 36	1, 2, 5, 7, 8, 14, 18, 19, 20-23, 25, 26, 27, 33, 34, 38, 40, 42, 44, 55, 63	8, 33
52			
Total	116	241	27

Le tableau ci-dessus situe les métaphores féminines par rapport aux autres métaphores dans le livre de Jérémie ; il montre l'étendue de ces métaphores féminines et leur imbrication avec les autres. Comme il a été dit (p. 65) l'étude des métaphores féminines sera conservée pour plus tard.

Dans le tableau ci-dessus apparaissent des vides ; ces derniers sont faciles à expliquer : ils correspondent aux textes en prose.

LES MÉTAPHORES NON FÉMININES

La liste des passages concernés par ces métaphores vient d'être donnée. Plutôt que de faire une énumération des sujets métaphorisants chapitre par chapitre, je préfère les présenter sous forme d'un tableau, où ils seront disposés par catégories (les animaux, les plantes, les choses...) de telle manière que la fréquence d'emploi de chaque métaphorisant apparaisse au premier coup d'œil. Quelques précisions préalables sont à donner.

Ce serait une erreur que de penser que chaque métaphore fait intervenir un seul sujet métaphorisant ; c'est le cas pour certaines, mais pas pour toutes. En 9/2 par exemple, il n'y a qu'un sujet métaphorisant (« Leur langue est comme un arc tendu »), de même en 5/3 (« Leur visage est plus dur que la pierre »), ainsi que dans bien d'autres. Cependant, dans certaines métaphores, il peut y avoir deux sujets métaphorisants employés en parallèle synonymique pour désigner un même métaphorisé ; par exemple en 48/17 se trouvent deux termes parallèles (mṭh et mql) pour désigner le sujet métaphorisant ; il n'y a pas de raison de ne retenir qu'un seul de ces mots ; chacun est au même titre sujet métaphorisant ; ils figureront tous deux dans le tableau.

Il est même des métaphores où pour un même sujet métaphorisé se trouvent trois sujets métaphorisants synonymes (cf. 51/40 avec *kr*, *'yl* et *'twd*) ou pas (cf. 1/18 avec « ville », « colonne » et « mur »). Chacun de ces termes devra figurer sur le tableau.

Dans une même métaphore il peut y avoir deux sujets métaphorisants, parce qu'il y a deux sujets métaphorisés ; c'est le cas en 5/14, où « feu » et « bois » métaphorisant respectivement « parole » et « peuple ». Si dans ce dernier exemple le repérage des sujets métaphorisants est aisé parce que les sujets métaphorisés correspondants sont nommés, il peut y avoir des métaphores avec plusieurs métaphorisants, bien que les sujets métaphorisés correspondants ne soient pas tous nommés. Par exemple, en 2/13, Dieu est métaphorisé par le mot « source » et l'on peut penser que les citernes mentionnées ensuite sont un sujet métaphorisant pour les faux dieux (non nommés). Le mot « citerne » devra donc figurer au même titre que « source » dans le tableau. Mais on devine par ce dernier exemple qu'il peut être difficile dans certains cas de savoir si un terme de l'énoncé métaphorisant est sujet ou pas. C'est une des limites du tableau, parce que nous n'en sommes qu'à l'introduction et que ce n'est qu'en conclusion, après l'exégèse de toutes les métaphores (ce que je n'ai pas encore fait) qu'on sera en mesure de dire si tel mot est sujet métaphorisant ou pas. Le tableau ne sera donc pas totalement précis, mais il m'a paru tout de même important de le faire pour donner d'emblée un aperçu des métaphorisants utilisés par Jérémie. Si le tableau n'est qu'approximatif, ce n'est néanmoins que pour certains textes difficiles, à vrai dire peu nombreux. Pour ces passages difficiles, on verra des points d'interrogation dans le tableau ; c'est le cas par exemple en 15/12 ; il se peut que dans ce texte (s'il est métaphorique), le mot « fer » désigne l'ennemi du Nord ; mais qu'en est-il du mot « bronze » ? S'agit-il d'un nouveau sujet métaphorisant ? Ne le sachant pas, je mentionne tout de même ce dernier terme dans le tableau.

Il est enfin des métaphores où le nom désignant le sujet métaphorisant n'est pas donné et le problème est de savoir comment les porter sur le tableau. Ces textes, à vrai dire, peu nombreux, peuvent être passés en revue ici. Dans les métaphores de vannage, le vanneur n'est pas toujours nommé expressément ; il l'est en 31/10, où Dieu est le « vanneur » d'Israël, mais il ne l'est pas en 15/7, 49/32, 36. Cependant, étant donné que les métaphores de ces trois derniers textes figurent dans le tableau soit par le mot « van » (15/7) soit par le mot « vent », je ne crois pas nécessaire de mentionner le vanneur pour ces derniers textes.

Les sujets métaphorisants non mentionnés qui figureront sur le tableau (ils le seront entourés de pointillés) sont les suivants :

En 5/10 aucun terme de l'énoncé métaphorisant ne peut être considéré comme sujet et figurer dans le tableau ; le sujet métaphorisant est « vigne » et c'est avec ce terme que cette métaphore figurera dans le tableau, mais avec des pointillés.

En 12/2 encore aucun terme ne peut figurer sur le tableau comme sujet métaphorisant ; le vrai sujet n'est pas nommé et l'on ne sait pas au juste quel mot hébreu l'auteur aurait retenu pour le désigner (« arbre » ou une espèce d'arbre particulière). Étant donné la proximité de 11/19, où Jérémie est lui-même comparé à un arbre, face à ce texte qui semble être placé en vis-à-vis, c'est à côté du mot « arbre » que 12/2 sera mentionné entouré de pointillés.

En 13/27 la mention des hennissements fait de Jérusalem (au féminin) une jument ; le texte figurera entre « cheval » et « étalon ». En 15/16 c'est en tant que « nourriture » que le texte apparaîtra sur le tableau. En 18/18 la langue semble être comparée à une arme qui tue ; comme elle est par ailleurs comparée à un arc (9/2) ou à une flèche (9/7) c'est entre ces deux sujets métaphorisants que 18/18 figurera. 18/20, 22 et 50/24 seront mentionnés avec l'oiseleur. 22/23 le sera au milieu des oiseaux par le simple terme « oiseau ». 25/30 avec le lion, mais aussi 46/10 étant donné qu'en 2/30 l'épée est comparée à un lion. En 31/33 la métaphore semble comparer le cœur à une tablette comme cela est explicité en 17/1 ; 31/33 sera donc mentionné avec pointillés au mot « tablette ». 48/11 le sera à côté du mot « vin » ; il en sera de même de 49/12, où le mot « coupe » ne peut être retenu parce que métonymique pour « vin », réel sujet métaphorisant. En 48/15 le sujet métaphorisant non nommé est un animal de boucherie ; ce texte figurera donc entre ovins et bovins (cf. 50/27 pour les bovins et 51/40 pour les ovins). En 48/31 le sujet métaphorisant doit être « colombe » étant donné la proximité de 48/28. En 49/19 et 50/44 (« qui est comme moi ? ») le sujet métaphorisant est Dieu et ces textes seront à côté de 10/6, 7.

La dernière métaphore dont le sujet métaphorisant n'est pas mentionné est 10/16, où Dieu est comparé, négativement, aux idoles. Il peut être intéressant de remarquer que ces dernières ne sont jamais des sujets métaphorisants nommés et que, dans cette comparaison avec Dieu, elles ne sont désignées que par un démonstratif. Pour faire figurer ce texte sur le tableau je le mentionnerai à côté du mot « buée » qui est le principal métaphorisant utilisé par Jérémie pour les idoles.

Tous ces sujets métaphorisants non explicités seront entourés de pointillés.

Ces précisions étant données, le tableau des sujets métaphorisants peut être établi. Les quadrilatères qui entourent chacun des métaphorisants sont proportionnés au nombre des emplois de ces mots comme sujets métaphorisants.

A côté de chaque terme se trouvent mentionnés tous ses emplois dans Jérémie ; cela est fait de la manière suivante : d'abord les emplois du terme comme sujet métaphorisant avec à côté pour chacun les métaphorisés ; ensuite, précédés de la lettre « M » les emplois de ce terme dans une métaphore, où il n'est pas sujet métaphorisant ; enfin, précédés de « NM » les emplois non métaphoriques de ce terme. Pour quatre mots cependant, j'ai cru bon de faire une exception pour ne pas encombrer le tableau. Ces quatre mots, en effet, sont particulièrement fréquents dans Jérémie ; j'ai indiqué pour chacun d'eux tous leurs emplois métaphoriques (sujets et M), mais non leurs emplois non métaphoriques (NM) ; ces quatre mots sont les suivants : *yhwh* (NM 701 fois), *bn* (NM 217 fois), *'yr* (NM 129 fois) et *'b* (NM 53 fois). En outre, pour *ṣb'* je n'ai cité que les emplois au singulier ; il faudrait y ajouter 78 emplois (jamais métaphoriques) au pluriel. Ces mentions accompagnées de NM et M permettent de repérer les termes qui ne se trouvent que dans les métaphores.

Lorsque deux termes sont sujets métaphorisants dans une même métaphore, ou dans deux métaphores contiguës , les quadrilatères se touchent, dans la mesure du possible. C'est généralement possible lorsque deux sujets métaphorisants sont de la même isotopie ou bien d'isotopies proches (cf. veau et génisse en 46/20, 21), mais cela ne l'est pas lorsque les isotopies sont trop éloignées ; ainsi en 13/23 où panthère et Ethiopien sont mentionnés ensemble : faire figurer l'Ethiopien au milieu des animaux ne simplifierait pas la lecture du tableau.

En ce qui concerne les récits de gestes prophétiques, étant donné que les sujets métaphorisants sont employés avec un grand nombre d'occurrences (cf. « potier » qui apparaît 6 fois en 18/1-6, « ceinture » 8 fois en 13/1-11) je n'en ai retenu qu'un chaque fois, les autres étant mentionnés avec M. Ceci pour éviter une disproportion entre la taille du quadrilatère et l'utilisation métaphorique du terme.

Dans quelques cas, j'ai regroupé dans un même quadrilatère plusieurs mots hébreux ; ils sont alors rassemblés sous un mot français écrit en majuscule : VIGNE, LION, CÉRÉALES, OVINS.

Enfin, avant de donner le tableau et pour faire déjà le lien entre cette classification par sujets métaphorisants et la classification ultérieure par foyers, je donne une liste alphabétique hébraïque des sujets métaphorisants exprimés avec, après chacun de ces sujets, la liste des termes focaux auxquels ils sont liés. Cela prépare dès maintenant la lecture conjointe des deux tableaux de classification.

Liste alphabétique des sujets métaphorisants
(sauf métaphores féminines)

'b	
'byr	*ṣhl*
'bn	*šq'*
'zwr	*dbq, ṣlḥ, šḥt*
'yb	*nkh*
'yl	*yrd*
'kzb	
'lwp	
'lmn	

'rbh	rbb, mspr
'rḥ	lyn, nṭh
'ry	'kl, ndḫ, 'ṣm
'ryh	'kl, yṣ', nkh, ntn, 'lh (3 x), rwṣ (2 x), śn', šḥt
'š	'kl, b'r (3 x), ykl, yṣ' (2 x), yqd (2 x), kbh (2 x), kwl, l'h, 'ṣr, qdḥ (2 x)
b'r	ḥṣb, kwl, šbr
bgd	'ṭh
bḥwn	bḥn, yd', ṣrp
byr	qrr
bkr	
bkrh	qll, śrk
bn	dbr, zkr (3 x), yqyr, rḥm
bṣr	'kl (2 x), qhh (2 x)
bṣr	bw', š'r, šwb
bqbq	šbr
br	
brzl	bḥn, ṣrp, r''
bšt	
gbwr	ykl, yš', 'ryṣ
gwr	n'r
gl	hmh
gl'd	krt, qdš, šḥt
gn	rwh
gnb	bw', bwš, ms' (2 x), šḥt
gpn	hpk, nkry, 'br, 'll
gr	
grn	bw', drk
dyg	dyg, rb, šlḥ
dmn	'sp, npl
drk	'nh
hbl	'bd (2 x), gšm, hbl, nkr
hr	gll, lqḥ, nṭh, śrph, šḥt (2 x)
z'b	šdd
zyt	yṣt, yph, nt', r'nn, r''
ḥwl	mdd, 'ṣm, rbh
ḥwmh	ykl (2 x), yš', lḥm (2 x), mbṣr, nḥšt (2 x), nṣl, pdh
ḥwṣ	mspr
ḥwtm	ṭwl, ntn, ntq
ḥtb	bw', krt
ḥlyl	hmh (2 x)
ḥlqh	bws, ḥmdh
ḥ⁽ᵃ⁾mor	shb, qbr, šlk
homér	šḥt
ḥsydh	yd'

ḥṣ	*šḥt*
y'r	*'bd, ksh, 'lh* (3 x)
yhwh	*gdwl, ḥkm, y'd* (2 x)
ywnh	*hgh, qnn*
ywṣr	*ykl, yṣr, 'śh, šḥt*
yyn	*g'š, hll, mwr, 'md. ṣ'h, qy', ryq, škr, šqh* (2 x), *šqṭ, šth* (5 x)
yld	*dbr, zkr, rḥm, š'š'ym*
ylq	*ml', smr, 'lh*
ym	*g'š, d'g, hmh* (3 x), *ykl* (2 x), *ksh, 'br* (2 x), *'lh, šqṭ*
y'r	*'kl, ḥqr, yṣt, krt, sbyb*
yqwš	*ṭmn, yqs, krh* (2 x), *lkd* (3 x), *mṣ', mšḥyt, nṣb, šwr, škk, tpś*
kbś	*'lwp, ybl*
kws	*hll, zhb, yll, npl, šbr, škr, šth* (6 x)
kwr	*brzl, ys'*
kwšy	*hpk*
klwb	*ml'*
kly	*ḥmdh, ḥpṣ* (2 x), *ṭwl, ykl, yśg, npl, ryq* (2 x), *rp', šbr, šlk*
ksp	*m's*
kpyr	*ntn, 'zb, š'g* (2 x)
kr	*yrd*
krm	*'lh, 'śh, šḥt* (2 x)
krml	*bw'*
lbnwn	*krt, qdš, šḥt*
lwḥ	*ḥrš, ktb* (2 x)
m'plyh	*bw', rwd*
mgwr	*sbyb*
mdbr	*bw', rwd*
mizrèh	*zrh*
mezârèh	*qbṣ*
mṭh	*'z, šbr*
mym	*'mn, nzl, ntš, zr, qr, rb, 'lh, štp*
mnws	*'bd*
m'wz	
m'rh	
mpṣ	*npṣ* (9 x), *šḥt*
mqwh	*bwš, 'zb*
mqwr	*'zb* (2 x)
mql	*šbr, tp'rh*
mr'yt	*pwṣ, šdd*
nbl	*ml'* (2 x), *npṣ* (2 x), *šḥt*
ndhm	*dhm*
nwh	*'ytn* (2 x), *dmm, ṣdyq, šlwm, šmm* (2 x)
nhl	*z'q, yll, štp*
nhš	*hlq, lḥš, nšk, šlḥ*
nhšt	*bḥn, ṣrp, r''*

nyr	*nyr*
nmr	*hpk, ṭrp, šqd*
nšr	*gbh, d'h* (2 x), *yrd, 'lh, prś* (2 x), *qll*
sws	*yzn, mrwṣh, ṣhl, šwb, šṭp, škh*
sws 'gwr	*bw', šmr*
swph	*'lh*
syr	*nph*
sl'	*ḥzq*
s'r	*gdwl, gwr, ḥwl* (3 x), *'wr*
s'rh	*yṣ'* (2 x)
'gl	*yṣr* (2 x), *lmd, nws, 'md, pnh*
'glh	*bw', dwš, yph-pyh, pwš*
'dr	*bw', ntn, šbh, šmr*
'yṭ	*sbyb*
'yr	*hpk, ykl, lḥm, mbṣr, mspr* (2 x), *nḥm, nṣl*
'mwd	*brzl, ykl, lḥm, nṣl*
'myr	*'sp, npl*
'nn	*'lh*
'prt	*ntq*
'ṣ	*'kl, bw', d'g, yr', krt, 'śh* (2 x), *hlk, nṭ', r'nn, šḥt, šlḥ, šrš, štl*
'ṣb	*bzh, ṭwl, npṣ, šlk*
'rby	*yšb*
'rl	
'rlh	*swr*
'rmh	*sll*
'r'r	*bw', r'h, škn*
'twd	*yrd*
ph	
pṭyš	*gd', pṣṣ, šbr*
pr	*yrd, ḥrb*
prh	*bqš, lmd, mṣ', š'p, šwb*
ṣ'n	*'bd* (2 x), *'kl, hlk, ḥtt, yr', mṣ', ndḥ* (2 x), *ntq, ṣhb* (2 x), *pwṣ* (2 x), *pqd* (2 x), *prh, qbṣ, rbh, r'h, šwb, škḥ, t'h, tp'rh*
ṣb'	*spr, rbh*
ṣwr	*'zb*
ṣyd	*ṣwd, rb, šlḥ*
ṣmḥ	*ṣdyq, ṣdqh, ṣmḥ, qwm*
ṣ'h	*npṣ, ṣ'h, ryq, šlḥ*
ṣp'n	*lḥš, nšq, šlḥ*
qbr	*pth*
qwṣ	*zr'*
qr'	*'zb*
qrṣ	*bw'*
qš	*'br, pwṣ*
qšt	*drk*

r°šyt	*'kl, °šm*
rgly	*l'h, rwṣ*
rwḥ	*bw'* (2 x), *brr, zrh* (4 x), *'lh, 'wr, pwṣ* (2 x), *r'h, šdd, šḥt*
r'h	*'bd* (2 x), *'sp, 'th, bw', bws, z'q, yd', yll, ndḥ, npl, sbyb, 'ṭh, 'md* (2 x), *pwṣ* (2 x̣), *plš, pqd, qwm, rb, r'h* (3 x), *škl, šḥt, šmr, t'h, tpwṣh, tq'*
śh	*'kl, ndḥ, 'ṣm, pzr, r'h, šb', šwb*
śrq	*nṭ'*
škwr	*'br*
šlg	*'zb*
šmr	*sbyb*
šmš	*bw', bwš, ḥpr*
šqd	*šqd*
t'nh	*'kl* (2 x), *ṭwb, nkr, 'br, r', š'r*
tbwr	*bw'*
tbn	
twr	*bw', šmr*
tmr	*dbr, yṭb, yr', nś', ṣ'd, r''*
tn	*š'p*
tnyn	*'kl, bl', dwḥ, hmm, yṣ', yṣg, ml'*

    Les termes servant de sujets métaphorisants sont au nombre de 160. On peut remarquer que 94 d'entre eux ne sont pas employés en dehors des énoncés métaphorisants. Cette abondance montre à l'évidence que très souvent dans Jérémie le vocabulaire métaphorisant est assez particulier. Que dire de ce vocabulaire-là ? Tout d'abord qu'il ne s'agit pas d'un vocabulaire compliqué. Même si certains de ces mots sont des hapax dans l'AT (cf. taon, veuf, chamelle, pilon), il s'agit malgré tout de termes extrêmement concrets. Il est ainsi frappant de voir combien les métaphores puisent dans ce qui désigne la réalité concrète et quotidienne.

    D'une part (comme cela a été noté plus haut, p. 68) les métaphores se situent en majeure partie dans des textes poétiques et la poésie n'est pas réputée pour utiliser un vocabulaire simple et quotidien. D'autre part les métaphores utilisent ce vocabulaire simple que la poésie n'utilise généralement pas. Il n'y a pas en cela un paradoxe, car ce vocabulaire courant est utilisé métaphoriquement, c'est-à-dire pour parler d'autre chose. Si le vocabulaire est banal, son utilisation dans les métaphores ne l'est pas. On peut donc dire, à partir de cette constatation relative au vocabulaire utilisé par les métaphores en poésie, qu'une des particularités du style poétique du livre de Jérémie est de s'exprimer avec des termes simples d'une manière peu commune sur des sujets beaucoup plus profonds que le vocabulaire ne le laisserait penser. Ainsi, tout en parlant de source, de lion ou de vendange, c'est de Dieu qu'il est question. Les termes simples et concrets qui sont utilisés, le sont de manière telle qu'ils font découvrir quelque chose de nouveau ; c'est l'art du poète que de savoir utiliser ainsi ces mots concrets. Chaque métaphore vive, chaque métaphore morte revivifiée, est une création, une œuvre d'art à partir du vocabulaire quotidien. C'est en cela que les métaphores ont leur place dans ces textes hautement poétiques que sont les oracles ou les confessions de Jérémie.

Bien d'autres remarques pourraient être faites à partir de ce tableau et du regroupement de métaphorisants qu'il offre. On peut ainsi noter la prépondérance des métaphorisants empruntés aux mondes animal et agricole, avec tout de même l'absence des poissons et de ce qui vit dans la mer (mais cela n'étonne pas de la part d'un peuple si peu enclin à s'aventurer sur les mers) ; noter encore le peu de place accordée à la ville par rapport au monde rural : les métiers artisanaux (potier, fondeur...) et agricoles (vanneur, vendangeur...) donnent lieu à de nombreuses métaphores, ce qui contraste avec la cour ou le Temple, qui n'en fournissent pour ainsi dire pas. Quant à Dieu, il est très peu choisi comme sujet métaphorisant ; quand il l'est, l'examen des textes montre que c'est de manière négative. Alors qu'Osée par exemple (pourtant père spirituel de Jérémie) se permettait de présenter l'amour de Dieu comme métaphorisant l'amour humain (Os 3/1), pour Jérémie plus rien en Dieu ne peut métaphoriser quoi que ce soit (nul n'est grand comme lui, 10/6 ; nul n'est sage comme lui, 10/7 ; comme lui il n'y a personne, 49/19, 50/44). Ce qui frappe bien sûr dans le tableau c'est la prépondérance de certaines figures de proue, telles que le berger ou le lion. Ces figures pourraient nous solliciter et faire penser que c'est avec elles que se présentent les métaphores importantes de Jérémie. Répondre à cette sollicitation serait en rester à la surface des métaphores et renoncer à la profondeur métaphorique présente dans les foyers. Je n'en ferai rien.

Classification par foyers

S'il est relativement aisé de regrouper les métaphores selon leurs métaphorisants, qu'en serait-il d'un regroupement par foyers ? Avant de l'entreprendre, il me paraît intéressant d'observer qu'un tel regroupement, une telle classification est ébauchée déjà par les métaphores mêmes.

En 33/22 se trouve une métaphore qui est en réalité un regroupement de deux métaphores, celle de l'armée céleste, c'est-à-dire les étoiles, et celle du sable. Il s'agit bel et bien d'un regroupement de deux métaphores, puisqu'on peut trouver séparément ces deux mêmes métaphores (cf. pour les étoiles en Gn 26/4 et pour le sable en Gn 41/49). Ce qui a présidé à un tel regroupement n'est pas le fait que les métaphorisants appartiennent à une même isotopie, mais c'est le fait que le foyer est commun (« je multiplierai » 'rbh). Ce fait me paraît extrêmement important : nous découvrons qu'il existe dans le processus métaphorique un phénomène de regroupement qui se fait à partir du foyer. Il y a là une ébauche de regroupement d'autant plus remarquable qu'elle est proposée par le fait métaphorique-même. Il y a là une nouvelle sollicitation qui jaillit du texte-même de Jérémie. Répondre à une telle sollicitation, c'est poursuivre ce que le texte ébauche et regrouper toutes les métaphores qui ont le même foyer. Ainsi, avec la métaphore de 49/19 qui présente un « lion qui monte » il ne s'agira pas de rassembler toutes les métaphores du lion (qui mange, qui rugit...) mais toutes celles qui ont pour foyer le verbe « monter » : l'aigle qui monte (49/22), les nuages qui montent (4/13), le Nil qui monte (46/7-8)... Non un regroupement en surface, mais un regroupement en profondeur, afin de garder au premier plan ce que les métaphores ont de primordial au niveau sémantique. D'une certaine manière cela rejoint le classement que Propp a pu faire des contes, non par actants, mais par fonctions.

Comme pour les sujets métaphorisants, la classification des foyers sera présentée sous forme de tableau. Dans ce tableau figurent tous les termes appartenant au foyer suivant la typologie qui a été donnée plus haut (p. 59 ss.). Comme pour les sujets métaphorisants aussi, le lecteur serait en droit de demander des justificatifs exégétiques pour tel ou tel terme. C'est là l'inconvénient de présenter des tableaux en introduction. On devra donc considérer ces tableaux comme provisoires, révisables éventuellement suivant l'exégèse à venir.

Pour une meilleure confrontation entre les deux tableaux, celui des foyers ne comprend pas les métaphores féminines (absentes, je le rappelle, du tableau des sujets).

La taille des quadrilatères encadrant les termes focaux est proportionnelle au nombre d'emplois de ces termes en tant que foyers. Les mots en français qui se trouvent à l'extérieur des quadrilatères sont les sujets métaphorisants du précédent tableau ; ils sont reliés aux quadrilatères par des traits pleins, lorsque dans le tableau précédent ils se trouvaient dans des quadrilatères aux traits pleins, et par des traits en pointillés, lorsque dans le tableau précédent ils se trouvaient dans des quadrilatères en pointillés.

Il ne m'a pas été possible cette fois de mettre toutes les références des emplois de ces termes dans Jérémie ; je les donne dès maintenant dans une liste alphabétique hébraïque des termes focaux. Ils sont donnés suivant les mêmes répartitions que pour les sujets métaphorisants ; d'abord les références des emplois focaux avec en vis-à-vis les sujets métaphorisants auxquels ils sont liés ; puis, précédés de M, les autres emplois métaphoriques ; enfin, précédés de NM, les emplois non métaphoriques.

Liste alphabétique des termes focaux
(sauf métaphores féminines)

'âbhadh buée : 10/15, 51/18
     refuge : 25/35
     berger : 23/1, 25/35
     ovin (ṣ'n) : 23/1, 50/6
     Nil : 46/8
     NM : 1/10, 4/9, 6/21, 7/28, 9/11, 12/17, 15/7, 18/7, 18, 25/10,
     27/10, 15, 31/28, 40/15, 48/8, 36, 46, 49/7, 38, 51/55

'êthan   ovin (*nwh*) : 49/19, 50/44
      NM : 5/15

'âkhal   arbre : 5/14
      prémices : 2/3
      forêt : 21/14
      feu : 5/14
      dragon : 51/34
      vigne (*bsr*) : 31/29, 30
      figue : 24/8, 29/17
      « nourriture » : 15/16
      ovin (*ṣ'n*) 50/7, (*śh*) 50/17
      lion (*'ryh*) 2/30, (*'ry*) 50/17, « lion » 46/10
      M 24/2, 3
      NM : 2/7, 3/24, 5/17[quater], 7/21, 8/16, 9/14, 10/25bis, 12/12, 15/3, 16/8, 17/27, 19/9bis, 22/15, 23/15, 29/5, 28, 30/16bis, 41/1, 46/14, 48/45, 49/27, 50/32, 52/33

'alûph I   ovin (*kbs*) : 11/19
      M : 3/4
      NM : 13/21

'âman   eau : 15/18
      NM : 12/6, 40/14, 42/5

'âsaph   céréales (*'myr*) : 9/21
      fumier : 9/21
      berger : 12/9
      NM : 4/5, 8/2, 13bis, 14, 10/17, 16/5, 21/4, 25/33, 40/10, 12, 47/6, 48/33

'âṣam   prémices : 2/3
      NM : 50/7

'âthâh   berger : 12/9
      NM : 3/22

bô'   désert : 2/31
      ténèbres : 2/31
      vent : 4/12, 49/36
      berger : 6/3
      ovin (*'dr*) : 6/3
      hirondelle : 8/7
      tourterelle : 8/7
      arbuste : 17/6
      arbre : 17/8
      soleil : 15/9
      Tabor : 46/18
      Carmel : 46/18
      taon : 46/20

génisse : 46/20
bûcheron : 46/22
vendangeur : 49/9
voleur : 49/9
aire : 51/33
NM : 1/15, 2/3, 7*bis*, 3/14, 18, 4/5, 6, 16, 29, 5/12, 15, 6/19,
20, 22, 26, 7/2, 10, 32, 8/14, 16, 9/16*bis*, 20, 24, 10/9, 22, 11/8,
11, 23, 12/12, 13/20, 14/3, 18, 15/8, 16/5, 8, 14, 19, 17/15,
18, 19, 20, 21, 24, 25, 26*ter*, 27, 18/22, 19/3, 6, 14, 15, 20/5,
6, 21/13, 22/2, 4, 23, 23/5, 7, 8, 12, 17, 24/1, 25/9, 13, 31,
26/2, 21, 23, 27/3, 7, 11, 12, 18, 22, 28/3, 4, 9, 30/3, 31/8, 9,
12, 27, 31, 38, 32/7, 8, 23, 24, 29, 42*bis*, 33/5, 11, 14, 34/3,
10, 35/2, 4, 11, 17, 36/5, 6*bis*, 9, 14, 20, 29, 31, 37/4, 14, 16,
19, 38/11, 25, 27, 39/1, 3, 7, 16, 40/3, 4*ter*, 6, 8, 10, 12, 13,
41/1, 5*bis*, 6, 7, 17, 42/14, 15*bis*, 17*bis*, 18, 19, 22, 43/2, 7*bis*,
11, 44/2, 8, 12, 14, 28, 45/5, 46/13, 21, 47/4, 5, 48/8, 12, 16,
21, 44, 49/2, 4, 5, 8, 14, 32, 36, 37, 50/4, 5, 26, 27, 31, 41,
51/10, 13, 46, 47, 48, 51, 52, 53, 56, 60, 61, 64, 52/4, 5, 11, 12

bûs   berger : 12/10
              champ : 12/10

bôš   voleur : 2/26
              soleil : 15/9
              réservoir : 17/13
              NM : 2/36*bis*, 6/15*ter*, 8/9, 12*ter*, 9/18, 10/14, 12/13, 14/3, 4,
17/18*bis*, 20/11, 22/22, 31/19, 46/24, 48/1*bis*, 13*bis*, 20, 39,
49/23, 50/2*bis*, 12, 51/17, 47, 51

bâzâh   vase : 22/28
              NM : 49/15

bâḥan   fondeur : 6/27
              bronze : 6/27
              fer : 6/27
              NM : 9/6, 11/20, 12/3, 17/10, 20/12

bâla' I   dragon : 51/34

bâ'ar I   feu : 4/4, 20/9, 21/12
              NM : 7/18, 20, 36/22, 44/6

bṣr III   *bâṣûr*   mur : 15/20
                           NM : 33/3
              mibhṣâr ville : 1/18
                           M : 6/27
                           NM : 4/5, 5/17, 8/14, 34/7, 48/18

bâqaš   onagre : 2/24
              NM : 2/33, 4/30, 5/1*bis*, 11/21, 19/7, 9, 21/7, 22/25, 26/21,

          29/13, 34/20, 21, 38/16, 44/30*bis*, 45/5*bis*, 46/26, 49/37, 50/4, 20

barzèl   colonne : 1/18
           fournaise : 11/4
           M : 6/28, 15/12*bis*, 17/1
           NM : 28/13, 14

bârar I   vent : 4/11

gâbhah   aigle : 49/16
           NM : 13/15

gâdhôl   Seigneur : 10/6
           tempête : 25/32
           M : 11/16
           NM : 4/6, 5/5, 6/1, 13, 22, 8/10, 10/6, 22, 14/17, 16/6, 10, 21/5, 6, 22/8, 25/14, 26/19, 27/5, 7, 28/8, 30/7, 31/8, 34, 32/17, 18, 19, 21, 37, 42, 33/3, 36/7, 42/1, 8, 43/9, 44/7, 12, 15, 26, 45/5, 48/3, 50/9, 22, 41, 51/54, 55, 52/13

gâdha'   marteau : 50/23
           NM : 48/25

gûr I   tempête : 30/23
           NM : 35/7, 42/15, 17, 22, 43/2, 5, 44/8, 12, 14, 28, 49/18, 33, 50/40

gâlal   montagne : 51/25

gâ'aš   mer : 5/22
           vin : 25/16
           M : 46/7, 8

gâšam   buée : 14/22

d'g   *dâ'agh*   arbre : 17/8
                    NM : 38/19, 42/16
       d^e'âghâh mer : 49/23

dâ'âh   aigle : 48/40, 49/22

dâbhaq   ceinture : 13/11*bis*
           NM : 42/16

dâbhar II épouvantail : 10/5
           fils : 31/20
           enfant : 31/20
           NM : 1/6, 7, 16, 17, 3/5, 4/12, 28, 5/5, 14, 15, 6/10, 7/13*bis*, 22, 27, 8/6, 9/4*bis*, 7, 11, 21, 10/1, 11/2, 17, 12/1, 6, 13/15, 14/14, 16/10, 18/7, 8, 9, 20, 19/2, 5, 15, 20/8, 9, 22/1, 21, 23/16, 17, 21, 28, 35, 37, 25/2, 3*bis*, 13, 26/2*bis*, 7, 8*bis*, 13, 15, 16, 19, 27/12, 13, 16, 28/7, 16, 29/23, 32, 30/2, 4, 32/4, 24, 42, 33/14, 24, 34/3, 5, 6, 35/2, 14*bis*, 17*bis*, 36/2*bis*, 4, 7, 31, 37/2,

38/1, 4, 8, 20, 25*ter*, 39/5, 12, 40/2, 3, 16, 42/19, 43/1, 2, 44/16, 25, 45/1, 46/13, 50/1, 51/12, 62, 52/9, 32

dâham ahuri : 14/9

dûaḥ dragon : 51/34

dûš génisse : 50/11

dîgh pêcheur : 16/16

dâmam ovin (*nwh*) : 25/37
NM : 8/14*bis*, 47/6, 48/2, 49/26, 50/30, 51/6

déʻâh cf. *ydʻ*

dârakh arc : 9/2
aire : 51/33
M : 25/30
NM : 46/9, 48/33, 50/14, 29, 51/3

hâbhal buée : 2/5
NM : 23/16

hâghah I « colombe » : 48/31

hâlakh serpent : 46/22
ovin (*ṣʼn*) : 50/6
« arbre » : 12/2
M : 2/23, 6/28, 12/9, 13/1, 4, 5, 6, 7, 10*bis*, 19/1, 10, 48/11
NM : 1/7, 2/2*bis*, 5, 6, 8, 17, 25, 3/1, 6, 8, 12, 17, 18, 5/5, 23, 6/16*bis*, 25, 7/6, 9, 12, 23, 24, 8/2, 9/1, 3, 9, 12, 13, 10/23, 11/8, 10, 12, 15/6, 16/5, 11, 12, 17/19, 18/12, 15, 18*bis*, 20/6, 22/10, 22, 23/14, 17, 25/6, 26/4, 28/11, 13, 29/12, 30/16, 31/2, 9, 21, 32/5, 23, 34/2, 35/2, 13, 15, 36/14, 19, 37/9*ter*, 12, 39/16, 40/4*bis*, 5*bis*, 15, 41/6*bis*, 10, 12, 14, 15, 17*bis*, 42/3, 44/3, 10, 23, 45/5, 46/22, 48/2*bis*, 49/3, 50/3, 4*bis*, 51/9, 50, 59, 52/7, 26

hâlal III vin : 25/16
coupe : 51/7
NM : 46/9, 50/38

hâmâh mer : 5/22, 6/23, 50/42
flûte : 48/36*bis*
vague : 51/55
M : 31/20
NM : 4/19, 31/35

hâmam dragon : 51/34

hâphakh vigne : (*gpn*) : 2/21
Éthiopien : 13/23
panthère : 13/23
villes : 20/16
NM : 23/36, 30/6, 31/13

zâhâbh	coupe : 51/7 NM : 4/30, 10/4, 9, 52/19
zâkhar	fils : 17/2, 31/20 enfant : 31/20 M : 11/19 NM : 2/2, 3/16, 4/16, 14/10, 21, 15/15, 18/20, 20/9, 23/36, 31/34, 44/21, 51/50
zâ'aq	berger : 25/34 torrent : 47/2 NM : 11/11, 12, 20/8, 30/15, 48/20, 31
zâr	eau : 18/14 M : 51/2 NM : 2/25, 3/13, 5/19, 30/8, 51/51
zârâh I	vent : 4/11, 49/32, 36, 51/2 van : 15/7 M : 31/10
zâra'	épine : 4/3 MN : 2/2, 12/13, 31/27, 35/7, 50/16
ḥûl	tempête : 23/19*bis*, 30/23
ḥâzaq	caillou : 5/3 NM : 6/23, 24, 8/5, 21, 10/4, 20/7, 23/14, 31/32, 49/24, 50/33, 42, 43, 51/12, 52/6
ḥâkhâm	Seigneur : 10/7 NM : 4/22, 8/8, 9, 9/11, 16, 22, 10/9, 18/18, 50/35, 51/57
ḥèmdâh	champ : 12/10 ustensile : 25/34 NM : 3/19
ḥéphèṣ	ustensile : 22/28, 48/38
ḥâphar II	soleil : 15/9 NM : 50/12
ḥâṣabh	citerne : 2/13
ḥâqar	forêt : 46/23 NM : 17/10, 31/37
ḥârébh II	taureau : 50/27 NM : 50/21
ḥâraš I	tablette : 17/1 NM : 26/18
ḥâthath	ovin : (ṣ'n) : 23/4 Ustensile : 48/39 NM : 1/17*bis*, 8/9, 10/2*bis*, 14/4, 17/18*bis*, 30/10, 46/27, 48/1, 20, 49/37, 50/2*bis*, 36, 51/56

ṭôbh cf. *yṭb*

ṭûl   sceau : 22/26
                  vase : 22/28
                  ustensile : 22/28
                  NM : 16/13

ṭâman   « oiseleur » : 18/22
                  M : 13/4, 5, 6, 7
                  NM : 43/9, 10

ṭâraph   panthère : 5/6

yâbhal   ovin (*kbś*) : 11/19
                  NM : 31/9

yd'   *yâdha'* fondeur : 6/27
                        cigogne : 8/7*bis*
                        M : 22/28, 50/24
                        NM : 1/5, 6, 2/8, 19, 23, 3/13, 4/22*bis*, 5/1, 4, 5, 15,
                        6/15, 18, 7/9, 8/12, 9/2, 5, 15, 23, 10/14, 23, 25,
                        11/18*bis*, 19, 12/3, 13/12, 14/18, 20, 15/14, 15*bis*,
                        16/13, 21*bis*, 17/4, 9, 16, 18/23, 19/4, 22/16, 24/7,
                        26/15*bis*, 28/9, 29/11, 23, 31/19, 34*bis*, 32/8, 33/3,
                        36/19, 38/24, 40/14*bis*, 15, 41/4, 42/19*bis*, 22*bis*, 44/3,
                        15, 28, 29, 48/17, 30, 51/17
         dé'âh   berger : 3/15

yzn   cheval : 5/8

yṭb   *yâṭébh* épouvantail : 10/5
                        M : 13/23
                        NM : 1/12, 2/33, 4/22, 7/3, 5, 23, 18/10, 11, 26/13,
                        32/40, 41, 35/15, 38/20, 40/9, 42/6
         ṭôbh   figue : 24/5
                        M : 17/6, 24/2, 3*bis*, 5, 6
                        NM : 5/25, 6/16, 8/15, 12/6, 14/11, 19, 15/11, 18/10,
                        20*bis*, 21/10, 22/15, 16, 26/14, 29/10, 32, 32/39, 42,
                        33/9*bis*, 11, 14, 39/16, 40/4*bis*, 42/6, 44/17, 27, 52/32

yâkhol   ville : 1/19
                  colonne : 1/19
                  mur : 1/19, 15/20
                  mer : 5/22, 49/23
                  guerrier : 14/9
                  potier : 18/6
                  ustensile : 19/11
                  feu : 20/9
                  M : 13/23, 20/11
                  NM : 3/5, 6/10, 11/11, 20/7, 10, 36/5, 38/5, 22, 44/22, 49/10

yâlal   berger : 25/34
             torrent : 47/2
             coupe : 51/8
             NM : 4/8, 48/20, 31, 39, 49/3

yâsar   veau : 31/18*bis*
             NM : 2/19, 6/8, 10/24, 30/11, 46/28

yâ'adh   « Seigneur » : 49/19, 50/44
             NM : 24/1, 47/7

yph   *yâphèh*   olivier : 11/16
             y^ephéh-phiyâh génisse : 46/20

yâṣâ'   feu : 4/4, 21/12
             lion (*'ryh*) : 4/7
             tempête : 23/19, 30/23
             dragon : 51/44
             fournaise : 11/4
             M : 5/6, 25/32
             NM : 1/5, 2/37, 6/25, 7/22, 25, 8/1, 9/2, 10/13, 20, 11/11,
             14/18, 15/1, 2, 19, 17/19, 22, 19/2, 20/3, 18, 21/9, 22/11,
             23/15, 26/23, 29/2, 16, 30/19, 21, 31/4, 32, 39, 32/21, 34/13,
             37/4, 5, 7, 12, 38/2, 8, 17*bis*, 18, 21, 22, 23, 39/4*bis*, 14, 41/6,
             43/12, 44/17, 46/9, 48/7, 9, 45, 50/8, 25, 51/10, 16, 45,
             52/7, 31

yâṣagh   dragon : 51/34
             ustensile : 51/34

yâṣar   « potier » : 18/11
             NM : 10/16, 33/2, 51/19

yâṣath   olivier : 11/16
             forêt : 21/14
             NM : 2/15, 9/9, 17/27, 32/29, 43/12, 49/2, 27, 50/32, 51/30,
             58

yâqadh   feu : 15/14, 17/4

yaqqîr   fils : 31/20

yâqaš̌   « oiseleur » : 50/24

yâré'   ovin (*ṣ'n*) : 23/4
             épouvantail : 10/5
             arbre : 17/8
             NM : 1/8, 3/8, 5/22, 24, 10/7, 26/19, 21, 30/10, 32/39, 40/9,
             41/18, 42/11*ter*, 16, 44/10, 46/27, 28, 51/46

yâradh   taureau : 50/27
             aigle : 49/16
             ovin (*kr*, *'yl* et *'twd*) : 51/40

« animal » : 48/15
M : 18/2, 3
NM : 9/17, 13/17, 18, 14/17, 22/1, 36/12, 48/18

yâšabh   arabe : 3/2
M : 13/13, 17/6, 22/6, 23, 24/8
NM : 2/6, 4/29, 6/8, 8/14, 9/25, 10/17, 13/18, 15/17*bis*, 16/8, 17/25*bis*, 21/9, 22/2, 4, 30, 23/8, 25/5, 26/10, 27/11, 29/5, 16*bis*, 28, 32, 30/18, 31/24, 32/12, 37, 33/17, 35/7, 9, 10, 11, 15, 36/12, 15, 22, 30, 37/16, 21, 38/2, 7, 13, 28, 39/3, 14, 40/5, 6, 9, 10*bis*, 41/17, 42/10, 13, 14, 43/4, 44/1*bis*, 14, 15, 26, 48/18, 49/1, 8, 18, 30, 31, 33, 50/13, 39*bis*, 40, 51/30, 43

yâša'   guerrier : 14/9
mur : 15/20
NM : 2/27, 28, 4/14, 8/20, 11/12. 17/14*bis*, 23/6, 30/7, 10, 11, 31/7, 33/16, 42/11, 46/27

kâbhâh   feu : 4/4, 21/12
NM : 7/20, 17/27

kûl   citerne : 2/13
feu : 20/9
NM : 6/11, 10/10

kâsâh   Nil : 46/8
mer : 51/42
NM : 3/25, 51/51

kârâh I   « oiseleur » : 18/20, 22

kârath   arbre : 11/19
Liban : 22/7
Gilead : 22/7
bûcheron : 46/23
forêt : 46/23
NM : 6/6, 7/28, 9/20, 10/3, 11/10, 31/31, 32, 33, 32/40, 33/17, 18, 34/8, 13, 15, 18*bis*, 35/19, 44/7, 8, 11, 47/4, 48/2, 50/16, 51/62

kâthabh   tablette : 17/1, « tablette » : 31/33
M : 17/13
NM : 22/30, 25/13, 30/2, 32/10, 12, 44, 36/2, 4, 6, 17, 18, 27, 28, 29, 32, 45/1, 51/60*bis*

lâ'âh   piéton : 12/5
feu : 20/9
NM : 6/11, 9/4, 15/6

lâham I   ville : 1/19
colonne : 1/19
mur : 1/19, 15/20

NM : 21/2, 4, 5, 32/5, 24, 29, 33/5, 34/1, 7, 22, 37/8, 10, 41/12, 51/30

laḥaš serpent : 8/17
vipère : 8/17

lîn voyageur : 14/8
NM : 4/14

lâkhadh oiseleur : 5/26, « oiseleur » : 18/22, 50/24
NM : 6/11, 8/9, 32/3, 24, 28, 34/22, 37/8, 38/3, 28*bis*, 48/1, 7, 41, 44, 50/2, 9, 51/31, 41, 56

lmd *lâmadh* veau : 31/18
NM : 2/33, 9/4, 13, 19, 10/2, 12/16*ter*, 13/21, 31/34, 32/33*bis*
limmudh onagre : 2/24
M : 13/23

lâqaḥ montagne : 51/26
M : 13/4, 6, 7, 25/15, 17, 28
NM : 2/30, 3/14, 5/3, 7/28, 9/19, 15/15, 16/2, 17/23, 20/5, 10, 23/31, 25/9, 27/20, 28/3, 10, 29/6*bis*, 22, 32/11, 14, 33, 33/26, 35/3, 13, 36/2, 14*bis*, 21*bis*, 26, 28, 32, 37/17, 38/6, 10, 11*bis*, 14, 39/5, 12, 14, 40/1, 2, 41/12, 16, 43/5, 9, 10, 44/12, 46/11, 48/46, 49/29, 51/8, 52/18, 19, 24, 25, 26

mâ'as I argent : 6/30*bis*
NM : 2/37, 4/30, 6/19, 7/29, 8/9, 14/19, 31/37, 33/24, 26

mibhṣâr cf. *bṣr*

mâdhadh sable : 33/22
NM : 31/37

mûr « vin » : 48/11
NM : 2/11*bis*

ml' *mâlé'* cruche : 13/12*bis*, 13
(verbe) criquet : 51/14
dragon : 51/34
M : 25/34
NM : 4/5, 6/11, 15/17, 16/18, 19/4, 23/10, 24, 25/12, 29/10, 31/25, 33/5, 41/9, 44/25, 46/12, 51/5, 11
mâlé' panier : 5/27*bis*
(adjectif) M : 4/12
NM : 6/11, 12/6, 35/5

mispâr cf. *spr*

mâṣâ' onagre : 2/24
voleur : 2/26, 48/27

ovin (*ṣ'n*) : 50/7
« oiseleur » : 50/24
NM : 2/5, 34*bis*, 5/1, 26, 6/16, 10/18, 11/9, 14/3, 15/16,
23/11, 29/13, 14, 31/2, 41/3, 8, 12, 45/3, 50/20, 52/25*bis*

mišḥâlâh cf. *ṣhl*

mᵉrûṣâh cf. *rwṣ*

mašḥîth cf. *šḥt*

nâdhaḥ   ovin (*ṣ'n*) 23/2, 3, (*śh*) 50/17
berger : 23/2
lion (*'ry*) : 50/17
NM : 8/3, 16/15, 23/8, 24/9, 27/10, 15, 29/14, 18, 30/17,
40/12, 43/5, 46/28, 49/5

nûs   veau : 46/21
NM : 46/5, 6, 48/6, 19, 44, 45, 49/8, 24, 30, 50/16, 28, 51/6

nâzal   eau : 18/14
NM : 9/17

nâḥam   ville : 20/16
NM : 4/28, 8/6, 15/6, 16/7, 18/8, 10, 26/3, 13, 19, 31/13,
15, 19, 42/10

nᵉḥošèth I mur : 1/18, 15/20
M : 6/28, 15/12
NM : 39/7, 52/11, 17*ter*, 18, 20*bis*, 22*bis*

nâṭâh   voyageur : 14)8
montagne : 51/25
NM : 5/25, 6/4, 12, 7/24, 26, 10/12, 20, 11/8, 15/6, 17/23,
21/5, 25/4, 27/5, 32/17, 21, 34/14, 35/15, 43/10, 44/5, 51/15

nâṭa'   vigne (*śrq*) : 2/21
olivier : 11/17
« arbre » : 12/2
NM : 1/10, 18/9, 24/6, 29/5, 28, 31/5*ter*, 28, 32/41, 35/7,
42/10, 45/4

nîr   lopin : 4/3

nâkhâh   lion (*'ryh*) : 5/6
ennemi : 30/14
« arme » : 18/18
NM : 2/30, 5/3, 14/19, 18/21, 20/2, 4, 21/6, 7, 26/23, 29/21,
33/5, 37/10, 15, 40/14, 15*bis*, 41/2, 3, 9, 16, 18, 43/11, 46/2,
13, 47/1, 49/28, 52/27

nkr I   *nékhâr* buée : 8/19
                  NM : 5/19
            nókhrî vigne (*gpn*) : 2/21

nkr I   figue : 24/5

nâʿar I	lion (*gwr*) : 51/38
nâphaḥ	chaudron : 1/13
	NM : 15/9
nâphal	céréales (*'myr*) : 9/21
	fumier : 9/21
	berger : 25/34
	ustensile : 25/34
	coupe : 51/8
	M : 22/7, 25/27
	NM : 3/12, 6/15*bis*, 8/4, 12*bis*, 15/8, 19/7, 20/4, 21/9, 23/12, 36/7, 37/13, 14, 20, 38/19, 26, 39/9*bis*, 18, 42/2, 9, 44/12, 46/6, 12, 16, 48/32, 44, 49/21, 26, 50/15, 30, 32, 51/4, 44, 47, 49*bis*, 52/15*bis*
nâphaṣ	vase : 22/28
	cruche : 13/14, 48/12
	transvaseur : 48/12
	pilon : 51/20, 21*bis*, 22*ter*, 23*ter*
nâṣabh	oiseleur : 5/26
	NM : 31/21
nâṣal	ville : 1/19
	colonne : 1/19
	mur : 1/19, 15/20, 21
	NM : 1/8, 7/10, 20/13, 21/12, 22/3, 39/17, 42/11
nâśâ'	épouvantail : 10/5*bis*
	NM : 3/2, 4/6, 6/1, 7/16, 29, 9/9, 17, 10/19, 11/14, 13/20, 15/15, 17/21, 27, 22/27, 31/19, 44/14, 22, 49/29, 50/2, 51/9, 12, 27, 52/17, 31
nâšakh I	serpent : 8/17
	vipère : 8/17
nâthan	lion (*'ryh*) : 12/8, (*kpyr*) 2/15, « lion » : 25/30
	ovin (*'dr*) : 13/20
	sceau : 22/25
	M : 1/18, 3/15, 5/14, 6/27, 8/13, 23, 12/10, 15/20, 20/4, 24/8, 29/17, 51/25, 55
	NM : 1/5, 9, 15, 3/8, 19, 4/16, 5/24, 6/21, 7/7, 14, 8/10, 9/1, 10*bis*, 12, 10/13, 11/5, 12/7, 13/16, 14/13, 22, 15/4, 9, 13, 16/13, 15, 17/3, 4, 10, 18/21, 19/7, 12, 20/2, 4, 5*bis*, 21/7, 8, 10, 22/13, 20, 23/39, 40, 24/7, 9, 10, 25/5, 8, 31, 26/4, 6*bis*, 15, 24, 27/2, 5, 6*bis*, 8, 28/14*bis*, 29/6, 11, 18, 21, 26*bis*, 30/3, 16, 31/33, 35, 32/3, 4, 12, 14, 16, 19, 22*bis*, 24, 25, 28, 36, 39, 40, 43, 34/2, 3, 17, 18, 20, 21, 22, 35/5, 15, 36/32, 37/4, 15, 17, 18, 21, 38/3, 7, 16, 18, 19, 20, 39/10, 14, 17, 40/5, 11, 42/12, 43/3, 44/10, 30*bis*, 45/5, 46/24, 26, 48/9, 34, 49/15, 50/15, 51/16, 52/11, 32, 34

nâthaq   plomb : 6/29
                         ovin (*ṣ'n*) : 12/3
                         sceau : 22/24
                         NM : 2/20, 5/5, 10/20, 30/8

nâthaš   eau : 18/14
                         NM : 1/10, 12/14*bis*, 15, 17*bis*, 18/7, 24/6, 31/28, 40, 42/10, 45/4

sâbhîbh   gardien : 4/17
                         berger : 6/3
                         terreur : 20/3
                         forêt : 21/14
                         rapace : 12/9
                         NM : 1/15, 6/25, 17/26, 20/10, 25/9, 32/44, 33/13, 46/5, 14, 48/17, 39, 49/5, 29, 50/14, 15, 29, 32, 51/2, 52/4, 7, 14, 22, 23

sûr   prépuce : 4/4
                         M : 5/10
                         NM : 4/1, 5/23, 6/28, 15/5, 17/5, 32/31, 40

sâḥabh   ovin (*ṣ'n*) : 49/20, 50/45
                         âne : 22/19
                         NM : 15/3

sâlal   céréales (*'rmh*) : 50/26
                         NM : 18/15

sâmâr   criquet : 51/27

spr   *sâphar* étoiles : 33/22
                                 NM : 23/27, 28, 32, 51/10
             mispâr ville : 2/28, 11/13
                                 rue : 11/13
                                 sauterelle : 46/23
                                 NM : 2/32, 44/28

'âbhar I   mer : 5/22*bis*
                         vigne (*gpn*) : 8/13
                         figuier : 8/13
                         céréales : 13/24 (*qš*)
                         ivrogne : 23/9
                         NM : 2/6, 10, 20, 5/28, 8/20, 9/9, 11, 11/15, 15/14, 18/16, 19/8, 22/8, 32/35, 33/13, 34/18*bis*, 19, 41/10, 46/17, 48/32, 49/17, 50/13, 51/43

'ûr III   tempête : 25/32
                         vent : 51/1
                         NM : 6/22, 50/9, 41, 51/11

'oz   bâton : 48/17
                         NM : 16/19, 51/53

'âzabh   source : 2/13, 17/13
          perdrix : 17/11
          neige : 18/14
          rocher : 18/14
          lion (*kpyr*) : 25/38
          réservoir : 17/13
          NM : 1/16, 2/17, 19, 4/29, 5/7, 19, 9/1, 12, 18, 12/7, 14/5,
          16/11*bis*, 19/4, 22/9, 48/28, 49/11, 25, 51/9

'*ṭh* II berger : 43/12
          vêtement : 43/12

'âlâh   lion ('*rhy*) : 4/7, 49/19, 50/44
          nuage : 4/13
          ouragan : 4/13
          vent : 4/13
          aigle : 49/22
          criquet : 51/27
          « vigne » : 5/10
          mer : 51/42
          Nil : 46/7, 8*bis*
          eau : 47/2
          NM : 2/6, 3/16, 4/29, 6/4, 5, 7/31, 8/22, 9/20, 10/13, 11/7,
          14/2, 12, 16/14, 15, 19/5, 21/2, 22/20, 23/7, 8, 26/10, 27/22,
          30/17, 31/6, 32/35, 33/6, 18, 34/21, 35/11, 37/5, 11, 38/10,
          13, 39/5, 44/21, 46/4, 9, 11, 48/5, 15, 18, 35, 44, 49/28, 31,
          50/3, 9, 21, 51/3, 16, 50, 53, 52/9

'âlal I   vigne (*gpn*) : 6/9
          NM : 38/19

'âmadh   veau : 46/21
          berger : 49/19, 50/44
          « vin » : 48/11
          NM : 4/6, 6/16, 7/2, 10, 14/6, 15/1, 19, 17/19, 18/20, 19/14,
          23/18, 22, 26/2, 28/5, 32/14, 35/19, 36/21, 40/10, 44/15,
          46/15, 48/19, 45, 51/50, 52/12

'ânâh IV fouleur : 25/30
          NM : 51/14

'âṣom I   sable : 15/8
          ovin (*śh*) : 50/17
          lion ('*ry*) : 50/17
          NM : 5/6, 30/14, 15

'âṣar   feu : 20/9
          NM : 33/1, 36/5, 39/15

'ârîṣ   guerrier : 20/11
          M : 15/21

'âśâh   arbre : 17/8, « arbre » : 12/2
potier : 18/6
« vigne » : 5/10
M : 17/11, 18/3, 4*ter*
NM : 1/12, 2/13, 17, 23, 28, 3/5, 6, 7, 16, 4/18, 27, 30, 5/1,
13, 18, 19, 31, 6/13, 15, 26, 7/5, 10, 12, 13, 14*bis*, 17, 18, 30,
8/6, 8, 10, 12, 9/6, 23, 10/12, 13, 11/4, 6, 8*bis*, 15, 17, 12/5,
14/7, 22, 15/4, 16/12, 20, 17/22, 24, 18/8, 10, 12, 13, 23,
19/12, 21/2, 22/3, 4*bis*, 8, 15, 17, 23/5, 20, 26/3, 14, 19, 27/2,
5, 28/6, 13, 29/23, 32, 30/11*bis*, 15, 24, 31/37, 32/17, 18, 20,
23*bis*, 30, 32, 35, 33/2, 9*bis*, 15, 18, 34/15, 35/10, 18, 36/3,
8, 37/15, 38/9, 12, 16, 39/12*bis*, 40/3, 16, 41/9, 11, 42/3, 5,
10, 20, 44/3, 4, 7, 9, 17*bis*, 19, 22, 25*quater*, 46/19, 28*bis*, 48/10,
30, 36, 50/15*bis*, 21, 29*bis*, 51/12, 15, 16, 24, 52/2*bis*, 20.

pâdhâh   mur : 15/21
NM : 31/11

pwṣ   *pûṣ* ovin (*mr'yt*) : 10/21 (*ṣ'n*) : 23/1, 2
céréales (*q$\breve{s}$*) : 13/24
vent : 13/24, 18/17
berger : 23/1, 2
NM : 9/15, 30/11, 40/15, 52/8
t^{e}phûṣâh berger : 25/34

pû$\breve{s}$ I   génisse : 50/11

pâzar   ovin (*śh*) : 50/17
NM : 3/13

pâla$\breve{s}$ berger : 25/34
NM : 6/26

pânâh   veau : 46/21
NM : 2/27, 6/4, 32/33, 46/5, 47/3, 48/39, 49/8, 24, 50/16

pâṣaṣ   marteau : 23/29

pâqadh   berger : 23/2
ovin (*ṣ'n*) : 23/2, 4
NM :1/10, 3/16, 5/9, 29, 6/6, 15, 9/8, 24, 11/22, 13/21, 14/10,
15/3, 15, 21/14, 23/34, 25/12, 27/8, 22, 29/10, 32, 30/20,
32/5, 36/20, 31, 37/21, 40/5, 7*bis*, 11, 41/2, 10, 18, 44/13*bis*,
29, 46/25, 49/8, 19, 50/18, 31, 44, 51/27, 44, 47, 52

pârâh   ovin (*ṣ'n*) : 23/3
NM : 3/16

pâraś   aigle : 48/40, 49/22
NM : 4/31

pâthah I   tombe : 5/16
M : 1/14
NM : 13/19, 40/4, 50/25, 26

ṣdq   *ṣèdhèq* ovin (*nwh*) : 50/7
         NM : 11/20, 22/13, 23/6, 31/23, 33/16
      ṣaddîq germe : 23/5
         NM : 12/1
      ṣᵉdhâqâh germe : 33/15
         M : 23/5, 33/15
         NM : 4/2, 9/23, 22/3, 15, 51/10

ṣhl I   *ṣâhal* cheval : 5/8
         étalon : 50/11
         NM : 31/7
      miṣhâlâh « jument » 13/27
         NM : 8/16

ṣûdh   chasseur : 16/16

ṣâlaḥ   ceinture : 13/10
      M : 13/7
      NM : 2/37, 5/28, 12/1, 22/30*bis*, 32/5

ṣâmaḥ   germe : 33/15

ṣâ'adh   épouvantail : 10/5

ṣâ'âh   transvaseur : 48/12
      NM . 2/20

ṣâraph   fondeur : 6/29
      fer : 6/29
      bronze : 6/29
      NM : 9/6

qâbhaṣ   ovin (*ṣ'n*) : 23/3
      vanneur : 31/10
      NM : 29/14, 31/8, 32/37, 40/15, 49/5, 14

qâbhar   âne : 22/19
      NM : 7/32, 8/2, 14/16, 16/4, 6, 19/11, 20/6, 25/33

qâdhaḥ   feu : 15/14, 17/4

qâdhaš   Liban : 22/7
      Gilead : 22/7
      NM : 1/5, 6/4, 12/3, 17/22, 24, 27, 51/27, 28

qâhâh   vigne (*bsr*) : 31/29, 30

qûm   *berger : 23/4*
      germe : 23/5
      M : 13/4, 6, 18/2, 25/27
      NM : 1/17, 2/27, 28, 6/4, 5, 17, 8/4, 10/20, 11/5, 23/20,
      26/17, 28/6, 29/10, 15, 30/9, 24, 31/6, 33/14, 34/18, 35/14,
      16, 37/10, 41/2, 44/25*bis*, 28, 29, 46/16, 49/14, 28, 31, 50/32,
      51/12, 29, 64

qî'   vin : 25/27

qll   *qâlal* aigle : 4/13
           NM : 4/24, 6/14, 8/11, 15/10
           qal chamelle : 2/23
           NM : 46/6

qânan   colombe : 48/28
           « oiseau » : 22/23

qrr   *qârar* puits : 6/7*bis*
           qar eau : 18/14

râ'âh   arbuste : 17/6
           NM : 1/10, 11*bis*, 12, 13*bis*, 2/10*bis*, 19, 23, 31, 3/2, 6, 7, 8,
           4/21, 23, 24, 25, 26, 5/1, 12, 21, 6/16, 7/11, 12, 17, 11/18,
           20, 12/3, 4, 13/20, 26, 27, 14/13, 18/17, 20/4, 12*bis*, 18, 22/10,
           12, 23/13, 14, 18, 24, 24/1, 3, 29/32, 30/6*bis*, 31/3, 26, 32/4,
           24, 33/24, 34/3, 38/21, 39/4, 40/4, 41/13, 42/2, 14, 18, 44/2,
           17, 46/5, 51/61, 52/25

rbb I   *râbhabh* sauterelle : 46/23
           NM : 5/6, 14/7
           rabh berger : 12/10
           pêcheur : 16/16
           chasseur : 16/16
           eau : 51/55
           M : 13/9
           NM : 3/1, 11/15, 13/6, 20/10, 22/8, 25/14, 27/7,
           28/8, 32/14, 19, 35/7, 36/32, 37/16, 39/3, 9, 10, 11,
           13*ter*, 40/1, 2, 5, 41/1, 2, 10, 12, 43/6, 50/41, 51/13,
           52/12, 14, 15, 16, 19, 24, 26, 30

rbh I   étoile : 33/22
           sable : 33/22
           ovin (*ṣ'n*) : 23/3
           NM : 2/22, 3/16, 29/6, 30/19, 40/12, 42/2, 46/11, 16

rûdh   désert : 2/31
           ténèbre : 2/31

rwh   *râwâh* « lion » : 46/10
           NM : 31/14, 25
           râwèh jardin : 31/12

rwṣ   *rûṣ* piéton : 12/5
           lion (*'ryh*) : 49/19, 50/44
           NM : 23/21, 51/31
           m^erûṣâh cheval : 8/6
           NM : 23/10

râḥam	fils : 31/20	
	enfant : 31/20	
	M : 13/14	
	NM : 6/23, 12/15, 21/7, 30/18, 33/26, 42/12, 50/42	
ryq	*rîq*	transvaseur : 48/11
	(verbe)	ustensile : 48/11
		« vin » : 48/12
	rîq	ustensile : 51/34
	(adjectif)	NM : 51/58

ra' cf. *r''* I

ra'ah I	berger : 3/15, 6/3, 22/22, 23/2, 4
	vent : 22/22
	ovin (ṣ'n) : 23/4, (śh) : 50/19
	NM : 2/16
ra'ᵃnân	olivier : 11/16
	arbre : 17/8
	NM : 2/20, 3/6, 13, 17/2

r'' I	*râ'a'*	olivier : 11/16
		épouvantail : 10/5
		M : 13/23
		NM : 4/22, 7/26, 16/12, 25/6, 29, 31/28, 38/9
	ra'	figue : 24/8
		M : 6/29, 13/10, 15/21, 18/11, 24/2, 3*bis*
		NM : 2/19, 3/17, 5/28, 7/6, 24, 30, 8/3, 11/8, 12/14,
		16/12, 18/10, 12, 23/22, 25/5, 7, 26/3, 32/30, 35/15,
		36/3, 7, 39/12, 40/4, 42/6, 49/23, 52/2

râ'a' II	fer : 15/12
	bronze : 15/12
râphâ'	ustensile : 19/11
	NM : 3/22, 6/14, 8/11, 15/18, 17/14*bis*, 30/17, 33/6, 51/8, 9*bis*
śâbhéa'	ovin : (śh) : 50/19
	« lion : 46/10
	NM : 5/7, 31/14, 44/17, 50/10
śâkhal I	berger : 3/15
	M : 10/21
	NM : 9/23, 20/11, 23/5
śâné'	lion : 12/8
	NM : 44/4
śârakh	chamelle : 2/23
sᵉréphâh	montagne : 51/25
šâ'agh	lion (kpyr) : 2/15, 51/38, « lion » : 25/30*ter*

šâ'aph	onagre : 2/24 chacal : 14/6
šâ'ar I	vendangeur : 49/9 M : 24/8 NM : 8/3*bis*, 21/7, 34/7, 37/10, 38/4, 22, 39/9*bis*, 10, 40/6, 41/10, 42/2, 50/20, 52/15, 16
šâbhâh	ovin (*'dr*) : 13/17 NM : 41/10*bis*, 14, 43/12
šâbhar	citerne : 2/13 gargoulette : 19/10, 11 ustensile : 19/11, 48/38 bâton : 48/17 branche : 48/17 marteau : 50/23 coupe : 51/8 NM : 2/20, 5/5, 8/21, 14/17, 17/18, 22/20, 23/9, 28/2, 4, 10, 11, 12, 13, 30/8, 43/13, 48/4, 25, 49/35, 51/30, 52/17
šâdhadh	loup : 5/6 ovin (*mr'yt*) : 25/36 vent : 4/13 NM : 4/20*bis*, 30, 6/26, 9/18, 10/20, 12/12, 15/8, 47/4*bis*, 48/1, 8, 15, 18, 20, 32, 49/3, 10, 28, 51/48, 53, 55, 56
šûbh	cheval : 8/6 onagre : 2/24 vendangeur : 6/9 ovin (*ṣ'n*) : 23/3, (*śh*) : 50/19 M : 18/4, 50/6 NM : 2/35, 3/1*bis*, 7*bis*, 10, 12, 14, 19, 22, 4/1*bis*, 8, 28, 5/3, 8/4*bis*, 5*bis*, 11/10, 12/15*bis*, 14/3, 15/7, 19*quater*, 16/15, 18/8, 11, 20, 22/10, 11, 27*bis*, 23/14, 20, 22, 24/6, 7, 25/5, 26/3, 27/16, 22, 28/3, 4, 6, 29/10, 14*bis*, 30/3*bis*, 10, 18, 24, 31/8, 16, 17, 18*bis*, 19, 21*bis*, 23, 32/37, 40, 44, 33/7, 11, 26, 34/11*bis*, 15, 16*bis*, 22, 35/15, 36/3, 7, 28, 37/7, 8, 20, 38/26, 40/5*bis*, 12, 41/14, 16*bis*, 42/10*bis*, 12, 43/5, 44/5, 14*ter*, 28, 46/16, 27, 48/47, 49/6, 39, 50/9
šûr II	oiseleur : 5/26
šâḥaṭ	flèche : 9/7

šḥt	šâḥath lion (*'ryh*) : 2/30
	               arbre : 11/19
	               vigne (*krm*) : 12/10, « vigne » : 5/10
	               berger : 12/10
	               ceinture : 13/7, 9
	               cruche : 13/14

argile : 18/4
potier : 18/4
voleur : 49/9
vent : 51/1
pilon : 51/20
ustensile : 51/20
montagne : 51/25*bis*
M : 4/7
NM : 6/5, 28, 15/3, 6, 36/29, 48/18, 51/11

mašḥîth oiseleur : 5/26
Liban : 22/7
Gilead : 22/7

šâṭaph   cheval : 8/6
eau : 47/2
torrent : 47/2

šâkhâh   cheval : 5/8

šâkhaḥ   ovin (ṣ'n) : 50/6
NM : 2/32*bis*, 3/21, 13/25, 18/15, 20/11, 23/27*bis*, 40, 30/14, 44/9, 50/5

šâkhakh oiseleur : 5/26

šâkhan   arbuste : 17/6
NM : 7/3, 7, 12, 23/6, 25/24, 33/16, 46/26, 48/28, 49/16, 31, 50/39, 51/13

šâkhar   vin : 25/27
coupe : 51/7
NM : 48/26, 51/39, 57

šâlôm   ovin (*nwh*) : 25/37
NM : 4/10, 6/14*ter*, 8/11*ter*, 15, 9/7, 12/5, 12, 13/19, 14/13, 19, 15/5, 16/5, 20/10, 23/17, 28/9, 29/7*ter*, 11, 30/5, 33/6, 9, 34/5, 38/4, 22, 43/12

šâlaḥ   serpent : 8/17
vipère : 8/17
pêcheur : 16/16
chasseur : 16/16
arbre : 17/8
transvaseur : 48/12
« vanneur » : 51/2
NM : 1/7, 9, 2/10, 3/1, 8, 7/25, 9/15, 16, 14/3, 14, 15, 15/1, 19/14, 21/1, 23/21, 32, 38, 24/5, 10, 25/4, 9, 15, 16, 17, 27, 26/5*bis*, 12, 15, 22, 27/3, 15, 28/9, 15, 16, 29/1, 3, 9, 17, 19, 20, 25, 28, 31*bis*, 34/9, 10*bis*, 11, 14*bis*, 16, 35/15, 36/14, 21, 37/3, 7, 17, 38/6, 11, 14, 39/13, 14, 40/1, 5, 14, 42/5, 6, 9, 20, 21, 43/1, 2, 10, 44/4, 49/14, 37, 50/33

nous savons être au cœur du message de Jérémie, d'après le récit de sa vocation, à ceci près que ces verbes très utilisés par les métaphores ne sont pas ceux de 1/10. En d'autres termes, les métaphores dénotant ou évoquant une destruction correspondent bien quant au fond à ce que 1/10 annonce comme étant important dans le message du prophète, même si elles n'utilisent pas le même vocabulaire que celui du récit de la vocation.

Quelques remarques sont à faire. Un verbe peut être très souvent employé, mais toujours avec le même métaphorisant ; c'est le cas de *šth*, par exemple, toujours employé à propos du vin et dont le métaphorisé est toujours la colère de Dieu. Dans ce cas on pourra dire que, quoique souvent employé, ce verbe n'apparaît en fin de compte que dans une métaphore. Il y a insistance sur cette métaphore par le grand nombre d'emplois du verbe « boire » ; cette métaphore est importante par son ampleur. Un verbe peut par contre être important d'une autre manière : par le grand nombre de métaphorisants avec lesquels il est employé. C'est le cas, par exemple, du verbe *bw'* qui a pour sujets des métaphorisants très variés : le vent (4/12, 49/36), les bergers et leurs troupeaux (6/3), la tourterelle et l'hirondelle (8/7), le soleil (15/9), le Carmel et le Tabor (46/18), un taon (46/20), des bûcherons (46/22), vendangeurs et voleurs (49/9), le temps de la moisson (51/33). Dans ce cas, il se peut qu'un ou plusieurs thèmes importants soient éclairés par ces multiples métaphorisants ; choisir, en effet, plusieurs métaphorisants pour éclairer une même idée peut alors indiquer que cette idée est particulièrement importante dans le message de Jérémie. Plus la diversité des sujets métaphorisants sera grande, plus ces métaphores unies par un même verbe attireront l'attention.

Dans l'étude qui va suivre, je ne peux étudier tous les verbes importants qui se dégagent du tableau ; j'en retiendrai quatre seulement : deux de mouvement (*'lh* et *bw'*) et deux de destruction (*šḥt* et *šbr*). Chacun de ces verbes fera l'objet d'un chapitre.

5. MÉTHODE D'ANALYSE

Chaque métaphore peut avoir sa particularité et présenter des difficultés qui lui sont propres. Toutefois il est bon de mettre sur pied une méthode d'analyse utilisable pour chacune des métaphores, quitte à s'en éloigner au besoin, lorsqu'une difficulté particulière apparaîtra. Cette méthode s'est peu à peu imposée à moi en étudiant ces textes. Elle peut être décrite ainsi.

1) *Repérage de la métaphore*

Il s'agit là du repérage des indices permettant d'établir que le texte étudié est métaphorique. Ces indices sont ceux donnés plus haut. En plus de ces indices, il faut aussi repérer le changement d'isotopie. L'ensemble (indices et changement isotopique) permet alors de parler de métaphore. Trop souvent, dans des Commentaires, des textes sont déclarés métaphoriques sans que cela ait été établi. On ne peut en rester au stade de l'intuition. L'intention de ce premier paragraphe est de dépasser ce stade.

2) *Délimitation de la métaphore*

Il s'agit là de délimiter l'énoncé métaphorique. Avant d'étudier une métaphore il est capital de savoir le plus précisément possible quelle est son étendue. L'énoncé métaphorisant peut être d'un seul tenant ou entrecoupé d'autres éléments : cela doit être repéré et délimité ; il en va de la justesse d'analyse de ce métaphorisant. L'énoncé métaphorisé est aussi à délimiter, ce qui pose une difficulté dans la mesure où le métaphorisé est généralement celui dont parle un texte au delà de la métaphore elle-même. L'Égypte par exemple est le métaphorisé de la métaphore du Nil en 46/7-8 ; or de l'Égypte il est question dans tout l'oracle de 46/1-12. Cependant tout de l'Egypte n'est pas métaphorisé par le Nil. L'énoncé métaphorisé pourra alors être délimité de la manière suivante : il est constitué par la désignation du sujet métaphorisé et par le foyer avec ses compléments. Certes, la place d'une métaphore dans un texte, son lien avec le contexte est loin d'être sans importance, mais, au niveau de sa délimitation, il faut s'en tenir à ce qui vient d'être dit.

3) *Établissement du texte*

IL s'agit là en premier lieu de faire la critique textuelle de l'énoncé métaphorique tel qu'il a été délimité précédemment. Il sera parfois nécessaire de déborder le seul texte métaphorique, si un point de critique textuelle peut avoir une incidence sur la compréhension de la métaphore.

Pour ce qui est de l'utilisation des versions anciennes dans la critique textuelle, je ne suis pas en mesure, faute de compétence, d'utiliser certaines d'entre elles ; c'est le cas pour les versions arabe, éthiopienne, copte, arménienne et syriaque. Sur ce point je m'en tiendrai aux indications données par les éditions critiques, telles que BHS et BHK, et par les commentateurs plus compétents que moi. Je ne pense pas que le handicap soit trop grand étant donné que ces versions sont des filles du TM ou de la LXX.

L'essentiel du travail portera sur les versions grecques, latines et araméenne. On sait que, en ce qui concerne le livre de Jérémie, TM et versions sont les témoins de deux grandes familles. Une première famille témoigne d'un texte court ; elle est représentée par la LXX et par ses filles (Vetus Latina, versions copte, éthiopienne, arménienne et arabe), ainsi que par quelques fragments hébreux trouvés à Qumrân[35]. Une deuxième famille témoi-

---

35. Quelques fragments hébreux de Jérémie trouvés à Qumrân ont un texte plus proche de celui de la *Vorlage* de la LXX que du TM et de ce fait semblent appartenir à la version courte de ce livre ; il s'agit de 4 Q Jer b. Ces fragments sont ceux de : 9/22-10/18, 43/3-9 et 50/4-6 (cf. Tov 1981, p. 264). Malheureusement, aucune des métaphores étudiées dans les chapitres suivants ne se trouvent dans ces passages-là.

gne d'un texte long ; elle est représentée par le TM, Aquila, Symmaque, Théodotion, la Vulgate, Lucien et le Targum Pseudo-Jonathan. La confrontation entre LXX et TM, chefs de file des deux ateliers, fera donc l'objet d'une particulière attention ; les autres témoins étant situés par rapport à cette confrontation.

Au paragraphe 2, la délimitation de la métaphore se fait à partir du TM. Si, à la suite de l'établissement du texte, des modifications sont à apporter à ce texte et si ces modifications entraînent une modification dans cette délimitation, la modification est évidemment à prendre en compte.

En deuxième lieu, des points de critique littéraire seront abordés, chaque fois que l'unité de l'énoncé métaphorique sera en jeu. En effet, si l'unité littéraire d'un texte métaphorique ne peut être assurée, il faudra en tenir compte dans l'étude de cette métaphore.

Pour ce qui est de la question de l'auteur des métaphores, certaines pourront être attribuées à Jérémie et d'autres à quelque disciple ou rédacteur ultérieur. Il m'arrivera cependant de parler de Jérémie, même pour des métaphores qui ne peuvent lui être attribuées. Il doit être clair, comme je l'ai dit plus haut, qu'une telle mention de Jérémie signifie que la métaphore se trouve dans le livre qui porte ce nom. Les questions concernant l'auteur des textes sont actuellement trop controversées et parfois même dans une impasse. Je les laisse en suspens, avec les remarques suivantes : les métaphores se trouvent presque essentiellement dans les textes poétiques et sont presque absentes des passages en prose. Or, ce sont précisément les textes poétiques qui sont le plus généralement attribués à Jérémie lui-même. En outre, pour beaucoup de métaphores, le sens qu'elles peuvent avoir est le même quel qu'en soit l'auteur.

4) *Étude du métaphorisant*

Ce paragraphe est centré essentiellement sur le sujet métaphorisant tel qu'il apparaît dans l'énoncé de la métaphore étudiée — le sujet ou les sujets, s'il y en a plusieurs dans une métaphore. Il ne s'agit pas de faire une analyse encyclopédique à propos de chacun des sujets métaphorisants, mais bien de ne retenir que les éléments éclairants pour la métaphore. Il s'agit donc bien de l'étude du sujet métaphorisant *tel qu'il apparaît dans l'énoncé de la métaphore étudiée*. Le lion par exemple apparaît comme métaphorisant en 2/15 et 2/30 ; dans le premier texte il rugit, dans le second il dévore ; il s'agira alors d'étudier le lion rugissant dans l'un et le lion dévorant dans l'autre, sans projeter le contenu d'une métaphore dans l'autre.

Cette étude du sujet et de l'énoncé métaphorisants devra, on le devine, porter aussi sur le foyer en se limitant à sa signification au niveau du métaphorisant. La suite de l'étude du foyer sera faite avec l'étude du métaphorisé.

Une des plus grosses difficultés rencontrées à propos du métaphorisant réside, sans aucun doute, dans le repérage des connotations. Deux éléments seront alors à prendre en compte : tout d'abord, les métaphores de Jérémie sont nées en Israël et leur principal destinataire en est ce peuple ; c'est donc dans ce cadre-là que les connotations de tel ou tel métaphorisant seront à cerner, mais sans oublier la culture internationale telle qu'elle était perçue en Israël. Ensuite certaines de ces métaphores peuvent aussi avoir pour destinataire telle ou telle nation étrangère (cela concerne surtout les chapitres 46 à 51) ; pour ces métaphores-là on peut alors chercher les connotations que peuvent avoir les métaphorisants chez ces destinataires concernés. Mais pour ces métaphores-là aussi les connotations israélites ne sont pas à négliger, car si un oracle concerne par exemple l'Égypte c'est devant Israël que cet oracle-là a été proclamé. Il y aura donc pour les métaphores concernant les nations étrangères un double jeu de connotations à cerner.

5) *Étude du métaphorisé*

Le premier travail consiste à identifier le sujet métaphorisé de chaque sujet métaphorisant, ce qui n'est pas toujours facile. Une fois ce travail accompli, l'essentiel de l'étude portera sur le foyer, c'est-à-dire sur l'apport — ou le « transport » pour reprendre le terme d'Aristote — du contenu métaphorisant sur le métaphorisé. Ensuite, on pourra apprécier l'apport de la métaphore dans le texte où elle se trouve, son impact sur le texte en question.

Dans la mesure du possible, il sera intéressant de voir si la métaphore étudiée est nouvelle ou bien s'il s'agit d'une métaphore déjà existante avant Jérémie. Dans ce dernier cas, l'emprunt (si l'on peut établir qu'il s'agit d'un emprunt) sera à étudier et tout particulièrement les modifications éventuelles apportées par rapport à la métaphore dans son état antérieur. Toutes ces modifications, en effet, risquent d'être révélatrices d'un nouveau contenu donné à la métaphore.

Ce dernier point fait apparaître qu'une ébauche de l'histoire de la métaphore peut être faite, mais je précise ici que je me limiterai au passé de la métaphore antérieur à Jérémie. Il serait certainement intéressant de faire aussi l'histoire de la métaphore après Jérémie, ainsi que l'histoire de son exégèse, mais il ne m'est pas possible de le faire dans le cadre de ce travail. Les seuls éléments concernant cette histoire de la métaphore seront mentionnés, le cas échéant, à propos de l'étude des versions anciennes. Il arrive en effet que dans certaines versions certaines traductions soient marquées par l'interprétation qu'en ont les traducteurs (c'est surtout le cas avec le Targum, mais pas uniquement, loin de là). Quand il en est ainsi et que cela est repérable, on peut dire que ces traductions appartiennent déjà à l'histoire de l'exégèse. Mais je n'irai pas plus loin que ces remarques-là.

LE VERBE *'lh*

Pour les emplois de ce verbe en Jérémie voir p. 90. Si l'on classe les livres bibliques par ordre d'emplois de ce verbe, on obtient le tableau suivant :

	Total	*Qal*	*Niph*	*Hiph*	*Hoph*	*Hithpa*
Rois	112	92		20		
Sam	104	69	1	34		
Chro	76	36		39	1	
Jug	71	57		13	1	
Jéré	64	42	2	19		1
Exo	62	36	3	23		
Jos	55	48		7		
Gen	51	44		7		
Nomb	41	22	7	12		
Esa	40	35		5		
Ezé	39	19	2	18		
Deut	31	24		7		
Psau	23	13	2	8		
Lév	14	4		10		
Esd	14	8	1	5		
Néh	13	10		3		
Amos	11	5		6		
Job	8	6		2		
Osée	7	6		1		
Joël	7	7				
Prov	7	6		1		
Zach	6	6				
Cant	5	5				
Jon	4	3		1		
Mich	3	2		1		
Nah	3	1		1	1	
Dan	3	3				
Hab	2	1		1		
Eccl	2	2				
Lam	2	1		1		
Abd	1	1				
Aggée	1	1				
Ruth	1	1				
Soph	0					
Mala	0					
Esth	0					

Jérémie n'est de loin pas celui qui emploie le plus ce verbe, mais on peut noter qu'il se place en tête des livres prophétiques et des livres poétiques. Ceux qui utilisent le plus ce verbe sont des livres en prose.

Si l'on classe maintenant ces mêmes livres suivant les emplois de ce verbe dans les énoncés métaphoriques, on obtient le tableau suivant :

	Total	Qal	Hiphil
Jéré	12	11	1
Gen	9	9	
Esa	8	7	1
Ezé	6	3	3
Amos	3	3	
Job	3	3	
Cant	3	3	
Osée	2	2	
Dan	2	2	
Hab	1		1
Psau	1	1	
Prov	1	1	
Lam	1	1	

Pour les autres livres les textes métaphoriques sont les suivants : Gn 40/10, 41/2, 3, 5, 18, 19, 22, 27, 49/9 ; Es 5/6, 24, 8/7*bis*, 14/13, 14, 40/31, 53/2 ; Ez 13/5, 19/3, 26/3, 29/4, 32/3, 38/9 ; Am 3/5, 8/8, 9/5 ; Jb 5/26, 6/18, 7/9 ; Ct 4/2, 6/6, 7/9 ; Os 8/9, 13/15 ; Dn 8/3, 8 ; Hb 1/15 ; Ps 62/10 ; Pr 26/9 ; Lm 1/14.

Non seulement le verbe *'lh* est particulièrement employé dans les métaphores de Jérémie, mais encore ce dernier est de loin celui qui de l'AT utilise le plus métaphoriquement ce verbe, dont l'importance est de ce fait accrue.

Il s'agit maintenant de passer en revue les métaphores de Jérémie concernées par ce verbe : 4/7 (métaphore du lion), 4/13 (nuages, ouragan et vent), 5/10 (vigne), 46/7, 8*bis* (Nil), 47/2 (torrent), 49/19 et 50/44 parallèle (lion), 49/22 (aigle), 51/42 (mer) : tous ces passages utilisent le verbe au qal ; le hiphil se trouve en 51/27 dans la métaphore des criquets. J'étudierai ces métaphores dans l'ordre qu'elles ont actuellement dans le livre de Jérémie.

1. MÉTAPHORE DU LION (4/7)

Un lion monte de son fourré, un destructeur de nations lève le camp, il sort de chez lui pour transformer ton pays en désolation ; tes villes seront incendiées, sans habitants.

REPÉRAGE DE LA MÉTAPHORE

Le repérage ici n'est pas aisé, du fait de l'absence de toute particule comparative.

Dans le début du verset, Lundbom a remarqué (p. 63) la présence d'un
chiasme : *'lh 'ryh msbkw wmšḥyt gwym ns'*. En plus de ce chiasme,

on peut aussi voir en 7a une construction en parallèle synonymique :

'lh 'ryh   msbkw
wmšḥyt gwym ns' yṣ' mmqmw

Si on peut donner à un lion le qualificatif de « destructeur » (cf. 2/30 :
'ryh mšḥyt), il est difficile par contre de penser qu'un simple lion puisse être
qualifié de « destructeur de nations » ; un tel animal, en effet, ne peut faire
des dégâts d'une telle ampleur internationale, sauf si l'on fait de ce trait
une hyperbole[1] ou une métaphore. S'il y a hyperbole sans métaphore, on
pourrait voir en 7a une double désignation pour un même animal. S'il y
a métaphore, cette double désignation peut être celle d'un métaphorisé et
d'un métaphorisant ; dans ce cas le parallélisme utilisé serait un indice
syntaxique pour signaler la métaphore. On le voit la possible hésitation entre
hyperbole et métaphore rend équivoque et insuffisant le parallélisme pour
le repérage de la métaphore.

Le meilleur indice ici est d'ordre sémantique. L'activité du lion est décrite
dans la fin du verset : « pour transformer ton pays en désolation ; tes villes
seront incendiées, sans habitants ». Or, quand on sait à quel point cet animal peut avoir peur du feu et que les hommes même se protègent de lui grâce
au feu, on peut difficilement voir ici la description d'un réel lion. Si c'est
lui qui incendie, le détail est insolite, voire incohérent ; si les incendies sont
allumés par des hommes pour se protéger de lui, cela ne l'arrête pas dans
sa destruction, ce qui est insolite encore pour ce qui est du comportement
de cet animal. L'insolite sémantique de ce verset n'est acceptable que si le
lion désigne métaphoriquement autre chose ou quelqu'un d'autre. Tel est
donc l'indice le plus clair ici : il est d'ordre sémantique.

Le changement d'isotopie apparaît clairement ; 4/7 appartient à un petit
oracle dont l'unité n'est pas contestée. Cet oracle, centré sur des problèmes
militaires avec l'annonce d'une invasion armée par le Nord, a pour isotopie
dominante celle de la guerre. Par rapport à cette isotopie militaire, parler
d'un lion est changer d'isotopie ; cela désigne aussi *mšḥyt* comme sujet
métaphorisé de cette métaphore.

Quant au foyer, on verra plus loin qu'il est synonymique.

---

1. Je n'ai trouvé ni dans l'AT ni dans les textes du Prophe-Orient une telle
description hyperbolique, donnant à un lion réel une carrure internationale. Mais
cette absence de texte ne doit pas pour autant laisser de côté l'éventualité d'un trait
hyperbolique pour un lion réel (un lion destructeur de nations). Grapow signale (p. 70)
qu'Aménophis III est comparé à un « lion qui parcourt tous les pays » ; le trait n'est
pas ici hyperbolique mais métaphorique.

DÉLIMITATION DE LA MÉTAPHORE

Si *sbk* est un mot rare (il ne se retrouve qu'en Ps 74/5), sa signification ne pose pas de problème : taillis, fourré ; un tel mot peut très bien faire partie de l'isotopie du lion, en sorte que jusqu'à ce mot la phrase décrit le sujet métaphorisant.

Si *mšḥyt gwym* est une désignation du sujet métaphorisé, qu'en est-il des verbes qui accompagnent cette expression ? Pourraient-ils aussi être appliqués au lion de manière sous-entendue et désigner de ce fait un recoupement isotopique ? Le verbe *yṣ'* a ici pour sujet grammatical *mšḥyt*, ce qui ne pose pas de problème quand on voit qu'il en est de même en 1 S 13/17, mais ce même verbe peut avoir aussi pour sujet toute sorte d'animaux : des ourses en 2 R 2/24, le cheval en Jb 39/21, ainsi que tous les animaux en Gn 8/19, y compris sans doute le lion. Il y a donc ici avec ce verbe recoupement isotopique, de même qu'avec *'lh* qui peut également être employé pour un lion et pour un destructeur. Avec ces deux verbes déjà apparaît le foyer de la métaphore : « monter », « sortir ». Alors que *'lh* a pour seul sujet grammatical le métaphorisant et qu'il est sous-entendu pour le métaphorisé, il n'en va pas forcément de même pour *yṣ'* ; j'en veux pour preuve que Lisowsky donne ici à *yṣ'* le sujet grammatical *'ryh*. Ce jugement est trop tranché mais il est intéressant. Le sujet grammatical de *yṣ'* est très certainement ici le dernier sujet nommé (*mšḥyt*), mais le fait est que, *'ryh* étant aussi un masculin singulier, on peut voir pour *yṣ'* un double sujet et parler en conséquence d'une zone commune dans les énoncés : « il (= le destructeur ou le lion) sort de son lieu ». Une telle mitoyenneté n'est possible que si *mqwm* est commun aux deux isotopies, ce qui est très certainement le cas étant donné l'ampleur du champ sémantique de ce terme : « un lieu ».

Le verbe *ns'*, dans tous ses emplois au qal (136 dans l'AT), n'est jamais employé pour le lion, ni même pour une autre bête féroce. Ce verbe, en effet, est le contraire de *ḥnh* (camper) et signifie « lever le camp ». Principalement employé pour une armée (Jg 18/11, 2 R 19/8, Ex 14/10...) ou pour des nomades (Gn 12/9, 13/11, 20/1...), ce verbe ne convient pas pour des animaux sauvages. S'il est employé une seule fois pour des bêtes, c'est en Za 10/2 pour *ṣ'n*, c'est-à-dire dans un contexte de nomades, à l'isotopie desquels ce verbe appartient ; Za 10/2 est unique et souligne d'ailleurs le caractère insolite de ce troupeau qui « lève le camp » sans berger. Bref, *ns'* appartient entre autres à l'isotopie militaire et convient très bien ici pour le métaphorisé, mais n'appartient pas à l'isotopie du lion et ne peut donc, d'une manière ou d'une autre, être rattaché au métaphorisant.

Pour ce qui est de 7b, il a été déjà dit que son contenu ne peut convenir pour le lion dont la peur du feu est légendaire. En outre, il semble peu probable d'envisager qu'un lion puisse à lui seul transformer en désolation tout un pays. Par contre 7b s'accorde bien avec le métaphorisé et ses entreprises guerrières.

En conclusion l'énoncé métaphorisant se réduit à « un lion monte de son fourré », l'énoncé métaphorisé à « un destructeur de nations lève le camp pour transformer ton pays en désolation ; tes villes seront incendiées, sans habitants », avec une zone qui leur est mitoyenne : « il sort de son lieu ».

ÉTABLISSEMENT DU TEXTE

La BHS ne le signale pas mais la LXX comporte par rapport au TM des différences non négligeables : en 7a elle semble avoir lu un texte sans copule devant *mšḥyt*, mais avec copule devant *yṣ'*, puis, en 7b, elle ne traduit pas les suffixes féminins de *'rṣ* et *'rym*.

« Un lion est monté de son repaire, exterminant des peuples, il dévaste et sort de son territoire pour transformer la terre en désolation ; des villes seront renversées, sans leurs habitants. »

La présence dans le TM de suffixes féminins n'est pas incongrue étant donné que l'oracle est adressé entre autres à Jérusalem (4/5) et que cette ville peut être considérée comme un féminin singulier (cf. plus loin, par exemple, en 4/14) ; mais il est un fait que ces suffixes en 7b surprennent un peu et représentent une rupture dans un passage où l'interlocuteur est désigné au masculin pluriel (4/5,6, 8). En supprimant tout suffice en 7b, la LXX offre un texte beaucoup plus unifié ; c'est très clairement une *lectio facilior*, qui laisse penser que la LXX a voulu harmoniser le passage. Avec la plupart des commentateurs (Hitzig, Rudolph, Bright...) et contre Duhm, je retiens les suffixes féminins du TM et, avec eux, la *lectio difficilior*.

La question de la place de la copule en 7a est liée à celle de l'interprétation du terme *mšḥyt* ; ce participe hiphil peut être pris comme un nom ou comme un verbe. La LXX l'a considéré comme un verbe avec pour complément le mot « peuple » (*éthnê* à l'accusatif) et pour sujet le mot « lion », en sorte que « lion », seul sujet de 7a, est devenu sujet de tous les verbes de ce demi-verset. Du coup, n'ayant qu'un seul sujet pour plusieurs verbes, la LXX a utilisé la copule pour le dernier de ces verbes seulement. On le voit, c'est pour rendre la lecture plus aisée que la LXX a déplacé la copule du deuxième verbe (*mšḥyt*) au quatrième (*yṣ'*). La LXX n'a pas été attentive au fait que le verbe *ns'* (« lever le camp ») ne peut avoir « lion » pour sujet, et donc que *mšḥyt* doit être considéré comme un nom. Il n'y a donc pas de Vorlage différente pour la LXX, mais adaptation due à sa compréhension de *mšḥyt* comme verbe.

En dehors des versions, quelques commentateurs suppriment certains mots du verset. Pour des raisons de métrique, il est souvent affirmé que l'ensemble *ns' yṣ'* alourdit inutilement le texte ; Volz et Reventlow (p. 96), par exemple, proposent d'enlever *yṣ'* et Condamin *ns'*. Il est un fait qu'en procédant ainsi ces exégètes offrent pour 7a un parallélisme plus équilibré, mais est-ce nécessaire ? Avec 7b qui complète l'information sur le métaphorisé, ce qui concerne *mšḥyt* est de toute manière plus développé que le métaphorisant, en sorte que l'équilibre du parallèle n'est pas forcément à rechercher. Les considérations de métrique, invoquées par les commentateurs, ont pu être secondes pour l'auteur, qui aurait voulu brosser rapidement l'image

du lion pour développer ensuite son contenu métaphorique. Ce qui apparaît comme une lourdeur pourrait n'être en fin de compte qu'une mise en
avant du sens de l'image.

A la suite de Duhm, Rudolph propose dans BHS de supprimer les derniers mots du verset, qui auraient été empruntés à 2/15. Ces derniers mots
ne sont pas un simple ajout ; ils sont même mieux insérés ici qu'en 2/15.
En effet, *tṣynh* fait jeu de mots avec *ṣywnh* (4/6), ce qui n'est pas le cas
en 2/15. Ce jeu de mots rapproche « Sion » des villes « incendiées », ce
qui de manière très fine indique le sort prochain de la capitale. Avec Weiser, Reventlow (p. 96) et d'autres, je garde donc le TM dans son intégralité.

ÉTUDE DU MÉTAPHORISANT

Un lion monte de son fourré (...) il sort de son lieu

Le terme *mqwm* est trop vague pour que l'on sache s'il désigne ici l'antre
du lion (« son lieu » = le lieu où il se tient, où il habite) ou la cachette dans
laquelle il vient se placer en embuscade pour guetter sa proie (« son lieu »
= le lieu où il se trouve pour chasser). Qu'en est-il exactement de *sbk* ?

Le lieu d'habitation du lion semble être désigné en hébreu par le terme
m'wn, d'après Jr 25/30 et Na 2/12, ou par *m'nh* d'après Ct 4/8, Am 3/4,
Ps 104/22, Jb 38/40 et Na 2/13. Quant à sa cachette, elle semble être désignée par *sk*, d'après Jr 25/38 et le Qeré de Ps 10/9, ou par *skh*, d'après
Jb 38/40 et le Ketib de Ps 10/9. Étant donné que ces deux derniers termes
désignent, comme *sbk*, des fourrés, des taillis ou des broussailles, étant donné
aussi la proximité phonique entre *sk*, *skh* et *sbk*, il est vraisemblable que
sbk désigne le « fourré », non comme lieu d'habitation du lion, mais comme
cache où il se tient pour chasser. S'il en est ainsi, « le lion monte de son
fourré » laisse entendre que le fauve chasse et qu'il est en face de sa proie[2].
C'est donc sous son jour le plus redoutable que le lion est ici présenté. Comme
le fait très bien remarquer Hempel (p. 89), ce qui fait du lion l'animal le
plus redoutable, ce n'est pas tant sa force, qui est pourtant supérieure à celle
de plusieurs bergers (Es 31/4, Pr 30/30), ou ses dents (Jl 1/6), que le fait
qu'il se met à l'affût (Ps 10/9, 17/12, Lm 3/10).

Le verbe *'lh* ne retient généralement pas les commentateurs ici : c'est
dommage. Steinmann traduit par « un lion a bondi » et parle dans son commentaire du « bond de la bête de proie ». Or le verbe *'lh* ne peut avoir le
sens de « bondir » ; un tel sens est celui du verbe *znq*, si l'on en croit
Dt 33/22 qui l'utilise précisément pour un lion « bondissant ». Il faut en
rester au sens de « monter », ce qui laisse alors entendre que le fourré d'où
le lion monte se situe en contrebas du lieu vers lequel l'animal se dirige. Duhm
explique que le lion vient du Jourdain, seul lieu d'où les lions peuvent mon-

---

2. Il ne semble pas que la LXX ait compris ainsi ; en traduisant *sbk* par *man-
dra*, cette version désigne, en effet, par ce mot l'antre du lion et non son lieu
d'embuscade.

ter vers Israël. L'explication de Duhm convient très bien pour 49/19 et 50/44 où un lion monte, en effet, du Jourdain, comme cela est dit expressément, mais elle ne peut certainement pas convenir ici. En 4/6, en effet, juste avant la mention du lion, c'est du Nord qu'un péril est annoncé ; cela laisse entendre que c'est du Nord que monte le lion ; s'il venait du Jourdain, il viendrait de l'Est et non du Nord. Or, précisément, « monter du Nord » est pour l'Israélite une expression qui présente un caractère assez insolite. En faisant ici appel à 4/6 je suis en train de déborder de l'énoncé métaphorisant, mais je crois être en droit de le faire. L'énoncé métaphorisant n'est pas, en effet, à isoler totalement de son contexte. Ici la mention du péril du Nord juste avant celle du lion semble difficilement écartable : elle donne une indication topographique utile pour un métaphorisant dont l'énoncé tait la mention parce qu'il l'a tient du contexte immédiat.

« Monter du Nord » ! Que cela s'applique à un animal ou à un voyageur, une telle expression n'a rien d'insolite, s'il est bien spécifié que le but est un lieu élevé. Or cela ne l'est pas ici. En faisant encore appel au contexte immédiat le but n'est pas simplement Jérusalem, mais les villes de Juda et, de manière plus généralement encore, tout le pays : « pour transformer ton pays en désolation ». Une telle destination (le territoire de Juda) ne justifie pas de dire « monter du Nord » ; l'insolite de l'expression en est même souligné. Quel est cet insolite ?

Driver a montré (1957, p. 74-77) que dans l'AT *'lh* peut dénoter un déplacement du Sud vers le Nord, quel que soit le changement d'altitude, et *yrd* un déplacement inverse, du Nord vers le Sud. Driver a certainement raison[3], ce qui permet alors de saisir l'insolite ; le lion ne « descend » pas du Nord, comme on l'attendrait, mais il « monte » ! Dans l'AT, personne avant Jérémie n'a employé *'lh* avec *ṣpwn* comme point de départ[4]. A la

---

3. Leslau vient étayer le point de vue de Driver dans une note (1962, p. 322-323), où il observe la même chose en éthiopien. Aux exemples donnés par Driver j'ajouterai Os 8/9, où il est dit qu'Ephraïm est « monté » vers Assur, c'est-à-dire du Sud vers le Nord, sans tenir compte du changement d'altitude. Dans le même sens, Grelot rappelle (1972, p. 173) qu'en Mésopotamie et en Syrie le « dessus » désigne le Nord, à l'inverse de l'Égypte où le « dessus » désigne le Sud à cause du cours du Nil. Si de telles désignations topographiques sont liées au cours des fleuves, Tigre et Euphrate « descendent » effectivement du Nord vers le Sud. En Israël, et pour donner raison encore à Driver, le Jourdain « descend » du Nord vers le Sud et, quelle que soit l'étymologie du nom de ce fleuve (cf. Koehler 1939, p. 115-121), le Jourdain (*yrdn*) par l'orientation de son cours ne peut qu'évoquer pour l'Israélite que du Nord on descend (*yrd*).

4. Un seul après lui le fera : Ezéchiel et sans doute est-ce sous l'influence de Jérémie. En Ez 39/2 il est dit que Dieu fait « monter » Gog du Nord ; avec Jr 4/7 pour seul texte à l'arrière plan concernant cette expression, Ez 39/2 présente Gog, me semble-t-il, comme le malheur du Nord annoncé par Jérémie. Ez 38/17 ne disait-il pas par ailleurs qu'avant lui Gog avait été déjà annoncé par les prophètes. On pourrait ajouter que d'autres liens existent entre l'oracle d'Ezéchiel sur Gog et Jér. 4 ; d'après Ez 38/9 par exemple, Gog vient sur Israël comme une nuée (*'nn*) ce qui rejoint Jr 4/13 (*'nnym*) à propos de l'ennemi du Nord.

rigueur Jérémie aurait pu simplement reprendre le verbe *bw'* déjà utilisé en 4/6 (« je fais venir du Nord »), car il n'y a rien d'insolite à « venir du Nord » (cf. Es 14/31, Ez 1/4, 9/2, 26/7, 38/15, Dn 11/15), mais innover comme il le fait en laissant entendre que le lion *monte* du Nord, c'est pour la mentalité hébraïque faire jaillir l'insolite et rendre mystérieux le lion ainsi mis en scène.

J'ai déjà trop empiété sur l'énoncé métaphorisé et sur le contexte immédiat de la métaphore ; il faut en venir au métaphorisé.

ÉTUDE DU MÉTAPHORISÉ

Un destructeur de nations lève le camp, il sort de chez lui pour transformer ton pays en désolation ; tes villes seront incendiées, sans habitants.

Le sujet métaphorisé est ici appelé « destructeur des nations ». L'oracle de 4/5-8 ne donne pas plus de précision sur ce destructeur dont l'anonymat ne peut que frapper. 4/7 appartient à ce que Duhm a appelé « poème scythe » ; une telle appellation a nettement orienté la recherche ultérieure et poussé beaucoup de commentateurs à ne penser ici qu'à un peuple avec pour seul souci celui de son identification : scythe, babylonien, grec... Ce n'est pas le lieu ici de faire l'histoire de l'interprétation de « peuple du Nord ». Mais avant de prendre parti je noterai que c'est déjà choisir et restreindre l'éventail des possibilités que de parler à la suite de Duhm d'un « peuple ». C'est oublier que la Targum par exemple a pensé ici non à un peuple, mais à un roi[5]. C'est oublier aussi que dans la littérature procheorientale le lion est avant tout l'image d'un dieu ou d'un roi (avant d'être image pour des hommes)[6]. C'est oublier enfin que le terme de *mšḥyt* peut désigner un corps d'armée (1 S 13/17, 14/15) comme un être surnaturel (Ex 12/23). Je préfère donc garder l'éventail largement ouvert.

---

5. Le Targum traduit ainsi 4/7 : « Un roi est parti de sa forteresse et le destructeur des nations se met en route dans ses campements, il sort de chez lui pour faire de ton pays une désolation, tes villes désolées sans habitants ».

6. Les exemples sont extrêmement nombreux. On peut noter entre autres pour les *dieux* que Papulegarra reçoit le titre de « lion agressif » (cf. Seux 1976, p. 49), qu'Ishtar chasse « comme un lion » (*id.* p. 438), qu'Irnini (autre nom d'Ishtar) est appelée « lion sauvage » (*id.* p. 191) ; Nanna est aussi décrit comme un lion (cf. Sollberger et Kupper, p. 158). En Égypte, Amon est un « lion furieux aux griffes féroces » (cf. Barucq et Daumas, p. 226) ; la déesse Mert-Seger « frappe comme frappe un lion furieux » (*id.* p. 469). A propos des *rois*, Grapow (p. 70) signale que Ramsès III est décrit comme un « lion fort qui saisit avec ses griffes », Aménophis III comme un « lion qui parcourt tous les pays » ; il ajoute que le lion est même devenu synonyme et appellation de roi : Aménophis III s'appelle ainsi « le lion des rois » et Toutmès III « le lion des souverains » (*id.* p. 70). Erman signale (p. 209) que sur son char Toutmès III est représenté sous les traits d'un lion. Par ailleurs Salonen dit (p. 122) que Assarhaddon apparaît sur un vase d'albâtre avec une figure de lion. Quant aux *hommes*, Grapow signale (p. 72) que les soldats de Kamose, aussi bien que ceux de Ramsès III, sont comparés à des lions. Je n'ai pas trouvé de *peuples* décrits comme des lions. Pour ce qui est de l'AT, voir plus loin.

Le terme *mšhyt* désigne entre autres un corps d'armée ; c'est le sens qu'il a en 1 S 13/17 et 14/15, Ces deux passages l'emploient à propos de l'armée des Philistins, au singulier comme ici, et le premier avec le verbe *yṣ'* comme ici aussi (« Le *mšhyt* sortit du camp philistin en trois sections »). Le caractère éminemment guerrier de l'oracle de Jérémie invite à retenir ce sens militaire pour *mšhyt*. Certes, il faudrait être certain que d'autres que les Philistins ont pu avoir dans leurs armées de tels corps. A cause de son silence, l'AT n'offre pas d'éclaircissement sur ce point, mais les deux passages de Samuel ne permettent pas non plus de penser que le *mšhyt* pouvait être une particularité de l'armée philistine. Toujours est-il que Jr 4/6-7 exclut d'envisager une attaque de la part des Philistins ; ces derniers en effet demeurant à l'Ouest du royaume de Juda ne peuvent être annoncés comme venant du Nord. L'hypothèse philistine (d'ailleurs proposée et défendue par aucun commentateur) convient d'autant moins que ce peuple, depuis bien avant l'époque de Jérémie, est tombé dans un tel déclin qu'il ne peut prétendre à la moindre place dans le concert des grands et être appelé « destructeur des nations ». Tout laisse donc penser que pour Israël toute armée, à l'image de celle des Philistins, devait avoir son corps appelé « destructeur ».

Avec le contenu guerrier de l'oracle, le verbe *ns'* contribue à mettre en avant le sens militaire de « destructeur ». Ce verbe, on l'a vu, appartient aux isotopies militaire et nomade ; et le contenu de 4/7b laisse clairement apparaître que celui qui « lève le camp » a plus une intention belliqueuse qu'un désir de transhumer. Cela me permet de dire que le sujet métaphorisé de cette métaphore est un corps d'armée venant de l'étranger, ennemi d'Israël puisqu'il l'attaque, sans que l'on sache encore à quel peuple appartient ce corps d'armée. Plus exactement, le sujet métaphorisé doit être toute une armée et non simplement un de ses corps, car on voit mal une partie seulement d'une armée partir en campagne. *mšhyt* peut très bien désigner pars pro toto cette armée étrangère, ce que je crois.

« Destructeur des nations » : dans cette expression il ne peut s'agir d'un génitif subjectif ; on voit mal en effet ce que pourrait être un destructeur envoyé par plusieurs nations (comme on peut parler du destructeur des Philistins en 1 S) ; il s'agit sans doute plutôt d'un génitif objectif désignant le destructeur comme celui qui détruit les nations.

En tant qu'élément du foyer, le verbe *'lh*, employé pour le métaphorisant et sous-entendu pour le métaphorisé, est tout à fait intéressant : il laisse apparaître un certain clivage sur lequel il faut s'arrêter (d'autant plus qu'on pourra le retrouver dans d'autres métaphores utilisant ce verbe).

A propos d'une armée, le verbe *'lh* prend au qal un sens particulier : *heranziehen, anrücken*, dit KB³ (p. 784, 3d) ; je dirai ici « partir en campagne ». C'est le sens que l'on peut donner à ce verbe, en effet, dans plusieurs passages de l'AT, où n'interviennent ni la dénivellation du trajet accompli, ni l'orientation du Sud vers le Nord du déplacement. Lorsque, par exemple, il est dit que Caleb « monte » d'Hébron vers Debir (Jos 15/15), ce déplacement est du point de vue de l'altitude une descente et du point de vue de l'orientation il va en gros du NE vers le SO (cf. Grollenberg, carte 13) ; s'il y a cependant « montée », c'est en fait qu'il s'agit d'une attaque militaire. En Jos 22/12, le déplacement de Silo vers Gueliloth du Jourdain est aussi militaire ; Gueliloth est difficile à situer, mais sur le Jourdain, il doit s'agir d'une localité en gros à l'Est de Silo et en tout cas nettement en contrebas. En 2 R 12/18 le déplacement d'Aram vers Gath est approximativement un déplacement du Nord vers le Sud et, étant donné la faible altitude de Gath (cf. Grollenberg, carte 19), il peut difficilement être question d'une réelle montée. Cependant, si là encore le verbe 'lh est employé, c'est pour dénoter qu'Aram « part en campagne ». C'est encore grâce à ce sens de 'lh que l'on peut comprendre que Juda « monte » contre Israël (1 R 12/24 et 2 C 11/4) et qu'en sens inverse Israël « monte » aussi contre Juda (1 R 15/17, 19 et 2 C 16/1, 3). En 1 R 9/16 et 2 R 24/1 'lh est employé de façon absolue sans indication de but, c'est-à-dire sans allusion aucune au dénivelé ou à l'orientation du parcours. Si le verbe est pourtant employé, c'est parce que le contexte est militaire ; c'est encore une armée qui « part en campagne ». N'ayant pu avoir accès à l'article de Bach signalé par KB[3] pour ce sens militaire du verbe 'lh, j'ai cru bon de procéder à ces quelques vérifications. Le sens de « partir en campagne » me paraît donc convenir. Ici, pour le métaphorisé, il devient alors pratiquement synonyme de ns' (« lever le camp ») et souligne les intentions belliqueuses du destructeur des nations.

Le clivage dans le verbe 'lh peut être ainsi défini : pour une armée (le métaphorisé) il dénote un départ en campagne, c'est-à-dire quelle que soit l'orientation du parcours effectué par cette armée ; si donc, comme l'annonce Jérémie, le destructeur part en campagne depuis le Nord, il n'y a là rien d'insolite. Pour un lion (le métaphorisant) il ne peut être question de donner à 'lh le sens militaire de « partir en campagne » ; pour lui, ce verbe ne peut signifier rien d'autre que « monter » ; de ce fait, pour le lion, la « montée du Nord » est une expression insolite. 'lh étant utilisé ici pour le métaphorisant et seulement sous-entendu pour le métaphorisé, l'accent est placé sur l'insolite et cet insolite est transféré, transporté sur le métaphorisé. Grâce à ce transport de sens dans la métaphore, il y a quelque chose de tout à fait étonnant dans le départ en campagne du destructeur des nations.

Que peut-on dire de plus sur ce destructeur ?

Avant Jérémie, l'armée étrangère qui a le plus été comparée à un lion est sans nul doute l'Assyrie. C'est ainsi que cette dernière a été présentée par les prophètes (cf. Es 5/29, Na 2/12-13). D'après les textes trouvés dans le Proche-Orient, cette description par les prophètes correspond à ce que l'Assyrie disait d'elle-même et principalement de ses rois[7]. D'après les informations fournies par Bodenheimer (p. 87 ss.), il semble que les Assyriens ont eu un goût particulier pour cet animal et qu'ils sont devenus maîtres

---

7. Cf. plus haut p. 110, n. 6. Cf. en outre Sennacherib qui est dit « comme un lion » dans un texte cité par Bodenheimer (p. 194).

dans l'art de capturer vivants ces fauves[8]. Dans les jardins royaux se trouvaient même des parcs zoologiques avec un grand nombre de lions. Tout devait donc faire penser à Israël, ainsi qu'aux peuples voisins, que l'Assyrie avait quelque connivence avec le lion ; une telle métaphore lui convenait en tout cas fort bien. De ce fait, et surtout à cause des textes d'Esaïe et de Nahum, pour les contemporains de Jérémie, la description d'une armée étrangère sous les traits d'un lion devait faire penser à l'armée assyrienne.

A l'époque de Jérémie, et à plus forte raison ensuite, l'armée assyrienne n'était plus ce qu'elle était à l'époque d'Esaïe et l'oracle de Nahum, où se trouve encore la métaphore du lion (2/12-13), annonce très clairement ce déclin assyrien. S'il y a donc allusion à l'armée assyrienne en Jr 4/7 ce ne peut pas être pour annoncer un retour de la puissance assyrienne ; je crois plutôt qu'il peut y avoir dans cette allusion une manière d'annoncer au royaume de Juda que son envahisseur sera comparable à ce qu'à été l'Assyrie pour le royaume d'Israël, c'est-à-dire que cet envahisseur sera d'une nette supériorité et qu'il vaincra. Le vainqueur de Juda « transformera le pays en désolation et les villes seront incendiées, sans habitants » (4/7b) comme il en a été en Israël avec l'Assyrie. L'ennemi du Nord annoncé est comparable à l'Assyrie et peut aussi être présenté sous les traits d'un lion, mais il ne peut être l'Assyrie. Il n'y a pas anachronisme dans cette allusion à l'Assyrie mais comparaison pour annoncer la fin irrémédiable de Juda. Et l'ennemi du Nord demeure anonyme. Bien sûr on sait qu'il s'agira de Babylone, mais 4/5-8 n'en dit rien encore. Son anonymat dans cet oracle contribue sans doute à le rendre plus redoutable.

Mais il faut aller plus loin et noter que la description faite du métaphorisé confère à ce dernier un caractère surnaturel. S'appuyant sur Ex 12/23, Volz propose de voir dans le *mšḥyt* de 4/7 une puissance démoniaque. Cette explication, reprise par plusieurs, est intéressante dans la mesure où elle s'accorde bien avec 7b ; en effet, autant *m'yn ywšb* ne peut être qu'une hyperbole pour décrire ce qu'il reste après le passage d'une armée, autant cette même expression décrit bien ce qui reste après un fléau d'origine surnaturelle. Mieux qu'une armée, un démon peut laisser des villes « sans le moindre habitant »[9].

L'argumentation de Curtis pour voir en *mšḥyt* la désignation d'un ancien dieu infernal me paraît extrêmement fragile. Je crois plutôt avec Caquot, Volz et d'autres, que ce terme pouvait servir à désigner, en Israël, un démon et non un dieu ; c'est bien ce qu'on observe en Ex 12/23, ainsi qu'en 2 S 24/16 où il est devenu un envoyé de Dieu. Selon Houtsma (p. 59) ce démon commanderait les légions célestes, ce qui pourrait expliquer

---

8. Cf. figure 12 in Vigouroux (*DB* T. II, col. 31, article « Cage »).

9. Sur *mšḥyt* comme désignation d'un démon, cf. en particulier Caquot (1971, p. 119), qui le retrouve en 2 S 24/16 et qui critique (p. 148, n. 14) Curtis, pour qui *mšḥyt* serait un ancien dieu infernal.

l'emploi de *mšḥyt* pour désigner un corps d'armée dans une armée humaine. Selon Keel (p. 414-434) ce démon personnifierait le vent d'Est et ses effets destructeurs. A vrai dire, il m'est difficile de me prononcer sur la spécificité de ce démon, étant donné qu'on ne possède que les textes d'Ex 12 et 2 S 24 pour la cerner. Ce qui est clair, c'est que ce démon est soumis à Dieu, qui se l'est assujetti.

Pour l'identification du « destructeur des nations » faut-il choisir entre une armée humaine et un démon ? Je ne le pense pas. En 4/5 Jérémie invite les Israélites à se réfugier dans les places fortes (*'ry hmbṣr*) : de tels lieux de refuge ne peuvent convenir pour des démons, car ce n'est pas avec des remparts que l'on peut se protéger d'eux ; de tels lieux par contre sont tout indiqués quand ce sont des hommes qui attaquent. Toutefois, ces hommes-là peuvent être manœuvrés par des puissances démoniaques, investis par une puissance surnaturelle ; c'est ce que semble indiquer l'oracle.

Retenir pour désigner l'armée ennemie le terme de *mšḥyt*, c'est déjà laisser résonner la connotation surnaturelle de ce terme. Mais il faut plus pour que la connotation soit à retenir. Dire que le destructeur « sort de son lieu » souligne la connotation. Cette expression est en effet utilisée pour Dieu lui-même (cf. *yṣ' mmqwmw* en Es 26/21 et Mi 1/3) pour signifier que celui-ci « sort de son sanctuaire » ; et dans ces deux textes l'expression est pleine de menaces pour ceux qui vont se trouver sur son passage ; c'est aussi une menace pour Israël. Enfin, l'armée ennemie est annoncée comme venant du Nord, du Saphon : ce dernier terme confère à cette armée une dimension surnaturelle indéniable qui s'ajoute à *mšḥyt* ainsi qu'à *yṣ' mmqwmw* et qu'il s'agit de préciser.

Il existe en hébreu deux mots pour désigner le Nord : *śm'l* et *ṣpwn* ; le premier n'a pas, à ma connaissance, de connotation religieuse particulière, à l'inverse du second qui pour Israël ne peut qu'évoquer Baal Saphon ainsi que la montagne de Saphon, à laquelle le culte de ce dieu est attaché[10]. A l'écoute de 4/6 et de l'annonce d'une catastrophe venant du Saphon, le peuple d'Israël devait s'attendre, me semble-t-il, à des propos, non sur tel ou tel démon, non sur tel ou tel Dieu, mais très précisément à des propos sur Baal Saphon. En choisissant *ṣpwn* plutôt que *śm'l*, Jérémie semble avoir voulu courir un tel risque, mais il ne l'a pas fait sans avoir pris quelques précautions très intéressantes. Baal est essentiellement un dieu céleste ou montagnard, c'est-à-dire un dieu « d'en haut », et non un dieu infernal, un dieu « d'en bas ». Baal chevauche les nuées et a établi sa demeure sur des montagnes et en particulier sur le Saphon. Il résulte de cela que tout ce que Baal

---

10. Sur les différentes connotations, surtout mythiques, de *ṣpwn* la littérature est abondante ; cf. Reventlow, p. 102 ss. On peut ajouter que Saphon apparaît même comme nom théophore (cf. Gibson T 2, p. 102, 106, n. 3). Aimé-Giron dit (p. 456) que Saphon apparaît dans des noms propres à Carthage, en Mésopotamie et en Égypte.

peut faire doit en principe « descendre » du ciel ou des montagnes vers les hommes, de même que le Seigneur, dieu d'Israël, qui « sortant de son sanctuaire, descend » (Mi 1/3)[11]. Si donc le destructeur des nations avait quoi que ce soit à voir avec Baal il « descendrait » vers Israël. C'est là que l'emploi par Jérémie du verbe « monter » devient théologiquement important. L'insolite de la « montée du Saphon » n'a de sens qu'en tant que rejet de toute action de Baal ; l'insolite met en avant la polémique contre ce dieu. Si Israël a pu penser à Baal avec la mention du Saphon en 4/6, voilà que la métaphore, par son tout premier mot (*'lh*), renverse d'emblée toute prétention de ce dieu.

Cette critique contre Baal devient plus évidente quand on considère deux autres détails de 4/7 qui la renforcent.

4/7 finit de manière très étonnante par l'emploi de suffixes féminins qui interpellent, comme s'il s'agissait d'une femme, celle que le « destructeur des nations » vient combattre. Dans tout ce qui nous est parvenu de la littérature sur Baal, jamais ce dieu n'est décrit dans un combat contre un personnage féminin. Baal combat Mot (cf. Caquot, Sznycer et Herdner, p. 268 s.), Yam (*id.*, p. 138) et les Voraces (*id.*, p. 342 ss.), mais jamais une femme ; le face à face présenté en Jr 4/7 ne peut donc pas faire allusion à telle ou telle scène de la mythologie du dieu du Saphon.

Un dernier détail vient court-circuiter l'action éventuelle de Baal : le choix du lion comme métaphorisant.

Si le lion est associé à plusieurs dieux dans le Proche-Orient, il semble que, jusqu'à l'époque de Jérémie en tout cas, Baal n'a été comparé ou associé à cet animal que très exceptionnellement[12]. Aimé-Giron a proposé le nom de Baal pour le dieu sémite représenté, debout sur un lion, sur une stèle trouvée en Égypte[13]. Or Albright semble avoir raison, lorsqu'il fait remarquer (1950, p. 11, n. 1) que cela semble être impossible étant donné que le lion est avant tout l'attribut des dieux infernaux[14]. Il faut attendre une époque

---

11. Ce n'est par forcément le verbe *yrd* qu'il faut attendre, mais n'importe quel verbe indiquant un mouvement du haut vers le bas.

12. Pour les différents dieux qui ont été associés au lion, cf. plus haut, p. 110, n. 6. Jamais, à Ugarit, Baal n'est comparé ou associé au lion ; le seul texte ugaritique (mais il est difficile à cause de lacunes) rapprochant une divinité du lion parle de la déesse Atthar (cf. Caquot, Sznycer et Herdner, p. 394). La seule possibilité de rapprocher le lion de Baal est de voir dans les lions orthostates du temple (8os) d'Hadad des figures de Baal (cf. Heintz, p. 55-72), ce qui serait exceptionnel.

13. Aimé-Giron, p. 447 ss. ; il s'agit de la stèle 25147 du musée du Caire ; cf. la photo de cette stèle dans Gressmann (1909, fig. 354) et le commentaire (p. 101), où Gressmann dit qu'il s'agit d'un dieu sémite, sans préciser lequel, et date la stèle de l'époque perse.

14. C'est aussi l'opinion de Martin-Achard (1956, p. 71) ; cf. en particulier Nergal, dieu infernal dont l'emblème est un lion (Dhorme 1949, p. 44). Tromp ajoute (p. 112, n. 57) dans ce sens que beaucoup de sarcophages découverts sont décorés de lions.

récente[15] pour voir Baal représenté en compagnie d'un lion, ce qui semble résulter, à cette époque syncrétiste, d'un report sur Baal d'attributs empruntés à d'autres dieux. Pour l'époque de Jérémie, le meilleur métaphorisant que l'on pouvait choisir pour désigner Baal et le reconnaître dans ses prérogatives était le taureau et non le lion. Choisir le lion, c'est d'une certaine manière, ranger Baal au rang des dieux infernaux et proclamer que ce dieu ne peut apporter que la mort, ce qui pourrait être souligné ici par le verbe « monter », comme si le lion montait des enfers. Présenter ainsi Baal serait une sérieuse critique de ce dieu dont la prétention est de donner la vie (par la fécondité) et non la mort.

Si donc Jérémie recherche l'évocation de Baal en parlant du Saphon, la critique qu'il fait de ce dieu vise bien sûr aussi ses adorateurs, qui, on le sait, étaient nombreux parmi les Israélites. Pour quiconque attendait de Baal la vie, il est clairement affirmé ici que rien de bon ne peut venir (ou descendre) du Saphon et que tout au plus ce qui peut « monter », c'est la destruction et la mort, comme si cela montait des enfers.

Le « destructeur des nations » annoncé ici est une armée humaine auréolée d'une certaine puissance surnaturelle. Cette puissance ne lui vient pas de Baal, mais de Dieu seul, le dieu d'Israël. Tout en critiquant Baal, l'oracle insiste sur le fait que le destructeur est totalement soumis à Dieu et contrôlé par lui. C'est ainsi, en effet, qu'apparaît l'insistance que l'on note en 4/6 sur le sujet de l'action : « C'est un malheur que, *moi* (*'nky*), je fais venir du Nord »[16]. Pas plus que Baal, aucun dieu païen n'est mêlé à cet envoi du destructeur. Weiser a raison lorsqu'il dit qu'il est plus important de relever la mission divine du *mšḥyt* que de chercher à l'identifier. J'ajouterai l'absence d'article devant « lion » comme devant « destructeur des nations » : un lion, un destructeur... peu importe lequel ; l'important est de noter qu'il doit exécuter l'ordre que Dieu lui donne. C'est pour accomplir cette mission que le destructeur humain est doté d'une puissance surnaturelle, voire démoniaque.

Parler du destructeur comme d'un démon à l'œuvre dans une armée humaine ou comme d'une armée humaine dotée d'une puissance surnaturelle est pour moi la même chose ; c'est cela qui ressort de la description faite ici du destructeur. Parler du caractère démoniaque du destructeur n'exclut pas toute réalité historique du désastre annoncé. C'est le tort de Staerk par exemple d'avoir posé le problème (p. 1 ss.) de l'ennemi du Nord

---

15. Hempel signale (p. 97) que Baal est représenté par un lion sur une pièce de monnaie du Ier siècle avant J.C.

16. Duhm veut corriger *'nky* en pronom de la 3e personne, mais toujours pour désigner Dieu, ce qui ne change rien à l'identité de celui qui envoie le malheur. Pour Duhm, c'est Jérémie qui parle et non Dieu. Ce changement ne me paraît pas nécessaire et montre que Duhm ne peut accepter que Dieu soit à la fois celui qui envoie le malheur et celui qui sonne l'alarme. La double attitude de Dieu reflète admirablement son attente d'un repentir du peuple.

en termes exclusifs : « mythique ou historique ». Staerk a opté pour le mythique en gommant l'historique ; Childs lui a répondu (p. 187 ss.) en retenant l'historique à l'exclusion du mythique. A mon avis 4/7 peut parler à la fois d'une armée humaine intervenant dans l'histoire et d'un démon envoyé par Dieu et agissant à travers cette armée[17].

Si Dieu tient en main le lion annoncé, si le destructeur est doté par lui d'une puissance surnaturelle, alors l'écrasante défaite de Juda ne peut pas faire de doute. Un dernier point souligne la disproportion des forces en présence ; les suffixes féminins de 4/7b présentent le peuple comme une femme. Voilà le peuple aussi démuni et faible qu'une femme se trouvant en présence d'un lion en quête d'une proie.

2. MÉTAPHORES DES NUAGES ET DE L'OURAGAN (4/13)

Voici, comme des nuages il monte et comme l'ouragan ses chars.

REPÉRAGE DES MÉTAPHORES

Il y a en 4/13 deux emplois de la particule *k*à sens comparatif ; il s'agit là d'indices formels qui permettront de parler de métaphores s'ils accompagnent des changements d'isotopie. Entre la mention des chars et celle de l'ouragan le changement d'isotopie est clair ; on passe de l'isotopie militaire (c'est l'isotopie du métaphorisé, celle du contexte immédiat qui permet de penser que ces chars sont ceux de soldats) à une isotopie que l'on peut dire atmosphérique ou météorologique. Il y a donc bien avec le deuxième *k* une métaphore.

Dans le début du verset le verbe a un sujet masculin singulier qui n'est pas précisé ; cependant la présence de suffixes au masculin singulier dans les mots suivants (« ses » chars, « ses » chevaux) permet de penser que celui qui monte est un guerrier ; de ce fait on observe le même changement isotopique que dans la métaphore déjà repérée avec passage de l'isotopie militaire à celle des phénomènes atmosphériques. On peut donc parler ici de deux métaphores successives, très proches puisqu'elles présentent un même changement isotopique.

Même changement isotopique, mais aussi, comme on l'a vu plus haut (p. 63), même foyer ; la métaphore de l'ouragan, en effet, n'ayant pas de foyer exprimé, reprend celui de la métaphore des nuages ; le verbe « monter » fait ici office de pivot pour ces deux métaphores.

Ce repérage demeurera fragile tant qu'on aura pas précisé qui est ce métaphorisé qui monte avec ses chars.

---

17. Tel est le point de vue aussi de Hyatt (1940, p. 499 ss.). Si Childs supprime toute dimension mythique à l'ennemi du Nord, c'est parce qu'il n'envisage le mythe qu'en fonction du mythe des origines. Or les démons appartiennent au mythe sans forcément renvoyer au combat de Dieu contre le chaos. Dans les deux textes de l'AT où le *mšḥyt* intervient, il s'agit d'événements de l'histoire (Ex 12/23 et 2 S 24/16).

DÉLIMITATION DES MÉTAPHORES

Ce travail est ici très aisé ; pour chacune des métaphores l'énoncé méta-phorisant se limite à un terme : « des nuages » pour la première, « l'oura-gan » pour l'autre. L'énoncé métaphorisé de la première se réduit à « voici il monte », celui de la suivante à « et ses chars ».

ÉTABLISSEMENT DU TEXTE

La LXX mise à part, les versions anciennes suivent le TM. Pour la LXX les différences avec le TM sont minimes. Le premier métaphorisant est au singulier dans la LXX (*ôs nephelê*) ; ce détail permet de repérer que dans le TM *'nnym* est le seul emploi au pluriel de *'nn* dans tout l'AT. Ce pluriel hapax apparaît dès lors comme *difficilior* et doit être maintenu.

Les pronoms personnels de la LXX sont mal établis ; certains manus-crits ont « leurs » chars et « leurs » chevaux ; certains même ont « ses » chars et « leurs » chevaux. Je ne pense pas qu'il s'agisse là d'une *Vorlage* différente ; ces différences sont plutôt la marque d'une hésitation sur l'iden-tité du métaphorisé. Et comme le dernier pronom de 4/12 est au masculin pluriel, ceux de 4/13 ont pu alors être harmonisés sur lui. Le TM est donc à garder.

Si rien d'autre n'est à signaler pour la critique textuelle, un point de critique littéraire est à considérer : celui de l'unité entre 4/13 et ce qui pré-cède. Cette question est importante ici, car elle concerne le métaphorisé : « il monte » renvoie en effet à ce qui précède, si on veut identifier ce « il ».

Pour Reventlow (p. 94 ss.) 4/5-12 forme un oracle et 4/13 est le début d'un autre, sans que le moindre argument soit avancé pour un tel décou-page. Il faut dire que cet exégète concentre son attention sur 4/5-12 et non sur ce qui suit ; mais il ne voit pas que l'imprécision du sujet de *y'lh* est trop grande pour que l'on puisse considérer 4/13 comme un début d'ora-cle. Si *hnh* se trouve parfois en début d'oracle (cf. 25/32, 47/2) c'est loin d'être toujours le cas (cf. 1/18, 3/5, 6/10, 7/8...) en sorte qu'il ne serait même pas possible de trouver en ce mot l'indice d'un début d'oracle. Le découpage de Reventlow posant plus de problèmes qu'il n'en résout ne peut être retenu.

Pour Duhm, 4/13 fait partie du deuxième « poème scythe », qui com-mence en 4/11, le premier se trouvant en 4/5-10. C'est aussi le découpage accepté par Bright et Thompson. Là encore, aucun argument n'est avancé comme justificatif. Je ne vois pas ce qui interdit de faire de ces deux oracles un seul. Je vois au contraire un indice qui invite à maintenir l'unité. En reli-sant 4/13 à 11-12, le sujet auquel renvoie le masculin singulier de « il monte » ne peut être que *rwḥ*, en sorte que c'est le vent qui monte avec ses chars et ses chevaux. Il y a là un emploi de *rwḥ* au masculin, ce qui est fort rare et généralement intentionnel, comme l'a remarqué Lys (1962, p. 108, n. 1 en particulier). Ce dernier précise qu'en 4/11-12 *rwḥ* est au masculin pour préparer 4/13[18]. Je n'en suis pas si sûr : si 4/11-12 avait été au féminin, ce féminin aurait très bien pu être maintenu sans complication pour la métaphore (la *rwḥ* monte avec ses chars et ses chevaux). Je crois plutôt que si le masculin est employé en 4/11-13 c'est pour faire le lien avec ce qui précède ; *rwḥ*, reprenant *mšḥyt* (masculin singulier) ainsi que *'ryh* (masculin singulier) qu'il désigne, se doit d'être aussi au masculin singulier pour souligner que c'est la même réalité qui est désignée par tous ces termes. C'est grâce à cette identité de genre que le verbe *'lh* au masculin singulier en 4/7 peut être repris en 4/13 au masculin singulier. De ce fait, Lys a raison de dire que le masculin de 4/11-12 prépare 4/13, mais cela ne peut être dit que si l'on maintient 4/7 à l'arrière plan. En conclusion, je considère avec Condamin, Volz, Weiser et Rudolph que 4/13 appartient à un oracle qui débute en 4/5.

Pour Fohrer 4/13 se rattache bien à 4/5, mais 9-12 est une glose. Cet exégète ne donnant aucune raison et ne voyant pas, personnellement, ce qui pourrait faire parler de glose, je maintiens l'unité de ce passage reconnue par Condamin et les autres. Les versets 9-12 ne brisent pas le lien profond qui existe, grâce au verbe *'lh*, entre 4/13 et la métaphore du lion que nous venons d'étudier, ils permettent au contraire de rendre très cohérent tout cet ensemble métaphorique, comme on le verra.

ÉTUDE DU MÉTAPHORISANT

> *Comme des nuages (montent), comme l'ouragan (monte).*

A la fin de la description métaphorique de ce verset le peuple s'écrie : « malheur à nous ! » C'est dire que le peuple a clairement perçu une menace dans ce qui vient de lui être dit : à nous de percevoir où réside cette menace.

La seule mention de *'nn* ne suffit pas pour donner à une description un caractère menaçant, si l'on en croit Os 6/4 et 13/3, où le même métaphorisant est choisi pour décrire quelque chose de fragile. Il faut donc autre chose pour que cette métaphore prenne un caractère menaçant. La même chose peut être dite de la métaphore de l'aigle, en fin de 4/13a, si l'on considère par exemple qu'en Dt 32/11 cet oiseau sert de métaphorisant pour décrire une protection. A l'inverse de ces deux métaphorisants, l'ouragan (*swph*) est dans l'AT toujours menaçant, ce que l'on comprend aisément puisque ce phénomène atmosphérique n'apporte rien de positif (cf. Am 1/14, Os 8/7, Ps 83/16, Pr 1/27...). C'est donc avec la mention de l'ouragan que

---

18. « Bien entendu, on peut penser que le masculin est intentionnel à 4/11-12 (...) ; ce masculin prépare le passage du vent à l'ennemi que ce vent représente, au v. 13 (...) à moins que ce ne soit un reflet de l'altération du texte ! » (Lys 1962, p. 108, n. 1). La dernière proposition sur une éventuelle altération du texte est donnée là comme hypothèse, mais cette dernière n'est pas retenue par la suite par l'auteur ; il serait en effet difficile de prouver une telle altération.

cet ensemble prend un caractère menaçant. Peut-on préciser de quelle menace il s'agit ?

Selon Reymond (p. 14) les deux premières métaphores de 4/13 décrivent une pluie diluvienne dévastatrice et c'est là que résiderait la menace. Cela ne me paraît pas possible étant donné ce que Scott a montré dans son étude sur les phénomènes atmosphériques : *'nn* n'apporte en fait jamais la pluie (p. 20). En effet, s'il était question ici de pluie, c'est le mot *'b* qui aurait été préférable (cf. par exemple 1 R 18/44 où *'b* désigne un nuage qui « monte » comme ici et porte la pluie). Il faut ajouter à cela que *swph* dans l'AT n'est jamais lié à la pluie ; si l'ouragan est dévastateur c'est parce qu'il emporte tout et non parce qu'il est porteur de pluie (cf. Es 17/13, 21/1...). Il semble qu'il faille chercher dans une autre direction.

En marge des textes strictement météorologiques, *'nn* est très souvent employé dans des descriptions théophaniques (cf. Ex 16/10, 19/9, 24/16...) ; il en est de même avec *swph* (cf. Es 29/6, 66/15...). Les deux termes se trouvent même réunis en Na 1/3 dans une telle description. Cela permet même de dire que lorsque ces deux termes sont réunis, il est certainement plus question de l'apparition de Dieu que de l'apparition de la pluie.

Il ne faut cependant pas en rester là ; s'il y a ici, en effet, utilisation du vocabulaire théophanique, cette utilisation est d'un caractère très particulier. Dans toutes les théophanies de l'AT *'nn* est utilisé au singulier ; s'il y a en 4/13 l'emploi du pluriel, c'est peut-être pour marquer une différence. Par ailleurs, si le verbe *'lh* est aussi utilisé avec *'nn* dans les théophanies, c'est toujours au niphal (cf. Ex 40/36, 37, Nb 9/17, 21*bis*, 22, 10/11) ; l'emploi du qal en 4/13 apparaît comme une nouvelle différence. En si peu de mots, ces deux différences me paraissent de taille, suffisantes pour interroger : s'il y a emprunt au vocabulaire théophanique, mais s'il y a aussi gauchissement, ne serait-ce pas pour indiquer que ce n'est pas Dieu lui-même qui apparaît, mais autre chose qu'on veut investir d'une puissance surnaturelle ? Cela devient plus vraisemblable quand on le relie à ce qui a été observé dans le début de l'oracle à propos de la métaphore du lion. La reprise en 4/13 du verbe *'lh*, déjà utilisé en 4/7 invite à être plus affirmatif. Celui que Dieu envoie et qui « monte » est doté par lui d'une puissance surnaturelle. Cela reparaît en 4/13 où cette « montée » est décrite en termes théophaniques, mais avec des gauchissements tels qu'on ne peut penser à une venue de Dieu lui-même. S'il y a menace ce n'est pas parce que Dieu vient, mais parce qu'un inconnu vient à sa place. Si Esaïe a pu s'écrier « malheur à moi ! » (*'wy ly* 6/5) devant l'apparition de Dieu, le peuple s'écrie maintenant « malheur à nous ! » (*'wy lnw*) devant celle d'un envoyé de Dieu. Je rejoins donc ici Weiser qui parle de théophanie à propos de 4/13, mais je me sépare de lui qui parle d'une théophanie de Dieu lui-même. Dans l'AT Dieu n'apparaît jamais « comme » des nuages, mais « au milieu » (Ex 24/16) ou « dans » (Ex 16/10) des nuages. Autre différence dans l'emploi du vocabulaire théophanique.

ÉTUDE DU MÉTAPHORISÉ

Voici il monte, ses chars (montent).

Un des métaphorisés est spécifié : « ses chars » ; l'identification de l'autre, celui qui monte avec ses chars, doit se faire avec l'identification du sujet grammatical de *y'lh*.

Les traducteurs de ce verset ont été embarrassés par ce sujet et se sont tirés d'embarras tant bien que mal : « C'est l'Éternel qui monte comme une nuée » traduit VS ; « Voici l'ennemi, il monte comme les nuages » traduit FC ; ou encore « Vois, comme une nuée, le destructeur arrive » (De Beaumont).

On l'a vu plus haut, le sujet grammatical de *y'lh* ne peut être que *rwḥ* employé au masculin et déjà sujet d'un verbe au masculin singulier (*ybw'* en 4/12). Rien ne permet de penser qu'il y a pu avoir changement de sujet.

Dans tout ce passage (4/11-13) c'est donc du vent qu'il s'agit et l'emploi pour Dieu de la première personne (en 4/12, comme déjà en 4/6) interdit de voir en Dieu le sujet de *y'lh*, comme l'a pensé VS.

Dans ce passage, le vent est lui-même sujet métaphorisant d'une nouvelle métaphore développée en 4/11-13. Pour bien faire, il faudrait ici abandonner la métaphore des nuages, pour étudier celle du vent, avant de la reprendre. Il y a en effet métaphore de métaphore puisque le vent, sujet métaphorisé des nuages, est aussi sujet métaphorisant d'une autre métaphore. Dans ce réseau métaphorique, je préfère ici poursuivre la métaphore des nuages, en court-circuitant celle du vent pour passer directement à l'étude de celui que le vent métaphorise : c'est-à-dire le destructeur des nations. Pour éviter ce court-circuitage, j'invite le lecteur à se reporter à l'étude suivante, qui sera consacrée à la métaphore du vent.

Le réseau métaphorique de cet oracle est un peu plus complexe encore ; avec l'emploi du verbe *'lh* au masculin singulier, en 4/13, c'est aussi un rappel de *'lh* en 4/7. En 4/7 *'lh* était foyer, comme il l'est en 4/13 aussi ; ce fait rapproche les deux métaphores, place les métaphorisants côte à côte (lion, nuages, ouragan) et permet de dire que le « destructeur des nations » est métaphorisé par tout cet ensemble. Ce qui va alors être dit ici à propos de ce destructeur est la reprise et le prolongement de ce qui a été dit dans la métaphore précédente.

Le destructeur des nations est apparu comme une armée ennemie, ce qui se retrouve ici avec la reprise du verbe *'lh* dans le sens militaire de « partir en campagne », avec aussi la mention de ses chars et de ses chevaux, de même qu'avec le cri du peuple : « Malheur à nous ! nous sommes dévastés ».

Dans la description de cette armée, il a été perçu en 4/7 un rapprochement avec l'armée assyrienne ; cela se retrouve ici de manière très claire. Juste avant la comparaison de l'Assyrie avec un lion, en Es 5/29, il est dit, en 5/28, que « ses roues sont comme l'ouragan ». Les roues étant, bien sûr, celles des chars, il est aisé de voir en 4/13 une reprise de cette métaphore, d'autant plus qu'Es 5/28 est le seul texte antérieur à Jérémie à l'utiliser[19]. Cette reprise permet à Jérémie de décrire le nouveau destructeur sous les traits de celui qui a détruit le royaume du Nord.

Le nom de l'armée ennemie n'était pas donné dans le début de l'oracle, il ne l'est toujours pas ici. Cette armée est apparue en 4/7 dotée d'une puissance surnaturelle, cela se retrouve ici avec l'emploi du vocabulaire théophanique ; dans le même sens, une remarque peut être faite : en Es 5/28-29 les métaphorisants choisis pour décrire l'Assyrie étaient le lion, l'ouragan, mais aussi la pierre (pour les sabots des chevaux). Jérémie modifie légèrement ce jeu de métaphorisants : après le lion, il ne choisit plus en 4/11-13 que des métaphorisants empruntés au domaine aérospatial, se mouvant tous dans le ciel : le vent, les nuages, l'ouragan et les aigles. Cela donne au destructeur des nations un caractère céleste assez remarquable.

On a vu en 4/7 une mise à l'écart et une critique à l'égard de Baal ; 4/13 va nous permettre d'avancer dans ce domaine.

Celui qui vient en 4/13 arrive avec ses chars et ses chevaux ; or de tels détails pourraient être une réhabilitation de Baal. Comme le rappelle Day (p. 30), on connaît par Sam'al le nom de Be-'-li-ra-kab-bi (= Baal du Char) et l'on sait que Ramsès III sur son char se comparait à ce dieu. Pritchard mentionne en effet (1950, p. 250, n. 14) qu'un attelage de ce Pharaon portait le nom de Baal-Khepeshef (= Baal est sur son épée). C'est dire que Baal était traditionnellement connu pour avoir chars et chevaux, ce qui explique peut-être son titre de « chevaucheur des nuées ». Si Baal était le seul dieu à conduire un char, il y aurait là bien sûr une réhabilitation de ce dieu contredisant ce qui a été dit à propos de 4/7. Mais ce n'est pas le cas. Deux détails me permettent de penser que Baal est ici écarté. Tout d'abord, celui vers qui s'avance le destructeur est toujours présenté comme une femme ; après l'emploi des suffixes féminins en 4/7b la physionomie de cette femme s'est précisée en 4/11 (« en direction de la *fille* mon peuple ») et rien n'indique que cette représentation de la victime du destructeur a pu changer ; or Baal ne combat pas des femmes. Ensuite, lorsque Baal part en guerre, il a parmi ses armes la foudre et la pluie, ce qui est naturel pour un dieu de la pluie. Ainsi, lui est-il dit lorsqu'il part combattre le dieu Mot : « Et toi, prends avec toi ton nuage, ton vent, ta foudre, ta pluie » (cf. Caquot, Sznycer et Herdner, p. 247). En mentionnant en 4/13 des nuages qui ne donnent pas de pluie, on peut penser que Baal est ainsi désarmé de ce qui lui est caractéristique.

A côté de Baal, il est un dieu sans doute plus connu encore pour l'utili-

---

19. Après Jérémie cette même métaphore sera encore reprise en Es 66/15 avec exactement les mêmes textes que ceux de Jérémie (*wkswph mrkbtyw*), mais cette fois la perspective est tout autre ; il ne s'agit plus des chars de l'ennemi venant écraser le peuple, mais des chars de Dieu venant délivrer son peuple. Intéressante reprise qui cette fois est un retournement.

sation des chars : Marduk. Lui aussi utilise chars et chevaux pour aller combattre, mais son adversaire cette fois n'est pas un homme, mais une femme : Tiamat. C'est cela qui permet de voir que le destructeur des nations est décrit en 4/13 sous les traits de Marduk.

« Va donc, fils qui sait toute science, apaise Tiamat de ta sainte incantation, *en char de tempêtes*, pousse rapidement de l'avant ! » (cf. Labat 1970, p. 46, lignes 115-118). La mention en Jr 4/13 des « chars comme l'ouragan » peut être une allusion au « char de tempêtes » conduit par Marduk. Ce char de Marduk n'est pas à ranger avec les accessoires ; il s'agit de quelque chose d'important qui a été même retenu par l'iconographie. Labat signale ainsi (1935, p. 126, n. 50) que ce char apparaît sur les panneaux de bronze de la porte de bît akiti, construit par Sennacherib, ainsi que sur certains cylindres.

« Tiamat, qui est *une femme*, marchera en armes contre toi » (Labat 1970, p. 46) ; ce n'est là qu'un détail soulignant que l'adversaire de Marduk est une femme (cf. aussi Labat 1970, p. 39, 42, 44, 47, 49).

A côté de la critique de Baal dans cet oracle, il y a me semble-t-il des traits empruntés à la figure de Marduk pour décrire le destructeur des nations. Le choix d'un tel dieu n'est certainement pas innocent. Celui-ci en effet est le grand dieu de Babylone (cf. 50/2) et c'est à mots couverts une manière d'annoncer que l'armée annoncée par Jérémie est l'armée babylonienne.

Cette allusion au dieu de Babylone m'interdit de voir dans l'ennemi du Nord une puissance eschatologique désincarnée de l'histoire, comme le prétend Reventlow (p. 99 ss.) ; cela ne me permet pas non plus de suivre Childs pour qui (p. 191) l'ennemi du Nord est détaché de toute allusion mythique. C'est investie de sa puissance mythique que l'armée babylonienne est ici annoncée. Cela peut être dit si l'on n'oublie pas que l'approche imminente d'un tel destructeur ne se fait pas à l'insu de Dieu ou contre lui. C'est Dieu qui fait venir le destructeur (4/6), qui l'envoie en mission vers son peuple : l'armée babylonienne, même décrite sous les traits de Marduk, est totalement soumise à Dieu, elle est à son service.

Avec l'allusion au combat de Marduk contre Tiamat, c'est au mythe des origines qu'il est fait allusion, mais de manière tout à fait originale. Habituellement de telles reprises ont lieu dans les textes de l'AT avec Dieu qui, prenant la place de Marduk, combat le chaos (Tiamat) en faveur de son peuple. Ici, le rôle de Tiamat est tenu par le peuple appelé « fille ». C'est le peuple qui est ici la victime et c'est contre le peuple que maintenant Dieu combat par l'intermédiaire du « destructeur des nations ». Tel est le dur retournement auquel le peuple doit faire face.

Si pour Israël les nuages ont pu avoir un caractère rassurant, s'ils ont pu même être des signes évoquant la présence de Dieu au milieu de son peuple en sorte qu'Israël pouvait partir confiant à travers le désert lorsque « la nuée s'élevait » (Nb 9/21, 10/11), voilà que Jérémie maintenant s'inscrit en faux contre les théophanies sécurisantes pour faire de la « montée des nuages » une redoutable image annonçant la destruction d'Israël par un ennemi investi par Dieu lui-même d'une puissance surnaturelle.

3. MÉTAPHORE DU VENT (4/11-13)

Un torride vent de crêtes dans le désert en direction de la fille mon peuple, non pour vanner, non pour épurer ! Un plein vent me vient de là-bas ! Maintenant je vais moi-même parler de jugement avec eux. Voici, comme des nuages il monte et comme l'ouragan ses chars ; ses chevaux sont plus rapides que des aigles. Malheur à nous, car nous sommes dévastés.

REPÉRAGE DE LA MÉTAPHORE

En 4/11-12 aucun indice ne permet de déceler la présence d'une métaphore. Le *rwḥ* dont il est question peut être tout à fait réel. Ce n'est qu'en poursuivant la lecture en 4/13 que l'on découvre un indice sémantique, dans la mention des chars et des chevaux. Par les suffixes qui les accompagnent, ces chars et ces chevaux sont ceux de celui qui est sujet grammatical de *y'lh*. Quoi qu'en pense Lisowsky, qui mentionne *mšḥyt* (4/7) comme sujet de *y'lh*, ce verbe a pour sujet le dernier nom masculin singulier, c'est-à-dire *rwḥ*, aussi sujet de *ybw'* en 4/12. Quel que soit le sens que nous donnions à *rwh* (vent, souffle, esprit), il y a dans les suffixes de « chars » et de « chevaux » un insolite sémantique. Il ne peut être question des chars et des chevaux du vent, du souffle ou de l'esprit, à moins que *rwḥ* ne soit une désignation d'autre chose ou de quelqu'un à qui l'on puisse attribuer des chars et des chevaux. D'après le contexte, c'est au *mšḥyt* mentionné précédemment en 4/7 que l'on peut les attribuer. Tel est donc l'indice sémantique qui nous permet de voir en *rwḥ* une désignation métaphorique de *mšḥyt*. Et il y a bien métaphore, étant donné que la description du destructeur des nations (isotopie militaire, cf. plus haut la métaphore du lion), est faite avec un terme (*rwḥ*) qui n'appartient pas à l'isotopie militaire.

A travers le *rwḥ*, c'est donc le destructeur qui monte, qui « part en campagne » (*y'lh*) avec ses chars et ses chevaux[20]. Le verbe *'lh* apparaît dans ce verset comme un foyer, ce qui peut être confirmé par l'appartenance de ce verbe aux deux isotopies mises en jeu par la métaphore. *'lh* peut être employé pour *mšḥyt* de l'isotopie militaire avec le sens de « partir en campagne » (comme on l'a vu en 4/7) ; il peut être employé aussi pour *rwḥ*, si l'on considère Os 13/15, où ce verbe a pour sujet ce terme.

Plus de précision sur l'isotopie métaphorisante est à donner ; cela peut être fait en cernant de plus près les termes qui accompagnent *rwḥ* dans l'énoncé métaphorisant. A cause de sa polysémie (vent, souffle, esprit) *rwḥ* peut en effet appartenir à plusieurs isotopies. Dans la description faite ici du *rwḥ*, nous trouvons en particulier un emploi de *zrh* (« vanner » 4/11). Cela suffit pour que l'on puisse donner à *rwḥ* le sens de « vent » et parler de l'isotopie du vent et non d'une isotopie spirituelle.

---

20. Le point de vue de Lisowsky n'est pas totalement faux, mais il court-circuite le métaphorisant et de fait supprime la métaphore. De même Segond : « Voici, le destructeur s'avance comme les nuées ».

DÉLIMITATION DE LA MÉTAPHORE

A partir de *rwḥ*, ce qui suit en 4/11 décrit le vent et appartient alors à l'énoncé métaphorisant. Ce qui précède est une formule d'introduction (« En ce temps-là, on dira à ce peuple et à Jérusalem ») qui n'appartient pas à cet énoncé.

Certains termes de l'énoncé métaphorisant en 4/11 présentent des difficultés d'interprétation que je laisse de côté jusqu'au paragraphe sur le métaphorisant ; mais la reprise de *rwḥ* au début de 4/12 permet bien d'assurer qu'entre les deux mentions de *rwḥ* se trouve bien l'énoncé métaphorisant, avec en particulier la mention du vannage, ainsi que du désert qui localise le vent.

Avec *rwḥ* en 4/12 et avec les termes qui l'accompagnent, c'est la poursuite de l'énoncé métaphorisant que nous découvrons. On y trouve en particulier le verbe *bw'* qui, pouvant être aussi employé pour une armée, apparaît comme nouveau foyer, à côté de *'lh*, dont il est sémantiquement proche.

En 4/12b *'th* marque une rupture dans l'énoncé. Le changement de sujet et de personne (*'ny*) permet de dire que l'énoncé métaphorisant est interrompu. Le retour à la troisième personne du masculin singulier en 4/13 fait de « voici il monte » une reprise de l'énoncé métaphorisant.

« Ses chars » et « ses chevaux » appartiennent à l'énoncé métaphorisé, dont le reste est sous-entendu : *y'lh* ainsi que *ybw'*. Là-dessus se greffent de nouvelles métaphores : celles des nuages et de l'ouragan, déjà étudiées car elles ont le même foyer (*'lh*), et celle des aigles, que je n'étudierai pas ici, car elle n'a pas pour foyer le verbe *'lh* mais le verbe *qll*.

ÉTABLISSEMENT DU TEXTE

Si j'ai insisté sur le fait que *rwḥ* était à traduire ici par « vent » et non par « esprit » et que l'isotopie métaphorisante est bien celle du vent, ce n'est pas pour entrer en discussion avec tel ou tel commentateur ou traducteur moderne, car à ma connaissance tout le monde aujourd'hui considère qu'en 4/11 et 12 il s'agit du vent, mais c'est pour mieux comprendre ce que nous trouvons dans la LXX : « Un esprit d'égarement dans le désert, (tel est) le comportement de la fille de mon peuple, non en vue d'être pur ou saint. Un esprit de plénitude vient à moi... ».

Pour traduire *rwḥ*, la LXX avait le choix entre *anemos* et *pneuma*. Certes, *pneuma* comme *anemos* peut désigner le vent, mais l'absence dans le texte de la LXX de tout terme appartenant à l'isotopie du vent permet de dire que le traducteur grec a compris que *rwḥ* désignait ici l'esprit et que c'est dans ce sens qu'il utilise *pneuma*. L'isotopie à laquelle puise la LXX est celle de l'esprit et non du vent. Très significative à cet égard est la manière avec laquelle le traducteur rend le verbe *zrh*, qui est le principal mot qui nous a permis de parler de l'isotopie du vent. Habituellement ce verbe est traduit dans la LXX par *likman* (cf 31/10, 49/32 pour ne s'en tenir qu'à Jérémie). Ici, et pour la seule fois dans l'AT, c'est traduit par *katharos*. Quand on voit qu'en Sg 7/23 il est question des esprits purs (*pneumatôn katharôn*) et que par ailleurs *anemos* n'est jamais qualifié de *katharos*, il est clair que pour la LXX *rwḥ* désigne en 4/11 l'esprit et non le vent. Cela est confirmé par la traduction de *brr* par *hagios*. Jamais ailleurs ce verbe n'est ainsi traduit[21]. En choisissant *hagios*, la LXX fait un rapprochement avec tous les textes où il est question d'esprit saint (*pneuma hagion*, cf. Ps 51/11, Es 63/10, 11, Dn 5/12, 6/3, Sg 1/5, 7/22, 9/17). Jamais ailleurs dans la LXX ce qualificatif n'est employé à propos du vent.

Le choix par la LXX de *pneuma* plutôt que *anemos* fait preuve d'un démarquage par rapport à l'isotopie du vent et ce démarquage affecte l'ensemble du texte de cette métaphore. La LXX n'avait pas sous les yeux un autre terme que *rwḥ*, mais la compréhension qu'elle en a eue est telle qu'on peut parler ici d'un faux sens. La LXX s'est trompée d'isotopie et de là vient le faux sens, qui a des répercussions sur l'ensemble de l'énoncé métaphorique. Je ne veux pas ici étudier la métaphore telle qu'elle se présente dans la LXX, mais simplement tirer une conclusion pour la critique textuelle. La LXX a fait un faux sens sur *rwḥ*, cela veut dire que sa traduction de la métaphore est certainement plus cohérente avec ce faux sens que fidèle à sa *Vorlage*, en sorte que les éventuelles différences textuelles entre elle et le TM ne peuvent plus être perçues aujourd'hui. En conclusion, la LXX est pour ainsi dire inutilisable ici pour la critique textuelle. Il me paraît dangereux de s'appuyer sur une traduction trop marquée par son interprétation pour corriger sur tel ou tel point le TM. En ce qui concerne cette métaphore, la confrontation entre TM et LXX, d'ordinaire si fructueuse ne peut aboutir à rien sur le plan de la critique textuelle.

Là où le TM a deux mots (*ṣḥ špyym*, 4/11) la LXX n'en a qu'un (*planêseôs*) Condamin, à la suite de Cornill, s'appuie sur ce fait pour supprimer dans le TM un des deux mots : *špyym*. Cela me paraît être un bon exemple des risques à ne pas prendre en faisant confiance ici à la LXX. A cela s'ajoute que *planêsis* ne peut pas plus traduire *ṣḥ* que *špyym*. Pourquoi alors supprimer *špyym* et non *ṣḥ* ? L'expression *pneuma planêseôs* ne se retrouve dans la LXX qu'en Es 19/14, où elle traduit correctement *rwḥ ʿwʿm*. Il paraît impossible d'envisager qu'en 4/11 une *Vorlage* avec *rwḥ ʿwʿm* soit devenue *rwḥ ṣḥ špyym*. Il est préférable de penser que la LXX, pour rester dans la logique de son interprétation de *rwḥ*, n'a pas hésité à malmener le texte pour en arriver à parler d'« esprit d'égarement ». Dire donc que la LXX n'a pas lu *špyym*, c'est s'avancer un peu trop. Ajouter à cela, comme le fait Condamin, que *špyym* n'est en fait qu'une glose explicative de *ṣḥ*, cela me laisse rêveur.

Duhm, Volz, Rudolph (cf. BHS) s'appuient aussi sur la LXX pour supprimer *m'lh* en 4/12. Autre exemple d'affirmation fragile, s'appuyant sur une traduction peu fiable. Je préciserai que *m'lh* (« depuis celles-ci ») ren-

---

21. Le seul texte que l'on peut éventuellement rapprocher est Dn 12/10 où le hithpael de *brr* serait traduit par *hagiazein*, ce qui n'est pas sûr pour Hatch et Redpath qui mentionnent cela avec un point d'interrogation.

voie très certainement (cf. plus loin) à *špyym* (« les crêtes »). Or, comme ce dernier mot n'est pas traduit par la LXX, il est très vraisemblable que *m'lh*, n'ayant plus d'antécédent, n'a tout simplement pas été traduit non plus par la LXX. Duhm, Volz et Rudolph parlent de dittographie pour *ml' m'lh* ; je parlerai plutôt d'allitération, ce qui est une invitation à conserver ces deux termes.

La LXX mise à part, les versions anciennes semblent avoir eu le même texte que celui du TM. Un seul point mérite d'être noté. Aquila traduit *špyym* par *aposkopiôn*. Étant donné que dans la LXX *aposkopeuein* traduit *ṣph*, il est possible qu'Aquila ait lu *ṣpyym* et non *špyym*, mais cela n'est pas sûr. J'en resterai donc ici au TM.

Plusieurs propositions ont été faites par les commentateurs modernes pour améliorer le texte hébreu. Ces corrections, qui n'ont l'appui d'aucun manuscrit et d'aucune version, sont loin d'emporter mon adhésion.

Rudolph, (cf. BHS) reprenant une suggestion de Cornill, pense que *bmdbr* est une forme corrompue d'un *bw' mmdbr* originel, qu'il est nécessaire de rétablir afin de donner toute sa force à *drk* : « Un vent vient du désert en direction de... ». Althann répond à cela (p. 388) que le verbe *bw'*, étant présent en 4/12, n'a pas besoin d'être rétabli en 4/11 ; il ajoute qu'en laissant à *bmdbr* son sens locatif (« dans le désert »), la signification de *drk* n'est en rien modifiée, ce que je crois juste[22]. Je préciserai que la présence de *drk*, avec le sens de « en direction de », ne rend pas obligatoire la présence d'un verbe de mouvement qui le régisse. En effet, en 1 R 8/44, 48, 18/43, *drk* signifie « en direction de » malgré l'absence de tout verbe de mouvement.

Volz supprime *bmdbr* qui lui paraît superflu après *špyym*. S'il en était ainsi, je ne vois pas pourquoi l'on aurait rajouté un mot superflu ! Je garde donc le TM.

Giesebrecht propose de corriger *drk* en *rodhéph* (un vent persécute, poursuit, épouvante mon peuple). Cette correction me paraît gratuite et non indispensable pour la compréhension du texte. Ce même *drk* est vocalisé *dârakh* par Holladay (1976, p. 33) pour pallier l'absence de verbe dans le début de la métaphore et rétablir un parallèle avec le verbe *bw'* que l'on trouve après le deuxième emploi de *rwḥ* (un vent a piétiné mon peuple//un vent vient à moi). Tout d'abord le verbe *drk* n'appartient pas à l'isotopie du vent et cela rend très douteuse sa présence ici dans la description du vent. Ensuite, un tel verbe personnifierait le vent, ce que Jérémie ne fait jamais ailleurs.

Condamin, enfin, propose de corriger *m'lh* en *'âlâh* (« un vent plein de menaces »). Holladay le suit (1976, p. 35 s.) en rajoutant devant *'âlâh*

---

22. Sans modifier le texte, Soggin (1965, p. 85), Steinmann et Weiser donnent à *b* la valeur de *mn* (depuis le désert vers mon peuple). Cela ne me paraît pas nécessaire pour garder à *drk* son sens directionnel.

un *min* proclitique, afin de retrouver les consonnes du texte. Cependant *ml'* ne se construit pas avec *mn* (ce qui reconnaît Holladay) et Condamin avait raison de ne pas mettre cette préposition. La rajouter avec Holladay, pour des raisons d'allitération, serait faire une entorse à la syntaxe. Mais, avec ou sans *mn*, cette correction ne me paraît pas indispensable.

Je m'en tiens donc au TM, même si toutes ces propositions de corrections et la traduction de la LXX laissent entrevoir qu'il s'agit d'un texte difficile.

ÉTUDE DU MÉTAPHORISANT

Un torride vent de crêtes dans le désert en direction de la fille mon peuple, non pour vanner, non pour épurer ! Un plein vent me vient de là-bas ! (...) Voici il monte...

Pour la plupart des commentateurs et traducteurs, *ṣḥ* est un adjectif signifiant « ardent », « brûlant », « torride ». Cependant pour Soggin ce terme serait un nom désignant un mois d'été (cf. 1965, p. 83-86, 326). Pour cela cet exégète s'appuie essentiellement sur une inscription de Tell Arad (« Le troisième jour du mois *ṣḥ* »). Gibson (T 1, p. 51) lit cette inscription un peu différemment, mais considère toujours *ṣḥ* comme la désignation d'un mois (« En la troisième (année), mois de *ṣḥ* »). Mais cette lecture est fortement contestée, entre autres par Lemaire (1973, p. 243-245). Selon ce dernier il ne faudrait pas lire *ṣḥ* mais *yhw*, qui serait la fin du nom propre *'zyhw* (Yhwh est ma force). L'hypothèse de *ṣḥ* comme nom d'un mois est donc bien fragile. J'y renonce d'autant mieux qu'en 4/11-12 se trouve un parallélisme (*rwḥ ṣḥ//rwḥ ml'*) qui nous invite à considérer *ṣḥ* comme *ml'*, c'est-à-dire comme un adjectif et non comme un substantif.

Le mot *špy* a fait l'objet d'études importantes, que je ne fais que signaler ici. Joüon (1906, p. 137 ss.) a défendu l'idée que *špy* signifie « chemin battu », « piste », s'opposant ainsi à la traduction courante, déjà défendue par Kimhi et Ibn Ezra : « hauteur dénudée ». A propos de 4/11, Joüon note que *špy* y est parallèle à *drk*. Gelston corrige ce dernier point en affirmant (1971, p. 518 ss.) que le parallèle n'existe pas, puisqu'ici *drk* signifie « en direction de » et non « chemin ». Refusant le parallèle, Gelston n'en refuse pas pour autant la traduction proposée par Joüon. Quelques auteurs comme Holladay (1976, p. 35) et KB[2] ont suivi Joüon ; de même aussi TOB dans sa traduction : « Un vent embrasé sur les pistes... »

Elliger (1971, p. 317 ss.) a longuement critiqué Joüon et argumenté en faveur de la signification traditionnelle : « hauteur dénudée », qui me semble mieux convenir effectivement pour les différents passages où ce mot est employé. Comme le note Elliger, ce que Joüon considérait comme des parallèles avec *drk* en différents textes (Es 49/9, Jr 3/2, 21, 4/11) est très douteux et parfois fautif. En ce qui concerne Jr 4/11, la traduction de *drk* par « chemin » ne serait pas vraiment fautive ; cependant elle complique certainement la compréhension du texte et peut être considérée comme douteuse. En traduisant *drk* par « en direction de », le parallélisme avec *špy* disparaît, ce qui affaiblit grandement la position de Joüon qui s'appuie beaucoup sur un tel parallélisme. Quant à l'argumentation d'Elliger, elle me paraît solide et emporte mon adhésion.

Cette discussion entre Elliger et Joüon est intéressante dans l'étude de cette métaphore. En suivant Elliger, la mention de « hauteurs dénudées », de « crêtes », dans l'énoncé métaphorisant convient parfaitement ; un tel mot, en effet, situant le vent en de tels lieux dans le désert, entre parfaitement dans l'isotopie métaphorisante. Par contre, si Joüon avait raison, *špy* ne conviendrait pas pour le vent, que l'on voit mal en train de s'appliquer à suivre les pistes dans le désert ! Le mot conviendrait mieux au métaphorisé, qui lui, effectivement, se déplace en suivant les pistes du désert. Joüon le reconnaît : « Ce vent brûlant représente la marche rapide des armées (4/7 sq.) se dirigeant par le désert contre Jérusalem (cf 12/12) » (1906, p. 140). Joüon a vu le changement d'isotopie en 4/11 et c'est précisément ce changement isotopique qui me fait refuser son point de vue. En 4/11 tous les termes qui suivent *rwḥ* appartiennent à l'isotopie de ce métaphorisant. J'ai de la peine à croire que dans cet énoncé métaphorisant un mot se singulariserait en n'appartenant pas à l'isotopie métaphorisante. Je ne trouve pas dans les métaphores de Jérémie de telles perturbations de l'énoncé métaphorisant. Il arrive qu'un mot interrompe un énoncé métaphorisant, mais, quand c'est le cas, ce mot est chaque fois en apposition et il désigne le sujet métaphorisé (cf. 23/19, 25/15 et plus haut p. 38 s.), ce qui n'est pas le cas ici, où *špyym* n'est pas en apposition et ne désigne pas un sujet métaphorisé. Pour cette raison encore, je rejette la proposition de Joüon pour retenir celle d'Elliger.

Ce vent de crêtes dans le désert est bien connu ; il s'agit du *qdym*, comme l'indique Os 13/15 dans un verset presque identique. Ce vent du désert est le vent d'Est, appelé aujourd'hui khamssin. Ce vent du désert, desséchant, est extrêmement pénible à supporter (Jon 4/8). Comme l'indique Os 13/15, il assèche les points d'eau ; il brûle aussi la végétation et compromet les récoltes ; il dessèche les fruits (Ez 19/12), amène parfois des sauterelles (Ex 10/13). De tous les vents, celui-ci est en Israël le plus mauvais ; c'est un véritable fléau. « Le pire féau météorologique du pays. En quelques jours la végétation printanière, les fleurs, tout est brûlé et le paysage change de couleur. Ce n'est pas une banalité qu'exprime le Ps 103/15 s. » (Reymond, p. 2).

« Ce vent, écrit Arthur Koestler dans *La Tour d'Ezra* (p. 303 s.), exerce sur l'humeur des hommes des effets violents et bizarres (...). Ce qui compte n'est ni l'effet superficiel de l'air en mouvement, ni la chaleur, ni la soif, ni la désagréable sécheresse de la gorge et des narines qu'il provoque ; ce qui importe, c'est l'influence du khamssin sur les nerfs et sur les fonctions du corps que ne contrôle pas notre volonté. Il n'existe pas de statistiques sur l'accroissement du nombre des suicides, des assassinats et des viols les jours de khamssin. Ce n'est pas en quantités mesurables que peut être exprimé son effet sur le système nerveux. On ne peut mesurer que les modifications physiques de l'atmosphère. On sait que la température, près du sol, monte parfois brusquement de vingt degrés quand souffle le khamssin et qu'elle peut dépasser soixante degrés à l'ombre. L'humidité relative de l'air peut être réduite au septième de ce qu'elle est normalement et atteindre deux pour cent de la sécheresse absolue (...). Les jours de khamssin, le ciel (...) est d'un gris de plomb et il y vole très haut des nuages chargés de vapeur et de poussière du désert (...). Les branches de jeunes pins s'agitent dans l'air silencieux comme si elles prédisaient la pluie ; mais il ne pleuvra pas. La Nature paraît avoir sur le bout de la langue le tonnerre libérateur ; mais elle nous tire la langue et il n'y aura pas d'orage ».

Si j'ai repris cette longue description de Koestler, c'est parce qu'elle permet d'éclairer différents points. Elle confirme tout d'abord ce qui a été dit de *'nnym* dans la métaphore précédente : ces nuages qui montent haut dans le ciel et qui ne donnent pas la pluie espérée. Ensuite elle donne un aperçu de ce que signifie *ṣḥ* (« torride »). Elle permet enfin de comprendre les deux verbes de la fin de 4/11 : « non pour vanner, non pour épurer ». Avec le vent du désert, le moindre travail agricole ou autre est exténuant ; on ne vanne pas en effet les jours où il fait du khamssin. En outre, le paysan le plus résistant à ce vent, n'entreprendrait tout de même pas le vannage, car, comme le rappelle Hitzig, le vent d'Est est inutilisable pour un tel travail. Tel est donc ce métaphorisant qui, en fin de compte, ne peut avoir aucun effet positif.

Althann pense (p. 389) que *ml'* signifie que le vent d'Est est « plein de sable ». Même s'il est vrai que ce vent est chargé de sable en suspension, comme on l'a vu avec Koestler, ce n'est pas le sens de *ml'* ici, car il faudrait que cet adjectif soit suivi d'un accusatif précisant de quoi ce vent est plein (cf. la construction de *ml'* en Nb 7/13, 14, Dt 6/11, 33/23, 34/9...). Pris de façon absolue *ml'* signifie « complet (cf. Gn 23/9, 1 C 21/22, 24) ; il s'agit d'un vent qui n'est pas de demi-mesure, qui souffle dans toute sa force ; un vent à son maximum d'intensité : un « plein vent ».

m'lh peut être compris de différentes manières. *mn* peut être pris comme particule de supériorité avec *'lh*, dont les antécédents seraient les deux derniers verbes de 4/11 (cf. la traduction d'Ostervald : « un vent plus véhément que cela »). C'est le point de vue défendu par Driver et Bright. Il me paraît préférable avec la plupart des commentateurs de considérer *mn* comme dénotant l'origine : « à partir de ». On peut encore hésiter sur l'antécédent du démonstratif. Pour Hitzig l'antécédent est *'m* considéré comme collectif. Il est vrai que *'m*, même féminisé par *bt*, peut devenir ensuite un masculin pluriel (cf. 8/19, 9/6, ainsi que *'wtm* en 4/12). Je préfère cependant, avec Lys (1962, p. 107 s.), Althann (p. 388) et tant d'autres, considérer *špyym* comme antécédent : un vent depuis les crêtes vient.

L'expression *ybw' ly* a été très diversement interprétée. Selon Althann (p. 390), le suffixe de *ly* serait celui de la 3e p. féminin singulier, renvoyant à *bt 'my*, en sorte qu'il y aurait un parallèle entre « un vent en direction de la fille mon peuple » et « un vent vient vers elle ». Il me paraît difficile de le suivre, car un tel parallélisme serait bien pauvre, sans enrichissement du premier membre par le second.

Si l'on en reste au suffixe de la 1ʳᵉ p., il reste encore à savoir qui parle. Selon Kimḥi, ainsi que Duhm et Berridge (1970, p. 111 ss.) c'est Jérémie qui dit « un plein vent vient à moi de là-bas » ainsi que la suite du verset. S'il est possible que l'expression de 12b soit dans la bouche de Jérémie (cf. en 12/1 *mšpṭym 'dbr 'wtk*), l'attitude que cela dénoterait de la part du prophète est peu vraisemblable. Dans ce chapitre, en effet, Jérémie prend la défense du peuple (aussi bien juste avant en 4/10 que juste après en 4/19 s.) et ne peut donc en même temps porter un jugement contre lui, comme le signifierait 4/12. Suivant l'image introduite par cette expression juridique, le prophète serait à la fois l'avocat de la défense et le procureur de la république. 4/10 et 19 s. sont bien dans la bouche de Jérémie, mais pas 4/11, 12.

Avec la plupart des commentateurs, il faut alors dire que c'est Dieu qui parle ici ; lui aussi peut prononcer l'expression de 12b (cf. en 1/16 *wdbrty mšpṭy 'wtm*) ; comme en 1/16, Dieu est présenté ici comme un juge. Mais que signifie dans sa bouche le début du verbe 12 ? Selon Reventlow (p. 98) le *l* est à considérer comme un dativus auctoris (« un vent vient de moi »). Le lamed peut avoir un tel sens, mais jamais ailleurs avec le verbe *bw'* ; cela rend douteux ici un *bw' l* avec le sens de « venir de ». Il est certainement plus facile avec Volz, Weiser, Bright et d'autres, de considérer *bw' l* avec le sens de « venir à ». Dans ce cas *drk* et *l* expriment tous deux la direction à propos du vent et cette double manière de marquer la direction me semble prendre ici la signification suivante : en 4/11 le vent se dirige vers sa victime (le peuple), en 4/12 il se dirige vers celui qui l'appelle à son service (Dieu) ; vers le peuple comme un fléau, vers Dieu comme un serviteur. C'est ainsi qu'avec ce vent, Dieu va pouvoir mettre en œuvre le jugement annoncé en 4/12b contre son peuple[23].

La dernière expression de l'énoncé métaphorisant est en 4/13 : « il monte ». Il est tout à fait intéressant de noter que dans l'AT il n'y a que trois autres textes où *rwḥ* est sujet de *'lh* (Os 13/15, Ec 3/21 et 10/4). Les deux textes de l'Ecclésiaste sont plus récents et *rwḥ* n'y désigne pas le vent. Le seul texte antérieur à Jérémie prend alors de l'importance, d'autant plus qu'on y trouve comme ici *rwḥ* au masculin, la mention du désert, ainsi que la succession des verbes *bw'* et *'lh* dans le même ordre qu'en Jr 4/12-13 ; certes le sujet de *bw'* en Os 13/15 n'est pas *rwḥ* mais *qdym*, mais il s'agit du même vent. De tels liens de vocabulaire laissent penser que Jérémie fait allusion au texte d'Osée. Cela est d'autant plus vraisemblable qu'Os 13/15 annonce le jugement de Dieu contre le royaume du Nord par le moyen du vent du désert qui s'abat comme un fléau destructeur. Grâce à cette reprise, il devient clair pour Juda que son sort ne sera pas meilleur que celui d'Israël.

Tel est donc le vent décrit ici : un fléau que Dieu appelle à lui pour l'utiliser contre son peuple.

---

23. BC donne ici au lamed le sens de « contre », mais cela vient du fait qu'elle comprend tout autrement le mot *drk*, comme on le verra plus loin.

ÉTUDE DU MÉTAPHORISÉ

Voici, comme des nuages il monte et comme l'ouragan ses chars ; ses chevaux sont plus rapides que des aigles.

Dans le paragraphe sur le repérage de la métaphore, il a été montré que le métaphorisé est le destructeur des nations (4/7). J'ai signalé aussi (p. 121) qu'il ne pouvait être question que Dieu soit le métaphorisé, comme cela ressort de la traduction de VS. Un autre point de vue est à examiner.

Selon la LXX, le Tg et la Peshitta, le vent sert à décrire *drk*, c'est-à-dire le « comportement », la «conduite» du peuple. Cette ancienne interprétation a été reprise et défendue par Hitzig ainsi que par BC, dont voici la traduction de la métaphore : « Un vent embrasé venu des hauteurs dénudées du désert, (telle est) la conduite de la fille de mon peuple, (vent) qu'on ne peut utiliser pour vanner ni pour nettoyer le blé ; un vent violent s'élève du milieu d'eux contre moi. » Sur le plan grammatical une telle traduction est possible, mais le sens que la métaphore prend alors laisse perplexe. Il est clair que le peuple, dans son comportement, peut agir contre Dieu et que Dieu, en quelque sorte, est victime des agissements de son peuple : les prophètes ne cessent de le dire. Mais comparer une telle conduite du peuple à un vent dirigé contre Dieu serait une bien piètre métaphore. En effet, jamais dans l'AT Dieu n'est victime d'un vent, ni même de tous les vents réunis. Quoique redoutables, ces derniers sont maîtrisés par lui et à son service (Os 13/15, Jr 10/13, 49/36...). Aucun vent ne serait en mesure de décrire Israël qui, lui, est un serviteur rebelle dont Dieu est victime. D'une certaine manière le peuple est à l'égard de Dieu pire que n'importe quel vent. Décrire le plus avec le moins serait une bien pauvre métaphore. En outre, si le peuple était métaphorisé par un vent redoutable, que serait devant lui les nuages annoncés en 4/13 ? Le peuple les balayerait et n'aurait sans doute pas à crier : « malheur à nous ! ». En suivant l'interprétation de la LXX la puissance métaphorique de l'oracle est fortement émoussée.

La Vulgate déjà voyait dans le vent la description métaphorique de l'ennemi du Nord, du destructeur des nations. Cette interprétation, défendue aujourd'hui par la plupart, donne à l'ensemble métaphorique de 4/7-13 une plus grande cohérence : c'est le même métaphorisé qui apparaît sous les traits du lion, du vent du désert et des nuages. Je ne peux redire ici du *mšḥyt* ce qui l'a déjà été dans l'étude des métaphores du lion et des nuages. Je ne fais que prolonger.

Le destructeur des nations reste ici une armée étrangère anonyme ; elle part en campagne avec ses chars et ses chevaux.

Il n'y a pas cette fois de traits, appliqués à cette armée, qui rappelleraient l'Assyrie, cependant par l'allusion à Os 13/15 c'est une allusion à la fin du royaume du Nord qui est faite, ce qui va dans le même sens : il en sera de Juda comme il en a été d'Israël.

Aucun détail ne vient renforcer ici la dimension surnaturelle du destructeur, sauf si les fléaux (et le vent d'Est en est un) ont quelque lien avec les puissances surnaturelles, ce qui me semble être effectivement le cas en Israël. Ici, le vent, au service de Dieu et échappant totalement à l'emprise de l'homme, transfère sur l'armée étrangère une certaine dimension surnaturelle.

Une certaine critique de Baal apparaît ici aussi dans le choix du métaphorisant. Baal est un dieu des cultures et de la fertilité et non un dieu du désert. Le vent desséchant que Jérémie annonce ici vient du désert et détruit les cultures ; un tel vent ne peut certainement pas symboliser Baal ; il pourrait même apparaître comme un adversaire du dieu de la pluie. Ce vent interdit aussi le vannage, ce qui peut paraître comme un défi lancé au dieu de la culture.

A côté de la mise à l'écart de Baal, est apparue en 4/13 une allusion au combat de Marduk contre Tiamat. Cela se trouve amorcé en 4/11-12 avec la présentation du peuple sous les traits d'une fille (*bt-'my*), mais aussi avec la mention du vent qui vient s'attaquer au peuple. Dans le combat de Marduk contre Tiamat les vents jouent un rôle important comme alliés du dieu contre la déesse (cf. Labat 1970, p. 51 ss.). Le thème est ici simplement amorcé par la mention du vent qui « vient vers » Dieu (4/12), au service duquel il est pour détruire le peuple. Ce thème, amorcé ici, se précisera en 4/13 dans la métaphore des nuages, comme on l'a vu.

Tel est donc ce « destructeur des nations » longuement décrit par tout un réseau de métaphores où apparaissent le lion, le vent du désert, les nuages et l'ouragan : armée anonyme et dotée par Dieu d'une puissance surnaturelle ; dans la progression de cet ensemble métaphorique la figure de Marduk, se dessine petit à petit, laissant ainsi entrevoir qu'il s'agit de l'armée de Babylone. Dans cet ensemble le verbe *'lh*, foyer de toutes ces métaphores, joue un rôle unificateur. Devant ce destructeur qui « part en campagne » le peuple est aussi démuni qu'une femme. Avec *bt*, c'est une nouvelle figure métaphorique qui s'intègre à l'ensemble. Je réserve à la fin de cet ouvrage un chapitre qui sera consacré à l'étude de cette figure.

4. MÉTAPHORE DE LA VIGNE (5/10)

Escaladez ses murs et détruisez. Mais ne saccagez pas totalement : rognez ses sarments, car ils ne sont pas au Seigneur.

REPÉRAGE DE LA MÉTAPHORE

« Rognez ses sarments » est une expression viticole, comme on peut le déduire d'Es 18/5, seul autre texte de l'AT où elle se retrouve dans les mêmes termes avec le même hiphil de *swr* (*'t hnṭyšwt hsyr*). Or, dans le contexte immédiat de Jr 5/10 il n'est pas question de vigne, mais de Jérusalem et de ses habitants (5/1 ss.), ainsi que tout le peuple (5/11 ss.). De ce fait, l'expression viticole dans un contexte où il n'est pas question de vigne représente un changement isotopique bien repérable.

Le changement isotopique est réel si l'appartenance des termes viticoles au contexte est réelle. C'est là bien sûr une question qui relève de la critique littéraire, mais que l'on peut régler dès maintenant en signalant qu'aucun commentateur, à ma connaissance, ne parle de la présence de glose en 5/10. L'éventualité d'une glose n'est pas même envisagée : le lien entre 5/10 et le contexte est donc originel. L'oracle auquel appartient ce verset est délimité de manières diverses[24], mais quel que soit ce découpage, il y a changement isotopique entre le vocabulaire viticole de 5/10 et le contexte.

Le suffixe de *nṭyšwtyh* apparaît comme un indice sémantique ; l'antécédent auquel renvoie ce suffixe n'est pas exprimé. Du point de vue de la logique, les sarments sont ceux d'un pied de vigne (cf. *gpn* au féminin en Jg 9/13 par exemple), mais dans le contexte, ce suffixe sans antécédent semble renvoyer à Jérusalem (au féminin comme toutes les villes, cf. 5/1) ou bien à tout le peuple comparé à une femme, ce qui est très fréquent dans Jérémie (cf. plus haut p. 65 ss.). L'imprécision de l'antécédent souligne bien le changement isotopique, ce qui permet de parler de métaphore.

Si la métaphore est signalée par un indice somme toute assez discret, cela ne doit pas étonner quand on sait que la vigne est après Esaïe une métaphore morte pour le peuple. Or, les métaphores mortes ont moins besoin d'être signalées, dans la mesure où elles sont supposées connues et peuvent être reconnues comme telles par le moindre indice, si allusif soit-il. A l'époque de Jérémie cette métaphore morte est connue, comme on en a l'attestation en 2/21, qui renvoie à Es 5/1 ss. (dans l'AT Jr 2/21 et Es 5/2 sont les deux seuls textes à employer le mot *śrq* ; ils accompagnent tous deux ce terme du verbe *nṭ'* ; cf. plus haut p. 38 s.).

En employant l'expression « rogner les sarments », Jérémie développe l'isotopie métaphorisante en sorte qu'on peut parler ici d'une métaphore morte revivifiée (cf. plus haut p. 19).

DÉLIMITATION DE LA MÉTAPHORE

Après la mention du rognage des sarments, le pronom *hmh* renvoie à *nṭyšwtyh*, de telle sorte que 10b est à considérer comme faisant partie dans sa totalité à l'énoncé métaphorisant.

Dans tous ces emplois (Es 18/5, Jr 48/32 et ici) le terme *nṭyšh* appartient à l'isotopie de la vigne. On peut certainement en dire de même de *šrwtyh* en 5/10a. Si, comme le pense Rudolph, *šârôth* est le pluriel de *šârâh*, il s'agirait d'un hapax et cet exégète en fait un terme de l'isotopie de la vigne, auquel il donne le sens de « rangée » ou « terrasse ». Pour KB² il s'agit aussi d'un pluriel de *šârâh*, mais il faudrait corriger la vocalisation en *šurôthêhâ* pour en faire un pluriel de *šûrâh*, terme qui ne se retrouve

---

24. La délimitation de l'oracle est des plus imprécises qui soient ; pour Rudolph l'oracle est en 5/7-11 ; Bright parle de 5/10-19, ce que reprend Thompson ; Volz parle de 5/1-14 et Duhm de 5/10-17 ; pour Aeschimann il s'agit de 5/7-10... Je ne veux pas trancher ici ; l'essentiel est pour moi de constater le lien avec le contexte proche.

qu'en Jb 24/11, où il est employé aussi pour une vigne. Cette dernière explication est aussi celle de BDB. Sans parler de changement de voyelles, Lisowsky fait de *šârôth* un pluriel de *šûrâh*. Étant donné que le pluriel de *šûrâh* est attesté sous la forme *šûrôth* en Jb 24/11, il me paraît difficile de voir aussi en *šârôthêhâ* un pluriel de ce même terme. Avec Rudolph je crois donc qu'en 5/10 nous avons un pluriel de *šârâh*, hapax dont le sens reste à préciser, mais qui, très certainement, appartient comme *šûrâh* à l'isotopie de la vigne. De ce fait je crois alors pouvoir dire que 10 a fait aussi partie de l'énoncé métaphorisant.

Avec *šrwtyh* en 10a et *ntyšwtyh* en 10b (suivis du même suffixe féminin singulier) c'est l'ensemble du verset 10 qui constitue l'énoncé métaphorisant.

ÉTABLISSEMENT DU TEXTE

Dans la traduction que fait la LXX de 5/10, il est à noter que la métaphore n'apparaît pas : « Montez sur ses remparts et dévastez ; ne détruisez pas complètement ; laissez ses supports car ils sont au Seigneur ». L'absence de termes relevant de l'isotopie de la vigne permet de dire qu'il n'y a pas métaphore, ce qui revient à dire que le texte grec est plus facile, sans ambiguïté sur l'antécédent des pronoms possessifs, qui ne peut être que Jérusalem. La préférence devra donc être accordée à la lectio difficilior, c'est-à-dire au TM.

En traduisant par « laissez ses supports », la LXX laisse supposer que dans sa *Vorlage* la forme verbale était *hothîrû* (de *ytr*) et non *hâsîrû*. En outre, à la fin du verset, la négation n'apparaît pas dans la LXX (« car ils sont au Seigneur »). Plutôt que de parler d'une *Vorlage* différente, je préfère penser que la LXX, n'ayant pas remarqué de dimension métaphorique en 10a, a adapté sa traduction de 10b pour rester dans la ligne non-métaphorique de 10a. De là viendraient donc sa correction de *hsyrw* en *htyrw* ainsi que sa suppression de la négation.

D'après ce qu'il nous reste de la traduction d'Aquila, il semble que ce dernier n'ait pas vu la métaphore. Il rétablit la négation en fin de verset et remplace le premier substantif de la LXX (*promachônas*) par *teichê*, qui désigne aussi les remparts d'une ville. Ce changement ne semble pas être motivé par le désir de rétablir la métaphore.

Symmaque remplace *hupostêrigmata* (« supports ») par *apotheta* (« trésor public »). Il est à noter qu'en 48/32, où l'isotopie de la vigne est très présente, Symmaque traduit aussi *ntyšwt* par *ta apotheta*, ce qui est étonnant car ce dernier terme ne fait pas partie de l'isotopie de la vigne. Cela dit, mais il faudrait mieux connaître la traduction de Symmaque pour être plus affirmatif, ce traducteur ne semble pas avoir vu la métaphore en 5/10.

Le Targum traduit ainsi : « Montez dans ses villes et détruisez, mais ne faites pas de destruction totale ; saccagez les palais, car il n'y a pas de plaisir en eux devant Dieu ». Encore une fois, la métaphore n'a pas été repérée.

Au milieu de toutes ces versions anciennes, la Vulgate est la seule à laisser planer un doute au niveau de la métaphore : « Escaladez ses murs et détruisez, cependant n'allez pas jusqu'au bout ; enlevez ses rejetons (*propagones*) car ils ne sont pas au Seigneur ». *Propago* désigne une pousse, un rejeton de plante et peut être employé pour une vigne, mais il désigne aussi le descendant d'un homme ; cette polysémie empêche de savoir si la Vulgate a vu la métaphore.

Ce survol des versions anciennes est fait, non pour résoudre des problèmes de critique textuelle (bien que ces versions appuient pour la plupart le TM), mais pour comprendre la LXX et la difficulté que cette dernière a eue dans sa traduction. Comme le Targum, la LXX n'a pas vu la métaphore et a adapté sa traduction en conséquence.

L'examen des versions montre aussi qu'en 10a la négation (*'l*) est parfaitement attestée : manuscrits et versions s'accordent sur sa présence. Cependant elle est très discutée par les commentateurs ; Volz, Weiser et Rudolph la suppriment (cf. la traduction de BC : « détruisez-la complètement »), Condamin, Bright et Thompson la conservent (cf. TOB : « mais ne faites pas table rase »). Ceux qui la suppriment veulent donner à 10a une plus grande unité et rester dans la logique du verbe *šḥt* ; cette suppression de la négation fait des derniers mots de 10a une sorte de parallélisme synonymique (cf. BC : « ravagez-la, détruisez-la complètement »). Ceux qui gardent la négation, voient dans la dernière copule de 10a un waw adversatif (cf. J 172a) (cf. TOB : « saccagez, mais ne faites pas table rase »). On le voit, la question posée par cette négation relève de l'interprétation du texte et non de son établissement. Pour en rester à l'établissement du texte, l'accord total entre le TM et les versions plaide pour le maintien de la négation.

Duhm élude la question en supprimant *wklh 'l t'św*, qu'il considère comme une glose ; cette mesure radicale est bien sûr une *lectio facilior*, puisqu'elle élimine la difficulté ; elle ne peut donc être retenue, pas plus que l'ajout d'un suffixe à *šḥt* (= *we šaḥ athûhâ*), qui paraît comme un allongement du texte, par ailleurs écourté.

Pour Duhm encore *lyhwh* proviendrait d'une erreur d'interprétation d'un scribe qui aurait vu en *ly* une abréviation pour *lyhwh*. Il faudrait alors rétablir ce *ly* originel dans lequel le yod serait un suffixe (« ils ne sont pas à *moi* »). Cette suggestion de Duhm est encore facilitante, dans la mesure où elle harmonise 5/10 avec 5/9 et 5/11, où Dieu est désigné par la première personne. La mention du tétragramme en 5/10, désignant Dieu à la troisième personne, est *difficilior* et doit être maintenue.

ÉTUDE DU MÉTAPHORISANT

Escaladez ses murs et détruisez. Mais ne saccagez pas totalement : rognez ses sarments, car ils ne sont pas au Seigneur.

Cet énoncé métaphorisant est difficile et sans doute est-ce pour cela que les versions anciennes ne l'ont pas perçu. La difficulté réside dans le sens qu'il faut accorder aux différentes actions qui y sont décrites. Ceux à qui les ordres sont donnés n'étant désignés ni comme vignerons, ni comme vandales, les actions ordonnées sont à définir clairement.

Dans cette succession d'ordres donnés en 5/10, celui qui est le plus clair est *wšḥtw* ; certes le complément de ce verbe n'est pas spécifié, mais quel qu'il soit il concerne le vignoble auquel l'énoncé fait allusion. *šḥt* est un verbe éminemment négatif : détruire, saccager. A propos d'une vigne, ce verbe est employé en 12/10 (« de nombreux bergers détruisent ma vigne ») en parallèle avec *bws*, qui est tout autant négatif. Il l'est aussi en Na 2/3 (« des pillards détruisent les pampres »). Ces textes, et surtout le dernier, montrent clairement que ceux qui détruisent dans une vigne ne peuvent être des vignerons. Un tel verbe ne peut décrire un des travaux viticoles. L'ordre est donc donné en 5/10 à des saccageurs de vignes, des pillards assoiffés de vandalisme. Cela s'accorde bien avec le contexte qui annonce un châtiment de Dieu (cf. 5/9 ou 5/14, suivant le découpage de l'oracle que l'on adopte). Ceux à qui l'ordre est donné par Dieu exécutent ce châtiment en détruisant.

Dans cette ligne-là, la première expression de 5/10 semble s'éclairer. Celle-ci, en effet, suivant le sens que l'on donne à *šrwtyh* peut être interprétée de manières diverses. Ce mot désigne un mur, mais de quel mur s'agit-il ? Driver signale que dans le Talmud, *šurâh* désigne une rangée ou une terrasse de vigne. Dans ce cas il s'agirait de murs de soutènements et l'on rejoint ici l'interprétation de la plupart des commentateurs (cf. Osty : « Escaladez ses terrasses »). Cependant l'action ordonnée est ambiguë : elle peut être le fait de saccageurs comme de vignerons. « Escalader des terrasses » est insensé, car il y a toujours des escaliers ou des rampes entre des terrasses, en sorte qu'il n'est jamais besoin de les escalader ! « Monter dans les terrasses » est une meilleure traduction. Or, monter dans des terrasses, c'est-à-dire progresser en montant d'une terrasse à l'autre dans une vigne installée sur un côteau, peut être le fait de pillards qui saccagent une terrasse après l'autre, comme le fait de vignerons, qui montent d'une terrasse à l'autre pour accomplir n'importe quel travail viticole. En traduisant par « escaladez ses terrasses », Osty laisse apparaître qu'il songe à des pillards, mais sa traduction est malheureuse.

Le terme *šrh* étant hapax, rien n'interdit de penser qu'il puisse désigner les murs qui forment l'enceinte ou l'enclos d'un vignoble et dans ce sens « escaladez ses murs » me paraît être la bonne traduction (cf. BC « escaladez les murs de ma vigne »). C'est l'interprétation de Condamin et de Steinmann. Les vignerons entrent par la porte d'un vignoble et n'escaladent jamais les murs. Par contre, « escalader les murs » peut très bien être le fait de ceux qui veulent entrer par effraction dans une vigne dont la porte est fermée ou gardée. La suite du verset (« et détruisez ») me fait pencher pour cette dernière interprétation : c'est à des pillards qu'il est dit « Escaladez ses murs et détruisez ». La sonorité de ce début de verset laisse penser que le terme *šrh* est choisi pour orienter déjà vers le verbe qui suit et avec lequel il forme une allitération : *šrwtyh wšḥtw...*

« Avant la récolte, quand la floraison est à son terme, on coupe les pampres avec des serpes, on rogne les sarments, on élague. » (Es 18/5) Ce texte énumère une série de travaux viticoles que l'on exécute après la floraison ; d'abord l'épamprage, qui consiste à couper les pampres stériles, afin de laisser toute la sève à ceux qui portent des grappes ; ensuite le rognage, qui consiste à couper les pointes trop longues des sarments à fruits pour laisser aux grappes le maximum de sève sans épuiser les plants. Ces travaux ne peuvent être accomplis que par des gens de métier. En Jr 5/10, c'est la mention du rognage qui est faite dans un ordre qui surprend par rapport aux ordres du début du verset. Il y a une rupture très nette entre « escaladez ses murs et détruisez », qui s'adresse à des saccageurs de vignes, et « rognez ses sarments », qui s'adresse à des gens qui prennent soin d'une vigne.

La dernière expression de 10a (*wklh 'l t'św*) se situe, dans cette série d'ordres, là où apparaît la rupture. On a vu que dans cette expression la négation est l'objet de discussions entre commentateurs. Si l'on supprime la négation, l'expression s'inscrit dans la logique de ce qui précède à l'adresse de pillards : « Escaladez les murs, détruisez et saccagez totalement ». Si l'on maintient la négation, l'expression marque un coup d'arrêt aux actes de vandalisme et prépare ce qui suit ; il y a dans l'expression un net revirement : « Escaladez les murs et détruisez. Mais ne saccagez pas totalement : rognez ses sarments ». Si l'on supprime la négation, la rupture entre les actes de vandalisme (= 10a) et le rognage positif est brutale. En maintenant la négation, la rupture demeure, mais elle est préparée par la mention d'un revirement qu'il reste à expliquer : « Mais ne saccagez pas totalement »[25].

Berridge (1970, p. 190) me semble avoir trouvé la solution. Duhm avait observé que dans ce passage il était question de Dieu à la première personne en 5/9 et 11, et à la troisième personne en 5/10 ; il en avait conclu qu'il fallait harmoniser. A partir de la même observation, Berridge tire comme conclusion qu'à un moment donné Jérémie prend la parole. Ce changement d'interlocuteur me paraît suffisant pour expliquer la mention de Dieu à la troisième personne en 5/10 et pour expliquer aussi le revirement dans le début du verset. L'interprétation de 5/10 est alors la suivante : « Escaladez ses murs et détruisez », dit Dieu à des pillards ; « Mais ne saccagez pas totalement : rognez ses sarments, car ils ne sont pas au Seigneur », ajoute Jéré-

---

25. Soggin (1965, p. 58) est d'accord pour garder *'l*, mais en change le sens. Il ne s'agirait pas selon lui d'une négation, mais d'un lamed emphatique à rapprocher du *'al* (= certainement) attesté à Ugarit. En 4/27, où l'on retrouve *wklh l' ''śh*, il interprète le *l'* comme une scriptio plena de ce lamed emphatique. Il est donc question dans ces deux versets d'une destruction certaine. Cette explication ne me paraît pas acceptable. Soggin ne dit rien en effet de 30/11 (= 46/28) où l'on trouve encore *l' ''śh klh*. Soggin n'en dit rien car il ne peut être question d'un lamed emphatique dans ce passage, cependant l'expression y est exactement la même qu'en 4/27 et 5/10. Je ne vois pas comment dans un même livre la même expression peut signifier tantôt « saccager vraiment totalement » et tantôt « ne pas saccager totalement ».

mie, invitant ces mêmes pillards à tirer profit de cette vigne en préparant pour eux-mêmes la récolte abandonnée par le propriétaire. « Ils ne sont pas au Seigneur » me paraît vouloir dire ici : « Ils sont à vous ».

A l'époque du rognage le temps de la récolte est relativement proche. Un bon vigneron sait déjà à quelque chose près ce que sera cette récolte. En donnant ordre de détruire la vigne, Dieu sait que la récolte sera mauvaise, cependant en ordonnant la destruction, ce sont aussi toutes les récoltes futures qui sont détruites. En s'interposant, Jérémie prend pitié de la vigne et des récoltes à venir ; s'il laisse aux pillards les quelques fruits de l'année, cela ne compromet pas les récoltes suivantes ; s'il leur conseille le rognage c'est pour rendre la récolte proche moins catastrophique que prévu.

Telle me paraît être l'interprétation de cet énoncé métaphorisant dans lequel le changement d'interlocuteur permet de garder tel quel le texte du TM. L'absence de toute indication de changement d'interlocuteur ne doit pas surprendre, cela est fréquent dans Jérémie ; j'en veux pour seul exemple ici ce que nous trouvons en 8/19-21 ; dans ce passage une formule (« On entend les appels désespérés de mon peuple depuis une terre lointaine ») introduit les propos du peuple (« Dans Sion n'y a-t-il pas le Seigneur ? Son roi n'est-il pas chez elle ? ») ; mais ensuite, la réponse de Dieu (« pourquoi *m*'offensent-ils... ? ») est donnée sans indication de changement d'interlocuteur ; et de même ensuite, quand le peuple reprend la parole (« La moisson est finie, l'été a passé et, pour *nous*... ») ; de même enfin pour l'interlocuteur suivant (« A cause de la brisure de *mon* peuple... »).

De même que dans les propos de Dieu en 5/10 on a pu noter une allitération (*šrwtyh wšḥtw*), de même aussi dans les propos de Jérémie apparaît une nouvelle allitération : *klh 'l* et *ky lw' l*. Cette dernière allitération plaide en faveur du maintien de la négation en 5/10a.

ÉTUDE DU MÉTAPHORISÉ.

Escaladez ses (murs) et détruisez. Mais ne saccagez pas totalement (...), car ils ne sont pas au Seigneur.

Si les versions anciennes n'ont pas repéré la métaphore, c'est qu'à peu de choses près 5/10 peut être dit aussi à propos d'une ville fortifiée.

Encore aujourd'hui, pour Hyatt par exemple, le texte n'est pas métaphorique ; il en est de même pour Ostervald : « Montez sur les murailles et renversez-les ; mais ne les achevez pas entièrement ; ôtez ses créneaux, car ils ne sont point à l'Éternel ». Pour Hyatt et Osterwald *nṭyšwt* dénote des créneaux, ce qui me paraît être fautif. S'agirait-il d'un terme polysémique, signifiant « sarment » en Jr 48/32, Es 18/5 et « créneau » ici ? Cela paraît peu vraisemblable, étant donné les hésitations dont font preuve les traducteurs anciens. La LXX traduit ici *nṭyš* par « support », Symmaque par « trésor public », le Targum par « palais » et la Vulgate par « rejeton ». Si *nṭyš* désignait quelque chose de précis dans une ville, les traducteurs anciens n'auraient pas hésité à ce point dans leurs traductions. Je crois donc que *nṭyš̌h* appartient à la seule isotopie de la vigne et que les traducteurs, gênés par ce terme et sans voir la métaphore, n'ont fait qu'une adaptation approximative. Ostervald et Hyatt font de même, donnant à *nṭyš̌h* un sens qu'il n'a pas. En conclusion l'expression *hsyrw nṭyš̌wtyh* n'a pas sa place dans l'énoncé métaphorisé.

L'énoncé métaphorisant ne fait pas mention d'une vigne, mais implicitement il s'agit bien de cela, en sorte que nous avons affaire avec un énoncé sans explication du sujet métaphorisant (à ce propos cf. plus haut p. 17). Comme il s'agit d'une métaphore morte, le sujet métaphorisé n'a pas besoin d'être indiqué et nous savons que depuis Esaïe celui-ci est Israël. Or, en Jr 5/10 un léger glissement est à observer en ce qui concerne ce métaphorisé.

Le terme *š̌ârâh* (ou peut être *š̌ûrâh*) désigne l'enclos d'une vigne. Par ailleurs *š̌ûr* semble désigner les murailles d'une ville (cf. 2 S 22/30, Ps 18/30). La proximité de ces termes est remarquable et invite à penser à un jeu de mots. A travers l'escalade des murs d'une vigne, c'est l'escalade des murs d'une ville qui est en filigrane et non celle des murs de tout un pays, car Israël n'était pas entouré de murailles. De ce fait le verbe *'lh* apparaît comme un foyer, employé pour le métaphorisant et implicitement aussi pour le métaphorisé. A travers cette escalade, c'est à une prise d'assaut guerrière que l'on pense, si l'on considère les passages où *'lh* dénote une prise d'assaut (cf. Jos 6/5, 20, 7/3, 8/1...). Étant donné le contexte (5/1, 7), cette ville ne peut être que Jérusalem : « Escaladez ses murs et détruisez. » Tel est le glissement que l'on peut observer au niveau du métaphorisé : il ne s'agit plus de l'ensemble du pays, mais de la capitale ; ce glissement est plus exactement un rétrécissement du métaphorisé, d'Israël à Jérusalem. Cela peut être compris de deux manières : ou bien, par métonymie, la capitale représente l'ensemble de la nation ; ou bien, ce que je crois plutôt, il est ici indiqué, avec un brin de dérision, que l'étendue du territoire national ne se limite plus maintenant qu'à quelques bâtisses et quelques ruelles à l'intérieur des remparts de la capitale. « Escaladez les murs et détruisez cette peau de chagrin israélite ! »

Dans les ordres, donnés par Dieu à ces pillards de vignes qui ne peuvent être que des ennemis d'Israël, se trouve le verbe *š̌ḥt* ; c'est même le dernier mot de Dieu et c'est ce terme qui fait réagir Jérémie. Ce verbe apparaît comme nouveau foyer, car s'il peut être employé pour une vigne, il peut l'être aussi pour Israël (quelle que soit la taille de la peau de chagrin !).

Comme on l'a vu, le verbe *š̌ḥt* est des plus employés dans les métaphores de Jérémie et un chapitre de cet ouvrage lui sera consacré (cf. plus haut, p. 99). Je ne fais ici qu'une présentation rapide de ce verbe. Dieu est capable de détruire (cf. Gn 6/13, 13/10...) ou d'ordonner de détruire, comme il le fait ici ; cependant, et pour toutes sortes de raisons, Dieu ne détruit pas ou ne laisse pas détruire son peuple. A l'époque de Jérémie, il semble évident pour tous que Dieu ne détruit pas son peuple. Os 11/9 a pour cela une parole qui apparaît comme définitive : Dieu ne détruit pas car il est Dieu et non un homme. Pour le Deutéronome, Dieu ne détruit pas parce qu'il a pitié (4/31). Pour Esaïe, Dieu ne détruit pas parce que son peuple le connaît (11/9). Un thème revient souvent dans des textes, dont certains sont contemporains de Jérémie : si Dieu ne détruit pas, c'est aussi parce qu'un intercesseur se dresse devant lui pour l'en empêcher (cf. Moïse en Dt 9/26, 10/10, Ps 106/23, Abraham en Gn 18/28-32, Ezéchiel en Ez 9/8). D'après Ez 22/30, Dieu lui-même souhaite qu'un intercesseur se lève devant lui pour ne pas détruire. C'est ainsi qu'Ezéchiel intercède (9/8), c'est ainsi aussi, me semble-t-il, qu'on doit comprendre Jr 4/10 où le prophète s'en prend à Dieu : Jérémie intervient en faveur du peuple, intercède pour empêcher Dieu de détruire. C'est dans un tel contexte que Jr 5/10 s'inscrit ; lorsque Dieu donne l'ordre de détruire, Jérémie intervient, mais cette fois d'une manière tout à fait étonnante ; il ne s'adresse pas directement à Dieu (comme Amos aussi l'a fait, d'après Am 7/1 ss.), mais à ceux à qui Dieu vient de donner un ordre : étonnante liberté du prophète qui donne des contrordres, mais liberté qu'on doit lui reconnaître dans son ardeur à s'interposer en faveur du peuple. Le dialogue entre Dieu et Jérémie me paraît tel que je crois tout à fait possible cette intervention de Jérémie : « Ne saccagez pas totalement : rognez ses sarments, car ils ne sont pas au·Seigneur ». En s'interposant ainsi, c'est sur une théologie du reste que Jérémie s'appuie et que d'une certaine manière il rappelle à Dieu. Si la récolte présente est mauvaise et peut être abandonnée à d'autres, peut-être que la suivante ou une autre sera bonne. Si les fruits de la génération présente sont mauvais et si Dieu ne reconnaît pas cette génération comme sienne, faut-il pour autant détruire totalement le peuple et compromettre ainsi les fruits des générations futures ? Tel me paraît être le sens de l'intervention de Jérémie en faveur du peuple, ou plus exactement en faveur de ce qu'il en reste entre les murs de la capitale. Cette intervention est portée par un triple espoir : espoir dans les prochaines générations du peuple qui pourront donner à Dieu les fruits qu'il attend, espoir dans les destructeurs que Dieu envoie et qui pourront tirer profit du peuple sans le détruire totalement, espoir en Dieu qui pourra considérer comme siennes les générations prochaines ; et cela même si Dieu ne semble pas écouter : « Oui, ils m'ont vraiment trahi, ceux d'Israël et ceux de Juda. » (5/11).

Les destructeurs éventuels d'une vigne sont divers : en Es 5 c'est Dieu lui-même qui détruit (cf. versets 5-6), de même aussi en Ps 80/13-14. Il le fait au moyen de la sécheresse en Es 5, et par les bêtes sauvages en Ps 80. A cause du verbe šḥt en Jr 5/10, on doit ici reconnaître dans les destructeurs anonymes envoyés par Dieu le mšḥyt, dont il a été longuement question dans les métaphores jusqu'ici étudiées. Sur ce destructeur, Jr 5/10 ne dit rien de plus.

5. MÉTAPHORE DU NIL (46/7-8)

Qui est-ce qui monte comme le Nil, ses eaux bouillonnant comme les fleuves ? C'est l'Égypte qui monte comme le Nil, les eaux bouillonnant comme les fleuves. Tels étaient ses propos : Je veux monter, couvrir la terre, faire périr les villes et leurs habitants.

REPÉRAGE DE LA MÉTAPHORE

La particule de comparaison dans *ky'r* est un indice formel. En 46/7 il est difficile de savoir si cet indice est accompagné d'un changement d'isotopie, étant donné l'imprécision de l'interrogation (« Qui est-ce ? »), mais dans la réponse en 46/8 le changement isotopique apparaît clairement, avec le passage de l'isotopie nationale à l'isotopie fluviale (« L'Égypte comme le Nil »). On a vu (p. 62, n. 34) qu'il existe un lien métonymique entre Nil et Égypte, cependant la présence de *k* indique que ces deux sujets sont choisis non en raison d'un lien de contiguïté, mais en raison d'une ressemblance (« comme »), en sorte que je parlerai ici d'une métaphore reposant sur un lien métonymique.

Le moindre point de comparaison interdit de parler de métonymie ; or, *'lh* apparaît comme un tel point de ressemblance, comme un foyer, et ceci d'autant plus qu'il y a mitoyenneté sur ce verbe commun aux deux sujets. Cette mitoyenneté apparaît plus clairement en 46/8 qu'en 46/7 ; en effet, si l'on fait de *y'r* le sujet de *y'lh*, alors *mṣrym* en 8a est un sujet sans verbe et la coordination de *wy'mr* en 8b n'a pas de sens ; l'Égypte est donc bien sujet de *y'lh* et de *wy'mr*. Cependant en faisant de *msrym* le sujet de *y'lh* on ne respecte pas le mûnaḥ de *ky'r*. Il devient alors impossible de choisir entre les deux sujets et l'on doit parler de mitoyenneté du verbe *y'lh*, ce que je n'ai pas réussi à rendre en français. Je n'ai d'ailleurs trouvé aucun traducteur qui y soit parvenu ; BC par exemple met en avant le métaphorisé comme sujet grammatical (« C'est l'*Égypte*, qui *monte* comme le Nil »), alors que TOB met en avant le métaphorisant (« C'est l'Égypte qui est comme le *Nil* qui *monte* »). Contraint à choisir, je préfère suivre BC, ce qui évite de rajouter un verbe « être » que l'on pourrait prendre pour le foyer.

DÉLIMITATION DE LA MÉTAPHORE

En 46/7a et en début de 46/8, la délimitation est facile entre énoncé métaphorisé (Qui est-ce ?/L'Égypte), énoncé métaphorisant (le Nil) et partie mitoyenne (*y'lh*).

Vient ensuite en 46/7b une nouvelle expression, qui se retrouve en 8a. Dans cette expression, le *k* de *knhrwt* est une particule de comparaison, mais il ne s'agit pas pour autant d'une métaphore, étant donné l'absence de changement isotopique. En effet, « eaux » et « fleuves », qui sont ici comparés, appartiennent à la même isotopie, en sorte qu'il y a là une comparaison et non une métaphore.

En tant que comparaison, l'expression de 7b serait à écarter de l'étude de la métaphore ; cependant l'isotopie de cette comparaison (« eaux », « fleuves », « bouillonner ») est celle du métaphorisant (« le Nil »). Il faut donc considérer la comparaison comme faisant partie de l'énoncé métaphorisant, ce qui est renforcé par le fait que le suffixe de *mymyw*, pouvant renvoyer à *y'r*, fait de 7b une suite de la description du Nil. A partir de la mention du Nil et jusqu'à la fin du verset 7 se trouve donc l'énoncé métaphorisant, comme le fait bien ressortir la traduction de Crampon (« pareil au Nil, dont les flots bouillonnent, pareils à des fleuves »). Tout n'est pas si clair cependant. En effet, le suffixe de *mymyw* pourrait aussi renvoyer à *my zh*, c'est-à-dire non pas au sujet métaphorisant (le Nil), mais au sujet métaphorisé (qui ?). C'est ce que pense par exemple Segond dont la traduction fait apparaître *my zh* comme antécédent (« Qui est celui qui s'avance comme le Nil, et dont les eaux sont agitées comme les torrents ? »). Un tel rattachement du suffixe de *mymyw* à *my zh* semble être aussi souligné par la structure en chiasme que l'on peut remarquer dans ce verset :

$$my\ zh\ ky'r\ y'lh \quad knhrwt\ ytg\overset{\scriptstyle?}{s}w\ mymyw$$

Le fait que *y'lh* soit déjà commun aux deux énoncés invite enfin à voir en 7b (qui suit immédiatement) une poursuite de la zone commune.

Tout ce qui vient d'être dit du verset 7 peut l'être de 8a, dont la structure est la même et qui donne la réponse à la question posée en 46/7. On notera l'absence de suffixe après *mym* ; cependant la place de ce mot dans la phrase est telle, que l'on ne sait toujours pas s'il s'agit des eaux du métaphorisant (Nil) ou de métaphorisé (Égypte).

En 8b la reprise du verbe *'lh* est une relance du foyer de la métaphore. Cette reprise se trouve dans des propos qui sont ceux du sujet du verbe *wy'mr*. Le sujet grammatical de *wy'mr* semble être *mṣrym*, qui veut monter, couvrir la terre et faire périr les villes et leurs habitants. Cependant ces mêmes paroles peuvent être celles du Nil, étant donné que le vocabulaire appartient aussi à l'isotopie de l'eau (le Nil peut être sujet de *'lh*, comme il l'est en 7a et 8a ; le Nil peut aussi « couvrir la terre », si l'on voit qu'en Ps 104/9 les eaux « couvrent la terre » (*kswt h'rṣ*) ; le Nil, enfin, peut « faire périr », si l'on considère Jon 1/6, 14, où il est dit que des hommes « périssent » (*'bd*) dans les eaux). Il apparaît donc que 46/8b est encore commun aux deux énoncés, ce qui rend très importante dans cette métaphore la zone mitoyenne. On remarquera en particulier que le foyer (*'lh*) qui est employé trois fois dans la métaphore et toujours de manière mitoyenne. *'lh* se trouve donc ici mis en valeur d'une manière tout à fait remarquable.

En 46/6 la mention de l'Euphrate ne peut être considérée comme faisant partie de la description du Nil ; elle n'appartient donc pas à l'énoncé métaphorisant et pas non plus à la métaphore ; cependant il y a proximité isotopique (Euphrate et Nil), ce qui me fera parler d'une amorce de la métaphore. Par ailleurs, en 46/9, le premier mot qui suit la métaphore est encore le verbe *'lh* ; cependant le sujet (les chevaux) n'est plus le même que ceux de 46/7-8. De ce fait 46/9 est aussi en dehors de la métaphore et l'on peut parler cette fois d'un rebondissement de la métaphore. Amorce et rebondissement sont la marque que la métaphore est profondément insérée dans le texte. Celui-ci est un oracle dont la délimitation est aisée (46/2-12). Or, dans cet oracle, l'amorce de la métaphore en 46/6 est dédoublée par une autre mention de l'Euphrate, dans le titre cette fois (46/2) ; de même un autre rebondissement apparaît en 46/11 vers la fin de l'oracle par une nouvelle mention du verbe *'lh*. Avec ce double ancrage et par sa place exactement au centre de l'oracle, cette métaphore occupe dans l'oracle une place privilégiée tout à fait remarquable.

ÉTABLISSEMENT DU TEXTE

Pour ces deux versets (46/7-8) la LXX (= 26/7-8) offre un texte plus court : « Qui est-ce qui monte comme un fleuve et dont l'eau est comme des fleuves qui bouillonnent ? Les eaux d'Égypte sont comme un fleuve qui monte et qui dit : je monterai, je couvrirai la terre et je détruirai ses habitants. »

La mention des « eaux »[26] d'Égypte (*hudata*) au tout début du verset 8 fait suite immédiatement au dernier mot du verset 7 (*hudôr*). S'agit-il là d'une dittographie de la LXX ou bien d'une haplographie du TM, qui d'un *my mṣrym* originel serait passé à *mṣrym* ? Si l'on considère le début du verset 8 dans la LXX (*hudata Aiguptou hôsei potamos anabêsetai kai eipen*), la traduction peut en être « Les eaux d'Égypte sont comme un fleuve qui monte et qui dit » aussi bien que « Les eaux d'Egypte montent comme un fleuve et disent ». On découvre là une zone de mitoyenneté, comme on en avait trouvé une au même endroit dans le TM. Or, dans la LXX, la zone mitoyenne ne peut assister qu'avec l'appui d'une règle de grammaire qui existe en grec et non en hébreu. C'est, en effet, parce que *ta hudata* est un pluriel neutre qu'il peut y avoir ambiguïté sur le sujet des verbes au singulier (*anabêsetai kai eipen*). Si dans l'hébreu on rétablit *mê* devant *mṣrym*, l'ambiguïté sur le sujet des verbes (*y'lh* et *wy'mr*) disparaît, car ces verbes auraient *y'r* pour sujet grammatical et non *mym* (un pluriel ne peut passer pour sujet de verbes singuliers qui le suivent, lorsqu'un terme au singulier se présente comme sujet de ces verbes). C'est dire qu'avec le rajout de *mê* au début de 46/8, et l'ambiguïté sur le sujet disparaissant, nous aurions un texte *facilior*. Il faut donc garder l'ambiguïté actuelle du TM, qui est *difficilior*. En outre, la LXX, en conservant, à sa manière, l'ambiguïté sur le sujet des verbes, montre que cette ambiguïté est originelle, en sorte que, malgré la différence des textes, la LXX donne raison en fin de compte au texte du TM (aussi paradoxal que cela puisse paraître !).

En 46/8a, *wknhrwt ytgᵉšm mym* n'est pas traduit dans la LXX. On peut difficilement voir en ces mots une glose du TM. Une telle glose, en effet, serait tout à fait inutile, étant donné que les premiers mots de 46/8 (« C'est l'Égypte qui monte comme le Nil ») suffiraient bien assez pour faire comprendre que 46/8a est la réponse à 46/7 ; point n'est besoin de gloser. Il est plus facile de penser que la LXX a dû alléger un texte jugé trop lourd par elle. La lourdeur du TM, dans la reprise de 46/7 en 46/8a, est

---

26. On s'aperçoit que pour la LXX le sujet métaphorisé n'est pas « l'Égypte », mais « les eaux d'Égypte », en sorte que ce sont « les eaux d'Égypte » qui sont comparées à « un fleuve » ; il n'y a pas alors de changement isotopique. De cette manière, il ne s'agit plus d'une métaphore, mais d'une comparaison.

tout à fait réelle ; certains exégètes comme Volz, Fohrer et Rudolph (cf. BHS) sont même d'avis de supprimer carrément 8a. La lourdeur du TM me semble avoir une explication possible (cf. plus bas) ; je propose donc de garder ici le texte hébreu[27].

Comme le signale aussi BHS, la LXX ne traduit pas 'yr w. Sur ce point il est difficile de se prononcer. Le groupe de mots ('yr wyšby bh) après la mention de 'rṣ se retrouve en 8/16 et 47/2. Il se peut que nous ayons là une particularité du style de Jérémie, ce qui plaiderait en faveur du TM en 46/8 ; cependant on ne comprendrait pas pourquoi la LXX, traduisant correctement 8/16 et 47/2, écourterait 46/8. Il paraît préférable de penser que sur ce point en 46/8 la LXX a rendu le texte original et que le TM présente une glose calquée sur 8/16 et 47/2.

ÉTUDE DU MÉTAPHORISANT

Le Nil monte, ses eaux bouillonnant comme les fleuves (...). Le Nil monte, les eaux bouillonnant comme les fleuves. Tels étaient ses propos : Je veux monter, couvrir la terre, faire périr ses habitants.

Le terme y'r peut désigner n'importe quel fleuve (cf. Dn 12/5, 6, 7, où il désigne le Tigre, comme cela est précisé en Dn 10/4), mais ci la présence de l'article et le contexte égyptien de l'oracle font qu'il ne peut s'agir que du Nil (c'est la même chose en Gn 41/1 ss., Ex 1/22, 2/3...).

Avec le verbe 'lh le Nil apparaît comme étant en crue. On pourra se reporter par exemple à Es 8/7-8, où l'on retrouve ce même verbe dans une admirable description d'inondation, où encore à Am 8/8, 9/5, où 'lh est suivi de šq' pour dénoter la crue et la décrue du Nil.

La crue du Nil est un phénomène annuel tout à fait bienfaiteur, nécessaire pour la prospérité de l'Égypte, en sorte que les premiers mots de la métaphore (« Qui est-ce qui monte comme le Nil ? ») pourraient à eux seuls donner l'impression d'une image positive, porteuse de vie. « Quand l'inondation *monte* on te fait offrande, on égorge pour toi des bœufs » (Barucq et Daumas, p. 501) est-il dit au Nil divinisé sous le nom de Hâpy et auquel les offrandes apportées expriment la reconnaissance. Cette divinisation du Nil en crue montre à quel point les Égyptiens étaient attachés à ces eaux bienfaitrices[28], mais elle montre aussi que la vénération des Égyptiens était

---

27. Cette lourdeur du TM n'a pas échappé à Jérôme. C'est certainement pour cette raison (et non parce qu'il avait une Vorlage différente) que dans la Vulgate il s'est efforcé de ne pas reprendre en 46/8 les mêmes termes qu'en 46/7 (*Qui est iste qui quasi flumen ascendit et veluti fluviorum intumescunt gurgites eius. Aegyptus fluminis instar ascendet et velut flumina movebuntur fluctus eius*). Grâce à l'utilisation de synonymes, Jérôme s'est astucieusement tiré d'embarras ; son texte est moins lourd que celui du TM.

28. Cf. aussi cet hymne adressé au Nil : « Quand tu te *lèves* parmi les citoyens affamés, alors ils se rassasient des bons produits des champs, la cruche à la bouche et le lotus à la narine. Tout produit alors surabonde dans le pays ainsi que toute

mêlée de crainte, et même, comme l'a remarqué Pline, d'une double crainte :
« Sa crue se mesure par des marques qui sont dans des puits ; le débordement régulier est de seize coudées ; un débordement moindre n'arrose pas tout ; un débordement plus grand, mettant plus de temps à se retirer, retarde les travaux (...) L'Égypte redoute l'un et l'autre : à douze coudées il y a famine, à treize il y a encore disette ; quatorze amène la joie, quinze la sécurité et seize l'abondance et les délices » (*Histoire naturelle*, V, 10/8-9)[29].

En Jr 46/7-8 le Nil monte, mais cette image est suivie d'une deuxième au pluriel, comme si, dans ce passage du singulier (le Nil) au pluriel (les fleuves), il s'agissait d'un superlatif. L'emphase ferait dire à Pline que le Nil a largement dépassé les seize coudées ! Non seulement l'Égypte est recouverte, mais la terre entière et tous ses habitants. L'emploi du verbe *'bd* à la fin de l'énoncé est sans équivoque : l'image de Jérémie n'a rien de positif ; c'est le caractère essentiellement destructeur de l'inondation que le prophète a retenu.

Non seulement l'image est ici celle d'une crue destructrice, mais encore, la vocabulaire choisi permet de dire qu'à la crue du Nil s'ajoute une autre menace. A l'image du Nil est ajoutée celle des « fleuves » ; le pluriel de *nhrwt* pourrait être un pluriel de composition (J 136 b), comme le pense Cheyne qui voit en *nhrwt* la désignation des différents bras du delta du Nil (cf. Ez 32/14, où *nhrwt* peut avoir ce sens), ou bien, comme le pense Bright, il peut s'agir d'un pluriel d'amplification ou d'intensité (J 136f) faisant de *nhrwt* une autre désignation du Nil (avec emphase et peut être personnification). Dans un cas comme dans l'autre on s'en tient à la réalité égyptienne. Mais *nhrwt* peut dénoter plus encore ; ce terme peut désigner les courants marins (cf. Es 44/27, 50/2) et prendre même une coloration mythique (cf. Ez 31/4, 15, où il s'agit des *mhrwt* du *thwm*). C'est dans ce dernier sens que d'autres termes de l'énoncé métaphorisant invitent à aller. Dans l'AT, le hithpael de *g˘š* ne se retrouve pour des eaux qu'en Jr 5/22, à propos de la mer, décrite comme l'ennemi primordial vaincu par Dieu[30]. L'expression *ksh 'rṣ* (avec le même *'rṣ* à l'état absolu et sans article), ne se retrouve, en parlant des eaux, qu'en Ps 104/9, dans un passage qui décrit le retour au chaos (cf. aussi *ksh* en Ez 26/19 avec pour sujet *mym rbym* en parallèle à *thwm*, où il s'agit encore d'un retour au chaos). Comme l'a bien noté Hoeffken (p. 267), *nhrwt* a ici une saveur mythique, en sorte qu'à l'image de l'inondation du Nil s'ajoute celle des eaux primordiales ; la catastrophe annoncée est celle du retour au chaos originel.

---

herbe dans le bas-pays. Celui qui mange a oublié (la faim), le bonheur s'est posé sur les quartiers, le pays tout entier tressaille de bonheur » (Barucq et Daumas, p. 500).

29. Sur la crainte d'une crue trop forte, voir aussi Janssen p. 31.

30. Dans ses autres emplois au hithpael, *g˘š* se trouve dans un contexte mythique évoquant un combat ; cf. 2 S 22/8, où ce sont la terre et les fondements des cieux qui « bouillonnent » devant Dieu, et Ps 18/8, où ce sont les fondements des montagnes qui font face à Dieu.

La saveur mythique de ce passage est à préciser. Les Égyptiens eux-mêmes décrivaient une très forte crue du Nil comme un retour aux origines. Un texte de l'époque d'Osorkon III (8ᵉ s. av. J.C.) décrit ainsi une crue exceptionnelle : « Le Noun (= océan primordial) remonta en (...) cette terre toute entière, il vint battre les deux versants montagneux comme aux temps des origines. Cette terre était livrée à sa puissance comme à celle d'une mer » (cf. Sauneron 1959, p. 22). On peut y ajouter ces lignes d'une stèle du Pharaon Teharqa : « Sa majesté avait sollicité une inondation auprès de son père Amon-Ré, le Seigneur de Karnak, pour empêcher qu'on ne meure de faim pendant son temps (...). Quand vint le moment de la crue des eaux, tous les jours elle augmenta considérablement et elle continua à augmenter maints jours d'une coudée par jour. Elle pénétra les collines de la Haute Égypte et dépassa les buttes de la Basse-Égypte. La terre était redevenue l'eau primordiale inerte... » (cf. Janssen, p. 28). Une certaine parenté se reconnaît avec Jr 46/7-8 ; et pourtant la stèle de Teharqa se poursuit ainsi : « L'Égypte était en grande fête et l'on bénissait sa Majesté » ! La métaphore de Jérémie produirait-elle aussi un tel effet et susciterait-elle la fête ? Commentant cette stèle de Teharqa, Janssen est d'avis que devant une telle crue l'ambiance en Égypte ne fut certainement pas celle d'une fête et il explique ainsi pourquoi sur la stèle une telle fête est mentionnée : « Puisque Teharqa avait lui-même sollicité l'inondation, il dut se résigner à subir les effets désastreux » (p. 31). Mais il y a autre chose encore dans Jérémie qui n'invite pas à la fête.

Dans la théologie égyptienne (ou les théologies égyptiennes) les eaux primordiales ne sont jamais associées à un combat. Dans tous les récits égyptiens qui nous sont parvenus, aucun d'eux ne fait allusion à un combat des origines pour venir à bout du chaos. Sauneron et Yoyotte précisent (p. 43) que les premiers combats mythologiques sont tous postérieurs aux origines. Voilà pourquoi dans la stèle de Teharqa l'eau primordiale peut être dite « inerte ». L'ambiance chaotique que l'on trouve dans la description de Jérémie est autre. Avec *g 'š* au hithpael, les eaux primordiales sont « bouillonnantes » et non « inertes », et ce bouillonnement est chargé de menaces, car il connote un combat (on a pu voir que dans tous les autres textes de l'AT où ce hithpael apparaît le contexte est celui du combat contre le chaos) ; avec *'bd* (faire périr) en fin d'énoncé métaphorisant, l'image débouche sur ce qui peut être l'issue d'un combat. Mais surtout la métaphore est au centre d'un oracle où tout n'est que combat. Si pour l'Égypte le chaos n'est pas lié à un combat, il l'est par contre pour Israël, comme pour tous les peuples sémites. Par son vocabulaire, comme par sa place dans cet oracle guerrier, Jérémie donne à la métaphore une nette coloration guerrière mythique, que des Égyptiens malgré leur mythologie pouvaient aussi percevoir. Ce retour au chaos que constitue la crue du Nil a en Jr 46/7-8 un caractère éminemment menaçant.

En rapportant les propos du Nil, en le faisant parler, Jérémie personnifie le Nil (*Sir Nile*, dit à juste titre Bright) ; cela rejoint la pensée égyptienne qui, on l'a vu, a même divinisé le fleuve et lui a donné le nom de Hâpy. Dans le même sens, il est possible que le pluriel *nhrwt* soit une personnification des eaux primordiales, si l'on pense que le pluriel *bhmwt* peut être considéré comme un nom propre, donné à « la bête » par excellence. Là encore, si *nhrwt* peut être un nom propre pour les eaux primordiales, on rejoindrait la pensée égyptienne qui avait divinisé l'océan primordial et lui avait donné le nom de Noun. Par ces personnifications (en tout cas celle du Nil) Jérémie, d'une certaine manière, se met à la portée des destinataires égyptiens de son oracle, sans toutefois franchir le pas de la divinisation du Nil (aucun trait divin dans l'oracle n'est donné au fleuve). En choisissant le Nil comme sujet métaphorisant le prophète puise dans l'univers culturel des destinataires de l'oracle, ce qui est à noter, mais il est à noter aussi que Jérémie tient compte des destinataires israélites, témoins de l'oracle, en ne divinisant pas le fleuve et en présentant le chaos originel comme engagé dans un combat. Il en résulte une sorte de moyen terme tout à fait remarquable.

ÉTUDE DU MÉTAPHORISÉ

Qui est-ce qui monte (ses eaux bouillonnant comme les fleuves) ? C'est l'Égypte qui monte (les eaux bouillonnant comme les fleuves). Tels étaient ses propos : Je veux monter, couvrir la terre, faire périr ses habitants.

Il est apparu, lors de la délimitation de la métaphore, que la mention des eaux bouillonnantes était commune aux deux énoncés. Dans l'énoncé métaphorisé ce trait est étonnant, car il utilise des termes de l'isotopie métaphorisante, cependant il s'explique par le fait que la métaphore repose sur une métonymie ; à travers les eaux, c'est, pars pro toto, toute l'Égypte qui bouillonne ou s'excite, s'affaire dans la préparation d'un combat. Il peut être question du bouillonnement ou de l'excitation de toute l'Égypte, si l'on considère que le hithpael de *g'š* est, en plus des eaux, utilisé aussi pour la terre et les fondements des cieux (2 S 22/8), ainsi que pour les fondements des montagnes (Ps 18/8). C'est pour faire apparaître ce trait métonymique à l'intérieur de la métaphore, que j'ai utilisé ci-dessus les parenthèses.

Le sujet métaphorisé est nommé : l'Égypte. Il y a personnification de cette dernière, étant donné qu'on la fait parler et que ses propos sont rapportés. Grâce à l'emploi du verbe *'lh* on s'aperçoit que l'Égypte est considérée comme une puissance militaire qui « part en campagne » avec l'intention d'assujettir la terre et de détruire les populations adverses. Grâce au transport de sens du métaphorisant au métaphorisé, le « départ en campagne » de l'Égypte se précise. Dans un contexte militaire (ce qui est le cas ici, du début de l'oracle jusqu'à la fin), le verbe *'lh* signifie « partir en campagne », mais il est à noter que cette dénotation ne préjuge en rien de l'issue du combat ; en effet, celui qui part en campagne peut aussi bien revenir vainqueur (cf. Jos 15/15, 22/12, 2 R 12/18) que vaincu (cf. 2 R 16/5, Es 7/1, 6). Par le seul emploi de *'lh*, on ne peut donc dire ce qu'il en sera de l'Égypte ici. Grâce au transfert de sens, ce départ en campagne est comparé à une crue d'une ampleur extraordinaire, ce qui laisse penser que l'Égypte ne pourra rien faire d'autre que remporter la victoire de manière écrasante.

On pourrait en rester là si l'on ne tenait compte que du seul énoncé de la métaphore, mais ce serait négliger un point capital ici : la place de la métaphore dans l'oracle. On a vu plus haut combien l'insertion de la métaphore dans l'oracle est grande et combien, en occupant le centre de ce dernier, elle est particulièrement soulignée. Cela est à reprendre maintenant.

L'unité de 46/3-12 est l'objet de grandes discussions dans les commentaires. Ce qui frappe dans cet oracle, c'est l'agencement des versets : 3-4 rapporte des ordres donnés avant un combat, 5-6 raconte la fin, désastreuse pour l'Égypte, de ce combat, le verset 9, tout comme 3-4, est centré sur un début de combat et 10-12, comme 5-6, se rapporte à l'issue de ce combat avec la même insistance sur la défaite égyptienne. C'est au cœur de cet ensemble que la métaphore présente en termes menaçants la puissance militaire de l'Égypte. Pour certains exégètes l'oracle est en désordre et il faut agencer différemment les versets ; c'est ainsi que Condamin reconstitue l'oracle avec l'ordre suivant des versets : 3-4, 9, 7-8, 10, 5-6 et 11-12. Pour d'autres ce passage est composite ; Bardtke, par exemple, voit en 3-4, 9, 5-6, 10 un premier oracle auquel aurait été ajouté un second, constitué de 7-8, 11-12 (cf. Bardtke 1935, p. 230 s.). Récemment (1981, p. 369 ss.). De Jong a simplifié en considérant 3-6 et 7-12 comme deux oracles distincts, sans bouleverser l'ordre des versets. Rares sont ceux qui maintiennent l'oracle dans sa disposition présente ; Rudolph par exemple parle de trois strophes (3-6, 7-10 et 11-12) et d'un seul oracle, qu'il maintient dans son intégralité sans modifier l'ordre des versets ou des strophes. Le sens de la métaphore et sa signification pour l'Égypte dépendent de ce que l'on fera de l'oracle.

On a remarqué plus haut, en faveur de l'unité de l'oracle, la reprise de termes importants qui unifient l'ensemble : l'emploi de *nhr* en 46/2, 6, 7, 8 et de *'lh* en 46/7, 8*bis*, 9, 11. J'ajouterai qu'à la fin du verset 6, comme à la fin du verset 12, se trouvent *kšlw* et *nplw* ; ces deux verbes forment une sorte de refrain, ce qui permet de voir dans cet oracle deux strophes terminées par ce refrain ; c'est entre ces deux strophes ou au début de la seconde que se trouve la métaphore. Cette finale en forme de refrain me fait dire que 3-12 est un seul oracle très unifié.

Au début de l'oracle (3-4), les ordres sont donnés avec autorité par un chef compétent, mais ce chef et son armée sont anonymes. Les ordres de combat s'enchaînent rapidement les uns aux autres, pour être brutalement interrompus. Bardtke (1935, p. 230) a très justement noté que ces ordres vont par paires et qu'il en manque un. Cette absence d'un huitième ordre attendu me fait dire que l'auteur de l'oracle a volontairement interrompu ici une des premières phases de la bataille pour passer à la fin ; la précipitation que manifeste l'auteur à vouloir enchaîner sur l'issue du combat doit être prise en considération ; les phases intermédiaires de la bataille semblent être court-circuitées de propos délibéré. Plutôt que de voir là un récit perturbé, je préfère y voir un récit original, certes, mais voulu ainsi par son auteur. Curieusement, l'auteur révèle très vite l'issue du combat, grâce aux verbes *kšl* et *npl* qui se présentent comme une anticipation de la fin. Mais curieusement aussi l'armée partie en campagne en 3-4 et vaincue en 5-6 n'est toujours pas nommée. La question posée en 46/7 tombe alors à propos : « Qui est-ce ? ». Il est peut-être un peu tard pour s'informer ainsi sur l'identité de cette puissance déjà vaincue, mais ce retard dans la question crée un effet tout à fait inattendu ; l'image, si redoutable pour une armée qui part en campagne devient pour une armée vaincue sujet de dérision. Autant l'image de l'inondation en Es 8/7-8 souligne la menace que représente l'Assyrie pour le royaume du Nord, autant ici, après avoir décrit une armée vaincue, qui a trébuché et qui est tombée (46/6), cette image prête à rire. Rapporter les propos menaçants (46/8b) d'une armée, quand on sait que cette dernière va être battue, est plein d'ironie, et plus les propos sont menaçants, plus l'ironie est grande.

Par l'agencement des versets, la métaphore apparaît ici comme une moquerie. Recommencer la description du même combat, après la métaphore, c'est prolonger la moquerie, enfoncer le clou pour laisser aux non-Égyptiens le temps de rire. Cette moquerie opère un retournement entre un métaphorisant redoutable et un métaphorisé tourné en dérision.

La satire de Jérémie vis-à-vis de l'Égypte pourrait être mise en doute si elle s'arrêtait là ; elle se confirme quand on constate que tout l'oracle est satirique. Le titre déjà, jouant sur le nom du Pharaon, met en présence Néko (46/2) et le roi de Babylone qui l'a vaincu (*nkh*), En 46/12 c'est le cri de l'Égypte qui remplit la terre (*ml'h h'rṣ*) et non les eaux du Nil auquel l'Égypte avait la prétention de se comparer. Mais surtout, c'est la reprise du verbe *'lh* qui est la plus chargée d'humour. Tout de suite après le triple emploi de ce verbe en 46/7-8, l'impératif de *'lh* (46/9) renchérit sur les cohortatifs de 46/8b de façon moqueuse, maintenant que les dés sont jetés. Le dernier impératif de *'lh* en 46/11 couronne l'ensemble en faisant de l'Égypte... une éclopée ! L'humour ne manque pas dans cet oracle.

On peut sans doute aller plus loin encore. Dans les versets 5-6 la défaite de l'Égypte est telle qu'après les verbes *kšl* et *npl* on peut considérer l'Égypte comme morte ; l'agencement des versets est tel que 7-8 apparaît alors soit comme un flash-back soit plutôt, en suivant l'ordre chronologique, comme un dialogue sur une Égypte morte[31]. Cette dernière hypothèse suggérée par l'agencement des versets est à creuser. Exégètes contemporains et traducteurs anciens ont été sensibles à la lourdeur de la reprise qui se trouve en 7-8a. C'est un fait qu'il est surprenant de voir dans l'AT une répon-

---

31. Rudolph considère 7-8 comme un *flash-back*. Mais l'emploi de l'inaccompli pour les verbes de ces versets convient mal avec cette interprétation ; les inaccomplis décrivent ici la situation présente de l'Égypte, c'est-à-dire celle qui fait suite à la défaite décrite en 5-6. Le passé antérieur du *flash-back* serait rendu en hébreu par des accomplis.

se calquée aussi longuement sur la question à laquelle elle renvoie. Or, dans l'ouvrage égyptien que l'on a coutume d'appeler aujourd'hui *Le Livre des Morts*, un des chapitres les plus importants, le dix-septième[32], est bâti sur une trentaine de questions en « qui est-ce » ou « qu'est-ce », avec des réponses qui, bien souvent, reprennent les termes-mêmes des questions[33]. Il se pourrait alors que Jérémie ait voulu faire un pastiche, posant sur une Égypte morte une question calquée sur celles d'un des chapitres les plus caractéristiques du *Livre des Morts* ! Un dernier point me fait dire que ce pastiche est réel. Dans le *Livre des Morts* le mort est assimilé à différents dieux et en particulier au Nil lui-même[34] ; ainsi lit-on au chapitre 61 : « Paroles dites par N : C'est moi, je suis celui qui sort avec le flot, celui à qui a été attribuée l'inondation afin qu'il puisse en disposer en tant que Nil. » La proximité avec 46/8 est frappante ; le sujet imprécis de *wy'mr* peut être l'Égypte, le Pharaon ou n'importe quel Égyptien ; dans ses propos, il s'assimile aussi au Nil, et plus précisément aussi au Nil en crue. Le pastiche du *Livre des Morts* est donc clair, ainsi que plein d'humour, puisque c'est à une Égypte morte que sont appliqués les versets 7 et 8.

L'humour de Jérémie n'a sans doute pas dû être du goût des Égyptiens, mais surtout il a dû profondément déplaire à Joyaqim (cf. 46/2) qui devait son trône au Pharaon Néco (2 R 23/33-34) et qui espérait de l'Égypte un soutien militaire efficace. Par le choix de ses images redoutables et par l'humour qui les accompagne, Jérémie crève le ballon de baudruche : l'Égypte ne peut pas plus apporter d'aide qu'un cadavre ! Le sarcasme a ici une portée politique et théologique considérable ; il dénonce sans appel tout l'espoir qu'Israël pouvait placer sur l'Égypte. L'armée de Pharaon n'a pas tant été défaite par le roi de Babylone (46/2) que par Dieu lui-même (46/10) ; toute l'alliance avec l'Égypte apparaît clairement comme une alliance contre Dieu, une erreur politique comme une erreur théologique.

6. MÉTAPHORE DU TORRENT (47/2-3)

Voici que du Nord montent des eaux ; elles deviennent un torrent débordant ; elles débordent sur les terres et tout ce qui s'y trouve, sur les villes

---

32. L'importance de ce chapitre est réelle ; on a en effet trouvé des exemplaires du *Livre des Morts* commençant par ce chapitre (cf. Barguet, p. 9).

33. « Je suis Rê dans sa glorieuse apparition, quand il commence à gouverner ce qu'il a créé. Qui est-ce ? C'est Rê. Quand il commence à gouverner ce qu'il a créé (...) ». Ou bien « Je suis le grand Dieu qui est venu à l'existence de lui-même. Qui est-ce ? Le grand dieu est venu à l'existence de lui-même, c'est l'eau, le Noun, père des dieux » (cf. Barguet, p. 57). On notera au passage l'assimilation du mort au Noun, proche de Jr 46/8 où l'Égypte morte est comparée au Noun. Certes, les répétitions dans le texte égyptien sont le résultat de gloses introduites au Moyen et au Nouvel Empire (cf. Speleers, p. 622), mais peu importe ici : à l'époque de Jérémie gloses et commentaires faisaient partie intégrante du texte.

34. Ainsi qu'au Noun, comme on l'a vu dans la note 33.

et tous ceux qui y habitent ; alors les gens crient au secours et tous les habi-
tants de la terre hurlent ; devant le bruit du martellement des sabots de ses
étalons, devant le fracas de ses chars, du mugissement de ses roues.

REPÉRAGE DE LA MÉTAPHORE

Cette métaphore a été donnée plus haut comme exemple dans le paragraphe sur les indices sémantiques ; je renvoie à ce qui a été dit p. 42. :
l'indice sémantique s'accompagne d'un changement d'isotopie (une armée
est décrite comme un torrent).

DÉLIMITATION DE LA MÉTAPHORE

En 2a le vocabulaire relatif à l'inondation commence juste après la formule de messager : *mym, nḥl* et *štp* en font partie. Il s'y ajoute *'lh*, qui,
on vient de le voir en 46/7-8, décrit, dans un contexte d'eau, une inondation. Ces mots permettent de dire que l'énoncé métaphorisant occupe en
tout cas 2a, à partir de *hnh*.

Pour Kutsch (p. 258), 2a est un mélange de réel et d'imagé, c'est-à-dire,
selon la terminologie adoptée ici, un mélange de métaphorisé et de métaphorisant ; selon lui, *mym* est image et *ṣpwn* ne l'est pas, *štp* appartient à
l'image et les compléments à la réalité. Je crois plus exact de dire que dans
cette métaphore (comme dans la plupart) certains mots ne relèvent que de
l'isotopie métaphorisante (c'est le cas ici de *mym, nḥl* et *štp*) et que d'autres
appartiennent à la fois à l'isotopie du métaphorisant et à celle du métaphorisé (c'est le cas ici de *ṣpwn, 'rṣ wmlw'h* et *'yr wyšby bh*) ; par la double
appartenance de ces derniers nous avons déjà quelques informations sur le
métaphorisé, mais cela ne veut pas dire pour autant que la double appartenance aux isotopies métaphorisante et métaphorisée est une double appartenance aux énoncés métaphorisant et métaphorisé. Il y a recoupement des
isotopies et non recoupement des énoncés explicite. Toutes les informations
données en 2a ne concernent explicitement que le métaphorisant : c'est ainsi
que nous savons d'où vient l'inondation (du Nord) et quelles en sont les
victimes (ce qui se trouve dans les villes et les campagnes). Ce n'est que par
sous-entendu que nous avons des informations sur le métaphorisé, le lieu
d'où il vient et ses victimes. Si les deux énoncés étaient déjà explicitement
présents en 2a, cela voudrait dire que le métaphorisé serait déjà repérable ;
or, ce n'est pas le cas : rien ne dit en 2a que nous sommes en présence d'une
métaphore ; une réelle inondation pourrait être décrite exactement dans les
mêmes termes.

On a déjà vu plus haut (p. 54) ce qui peut être dit de 2b. Si en 2b les
cris des hommes sont ceux que provoque la crue, alors 2b, en tant que développement de la crue, fait partie de l'énoncé métaphorisant pour décrire la
réaction de la population touchée par l'inondation. Cependant, la construction de ce demi-verset avec le verset suivant peut faire juger autrement. En
effet, comme le note Volz, à cause de *mql* en début de 3a, nous pouvons
considérer 3a comme la cause de ce qui est décrit en 2b (avec 3b se ratta-

chant à 4a) : les cris de la population s'expliqueraient par l'arrivée d'un envahisseur, c'est-à-dire par le métaphorisé, en sorte que 2b commencerait déjà
la description de ce qui se rattache au métaphorisé ; 2b ferait partie de
l'énoncé métaphorisé. Comment choisir ? Le découpage proposé par Volz
malmène le premier mot de 2b ; en effet, *wz'qw* est un parfait inverti : cette
forme verbale ne peut pas renvoyer à ce qui suit, mais à ce qui précède ;
elle fait de 2b la suite logique de 2a ; par cette forme, donc, 2b prolonge
l'énoncé métaphorisant de 2a, en sorte que les cris des gens sont ceux que
la crue provoque et non ceux que l'invasion armée provoque[35]. Cependant
un détail de 3a invite aussi à rattacher 2b à 3a ; ce détail est dans l'expression *hmwn glglyw*. Dans le reste de l'AT on ne retrouve plus jamais la racine
hmh utilisée pour *glgl*, en sorte qu'il est difficile de dire si *hmwn glgl* est
l'expression adéquate pour parler du bruit fait par les roues des chars. Par
contre cette racine *hmh* est souvent utilisée (Es 51/15, Jr 5/22, 31/35, 51/42,
55) à propos des vagues (*gl*, en particulier *hmh glyw* en Jr 51/42). On peut
donc voir ici un jeu de mots entre *hmwn glglyw* et *hmwn glyw*. Il en résulte
que les cris, provoqués par l'inondation, sont aussi, grâce au jeu de mots,
provoqués par le « mugissement des vagues », c'est-à-dire par le « mugissement des roues », ce qui rattache 2b à 3a. Le jeu de mots montre que les
cris sont provoqués à la fois par les roues et par les vagues, c'est-à-dire à
la fois par l'invasion armée et par l'inondation, ce qui fait de 2b une zone
mitoyenne, commune aux deux énoncés ; 2b est à la fois la fin de l'énoncé
métaphorisant (car il n'y a plus par la suite de termes relevant de l'isotopie
de l'inondation) et le début de l'énoncé métaphorisé que l'on pourra arrêter
en 3a.

ÉTABLISSEMENT DU TEXTE

En 2b plusieurs manuscrits hébreux ont le pluriel de *ywšb* au lieu du
singulier. Il pourrait être difficile de trancher sur ce point : le singulier, en
effet, convient bien après *h'dm*, qui lui est parallèle et qui est aussi au singulier, et le pluriel est en harmonie de son côté avec *yšby* en 2a, qu'il répète.
On peut noter que l'expression *kl ywšb h'rṣ* (au singulier) est un hapax dans
l'AT, alors que *kl yšby h'rṣ* se trouve en Nb 33/52, Jos 2/9, 24, 7/9, 9/24,
Jr 1/14, 13/13, 25/29, 30, Jl 1/2, 14, 2/1, So 1/18, Ps 33/14. La préférence doit alors aller à l'expression au singulier, car elle est hapax ; la forme
plurielle trouvée dans certains manuscrits est à considérer, de ce fait, comme
une erreur de scribe provoquée par la forme *yšby* déjà présente en 2a. Mais
de toute manière le sens est le même, car le singulier *ywšb* est, tout comme
'dm, un singulier collectif, à sens pluriel.

LXX et TM s'accordent sur 47/2 (= 29/2) qui, de ce fait, ne pose pas

---

35. Bardtke a bien vu (1935, p. 235) que le rattachement de 2b à 3a fait violence au parfait inverti de 2b ; il supprime alors le waw pour faire de ce verbe un
impératif et couper ainsi 2b de 2a.

de problème. Des différences apparaissent en 47/3a (= 29/3a) qui est ainsi rendu par la LXX : « devant le bruit de son assaut, devant les sabots de ses chevaux et devant le fracas de ses chars ». Comme dans le TM, il y a trois expressions dans la LXX, cependant la première expression du TM (« devant le bruit du martellement des sabots de ses étalons ») est dédoublée dans la LXX (« devant le bruit de son assaut, devant les sabots de ses chevaux ») et la troisième du TM n'est pas traduite dans la LXX. Autant l'ajout de cette dernière expression dans le TM serait difficile à comprendre, autant sa suppression dans la LXX s'explique aisément. On a noté que cette expression (« le mugissement de ses roues ») est hapax dans l'AT et qu'elle doit être un jeu de mots ; or, tout hapax, surtout tout jeu de mots, est embarrassant pour un traducteur. Il est aisé de supposer que la LXX, devant une expression aussi difficile à traduire, a préféré s'abstenir, ce qui renforce encore l'idée qu'il y a un jeu de mots dans cette expression. Pour garder l'équilibre de 3a et avec ses trois expressions, la LXX aurait alors dédoublé la première. Je ne trouve pas d'explication plus satisfaisante pour ces différences entre TM et LXX. Compte tenu de cette explication, c'est le TM qui doit être préféré.

ÉTUDE DU MÉTAPHORISANT

Voici que du Nord montent des eaux ; elles deviennent un torrent débordant ; elles débordent sur les terres et tout ce qui s'y trouve, sur les villes et tous ceux qui y habitent ; alors les gens crient au secours et tous les habitants de la terre hurlent.

Le verbe *štp* peut signifier « rincer » (Lv 15/11) ou « rincer à grandes eaux » (1 R 22/38, Ez 16/9). Mais, appliqué à *nḥl*, ce verbe dénote bien plus qu'un simple rinçage. On trouve ensemble *nḥl* et *štp* en Es 30/28, 66/12, Ps 78/20, 2 C 32/4 et il est difficile de dire alors s'il s'agit d'un torrent « abondant » ou « débordant ». Un torrent qui est *štp* peut être un danger, car il y a risque de noyade (Es 30/28), mais il peut aussi être une bénédiction car il abreuve en abondance (Ps 78/20, 2 C 32/4). On le voit, ce simple trait peut être positif ou négatif. C'est le contexte qui permet de trancher.

Le deuxième emploi du verbe *štp* en 47/2 permet de préciser, car il est suivi de compléments groupés par deux en parallèle : *'rṣ wmlw'h* puis *'yr wyšby bh*. La première expression se retrouve, aussi sans article, en Dt 33/16, Jr 8/16, Ez 19/7, 30/12, Mi 1/2 ; elle est proche de *h'rṣ wmlw'h* (avec article) que l'on rencontre en Es 34/1 et Ps 24/1. Avec l'article, l'expression se rapporte à toute la terre (en Es 34/1 comme en Ps 24/1 c'est parallèle à *tbl*). Sans l'article, comme ici, l'expression peut avoir cette même acception mondiale (cf. Mi 1/2, où c'est parallèle à *'mym*), mais elle peut avoir aussi une acception rurale, comme c'est le cas en Dt 33/13-16, où la description est celle des produits agricoles : *'rṣ wmlw'h* désigne la terre productrice de biens, sans qu'il soit forcément question de la terre entière. En Jr 47/2, le parallélisme avec *'yr wyšby bh* (où *'yr* est à considérer comme un collectif, de même que *'dm* et *ywšb* en 2b) me semble devoir être compris comme désignant dans leur complémentarité le monde rural et le monde urbain. Mais de toute manière, quel que soit le sens de ces expressions, n'y aurait-il qu'une seule ville atteinte par les eaux, le sens de *štp* ici est clair : il sert à décrire un torrent en crue qui « déborde ». Cela rejoint l'emploi de *'lh* au début de l'énoncé, dénotant une crue, comme on l'a vu en 46/7-8 ; cela explique les cris des gens, qui avec *z'q* et *yll* sont des cris de détresse et des appels au secours.

Parmi les textes antérieurs à Jérémie et relatifs à une crue, le plus intéressant, parce que le plus proche sur le plan du vocabulaire, est Es 8/7-8 : on y trouve comme ici *štp* ainsi que *mym* et *'lh*. La crue décrite par Esaïe est aussi métaphorique, ce qui rend les textes plus proches encore. En Esaïe la crue métaphorise le roi d'Assyrie et toute sa puissance. Lorsque Jr 47/2 précise que l'inondation vient du Nord, l'allusion à la métaphore d'Esaïe se précise. Cependant une différence majeure donne à la métaphore de Jérémie une autre tournure. En Es 8/7-8 il est question de *nhr*, un fleuve, évidemment l'Euphrate de par le contexte assyrien de l'oracle ; en Jr 47/2 il s'agit de *nḥl*, un torrent. La crue d'un torrent n'est pas progressive et étalée sur plusieurs jours, comme c'est le cas pour le Nil et pour l'Euphrate, mais subite et rapide. En quelques heures, un torrent, parfois à sec, se met à déborder à la suite d'un violent orage et devant une telle crue, aux dégâts d'autant plus importants qu'il n'y a pas de digues protectrices, comme il y en avait sur le Nil et l'Euphrate, même la fuite est incertaine ; les cris s'élèvent à la mesure du désastre et de la peur. Alors que les crues du Nil et de l'Euphrate ont un côté positif, puisqu'elles laissent des alluvions et fertilisent les terres[36], la crue d'un torrent n'apporte que destruction, emportant la terre arable et laissant derrière elle des cailloux et des récoltes saccagées. La métaphore de Jr 47/2 est différente de celle d'Es 8/7-8 et différente aussi de celle de Jr 46/7-8 ; elle décrit un torrent en crue, danger particulièrement redouté en Israël comme dans la région voisine habitée par les Philistins, auxquels cet oracle est adressé. De même qu'avec le choix du Nil, Jérémie se montrait attentif à l'univers culturel des destinataires égyptiens de l'oracle, de même aussi pour les Philistins Jérémie choisit son image dans ce qui fait partie de leur cadre de vie.

En Jr 46/8 c'est la terre entière qui est recouverte ; l'inondation est à l'échelle du monde, ce qui, dans la pensée de l'époque, est dans la logique des choses. Le Noun, en effet, alimentant le Nil, pouvait bien lors d'une crue reprendre possession de la terre entière pour la recouvrir comme aux

---

36. De même que l'on a vu pour le Nil, de même aussi les prières mésopotamiennes montrent que les crues du Tigre ou de l'Euphrate étaient accueillies comme des bénédictions : « Sans Enlil, le Grand-Mont (...) la crue n'amènerait point l'inondation bénéfique (...) Ta Parole, c'est la crue : la vie du pays tout entier » (*in* Kramer 1983, p. 58).

origines et l'on a noté que le vocabulaire évoque en 46/7-8 un tel retour au chaos. Avec un simple torrent, même en crue, il peut difficilement en être de même ; l'image ne peut pas par elle-même évoquer une catastrophe à l'échelle du monde, d'autant plus qu'en 47/2 aucun terme n'évoque un retour au chaos. Il ne s'agit pas ici des « eaux puissantes et grandes » qui montent, comme c'est le cas en Es 8/7, mais tout simplement des « eaux », sans autre qualificatif qui pourrait évoquer l'océan primordial ou le déluge[37]. Le mot 'rṣ, comme on l'a vu, semble prendre ici une signification plus locale, tout au plus nationale, désignant la terre de ceux à qui l'oracle est destiné, le pays des Philistins. Dans l'oracle de 47/1-7 la catastrophe annoncée concerne les Philistins et non le monde entier. C'est dans ces mêmes limites que le vocabulaire de la métaphore semble se cantonner[38].

La métaphore du torrent emploie le mot ṣpwn ; on a vu, à propos de la métaphore du lion, l'importance de ce mot et sa connotation possible avec Baal Saphon. Il s'agit maintenant d'apprécier ce qui pourrait être ici une éventuelle allusion à ce dieu. L'absence en 47/2 de tout terme à saveur mythique (à l'exception de ṣpwn) ne permet pas de penser à un quelconque mythe où Baal jouerait un rôle. Mais le mythe n'est pas le seul lieu où Baal Saphon apparaît. Il est un autre domaine à explorer, celui dans lequel l'oracle lui-même se situe : la diplomatie internationale. Dans ce domaine-là Baal Saphon joue un rôle important.

Avec son titre mentionnant la prise de Gaza par Pharaon (47/1), l'oracle s'inscrit d'emblée dans le champ des relations internationales. De par le contenu de l'oracle, il en va de même. Non seulement les Philistins sont envahis par un étranger, mais encore ces mêmes Philistins ont fait alliance avec Tyr et Sidon (cf. 47/4, où 'zr désigne l'aide portée par un allié[39]). De cette alliance entre Philistins d'une part et Tyr et Sidon de l'autre, nous n'avons pas d'autre information et malheureusement aucun document, aucun traité de cette alliance, ne nous est parvenu, du moins à ma connaissance. Ce que nous avons, par contre, c'est le texte d'un traité, datant de 675 environ (quelques dizaines d'années seulement avant Jérémie), entre Assarhaddon et le roi de Tyr. Dans ce traité, Baal Saphon, en tant que dieu de Tyr, est nommé parmi les dieux témoins avec charge pour lui de détruire par les eaux la ville de Tyr, si cette dernière est infidèle à l'alliance. « Que Baal Shamen, Baal Malagé et Baal Saphon provoquent une tempête contre tes navires, qu'ils détachent leurs câbles et rompent leurs amarres ; qu'une puissante

---

37. Cf. aussi Ps 32/6, où la mention des « grandes eaux » qui « débordent » (šṭp) a une teinte mythique, mais il n'y a rien de cela en Jr 47/2.

38. On notera la même extension nationale et non mondiale de la métaphore dans les propos de Sargon II : « Comme une inondation orageuse, j'ai écrasé le pays de Hamat dans toute son étendue » (dans Pritchard 1950, p. 284).

39. Cf. 2 R 14/26, Ez 30/8, Lm 1/7, Dn 11/45, où 'zr, à propos de peuples, désigne l'aide portée par un allié.

marée les fasse sombrer dans la mer » (Cf. Albright 1950, p. 9 ; voir aussi Caquot, Sznycer et Herdner, p. 82). Ce traité, attentif à la situation portuaire de Tyr, confie à Baal Saphon, dieu des tempêtes et des orages, le soin d'exécuter un châtiment qui relève de ses compétences. Pour le traité entre Tyr et les Philistins, qui nous manque, mais auquel fait allusion 47/4, on ne peut faire que des suppositions, mais cela, je le crois, sans trop de risques. On peut s'attendre alors à ce que Baal Saphon, en tant que dieu de Tyr, ait été aussi invoqué avec charge de détruire celui des partenaires qui serait infidèle au traité. Dans le cas où l'infidélité serait celle des Philistins, dont les villes ne sont pas toutes des ports, le châtiment le plus efficace attendu de Baal ne serait alors pas une tempête en mer, mais pourquoi pas une inondation, puisque cela relève aussi des compétences de ce dieu de la pluie ? S'il en était ainsi, l'annonce en tout début d'oracle (47/2) d'une inondation venant de Saphon, puis l'annonce en 47/4 de la destruction des Philistins apparaîtraient comme une dénonciation implicite de l'infidélité des Philistins vis-à-vis de leurs alliés de Tyr et de Sidon. L'oracle serait ainsi d'une grande cohérence et l'on comprendrait le pourquoi du châtiment des Philistins, dont par ailleurs, et c'est à noter, aucune faute n'est dénoncée. La destruction ne serait pas aveugle, injustifiée, mais serait la punition d'une infidélité envers des alliés. Un détail de l'oracle suppose une telle infidélité : l'emploi du verbe *krt* en 47/4 (« pour supprimer à Tyr et à Sidon tout rescapé susceptible de les aider »). Ce verbe, appartenant à l'isotopie de l'alliance, est utilisé d'une part pour désigner la conclusion d'une alliance (*krt bryt*) et d'autre part pour décrire le sort de celui qui est infidèle à l'alliance[40] ; son emploi en 47/4 désigne bien les Philistins comme infidèles à leurs alliés. Replacée dans le contexte diplomatique de l'oracle et avec les suppositions qu'on peut faire, la description d'une inondation venant du Saphon en 47/2 trouve une certaine force : elle annonce pour un avenir proche (cf. *hnh* avec un participe, pour le futur immédiat , J 119n) un châtiment contre les Philistins infidèles à leurs alliés.

Mais la question de Baal n'est pas réglée ! Dans cet oracle qui commence, en effet, par l'annonce d'une inondation venue du Saphon, tout laisse penser que c'est Baal lui-même qui en sera l'auteur[41]. Il est clair que pour les voisins d'Israël (Philistins et autres), l'envoi d'une réelle inondation par

---

40. L'expression *krt bryt* se trouve des dizaines de fois dans l'AT (cf. simplement Jr 34/8, 13, 15, 18) avec le verbe au qal. A propos d'un infidèle à une alliance, le verbe est employé au hiphil comme ici (cf. Jr 44/7, 8, 11, Lv 17/10, 20/3, 5, 6...), et l'on peut noter en Jr 44/7 la même tournure qu'ici : « pour supprimer à Juda (= *lkm*) hommes et femmes ».

41. Et l'emploi du verbe '*lh* n'entre pas en contradiction cette fois avec la mention du Saphon. Rien ne peut « monter » du Saphon, ai-je dit à propos de la métaphore du lion. Rien, sinon une inondation ; en effet, tout cours d'eau en crue « monte » de toute façon, même s'il « descend » d'une montagne ; seules les eaux d'une crue montent et descendent à la fois : c'est clair.

Baal serait tout à fait possible ; mais pour Jérémie ? On peut noter que si l'on en reste à 47/2 l'oracle est équivoque : avec une allusion non critique à l'égard de Baal, on ne sait si c'est ce dieu ou le Dieu d'Israël qui va provoquer l'inondation. En 47/3 on découvre que l'inondation annoncée n'est pas réelle, mais métaphorique, cependant l'équivoque demeure. Elle demeure jusqu'en 47/4a, où curieusement, quand il s'agit d'annoncer la destruction des Philistins, le sujet logique des verbes *šdd* et *krt* est laissé dans l'ombre[42] ; serait-ce Baal faisant respecter les traités entre alliés ? L'équivoque n'est levée qu'en 4b, où le verbe *šdd*, déjà employé en 4a, est repris avec cette fois une claire désignation du sujet : *yhwh*. Dans le cas où on aurait pu en douter, il est clairement affirmé que le Seigneur est seul dieu à l'œuvre et qu'il peut mieux que Baal prendre en mains le sort des Philistins[43].

ÉTUDE DU MÉTAPHORISÉ

Les gens crient au secours et tous les habitants de la terre hurlent devant le bruit du martellement des sabots de ses étalons, devant le fracas de ses chars, du mugissement de ses roues.

On a déjà vu que le sujet métaphorisé est une armée ; c'est de « ses » étalons, de « ses » chars et de « ses » roues qu'il s'agit ici (cf. plus haut, p. 42) ; à travers le « torrent » c'est d'elle qu'il est question[44]. On peut dire que, de manière sous-entendue, c'est elle qui « monte » du Nord, c'est-à-dire qui « part en campagne » depuis le Nord (le verbe *'lh* commun aux deux isotopies apparaît donc comme foyer métaphorique). C'est devant elle que les gens crient au secours et hurlent. Mais quelle est cette armée ?

Image pour une armée, quelle qu'elle soit, la métaphore de l'inondation n'est pas nouvelle (cf. Es 8/7-8 pour l'Assyrie). Mais Jr 47 innove en

---

42. Ce n'est bien sûr pas *ywm* le sujet de *šdd* ; l'expression indique que le moment est venu pour la destruction, sans donner le sujet logique de l'infinitif.

43. Bardtke (1935, p. 235), considérant *lšdwd 't kl plštym* en 4a et la reprise de ces mots en 4b, pense que 4b est une répétition inutile et qu'il faut la supprimer. Il a raison s'il va de soi que c'est *yhwh* le sujet de *šdd*. Or, comme dans le début de l'oracle l'auteur de la destruction n'est jamais nommé, la reprise de *šdd 't plštym* en 4b avec précision sur le sujet ne peut plus être un doublet à corriger, mais c'est la preuve qu'il y a équivoque sur le sujet ; et je vois mal, en dehors de Saphon, d'où pourrait venir l'équivoque.

44. Cette explication des suffixes de 3a est indispensable pour le repérage de la métaphore ; en effet, l'absence de toute particule de comparaison peut laisser croire que l'oracle annonce une réelle inondation. Il faut les suffixes de 3a pour voir qu'il n'en est rien. C'est un raccourci que de dire avec Duhm que ces suffixes renvoient à un ennemi anonyme, ou au Pharaon nommé en 47/1. C'est une erreur que de dire avec Kutsch (p. 258) qu'ils ne renvoient à rien. Kutsch en arrive même à considérer 3a comme une glose, prétextant que l'absence de verbe en 3a n'est pas du style du reste de l'oracle. Sur ce point, Thompson a raison de faire remarquer qu'en 3a le « staccato » de ces expressions sans verbe est là pour évoquer une armée en marche.

retenant non pas l'image de la crue d'un *fleuve*, mais celle d'un *torrent*, sou-lignant ainsi la soudaineté et la rapidité de l'attaque, contre laquelle aucune digue n'existe, aucune arme, aucune protection n'est envisageable[45].

Pour ce qui est de l'identité de l'armée annoncée, les exégètes ont des avis divergents. Le titre de l'oracle désigne l'ennemi des Philistins comme étant le Pharaon, sans spécifier son nom. Le problème est alors de concilier cette information avec la mention du Nord en 47/2. Différentes solutions ont été proposées pour une telle attaque de l'Égypte par le Nord, mais rares sont les exégètes qui défendent aujourd'hui une de ces solutions. Kutsch vient encore d'en faire une critique convaincante, jugeant impossible toute atta-que de Gaza par le Nord par les Égyptiens (p. 257)[46].

L'interprétation de l'oracle la plus courante aujourd'hui est de voir dans l'ennemi du Nord le même ennemi du Nord que dans les oracles pour Israël (c'est-à-dire les Scythes, les Babyloniens ou autres, suivant les exégètes) et de considérer l'information donnée par le titre comme une glose, comme une relecture à propos de l'Égypte d'un oracle qui à l'origine annonçait la venue d'un ennemi nordique anonyme[47].

---

45. Dans le reste de l'AT, la métaphore d'un *torrent* en crue pour désigner l'ennemi ne se trouve qu'en Ps 124/4, qu'il est difficile de dater ; il ne m'est donc pas possible de dire si c'est ce Psaume ou Jr 47 qui innove.

46. Bardtke (1935, p. 238) a pensé à Psammétique I, à l'époque de Josias, mais sans pouvoir préciser quand ce Pharaon a pu venir par le Nord pour s'emparer d'une des villes des Philistins. On peut aussi penser à Neko : s'il est difficile de supposer une prise de Gaza au retour de Karkémish (605) par le Pharaon vaincu, on peut envi-sager qu'en 609, une fois installé à Ribla (cf. 2 R 23/33), ce même Pharaon encore fort soit redescendu de là pour prendre Gaza ; Hérodote (2/159) parle d'une prise de Gaza à cette époque, cependant cette prise a mieux sa place, comme la prise de Megiddo, alors que le Pharaon se mettait en campagne vers le Nord (2 R 23/29) et non lors d'un retour. Enfin, le Pharaon peut être Ophra, qui en 588 fit une sortie contre Babylone (Jr 37/5), sortie dont il profita pour prendre Tyr et Sidon, si l'on en croit Hérodote (2/161). Si la prise de Gaza a eu lieu lors de cette même campa-gne, le point de départ d'Ophra était bien l'Égypte et un éventuel retour de Tyr et Sidon sur Gaza semble insuffisant pour représenter Ophra comme l'ennemi venant du Nord. Quelle que soit la campagne égyptienne que l'on envisage, la présentation d'un Pharaon comme un ennemi du Nord apparaît comme bien énigmatique. Si l'on ajoute que dans le livre de Jérémie l'Égypte n'apparaît jamais encore comme une puissance utilisée par Dieu, toute assimilation du Pharaon avec l'ennemi du Nord devient impossible.

47. Si Pharaon est désigné dans le titre, il n'est plus nommé dans l'oracle. En outre on trouve dans l'oracle des expressions qui désignent par ailleurs l'ennemi du Nord babylonien ; en 8/16, par exemple, on trouve *'rṣ wmlw'h 'yr wyšby bh* comme en 47/2 ainsi que *mqwl mṣhlwt 'byryw* proche de *mqwl š'tt prswt 'byryw* en 47/3. L'image de l'épée en 47/6-7 s'applique encore à l'ennemi du Nord en 12/12. La men-tion du Pharaon dans le titre est fragile, si l'on remarque qu'elle ne se trouve pas attestée par la LXX, cependant autant la glose est difficile à expliquer dans le TM, autant il est facile de penser que la LXX, jugeant impossible une attaque égyptienne par le Nord, a pu supprimer la mention du Pharaon dans le titre, d'autant plus que dans l'oracle lui-même le Pharaon ne semble pas jouer un bien grand rôle.

Je m'orienterai ici vers un troisième type d'explication, envisageant l'annonce des passages successifs de Babylone et de l'Égypte. L'information donnée par le titre (« avant que — *btrm* — Pharaon n'ait frappé l'Égypte ») peut, bien sûr, désigner l'arrivée de Pharaon comme l'accomplissement de tout ce qui est annoncé dans l'oracle, mais peut aussi indiquer que, « avant que » Pharaon n'arrive, bien des choses entre temps ont pu avoir lieu, et en particulier le passage de l'ennemi du Nord, c'est-à-dire, comme on l'a vu plus haut, l'armée babylonienne. Pharaon ne serait là qu'après la bataille pour régler le sort des survivants, en venant, bien sûr, par le Sud. Cette interprétation s'accorde avec le reste du livre de Jérémie, toujours critique et sarcastique envers l'Égypte et faisant de l'ennemi du Nord (Babylone) le serviteur de Dieu. Dans le corps de l'oracle, l'armée qui vient du Nord comme un torrent pour détruire les Philistins (47/2-4) ne peut être que Babylone au service de Dieu, car c'est à travers elle que Dieu lui-même détruit les Philistins (47/4). La même situation se retrouve en 47/6-7, où l'armée babylonienne est cette fois décrite comme l'épée de Dieu ; cette épée appartenant à Dieu (47/6) et envoyée par lui (47/7) est à son service et ne peut être encore que Babylone. Devant cette armée babylonienne les Philistins « hurlent » (47/2) ; le contenu de leur cri est donné en 47/6. Cet ensemble est unifié, cependant en 47/5, au centre de l'oracle, la situation est toute autre : il n'y est plus question de cris et de hurlements, mais d'un grand silence (*ndmth*) ; le contraste est frappant : comment une même armée peut-elle à la fois faire crier et réduire au silence ? La contradiction disparaît si l'on pense aux passages de deux armées successives, une première faisant crier et appeler au secours des alliés éventuels, une deuxième se présentant comme une alliée attirée par les appels et profitant de la situation pour massacrer et faire taire définitivement les survivants. L'action de Pharaon frappant (*nkh*) Gaza serait donc décrite en 47/5, au centre de l'oracle, ce qui est une bonne place pour mettre en évidence la vilenie égyptienne ; ainsi Ashqalon d'abord battue par les Babyloniens (47/7) et réduite au silence par l'Égypte (47/5), les habitants de Gaza sont emportés, la tête rasée comme des esclaves (47/5)[48].

---

48. La mention du rasoir qui vient sur Gaza est généralement interprétée comme désignation d'un rite de deuil ; *qrhh* est, effectivement, mentionné dans de tels rites (cf. Am 8/10, Es 22/12), mais ce même terme désigne aussi une humiliation infligée à des captifs (cf. Es 3/24). La construction avec le verbe *bw'* que l'on trouve ici fait penser à l'esclavage plus qu'au deuil : ce n'est pas Gaza, en effet, qui se rase (en signe de deuil), mais c'est *qrhh* qui « vient vers Gaza », comme quelque chose de subi, infligé, plus que volontaire. Si l'on ajoute que les rites de deuils étaient bruyants, accompagnés de lamentations et de pleurs, on est surpris de voir ici Ashkalon (sœur de Gaza) se taire (*ndmth*). Aux deux parfaits prophétiques du début de 47/5, s'ajoute un hithpoel de *gdd*, qui, s'il désigne un rite de deuil, doit s'accompagner de cris (cf. 1 R 18/28, Jr 16/6), ce qui n'est pas le cas ici. Mais ce même hithpoel peut être utilisé pour d'autres situations que le deuil (cf. Jr 5/7 chez une

Un document diplomatique de cette époque va dans le sens de cette interprétation : une lettre trouvée à Saqqarah, adressée par un roi de la région des Philistins à Pharaon devant le danger babylonien[49]. Le contenu de cette lettre peut être considéré comme un de ces cris du pays des Philistins (Jr 47/2) devant l'approche de l'ennemi du Nord. Il montre qu'un secours égyptien était réellement espéré par certains roitelets de Syrie-Palestine. Nous n'avons malheureusement pas la réponse de Pharaon à cette lettre. Mais Hérodote nous apprend que Neko prit Gaza et qu'Ophra s'empara de Tyr et Sidon : informations qui corroborent ce qui est dit en Jr 47/1, 5. L'oracle de Jérémie dénonce alors la félonie de l'Égypte qui réduit à l'esclavage ceux qui implorent son secours.

Cet oracle de Jérémie est une véritable leçon de diplomatie internationale. Par la métaphore du torrent il suggère l'infidélité des Philistins à leurs alliés et annonce le châtiment qui va s'ensuivre, infligé non par Baal (comme les Philistins pouvaient s'y attendre) mais par Dieu lui-même, prenant la place de Baal et s'affirmant comme seul dieu capable de régler les affaires internationales. Si Israël veut l'entendre, il y a là une leçon pour lui qui est si enclin à rompre la seule véritable alliance dans laquelle il est engagé : l'alliance avec Dieu. Conjointement, mais en dehors de la métaphore, ce même oracle dénonce l'Égypte comme un faux allié : autre leçon pour israël qui, du temps de Joyaqim et Sédécias, était si enclin à chercher une alliance avec l'Égypte.

7. MÉTAPHORE DU LION (49/19-20//50/44-45)

49/19 s. : *Voici, comme un lion monte de la jungle du Jourdain vers un enclos toujours vert, oui en un instant je le ferai s'enfuir de là, mais qui*

---

prostituée) ; le sens qu'il peut avoir en 47/5 m'échappe, mais, étant donné le silence noté dans ce verset, il y a de fortes chances qu'il ne désigne pas un rite de deuil. A mon avis, 47/5 est l'annonce de l'asservissement des rescapés (*š'ryt*) par l'Égypte. On pourra en rapprocher Jr 2/14-16, où la mise en esclavage par l'Égypte est aussi marquée par un crâne tondu, ou plus exactement « brouté » (*r'h*) comme dit de manière imagée le TM.

49. Cette lettre a été publiée par Dupont-Sommer en 1948 ; pour la bibliographie jusqu'en 1965 voir Fitzmyer (1965, p. 42, n. 1). Plusieurs dates ont été proposées, mais toujours autour des années 600 (entre 604 pour Wiseman et 587 pour Thomas), c'est-à-dire à l'époque de Jérémie. Le roi Adou qui l'a écrite est localisé différemment suivant les interprètes, mais toujours dans la région des Philistins. La lettre est fragmentaire, mais ce qu'il en reste est très évocateur. Voilà la traduction qu'en donne Dupont-Sommer : « Au Seigneur des rois Pharaon, ton serviteur Adou, roi de [...Le salut du Seigneur des rois Pharaon, puissent 'Aštart (?), maîtresse (?)] du ciel et de la terre, et Be'elšemaïn le dieu [le demander en tout temps, et puissent-ils rendre le trône du Seigneur des rois] Pharaon stable comme les jours du ciel ! Ce qui [...L'armée] du roi de Babylone est venue ; elle a atteint (?) Apheq et Š (?) [...] ...ils ont pris... Car le Seigneur des rois Pharaon sait que ton serviteur... d'envoyer une armée pour me délivrer. Ne m'abandonne pas... Et ses biens (= les biens du Pharaon) ton serviteur a sauvegardés. Et ce chef (?)-là [...Et ils ont puni] le gouverneur par la mort, et le secrétaire ils l'ont changé, le secrétaire (?)... »

*choisirai-je pour établir sur elle ? Car qui est comme moi, qui pourrait m'assi-
gner en justice et quel est le berger qui pourrait se tenir devant moi ? C'est
pourquoi, écoutez le projet que le Seigneur projette pour Edom et les pensées qu'il pense sur les habitants de Teyman : on les traînera les petits du
troupeau, sur eux on démolira leur enclos.*

50/44 s. *Voici, comme un lion monte de la jungle du Jourdain vers
un enclos toujours vert, oui en un instant je les ferai s'enfuir de là, mais
qui choisirai-je pour établir sur elle ? Car qui est comme moi, qui pourrait
m'assigner en justice et quel est le berger qui pourrait se tenir devant moi ?
C'est pourquoi, écoutez le projet que le Seigneur projette pour Babylone
et les pensées qu'il pense sur le pays des Chaldéens : on les traînera les petits
du troupeau, sur eux on démolira l'enclos.*

Ces deux textes sont différents, dans la mesure où le premier se trouve
dans un oracle sur Edom et le second dans un oracle sur Babylone, cependant leur énoncé métaphorique est trop proche pour que je les étudie séparément. Pour éviter des lourdeurs et des redites dans mon exposé, je ne parlerai que du premier texte et il ne sera question du second que pour les
différences.

REPÉRAGE DE LA MÉTAPHORE

Le verbe *'lh*, qui fait l'objet de notre étude, apparaît juste après un
terme auquel est adjointe la particule de comparaison *k* ; cette particule est
un indice formel qui sera suffisant pour parler de métaphore si l'on peut
noter qu'il est accompagné d'un changement d'isotopie. Sans avoir à pré-
juger de l'identité de ce qui est comparé au lion, il suffit de relever que dans
le contexte proche (avant comme après les versets cités ci-dessus) l'isotopie
dominante n'est pas celle de la zoologie pour pouvoir affirmer que la mention du lion constitue un changement d'isotopie par rapport au contexte.
Ayant constaté la présence d'un indice formel avec changement d'isotopie,
il est possible de dire que le verbe *'lh* se trouve ici dans une métaphore.

DÉLIMITATION DE LA MÉTAPHORE

Dans chacun des deux textes , le verset précédent (49/18 et 50/43) ne
relève pas de l'isotopie du lion en sorte que dans les deux cas la métaphore
commence avec *hnh* au début du verset.
Dans la délimitation des énoncés, les difficultés surgissent dès la mention de *'lh* ; ce verbe en effet peut avoir pour sujet « lion » (le métaphorisant) ou peut avoir un sujet sous-entendu (le métaphorisé). Dans le premier
cas, on traduira avec TOB par « Tel un lion qui monte... » en considérant
que l'énoncé métaphorisant englobe le verbe et se poursuit avec ses compléments. Dans le second cas, on traduira avec BP par « Voici que, tel un lion,
quelqu'un monte... » en considérant que l'énoncé métaphorisant se limite
à la seule mention du lion et que *y'lh* et ses compléments appartiennent à
l'énoncé métaphorisé. Sur le plan grammatical les deux traductions sont cor-
rectes. Pour choisir entre les deux il suffira d'examiner les compléments du

verbe ; suivant que ceux-ci appartiennent ou non à l'isotopie du lion, on pourra dire si le verbe et eux font partie ou non de l'énoncé métaphorisant.

Avant d'examiner les compléments de *y'lh*, l'accentuation massorétique est à prendre en considération. Sur *k'ryh* se trouve un disjonctif qui semble indiquer que « lion » n'est pas sujet du verbe (« comme un lion, il monte »), ce qui donne raison à BP. Cependant, rien n'est moins sûr. En effet, la construction de la métaphore est très proche de celle de la métaphore des nuages en 4/13 (cf. p. 117 ss.) :

hnh k'nnym y'lh
hnh k'ryh y'lh

On se souvient que dans la métaphore des nuages il n'y a pas d'équivoque sur le sujet de *y'lh* ; le sujet grammatical y est le métaphorisé singulier (vent) et non le métaphorisant pluriel (nuages). Pour cette métaphore on attendrait un disjonctif avec « nuages » (« Voici comme des nuages, il monte »). Or, les massorètes ont placé un conjonctif étonnant pour ce passage qui ne peut être traduit autrement. Leur préoccupation ne semble pas être de souligner le passage d'un énoncé à l'autre. En 49/19 il n'est donc pas certain que le disjonctif marque le passage de l'énoncé métaphorisant à l'énoncé métaphorisé, ce qui ne lève pas l'équivoque sur le sujet de *y'lh*.

BP traduit *g'wn hyrdn* par « la crue du Jourdain » et Ostervald par « débordement du Jourdain ». Traduire ainsi peut s'appuyer sur le fait que le verbe *g'h* est utilisé en Ez 47/5 à propos d'une inondation. L'expression *g'wn hyrdn* se retrouve en Jr 12/5 et Za 11/3 et dans ce dernier passage il ne peut être question d'inondation, ce que reconnaissent BP, qui en Za 11/3 traduit par « la gloire du Jourdain », et Ostervald, qui traduit par « l'orgueil du Jourdain ». En Za 11/3, en effet, il est question de détruire (*šdd*) *g'wn hyrdn* : on ne peut détruire une crue ! Il vaut mieux voir dans cette « luxuriance du Jourdain », la végétation luxuriante des bords du fleuve, qui, elle, peut être détruite (*šdd*). De toute façon, et quel que soit le sens de cette expression, il est à noter qu'en Za 11/3 il est aussi question de lions, ce qui me fait dire que *g'wn hyrdn* appartient à l'isotopie du lion. Pour moi, je traduirai avec TOB par « jungle du Jourdain », qui convient dans les trois passages où apparaît l'expression et qui évoque la végétation proche du Jourdain, où se tiennent des lions[50]. Quand on sait qu'effectivement, jusqu'à une période encore relativement récente, des lions vivaient sur les bords du Jourdain, on pourra considérer que *g'wn hyrdn* appartient bien à l'isotopie du lion.

---

50. Traduire par « jungle » ne vise pas à comparer la végétation du Jourdain à celle de l'Inde (elles ne sont pas comparables). Si ce terme est choisi c'est parce qu'en français il est connoté par l'idée de dangers provenant principalement de fauves. Cette traduction convient pour Za 11/3 qui mentionne les lions, ainsi que pour Jr 12/5, où l'expression désigne un lieu dangereux par opposition à *'rṣ ḥ šlwm* qui désigne un lieu sans le moindre danger.

Le mot *nwh* désigne un lieu de pâturage, le plus souvent avec enclos (cf. 23/3, 33/12, 50/19, si l'on s'en tient au seul livre de Jérémie). Ce mot appartient bien sûr à l'isotopie ovine, mais aussi à celle du lion étant donné que pour ce fauve *nwh* désigne un lieu où il peut s'introduire pour y trouver des proies. Qualifié de *'ytn*, le pâturage est décrit comme arrosé en permanence, ce qui revient à dire qu'il peut en toutes saisons accueillir des troupeaux et donc qu'en toutes saisons aussi des lions pourront y faire des victimes[51]. Ainsi, *g'wn hyrdn* et *nwh 'ytn* désignent deux lieux où l'on peut se trouver en présence de lions : les deux expressions appartiennent à l'isotopie du lion.

Cette étude des compléments de *'lh* montre que le sujet de ce verbe peut très bien être *'ryh*, sans la moindre incohérence isotopique : « un lion monte de la jungle du Jourdain vers un enclos toujours vert ». Si l'on pense avec BP que le sujet de *y'lh* est le métaphorisé (« *il* monte de la jungle du Jourdain vers un enclos toujours vert »), alors cette proposition devant décrire le métaphorisé, et donc la réalité, devient énigmatique : qui donc en effet pourrait ainsi monter du Jourdain ? Que signifieraient de tels propos pour Edom ou pour Babylone ? Ne trouvant pas ce qui pourrait correspondre à un tel métaphorisé, je préfère m'en tenir à « lion » comme sujet de *y'lh*, ce qui n'a rien d'énigmatique.

Jusqu'à *'ytn*, l'énoncé est entièrement à la troisième personne. Par contre, après ce mot les propositions passent à la première personne, ce qui peut marquer la fin de l'énoncé métaphorisant et indiquer que « je » (c'est-à-dire Dieu) est le sujet métaphorisé. Avec le hiphil de *rwş* il est dit que Dieu « fait courir », ce qui peut être dit aussi d'un lion, surtout si celui-ci est entré dans un enclos (berger et moutons n'ont rien d'autre à faire alors que de courir). Cette double appartenance isotopique fait de ce verbe un foyer, employé pour le métaphorisé (Dieu) et sous-entendu pour le métaphorisant (lion).

L'emploi de la première personne se poursuit jusqu'à la fin du verset 19. Puis il est question de Dieu à la troisième personne en 49/20, ce qui est une nouvelle rupture dans l'énoncé. On peut donc pour l'instant délimiter la métaphore ainsi : énoncé métaphorisant de *'ryh* à *'ytn* et énoncé métaphorisé dans le reste du verset 19.

On a remarqué que le lion s'introduit dans un pâturage et que nous avons affaire ici à un lion chasseur de moutons. De cette manière l'isotopie métaphorisante englobe celle du lion et celle des ovins, ce qui complique l'analyse car on trouve à la fin du verset 19 (dans l'énoncé métaphorisé) la mention d'un berger, ce qui relève de l'isotopie métaphorisante. Il n'y a pas là mélange des énoncés ; ce terme en effet est une métaphore morte

---

51. « Il existe heureusement des oasis fertiles toute l'année, et où se concentrent les troupeaux ; ce sont les *nwh 'ytn* dont parle Jr 49/19, 50/44 » (Reymond, p. 3, n. 9).

et sa présence dans l'énoncé métaphorisé peut s'expliquer de la manière suivante : pour le métaphorisé (= Dieu) le sens est : « quel est le chef qui peut se tenir devant moi ? ». En désignant le chef par la métaphore morte du berger, l'énoncé prolonge, mais de manière sous-entendue, l'énoncé métaphorisant : « quel est le berger qui peut se tenir devant... un lion dans un enclos ». On s'aperçoit que la métaphore morte du berger est intégrée à celle du lion, dont le métaphorisé est toujours Dieu, et que cette intégration était préparée déjà par la mention du pâturage en 19a.

Dans cet ensemble extrêmement cohérent se trouve une troisième métaphore (« Qui est comme moi ? »), où Dieu n'est plus métaphorisé par le lion, mais métaphorisant, ce qui crée un niveau métaphorique supplémentaire, facile à isoler dans l'analyse. Cette dernière métaphore, sans lien avec le verbe 'lh, ne sera pas étudiée ici, alors que celle du berger le sera en tant que prolongement et suite du contenu de 'lh : si le lion monte dans un pâturage, l'attitude que prendra un berger face à une telle situation découle bien du fait que le lion est « monté ».

On ne peut pas s'arrêter là ; le face à face entre le lion et le berger à des prolongements en 20b où reparaît l'isotopie pastorale avec en particulier une nouvelle mention de *nwh*. Par son vocabulaire 20b apparaît comme une reprise de l'énoncé métaphorisant, après 20a qui appartient au cadre narratif en incise dans l'énoncé métaphorique.

Dans cet ensemble métaphorique complexe, la métaphore du « lion dans l'enclos » se délimite ainsi : énoncé métaphorisant en 19a (de *'ryh* à *'ytn*) et 20b, énoncé métaphorisé dans le reste du verset 19.

ÉTABLISSEMENT DU TEXTE

L'étude de ce doublet (49/19 s. et 50/44 s.) présente au niveau de la LXX (= 30/13 s. et 27/44 s.) une difficulté supplémentaire. On sait en effet, depuis Thackeray (1921, p. 11) en particulier, que la LXX de Jérémie n'est pas l'œuvre d'un seul traducteur. Selon Thackeray les 29 premiers chapitres de la LXX (suivant l'édition de Rahlfs) sont l'œuvre d'un premier traducteur, les chapitres suivants d'un deuxième et le chapitre 52 d'un troisième. Pour Tov, qui a repris la question en 1976, un premier traducteur a traduit l'ensemble de Jérémie et un second a révisé et corrigé son travail à partir du chapitre 30. Je n'entre pas ici dans la discussion, mais il faut en tenir compte ici, étant donné que le doublet n'a pas (selon Thackeray) ou pas totalement (selon Tov) été traduit par la même personne. Il faut le savoir, surtout si l'on note des différences entre les deux textes grecs (ce qui est le cas).

Pour 49/19 s., on trouve entre TM et LXX (= 30/13 s.) quelques différences. *mg'wn* est traduit par « du milieu de », ce qui provient d'une confusion avec l'araméen *mgw'*, comme le font justement remarquer Rudolph (dans BHS) et Tov (1981, p. 125 s.). Il me paraît important de noter que cette confusion est peut-être révélatrice de la difficulté que cette métaphore a pu représenter pour ce traducteur. Cela semble se confirmer si l'on observe que *'ytn* n'est pas traduit, mais simplement transcrit (*Aithan*). A mon avis, le traducteur grec de 49/19 s. a éprouvé des difficultés pour traduire cette métaphore. Du coup, il sera risqué de faire confiance à sa traduction pour corriger le TM.

Le suffixe de *'ryṣnw* est singulier dans le TM et il est rendu par un pluriel dans la LXX. Un examen du texte parallèle (50/44) révèle que le même verbe est suivi d'un suffixe pluriel (aussi traduit par un pluriel dans la LXX). Cette différence de suffixes entre les deux textes hébreux est à retenir comme lectio difficilior, alors que les traductions au pluriel dans la LXX apparaissent comme harmonisantes. Cette harmonisation, qui est l'œuvre du traducteur de 49/19, révèle encore un certain embarras devant les difficultés du texte hébreu.

Les plus grosses divergences apparaissent dans la dernière expression de 19a (*wmy bḥwr 'lyh 'pqd*) ; celle-ci est traduite par « et vous établirez les jeunes gens sur elle » (*kai tous neaniskous ep autên epistêsate*). Les divergences sont effectives en tout cas sur deux points : l'absence du pronom interrogatif (*my*) dans la LXX et le changement de la première personne du singulier du verbe *'pqd* (« j'établirai ») en deuxième personne du pluriel (« vous établirez »). Quant à la traduction du singulier *bḥwr* par un pluriel, elle ne vient pas forcément d'une différence de Vorlage. On pourrait penser que la LXX avait un pluriel (*bḥwrym*) à traduire et que la désinence du pluriel pourrait provenir d'un déplacement et d'un renversement de l'interrogatif *my* ; mais ce n'est pas sûr. En effet, le même *bḥwr* au singulier en 15/8 est aussi traduit par le pluriel *neaniskous*, ce qui laisse penser que pour la LXX ce terme hébreu était considéré comme un collectif. Dans le même sens, *bḥwr* II, au singulier dans le TM, est aussi très souvent rendu par un pluriel dans la LXX (cf. Ex 14/7, Jg 20/16, 34, 1 S 24/3, 1 R 12/21, 2 C 11/1, 13/3bis, 17, 25/5). Il n'est donc pas possible d'assurer que la LXX a lu *bḥwrym* là où le TM a *my bḥwr*. La même expression dans le texte parallèle (50/44) est mieux traduite en LXX (27/44) : « et j'établirai toute la jeunesse sur elle » (*kai panta neaniskon ep autên epistêsô*). On observe en effet que TM et LXX sont cette fois d'accord sur la première personne du verbe, que *bḥwr* est traduit par un singulier et que ce terme a été considéré comme un collectif, étant donné le *panta* du grec. Mais encore une fois l'interrogatif *my* n'est pas traduit. Ce terme hébreu est certainement la plus grosse difficulté dans l'établissement du texte de cette métaphore.

Si le traducteur de 49/19-20 a été embarrassé pour traduire la métaphore, qu'en est-il du traducteur de 50/44-45 ? Lui aussi a été embarrassé par *mg'wn*, dont il n'a traduit que la préposition *mn* (*apo*), et lui aussi n'a fait que transcrire *'ytn* en *Aithan*. Mais pour le reste sa traduction suit le texte que nous avons dans le TM (mis à part *my* en 44a, comme cela a déjà été dit). Grâce à ce traducteur de 50/44-45, on peut dire que le texte du TM peut être retenu en tout point, sauf sur le *my* de *my bḥwr* qui reste mal établi. Je le maintiendrai cependant étant donné le caractère relativement peu fiable de la LXX pour cette métaphore.

BHS signale en 49/19 le Ketib des recensions orientales pour *y'ydny* modifié en *y'ydnw*, ce qui change le suffixe de la première personne en suffixe de la troisième personne, en sorte que l'antécédent n'est plus Dieu, mais peut-être *bḥwr*. Je vois dans cette correction une préoccupation théologique ; en effet « qui pourrait m'assigner en justice ? » a dû paraître choquant, dès lors qu'il mettrait Dieu au banc des accusés. En outre l'accord entre TM et LXX sur ce suffixe de la première personne plaide pour le maintien du TM.

Plusieurs manuscrits hébreux (dont Le Caire) ont en 44/20 *nwyhm* pour *nwhm*. Le singulier me paraît préférable dans la mesure où toutes les versions anciennes ont traduit ce terme par un singulier.

Les propositions de corrections faites par les exégètes modernes ne manquent pas ; les plus importantes tentent d'expliquer l'absence de l'interrogatif observée dans la LXX en 49/19a. Pour les uns (Nicholson, Weiser, Bright, Thompson) le *my* fautif dans le TM viendrait du déplacement de deux consonnes *m* et *y*. Le *m* serait à rattacher au mot suivant, ce qui donne *mbḥr* (le surchoix, le meilleur), et le *y* à insérer en *'lyh*, ce qui donne *'ylyh* (ses béliers) (cf. BHS) ; le sens de l'expression serait alors « je châtie le surchoix de ses béliers », ce qui ferait opposition avec la mention des « petits du troupeau » en 49/20. Cette proposition est astucieuse et reste dans la logique de l'isotopie métaphorisante, cependant il est impossible d'expliquer comment à partir d'un tel texte, s'il est originel, les deux traditions représentées par la LXX et le TM ont pu dévier de manières si différentes. Pour d'autres (Condamin, Schneider) seul le *y* serait à déplacer et deviendrait suffixe dans *bḥwry* (« et j'établirai sur elle mon élu »), mais rien n'est dit du *m*. Plus intéressantes sont pour moi les corrections qui peuvent bénéficier de l'appui d'une version. Ainsi le déplacement de *y* et du *m* à la fin de *bḥwr* pour obtenir le *bḥwrym* qu'a pu lire la LXX, comme le suggère TOB dans sa traduction : « je dépêche contre elle les jeunes guerriers ». De son côté, BP, en supprimant le *my* sans en récupérer les consonnes, peut espérer rejoindre ce qu'a pu être la Vorlage de la LXX : « et je préposerai sur elle celui qui sera choisi ». Aucune de ces solutions ne me satisfait, car elles font plus confiance à la LXX qu'au TM en supprimant le *my* ; or l'embarras que je crois avoir noté chez les traducteurs de la LXX ne me rend pas aussi confiant dans leurs traductions de cette métaphore. J'en reste donc au TM.

En s'appuyant sur la LXX, Condamin, Bright et Thompson transforment en 49/19 le suffixe singulier de *'ryṣnw* en suffixe pluriel, ce qui revient à une certaine harmonisation avec 50/44. On peut noter que la Vulgate de son côté fait une harmonisation inverse en transformant le suffixe pluriel de *'ryṣm* en 50/44 en singulier pour rejoindre 49/19. Harmoniser, dans un sens ou dans l'autre, me paraît être une solution de facilité. Pour ne pas avoir à trancher sur ce point, BHS propose de corriger l'expression en *'rg'h 't ṣ'n mr'ytw* (« je veux effrayer le troupeau de son pâturage »). Cette correction est à rejeter car elle ne s'appuie sur aucune version, mais aussi parce qu'elle détruit une admirable allitération en *'r* (*'rgy'h*, *'ryṣnw*) qui fait écho au *'ryh* du début du verset. J'en reste donc au TM avec ses différences quant au suffixe du verbe *rwṣ*. A propos de ce verbe enfin, le hiphil du Qeré en 50/44 me paraît préférable au qal du Ketib, car dans l'AT le qal de *rwṣ* ne se construit jamais avec un suffixe.

En 19a, Duhm propose de corriger *ky* en *kn* (cf. BHS) ; Bright adopte cette correction, mais cela ne me paraît pas indispensable. Thompson fait, en effet, remarquer que *ky* assévératif a un sens proche de *kn* (cf. J 164b). En outre les versions traduisent ce mot de la même manière que le *ky* de 19b ; c'est donc qu'elles ont aussi lu *ky* en 19a.

Volz corrige *'ytn* en *tymn* en s'appuyant d'une part sur la traduction arménienne collationnée par Sergius Malea et d'autre part sur le fait que l'orthographe de *Aithan* varie suivant les manuscrits de la LXX. Cette hésitation sur *Aithan* comme nom propre me paraît venir du fait que *Aithan* est un nom de personne (cf. 1 R 5/11, Ps 89/1, 1 C 2/6, 8, 6/29, 15/17, 19), mais pas un nom de lieu. Ignorant où pouvait se situer un tel lieu (cf. le *eis topon Aithan* de la LXX), la version arménienne a dû harmoniser avec Teyman, mentionné au verset suivant.

Même si le TM est difficile, je crois qu'il faut le garder.

ÉTUDE DU MÉTAPHORISANT

49/19 s. : *Un lion monte de la jungle du Jourdain vers un enclos toujours vert (sous-entendu : oui, en un instant il le fera s'enfuir de là, car quel est le berger qui pourrait se tenir devant lui ?) On les traînera les petits du troupeau, sur eux on démolira leur enclos.*

50/44 s. : *Un lion monte de la jungle du Jourdain vers un enclos toujours vert (sous-entendu : oui, en un instant il les fera s'enfuir de là, car quel est le berger qui pourrait se tenir devant lui ?) On les traînera les petits du troupeau, sur eux on démolira l'enclos.*

Pour ce qui est des sous-entendus dans cet énoncé, voir p. 164 s. A cause des difficultés du texte, tout n'est pas clair, mais on peut comprendre tout de même le sens général.

Étant donné que la vallée du Jourdain est toujours en contrebas par rapport aux territoires qui l'entourent, le verbe *'lh* semble ici tout indiqué pour décrire le déplacement du lion, même si la localisation de l'enclos dont il est question ici n'est pas précisée. L'image reste floue sur ce point, mais elle est évocatrice. Le point de départ du lion n'a rien d'étonnant : il est le lieu par excellence d'habitation de ces fauves. En parlant d'un enclos toujours vert, l'énoncé laisse déjà entendre qu'un carnage se prépare et l'on en connaît les victimes. En peu de mots le tableau est brossé et le scénario est bien assez connu par les Israélites pour qu'il soit nécessaire d'en dire plus. Cela fait partie des faits divers, malheureusement trop fréquents, et l'auditeur, lui-même proche du monde rural, ne peut se placer que du côté des victimes. C'est une menace qui est décrite ici.

Y aurait-il plus que cette menace empruntée aux faits divers du monde rural ? A ma connaissance, la mention de la « jungle du Jourdain » n'a pas de connotation particulière qui pourrait nous faire sortir du monde des lions et le Jourdain n'est pas lié à telle ou telle divinité qui pourrait rendre le lion encore plus redoutable. Il est vrai que le lion est par excellence l'attribut des dieux infernaux (cf. plus haut, p. 115) et que la « montée » du lion pourrait être une montée des enfers. Une telle connotation infernale serait à retenir si le Jourdain avait un lien quelconque avec l'enfer ; or, à ma connaissance, ce n'est pas le cas et comme on ne peut pas dire autre chose que « monter » pour décrire un départ du Jourdain, je ne retiens pas cette connotation. Pour *nwh 'ytn* il en est de même : étant donné que cette expression ne se retrouve pas ailleurs qu'ici, il n'est pas possible de dire si elle est chargée de telle ou telle connotation. En dire plus serait tout à fait gratuit ; il nous faut en rester au « fait divers », qui de toute manière est évocateur d'une très sérieuse menace.

En 49/19 l'énoncé sous-entend que le lion « le » fait courir. Il doit s'agir ici du berger de l'enclos, ce qui explique la question suivante, à laquelle on ne peut répondre que négativement (« quel est le berger qui pourrait se tenir devant lui ? »). Après l'allusion à la fuite du berger la logique du carnage est claire, cependant le TM offre quelques difficultés.

Les exégètes sont d'accord pour voir en *ṣ'yry hṣ'n* les « petits du troupeau ». Duhm et Volz cependant comprennent cette expression comme désignant les « aides des bergers ». Mais, étant donné que les versions anciennes s'accordent à voir ici une désignation des « petits du troupeau », c'est-à-dire des agneaux et des chevrettes, j'en reste à cette dernière interprétation.

La forme *yshbwm* est discutée ; certains comme Nicholson et Thompson corrigent en niphal et remplacent le suffixe par *gm* (cf. BHS et la traduction de BJ 1 : « Oui, même les plus chétives brebis sont traînées »). Sans corriger le texte, TOB fait de *ṣ'yry hṣ'n* le sujet du verbe (« Les petits du troupeau les traîneront »), mais le sens convient peu avec la métaphore : que peuvent donc traîner les moutons face à un lion ? S'il s'agit des Édomites ou des Babyloniens, le mélange des énoncés métaphorisant et métaphorisé est surprenant. La traduction de Segond (« on les traînera comme de faibles brebis ») me semble gloser le texte (avec « comme ») inutilement. Le point de vue de Weiser me paraît préférable ; ce dernier fait de *ṣ'yry hṣ'n* un complément du verbe, apposé au suffixe (« on les traînera, les petits du troupeau »). Le qal de *shb* se trouve aussi en 22/19 dans la description d'un âne mort que l'on « traîne » et que l'on jette. Il pourrait donc être question ici de quelques cadavres laissés par le lion après son passage et dont on n'a plus qu'à se débarrasser. Les cadavres des petits du troupeau, tant le lion s'est repu, bien sûr, des plus belles bêtes.

Le sens de *'l* dans la dernière expression est différemment interprété : « il ravagera leur domaine *à cause d*'eux » (TOB), « ne va-t-on pas dévaster leur prairie *devant* eux ? » (BP), « on fera s'écrouler *sur* eux leurs bergeries » (Rabbinat). Le sens de « sur » me paraît préférable. En effet, si les cadavres des bêtes ont été traînés jusqu'au pied des murs de l'enclos, ces murs, généralement en pierres sèches, n'ont plus qu'à être démolis pour recouvrir les cadavres. C'est dire que l'enclos, n'ayant plus de raison d'être, est transformé en cimetière.

Pour certains le hiphil de *šmm* est à transformer en niphal, étant donné que la LXX traduit par en passif. (Cf. BC : « et le lieu où elles pâturent sera frappé de stupeur à cette vue »). Cela ne me paraît pas nécessaire : le sujet singulier du hiphil peut avoir un sens impersonnel (cf. J 155d) de même que le sujet pluriel du verbe précédent (cf. J 155b). Cette imprécision sur le sujet des verbes permet d'attirer l'attention, non sur les auteurs de ces actes, mais sur les bêtes victimes du lion.

On pourra noter que cet énoncé métaphorisant, se terminant sur la désolation de l'enclos, est judicieusement inséré dans une description de Sodome et Gomorrhe (49/18 et 21), qui jette sur cet enclos une sorte de malédiction : il ne sera plus jamais habité.

En 50/44-45, l'absence de suffixe au dernier mot de l'énoncé (l'enclos et non leur enclos) ne change rien au sens. La seule différence importante est le suffixe pluriel du verbe *rwṣ* (*les* faire courir). Ce suffixe semble renvoyer, non au berger cette fois, mais aux moutons, que l'on voit partir en tous sens devant le lion. On peut aussi noter que cette métaphore n'est pas insérée ici dans la description de Sodome et Gomorrhe, ce qui lui donne moins de force.

ÉTUDE DU MÉTAPHORISÉ

49/19 : *Voici... oui, en un instant, je le ferai s'enfuir de là, mais qui choisirai-je pour établir sur elle ? Car qui est comme moi, qui pourrait m'assigner en justice et quel est le berger qui pourrait se tenir devant moi ?*

50/44 : *Voici... oui, en un instant, je les ferai s'enfuir de là, mais qui choisirai-je pour établir sur elle ? Car qui est comme moi, qui pourrait m'assigner en justice et quel est le ·berger qui pourrait se tenir devant moi ?*

Dans cette métaphore qui englobe la métaphore du berger, on se trouve en fait devant plusieurs sujets métaphorisants (lion, berger), ce qui fait autant de sujets métaphorisés à identifier.

Pour ce qui est du berger, on sait déjà que ce terme désigne métaphoriquement un chef politique et militaire, le plus souvent un roi humain ou divin[52]. C'est dire que nous sommes placés là devant la réalité politique et militaire des nations (Edom en 49 et Babylone en 50) auxquelles la métaphore est adressée. Devant ce doublet, ces deux destinataires, il peut être

---

52. Voir en particulier l'étude de De Robert sur *Le Berger d'Israël*, qui montre bien que le « berger » est une métaphore morte pouvant désigner aussi bien un roi qu'un dieu et même, bien sûr, Dieu lui-même, le berger d'Israël.

intéressant de se demander d'abord auquel de ces deux peuples la métaphore a été adressée en premier et pour lequel il s'agit d'une reprise. La question est en effet très débattue : pour Condamin et Volz, par exemple, priorité est accordée à Edom, alors que pour Rudolph et Steinmann c'est Babylone qui aurait eu la primeur. A l'exception de Rudolph, ces points de vue ne sont pas argumentés ; il s'agit plutôt d'impressions !

L'argument de Rudolph repose sur le contenu de la métaphore. L'image étant grandiose, ainsi que la chute des destinataires, ces derniers doivent être eux-mêmes à la mesure d'un tel contenu : d'où le choix de Babylone, plus majestueuse qu'Edom.

Un autre type d'arguments me paraît plus décisif. Entre 49/19-20 et 50/44-45 les différences de texte les plus importantes viennent du changement des noms des destinataires. Or, ces changements ne sont pas sans conséquences. Les mentions de Babylone et du pays des Chaldéens, propres à 50/45, ne font l'objet d'aucun jeu de mots dans la métaphore. Par contre, celle de Teyman, propre à 49/20, fait l'objet d'un jeu de mots dans cette métaphore : *'ytn* et *tymn*. Si l'on remarque que dans l'oracle sur Edom les jeux de mots sur les noms propres sont nombreux (ainsi *mṣrh* et *bṣrh* en 49/22 pour la ville de Boçra, ou bien *'dm* et *'dwm* en 49/17-18 pour Edom), on s'aperçoit que la métaphore est, par le jeu de mots, plus liée à la réalité édomite que babylonienne. Je pense même que la mention de *ṣ'yr* en 49/20 fait jeu de mots avec *ś'yr*, autre nom propre typiquement édomite (cf. Gn 36/8, Dt 2/4, 8, 12, 22, 29). En passant d'Edom à Babylone les jeux de mots de la métaphore disparaissent, pour n'être remplacés par aucuns. J'en conclus qu'avant d'être reprise pour Babylone la métaphore du lion a d'abord été adressée à Edom. Duhm a émis l'idée que la métaphore aurait pu être antérieure aux deux et adaptée aux deux, mais le jeu de mots entre *'ytn* et *tymn*, que je crois constitutif de la métaphore même, ne me permet pas de suivre Duhm. C'est autour du nom de Teyman, qui est une désignation d'Edom, que s'est constituée la métaphore, où *tymn* est désigné par *nwh 'ytn*[53].

Pour d'autres raisons encore, la métaphore est mieux insérée dans l'oracle sur Edom que dans celui sur Babylone. On a noté plus haut que l'insertion de la métaphore dans la description de Sodome et Gomorrhe en 49 donne plus de force à la métaphore et que cela n'est pas en 50 : autre indice d'un déplacement. Un autre point peut être relevé. Au début de l'oracle, en 49/7, est déplorée la fin de la sagesse en Edom et Teyman : il n'y a plus de *'ṣh*, est-il dit. Face à ce manque ou cette absence de *'ṣh*, 49/20 proclame alors,

---

53. On peut penser que dans la LXX le traducteur de ce passage a été sensible au jeu de mots qu'il a rendu en transcrivant *Aithan* et *Thaiman*. Mais il ne peut en être de même pour le traducteur de l'oracle sur Babylone, qui en transcrivant *Aithan* ne fait aucun jeu de mots. Pour ce dernier je continue à croire que sa transcription manifeste un embarras.

non sans humour, la *'ṣh* de Dieu contre Edom et Teyman : admirable pointe contre la sagesse légendaire des Édomites. Or, dans l'oracle sur Babylone cette mention antithétique de *'ṣh* n'apparaît pas, ce qui donne moins de force alors à ce passage. Enfin, une image située sur les bords du Jourdain a plus de pertinence pour la proche Edom que pour la lointaine Babylone.

Si la priorité peut être accordée à Edom, quel est donc ce lion qui monte vers l'enclos toujours vert — *'ytn* — de *tymn* ? Sur ce point, les commentateurs sont divisés. Pour Condamin, entre autres, le métaphorisé est un ennemi. Son point de vue tient essentiellement à la compréhension qu'il a des premiers mots de 19a ; il traduit par : « Voici, comme un lion il s'élance », prêtant ainsi le flanc à la critique que j'ai faite plus haut (p. 163 s.) à BP. Refuser ce type de traduction c'est refuser aussi ce métaphorisé. Certes l'ennemi peut être comparé à un lion, on l'a vu en 4/7, mais dans le cas présent, si le métaphorisé était encore celui-ci, on verrait mal quel serait l'ennemi qui, suivant la traduction de Condamin, « s'élance des halliers du Jourdain sur les pâturages perpétuels » !

Ceux qui voient dans le lion l'ennemi d'Edom sont généralement embarrassés par les suffixes de la proposition suivante : « Je *le* ferai s'enfuir de dessus *elle* ». Le plus souvent le suffixe masculin du verbe est transformé en pluriel[54], sans doute pour éviter de penser que Dieu chasserait le lion pour prendre la défense d'Edom, ce qui irait à l'encontre du contenu de l'oracle. Sinon, ce même suffixe masculin est interprété comme désignant Edom[55], ce qui est une erreur car, dans Jérémie en tout cas, Edom est considéré comme un féminin[56]. C'est précisément à Edom, et non à *nwh* qui est masculin, que renvoie le suffixe féminin de *m'lyh*, comme de *'lyh* (« je le ferai s'enfuir de dessus elle — Edom —, mais qui choisirai-je pour établir sur elle — Edom — ? »). Que faire alors du suffixe masculin ? il ne peut renvoyer, à mon avis, qu'à ce dont il est question par la suite : le berger, c'est-à-dire le roi d'Edom. Avec cette anticipation du suffixe, nous voilà invités à rejoindre les défenseurs de l'autre interprétation de la métaphore : le métaphorisé, qui, tel un lion, fait fuir le berger, est Dieu.

Ceux qui voient dans « lion » le métaphorisant de Dieu (Duhm, Weiser, Rudolph...) traduisent alors en faisant de *'ryh* le sujet grammatical de

---

54. C'est ce que font Condamin (« Voici, comme un lion il s'élance des halliers du Jourdain sur les pâturages perpétuels ; en un clin d'œil je *les* en ferai partir ») et BP (« Voici que, tel un lion, quelqu'un monte de la crue du Jourdain vers la prairie toujours verte ! En un instant je *les* ferai s'enfuir d'au-dessus d'elle »). De même aussi Darby et BJ 2.

55. Ainsi VS (« Tel qu'un lion, l'ennemi monte des rives orgueilleuses du Jourdain contre l'antique demeure. Soudain j'en ferai fuir *Edom* »). De même aussi Crampon et Segond.

56. Le genre féminin d'Edom apparaît très clairement juste avant la métaphore en 49/17 (*whyth*, *'lyh*, *mkwth*) et 49/18 (*bh*). Il en est de même juste après en 49/21 (*qwlh*). Jamais dans Jérémie Edom n'est au masculin.

y'lh (« comme un lion monte... je ferai courir »), ce qui souligne bien le lien entre le métaphorisant (lion) et le métaphorisé (je = Dieu). C'est pour souligner ce lien que Duhm a proposé de remplacer en 19a *ky* par *kn* (« comme un lion... *ainsi* je... »). Duhm retrouve ainsi une construction courante de métaphore avec deux particules comparatives (cf. plus haut, p 31), mais il n'est pas nécessaire de procéder ainsi, comme on l'a vu plus haut (p. 168). Le lien métaphorique n'est pas souligné ici par l'emploi de deux particules comparatives, mais par le biais de l'allitération : *'ryṣnw* (pour le métaphorisé) reprend *'ryh* (le métaphorisant).

Autant un ennemi peut être métaphorisé par le lion (cf. 4/7), autant Dieu peut l'être aussi (cf. 25/30, 38), ce en quoi Jérémie n'innove pas (cf. avant lui Am 1/2, 3/8, Os 5/14, 13/7).

Le principal foyer de cette métaphore est *rwṣ* et non le verbe *'lh* ; l'énoncé, en effet, peut être ainsi développé : « comme un lion monte vers un enclos et fait courir, je fais courir... ». Ce foyer est souligné par l'allitération déjà signalée, mais aussi par le fait qu'il est inhabituel d'imaginer Dieu en train de faire courir, alors que cela est naturel pour un lion. La force de ce verbe dans la métaphore vient de son emploi insolite ; elle est soulignée par le métaphorisant auquel il renvoie (Dieu fait courir comme un lion fait courir) ; elle l'est aussi par le terme qui précède et qui fait encore allitération (*'rgy'h* : en un instant, en un clin d'œil). Tout est mis en œuvre pour évoquer la panique subite qui s'empare des Édomites. Je pense même que l'allitération en *'ar* est choisie par Jérémie pour évoquer le rugissement du lion. Devant un tel danger, le berger, c'est-à-dire le roi et peut-être même le dieu qu'Edom, ne peut que s'enfuir.

Pour les quatre questions qui suivent, les réponses sont toutes négatives, ce qui permettra de comprendre la résolution exposée en 49/20 et introduite par *lkn* (c'est pourquoi). Ces questions portent en partie sur celui que Dieu pourrait choisir pour établir sur Edom, c'est-à-dire sur le berger qui pourrait remplacer celui qui s'est enfui. Cela donne à la dernière des quatre questions un double sens.

L'expression « se tenir devant » (*'md lpny*) a une double signification. D'une part, elle décrit l'attitude d'un serviteur devant un supérieur ; c'est ainsi que Jérémie se tient devant Dieu (15/19, 18/20) pour intercéder comme Abraham (Gn 18/22), Moïse et Samuel (Jr 15/1) ; c'est ainsi aussi que les Lévites (Dt 10/8, 18/7), les prêtres (Jg 20/28), Élie (1 R 17/1, 18/15), Élisée (2 R 3/14, 5/16) et Israël (Lv 9/5, Dt 4/10, Jr 7/10) se tiennent devant Dieu à son service[57]. D'autre part, elle décrit l'attitude d'un adversaire qui résiste (cf. 1 S 6/20, 2 R 10/4) et dans ce cas personne ne peut résister devant Dieu (Na 1/6, Ps 76/8). Les deux significations de la dernière question en 49/19 sont alors les suivantes : « Quel est le berger qui résisterait devant

---

57. Comme des serviteurs se tiennent devant un roi (Gn 41/46, 1 S 16/22, 1 R 10/8, 12/8, Jr 52/12...).

moi ? » (et dans ce cas le berger est le roi d'Edom qui n'a plus qu'à s'enfuir)
et « Quel est le berger qui sera à mon service ? » (et dans ce cas le berger
est le nouveau roi que Dieu établirait sur Edom à la place de celui qui s'est
enfui). Il est donc fait allusion dans ces questions à deux rois, celui d'Edom
qui s'enfuit et son successeur qui pourrait être édomite aussi, mais qui plus
vraisemblablement serait un suzerain étranger. La résolution que prend Dieu
en 49/20 (c'est pourquoi) montre qu'à toutes ces questions on ne peut répondre que négativement : le roi édomite ne peut résister devant Dieu et il doit
s'enfuir comme un berger devant un lion, et aucun remplaçant, pas même
étranger, ne peut lui être trouvé. Voilà pourquoi (*lkn*) Dieu annonce avec
serment (*'m l'*) qu'Edom sera transformé en cimetière ; on n'aura plus qu'à
traîner les cadavres et à les recouvrir dans les ruines d'Edom. Ce qu'annonce
la métaphore n'est pas l'occupation d'Edom par un autre peuple, mais sa
ruine totale, ce que souligne avec force la description de Sodome et Gomorrhe en 49/18 et 21[58].

Avec la reprise de la métaphore pour Babylone, sa signification demeure
inchangée. Les suffixes au féminin singulier en 50/44a renvoient alors à *bbl*,
qui est toujours considéré comme un féminin dans Jérémie. Quant au suffixe masculin pluriel de *'rysm* il ne désigne plus cette fois le roi de Babylone, mais les Babyloniens (y compris le roi, vraisemblablement). Par cette
métaphore ce n'est pas l'occupation de Babylone qui est annoncée, mais
sa fin totale, ce qui rejoint, aussi, bien d'autres versets dans les oracles sur
Babylone (cf. 50/13, 39 s., 51/29, 37, 43). Grâce à cette reprise pour Babylone d'une métaphore primitivement destinée à une autre nation il est clairement affirmé que Babylone, en fin de compte, ne mérite pas mieux que
n'importe quel autre peuple et que son hégémonie, favorisée par Dieu, ne
lui accorde aucun privilège aux yeux de Dieu.

8. MÉTAPHORE DE L'AIGLE (49/22)

*Voici, comme un aigle monte, plane, étend ses ailes sur Boçra... Et le
cœur des guerriers d'Edom est en ce jour comme le cœur d'une femme en
travail.*

REPÉRAGE DE LA MÉTAPHORE

La mention de l'aigle est accompagnée d'une particule de comparaison. Étant donné le contexte de l'oracle, dont le contenu est relatif au peuple d'Edom, on peut dire que la mention de l'aigle constitue un changement
d'isotopie par rapport au contexte, même si l'on ne sait pas encore au juste

---

58. Ceux qui suppriment l'interrogatif en 19a doivent aboutir à une toute autre
conclusion. « En un instant je le ferai s'enfuir de là et j'établirai sur elle celui qui
sera choisi » : la perspective est l'occupation d'Edom par un nouveau roi. Une telle
interprétation, plutôt optimiste, ne me paraît pas être en accord avec le reste de
l'oracle.

qui est comparé à l'oiseau (ce n'est certainement pas un autre oiseau). Cela dit on peut parler d'une métaphore, comme on a pu le faire pour la métaphore du lion, qui précède de quelques versets (49/19).

DÉLIMITATION DE LA MÉTAPHORE

En ce qui concerne l'énoncé métaphorisant, la tâche est aisée ; en effet, les trois verbes « monter », « planer » et « étendre » (quand il s'agit des ailes) appartiennent sans nul doute à l'isotopie de l'aigle. On y ajoutera le dernier complément (« sur Boçra »), puisqu'il est rattaché au dernier verbe, et l'on pourra ainsi considérer 22a (à partir de la particule comparative) comme faisant partie de l'énoncé métaphorisant. En 22b la mention d'Edom (destinataire de l'oracle) appartient à l'isotopie du destinataire (si je peux parler ainsi), c'est-à-dire à l'isotopie dominante de l'oracle. En cela 22b est à rattacher au métaphorisé et non au métaphorisant. Certes le nom de la ville de Boçra appartient aussi à l'isotopie dominante de l'oracle, cependant on remarquera un certain décalage entre 22a et 22b. Les soldats d'Edom ne se trouvent pas dans la seule ville de Boçra, mais en plusieurs points du territoire édomite. Si 22b décrivait l'angoisse des habitants de Boçra, il y aurait là le prolongement de l'énoncé métaphorisant. La peur des soldats de tout un peuple ne peut être provoquée par un seul aigle planant au-dessus d'une ville. Cette peur, ou cette angoisse, est provoquée par autre chose, à savoir par ce qui est métaphorisé par l'aigle. C'est cette disproportion entre le vol d'un aigle au-dessus d'une ville et la peur à l'échelle d'une nation, qui permet de dire que « Boçra » appartient à l'énoncé métaphorisant et la suite du verset à l'énoncé métaphorisé.

L'oracle sur Edom prenant fin au verset 22, il n'est pas besoin de regarder le verset suivant. Quant au verset précédent, il ne contient rien que l'on puisse rattacher au métaphorisant et ne donne aucune indication, non plus, sur un éventuel métaphorisé, en sorte que la métaphore semble bien se limiter au seul verset 22. Cependant, un énorme problème demeure : celui du sujet métaphorisé. Je ne peux ici que l'exposer.

De deux choses l'une : ou bien le sujet métaphorisé est désigné à la troisième personne du masculin singulier comme sujet des verbes de 22a, comme le pensent tous les interprètes que j'ai pu consulter[59] (« Voici, comme un aigle *il* monte, *il* plane, *il* étend ses ailes sur Boçra »), — et peu importe encore qui est ce « il » — ou bien, comme je le crois, il n'est pas désigné

---

59. Je dis cela à l'exclusion, bien sûr, des traducteurs (grecs et latins en particulier), dont les langues, comme l'hébreu, n'exigent pas la présence d'un pronom séparé devant les formes verbales à l'indicatif. Je ne sais donc pas, par exemple, si la Vulgate (*ecce quasi aquila ascendet...*) est à traduire par « voici comme l'aigle monte » ou par « voici comme l'aigle il monte ». Il en est de même pour les versions grecques. Quant au Targum, il a levé toute équivoque en glosant : « Voici, comme l'aigle monte et s'envole, ainsi montera un roi dans son camp et il s'installera sur Boçra ».

du tout (et c'est ce que j'ai rendu par des points de suspension dans ma traduction au début de ce chapitre)[60]. Tout le problème sera de chercher dans
l'oracle ce qui peut permettre d'identifier ce métaphorisé ; il faudra chercher dans ce qui précède, puisque, curieusement aussi, l'oracle s'arrête sur
cette métaphore.

ÉTABLISSEMENT DU TEXTE

De même que la métaphore du lion, que nous venons d'étudier, celle
de l'aigle se trouve en double en Jérémie, avec quelques différences, dont
l'absence du verbe 'lh dans le texte parallèle, ce qui explique pourquoi je
n'en est pas encore parlé.

Le texte parallèle se trouve dans l'oracle sur Moab, en 48/40-41, avec
une particularité assez remarquable : les deux membres de phrase de 49/22
(c'est-à-dire 22a et 22b) sont dans le même ordre, mais séparés par quelques
mots (48/41a) propres à Moab et sans équivalents dans l'oracle sur Edom.
Reste à savoir dans lequel des deux oracles la métaphore est originelle et
dans lequel elle est une reprise.

Dans le doublet de la métaphore du lion, les jeux de mots sur les noms
propres avaient aidé à trancher ; il en va de même ici. En 49/22 le dernier
mot de chacune des parties du verset fait apparaître un jeu de mots sur le
nom de la ville de Boçra. Dans l'oracle sur Moab ce jeu de mots disparaît,
mais il est remplacé par un autre sur le nom de la ville de Meçadoth (mṣdwt
et mṣrh au lieu de bṣrh et mṣrh), moins bon cependant étant donné que mṣdwt
n'est pas en fin de stique comme l'est bṣrh.

L'argument décisif pour trancher me semble venir cette fois de la LXX.
En effet, la métaphore de 49/22 est traduite dans la LXX et celle de 48/40-41
ne l'est pas. Dans l'oracle sur Moab seul 41a (c'est-à-dire ce qui n'appartient pas au doublet) est traduit. Cela semble indiquer que le doublet n'est
pas connu de la LXX, qu'il lui est postérieur et que la place originelle de
la métaphore est dans l'oracle sur Edom. Cette conclusion, défendue entre
autres par Nicholson, est combattue par Weiser et Bright. Pour ces derniers
la LXX a l'habitude de supprimer les doublets présents dans sa Vorlage et
comme dans le cas présent l'oracle sur Moab se trouve pour elle en 31/1 ss.,
c'est-à-dire après l'oracle sur Edom (30/1 ss.), cela explique pourquoi elle
a supprimé la métaphore dans l'oracle sur Moab et non l'inverse. Ce point
de vue ne me satisfait pas, étant donné qu'on peut remarquer des traces de
l'insertion de la métaphore dans l'oracle sur Moab.

Du point de vue de la forme, on peut noter une succession de verbes
au niphal en 48/41a, 42a. Or cette succession est interrompue par le dou-

---

60. Il y a un disjonctif sur nšr, ce qui invite à traduire par « comme un aigle,
il monte », mais voir p. 163 ce qui est dit de hnh k'ryh y'lh, qui a la même structure, qui a aussi un disjonctif et qu'il a fallu tout de même traduire par « Voici,
comme un lion monte ».

blet et n'apparaît que si on le retire. Cela pourrait être le signe de l'insertion de la métaphore dans l'oracle sur Moab.

Du point de vue du fond, on peut noter que l'aigle plane sur l'ensemble du pays de Moab, ce qui est plus irréel que le vol de cet oiseau au-dessus de la seule ville de Boçra. Il s'ensuit que l'angoisse des soldats de Moab est motivée par le vol de l'aigle et non pas par autre chose, métaphorisé par l'aigle. De cette manière on ne sait plus quels effets produit le métaphorisé sur la population de Moab. La métaphore perd ainsi de sa force. On a vu qu'en passant d'Edom à Babel, la métaphore du lion a perdu de sa force. Cela invite à penser que la métaphore de l'aigle, moins forte dans l'oracle sur Moab, a pu venir de l'oracle sur Edom, où elle a plus de force. Mais on en reparlera. Pour l'instant, tout porte à croire que la forme originelle de la métaphore de l'aigle se trouve dans l'oracle sur Edom. On hésitera donc à corriger 49/22 en s'appuyant sur son parallèle.

La LXX a donc traduit seulement 49/22 ; sa traduction (= 30/16) est la suivante : « Voici, comme un aigle regardera et étendra les ailes sur sa forteresse... Et le cœur des valeureux d'Edom sera en ce jour comme le cœur d'une femme en travail[61] ». Ce n'est que dans le première partie du verset que des différences apparaissent et plus précisément dans le seul énoncé métaphorisant.

Comme le fait justement remarquer Tov (1981, p. 225) l'absence de possessif pour « ailes » ne doit pas étonner. Très souvent, en effet, l'article grec (*tas pterugas*) suffit à rendre le suffixe hébreu (*knpyw*).

BHS signale avec raison que la LXX n'a pas traduit *bṣrh* mais *mbṣrh*. Le TM est ici à préférer car il présente une *lectio difficilior* ; la ville de Boçra n'est nommée en effet que 8 fois dans l'AT, alors qu'on trouve 37 occurrences de *mbṣr*. On peut en outre remarquer que le nom de Boçra n'est traduit que 5 fois (Gn 36/33, Es 34/6, 63/1, Jr 48/24, 1 C 1/44) dans la LXX, ce qui semble indiquer que ce nom propre était peu connu par les traducteurs grecs, qui connaissaient mieux par contre le nom commun *mbṣr*.

En traduisant par « regardera », la LXX a lu *r'h* et non *d'h*. L'erreur est facile à repérer. A cause de sa rareté (4 fois au total dans l'AT), le *d'h* du TM doit être préféré.

La plus grosse difficulté réside dans le verbe *'lh* non traduit par la LXX et certainement absent dans sa Vorlage, car il ne peut être question d'une difficulté de traduction pour un verbe aussi courant. Étant donné que dans le texte parallèle (48/40) ce verbe est aussi absent, on peut penser que *'lh* est un ajout tardif en 49/22, un ajout postérieur à la reprise de la métaphore pour Moab (c'est ce que pense entre autres BC). Je préfère cepen-

---

61. Comme je l'ai dit plus haut (p. 175, n. 59), on pourrait aussi bien traduire par « Voici, comme un aigle, il regardera et étendra les ailes sur sa forteresse. Et le cœur des valeureux d'Edom sera en ce jour comme le cœur d'une femme en travail ».

dant laisser la question ouverte et garder sa résolution pour plus tard[62]. Avec cette réserve sur la présence du verbe *'lh* le texte du TM en 49/22 est donc à conserver.

ÉTUDE DU MÉTAPHORISANT

> *Un aigle monte, plane, étend ses ailes sur Boçra.*

Je commence cette étude comme si le verbe *'lh* était absent.

En 22b, la description de l'attitude des soldats édomites est faite grâce à une nouvelle métaphore, celle d'une accouchée. Cette dernière métaphore est extrêmement fréquente en Jérémie (4/31, 6/24, 13/21, 22/23, 30/6, 48/41, 49/22, 24, 50/43). Je n'en ferai pas l'étude ici, étant donné qu'elle n'utilise pas le verbe *'lh* ; je noterai simplement que cette métaphore exprime toujours chez Jérémie la peur et l'angoisse. L'emploi du hiphil de *ṣrr* (oppresser, angoisser), foyer métaphorique, permet de développer ainsi l'énoncé : le cœur des guerriers d'Edom est *angoissé* comme le cœur d'une femme *en travail*. Une telle réaction de la part des soldats en dit long sur ce qui précède : ce qui est décrit dans la métaphore de l'aigle engendre l'angoisse.

D'après ce que nous trouvons dans l'AT, la seule mention de l'aigle ne suffit pas pour engendrer l'angoisse. Certes, cet animal est dangereux, comme cela ressort d'Os 8/1 ou Hb 1/8, mais il peut aussi apparaître comme particulièrement protecteur (cf. Ex 19/4, Dt 32/11). Il est noble (Ez 17/3), mais peut aussi être l'objet de moquerie à cause de sa calvitie (Mi 1/16). On le voit, la seule mention de l'aigle n'indique rien, tant qu'on n'a pas précisé sous quel angle cet oiseau est envisagé.

Le verbe *d'h* est rare, mais ses emplois dénotent une menace. En dehors de cette métaphore (48/40 et 49/22) il apparaît en Dt 28/49, où il est employé aussi métaphoriquement à propos de l'aigle pour décrire une nation ennemie qui « plane comme l'aigle » (*kᵉšr yd'h hnšr*). Il apparaît enfin en Ps 18/11 dans une description où Dieu est menaçant (« il plane sur les ailes du vent »).

L'expression *yprś knpyw* nous entraîne dans une autre direction. Cette expression, en effet, se retrouve, absolument identique, dans un texte antérieur à Jérémie (Dt 32/11), aussi dans une métaphore où l'aigle qui étend ses ailes est un parfait protecteur. « Étendre ses ailes » est une expression fréquente dans l'AT et ce geste est toujours protecteur ; on le trouve pour les Chérubins (Ex 25/20, 37/9, 1 R 6/27, 8/7, 2 C 5/8), pour l'épervier (Jb 39/26) ainsi que pour Booz, qui étend sur Ruth l'aile (c'est-à-dire le pan) de son vêtement (Rt 3/9).

---

62. Dans la recension de la LXX dite de Lucien, se trouve *anabêsetai*. Le verbe *'lh* y est donc traduit, mais cela n'enlève rien à la difficulté. Cette recension en effet s'appuie sur un texte protomassorétique (cf. Tov 1981, p. 213) ; elle n'est pas témoin de la tradition courte de Jérémie, mais de la longue, comme Aquila, Symmaque, Vulgate et Targum qui traduisent aussi *'lh*.

On s'aperçoit que l'énoncé métaphorisant, sans le verbe *'lh*, est tout à fait imprécis, équivoque. Il n'est pas possible de savoir si Boçra est considérée comme la proie de l'aigle (en Dt 28/49 c'est au-dessus de sa proie que l'aigle plane) ou comme sa nichée (en Dt 32/11 c'est sur ses petits que l'aigle étend ses ailes). Si on enlève le verbe *'lh*, comme le fait BC, la métaphore, par son imprécision, est de bien piètre valeur. Si Edom a peur et se trouve aussi angoissé qu'une accouchée, on ne sait pourquoi il se considère comme une proie et non comme la nichée de l'aigle. Edom lui-même peut très bien être décrit comme un aigle (c'est le cas d'ailleurs en 49/16) et Boçra comme sa nichée.

En 48/40-41, où il n'y a pas le verbe *'lh*, l'aigle aussi « plane et étend ses ailes » sur Moab et la réaction de Moab est la même que celle d'Edom en 49/22. Serait-ce l'indication que l'image n'est pas aussi équivoque que cela ? Certainement pas. En effet, entre la description de l'aigle et la réaction de Moab se trouvent quelques mots (41a) qui prolongent l'énoncé métaphorisant et qui n'ont pas d'équivalents dans 49/22 : « Qeriyoth est prise et Meçadoth est capturée ». Les deux verbes employés (*lkd* et *tpś*) appartiennent à l'isotopie de la chasse (cf. le niphal de *tpś* en Ez 12/13, 17/20, 19/4, 8 et le niphal de *lkd* en Ps 9/16, Ec 7/26, Lm 4/20). Si donc l'énoncé métaphorisant est imprécis en 48/40, il ne l'est plus en 41a : la capture des villes de Moab fait de Moab la proie et non la nichée de l'aigle. Les guerriers moabites ont donc de sérieuses raisons pour être angoissés. Rien de tel en 49/22 pour lever l'équivoque, tant qu'on laisse de côté le verbe *'lh*.

La seule mention du verbe *'lh* en 49/22 n'éclaire toujours pas l'image, si l'on considère que l'aigle peut « s'élever » aussi bien au-dessus de sa nichée que de sa proie. Mais ce qui me paraît décisif dans la compréhension de cette métaphore c'est la structure de ses premiers mots et son contexte. En commençant par *hnh hnšr y'lh*, 49/22 ne peut être qu'un renvoi à ce qui précède presque immédiatement *hnh k'ryh y'lh* (49/19). C'est le parallélisme ainsi établi entre le lion (menaçant, comme on l'a vu) et l'aigle qui donne à la métaphore de l'aigle un tour résolument menaçant. Cela montre à quel point *'lh* est indispensable en 49/22 pour la clarté de la métaphore, mais aussi cela suppose l'unité de 49/19-22, ou bien, à la rigueur, l'antériorité de 49/19 par rapport à 49/22 (si, en effet, 49/22 est une glose, il suffirait que 49/19 soit dans le texte ainsi glosé, pour que l'on attribue au glossateur le parallélisme entre les deux métaphores). Rien ne me paraît s'opposer à une telle unité. On a déjà vu combien la métaphore du lion était profondément insérée dans l'oracle sur Edom, avant d'être reprise pour Babylone. Le parallélisme, qui rend menaçante la métaphore de l'aigle, est donc acquis, qu'il soit l'œuvre de l'auteur même de l'oracle (comme le pensent Condamin, Bright et Thompson) ou bien l'œuvre d'un glossateur (comme le pense Volz qui voit en 49/22 un ajout). Si Volz parle de glose c'est parce qu'il voit en 49/22 une reprise de 48/40-41. Mais, comme on a vu plus haut, l'insertion de la métaphore dans l'oracle sur Moab est maladroite (elle n'est pas attestée par la LXX, le jeu de mots y est fragile et la succession des niphal y est interrompue). A l'inverse, la même construction en 49/19 et 22 me paraît être le signe d'une unité de style, ce qui me fait conclure que 49/19 et 22 sont l'œuvre de l'auteur même de l'oracle (avec dans chacune de ces métaphores d'excellents jeux de mots sur les noms propres)[63].

Grâce au parallélisme (49/19, 22), la métaphore présente l'aigle comme une doublure du lion. Après l'animal le plus noble et dangereux sur la terre vient celui qui dans le ciel est le plus noble et le plus dangereux. C'est donc plus un complément qu'une simple doublure. Avec le lion et l'aigle, le ciel et la terre s'unissent dans une sorte de menace au carré. Dès les premiers mots, le ton est donné, celui de la menace. Toute idée de protection disparaît. Boçra, au-dessus de laquelle l'aigle étend ses ailes, ne peut être qu'une proie. La mention de l'angoisse des Édomites s'inscrit alors tout naturellement dans ce remarquable parallélisme métaphorique.

On peut noter enfin avec Steinmann, par exemple, l'adéquation entre le choix du métaphorisant et les destinataires de l'oracle. Edom est un pays de rochers et de falaises, où les aigles étaient connus. Un tel métaphorisant est donc particulièrement parlant pour les Édomites.

ÉTUDE DU MÉTAPHORISÉ

Voici... Et le cœur des guerriers d'Edom est en ce jour comme le cœur d'une femme en travail.

Quelques commentateurs seulement (Condamin, Hitzig) signalent le parallélisme de 49/19, 22, avec la reprise de la même construction au début de l'énoncé en 49/22. Quelques traducteurs seulement en tiennent compte dans leur traduction. Ainsi BP : « Voici que, tel un lion, quelqu'un monte (...) Voici que, tel un aigle, quelqu'un monte ». Malgré les réserves que l'on peut faire devant ce type de traduction, il faut reconnaître que la logique du texte est respectée. C'est pour respecter cette logique, qu'après avoir traduit 49/19 par « Voici comme un lion monte », il me paraît nécessaire de traduire 49/22 par « Voici comme un aigle monte ». Et c'est à cause du parallélisme des constructions qu'on découvre en 49/22 l'absence de toute désignation du sujet métaphorisé.

---

63. Bardtke (1936, p. 253 s.) considère que 49/22a appartient à l'oracle primitif sur Edom, mais il déplace cette métaphore entre les versets 7-8 et 10-11, à la place du verset 9 et pense que 9, 19-21 et 22b sont des gloses. Il obtient ainsi un oracle composé de 7-8, 22a, 10-11. Mais Bardtke doit encore transformer le *ky 'ny* du début de 10 en *'kn* de manière que Dieu soit sujet métaphorisé (Comme l'aigle monte... ainsi moi...). Un tel traitement infligé au texte me paraît tout à fait injustifié.

Pour Steinmann l'oracle primitif est 7-8, 10-11, 22 et l'aigle y désigne Nabuchodonosor. Non seulement je ne vois pas en quoi Nabuchodonosor pourrait être le métaphorisé étant donné qu'il n'est jamais mentionné dans l'oracle, mais encore je crois que Steinmann n'a pas vu que dans l'oracle ainsi limité la métaphore de l'aigle perd toute sa force et que l'aigle pourrait aussi bien désigner celui qui viendrait au secours d'Edom, comme l'aigle venant protéger sa nichée. Une métaphore aussi piètre par son imprécision est l'œuvre de Steinmann et de personne d'autre.

Ce même parallélisme, comme le précise Hitzig, invite à considérer que le sujet métaphorisé est en 49/22 le même qu'en 49/19 (et cela d'autant plus que rien entre les deux métaphores ne permet de penser qu'il a pu y avoir un changement de métaphorisé). L'absence de toute indication sur le métaphorisé en 49/22 ne peut pas, à mon avis, être interprêtée autrement. Malheureusement, et je ne comprends pas pourquoi, cette logique n'est pas celle de tous les interprètes. Il est normal que celui qui voyait en 49/19 une description de l'ennemi continue sur cette piste en 49/22 (ainsi VS) ; mais je vois mal pourquoi Rudolph, par exemple, après avoir dit que le lion désignait Dieu, en vient à considérer que l'aigle désigne Nabuchodonosor.

Ayant montré que Dieu était métaphorisé par le lion en 49/19, je poursuis ici (comme Hitzig et Weiser) en considérant Dieu comme métaphorisé par l'aigle. Rien n'étant dit sur le sujet métaphorisé en 49/22, je peux simplement m'en tenir à ce qui peut être sous-entendu : Voici, comme un aigle monte, plane, étend ses ailes sur Boçra, ainsi je[64] monte, plane et étends mes ailes sur (Edom ?) et le cœur des guerriers d'Edom est en ce jour comme le cœur d'une femme en travail. S'il en est ainsi, et cela doit être vérifié maintenant, chacun des verbes en 22a doit être un foyer.

Il n'y a rien d'étonnant pour Israël à ce que Dieu puisse « monter » (cf. Gn 17/22, 35/13, Ex 33/3, 5, Ps 47/6) et Israël savait même combien une telle montée pouvait avoir un caractère menaçant. Ainsi est-il dit à Israël que Dieu ne montera pas au milieu du peuple, car s'il le faisait ce serait l'extermination du peuple (Ex 33/3, 5). Dieu s'élevant ici comme un aigle au-dessus de Boçra, la menace d'extermination pèse maintenant sur Edom.

Que Dieu « plane » aussi, cela se trouve, on l'a vu, en Ps 18/11, dans un texte qui célèbre ses qualités guerrières en faveur de ses fidèles. Comme rien dans l'oracle ne présente Edom comme un fidèle de Dieu, la menace contre ce peuple s'accroît.

S'il n'est jamais dit que Dieu étend ses ailes, plusieurs textes de l'AT cependant parlent des ailes de Dieu (Ps 17/8, 36/8, 57/2, 61/5, 63/8, 91/4, Rt 2/12) en sorte qu'il n'y a rien qui empêche de penser que Dieu puisse étendre ses ailes. Cependant une remarque s'impose. Chaque fois qu'il est question des ailes de Dieu c'est pour présenter celles-ci comme un refuge, une protection non seulement pour Israël mais aussi pour un étranger, comme on peut le voir pour Ruth la Moabite qui est venu chercher refuge sous les ailes de Dieu (Rt 2/12). Sur ce point, la métaphore de Jérémie innove : pour la première fois il apparaît clairement que Dieu peut aussi étendre ses ailes comme un aigle au-dessus de sa proie. Ce retournement arrive en fin d'énoncé, longuement préparé par les verbes précédents, comme par la métaphore du lion. Les premières victimes en seront les Édomites. Mais ce retournement me semble avoir une autre portée. Pour Israël, en effet, parler de

---

64. J'emploie ici la première personne pour garder le parallélisme avec 49/19, où, en tant que sujet métaphorisé, Dieu est ainsi désigné.

Dieu comme d'un aigle aux ailes déployées c'était, jusqu'à Jérémie, évoquer sa protection (cf. Dt 32/11) ; les ailes de Dieu ne pouvaient être qu'un refuge, comme l'affirmaient les psaumes et comme l'évoquait aussi le déploiement des ailes des Chérubins dans le Temple. Une protection telle que même des étrangers pouvaient en bénéficier. En présentant les ailes de Dieu sous un autre jour, Jérémie ébranle cette certitude sécurisante. La reprise des termes mêmes de Dt 32/11 est importante : ce n'est pas seulement au-dessus de sa nichée que l'aigle étend ses ailes, mais aussi au-dessus de sa proie. L'allusion à Dt 32/11 comporte une certaine mise en garde à l'égard d'Israël qui s'est toujours considéré comme la nichée de Dieu et qui peut aussi devenir sa proie. De même qu'un étranger pouvait, comme un Israélite, trouver refuge auprès de Dieu, de même aussi Israël peut, comme Edom, devenir la proie de Dieu. De même que le lion peut se retourner contre Israël (Os 5/14), de même l'aigle jusqu'ici protecteur, pourrait en faire autant.

Le rédacteur qui a repris la métaphore en la dirigeant contre Moab (48/40 s.) a bien perçu qu'Edom n'était pas la seule victime.

Une dernière remarque à propos de l'oracle sur Edom (tel que cet oracle est actuellement). En 49/16 Edom est aussi présenté comme un aigle, en sorte qu'on pourrait envisager une opposition, voire un combat entre ces deux aigles antagonistes. Or, il n'en est rien. L'auteur de 49/16 prend soin, en effet, de préciser que Dieu fait « descendre » l'aigle édomite. Et c'est après cette mention que Dieu est décrit comme un nouvel aigle qui « monte ». L'opposition entre *yrd* et *'lh* est extrêmement forte. Les soldats d'Edom ne sont plus considérés que comme des femmes, et même comme des femmes qui accouchent, sans la moindre protection, totalement vulnérables.

9. MÉTAPHORE DES CRIQUETS (51/27)

Faites monter les chevaux comme des criquets hérissés.

REPÉRAGE DE LA MÉTAPHORE

Ce texte présente une particule de comparaison, ce qui constitue un indice formel. Cet indice s'accompagne d'un changement d'isotopie entre « chevaux » et « criquets ». Certes, il s'agit là de deux espèces d'animaux, mais le cheval dans ce passage est envisagé comme un des éléments d'une armée. L'isotopie du contexte est militaire ; si le cheval relève de cette isotopie, il n'en est pas de même du criquet, en sorte que la mention du criquet constitue bien un changement isotopique. Avec ce changement, accompagné d'un indice formel, on peut parler de métaphore.

DÉLIMITATION DE LA MÉTAPHORE

L'isotopie métaphorisante est celle des insectes, ou plus précisément celles des orthoptères. De cette isotopie relève *ylq* et son déterminatif *smr*, mais après comme avant ces deux termes, il n'est plus question d'insectes. Quant au métaphorisé (*sws*) il est accompagné du seul verbe *'lh*, en sorte que la métaphore se limite à ces quelques mots.

ÉTABLISSEMENT DU TEXTE

Le texte de la LXX (« Faites monter contre elle les chevaux comme des sauterelles en grand nombre », 28/27) diffère en partie de celui du TM.

Le « faites monter contre elle » (*anabibasate ep autên*) de la LXX peut traduire *h'lw 'lyh* ; on découvre là un jeu de mots hébreu qui donne un certain crédit à la Vorlage de la LXX. Cependant *ep autên* fait suite à trois *ep autên* dans ce même verset et précède un *ep autên* dans le verset suivant, en sorte qu'il me semble plutôt que la Vorlage de la LXX n'avait pas le jeu de mots (*h'lw 'lyh*), que son texte était le même que celui du TM, mais qu'en traduisant la LXX a ajouté, dans la foulée, un quatrième *ep autên* après les trois précédents, soit par inadvertance, soit pour harmoniser les quatre parties du verset 27. Dans le TM, l'absence d'un quatrième *'lyh* en 51/27 est *lectio difficilior* et il faut s'en tenir à ce texte, par ailleurs très fin. En effet, celui qui est sensible au rythme des impératifs suivis de *'lyh*, découvre en *h'lw* un jeu de mots implicite avec un quatrième *'lyh* attendu, mais absent.

Avec *plêthos*, le LXX a pu lire *mspr* (cf. BHS avec point d'interrogation), mais elle a très bien pu avoir aussi dans sa Vorlage un *smr*, qui, en tant qu'hapax, a représenté pour elle une difficulté, qu'elle a éludée en traduisant par *phêthos*. C'est le même traducteur (cf. plus haut, p. 165) qui a eu à traduire dans Jérémie l'emploi de *'rbh* en 46/23 (= 26/23) et les emplois de *ylq* en 51/14, 27 (= 28/14, 27) ; en traduisant uniformément par *akris*, ce traducteur a considéré que *'rbh* et *ylq* désignaient un même animal, la sauterelle. Devant la difficulté de l'hapax *smr*, il a rapproché alors les deux métaphores de 46/23 et 51/27 ; celle de 46/23 portait sur le grand nombre (cf. *plêthunei*) ; c'est une image semblable que le traducteur rend en 51/27 (*plêthos*), pour se tirer d'embarras face à l'hapax hébreu[65]. De toute manière, l'hapax hébreu, difficilior, est à conserver.

ÉTUDE DU MÉTAPHORISANT

(Faites monter) des criquets hérissés.

En dehors de Jérémie, *ylq* apparaît toujours en compagnie de *'rbh* ; dans certains textes (Na 3/15, 16, Ps 105/34) les deux termes sont en parallèle, en sorte qu'ils pourraient désigner le même animal, *'rbh* de manière

---

65. Placée devant la même difficulté, la Peshitta a préféré omettre *smr* : elle ne l'a pas traduit. Le rapprochement que la LXX fait entre 46/23 et 51/27 est la solution de facilité. En effet, il est très fréquent de choisir les sauterelles pour évoquer la multitude (cf. Jg 6/5, 7/12, Na 3/15-17). En Égypte, dit Grapow (p. 98), les sauterelles n'apparaissent que dans des métaphores portant sur le grand nombre ; il cite à l'appui un texte où des soldats ennemis sont « comme les sauterelles par leur nombre ».

plus courante[66] et *ylq* de manière poétique[67]. Cependant en Jl 1/4 et 2/25 les deux termes sont accompagnés de *gzm* et de *ḥsyl*, en sorte que les quatre termes ne désignent pas, de quatre manières différentes, un seul animal, mais quatre espèces différentes de sauterelles ou d'orthoptères. Cette multiplicité de noms montre combien les sauterelles tenaient une place importante dans la vie des Israélites, ce que l'on comprend aisément quand on sait quel fléau est la sauterelle (cf. Ex 10 et Jl 1/4 s). Exposés au même fléau, les Mésopotamiens ont aussi un grand nombre de termes pour désigner ces insectes[68]. Quant au français, étant donné que la France est peu sensibilisée au problème des sauterelles, il est très pauvre pour désigner ces animaux, ce qui m'embarrasse ici pour traduire. *ylq* désigne une sorte de sauterelle, mais comme je réserve ce dernier terme pour traduire *'rbh*, c'est faute de mieux que je traduis *ylq* par « criquet ». Cependant il doit bien être entendu qu'il s'agit d'une sorte de sauterelle.

Si le traducteur de Jérémie dans la LXX n'a pas fait de différence entre *'rbh* et *ylq*, Aquila et Symmaque, par contre, en ont fait une en proposant de traduire ici *ylq* par *brouchos* ; selon Bailly, ce terme désigne une « sorte de sauterelle non ailée ». Pour ces deux traducteurs *ylq* serait donc bien une espèce de sauterelle[69]. Faute de termes en latin, Jérôme n'a tout simplement pas traduit *ylq* ici ; il s'est contenté de latiniser en *bruchum* le terme grec *brouchos* trouvé dans Aquila, Symmaque, ou dans un autre passage de la LXX[70]. Jérôme ne peut donc nous aider à préciser de quelle espèce de sauterelle il s'agit.

Le mot *ylq* est toujours employé au singulier dans l'AT, ce qui permet de le considérer comme un collectif, d'où ma traduction par un pluriel.

---

66. Il y a 24 occurrences de *'rbh* dans l'AT, dont 13 (Ex 10/4, 12, 13, 14*bis*, 19*bis*, Lv 11/22, Dt 28/38, Jg 6/5, 7/12, 1 R 8/37, 2 C 6/28) dans des passages en prose.

67. *ylq* est plus rare (9 occurrences) et ne se trouve que dans la poésie (Jr 51/14, 27, Jl 1/4*bis*, 2/25, Nah 3/15*bis*, 16, Ps 105/34).

68. Bodenheimer signale (p. 113) l'existence de listes appelées *ḥar-ra* ; ces listes sont de véritables dictionnaires suméro-accadiens. Les orthoptères y occupent les numéros 227 à 244, ce qui porte à 18 le nombre de termes accadiens, avec leur équivalent sumérien, désignant ces insectes. En hébreu, en plus des quatre termes déjà considérés, Lv 11/22 signale encore trois autres espèces d'orthoptères (*sl'm*, *ḥrgl* et *ḥgb*). Je ne sais de ces 7 termes hébreux lesquels désignent différentes sauterelles et lesquels d'autres orthoptères.

69. Dans la LXX, en dehors de Jérémie, *ylq* est aussi traduit par *brouchos* en Jl 1/4, 2/25, Na 3/15, 16, Ps 105/34. Le traducteur de Jérémie est donc le seul à ne pas faire de différence entre *'rbh* et *ylq*. Soit il n'a pas fait de différence, soit, comme je le crois plutôt, il a voulu rapprocher les textes pour souligner que les métaphores portaient toutes sur le grand nombre.

70. Dans son Dictionnaire, Gaffiot signale que *bruchus* n'est qu'une transcription de *brouchos*. Peut-être que Jérôme est responsable de ce néologisme, puisque *bruchus* n'est pas attesté avant lui. On le retrouve chez Prudence qui, un peu plus jeune que Jérôme et chrétien comme lui, l'a sans doute repris de la Vulgate.

smr est un hapax. Le verbe *smr* est rare[71] et le sens de « hérisser », que lui donnent les dictionnaires, semble bien attesté, par comparaison avec les autres langues sémitiques (cf. KB³ et BDB). Comme autre dérivé de cette racine, *msmr* désigne un clou ou quelque chose de pointu, en sorte que ceux qui font de *smr* un qualificatif et qui traduisent par « hérissé » ou par un synonyme ont de fortes chances d'être dans le vrai (cf. Condamin, Rudolph, Weiser, BP...). Aquila et Symmaque traduisent par *phriktos* (= effrayant, qui fait frissonner) qui vient du verbe *phrissô* (= se hérisser). La Vulgate traduit par aculeatus (= qui pique avec un dard ou un aiguillon). Il semble donc que le terme décrive le criquet comme un animal, dont une partie du corps ressemble à un aiguillon ou à un clou. Le judéoaraméen *msmr'* (= clou) et l'accadien asmarû (= lance) semble appuyer cette interprétation[72].

On trouve dans BC, à propos de *smr*, la note suivante : « La jeune sauterelle, après la troisième mue, porte des ailes dressées verticalement sur son dos et enfermées dans des enveloppes rigides ». Aeschimann ajoute qu'à ce stade de son développement la sauterelle fait les pires dégâts (« C'est le temps de leurs pires ravages »). Faut-il aller dans ce sens et voir dans l'hapax *smr* une sorte de terminus technicus pour désigner la sauterelle après sa troisième mue ? Les preuves manquent pour être aussi affirmatif, mais je retiens cela comme hypothèse et je la fais mienne.

Pour Volz *smr* signifie que les sauterelles sont en rangs serrés (*dicht*) ; mais les dérivés de la racine *smr* ne peuvent aller à l'appui de ce sens. Avec « comme un nuage de sauterelles », TOB va dans le sens de Nicholson et de la *New English Bible* (*like a dark swarm of locusts*) ; mais, là encore, le sens de la racine *smr* ne va guère dans le sens de ces interprètes, qui par contre se rapprochent plutôt de la LXX. Avec Rudolph, Bright, Weiser, je traduirai par « hérissé », en précisant, comme eux, qu'il s'agit d'une traduction incertaine.

Grâce à Ex 10/12, 14, on s'aperçoit que le verbe *'lh* appartient à l'isotopie de la sauterelle (*'rbh*) pour désigner la venue destructrice de ces insectes ; il s'agit là d'une des plaies d'Égypte. En Ps 105/34, la description de

---

71. Il n'est utilisé qu'une fois au qal (Ps 119/120) et qu'une fois au piel (Jb 4/15).

72. Au cours d'une fouille dans le palais de Zendjirli a été trouvé un étui cylindrique en or de 67 × 22 m, sur lequel une inscription donne à l'objet le nom de *smr*. La nature de cet objet est très discutée : pour Lushan, qui a rédigé le rapport de fouille, et pour Galling (p. 16) il s'agit d'une poignée de sceptre et *smr* est à traduire par « sceptre » ; mais pour Dupont-Sommer (1947-48, p. 19 ss.), il s'agirait d'un étui de timon pour un char votif. Dupont-Sommer traduit ainsi l'inscription : « Timon (*smr*) qu'a orné Kilamou fils de Hayy(â) en l'honneur de Rekoub-el. Que lui donne Rekoub-el longueur de vie ». Voir DISO pour les différentes hypothèses émises sur le sens de *smr*. Quelle que soit l'hypothèse retenue, le mot *smr* yaodique ou araméen, étant aussi hapax et trop incertain, ne peut, tant qu'on en reste au niveau des hypothèses, être d'un quelconque secours pour aider à comprendre le *smr* hébreu.

cette même plaie utilise *ylq*, mais non *'lh*. Cela semble interdire de voir en
Jr 51/27 une allusion à une des plaies d'Égypte. Cependant, si *'lh* est utilisé
à propos de *'rbh*, on est en droit de penser que ce verbe peut aussi être
employé pour *ylq*, pour décrire aussi la venue destructrice de ces insectes,
pour décrire le fléau que représente une invasion de sauterelles ou de *ylq*.
S'il en est ainsi *'lh*, utilisé pour le métaphorisé et sous-entendu pour le métaphorisant, apparaît comme foyer de la métaphore ; on pourrait alors développer ainsi l'énoncé : « faites monter des chevaux comme on fait monter
des criquets hérissés ». Un tel verbe sous-entendu pour le métaphorisant
prend alors une force particulière si, comme le précise Aeschimann, *smr*
décrit *ylq* au « temps de leurs pires ravages ». Ainsi la « montée » des criquets hérissés désigne un fléau au maximum de son intensité. Et comme tout
fléau il ne peut s'agir que d'une calamité envoyée par nul autre que Dieu
(cf. Ex 10, cf. aussi Jl 2/25, où Dieu appelle les sauterelles « *ma* grande
armée »).

Tel est donc ce métaphorisant : un fléau redoutable et au maximum
de son intensité[73].

ÉTUDE DU MÉTAPHORISÉ

Faites monter les chevaux.

Le sujet métaphorisé est clairement désigné : il s'agit de *sws*. Ce terme
est ici employé, comme *ylq*, au singulier sans article, et cette similitude
d'emploi invite à y voir aussi un collectif (cf. aussi Ex 15/1, 21, Dt 17/16,
20/1, 1 R 18/5...). Dans le contexte militaire de l'oracle, il ne doit pas s'agir
d'une horde de chevaux sauvages, sans cavaliers. Très certainement, *sws* désigne ici, métonymiquement, une cavalerie, c'est-à-dire, chevaux et cavaliers.

---

73. Je signale ici l'admirable description qu'Alphonse Daudet a faite d'une invasion de sauterelles ; j'en relève quelques phrases : « Dans le ciel vibrant de chaleur,
je ne voyais rien qu'un nuage venant à l'horizon, cuivré, compact, comme un nuage
de grêle, avec le bruit d'un vent d'orage dans les mille rameaux d'une forêt. C'étaient
les sauterelles. Soutenues entre elles par leurs ailes sèches étendues, elles volaient
en masse, et malgré nos cris, nos efforts, le nuage s'avançait toujours, projetant
dans la plaine une ombre immense. Bientôt il arriva au-dessus de nos têtes ; sur les
bords on vit pendant une seconde un effrangement, une déchirure. Comme les premiers grains d'une giboulée, quelques-unes se détachèrent, distinctes, roussâtres ;
ensuite toute la nuée creva, et cette grêle d'insectes tomba drue et bruyante. A perte
de vue, les champs étaient couverts de criquets, de criquets énormes, gros comme
le doigt. (...) Le lendemain, quand j'ouvris ma fenêtre comme la veille, les sauterelles étaient parties ; mais quelle ruine elles avaient laissée derrière elles ! Plus une
fleur, plus un brin d'herbe : tout était noir, rongé, calciné. Les bananiers, les abri-
cotiers, les pêchers, les mandariniers se reconnaissaient seulement à l'allure de leurs
branches dépouillées, sans le charme, le flottant de la feuille qui est la vie de l'arbre.
On nettoyait les pièces d'eau, les citernes. Partout des laboureurs creusaient la terre
pour tuer les œufs laissés par les insectes. Chaque motte était retournée, brisée soigneusement. Et le cœur se serrait de voir les mille racines blanches, pleines de sève,
qui apparaissaient dans cet écroulement de terre fertile... » (*Lettres de mon moulin*,
p. 185 ss.).

Pour Duhm aussi le verbe *'lh* est foyer de la métaphore, mais il donne à ce verbe le sens de « bondir », en sorte que la comparaison porterait sur les bonds que font les chevaux et les sauterelles. Cette interprétation ne me paraît pas recevable ; en effet, on trouve en Jb 39/20 une métaphore comparant aussi le cheval à la sauterelle (*'rbh*), quant aux bonds précisément que font ces animaux ; or, le verbe « bondir » y est *r'š* et non *'lh*. Lorsque, dans un contexte militaire, des chevaux « montent », cela ne signifie pas qu'ils bondissent , mais qu'ils partent en campagne (cf. plus haut, p. 111 s) ou qu'ils montent à l'assaut (cf. plus haut p. 140), comme on peut le voir aussi en 46/9. Grâce au transfert de sens observable dans le foyer, la « montée » des chevaux comparable à une « montée » de criquets hérissés présente les chevaux comme un véritable fléau, une calamité qui donne à la cavalerie un caractère invulnérable et destructeur[74].

La menace contenue dans *'lh* est amplifiée par le triple *'lyh* qui précède et par le jeu de mots implicite (*h'lw 'lyh*) : « montez à l'assaut contre elle ». Avec le premier de ces *'lyh*, comme avec le dernier en début de 51/28, se trouve *qdšw* qui transforme l'attaque en guerre sainte. Ceux qui se battent contre Babylone sont envoyés par Dieu et c'est lui qui, donnant les ordres, se présente comme chef suprême. L'ajout du métaphorisant va dans le même sens : c'est comme un fléau que l'armée des nations est envoyée contre Babylone ; de cette manière, le sort de Babylone est sans équivoque : Babylone sera battue et dévastée.

A côté de *'lh*, qui est foyer principal, peut se trouver un deuxième foyer, si l'on développe l'énoncé métaphorique de la manière suivante : « Faites monter des chevaux hérissés comme des criquets hérissés ». Mais cela ne peut être qu'une hypothèse, étant donné le peu d'emplois de la racine *smr*, étant donné aussi que nous ne savons pas si *smr* appartient à l'isotopie de la cavalerie. Mais l'hypothèse peut être présentée. Le fait que de la racine *smr* sont dérivés des mots signifiant « clou », « lance », permet de penser à un rapprochement entre les armes des cavaliers et les « criquets hérissés » ; le point de comparaison mettrait en avant l'aspect extérieur de la cavalerie, sur le visuel : des chevaux hérissés de toute part de toute sorte de pointes de lances ou de flèches.

De toute manière, même sans ce dernier point de comparaison, la métaphore donne aux chevaux le caractère redoutable et destructeur d'un fléau envoyé par Dieu.

10. MÉTAPHORE DE LA MER (51/42)

La Mer est montée contre Babylone, qui est recouverte par ses vagues mugissantes.

REPÉRAGE DE LA MÉTAPHORE

En l'absence de toute particule de comparaison, il est difficile ici de

---

74. Comme les chevaux d'Attila et comme les sauterelles, plus une herbe après leur passage !

repérer une métaphore, au point que, coupé de son contexte, 51/42 pourrait décrire une réelle montée de la mer. Seul le contexte permet de repérer
ici une métaphore. Les deux verbes présents en 51/42 (*'lh* et *ksh*) sont les
deux mêmes verbes, qui en 46/8 décrivaient, dans le même ordre (*'lh* puis
ksh), une inondation du Nil : inondation telle qu'il s'agissait même d'un
retour au chaos, un retour à l'océan primordial (cf. la métaphore du Nil,
p. 141 ss.). Comme nulle part ailleurs dans l'AT *ym* n'est sujet du qal de
'lh[75], c'est 46/8 qui peut nous aider à comprendre le sens de 51/42. Car de
deux choses l'une : ou bien la montée de la mer est un simple raz-de-marée,
c'est-à-dire, avec un flux et un reflux, et dans ce cas 51/43 décrit bien ce
que laisse la mer en se retirant (un territoire tellement saccagé que l'homme
ne s'y installe plus), en sorte que ce raz-de-marée a toutes chances d'être
réel (aucun insolite sémantique, aucun indice ne permet de parler de métaphore) ; ou bien la montée de la mer est un retour à l'océan primordial,
c'est-à-dire, avec un flux sans reflux, et dans ce cas 51/43 décrit un désert
insolite : aucun territoire envahi par une mer qui ne se retire pas ne peut
être décrit selon les termes de 51/43, en sorte que l'insolite en 51/43 est un
indice sémantique permettant de repérer que la mer désigne, métaphoriquement, autre chose.

Le rapprochement avec 46/8 ainsi que les verbes de 51/42, qui dénote
une montée et un recouvrement sans allusion à une redescente des eaux, permettent de penser à l'océan primordial plus qu'à un raz-de-marée passager.
De ce fait il n'y a que l'insolite sémantique de 51/43 pour indiquer que ce
passage est métaphorique. A cause du contexte militaire de l'oracle, la mention de la mer constitue un changement d'isotopie.

On le voit, le repérage de la métaphore est encore assez fragile, du fait
que le contenu de l'énoncé métaphorisant est à préciser et du fait que le sujet
métaphorisé est encore non identifié. Le repérage de la métaphore est donc
à considérer ici comme encore provisoire.

DÉLIMITATION DE LA MÉTAPHORE

L'isotopie maritime introduite par *ym* est reprise par *gl* (= vague) ;
les deux expressions, où se trouvent ces deux termes, décrivant l'une la mer
et l'autre les vagues, peuvent donc faire partie de l'énoncé métaphorisant.
En 51/41 aucun mot de l'isotopie maritime n'apparaît, en sorte que ce verset ne fait pas partie de la métaphore. Quant à 51/43, s'il décrit ce qui reste
après un raz-de-marée, il n'y a plus de métaphore du tout (mais description
d'un réel raz-de-marée), mais s'il décrit ce qui est provoqué par ce que métaphorise la mer, alors il appartient à l'énoncé métaphorisé, ou plutôt à ses
conséquences.

---

75. Au hiphil, *ym* est sujet de *'lh* en un seul passage (Ez 26/3), dont le vocabulaire est très proche (« la mer fait monter ses vagues » *h 'lwt hym lglym*) : la description se poursuit par une présentation de Tyr « au milieu de » la mer (26/5), sans
qu'il soit question d'une redescente des eaux.

S'il y a métaphore, c'est donc l'ensemble de 51/42 qui en constitue l'énoncé.

L'absence de désignation du sujet métaphorisé pourrait faire penser à une métaphore morte, métaphore de la mer, revivifiée ici par la mention des vagues. Mais ce n'est pas le cas. Il n'y a pas dans l'AT de métaphore morte de la mer.

ÉTABLISSEMENT DU TEXTE

En 51/42, TM, LXX et versions anciennes concordent, en sorte que, pour une fois, cet énoncé ne pose aucun problème d'ordre textuel. Seul le Targum se distingue, mais de façon telle que son texte (« Tu fais monter contre Babel un roi avec son camp, s'élevant comme les eaux de la mer... ») interprète et ne permet pas de dire si le texte qu'il « traduit » est autre que celui du TM. Grâce au Targum, en tout cas, on a une attestation ancienne que 51/42 a été compris comme une métaphore.

ÉTUDE DU MÉTAPHORISANT

La Mer est montée contre Babylone, qui est recouverte par ses vagues mugissantes.

Babylone, construite au bord de l'Euphrate, était particulièrement vulnérable aux inondations, car ses monuments étaient presque essentiellement de briques crues, c'est-à-dire en terre.

Parrot rappelle (1956, p. 57 s.) que l'Assyrien Sennacherib a su profiter de cette situation en canalisant en 689 toutes les eaux de l'Euphrate sur l'intérieur de la ville en sorte que cette dernière fut totalement détruite. Mais il ne s'agit pas en Jr 51/42 de cette vulnérabilité aux eaux fluviales (que l'inondation soit naturelle ou pas), il s'agit d'une montée de la mer, c'est-à-dire, comme on l'a vu, d'un raz-de-marée ou d'un retour au chaos.

Selon Thompson, s'il y a raz-de-marée, cela ne peut venir que du Golfe Persique ; or, fait remarquer Thompson, celui-ci est beaucoup trop éloigné de Babylone, pour que l'on puisse songer à un réel raz-de-marée. Sans doute est-ce vrai et cela rejoint ce qui a déjà été remarqué : la mer monte et couvre et aucun reflux n'est envisagé. Il doit bien s'agir d'autre chose. Si la mer du Golfe Persique ne peut pas remonter jusqu'à Babylone, de quelle mer est-il alors question ici ?

Un point est à noter : il ne s'agit pas ici d'une mer quelconque, mais d'une mer bien précise, puisqu'il y a la présence de l'article : « la » mer. La présence de l'article est l'indice que cette mer est connue. La suite du verset ouvre une piste : dans le livre de Jérémie, on retrouve *gl* avec un mot de la racine *hmh* en trois autres passages (5/22, 31/35 et 51/55). En 5/22 il est question du mugissement des vagues de « la » mer, et cette dernière, avec l'article comme ici, apparaît comme l'océan primordial que Dieu a dompté, en venant à bout de son bouillonnement (cf. *wytg ʿśw*[76]). En 31/35

---

76. Il a déjà été question de ce texte à propos de la métaphore du Nil, voir plus haut, p. 146.

le mugissement est encore celui des vagues de « la » mer, toujours avec arti-cle. Ce texte célèbre les actes de Dieu lors de la création, en sorte qu'il s'agit encore de la mer au temps des origines, de l'océan primordial. En 51/55 le mugissement des vagues est rapproché de celui des « grandes eaux » et cette dernière expression est une autre désignation de l'océan primordial[77]. Le vocabulaire choisi en 51/42b est extrêmement marqué ; les termes, pour-tant peu nombreux, de ce verset sont pour ainsi dire tous, par leur associa-tion, des allusions à l'océan primordial : gl, hmwn et hym associés, d'une part, et 'lh et ksh ensemble, d'autre part. Dans le contexte babylonien de ce passage, l'océan primordial ne peut être que Tiamat, ce qui fait allusion au combat contre Tiamat remporté par Marduk, dieu de Babylone.

La mention de Babel en 51/42 a quelque chose d'étonnant. En effet, lorsqu'avec le Nil en 46/7-8 c'est le Noun qui s'installe et revient, l'inonda-tion est à l'échelle du monde et c'est la terre entière qui est recouverte. Le retour de l'océan primordial en 51/42 devrait avoir une même ampleur ; or, la seule ville de Babylone est ici touchée ; serait-ce l'indication que la catastrophe est de deuxième ordre ? Sans doute pas. Babylone vient d'être appelée en 51/41 « la splendeur de toute la terre », en sorte que l'on décou-vre que, pour envahir la terre, la mer doit commencer par s'attaquer à la capitale. Dire cela montre la distance prise par rapport à une description physique ou naturelle d'une montée de la mer ; la description est autre : elle relève du mythe. Babylone est le point central d'une cible sur lequel se focalise le mugissement des vagues ; une fois Babylone recouverte, c'est la maîtrise du monde que la Mer s'est assurée. (C'est pour marquer l'allure mythique du récit que dans la traduction du début de cette étude j'ai écrit Mer avec une majuscule).

Alors qu'en 5/22 la mer est totalement soumise à Dieu et qu'une sim-ple barrière de sable suffit à l'arrêter, rendant inopérant le mugissement des vagues[78], 51/42 présente une toute autre situation dont Babylone est vic-time. Dans la pensée babylonienne Marduk a vaincu Tiamat et Babylone célèbre cette victoire mythique. Voilà que Jérémie parle d'un retour de Tia-mat et d'une étonnante victoire de celle-ci, puisque Babylone est déjà recou-verte (le verbe est à l'accompli), sans la moindre intervention de Marduk.

---

77. Sur les « grandes eaux » comme désignation de l'océan primordial la litté-rature est abondante : voir en particulier Reymond (p. 168 et 181) qui dit à propos de Jr 51/55 (p. 181) : « On ne peut s'empêcher de voir ici, sousjacent, le souvenir de la bataille de Dieu contre son ennemi primordial, l'Océan ; celui-ci frappe ses derniers et furieux coups avant d'être totalement vaincu ». Dans 6 passages de l'AT mym rbym est parallèle à thwm dont la sonorité rappelle Tiamat (Ps 77/17-20, 107/23-26. Ez 26/19, 31/4-5, 15, Hb 3/10-15). Voir aussi l'article de May (1955, p. 9-21).

78. Alors que Marduk a besoin d'armes, d'un char et de chevaux pour vaincre Tiamat, Dieu n'a qu'un ordre à donner et l'océan primordial ne franchit même pas une plage de sable ! (Cf. aussi Ps 104/9, Pv 8/29, etc.).

Le mythe est renversé avec un parfait mépris de Marduk et à la grande honte de Babylone.

51/42 appartient à un petit ensemble (51/41-43), dont l'unité littéraire, à ma connaissance, n'a pas été contestée[79]. Cet ensemble, introduit par *'yk* (suivi d'un deuxième en 41b) et utilisant de préférence l'accompli, est une lamentation funèbre[80] : lamentation sur Babylone. Dans ce texte la métaphore est exactement au centre, donnant l'explication sur la fin de la défunte. Par sa place et par son appartenance à un tel genre littéraire, la métaphore prend une force étonnante : c'en est bel et bien fini de Babylone. Le retournement ironique du mythe est souligné. En 50/2, où il s'agit de proclamer la prise de Babylone, est proclamé conjointement l'effondrement de Marduk. C'est ce même effondrement que 51/42 suppose au moment où il faut pleurer Babylone, dont la mise au tombeau est dans le sein de la Mer.

A travers la mer, c'est à Tiamat que l'énoncé métaphorique fait allusion, étant donné le contexte babylonien, et cette allusion opère ironiquement un retournement du mythe babylonien. Face à cette situation, 51/43 apparaît bien comme un indice sémantique ; en effet, la situation décrite en 51/43 est totalement insolite. La prise de possession de Babylone par Tiamat doit conduire à une installation de l'océan primordial et non à l'apparition d'un désert. Tel est l'insolite qui montre que la Mer désigne métaphoriquement autre chose.

ÉTUDE DU MÉTAPHORISÉ

Dès le début de la lamentation, en 51/41, le vocabulaire utilisé est extrêmement précis. A propos d'une ville, lorsque *lkd* et *tpś* sont employés, ils dénotent toujours un fait de guerre ; la prise de la ville est une victoire militaire. Pour *lkd* cela apparaît très clairement au qal (Nb 21/32, 32/41, 42, Dt 2/34, 35, Jos 6/20, 8/19, 21, 10/1, 28, 32, 35, 37, 39, 11/10, 12, 15/16, 17, 19/47, Jg 1/8, 12, 13, 18, 9/45, 50, 2 S 5/7, 12/26, 27, 28*bis*, 29, 1 R 9/16, 2 R 12/18, 17/6,18/10, Es 20/1, Jr 32/3, 24, 28, 34/22, 37/8, 38/3, Hb 1/10, Pr 16/32, Dn 11/15, Ne 9/25, 1 C 11/5, 2 C 12/4, 13/19, 15/8, 17/2, 28/18, 32/18), ainsi qu'au niphal comme ici (1 R 16/18, 2 R 18/10, Jr 38/28*bis*, 48/1, 50/2, 9, 51/31, Za 14/2). La prise d'une ville est toujours

---

79. La délimitation de ces trois versets est marquée par le fait que Dieu parle à la première personne juste avant (51/40) et juste après (51/44) ce passage et non dans celui-ci. Avec la première personne, le genre littéraire est celui de l'oracle, alors que 41-43 relève, comme on va le voir, d'un autre genre littéraire. La question n'est pas de savoir ici si la présence de 41-43 dans l'oracle est secondaire ou pas, car mon seul propos est de m'en tenir au texte où se trouve la métaphore (41-43) à l'exclusion de son cadre oraculaire.

80. Cf. les emplois de *'yk* en 2 S 1/19, 25, 27 et Ez 26/17, qui sont des textes appelés *qynh* (Ez 26/17 et 2 S 1/17) ; cf. aussi *'yk* en Jr 9/18, où il s'agit de *nhy*, autre nom pour la lamentation. Voir encore Jr 48/39, 50/23, qui relèvent du même genre littéraire. Dans tous ces textes, le premier verbe après *'yk* est à l'accompli.

militaire. Si au niphal le verbe *tpś*, à propos d'une ville, est rarement expressément guerrier cf. 50/46, par contre au qal « s'emparer d'une ville » appartient bien à l'isotopie militaire (cf. Dt 20/19, Jos 8/8, 2 R 14/7, 16/9, 18/13, Es 36/1). Par ces deux verbes le ton est donc donné, l'isotopie militaire est claire : c'est par une armée que Babylone a été prise. Ainsi le sujet métaphorisé apparaît : à travers la mer, il est question d'une armée étrangère victorieuse de Babylone.

La description faite en 51/43, insolite pour le métaphorisant, convient parfaitement pour le métaphorisé : un désert à la suite d'une bataille. Désolante réalité, dont le souvenir s'est gardé jusqu'à Pline (« Babylone, capitale des nations chaldéennes, a joui longtemps de la plus grande célébrité dans tout l'univers. (...) Elle est devenue un désert ». *Histoire Naturelle* VI, 30/4-5). Le genre littéraire adopté pour 51/41-43 convient aussi très bien . il était habituel, en effet, d'entonner des lamentations sur les villes détruites lors d'une guerre. Le livre des Lamentations nous donne le contenu de ces lamentations à propos de Jérusalem et nous avons entre autres aussi celle qui fut prononcée sur Ur (cf. Pritchard, 1950, p. 455 ss.). Il s'agit là d'un genre très ancien, remontant aux Sumériens, et dont le but était d'attirer l'attention des dieux offensés par la destruction de leur ville et des sanctuaires qui s'y trouvaient (cf. (cf. Kramer, 1975, p. 181). Dans le cas présent l'humour sarcastique de Jérémie apparaît encore : comment, en effet, Marduk pourrait-il réagir à cette lamentation, quand l'envahisseur est comparé à Tiamat qui s'est imposée victorieusement à Babylone ?

Avec un tel métaphorisé, le verbe *'lh* apparaît clairement comme foyer de la métaphore et l'on retrouve pour ce verbe, sous-entendu pour le sujet métaphorisé, sa signification militaire déjà repérée et plusieurs fois notée : de même que la Mer est montée sur Babylone, de même aussi l'armée qui a pris la ville est « montée » contre elle, c'est-à-dire est « partie en campagne » contre elle. Départ en campagne, soldé par une victoire, comme le reste de la lamentation le décrit. Grâce à la métaphore ce départ en campagne devient l'invasion de l'océan primordial. Par ce transfert de sens, au niveau du foyer, les Babyloniens apparaissent comme impuissants militairement, puisque leur ennemi qui part en campagne est aussi puissant que le chaos, l'océan primordial en crue.

Peut-on dire plus de ce sujet métaphorisé ? Si l'on en reste à cette lamentation, la puissance militaire qui s'empare de Babylone n'est jamais nommée. En 51/41, les niphal, utilisés sans complément d'agent, permettent très astucieusement de ne pas nommer le vainqueur de Babylone. En 51/42 le verset commence par un qal, de telle façon que le lecteur peut s'attendre à découvrir le nom du vainqueur : « Contre Babylone est monté... ». Mais le vainqueur n'est désigné que métaphoriquement (« la mer ») en sorte que l'anonymat du métaphorisé n'en est que plus souligné. Pas un détail n'est donné sur cette armée dans la lamentation. Ce fait me paraît être le signe que ce texte est très ancien. Il doit dater d'une époque antérieure à la chute de Babylone, d'une époque où la ville est encore au faîte de sa gloire (« la splendeur de toute la terre »), d'une époque où n'apparaît à l'horizon aucun adversaire suffisamment fort pour la renverser, d'une époque où celui qui détrônera Babylone ne peut être décrit que métaphoriquement. Entonner une lamentation funèbre sur une ville encore bien vivante est bien digne des courants prophétiques ; Amos n'avait-il pas fait de même sur la vierge Israël encore bien vivante (Am 5/1-2) ?

En faisant jouer l'intertextualité, on pourra sans doute jeter plus de lumière sur le métaphorisé (Cf. 51/11 mentionnant les Mèdes) ; mais je ne le ferai pas, afin de mieux saisir toute la force originelle de cette métaphore, telle qu'elle jaillit de son cadre immédiat et premier : celui de la lamentation, où elle occupe le verset central.

Au niveau des connotations dans ce passage, une remarque me semble devoir être faite. On a vu (p. 191) que les verbes *lkd* et *tpś* appartiennent à l'isotopie militaire ; on a vu aussi (p. 179) que ces deux mêmes verbes appartiennent également à l'isotopie de la chasse. Lorsque ces verbes sont employés, c'est le contexte qui permet de dire s'il s'agit d'une chasse ou d'une guerre, sans qu'il y ait forcément chaque fois une allusion à la chasse dans un récit de guerre, ou une allusion à la guerre dans un récit de chasse. En Am 3/4, 5, le verbe apparaît dans la description d'un lion en chasse et dans celle de la chasse d'un oiseleur, sans que pour autant le lion et l'oiseleur soient comparés à des guerriers vainqueurs ou leurs proies à des soldats vaincus. De la même manière, si Babylone doit prendre (*lkd*) Jérusalem, en Jr 32/3, 34/22, il s'agit là d'un fait militaire, sans la moindre allusion à la chasse. Il faut donc plus que le seul emploi de *lkd* et *tpś* pour qu'une des deux isotopies soit connotée par l'autre. C'est ainsi que la prise des villes moabites en 48/41 (isotopie militaire) devient une chasse, comme on l'a vu p. 179, à cause de la mention, juste avant, de l'aigle aux ailes déployées au-dessus de Moab. De la même manière, la prise de Babylone en 50/24 n'est plus un fait de guerre, mais de chasse, à cause du verbe *yqš* (de l'isotopie de l'oiseleur) avant le verbe *lkd*. Qu'en est-il de 51/42, où se trouvent *lkd* et *tpś* ? Étant donné que c'est une ville qui est prise, il n'y pas de doute, comme on l'a vu p. 191, que le propos relève de l'isotopie militaire. L'absence de toute allusion à la chasse dans ce verset ne permet pas de parler de connotation en ce sens. Cependant il est une autre connotation à laquelle *lkd* et *tpś* peuvent faire penser ; et cela à cause du métaphorisant choisi : Tiamat, l'adversaire de Marduk. Dans les récits mésopotamiens qui nous sont parvenus, le filet tient une grande place. Marduk s'en sert pour s'emparer de Tiamat et de ses alliés, ce qui place le récit entre le combat singulier et la chasse. Marduk « fit un filet pour entourer, dedans, Tiamat ; (...) à son côté, il serra le filet, don de son père Anou. (...) Le Seigneur (= Marduk) déploya son filet, et l'(= Tiamat) en enveloppa. (...) Ils (= les alliés de Tiamat) furent jetés dans des filets, mis à demeure dans des rets » (cf. Labat, 1970, p. 51 et 53). En 51/41, avec l'emploi du verbe *lkd* (utilisé par ailleurs pour le chasseur au filet, cf. Am 3/5 ou Jr 5/26), c'est me semble-t-il une discrète allusion faite au mythe, avec le même retournement du mythe que nous avons observé : ce n'est plus Tiamat qui est « prise » dans le filet de Marduk, mais Babylone qui est « prise » dans le filet tendu cette fois par Tiamat. Mais l'allusion est très discrète, je le reconnais, étant donné qu'elle n'apparaît qu'après coup, qu'une fois connu le sujet métaphorisant en 51/42. L'allusion est trop discrète pour qu'on puisse rattacher *lkd* à l'énoncé métaphorisant ; il s'agit tout au plus d'une amorce de la métaphore.

Notes complémentaires

— Pour le nom de *ššk* (51/41) désignant Babylone selon le procédé *Atbash*, voir plus loin l'étude de la métaphore du vent (51/1).

— On a vu que la lamentation sur Babylone n'était pas sans humour. Sur le plan de l'humour encore, une remarque peut être à faire, mais en note car je ne saurais le démontrer. Es 21/1 nous apprend que les Israélites (mais à quelle époque ?) voyaient une désignation de Babylone dans l'expression *mdbr ym* (« désert de la mer » !). Il se pourrait que Jr 51/42 s. soit une exégèse moqueuse de cette expression. Grâce à la métaphore de la mer, en effet, le désert décrit en 51/43 est un désert provoqué par la venue de la mer, en sorte que Babylone est bel et bien le « désert de la mer » !

CONCLUSION

La diversité des métaphores mettant en jeu le verbe *'lh* est étonnante (lion, nuages, ouragan, vent, vigne, Nil, torrent, aigle, criquet, mer). Un classement par sujets métaphorisants n'aurait certainement pas conduit à regrouper ces métaphores et un classement par sujets métaphorisés non plus. Seul le verbe *'lh* a permis leur rapprochement : reste à savoir si un tel rapprochement a un sens ou non.

On peut tout d'abord remarquer combien ce verbe est mis en avant dans chacune des métaphores. Quatre d'entre elles ont ce verbe comme tout premier mot : 4/7 (un lion monte de son fourré), 5/10 (escaladez ses murs), 51/27 (faites monter les chevaux) et 51/42 (la mer monte contre Babylone). Pour d'autres c'est le premier verbe de la métaphore : 4/13, 46/7-8 (où il est utilisé trois fois), 47/2, 49/19, 22. Un seul texte fait exception (4/11-12), mais il s'agit d'une métaphore qui prolonge celle de 4/7 (où *'lh* est le premier mot) et qui prépare celle de 4/13 (où *'lh* est le premier et seul verbe). On le voit, pour chacune de ces métaphores le verbe *'lh* est particulièrement important. Qui plus est, dans chacun de ces textes *'lh* est foyer, c'est-à-dire lieu dont l'enjeu sémantique est particulièrement grand. Cette fois, 49/19 fait exception, mais il prépare 49/22.

En hébreu, *'lh* se trouve utilisé dans quantité d'expressions, tant positives que négatives. Parmi les expressions, tant positives que négatives. Parmi les expressions positives, on peut noter par exemple les suivantes : « l'aurore se lève » (Gn 19/15, 32/25, 27, Jos 6/15...), « une plante pousse » (Gn 40/10, Dt 29/22, Es 53/2...), « des réparations progressent » (Néh 4/1, 2 C 24/13), « un parfum s'exhale (Ez 8/11). Il est frappant de constater que, dans la riche polysémie de ce verbe, pas une seule des métaphores de Jérémie ne s'appuie sur une de ces expressions positives, pas même en connotation ; seules sont retenues les expressions négatives : inondation, invasion de sauterelles... On peut donc dire que, dans leur diversité, les métaphores avec *'lh* ont en commun d'utiliser ce verbe dans ses seules acceptions négatives. Ce seul point est particulièrement unifiant et peut justifier un classement par foyer, tel que cela est proposé ici.

En tant que foyer, *'lh* est donc utilisé par Jérémie pour un transport de sens du métaphorisant sur le métaphorisé. Quels sont ces signifiés et leur enrichissement par la métaphore ?

Autant les métaphorisants sont variés, autant les métaphorisés ne le sont pas ; ces derniers ne sont que deux : soit une puissance militaire, soit Dieu.

Quand il s'agit d'une puissance militaire, le verbe *'lh*, suivant son acception dans un contexte militaire, signifie « partir en campagne » ou « monter à l'assaut », et cela indépendamment de toute métaphore. Lorsqu'une armée « part en campagne » ou « monte à l'assaut », il s'agit d'une simple information stratégique sur l'évolution des combats et rien de plus. Rien ne dit en effet si la « montée » va se solder par une victoire (cf. Jos 15/15, 22/12, 2 R 12/18, où celui qui « monte » est ensuite le vainqueur) ou par une défaite (cf. 2 R 16/5, Es 7/1, 6, où celui qui monte est ensuite vaincu). *'lh* ne connote pas la victoire de celui qui monte. Cela est important pour comprendre les textes où Jérémie annonce la « montée » d'un ennemi et surtout ceux où Juda et Jérusalem sont visés. Je commence par eux. A l'époque de Jérémie, annoncer qu'un ennemi (fût-il destructeur des nations comme cela est dit en 4/7) va monter contre Jérusalem ne peut être entendu par les Judéens comme une véritable menace. En effet, 2 R 16/5 et Es 7/1-6 rappellent que lorsque la Syrie, aidée du royaume du Nord, était « montée » contre Jérusalem, cela avait abouti pour les assaillants au plus grand des fiasco. Peu importe dès lors quel sera le prochain ennemi dont on annoncera la « montée » : les Israélistes se savent à l'abri. Pour annoncer que rien n'est moins sûr et qu'il peut en être autrement, Jérémie doit trouver un moyen de persuasion, dont la force est indéniable. C'est là, entre autres, que la métaphore joue, à mon avis, un rôle capital. Jérémie va devoir comparer la « montée » de l'ennemi à d'autres « montées » qui ne peuvent être que victorieuses. Le recours à la métaphore et à sa force persuasive a un enjeu théologique important, dès lors qu'il veut faire passer un message.

Parler de la montée de nuages, de la montée d'un ouragan ou de la montée du vent du désert, c'est parler de montées contre lesquelles Israël ne peut rien ; c'est parler de la montée de fléaux dont les conséquences imparables ne peuvent être que désastreuses pour le peuple. Ces métaphorisants choisis pour parler de l'ennemi sont tels que sur le verbe *'lh*, aux résultats incertains tant qu'il est employé dans la seule isotopie militaire, s'opèrent des transports de sens qui donnent à ce même verbe un contenu éminemment menaçant. Grâce à ces transports de sens, l'ennemi, dont la « montée » est annoncée par Jérémie, ne pourra être que vainqueur d'Israël. On mesure ici combien le clivage dans le foyer de ces métaphores est adroitement utilisé par Jérémie pour annoncer que la « montée » d'un ennemi contre Jérusalem peut se solder par la défaite d'Israël. Ainsi, grâce à la métaphore, le soi-disant dogme de l'invulnérabilité de Jérusalem est mis en brèche. Il n'y a pas bien sûr que la métaphore, mais elle y contribue grandement.

Je ne veux, pour l'instant, aller plus avant dans ces métaphores dont le destinataire est Israël (4/7, 11-12, 13, 5/10). On aura remarqué, en effet, que toutes les métaphores avec 'lh dont le destinataire est Israël utilisent aussi la racine šḥt. Comme c'est là l'objet de mon prochain chapitre, il faut attendre la fin de ce deuxième chapitre, pour avancer dans les conclusions.

Lorsque c'est à des nations étrangères qu'est annoncée la montée d'un ennemi, il s'agit là encore d'une information stratégique qui ne préjuge toujours pas de l'issue des combats. Pour ces nations destinataires, le problème de la crédibilité des propos de Jérémie se pose en d'autres termes : quel crédit accorder aux propos d'un représentant d'une nation aussi petite qu'Israël ? A ce propos les métaphores de Jérémie ont une nouvelle utilité. Elles permettent de critiquer les dieux de ces nations sans nommer ces derniers expressément. Ainsi, dans la métaphore du torrent (47/2) on a pu noter une critique de Baal et la mise à l'écart de ce dernier au profit du Dieu d'Israël : prétention qui ne peut que piquer au vif les Philistins. Dans la métaphore de la mer (51/42), on assiste au retournement du mythe racontant la victoire de Marduk contre Tiamat, ce qui aussi ne peut que piquer au vif les destinataires babyloniens. Grâce aux métaphores, la non mention des dieux est facile et ne pas nommer, c'est ne pas reconnaître le droit à l'existence, ce qui, je crois, va loin dans la critique des dieux. Quant à la métaphore des criquets (51/27) elle se distingue par le fait qu'elle ne semble faire aucune allusion à un dieu de Babylone.

Ces métaphores à l'adresse des nations ont bien sûr aussi un impact sur les Israélites, qui d'une certaine manière sont aussi destinataires. C'est à ce niveau que les transferts de sens sur 'lh continuent d'opérer. Cette « montée » de l'ennemi, qu'Israël se refusait à craindre, devient, grâce aux métaphorisants choisis et grâce aux transferts de sens sur le foyer, une « montée » éminemment menaçante et imparable. L'ennemi monte comme un torrent en crue, fléau contre lequel ne se trouve aucune arme ; et l'on a vu que l'oracle contre les Philistins comportait un avertissement à l'adresse d'Israël, tant sur le plan politique (alliance avec l'Égypte) que religieux (culte de Baal). Les métaphores à l'adresse de Babylone concernent Israël d'une autre manière. En effet, l'annonce de la montée de l'ennemi de Babylone comme une montée de criquets (51/27) ou comme une montée de l'océan primordial (51/42) se trouve dans des oracles qui proclament que la défaite de Babylone est une libération pour Israël. Dans ce cas, la force des métaphorisants choisis (fléau des sauterelles ou retour au chaos) sert à affirmer que Babylone n'est pas invulnérable. En conclusion, c'est avec la même force que Jérémie doit, d'une part, battre en brèche le dogme de l'invulnérabilité de Jérusalem, et, d'autre part, mettre en brèche le désespoir devant la fatalité d'une éternelle occupation babylonienne.

La dernière métaphore où le métaphorisé est une puissance militaire est 46/7-8. Cette fois la puissance annoncée n'est pas l'ennemi du destinataire, mais le destinataire lui-même, à l'occurrence l'Égypte. C'est dans cette métaphore qu'on a pu noter une particulière importance accordée à l'humour. On sait que cette montée de l'Égypte était attendue par beaucoup de contemporains de Jérémie. Pour une fois, beaucoup espéraient que la montée de l'Égypte serait victorieuse. Et apparemment la description de cette montée comme une montée du Nil et de l'océan primordial ne pouvait que fortifier cet espoir. Mais grâce à l'ironie la métaphore est retournée et débouche en fin de compte sur la « montée » d'une Égypte éclopée vers les monts de Galaad pour y chercher des remèdes (46/11), remèdes d'autant plus inutiles que cette éclopée est moribonde et même morte. L'éventuel allié d'Israël fait cette fois une bien piètre montée !

Dans deux métaphores seulement (49/19, 22) le métaphorisé est Dieu. On a vu que toute « montée » de Dieu était en soi dangereuse. Alors qu'une montée ennemie n'est pas forcément dangereuse, une montée de Dieu l'est toujours par contre. Ici, les métaphores n'apportent rien d'autre qu'une élucidation de ce danger : ce danger est semblable à celui d'un lion pénétrant dans un pâturage, ou semblable à celui d'un aigle planant au-dessus de sa proie. Dans ces métaphores, Dieu apparaît comme l'ennemi d'Edom, ce qui distingue peu ces métaphores de celles où le métaphorisé est une puissance militaire ennemie, en sorte que, en fin de compte, la totalité des métaphores avec 'lh a pour métaphorisé un destructeur. Non seulement Dieu et l'ennemi jouent le même rôle, mais encore il y a entre eux une certaine connivence. On a pu noter bien des fois, en effet, que l'ennemi annoncé n'était rien d'autre que l'envoyé de Dieu et que par derrière lui c'était Dieu qui était à l'œuvre, ce qui rapproche les métaphorisés. L'Égypte seule se distingue, mais cette puissance militaire agissant à l'insu de Dieu est tournée en ridicule.

Si, en fin de compte, ces métaphores n'ont qu'un seul thème (une puissance dangereuse), la variété des métaphorisants permet de jouer sur ce thème sans monotonie. C'est là en effet une des grandes qualités du discours métaphorique : pouvoir dire à peu près la même chose, sans se répéter. Mais il y a plus encore. Si Jérémie doit effectivement répéter l'annonce de la venue d'un ennemi, il fait cette annonce à différents destinataires ; or, on a pu noter bien souvent que le choix des métaphorisants n'était pas fait à la légère : que Jérémie puisait pour cela dans le trésor culturel de ses destinataires (un torrent pour les Philistins, un aigle pour les Édomites, Tiamat pour les Babyloniens, la vigne pour Israël...). Si donc le message est le même, celui-ci est forgé avec un matériau fourni par le destinataire. On voit, dans le choix qu'il fait de ses métaphorisants, que Jérémie est attentif à la portée de son message, même si c'est pour malmener le trésor dans lequel il a puisé (ainsi Tiamat d'ordinaire vaincue, mais que Jérémie rend victorieuse !).

Dans cet éventail de métaphores redoutables, pas une fois Israël n'apparaît comme une menace. Si l'ennemi annoncé garde un certain anonymat, il est clair cependant qu'il ne s'agit pas d'Israël. Jamais dans ces métaphores Israël n'est l'envoyé de Dieu, il en est même la victime parfois, une victime dont la vulnérabilité est soulignée (c'est ainsi qu'en 4/7 il apparaît comme une femme devant un lion). Jamais Israël n'est menaçant pour qui que ce soit. C'est là un thème qui se précisera avec d'autres métaphores, mais dans ce sens on peut faire une remarque sur le seul verbe *'lh*.

Dans toutes les montées annoncées par Jérémie, Dieu ne fait jamais monter Israël. Le verbe *'lh*, dans sa richesse sémantique, évoque principalement pour Israël la « montée » d'Égypte, l'exode. Ce verbe est au plus haut point chargé de toute une théologie et l'on peut même dire que la principale acception positive de ce verbe se rapporte à la sortie d'Égypte. Or, il est frappant de constater que dans les métaphores qui utilisent ce verbe pas une ne s'appuie sur une telle connotation de *'lh*. Je dirai même : au contraire. Dieu ne fait pas monter Israël, par contre il fait monter un lion contre Israël (4/7) ; il fait monter le vent d'Est, des nuages, l'ouragan (4/13) et des saccageurs de vigne (5/10) contre Israël ; et si quelque chose monte d'Égypte, c'est le Nil ! Je crois que parmi les sécurités israélites que Jérémie combat il y a aussi la sécurité de la théologie de l'exode. Il combat la théologie de la libération, lorsque celle-ci est élevée au rang des dogmes. Même une vraie théologie peut devenir fausse sécurité devant Dieu. Voilà qu'après la mémorable célébration pascale, la grande commémoration de l'exode ordonnée par Josias en la dix-huitième année de son règne (2 R 23/21-23), alors que Jérémie (selon Jr 1/2) était déjà prophète depuis cinq ans, ce dernier se permet d'annoncer que c'est un destructeur que Dieu fait monter vers Jérusalem. Ce même *mšḥyt*, qui avait épargné Israël dans la nuit de la Pâque (Ex 12/13), monte maintenant contre Israël (4/7). Dans le concert organisé pour célébrer la libération, la fausse note de Jérémie ne peut passer inaperçue.

A la fin de cette étude de *'lh*, un mot doit être dit de son antonyme *yrd*. Ce verbe apparaît dans quatre métaphores et encore une fois avec une remarquable continuité (48/15, 49/16, 50/27 et 51/40). Face au danger qui monte, on pourrait s'attendre à découvrir des métaphores qui décrivent la descente de quelque protection ; face aux emplois négatifs de *'lh*, on pourrait s'attendre à des emplois positifs de *yrd*. Or ce n'est pas le cas. C'est encore uniquement de façon négative que *yrd* est employé dans les métaphores : ainsi les taurillons, les béliers ou les jeunes descendent tous... à l'abattoir ! (48/15, 50/27, 51/40). Quant à l'aigle, en 49/16, du plus haut où il a pu monter Dieu le fait descendre. *yrd* comme *'lh* est utilisé par Jérémie pour son message de malheur.

LE VERBE šḥt

Pour les emplois de ce verbe en Jérémie voir p. 95 s. Si l'on classe les livres bibliques par ordre d'emplois, non du verbe seul, mais de la racine, on obtient le tableau suivant :

	Total	Niph	Piel	Hiphil + mašḥîth	Hoph	mašḥéth	mašḥâth	mošḥâth
Jéré	23	2	3	18				
Gen	17	2	7	8				
Chro	17			17				
Ezé	16	1	7	7		1		
Sam	13		4	9				
Esa	12		1	10			1	
Deut	11		2	9				
Psau	9			9				
Jug	7		1	6				
Prov	6		1	4	1			
Rois	6		1	5				
Dan	6			6				
Exo	5	1	2	2				
Osée	3		3					
Mala	3		1	1	1			
Lam	3		2	1				
Lévi	2			1				1
Nomb	1		1					
Jos	1		1					
Amos	1		1					
Nah	1		1					
Soph	1			1				
Ruth	1			1				
Joël	0							
Abd	0							
Jon	0							
Mich	0							
Hab	0							
Agg	0							
Zach	0							
Job	0							
Cant	0							
Eccl	0							
Esth	0							
Esd	0							
Néhé	0							

Jérémie est de loin celui qui dans l'AT utilise le plus cette racine. Sur le total d'occurrences dans l'AT (= 165), il y en a 23 dans Jérémie, soit environ 1 septième.

Si l'on classe maintenant ces mêmes livres suivant les emplois de cette racine dans les énoncés métaphoriques, on obtient le tableau suivant :

	Total	Niphal	Piel	Hiphil + mašḥîth	Hophal
Jéré	16	2	2	12	
Dan	3			3	
Esa	2			2	
Ezé	2			2	
Nah	1		1		
Prov	1				1
Lam	1		1		

Non seulement Jérémie est de loin celui qui emploie le plus šḥt dans le discours métaphorique, mais encore en ce domaine il totalise à lui seul plus que tous les autres livres de l'AT réunis. En outre, avec 16 occurrences sur 23 dans Jérémie, ce sont plus des deux tiers des occurrences de cette racine qui se trouvent dans des métaphores. C'est dire la particulière importance métaphorique de šḥt en Jérémie.

On peut aussi noter que Jérémie est l'un des tous premiers auteurs de l'AT à utiliser šḥt dans des métaphores. Avant lui on peut seulement signaler Nahum (avec šḥt en 2/3 dans la métaphore de la vigne) et peut-être Prov 25/26 (métaphore de la source) qu'il m'est difficile de dater. De la même époque que lui sont Ez 16/47 et 23/11 (deux métaphores féminines). Puis La 2/5 (métaphore de l'ennemi). Enfin Es 65/8bis (métaphore de la grappe) et Dn 8/24bis, 25 (dans l'interprétation d'une vision que l'on peut considérer comme métaphorique). C'est dire que sur ce point Jérémie peut être considéré comme un novateur.

Dans cette étude regroupant les métaphores par foyer, 15 des 16 occurrences de šḥt en Jérémie sont susceptibles d'être des foyers. Dans une seule mšḥyt est clairement un sujet métaphorisé : c'est en 4/7 que nous avons déjà étudié (cf. p. 104 ss.). Les 15 autres se répartissent en 13 métaphores, qui sont les suivantes et que j'étudierai dans l'ordre qu'elles ont actuellement dans le livre de Jérémie : 2/30 (métaphore du lion), 5/10 (métaphore de la vigne, déjà étudiée ci-dessus, p. 133 ss.), 5/26 (oiseleur), 11/19 (arbre), 12/10 (vigne), 13/7, 9 (ceinture), 13/14 (cruches), 18/4 (potier et argile), 22/7 (Liban et Gilead), 49/9 (vendangeurs et voleurs), 51/1 (vent), 51/20 (marteau), 51/25bis (montagne)[1].

Avant de passer à l'étude de ces métaphores, quelques remarques intro-

---

1. Les références données ici pour les métaphores sont celles des versets où apparaît šḥt et non celles des versets délimitant les énoncés métaphoriques.

ductives peuvent être faites sur les emplois de šḥt en dehors du livre de Jérémie. Cela permet d'esquisser, à grands traits seulement, une sorte de physionomie de cette racine.

Les passages où šḥt apparaît peuvent être classés en deux grands groupes, suivant que šḥt dénote une destruction aux effets essentiellement négatifs et répréhensibles, ou bien une destruction non répréhensible et dont les effets se veulent être positifs, c'est-à-dire, suivant que la destruction doit être punie ou que la destruction est elle-même une punition.

šḥt DANS LES ACTES DE DESTRUCTION RÉPRÉHENSIBLES

Les emplois šḥt dénotant une destruction aux effets purement négatifs sont nombreux, mais offrent une très grande unité, dans le fait que les destructeurs sont uniquement des êtres humains. Jamais n'apparaissent des démons, des dieux ou d'autres puissances maléfiques destructrices. Les destructeurs sont ainsi des Israélites ou le peuple d'Israël en général (Ex 21/26, 32/7, Nb 32/15, Lv 19/27, Dt 4/16, 25, 9/12, 20/19, 31/29, 32/5, Jg 2/19, 1 S 26/9, 15, Es 1/4, 65/8, Ez 20/44, Os 9/9, 13/9, Pr 6/32, 11/9, 23/8, Rt 4/6, 2 C 22/4, 27/2), Onan (Gn 38/9), le racheteur (2 S 14/11), les prêtres (Mal 2/8), les Benjaminites (Jg 20/21, 25), les Jérusalémites (Ez 16/47, 23/11, So 3/7), les rois d'Israël (2 C 34/11), un Amalécite (2 S 1/14), les rois Assyriens (2 R 19/12, Es 37/12), le Roi de Babylone (Es 14/20), le roi de Tyr (Ez 28/17), Edom (Am 1/11), un roi grec (Dn 8/24, 25), les Philistins (Ez 25/15), Ammon et Moab (2 C 20/23), des pillards (Na 2/3), une femme (Dn 11/17), les étrangers (Lv 22/25 ce sont eux qui mutilent leurs bêtes), les hommes en général (Gn 6/12), les insensés (Ps 14/1, 53/2), un homme (Pr 18/9, 28/24). En Es 51/13, « l'oppresseur » qui détruit ne peut être autre qu'un homme, selon le parallélisme du verset précédent. Le seul texte où le destructeur n'est pas un homme est Ex 12/23 et sans doute qu'il est question ici d'un démon (cf. plus haut, p. 113). Il y a place ici à une puissance maléfique non humaine, mais on peut noter que ce destructeur est rabaissé au rang des différentes plaies qui frappent l'Égypte et ce démon, comme les autres plaies d'Égypte, est entre les mains de Dieu, à son service, de telle façon que sa puissance destructrice est récupérée et intégrée dans l'acte pascal libérateur et positif de Dieu. C'est ainsi que cet ancien démon est devenu un ange, un envoyé de Dieu (cf. 2 S 24/16). On le voit, si Israël a connu des puissances maléfiques destructrices, celles-ci sont désormais soumises à Dieu et, à son service, elles deviennent positives. Désormais aussi, pour l'AT, les seuls véritables destructeurs, qui échappent encore à l'autorité de Dieu, sont les hommes. Ce sont eux qui détruisent ou se détruisent.

šḥt DANS LES ACTES DE DESTRUCTION POSITIFS

Chaque fois que l'on peut noter quelque chose de positif dans les effets de la destruction, on s'aperçoit que le destructeur est Dieu lui-même ou l'un de ses envoyés, et ces derniers sont très variés : des anges, des animaux, des phénomènes naturels, mais aussi des hommes. Si je peux dire que šḥt dénote une destruction positive, c'est dans la mesure où cette destruction est réaction à une offense faite à Dieu (ou à l'une de ses créatures) et punition dans le seul but de ramener à Dieu. Mais, bien sûr, même positive, la destruction demeure destruction et l'AT aura toujours de la peine à dire que Dieu « détruit ». Pour éviter une telle affirmation, les envoyés de Dieu joueront un rôle particulièrement important, non pour voiler la réalité, mais au contraire pour mieux révéler la réalité de la liberté de Dieu qui, à tout moment, peut arrêter ou renoncer à la destruction (particulièrement clair en ce sens 2 S 24/16).

Parmi les envoyés que Dieu délègue, on trouve donc les anges ; ceux-ci apparaissent en Gn 19/13, 2 S 24/16, 1 C 21/12, 15. On trouve aussi des animaux : les insectes en Ex 8/20, les vermines en Ps 78/45, les rats en 1 S 6/5, des rongeurs en Ma 3/11. On découvre ainsi que les animaux ne sont dits destructeurs que lorsqu'ils sont envoyés par Dieu, sinon šḥt n'est pas employé pour eux, le seul phénomène pour lequel šḥt est employé, est le déluge (Gn 6/17, 9/11, 15) et celui-ci est bien totalement maîtrisé par Dieu.

Des hommes aussi peuvent être envoyés et utilisés par Dieu pour détruire : Israël (Dt 20/20, Jo 22/33, Jg 20/35, 42 et peut-être 2 S 11/1, 20/15, 20, 1 C 20/1), Saül (1 S 23/10 ?), le peuple eschatologique (Dn 9/26), Madian (Jg 6/4, 5), des nations (Ez 26/4, 30/11), les Araméens (2 C 24/23, Babylone (2 C 36/19). On peut noter que tous ces hommes qui détruisent ainsi sous l'autorité de Dieu, le font dans le cadre de la guerre sainte. Hors de ce cadre bien précis, on ne voit pas d'hommes intervenir pour détruire impunément. La seule exception pourrait être Ez 9/6, 8, 21/36, mais il est difficile de dire si les envoyés de Dieu sont des hommes ou des anges. Le cadre de la guerre sainte permet peut-être d'expliquer pourquoi un corps d'armée porte le nom de mšḥyt (cf. 1 S 13/17, 14/15).

Il est aussi question d'objets destructeurs ; en Ez 5/16 sont mentionnés des flèches destructrices. Ces flèches sont présentées comme étant celles d'une famine envoyée par Dieu, en sorte qu'on reste ici dans le cadre des fléaux de Dieu. En Ez 9/1 les destructeurs ont en main des outils de destruction, qui restent imprécis. Mais quels que soient ces destructeurs, ces derniers sont envoyés par Dieu et leurs outils restent dans leurs mains, en sorte que, par les mains des destructeurs interposées, ils restent dans la main de Dieu, à son service.

Lorsque šḥt a pour sujet Dieu, c'est le plus souvent dans des textes qui disent que Dieu « ne détruit pas » (cf. plus haut, p. 140). Différentes raisons sont données à cela. Si Dieu ne détruit pas c'est parce qu'il prend pitié (Ez 20/17, Dt 4/31, Ps 78/38), parce qu'il n'est pas un homme (Os 11/9), parce qu'il se souvient de David et de son alliance (2 R 8/19, 2 C 21/7), parce qu'il se souvient des patriarches et de son alliance avec eux (2 R 13/23), parce qu'il y a en Israël une bénédiction (Es 65/8), parce que des hommes le connaissent (Es 11/9, 65/25), parce qu'il y a humiliation des coupables (2 C 12/7, 12) ou bien parce qu'il y a en face de lui un intercesseur et ce dernier est un homme (Abraham en Gn 18/28-32, Moïse en Dt 9/26, 10/10, Ps 106/23, ou n'importe quel homme : Ez 22/30). Cet éventail des différentes raisons invoquées pour dire que Dieu ne détruit pas est impressionnant par rapport aux textes qui disent le contraire.

Les textes où il est dit que Dieu détruit sont les suivants : Gn 6/13 (il détruit la terre au moment du déluge), 13/10, 19/14, 29 (Sodome et les villes voisines), Ez 5/16 (les Jérusalémites avec des fléaux), 43/3 (Jérusalem), Lm 2/5 (les fortifications d'Israël), 2/6 (son lieu de rendez-vous), 2/8 (le rempart de Sion), 2 C 25/16 (Amasias), 2 C 35/21 (Josias). On peut noter qu'en dehors de Dieu, aucun autre Dieu n'intervient dans les destructions ; ces derniers sont délibérément mis sur la touche. Il est aussi à remarquer que les seuls textes peuvent être antérieurs à Jérémie sont ceux de la Genèse ; on peut alors facilement énumérer quels étaient, pour les contemporains de Jérémie, les actes destructeurs de Dieu : la terre au moment du déluge, puis Sodome et les villes voisines. Si donc Dieu a détruit, cela remonte à un passé très lointain, au temps des origines. Depuis lors, le Deutéronome et surtout Osée ont affirmé que Dieu ne détruit pas, avec suffisamment de conviction pour que la menace d'un Dieu destructeur soit reléguée dans les affaires classées, rejetée dans les oubliettes de l'histoire ou de la préhistoire.

Telles me paraissent être les différentes dénotations et connotations de la racine *šḥt*. Certains points particuliers pourront être repris lors de l'étude de telle ou telle métaphore. Le cadre étant ainsi brossé, il reste maintenant à examiner les métaphores de Jérémie concernées par cette racine.

1. MÉTAPHORE DU LION (2/30)

Votre glaive dévore vos prophètes comme un lion exterminateur.

REPÉRAGE DE LA MÉTAPHORE

Le repérage est aisé, étant donné la présence de la particule de comparaison *k*, qui met en présence *ḥrb* (épée, glaive) et *'ryh* (lion), appartenant à deux isotopies différentes.

DÉLIMITATION DE LA MÉTAPHORE

En 2/30a et 2/31 n'apparaît aucun terme de l'isotopie métaphorisante (celle du lion), en sorte que l'examen doit simplement porter sur 2/30b. L'énoncé métaphorisant se limite à deux seuls mots : le sujet métaphorisant (*'ryh*) et le participe qui le détermine (*mšḥyt*) ; l'énoncé métaphorisé à trois : le sujet métaphorisé (*ḥrbkm*) avec le verbe (*'klh*) et son complément (*nby'ykm*). La forme féminine *'klh* ne peut avoir pour sujet que *ḥrb* au féminin ; mais le verbe est sous-entendu pour le métaphorisant, puisque le lion aussi dévore. *'kl* est donc foyer et l'énoncé peut se développer ainsi : « Votre glaive dévore vos prophètes comme dévore un lion exterminateur ».

ÉTABLISSEMENT DU TEXTE

Les difficultés commencent avec la LXX : « Un glaive a dévoré vos prophètes comme un lion exterminateur et vous n'avez pas eu peur ». Les différences apparaissent clairement : la finale dans la LXX n'a pas d'équivalent dans le TM et le sujet métaphorisé n'est pas « votre glaive », mais « un glaive ». Il est aussi à remarquer une autre différence en 30a (LXX : « Vous n'avez pas reçu » ; TM : « ils n'ont pas reçu »), qui permet de voir dans la LXX un certain parallélisme entre 30a et 30b : « En vain j'ai frappé vos fils et vous n'avez pas reçu la leçon. Un glaive a dévoré vos prophètes comme un lion exterminateur et vous n'avez pas eu peur ».

Devant le texte qu'offre la LXX en 30b, les exégètes sont partagés. Certains, comme Duhm, Aeschimann, Schneider et BC, le suivent (cf. BC : « L'épée a dévoré vos prophètes tel un lion destructeur »), mais en laissant tomber sa finale. D'autres comme Volz et Loewenclau (p. 122 s.) s'en inspirent en partie (« Votre épée dévore mes prophètes, vous ne craignez pas ma parole »), mais laissent tomber la métaphore. Aucun, à ma connaissance, ne reprend à son compte, dans son intégralité, le texte de la LXX. La raison invoquée en est simple : ce texte est trop long ; et tous les efforts de Volz et Loewenclau sont effectivement déployés pour respecter la métrique et donner à 30a et 30b une égale longueur. Il est tout à fait exact que la Vorlage de la LXX que l'on pourrait restituer présenterait un déséquilibre entre les membres :

lšw' hkyty 't bnykm mwsr l' lkḥtm
'klh ḥrb bny'ykm k'ryh mšḥyt wl' yr'tm

Et de deux choses l'une, en effet, on supprime ou bien la fin du verset ou bien l'énoncé métaphorisant. Cependant quelle que soit la solution adoptée, on en arrive à une inconséquence. Comme l'a remarqué Loewenclau, il y a dans cette Vorlage, ainsi restituée, un jeu de mots entre *'ryh* et *yr'* (par inversion des consonnes). Or, comme ce texte est trop long, si l'on en supprime la fin ou le métaphorisant, on supprime chaque fois un des éléments du jeu de mots et donc le jeu de mots lui-même. Comment se fait-il donc que ce jeu de mots soit absent du TM, ainsi que du grec de la LXX et qu'il ne soit perceptible que dans une rétroversion, à laquelle nous n'avons plus accès ? Comment se fait-il que ce jeu de mots soit insaisissable, puisque sa restitution en hébreu allonge forcément le texte et perturbe la métrique ? La solution que l'on adoptera, en ce qui concerne la critique textuelle, devra s'accompagner d'une réponse à cette question.

Dans le TM, *ḥrbkm* (« votre épée ») est sans équivoque : il ne peut s'agir que de l'épée du peuple. Dans la LXX, *machaira* (« une épée ») laisse planer une certaine équivoque : il peut s'agir de l'épée du peuple, comme de l'épée d'un autre que du peuple. La LXX laisserait-elle planer une telle équivoque, sans préciser quelle peut être l'épée qui dévore ainsi les prophètes ? Dans le livre de Jérémie *ḥrb* est sujet de *'kl* en 2/30, 12/12, 46/10, 14 (et c'est le même traducteur grec qui a eu à traduire tous ces passages = 2/30,

12/12, 26/10, 14 ; cf. plus haut, p. 165 sur les traducteurs de la LXX). Dans le TM cette épée dévorante n'est pas toujours la même : c'est l'épée du peuple en 2/30, celle de Dieu en 12/12 (*ḥrb lyhwh*)[2] ; en 46/10, 14 c'est moins clair, mais le contexte laisse penser qu'il s'agit aussi de celle de Dieu. Dans la LXX la situation est plus simple : il n'y a qu'une épée dévorante, celle de Dieu. C'est très clair en 12/12, où le lamed est traduit par un génitif (*machaira tou kuriou*). En 46/10, où l'hébreu est un peu imprécis, la LXX lève toute équivoque en précisant par l'ajout de *kuriou* (*ê machaira kuriou*) : éclaircissement qui rejaillit sur le verset 14, suffisamment proche pour que l'épée dévorante soit la même qu'au verset 10 du même chapitre. Dans tous ces passage la LXX traduit uniformément par *machaira* et *katesthein* et fait de même en 2/30[3]. Pour qu'il soit bien clair dans ce dernier verset que l'épée dévorante est toujours la même, la LXX me semble avoir opéré dans le texte quelques retouches : la mention de la crainte en 30b, et la mise en parallèle entre 30a et 30b, de façon qu'au parallélisme des finales de stique (« Vous n'avez pas reçu la leçon//Vous n'avez pas eu peur ») réponde implicitement le parallélisme des débuts de stique (« j'ai frappé//une épée », c'est-à-dire forcément « mon » épée). Le texte de la LXX est *facilior* dans la mesure où il n'y a qu'une seule épée dévorante dans tout le livre de Jérémie, alors que dans le TM il y en a plusieurs. Mais cela n'explique pas tout. Qu'est-ce qui a pu autoriser le traducteur de la LXX à faire un ajout si important dans le texte : « et vous n'avez pas eu peur » ?

A mon avis la traduction de la LXX découle d'une lecture midrashique du texte hébreu[4], d'un texte qui est le même que celui du TM. On sait que l'un des procédés de l'exégèse midrashique consiste à jouer sur les consonnes des mots hébreux[5]. C'est ce que le traducteur a fait ici en jouant sur les lettres du métaphorisant *'ryh* ; il en a tiré *yr'h* (« la crainte »), ce qui explique son texte (« et vous ne craignez pas »). Telle me paraît donc être l'explication du jeu de mots mentionné plus haut : il n'est pas dans le texte hébreu (d'où son absence dans le TM), mais dans l'exégèse midrashique qu'en fait la LXX. Ce jeu de mots est l'exégèse que fait la LXX de la métaphore : si l'épée est comparable à un lion (*'ryh*), c'est parce que le lion engendre la crainte (*yr'h*) et l'épée aussi. Mais la crainte qu'engendre l'épée est la

---

2. Peu importe si le lamed ici indique qu'il s'agit d'une épée « au service de » Dieu, ou bien la propre épée « de » Dieu, car de toute manière cette épée, exécutant le châtiment de Dieu, est en fin de compte l'épée de Dieu. En parlant ici d'épée de Dieu, j'inclus toute épée qui est au service de Dieu.

3. La LXX peut traduire *ḥrb* par *machaira*, mais aussi par *romphaia* (cf. 5/17 et 6/25), *'kl* par *katesthein*, mais aussi par *esthein* (cf. 2/3, 7, 7/21... et avec *machaira* en 2 S 11/25). En unifiant le vocabulaire de ces passages, le traducteur souligne que l'épée dévorante est toujours la même.

4. Sur la présence de *midrashim* dans la LXX, voir Tov (1978, p. 50 ss.) et Deist (1978, p. 187 s.).

5. Tov le rappelle (cf. 1981, p. 231).

crainte de Dieu. C'est fort de cette exégèse que le traducteur s'est cru autorisé d'enlever le suffixe de *ḥrbkm* et d'établir un parallélisme entre 30a et 30b, qui souligne que l'épée ne peut être que celle de Dieu. Une telle exégèse explique le passage du TM à la LXX et invite à conserver le texte que la LXX a « traduit », à savoir celui du TM.

On pourrait encore s'étonner du fait que la LXX, après avoir fait un jeu de mots en hébreu, y ait renoncé dans une traduction grecque, où il n'apparaît plus comme tel. Ce serait mal comprendre le midrash. Le but de l'exégèse midrashique est de transmettre le sens du texte et non un jeu de mots ; et *yr'h* est plus le sens profond de *'ryh* qu'un simple jeu de mots. C'est bien ce sens profond que transmet la LXX (*ouk ephobêthête*) et qui prime sur le jeu de mots lui-même. Un autre exemple d'exégèse midrashique, faite par le même traducteur, confirme cela, à mon avis. En 3/19 le terme hébreu *'yk* est traduit par *genoito kurie hoti*. Cette « traduction » s'appuie sur un autre procédé d'exégèse midrashique : le *Notaricon*. Selon ce procédé *'yk* est compris comme étant les trois premières lettres de *'mn yhwh ky* (cf. BHS), dont la traduction est effectivement *genoito kurie hoti*. On s'aperçoit, là encore, que le « jeu » sur les mots hébreux n'apparaît plus en grec. Dans *genoito kurie hoti*, le traducteur ne cherche pas à faire un nouveau jeu de mots en grec, mais à rendre ce qui, pour le traducteur, est le sens profond de *'yk*.

J'en reviens à 2/30 et à ce que je crois être l'accord total entre la *Vorlage* de la LXX et du TM (accord confirmé par les versions anciennes[6]), ce qui, dès lors, rend fragile toute proposition de correction faite par un exégète moderne.

Lorsque Volz et Loewenclau proposent de corriger 30b en « votre épée dévore *mes* prophètes, *vous ne craignez pas ma parole* », ils ne suivent ni la LXX (pour qui l'épée est celle de Dieu et non celle du peuple) ni le TM et proposent un troisième texte qui relève plus d'un problème d'interprétation que d'un problème de critique textuelle (cf. plus loin pour l'interprétation de ce texte). En outre, lorsqu'ils voient en *k'ryh mšḥyt* une glose tirée de 4/7, je ne peux les suivre, càr une telle vision des choses traduit un contresens sur 4/7. Dans ce dernier texte, en effet, *'ryh* n'est pas qualifié par *mšḥyt*, comme ici, mais *'ryh* est sujet métaphorisant du métaphorisé *mšḥyt*, ce qui est passablement différent (cf. plus haut, p. 104 ss.).

En supprimant le suffixe de *ḥrbkm*, Duhm, Aeschimann, Schneider et BC sont victimes du *midrash* de la LXX et ne peuvent être suivis.

Après avoir reconnu un *midrash* dans la LXX, ainsi qu'une lecture harmonisante visant à voir dans l'épée dévorante la seule épée de Dieu, je m'en

---

6. Si la Vetus Latina et la Peshitta ont « une épée » et non « votre épée » elles montrent sur ce point leur dépendance par rapport à la LXX et rien de plus. Quant à Aquila et Symmaque (pour ce qu'il nous en reste), Vulgate et Targum, ils suivent parfaitement le TM.

tiens au texte du TM et je rejoins ainsi Condamin, Weiser, Rudolph, Bright et tant d'autres.

ÉTUDE DU MÉTAPHORISANT

Un lion exterminateur (dévore).

La principale information donnée par cet énoncé est que le lion est dit *mšḥyt*. Est-ce pour souligner le côté redoutable de ce prédateur, ou pour autre chose ?

Jamais ailleurs dans l'AT le lion n'est appelé *mšḥyt*[7] et jamais il n'est sujet du verbe *šḥt*, en sorte que nous sommes ici devant une sorte d'hapax. En Es 65/25, *yšḥytw* peut avoir entre autres le lion pour sujet, parmi d'autres animaux, mais je crois que le sujet de *yšḥytw*, impersonnel, y est plus vaste encore et englobe tout ce qui est dit en 65/17-24a, car 25b se présente comme conclusion et résumé de l'oracle. Ce verset reprend Es 11/9, qui résume aussi une section d'oracle (1-9) ; le lion est aussi nommé en 11/7 et ne peut être encore seul sujet de *yšḥytw*. Ces deux textes d'Esaïe me semblent être de peu de secours pour savoir ce que pourrait être un lion *mšḥyt*.

La racine *šḥt* apparaît plusieurs fois pour différents animaux : la vermine (Ex 8/20), les rats (1 S 6/5), les oiseaux et les bêtes (Jr 15/3), les rongeurs (Ma 3/11) et les grenouilles (Ps 78/45). Un tel compagnonnage pour le lion semble, au premier abord, surprenant, tant ce fauve se trouve rabaissé au rang de petits animaux ! Mais il n'en est rien, car dans tous ces textes utilisant *šḥt*, il se trouve que les animaux ainsi qualifiés sont chaque fois des fléaux de Dieu : vermine et grenouilles sont des plaies d'Égypte en Ex 8/20 et Ps 78/45, les rats en 1 S 6/4 sont désignés comme un fléau (*mgph*) envoyé par Dieu ; en Jr 15/3 oiseaux et bêtes sont aussi envoyés par Dieu ; enfin, en Ma 3/9, les rongeurs apparaissent comme une malédiction (*m'rh*) divine. Il est frappant de constater que par ailleurs *šḥt* n'est pas utilisé pour ces mêmes animaux, dès lors qu'ils ne seraient pas envoyés par Dieu. Ceci me fait dire que l'emploi de *šḥt* pour différents animaux a pour but de présenter ceux-ci comme des fléaux de Dieu et non de les classer parmi les prédateurs. Si donc le lion est appelé ici *mšḥyt*, c'est pour le présenter comme un fléau envoyé par Dieu. Si *mšḥyt* rend le lion particulièrement redoutable, ce n'est pas parce que celui-ci est le roi des animaux, mais parce que ce roi des animaux est envoyé par Dieu comme un fléau.

Dans le seul autre texte de Jérémie où des animaux détruisent (15/3), on trouve côte à côte les deux verbes *šḥt* et *'kl* (« Je dépêcherai contre eux, dit le Seigneur, ...les oiseaux du ciel et les bêtes de la terre pour dévorer et détruire » *l'kl wlhšḥyt*). Cela est intéressant pour l'énoncé métaphorisant de 2/30, qui sous-entend précisément *'kl* (« un lion destructeur dévore »).

La description du lion comme fléau de Dieu me semble avoir été per-

---

7. En 4/7, *mšḥyt* ne désigne pas le lion, mais celui qui est métaphorisé par le lion.

çue par la LXX (*hôs leôn olethreuôn*). Pour cette dernière, en effet, le participe *olethreuôn* n'est pas anodin. Il est peu utilisé : on le trouve en Jos 3/10, où il a Dieu pour sujet, ainsi qu'en Jr 22/7, pour des hommes envoyés par Dieu. Mais surtout il est pris nominalement (*ho olethreuôn*) dans deux textes, où il désigne chaque fois « l'exterminateur » (Ex 12/23, Sag 18/25), c'est-à-dire celui qui est devenu l'ange exterminateur. En qualifiant le lion de *olethreuôn*, la LXX me semble donc avoir voulu souligner ce lien entre le lion et le pire des fléaux d'Égypte. C'est aussi pour souligner ce lien que je traduis ici non par « un lion destructeur », mais par « un lion exterminateur ». Si en français « exterminateur » peut avoir en connotation « ange exterminateur », cet adjectif donne alors au lion le caractère de fléau que je perçois dans cet énoncé.

ÉTUDE DU MÉTAPHORISÉ

  Votre glaive dévore vos prophètes.

En se replaçant dans le contexte du Proche-Orient ancien, on peut dire, en un certain sens, que Jérémie, en comparant une épée à un lion, n'est pas très novateur. Cette métaphore, en effet, peut être considérée comme une image déjà passablement usée, voire morte. Depuis des siècles elle a été utilisée dans une grande partie du Proche-Orient (principalement au Nord d'Israël), puisque l'on trouve déjà, au deuxième millénaire, des épées (ainsi que des dagues et des haches), dont la poignée représente un lion ouvrant la gueule de façon à présenter la lame de l'épée comme la langue du lion[8]. Il n'est pas possible de dire si de telles armes, ainsi décorées, ont fait naître l'image de l'épée qui dévore un lion, ou bien si, à l'inverse, ces décorations n'ont voulu être qu'une illustration de la métaphore déjà existante. Toujours est-il qu'à l'époque de Jérémie la métaphore existait depuis longtemps.

De cette métaphore proche-orientale découlent certainement quelques expressions présentes dans l'AT. Meek (1951, p. 31 ss.) et Heintz (1983, p. 64), par exemple, sont d'avis que c'est de là que viennent les tournures hébraïques mentionnant la « bouche de l'épée »[9], ce qui me paraît exact.

---

8. Cf. Schaeffer 1939, p. 118, la planche où figurent différentes armes de l'époque du fer trouvées dans le Louristan. A propos du motif de la tête de lion « crachant » le fer, Schaeffer donne quelques informations : « Le motif est pour ainsi dire indigène dans les pays au Nord et au Nord-Est de Ras Shamra. Il apparaît déjà sur une dague en cuivre, retrouvée par Sarzec à Tello-Lagash, perdue depuis, et datant du temps d'Our-Nina (environ 3 000) (...) Nous rencontrons le motif des lions crachant la lame sur toute une série de dagues ou de haches ou de marteaux d'armes provenant d'Arménie, du Kourdistan, du Louristan ou du Nihavend, en Perse » (p. 120). A cette série Schaeffer ajoute la hache mitannienne, qui fait l'objet de sa publication ; elle a été trouvée à Ras Shamra et daterait du XIVᵉ ou du XVᵉ s... A côté de ces armes, le même motif apparaît sur deux stèles en calcaire, de 78,3 et 79,3 cm de long, trouvées à Tell-Rimah dans le temple du dieu Hadad (cf. Heintz 1963, p. 55-72).

9. Sauf erreur ou omission, la mention de la « bouche de l'épée » apparaît

C'est de là aussi, selon Heintz (p. 64), que viendrait la mention de l'épée qui « dévore », comme on le trouve en Jr 2/30, ainsi que dans bien d'autres textes (Dt 32/42, 2 S 2/26, 11/25, 18/8, Es 31/8, Jr 12/12, 46/10, 14, Os 11/6, Na 2/14, 3/15, auxquels on peut ajouter Es 1/20 avec le verbe *'kl* au pual et non au qal comme dans les autres passages). Cela me paraît juste, en sorte que, d'une certaine manière, on peut dire que « l'épée dévore » connote déjà « comme un lion ». En ce sens, Jérémie n'aurait rien fait d'autre que de spécifier en 2/30 la métaphore proche-orientale déjà ancienne, rien d'autre que d'expliciter ce qui était implicite dans « l'épée dévore ». Sans doute, mais cela demande à être nuancé.

Si « la bouche de l'épée » et « l'épée dévore » sont des expressions fréquentes dans l'AT et si l'arrière plan proche-oriental permet de supposer que ces expressions dérivent de la métaphore du lion, une chose est étonnante, c'est que cette métaphore implicite est très exceptionnellement explicitée dans l'AT. Est-ce qu'il allait de soi que « l'épée dévore comme un lion » ou bien que « la bouche de l'épée est comme la bouche d'un lion » ? Est-ce pour cette raison que l'AT n'a pas spécifié, ou bien pour une autre raison ?

Sur les stèles orthostates du temple du dieu Hadad, les lions crachant le fer présentent une particularité, dont rend compte Heintz. Pour chacune d'elles, la « tête de lion, qui présente d'ailleurs des traits anthropoïdes assez nets, notamment par le traitement du nez et des yeux, est surmontée d'une coiffe, constituée d'une sorte de bandeau dont la partie supérieure laisse dépasser deux petites cornes (faut-il songer ici à une forme rare de la « tiare à cornes », symbole divin dans l'art mésopotamien ?) » (Heintz, p. 60). La présence de cornes sur ces stèles me paraît signifier que dans la métaphore proche-orientale il ne s'agit pas d'un simple lion, mais d'un lion en tant que symbole d'une divinité (sans doute de la guerre ; cf. Ishtar debout sur un lion). Sur les poignées d'armes, sans doute trop petites pour qu'on le remarque, je ne sais si le lion est représenté avec des cornes, mais le choix du lion pour des armes guerrières ne me paraît pas anodin. Sans doute était-ce encore en lien avec quelque divinité, en sorte que ces armes pouvaient être des sortes de talismans, attirant sur leurs porteurs la bénédiction du dieu et faisant du guerrier un représentant du dieu., Dans ce cas, la métaphore du lion pour l'épée serait culturellement très connotée pour les voisins d'Israël. S'il en est ainsi, la non spécification de cette métaphore dans l'AT ne signifierait pas

---

34 fois dans l'AT (Gn 34/26, Ex 17/13, Nb 21/24, Dt 13/16*bis*, 20/13, Jos 6/21, 8/24*bis*, 10/28, 30, 32, 35, 37, 39, 11/11, 12, 14, 19/47, Jg 1/8, 25, 4/15, 16, 18/27, 20/48, 21/10, 1 S 15/8, 22/19*bis*, 2 S 15/14, 2 R 10/25, Jr 21/7, Jb 1/15, 17). On peut sans doute y ajouter Es 49/2, où la construction semble être prégnante (« ma bouche comme celle d'une épée »). Il est possible que *ḥrb pywt* (en Pr 5/4) et *šny pywt* (en Jg 3/16) servent à préciser qu'une épée a double tranchant ; mais il est possible aussi que ces tournures signifient que la lame de l'épée sort de « deux bouches », comme on peut le voir sur l'arme F (dans le tableau de Schaeffer 1939, p. 118), où deux lions ont la gueule ouverte pour en faire sortir une seule lame.

qu'il s'agissait d'un lieu commun, mais viendrait d'un refus d'utiliser une métaphore trop connotée cultuellement. Mais qu'en est-il des rares textes où le métaphorisant de l'épée est spécifié ?

L'épée est mentionnée plus de 400 fois dans l'AT : 2 textes seulement se rapportent à cette métaphore (Ps 57/5 et Jr 2/30). Ps 57/5 est très intéressant car il est la preuve qu'Israël connaissait l'iconographie proche-orientale sur le thème du lion crachant le fer. Ce verset de psaume est difficile, mais on y voit des lions ayant pour langue une épée ; or il est à noter que ce verset précise l'identité de ces lions : ce sont des humains (*bny 'dm*) ! En précisant cela, toute équivoque est levée : il ne peut être fait allusion à quelque divinité païenne.

En précisant, grâce à *mšḥyt*, que le lion est un fléau envoyé de Dieu, Jr 2/30 lève aussi toute équivoque : l'épée n'est pas non plus en relation avec quelque dieu païen.

Dans ces deux textes, *bny 'dm* d'une part, et *mšḥyt*, de l'autre, me paraissent témoigner d'un effort pour ne pas tomber dans le piège de la métaphore proche-orientale et de sa connotation païenne. Cet effort me semble être la preuve qu'il y avait en Israël une sorte de censure sur le thème du lion avec une épée pour langue. Cela explique qu'en mentionnant la bouche de l'épée, ou bien l'épée qui dévore, l'AT n'est pas allé plus loin dans le développement de l'image[10]. Si Ps 57/5 et Jr 2/30 ont tout de même mentionné le lion avec l'épée, c'est en évitant clairement toute allusion à des divinités païennes.

Paradoxal verset que Jr 2/30, où l'épée est décrite comme un lion, fléau envoyé par Dieu, pour dévorer des prophètes, c'est-à-dire, d'autres envoyés de Dieu ! Mais de quels prophètes s'agit-il ?

Selon Duhm, il s'agirait des faux prophètes (non pas « mes » prophètes, dit Dieu, mais « vos » prophètes), ces faux prophètes dont le sort est effectivement d'être punis par l'épée, comme le rappelle Jr 14/15. Mais Duhm en arrive à une telle interprétation en corrigeant le texte (« l'épée » et non « votre épée »). En gardant le TM une telle interprétation est impossible. Le peuple, en effet, en se débarrassant des faux prophètes au moyen de l'épée, agirait comme Élie, qui, d'après 1 R 19/1, utilise aussi l'épée pour tuer des faux prophètes. En cela le peuple serait à féliciter. Or, le contexte de l'oracle tout imprégné de blâme à l'adresse du peuple s'oppose à une telle lecture. Si reproche il y a en 2/30, c'est d'avoir supprimer de vrais prophètes. Et je rejoins ici Condamin, Rudolph, Bright et tant d'autres, pour qui les prophètes mentionnés ici sont de véritables envoyés de Dieu. « Vos » prophètes, c'est-à-dire les prophètes qui vous ont été envoyés. il n'est pas nécessaire de corriger en « mes » prophètes, comme le proposent Volz et Loewenclau.

---

10. Une fois l'image est développée, mais de manière tout à fait inattendue : « l'épée dévore comme des criquets » (Na 3/15). Un tel développement évite astucieusement la métaphore du lion.

Accuser le peuple d'avoir tué des prophètes dénonce des faits qui se sont réellement passés, du vivant même de Jérémie (cf. 26/20-24, qui précise même que Ouriyahou a été tué par l'épée), comme dans le passé (cf. 1 R 18/4, 13, 19/10)[11]. C'est parce que de tels agissements ont encore lieu du temps de Jérémie que je préfère traduire ici par un présent (« Votre glaive dévore ») et non par un passé (« Votre glaive a dévoré ») comme le font beaucoup (BP, Segond, Beaumont, VS, FC, Crampon, Rabbinat, Darby, BJ 1 et 2, BC ; mais cf. TOB et Chouraqui qui traduisent par un présent).

En dénonçant des crimes, Jérémie dénonce aussi la folie du peuple, qui en tuant ses prophètes adopte une attitude suicidaire. « Votre » épée, « vos » prophètes : la répétition du même suffixe *km* pour deux mots qui, dans le texte hébreu, se suivent immédiatement souligne combien le peuple se détruit lui-même en détruisant les prophètes qui lui sont envoyés et qui lui appartiennent[12].

Le transport de sens amené par le métaphorisant est tout à fait intéressant : le peuple tue comme un fléau envoyé de Dieu. Les agissements du peuple à l'égard des prophètes sont tels qu'ils peuvent être comparés à l'action d'un fléau. S'il en est ainsi, c'est que le peuple s'est lui-même comporté comme s'il était envoyé par Dieu pour exécuter son châtiment sur les prophètes. Le peuple a agi comme un fléau ; c'est dire qu'il s'est cru envoyé par Dieu pour tuer les prophètes. La critique est extrême : non seulement il s'agit de crimes, mais encore de crimes commis au nom de Dieu. Peuple doublement fou, qui non seulement se détruit lui-même, mais encore le fait au nom de Dieu ! Par cette simple métaphore, Jérémie dénonce l'insensé mécanisme de l'inquisition.

En ayant remarqué que le « lion exterminateur » était un fléau et en pensant que « l'épée » était celle de Dieu, c'est-à-dire un autre fléau, la LXX a finalement adopté une solution de facilité : un fléau comparé à un autre fléau. Sur le plan littéraire, on peut remarquer qu'il n'y a plus alors une métaphore, mais une comparaison (épée et lion faisant partie de la même isotopie des fléaux). Du point de vue du contenu le texte de la LXX est plus banal : il contient un reproche à l'égard du peuple qui n'éprouve pas de crainte devant le châtiment de Dieu. Reproche vrai, mais combien plus banal par rapport à celui du TM : le peuple qui agit comme un envoyé de Dieu

---

11. Plusieurs commentateurs (Volz, Thompson, Schreiner) citent ici 2 R 21/16 et parlent du meurtre de prophètes sous le règne de Manassé. Or, ce verset parle simplement de « sang innocent » sans que l'on sache au juste si ce sang est celui de prophètes ou d'autres personnes. Certes, la tradition juive ultérieure y a vu le sang de prophètes (cf. FLAVIUS Josèphe ; *Antiquités juives* X, 4), mais dans ce cas il vaut mieux citer Josèphe que 2 R 21/16 qui n'est pas clair. A noter qu'en 1 R 19/10 c'est par l'épée que des prophètes sont tués.

12. Avec « mes » prophètes, Volz et Loewenclau soulignent qu'il s'agit de vrais prophètes, mais font disparaître du coup la dimension suicidaire des crimes dénoncés par Jérémie.

pour châtier les envoyés de Dieu. Dans le TM la métaphore demeure : l'épée est bien celle du peuple et non celle de Dieu ; elle n'est donc pas un véritable fléau ; mais en se comparant à un fléau, l'épée veut se faire passer pour tel, sans l'être. Il y a bien changement d'isotopie entre un non-fléau et un fléau. Si j'ai traduit ici *ḥrb* par « glaive » et non par « épée », c'est pour souligner la critique de l'inquisition, si « glaive » est bien un symbole de justice.

2. MÉTAPHORE DE L'OISELEUR (5/26)

Dans mon peuple, en effet, se trouvent des méchants, aux aguets comme des oiseleurs accroupis après avoir dressé un piège, ce sont des hommes qu'ils prennent.

REPÉRAGE DE LA MÉTAPHORE

Dans ce texte difficile, la ponctuation massorétique invite à considérer *kšk* comme un infinitif construit de *škk* (GK 67 p.), précédé d'un *k*, qui n'a pas ici une valeur temporelle (comme c'est le plus souvent le cas pour le *k* précédant un infinitif construit), mais bien une valeur comparative, comme cela peut être aussi devant un infinitif (cf. en 17/2 par exemple). La particule *k* établit une comparaison entre des méchants (*rš'ym*) et des oiseleurs (*yqwšym*), ce qui fait apparaître un changement isotopique. Il y a donc métaphore.

DÉLIMITATION DE LA MÉTAPHORE

En 26a tous les termes sont consacrés à la description du sujet métaphorisé, ce qui nous place devant l'énoncé métaphorisé.

En 26b le terme le plus clairement dépendant de l'isotopie de l'oiseleur et de l'isotopie de la chasse en général est le verbe *lkd* (cf. plus haut déjà, p. 179, 191, 193). Il est à noter que ce verbe est très souvent employé conjointement à la mention d'un piège (fosse ou filet) installé par un chasseur (y compris l'oiseleur) : on trouve ainsi le qal de *lkd* avec la mention de *šwḥh* (une fosse) en Jr 18/22, de *pḥ* (un filet) en Am 3/5 (où il s'agit d'une chasse aux oiseaux) et de *ršt* (autre nom de filet) en Ps 35/8 ; le niphal avec *pḥ* en Jr 48/44, Es 24/18 et avec *ršt* en Ps 9/16. A noter aussi qu'avec le verbe *yqš* (qui a donné *yqwš* : l'oiseleur) est associé le verbe *lkd* en Es 8/15 (au qal) et 28/13 (au niphal) pour décrire métaphoriquement une chasse.

Le verbe *šwr* n'est jamais employé dans l'AT à propos d'un oiseleur, mais cela doit provenir de sa faible utilisation (16 occurrences seulement) et non d'une impossibilité à un tel emploi. Ce verbe, signifiant « observer », « épier », se trouve en particulier en Os 13/7 à propos de la panthère qui guette sa proie ; il peut donc bien être employé pour un oiseleur guettant sa proie et faire partie de la description d'un oiseleur en train de chasser.

On peut dire la même chose de *škk*, qui signifie « diminuer », « s'abaisser » et qui est peu employé dans l'AT (5 fois) ; on le trouve 4 fois au qal : en Gn 8/1 pour les eaux du déluge qui diminuent, en Est 2/1 et 7/10 pour la colère qui diminue : Jr 5/26 est le dernier emploi au qal et le seul à être utilisé pour des individus ; on s'accorde aujourd'hui à lui donner ici le sens de « se tapir » (BDB, Osty, Chouraqui, BC), « se baisser » (Crampon, Darby, BP), « s'accroupir » (TOB, FC), ce qui convient pour décrire l'oiseleur aux aguets[13].

Reste *hsybw mšhyt*, qui est une expression hapax. D'après KB³, ainsi que Lisowsky, *mšhyt* a ici une acception particulière et désigne un piège (ce qui, il est vrai, ne se retrouve pas ailleurs dans l'AT). Un tel sens de *mšhyt* n'est pas reconnu par BDB[14], mais il est en tout cas attesté par la Vulgate qui traduit ici par « pedica » (= lacets, piège). En outre, un tel sens s'accorde bien avec le hiphil de *nsb*, employé le plus souvent pour des objets que l'on dresse[15], en sorte que l'expression prendrait le sens de « dresser un piège ». Un tel sens, adopté, à ma connaissance, par tous les exégètes modernes, s'accorde bien avec le verbe suivant (*lkd*), qui, on l'a vu, accompagne souvent la mention d'un piège.

La construction de la phrase, en 26b, est à définir pour pouvoir délimiter les énoncés. Le verbe *šwr* est au singulier : il doit s'agir d'un singulier distributif (GK 145l) avec un sujet pluriel, qui ne peut être que *rš'ym*. Placé juste avant la particule de comparaison, ce verbe se présente comme un foyer, appartenant explicitement à l'énoncé métaphorisé et de manière sous-entendue à l'énoncé métaphorisant : « des méchants sont aux aguets comme (sont aux aguets) des oiseleurs accroupis ». Jusque là pas de problèmes : les énoncés sont bien délimités de part et d'autre de la particule de comparaison. Après le zaqeph, il n'y a toujours pas de problèmes, mais les interprètes ont tranché arbitrairement dans la délimitation des énoncés, sans être attentifs à la mitoyenneté.

Il est dans la logique de l'énoncé, me semble-t-il, de voir en *yqwšym* le sujet de *hsybw mšhyt*. Cette dernière expression (« dresser un piège ») doit bien appartenir en effet à l'isotopie de l'oiseleur ; elle peut être comprise sur le plan grammatical comme constituant une proposition relative asyndétique (J 158a), ayant pour antécédent le dernier mot masculin pluriel (*yqwšym*). Cependant la suite de l'énoncé, dévoilant que ce sont des hommes qui sont pris et non des oiseaux, marque un retour à l'énoncé méta-

---

13. Pour Segond ce verbe signifie ici « dresser des pièges » et pour Rabbinat « dresser des panneaux » ; mais je ne vois pas comment cette racine signifiant « s'abaisser » peut donner un tel sens.

14. A vrai dire, BDB ne se prononce pas sur le sens de *mšhyt* en Jr 5/26, malgré Gesenius qui donne bien ici à ce terme le sens de piège (*laqueus, insidiae*).

15. Ainsi le hiphil pour un autel (Gn 33/20), une stèle (Gn 35/14, 20, 2 S 18/18, 2 R 17/10), une frontière (Dt 32/8, Ps 74/17, Pr 15/25), des portes (Jo 6/26, 1 R 16/34), un monument (1 S 15/12, 1 C 18/3), un tas de pierres (2 S 18/17), des repères (Jr 31/21), des eaux comme une digue (Ps 78/13), une cible (Lm 3/12). Les autres emplois ont pour complément des individus (Ps 41/13, Lm 3/12 = placer) ou des animaux (Gn 21/28, 29 = placer de côté).

phorisé, avec un verbe (*ylkdw*) qui peut avoir pour sujet *ršʿym*, en sorte que
ces méchants qui « prennent des hommes » peuvent avoir eux-mêmes « placé
des pièges ». L'absence de pronom relatif devant *hṣybw mšḥyt* permet donc
de remarquer un recoupement des énoncés sur cette expression. Plutôt que
de traduire par « comme des oiseleurs accroupis qui ont dressé un piège »,
qui rattache l'expression au seul métaphorisant, ou par « comme des oiseleurs accroupis. Ils ont dressé un piège », qui rattache l'expression au seul
métaphorisé, je préfère traduire comme je l'ai fait plus haut (p. 212), de
telle manière que le sujet de « dresser » est à la fois « oiseleur » et
« méchant »[16].

A la suite de cette expression mitoyenne, les deux derniers mots du verset prennent plus de force. Le verbe *ylkdw*, très lié à l'isotopie de l'oiseleur,
pourrait avoir *yqwšym* pour sujet. Mais le complément du verbe interdit
cela et invite à considérer plutôt *ršʿym* comme sujet. Toutefois, l'appartenance de *lkd* à l'isotopie de l'oiseleur et la mitoyenneté de l'expression précédente, me font penser que cette mitoyenneté est prolongée dans la fin du
verset de façon à mieux faire ressortir l'insolite et scandaleux complément :
« comme des oiseleurs accroupis, qui ont dressé un piège et qui prennent
des... hommes ! ». On peut noter qu'après l'expression *hṣybw mšḥyt*, où
le verbe précède son complément (construction la plus fréquente en hébreu),
ylkdw suit son complément, ce qui souligne encore *'nšym*. C'est ce qui me
fait dire que la mitoyenneté est ici poussée jusqu'aux limites de
l'inconséquence.

Après *šwr* qui est foyer, *nṣb* est bien sûr aussi foyer, étant donné son
appartenance aux deux isotopies et aux deux énoncés. Et si l'on accepte de
pousser la mitoyenneté jusqu'à la fin du verset, *lkd* pourra être encore considéré comme un foyer (il l'est ne serait-ce que par son appartenance aux
deux isotopies).

En 5/27, se trouvent encore des termes de l'isotopie de l'oiseleur, mais
on remarquera que 5/27 est une nouvelle métaphore construite avec deux
particules (*k* et *kn*), avec un nouveau foyer (*ml'*), sans être cependant la suite
directe de 5/26. Un décalage s'opère dans l'image par le fait que les victimes des méchants ne sont plus des hommes, mais des biens, comme l'a remarqué Wisser (p. 58). C'est ce glissement qui interdit de voir en 5/27 la suite
logique de l'énoncé de 5/26. Dans la mesure où 5/27 n'utilise pas la racine
šḥt, je ne l'étudierai pas ici.

---

16. Le choix de *ršʿym* comme sujet de *hṣybw* est clairement fait par Lisowsky ;
il apparaît clairement aussi dans la TOB, qui, de manière curieuse, traduit *yqwšym*
par un singulier (!) : « Car dans mon peuple, se trouvent des coupables aux aguets
comme l'oiseleur accroupi, ils dressent des pièges... ». Ce curieux singulier se trouve
aussi dans les traductions de Crampon, Darby, Segond, Condamin, ce qui supprime
toute équivoque sur le sujet de *hṣybw*. Je ne comprends pas ce singulier ! Par sa
ponctuation, BJ 2 lève aussi toute équivoque dans le même sens : « ils guettent comme
des oiseleurs à l'affût ; ils posent des pièges ». Ce point de vue n'est pas faux, mais
incomplet. Il faut reconnaître que le verbe a deux sujets grammaticaux (le métaphorisant et le métaphorisé, ce qui le rattache aux deux énoncés).

ÉTABLISSEMENT DU TEXTE

Alors que 26a dans la LXX correspond bien à ce que nous avons dans le TM, de grosses différences apparaissent en 26b, traduit ainsi par la LXX : « et ils posent des filets pour détruire des hommes et ils (en) attrapent » (*kai pagidas estêsan diaphtheirai andras kai sunelambanosan*). Deux premières remarques sont à faire sur ce texte. Tout d'abord, les deux premiers mots hébreux, sans doute les plus difficiles (*yšwr kšk*), ne s'y trouvent pas. Si la LXX est fidèle à l'original, rien ne pourrait expliquer pourquoi le TM aurait ajouter *yšwr kšk*, fait remarquer Émerton (1981, p. 127). Il est plus vraisemblable de penser que la LXX, en présence de la difficulté, n'a tout simplement pas traduit. Ensuite, chacun des autres mots est traduit, mais réuni aux autres d'une tout autre manière que celle du TM : les conjonctions et les disjonctions y sont inversées. On le remarque avec la coordination placée devant le dernier mot (*kai sunelambanosan*), ce qui isole *ylkdw* (asyndétique en hébreu) du mot précédent ; celui-ci est rattaché par la LXX au précédent (*mšḥyt 'nšym = diaphtheirai andras*) ; enfin *yqwšym* et *hṣybw* sont aussi rattachés (= *pagidas estêsan*). Si les liens entre les mots sont différents, qu'en est-il de chacun de ces mots ?

La forme verbale *hṣybw* est bien traduite par *estêsan* (ils posent), mais *yqwšym* a été considéré par la LXX comme un complément de ce verbe (*pagidas*) dont le sujet est *rš'ym*. Cependant, en traduisant par *pagidas* (des filets), la LXX a-t-elle bien lu *yqwšym* ? Le terme *pagis* traduit convenablement *mwqš* en Ps 18/6, 64/6, Pr 13/14, 14/27, 18/7, 20/25, 29/6. Mais il ne faut pas conclure pour autant, comme le fait Duhm, que la LXX a lu *mwqšym*. En effet *yqwš* est un terme rare dans l'AT (4 occurrences) et difficile pour la LXX, qui ne l'a traduit correctement qu'une seule fois (en Ps 91/3 où elle traduit par *thêreutês* = chasseur et pas forcément oiseleur, ce qui est approximatif). En Pr 6/5 elle traduit *yd yqwš* (la main de l'oiseleur) par *pagis*. Enfin, en Os 9/8 elle traduit *pḥ yqwš* (le filet de l'oiseleur) par *pagis skolia* (un piège pervers). En utilisant le terme *pagidas* en Jr 5/26, il est très possible que le traducteur ait voulu rendre ainsi un *yqwšym*, qui lui était difficile.

En traduisant *mšḥyt 'nšym* par « pour détruire des hommes », la LXX fait encore preuve d'approximation ; sans doute est-ce à elle qu'appartient la transformation d'un participe en infinitif et non à sa *Vorlage*. A la fin du verset, si la LXX a une coordination, c'est moins parce qu'elle avait un waw à traduire que pour retomber sur ses pattes dans ce demi-verset où la disparition des deux premiers mots a entraîné des inversions de liens entre les mots ; des inversions telles que la LXX se retrouve à la fin du verset avec un verbe sans complément : « et ils prennent... » !

Bref, je ne vois pas d'autre explication du texte de la LXX que celle-ci : son texte était le même que celui que nous offre le TM ; mais, gênée par les deux premiers mots de 26b et considérant que *yqwš* signifie « piège » et non « oiseleur », elle a agencé les mots à sa manière pour traduire approximativement.

Dans ce qui nous reste de la traduction d'Aquila et de celle de Symmaque, *hôs diktuon ixeutou* (« comme un filet d'oiseleur ») se retrouvent la particule de comparaison et la mention de l'oiseleur du TM ; mais la traduction de *šk* par *diktuon* fait difficulté. Si l'on note que dans la LXX *diktuon* peut traduire *śbk* (cf. 1 R 7/17) ou *śbkh* (cf. 1 R 7/41, 42, 2 R 1/2, Jr 52/22, 23, Jb 18/8, 2 C 4/12, 13), on peut penser qu'Aquila et Symmaque ont lu *kśbk*, ou peut-être bien *kšk* qui les a embarrassés et qu'ils ont modifié en *kśbk*.

Dans son commentaire, Jérôme dit que la particule comparative du texte hébreu est précédée de *iasir* et que cela devrait être traduit par *rectus*. Jérôme rattachait donc *yšwr* (ou bien *yšyr* ?) de *yšr* et non de *šwr*. Cependant ce mot-à-mot (*iasir = rectus*) n'apparaît pas dans la Vulgate (*insidiantes quasi aucupes laqueos et pedicas ad capiendos viros* : « tendant une embuscade comme des oiseleurs posant des pièges et des lacets pour prendre des hommes »). Il apparaît ainsi que Jérôme dans sa traduction s'est éloigné d'un mot à mot dont il avait de la peine à venir à bout pour aboutir à un texte qu'il jugeait plus lisible. Mais la distance par rapport au mot à mot trahit peut-être une difficulté de traduction[17].

Il ressort de ces versions anciennes une alternative : ou bien elles avaient chacune un texte différent à traduire ou bien elles avaient un même texte et l'ont interprété différemment : le deuxième élément de l'alternative me paraît plus vraisemblable, ce qui peut expliquer aussi pourquoi dans le Targum il est question de méchants qui « répandent du sang innocent comme un vêtement de chasseur » !

Devant les divergences entre TM et versions, des commentateurs ont pensé que le TM était corrompu en *yšwr kšk*, qui est la source des plus grosses difficultés. Plusieurs se sont essayés à corriger ce début de 26b. Toutes ces corrections viennent d'être présentées et critiquées par Émerton (1981, p. 125-133). Je ne peux les reprendre toutes ici et je renvoie à Émerton.

De toutes les corrections proposées, celle qui est la plus intéressante est certainement celle d'Émerton lui-même, parce qu'elle ne touche pas aux

---

17. On peut sans doute aller plus loin dans l'étude de la démarche de Jérôme. Ce dernier affirme que son texte hébreu est à lire *iasir* et que cela doit être traduit par *rectus*. Or, au moment de traduire, il emploie le verbe *insidior* (tendre une embuscade) qui ne peut traduire la racine *yšr*, à laquelle doit renvoyer *rectus*, pas plus que la racine *šwr*, mais qui traduit parfois *qšr* (« conspirer »), comme on le voit en 1 R 15/27 et 2 C 24/26. Il apparaît donc que le *iasir* lu par Jérôme a été traduit par lui comme s'il y avait *qšr*. S'il en est ainsi, on découvre alors que Jérôme, en présence d'une difficulté, n'hésite pas pour la résoudre à prendre quelque liberté avec le texte ; à l'occurrence, il remplace une racine (*yšr*, qu'il pensait être la bonne racine) par une autre qui lui est phonétiquement proche (*qšr*). On est en droit de se demander si Aquila et Symmaque n'ont pas procédé de même à propos de *šk* ; comme Jérôme ils pourraient avoir bien lu et traduit par un mot phonétiquement proche ; en l'occurrence lu *šk* et traduit *śbk*.

consonnes du TM, mais seulement à la ponctuation[18]. Selon Émerton, il faudrait lire $k^e\acute{s}okh$ et non $k^e\check{s}akh$. Pour cela, il s'appuie sur Lm 2/6, où $\acute{s}k$ désigne une espèce d'abri, et sur le fait qu'après la particule de comparaison Aquila et Symmaque ont vu un nom et non une forme verbale. Dans $k^e\acute{s}okh$, dit Émerton, le k serait prégnant avec un b sous-entendu (cf. GK 118 s, w et J 133h). Ainsi $k^e\acute{s}okh$ $y^eq\hat{u}\check{s}\hat{\imath}m$ serait à traduire par « comme dans une cache d'oiseleur ». Ma seule réserve vis-à-vis de cette proposition tient dans le fait qu'elle ne respecte pas une allitération en $\check{s}$, que je crois noter dans cette métaphore ($r\check{s}'ym$, $y\check{s}wr$, $yqw\check{s}ym$, $m\check{s}hyt$, $'n\check{s}ym$). C'est cette allitération qui me fait préférer $k\check{s}k$ au $k\acute{s}k$ d'Émerton ; ceci d'autant plus que l'infinitif de $\check{s}kk$ (s'abaisser, se tapir, s'accroupir) peut très bien convenir ici.

D'autres corrections ont été faites pour la suite de 26b, mais elles ne s'appuient sur aucun manuscrit, ni sur aucune version ; cela les rend particulièrement fragiles. Je signale simplement celle de Duhm qui remplace $yqw\check{s}ym$ par $mwq\check{s}ym$ (l'appui de la LXX est ici très aléatoire) et $m\check{s}hyt$ par $b\check{s}ht$ (sans aucun appui), ce qui donne : « ils posent des pièges, dans les fosses ils attrapent des hommes ». Mais avec Weiser, Bright, Wisser (p. 44) et d'autres, je préfère m'en tenir au TM.

ÉTUDE DU MÉTAPHORISANT

Comme « (sont aux aguets) des oiseleurs accroupis qui ont dressé un piège ; ils prennent des... ».

Dans cet énoncé, le seul verbe à l'accompli est $h\check{s}ybw$. Les autres verbes sont à l'inaccompli ($ylkdw$) ou à l'infinitif ($\check{s}k$) ; on ne peut rien dire sur $\check{s}wr$, qui est seulement sous-entendu dans l'énoncé métaphorisant. Ces différents temps et modes permettent de situer la scène au moment où, après avoir dressé un piège, les oiseleurs sont tapis ou accroupis en train de ou sur le point de prendre leurs proies.

En traduisant $m\check{s}hyt$ par « piège » (ce qui est un sens hapax de ce

---

18. Parmi les corrections qui ne touchent pas aux consonnes, il faut signaler celle de Duhm, qui découpe autrement les mots et ponctue autrement. Ainsi, $y\check{s}wr$ $k\check{s}k$ devient *(k)yi\check{s}\check{s}\hat{u} r^ekhu\check{s}*, c'est-à-dire : « Ils enlèvent (de $n\acute{s}'$) des biens... » Mais, pour que cette expression ait un sens, Duhm doit la déplacer au début du verset 28, ce qui affaiblit grandement la correction proposée. La correction proposée par Rudolph dans BHS comporte aussi un nouveau découpage des mots, mais aussi (ce qui l'affaiblit) des ajouts de consonnes qu'Aquila et Symmaque ne peuvent entièrement justifier. Pour Rudolph le verbe $\acute{s}rk$ proposé aurait le sens de « nouer » (*knüpfen*) ; dans l'article antérieur, où il proposait cette correction (1930, p. 282), il traduisait par « tresser », « entrelacer » (*flechten*). En 2/23, dans son commentaire, il traduit ce même verbe par « croiser » (*kreuzen*), ce qui est cohérent, quoiqu'en dise Émerton (1981, p. 130). Mais Émerton a raison de dire qu'on ne peut accepter une correction qui rajoute des consonnes sans expliquer comment celles-ci ont pu disparaître dans le TM. Cette dernière critique est valable pour tous ceux qui modifient les consonnes du TM.

terme), j'en reste volontairement à un terme vague, faute de plus d'informations sur le genre de piège dont il peut s'agir. On peut cependant s'efforcer d'en savoir plus.

Dans cet énoncé où la plupart des mots sont au pluriel, le singulier de *mšḥyt* ne peut passer inaperçu. Ce singulier est considéré par beaucoup comme un collectif (cf. les traductions au pluriel dans la Vulgate déjà, mais aussi dans TOB, BC, Steinmann, Weiser, Rudolph...), bien que personne, à ma connaissance, ne s'explique sur ce point. A vrai dire, un collectif surprendrait ici, dans un énoncé où les chasseurs et les victimes sont au pluriel. Rares sont ceux qui traduisent *mšḥyt* par un singulier (BP, Chouraqui) : cette manière de traduire me paraît préférable, si l'on peut expliquer l'emploi d'un seul piège par plusieurs chasseurs et pour plusieurs victimes.

Le verbe *nṣb* signifie que le piège est « dressé » et non creusé, posé ou lancé. Après avoir dressé le piège, les oiseleurs ne partent pas (comme il est possible de faire avec certains collets), mais restent aux aguets, sans doute parce qu'ils doivent encore intervenir pour la prise des oiseaux. Tous ces détails me paraissent correspondre à ce que l'on peut voir sur le dessin égyptien qui se trouve reproduit in Erman, 1952, p. 95, figure 35. Le piège est un grand filet qui n'a pas été jeté, mais installé, « dressé » grâce à un piquet, auquel il est fixé. Pour le fermer plusieurs personnes doivent tirer ensemble sur une corde. En attendant de tirer, les oiseleurs sont cachés, ils se sont « abaissés », assis par terre. Avec un tel filet on n'attrape pas, bien sûr, un seul oiseau à la fois, mais plusieurs et l'on attend qu'il y en ait le plus possible pour tirer sur la corde. C'est à une telle technique de chasse que l'énoncé métaphorisant semble faire allusion, ce qui inviterait à considérer *mšḥyt* comme un grand filet.

L'énoncé métaphorisant est d'une grande cohérence, sauf, bien sûr, le dernier complément : « ils prennent des hommes ! ». Ou bien il s'agit là d'un indice sémantique pour souligner qu'il ne s'agit pas de véritables oiseleurs, mais d'autres individus qui n'attrapent pas des oiseaux, mais des hommes. Ou bien il y a là un retour brutal à l'énoncé métaphorisé. Ou bien les deux, mais de toute manière *'nšym* est souligné, pour mettre le doigt sur un scandale.

ÉTUDE DU MÉTAPHORISÉ

Dans mon peuple se trouvent des méchants aux aguets ; après avoir dressé un piège, ce sont des hommes qu'ils prennent.

Le métaphorisé est clairement désigné : il s'agit des « méchants » (*rš'ym*), c'est-à-dire, non pas des brutes, mais des gens dont le comportement traduit leur mépris de Dieu et des hommes. *rš'* est le contraire de *ṣdyq*.

Wisser, qui étudie longuement ce passage (p. 44 ss.), note tout d'abord qu'il ne s'agit pas ici de tout le peuple, mais de certains membres du peuple seulement ; c'est ce que dit en effet 26a. Ces méchants sont décrits en 5/27-28 comme devenant grands, s'enrichissant, réussissant. « Il n'est pas nécessaire, note Wisser (p. 57), d'être né riche pour être possédé par cette ambition, donc les *rš'ym* ne sont pas à identifier exclusivement avec les représentants du milieu social dominant ; toutefois leur but est bel et bien soit de s'y maintenir avec toujours plus de pouvoir s'ils y sont nés, soit d'y entrer ».

Si *rš'ym* désigne certains membres du peuple, *'nšym* désigne leurs victimes, sans préciser cette fois s'il s'agit d'autres membres du peuple ou bien d'étrangers. Il doit sans doute s'agir des deux, d'autant plus que la racine *'nš* dénote ce qui est faible, vulnérable. Étrangers et petites gens du peuple sont également vulnérables devant les *rš'ym*. Un des aspects du scandale, c'est que les *rš'ym* sont aussi des hommes, comme leurs victimes : des hommes pris par d'autres hommes. Wisser a sans doute raison de voir ici la dénonciation de certains abus dans le domaine social, car le contexte proche va dans ce sens (cf. 27-28), mais il peut s'agir aussi de la dénonciation de tout un ensemble, à la fois social, politique, religieux et économique.

Qu'apporte encore le métaphorisant au métaphorisé ? Si les méchants se mettent à plusieurs pour dresser un piège comme des oiseleurs, la métaphore souligne aussi que les actes des méchants sont des actes concertés, élaborés et exécutés en groupe ; rien ne peut être improvisé ou manœuvré par un seul. Il y a forcément complicité entre les méchants. En outre cette complicité d'un groupe qui agit de manière concertée se vit en cachette (« aux aguets »). Chaque méchant ne se cache pas des autres méchants, mais tous ensemble ils se cachent de leurs victimes : c'est une sorte de mafia qui est ici dénoncée. Les victimes ignorent tout jusqu'au jour où elles sont prises.

Il faut se rappeler que « ils dressent un *mšḥyt* » est une expression mitoyenne aux deux énoncés ; c'est-à-dire que cette même expression peut avoir un sens différent, suivant que le sujet en est « les oiseleurs » ou « les méchants ». Il est donc possible que l'on ait à jouer ici sur la polysémie de *mšḥyt* ; sans que je puisse dire au juste comment, ce jeu sur la polysémie du terme est à préciser. Entre les mains d'oiseleurs un *mšḥyt* est sans doute un grand filet ; mais qu'est-ce qu'un *mšḥyt* dressé par des méchants ? Peut-être autre chose qu'un grand filet. Nous sommes ici arrêtés par une expression hapax, qui a peut-être plusieurs sens : mot à mot : « dresser un destructeur » ! Plusieurs pistes sont ouvertes, car le hiphil de *nṣb* peut avoir pour complément un objet ou une personne. Le « destructeur » dressé par les méchants peut dont être un objet, ou un système socio-politique, ou un individu mis en place par un groupe et faisant des victimes parmi les autres hommes. S'il y a une allusion précise à un fait cela nous échappe. On peut simplement souligner le contraste qu'il y a dans le rapport des forces : un « destructeur » mis en place par un groupe organisé de méchants et des hommes, des faibles, victimes d'actions menées en cachette.

Si l'on en reste au sens de piège et plus exactement de grand filet pour *mšḥyt*, cette métaphore rejoint les nombreux passages de l'AT qui présentent des méchants en train de piéger leurs victimes. La mention ou l'allusion à un filet tendu par des méchants se trouve entre autres en Jr 18/22, Ps 9/16, 10/9, 25/15, 31/5, 35/7-8, 57/7, 91/3, 124/7, 140/6, 141/9... Il est intéressant de noter que sur ce thème s'opère un important glissement au niveau des actants, par rapport à ce que nous trouvons dans le Proche-Orient ancien. Dans le Proche-Orient, les méchants, ou les ennemis, ne dressent pas, à ma connaissance, un filet, mais ils sont au contraire les victimes d'un filet manœuvré par un dieu[19]. Dans l'AT la même situation se retrouve et l'on voit aussi Dieu faisant office d'oiseleur pour prendre dans son filet l'ennemi (à l'occurrence Babylone en Jr 50/24) comme les Israélites rebelles ou méchants (Ez 12/13, 17/20, Es 8/15, Lm 1/13). Mais, alors que le Proche-Orient ne semble pas le noter, l'AT dépeint des situations où les méchants ne sont plus des victimes, mais des oiseleurs, comme nous l'avons ici. S'il y a bien retournement de la métaphore, alors un nouvel aspect du scandale apparaît : en dressant un piège pour attraper des hommes, les méchants se mettent à la place de Dieu. C'est peut-être là que l'emploi de *mšḥyt* peut avoir une certaine importance. Habituellement le *mšḥyt* est dans la main de Dieu (cf. plus haut la métaphore du lion en 4/7, mais aussi 22/7, 51/1, Ex 12/13, 23, ainsi que Es 54/16). Ici, il est dans les mains des méchants : scandaleuse prétention que Jérémie dénonce ici. Les méchants portent atteinte à Dieu comme à leurs victimes humaines.

Si les méchants se cachent, aux aguets, pour prendre à l'improviste leurs victimes, on peut penser qu'ils se cachent aussi aux yeux de Dieu. Un dernier détail, plein d'humour, le fait apparaître. Au début de 5/26 se trouve un verbe que j'ai traduit par « se trouvent » : mais ce niphal peut aussi être traduit par « sont trouvés » (cf. 2/26, où il s'agit de voleurs trouvés, c'est-à-dire pris sur le vif ; cf. aussi 48/27). Ainsi 5/26 est aussi à traduire par : « Dans mon peuple des méchants aux aguets sont trouvés ! ». Retourne-

---

19. Ainsi est-il dit dans un hymne célébrant le dieu Papulegarra, « Papulegarra verse en son filet les pervers » (*in* Seux, p. 49) ; de même dans une prière adressée à Shemesh : « ton filet capture les méchants » (*in* Seux, p. 425, cf. aussi p. 57). Contenau signale (1947, p. 65) que l'arme d'Ea est « le grand filet, dont il recouvre le méchant ». Parallèlement le thème apparaît aussi pour les ennemis, pour lesquels il n'est plus alors une métaphore, mais la réalité ou une métonymie, puisque les soldats avaient aussi pour arme un filet (cf. Contenau, 1947, p. 65). C'est ainsi que Hammurapi, en tant que représentant du dieu Erra, se dit « filet des ennemis » (*in* Finet, 1973, p. 36). Sur ce thème, le plus ancien témoin iconographique est la fameuse « Stèle des Vautours » (vers 2500), représentant le dieu Nin-Girsu portant un filet rempli d'ennemis vaincus (cf. Sollberger et Kupper, p. 47 ; et le dessin reproduit *in* Parrot, 1957, p. 15, figure 5). Dans le texte qui se trouve sur cette stèle se trouvent plusieurs fois mentionnés le filet d'Enlil, le filet de Nin-hursaga, le filet d'Enki, le filet de Suen, le filet d'Utu (cf. Sollberger et Kupper, p. 50 ss.), autant de filets divins qui menacent les ennemis qui franchiraient la frontière. A l'arrière-plan, on reconnaît, bien sûr, le thème mythique du combat de Marduk contre Tiamat, se terminant par une prise de Tiamat au filet. En Égypte le thème se retrouve aussi sous forme de métaphores ; ainsi ce texte rapporté par Grapow (p. 91) décrivant des ennemis « comme des oiseaux qui sont tombés dans un filet ». Cf. aussi cette description des ennemis « qui pénétrèrent dans les embouchures du Nil (et qui) furent pris au filet comme des oiseaux » (Erman, p. 228) ; dans ce dernier texte l'oiseleur est le dieu Amon-Rê.

ment de situation : voilà que les piégeurs sont trouvés, pris sur le fait. S'ils sont trouvés ce ne peut être que par Dieu, ce qui indique bien qu'ils se sont cachés pour ne pas être trouvés par Dieu. Le sous-entendu sur le complément d'agent de *nmṣ'w* est plein d'humour. Tel est pris qui croyait prendre ! Le vrai piégeur est en fin de compte Dieu, c'est lui le trouble fête parmi les piégeurs. En dénonçant les méchants Dieu montre du doigt, comme s'il débusquait des oiseleurs pour sauver les victimes prochaines ; il les montre du doigt à leurs victimes. De manière très adroite, Jérémie prépare la métaphore par le verbe *mṣ'* et fait craquer le filet !

3. MÉTAPHORE DE L'ARBRE (11/19)

Je ne savais pas que c'était contre moi qu'ils projetaient leurs machinations : Détruisons un arbre dans sa vigueur, retranchons-le de la terre des vivants et qu'on ne se souvienne plus de son nom.

REPÉRAGE DE LA MÉTAPHORE

Les propos rapportés par Jérémie en 19b sont précédés de propos qu'il tient lui-même et qui révèlent la présence d'une métaphore ; ainsi apprenons-nous que l'arbre est une désignation métaphorique de Jérémie. Le prophète nous a lui-même mâché le travail par son information.

On peut se demander maintenant s'il est possible de repérer la métaphore dans les seuls propos rapportés par Jérémie, sans tenir compte de ce que le prophète en dit lui-même. Dans ces seuls propos la métaphore est en partie repérable. Dans la dernière expression, en effet, le suffixe de *šmw* renvoie au mot « arbre » ; c'est d'un arbre qu'il est dit : « qu'on ne se souvienne plus de son nom ». Pour faire oublier le nom d'une espèce végétale, ce n'est pas en supprimant l'un de ses représentants que l'on y parvient, mais en supprimant l'espèce entière. Dire d'un seul arbre « qu'on ne se souvienne plus de son nom » n'est possible que si cet arbre désigne métaphoriquement quelque chose ou quelqu'un qui a un nom propre. Il y a donc dans la dernière expression du verset un indice sémantique désignant « arbre » comme métaphorisant. Quant au métaphorisé, on peut simplement dire qu'il a un nom qui lui est propre et qui peut disparaître avec lui, ce qui ne peut être le cas d'un végétal. Ceci dit, entre ce métaphorisé non végétal et le métaphorisant végétal, on observe un changement d'isotopie.

Dans les seuls propos rapportés en 19b, une métaphore est donc repérable, sans qu'il soit possible de donner le nom du métaphorisé.

DÉLIMITATION DE LA MÉTAPHORE

En dehors de la citation rapportée en 19b, des termes de l'isotopie de l'arbre pouvant appartenir à l'énoncé métaphorisant ne se trouvent pas dans le contexte proche. Certes, il est question d'un olivier en 11/16-17 et sans doute d'autres arbres en 12/2, mais ces énoncés s'appliquent à d'autres sujets métaphorisés, en sorte qu'il s'agit de métaphores différentes de celle de 11/19, même si elles empruntent à la même isotopie métaphorisante. En 11/16-17 le métaphorisé est désigné au féminin singulier et ne peut donc être Jérémie. En 12/1-2 le métaphorisé est au pluriel (les méchants) et ne peut encore être Jérémie.

Pour la seule métaphore qui nous occupe et qui a Jérémie pour métaphorisé, l'énoncé métaphorisant ne déborde donc pas de la citation présente en 19b. Dans cette citation, on sait déjà que la dernière expression s'applique au métaphorisé : « qu'on ne se souvienne plus de son nom » appartient donc à l'énoncé métaphorisé.

Si la dernière expression de la citation appartient à l'énoncé métaphorisé, la première, centrée sur le sujet métaphorisant, appartient à l'énoncé métaphorisant (« Détruisons un arbre dans sa vigueur »). Qu'en est-il de l'expression intermédiaire : « retranchons-le de la terre des vivants » ? Le verbe *krt* relève de l'isotopie de l'arbre (cf. au qal comme ici en Dt 19/5, 20/19, 20, 1 R 5/20, Es 14/8, Jr 6/6, 10/3, 22/7, 2 C 2/7, 9, 15) et peut donc se trouver dans l'énoncé métaphorisant. Mais ce même verbe peut aussi être employé pour des hommes, même si c'est rare (cf. 50/16, où il est aussi au qal et aussi construit avec *mn* : « retranchez de Babylone tout semeur et tout moissonneur »), en sorte qu'il peut aussi se trouver dans l'énoncé métaphorisé. « Terre des vivants » est généralement utilisé dans l'AT pour des hommes (cf. Es 38/11, 53/8, Ez 26/20, 32/23, 24, 25, 26, 27, 32, Ps 27/13, 142/6, Jb 28/13), mais on peut noter qu'en Ps 52/7 l'expression « déraciner (*šrš*) de la terre des vivants » s'applique à un arbre (même si cet arbre métaphorise encore un homme). Il ressort donc qu'en Jr 11/19 « retranchons-le de la terre des vivants » appartient à l'énoncé métaphorisant si on le rattache à ce qui précède, et à l'énoncé métaphorisé si on le rattache à ce qui suit ; il y a là une zone mitoyenne entre les deux énoncés.

Quant aux propos tenus par Jérémie lui-même (« Je ne savais pas que c'était contre moi qu'ils projetaient leurs machinations »), ils désignent le sujet métaphorisé (« moi ») et font donc partie de l'énoncé métaphorisé.

ÉTABLISSEMENT DU TEXTE

Les difficultés textuelles de cette métaphore sont toutes relatives à une seule expression : *nšhyth 's blḥmw*.

A la place de ces quelques mots hébreux, le texte de la LXX est le suivant : « Allons, jetons du bois dans son pain », ce qui fait apparaître deux verbes (*deute kai embalômen*) là où le TM n'en a qu'un (*nšhyth*). Aucun de ces deux verbes grecs ne peut traduire *šḥt*. Un détail va permettre de déceler la présence d'un midrash dans la traduction de la LXX.

Dans l'AT, le mot *šm* est sujet du niphal de *zkr* en trois passages seulement (Jr 11/19, Za 13/2 et Ps 83/5). La traduction de ces trois passages par la LXX est extrêmement intéressante. En Jr 11/19 l'expression est traduite par *onoma autou ou mê mnêsthei eti*, ce qui est très proche de Ps 83/5 (*ou mê mnêsthêi to onoma Israêl eti*), mais pas de Za 13/2 (*ta onomata...*

ouketi estai autôn mneia). On remarque donc que la LXX a maintenu la proximité entre Jr 11/19 et Ps 83/5 sans se souciez de Za 13/2. Or il se trouve que Jr 11/19 et Ps 83/5 rapportent tous deux des propos tenus par d'autres et que ceux de Ps 83/5 commencent par *deute kai* (ce qui est une bonne traduction de ce qui se trouve dans le TM *lkw w*). Dès lors, il apparaît qu'en Jr 11/19 la LXX a dû ajouter *deute kai* au début des propos rapportés par Jérémie, pour souligner la proximité avec Ps 83/5. En faisant cela, la LXX présente Jérémie comme victime du même complot dont est victime Israël en Ps 83/5 : admirable midrash qui fait porter par le prophète le sort de tout son peuple. Admirable *midrash*, mais *midrash* tout de même ! Cela dit, si *deute kai* est un ajout délibéré[20], il devient impossible de porter une appréciation sur *embalômen* : s'agit-il d'une traduction littérale ou d'une traduction de style midrashique ? A cause du *midrash* repéré en *deute kai*, il m'est impossible de répondre à cette question. Je ne saurais dire si la *Vorlage* de la LXX avait *nšḥyth* ou encore *nšlykh* ou *nšyth*, comme le pense Rudolph dans BHS. Le *midrash* voile la *Vorlage*.

Le *embalômen* de la LXX reçoit un appui tout à fait inattendu de la part de la Vulgate (*mittamus*). Voilà que la Vulgate, ordinairement proche du TM, soutient ici la LXX, ce qui permettrait de penser à une *Vorlage* commune à ces deux versions et différente du TM. Or, comme on va le voir, ce n'est certainement pas le cas.

Au dire de Justin Martyr, le texte de la LXX en 11/19 a été l'objet d'âpres débats entre Juifs et Chrétiens, en tout cas au 2e s. de notre ère, au point que, selon Justin, les Juifs auraient même envisagé de supprimer ce verset[21]. D'après les manuscrits que nous avons, il n'y a pas, à ma

---

20. Il est intéressant de remarquer qu'en Es 9/9 le même procédé est utilisé à des fins midrashiques : là aussi se trouve un *deute* sans équivalent dans le texte hébreu. Dans ce verset d'Esaïe sont rapportés les propos orgueilleux d'Israël, dont les projets de construction mentionnent briques (*plinthos*) et pierres (*lithos*). Pour le traducteur de la LXX, ces propos ont été le rappel du récit de la Tour de Babel (Gn 11/3), où dans les projets orgueilleux des hommes il est aussi question de briques (*plinthos*) et de pierres (*lithos*). Comme, en Gn 11/3, les propos des hommes commencent par *deute* (= *hbh*), la LXX a souligné le lien entre les deux passages en ajoutant *deute* en Es 9/9.

21. « Je ne fais pas confiance à vos didascales qui ne reconnaissent point exacte la traduction que les soixante-dix vieillards firent auprès de Ptolémée roi d'Égypte et essayent de faire eux-mêmes leur traduction. Il y a beaucoup dÉcritures qu'ils ont supprimées entièrement de la traduction faite par les vieillards de Ptolémée. (...) Tryphon dit : Nous préférerions que tu nous cites d'abord quelques-unes de ces Écritures dont tu disais qu'elles avaient été entièrement retranchées. (...) (Justin dit :) (...) Des paroles encore de Jérémie, ils ont retranché ce passage : Je suis comme un agneau innocent emmené pour être immolé. Sur moi ils ont formé des desseins disant : Allons jetons du bois dans son pain et nous le retrancherons de la terre des vivants et de son nom on ne se souviendra plus ». (Justin : *Dialogue avec Tryphon*, § 71-72). On peut noter en ce qui concerne notre métaphore qu'entre Justin et la LXX le texte grec diffère sur deux points ; *apo gês zôntôn* dans LXX devient *ek gês zôntôn* dans Justin, ce qui rend Justin plus proche du *mn* du TM que la LXX. En outre, Justin n'a pas le *kai* qui dans la LXX suit *deute*. Ces différences sont bien mineures.

connaissance, d'attestation d'une telle suppression. Justin a pu durcir ici le point de vue des Juifs ; il n'en reste pas moins que le débat a dû être très réel. Si les Juifs voulaient supprimer ce verset de la LXX, c'est que dans cette traduction grecque il pouvait paraître trop favorable aux Chrétiens.

Le débat à propos de ce verset portait bien sûr sur la métaphore de l'agneau en 19a, mais pas seulement[22]. Justin, en effet, dit bien à propos de l'ensemble du verset : « on démontre que les Juifs *tinrent conseil* au sujet du Christ lui-même, décidant de le *crucifier* et *mettre à mort* ». Il y a dans cette phrase allusion à ceux qui « tinrent conseil », c'est-à-dire au complot rapporté en 19b et dont le contenu est bien celui d'une mise à mort[23].

C'est dans le prolongement de ce débat que se situe Jérôme. Ce dernier, dans le commentaire qu'il fait de 19b, montre clairement qu'il ne se situe pas en dehors des discussions. Il commente ainsi l'expression qui nous occupe : « crucem videlicet in corpus Salvatoris ». Pour Jérôme *corpus* est une interprétation de *lḥm* ou de *artos*, comme désignant le corps du Christ, à travers le « pain » de la Cène. Quant à *crucem* il interprète *'ṣ* ou *xulon* comme désignant la croix. Jérôme prend nettement parti dans le débat et l'on aurait été étonné du contraire. On peut penser alors que, face à une LXX contestée par les Juifs, Jérôme a pu dans la Vulgate donner appui à la LXX plutôt qu'au TM, de manière aussi à perpétuer l'interprétation chrétienne de ce passage. S'il en est ainsi, on ne pourra plus parler d'une Vorlage commune à la LXX et à la Vulgate, mais d'une dépendance de la Vulgate par rapport au grec de la LXX ; dépendance partielle, car elle garde le *embalômen* (= *mittamus*) et non le *deute* de la LXX. De cette manière, la Vulgate n'est pas d'un grand secours pour la critique textuelle.

Dans sa critique des didascales juifs, Justin dit que ceux-ci « essayent de faire eux-mêmes leur traduction » (cf. plus haut, p. 223, n. 21). Sans doute fait-il allusion à Aquila, Symmaque ou Théodotion. En tout cas, la traduction de Symmaque est un retour très net au TM[24] : *diaphtheirômen xulô ton arton autou* ; seul le *b* de *blḥmw* pourrait être considéré comme absent. Une plus grande dépendance encore par rapport au TM apparaît dans la Peshitta (« Nous détruirons le bois dans son pain »). Je ne sais ce que le

---

22. Justin poursuit ainsi : « Lorsque, d'après ces paroles, on démontre que les Juifs tinrent conseil au sujet du Christ lui-même, décidant de le crucifier et mettre à mort, on le fait voir selon la prédication d'Isaïe, mené comme un mouton à l'égorgement et il apparaît d'après ce passage comme un agneau innocent ».

23. Justin voit-il dans la mention du « bois » une allusion à la croix ? On peut le penser. Peu de temps après lui, Origène, commentant ce passage, fait un tel rapprochement : « Le pain de Jésus c'est la parole dont nous sommes nourris, aussi quand le voyant enseigner parmi le peuple, ils voulurent mettre le scandale dans son enseignement en le crucifiant, ils dirent : Jetons du bois dans son pain. Car lorsqu'à la parole de l'enseignement de Jésus s'ajoute la crucifixion du Maître, c'est bien du bois qui est jeté dans son pain. » (ORIGÈNE : *Homélies sur Jérémie*, T. I, p. 399 s.).

24. Je ne sais si Symmaque est Juif ou Chrétien, cf. Barthélemy, 1974, p. 451-465.

traducteur syriaque a compris, mais toujours est-il qu'il fait un mot à mot du TM.

Il faudrait pouvoir dater le Targum, pour pouvoir le situer par rapport au débat rapporté par Justin. Avec sa traduction (« Mettons du poison mortel dans sa nourriture »), le Targum est assez énigmatique. Il se distingue en traduisant *'ṣ* par « poison mortel » (*sm' dmwt'*). Il est très possible que ce détail étonnant soit une prise de position dans la polémique judéo-chrétienne. Comme le poison, en effet, n'avait aucune place dans l'apologie chrétienne, le Targum pouvait, grâce à cette traduction, empêcher toute récupération chrétienne de ce passage. Cela ne peut être assuré, mais on ne serait pas étonné de voir le Targum intervenir dans un débat entre Juifs et Chrétiens.

Avant d'en venir aux exégètes modernes, un bilan peut être fait sur les versions anciennes. Des trois termes de *šḥyth 'ṣ blḥmw*, c'est *blḥmw* qui est le mieux attesté (cf. LXX, Symmaque, Vulgate, Targum et Peshitta ; seul Symmaque pourrait mettre en cause la préposition) ; vient ensuite *'ṣ* (attesté par la LXX, Symmaque, Vulgate et Peshitta ; seul le Targum traduit autrement), puis *nšḥyth* (attesté par Symmaque et Peshitta et non par LXX, Vulgate et Targum). Aussi étonnant que cela puisse paraître, c'est le terme le mieux attesté (*blḥmw*) qui est le plus remis en cause par les exégètes modernes !

Burkitt propose (1931-32, p. 371 ss.) de corriger *šḥt* en *šyt* et accompagne cette correction d'une transformation de *'ṣ blḥmw* en *'ṣb lḥmw*, ce qui donne « Faisons de tourments son pain » (proche de Ps 127/2). Une telle correction est astucieuse, mais elle repose sur *'ṣb* (tourment), qui n'a l'appui d'aucune version ; de ce fait elle est inacceptable. En outre *šyt* peut avoir l'appui du Targum, mais en tout cas pas de la LXX, qui ne traduit jamais *šyt* par *emballein*.

Houberg (1975, p. 676 s .; il est suivi par Vermeylen, 1981, p. 251 et note 44) fait la même correction de *'ṣ* en *'ṣb* et remplace *nšḥyth* par *lkw nšyth*. Mes critiques sont les mêmes. Quant à l'ajout de *lkw*, il ne peut être accepté, dès lors qu'est remarqué le caractère midrashique de la traduction de la LXX. J'ajouterai aussi que je comprends mal comment, à partir d'un même archétype, TM et LXX ont pu dévier et se tromper de la même façon, en lisant *'ṣ* au lieu de *'ṣb*. On peut admettre que l'un des deux se soit trompé, mais non que les deux aient fait la même faute.

Corriger *šḥt* par *šlk*, comme le proposent Volz et BHS, peut correspondre au *emballein* de la LXX, au *mittare* de la Vulgate ou au *rmy* du Targum. La LXX, en effet, traduit *šlk* par *emballein* en Gn 37/22, Ex 15/25, Nb 19/6, Jo 18/10, 2 R 4/41, Za 11/13 et 2 C 24/10. Cependant il n'est pas possible d'expliquer comment le TM est passé de *šlk* à *šḥt*. Par contre, si les intentions midrashiques de la LXX, de la Vulgate et peut-être du Targum sont assez claires, il n'est même pas possible d'assurer si ces versions ont réellement lu *šlk*. Face à cette situation, il me paraît préférable de s'en tenir au *šḥt* du TM, soutenu par Symmaque et la Peshitta.

Volz propose de corriger '*ṣ* par *ḥémâh* (poison) ou par *ḥ*ᵃ*math ṣupha*' (venin), en s'appuyant sur le Targum. Ce *ḥémâh* aurait été expliqué par un '*éṣèbh* marginal, qui serait ensuite passé dans le texte pour devenir '*ṣ*. Le faible crédit que l'on peut accorder ici au Targum ne me permet pas de donner raison à Volz (qui n'a d'ailleurs pas été suivi par les commentateurs).

Duhm, Steinmann, Weiser, Rudolph et beaucoup d'autres font leur la proposition de Hitzig, qui corrige *blḥmw* en *b*ᵉ*lèḥô*. Cette correction est intéressante, car '*èṣ laḥ*, opposé à '*èṣ yâbhéš* (arbre sec ou mort) en Ez 17/24, 21/3, désigne l'arbre vert, en sorte que *léaḥ* pourrait désigner la fraîcheur ou la vigueur d'un arbre. Elle est d'autant plus intéressante que *léaḥ*, en Dt 34/7, désigne la vigueur d'un homme, en sorte que se retrouverait ici la double application de l'expression, à un arbre et à un individu, ce qui va tout à fait dans le sens de cette métaphore comparant un homme à un arbre. La seule difficulté pour cette hypothèse de Hitzig, c'est que toutes les versions s'accordent avec le TM pour attester *blḥmw*, terme le plus solide de cette expression.

Dahood (1962, p. 66) relance l'intérêt de cette correction en maintenant les consonnes du TM, qu'il explique avec un *m* enclitique[25] ajouté à *lḥ*. Les versions auraient alors lu comme les Massorètes (*b*ᵉ*laḥmô*), quand il fallait lire *bilḥimô* (dans sa vigueur). L'hypothèse est acceptable dans la mesure où elle maintient les consonnes du texte. Houberg objecte (p. 677) que l'ajout du *m*, entraînant une syllabe supplémentaire, attire l'accent et devrait obliger à écrire *bilḥîmô*. L'objection n'est pas décisive, car, même réellement longue, une voyelle peut être écrite de façon défective (*bilḥimô* pour *bilḥîmô*, cf. J 7c)[26]. La seule question, à mon avis, est de savoir si le *m* peut être épenthétique, en s'intercalant entre le mot et le suffixe, comme Dahood le suppose ici. Dahood signale qu'un *m* épenthétique existe à Ugarit (2 Aqt 1/32-33, où *ksmh* = *ks* + *m* + *h* : sa coupe) et dans l'inscription d'Hadad de Zinjirli (ligne 1 : *b*'*lmy* = *b*'*l* + *m* + *y* : mon seigneur). En hébreu, à côté d'un fréquent emploi du *m* enclitique (cf. Dahood : *Psalms III*, p. 408 s., où sont donnés des dizaines de cas rien que dans les Psaumes), Dahood ne signale, en plus de Jr 11/19, qu'un cas de *m* épenthétique (Ps 139/16, où l'hapàx *glmy* serait à rattacher à *gîl* et signifierait : « les âges de ma vie »)[27].

---

25. Au lieu de *m* enclitique, il faut plus exactement parler ici de *m* intercalé ou épenthétique. Est enclitique, en effet, ce qui est ajouté à la fin d'une forme. En n'étant pas placé après le suffixe, mais avant, le *m* n'est pas ici enclitique mais épenthétique. Il ne s'agit pas d'un détail, comme on le verra. La proposition de Dahood est acceptée entre autres par Bright, Thompson et par KB³ à l'article *léaḥ*.

26. En outre, je constate que *bilḥimô* n'est pas la seule vocalisation possible ; c'est celle de Bright et celle que critique Houberg, mais BDB, à l'article *léâḥ*, propose de vocaliser en *b*ᵉ*léhâmô*, sur quoi la critique de Houberg ne porte pas.

27. A côté de Ps 139/16, Dahood donne d'autres cas de *m* épenthétiques. Il donne ainsi *sl*'*my* en Ps 104/18, mais cette graphie est celle de Dahood. Le TM,

Si l'emploi du *m* enclitique peut maintenant être admis en hébreu, il ne peut en être de même du *m* épenthétique[28]. En Ps 139/16, l'hapax *glmy* peut très bien être rapproché du syriaque galmâ et de l'araméen *gwlm'* et signifier « sans forme » (cf. KB[3]). Même dans les langues voisines, le *m* épenthétique est loin d'être assuré. Dans le texte d'Ugarit cité par Dahood (*spu ksmh bt b'l w mnth bt il*) le mot *ksm* est parallèle à *mnt*, qui signifie « une part ». Ce mot *ksm* existe par ailleurs et Gordon lui donne le sens de « repas cérémoniel » (dans son Dictionnaire au n° 1283). Si on traduit ce texte par « il mangera sa *portion* dans le temple de Ba'al [et] sa [pa]rt dans le temple d'El » (ainsi Caquot, Sznycer et Herdner, p. 422), on en reste alors au terme ugaritique *ksm*, ce qui ne permet plus de parler d'un mem épenthétique à Ugarit. L'inscription de Zinjirli, citée par Dahood, peut aussi être lue autrement, sans *m* épenthétique ; ainsi Gibson (T. II, p. 64), qui décompose la forme en *b* suivi de *'lmy* (« dans ma jeunesse »). On le voit, l'existence du *m* épenthétique est extrêmement aléatoire, tant en hébreu que dans les autres langues sémitiques, en sorte qu'il ne me paraît pas possible d'accepter la présence d'un tel *m* en Jr 11/19.

Guillaume est un des rares interprètes à conserver tel quel le TM : « La plupart des commentateurs, dit-il (p. 406, n. 1 ; il est suivi par Reventlow, p. 251 s.), corrigent l'hébreu *belaḥmo* en *belaḥo*, « avec sa sève », mais le texte est probablement correct sous sa forme actuelle, l'arabe *laḥm* signifiant « la corpulence des choses, la pulpe d'un arbre », etc. » ; et il traduit l'expression de Jérémie par « détruisons l'arbre dans sa vigueur ! » (p. 406). L'intérêt de cette explication est qu'elle est en accord avec le TM, comme avec la Vorlage des versions. Avec Guillaume et Reventlow, je garde donc le TM tel qu'il est vocalisé par les Massorètes, en voyant en *lèḥèm* la pulpe ou la vigueur de l'arbre[29].

Ayant noté, d'une part, la présence d'un *midrash* dans la LXX[30] et,

---

lui, à *sl'ym*, en sorte qu'on ne peut retenir cette forme comme exemple de *m* épenthétique. Reste Ps 83/12, où le *mw* de *šytmw* est en réalité une forme de suffixe pluriel (J 61i) ; s'il s'agissait d'un *m* épenthétique, le suffixe *w* serait alors singulier, ce que le contexte exclut.

28. Hummel a écrit un important article sur le *m* enclitique (1957, p. 85-107) ; on y trouve une bonne bibliographie sur la question. Tous les exemples donnés par Hummel font du *m* un *m* enclitique et jamais un *m* épenthétique. Il indique (p. 92) que ce *m* peut prendre la forme allongée *mw* et donne un seul exemple : Ex 15/9 (*tml'mw* et *twryšmw*). Cette forme allongée *mw* est sans suffixe, en sorte qu'elle est bien enclitique et non épenthétique. Cependant, même cette forme allongée est bien fragile, si l'on voit que GK 117z y voit un suffixe pluriel (GK donne précisément Ex 15/9 comme exemple de suffixe pluriel).

29. Chouraqui garde aussi le TM avec sa vocalisation massorétique, mais il traduit par « Détruisons l'arbre avec son pain », qui me paraît irrecevable, car sans signification.

30. L'Alexandrinus a un texte un peu différent avec *trachêlon* au lieu de *arton*, ce qui donne une image toute nouvelle : « Jetons du bois sur son cou ». Il peut s'agir

d'autre part, un climat de polémique entre Juifs et Chrétiens au moment où la Vulgate et peut-être le Targum ont vu le jour, il est difficile de retrouver la *Vorlage* que ces versions ont pu utiliser, il me paraît préférable d'en rester au TM, en outre, est appuyé par Symmaque et la Peshitta.

ÉTUDE DU MÉTAPHORISANT

Détruisons un arbre dans sa vigueur, retranchons-le de la terre des vivants.

L'arbre que des inconnus[31] ont l'intention d'abattre est à considérer, grâce à *blḥmw* (« dans sa vigueur »), comme un arbre vivant. Ce n'est donc pas parce que cet arbre est sec ou mort, qu'il est question de l'abattre pour en débarrasser la terre des vivants.

Dans cet énoncé métaphorisant, composé de deux expressions, les deux seuls verbes qui s'y trouvent attirent l'attention. Avec *krt*, la situation de l'arbre est critique, mais non désespérée. En effet, lorsqu'on « retranche » ou « coupe » un arbre (*krt*), la souche demeure et par elle rejets et surgeons peuvent encore jaillir. Pour l'arbre abattu (*krt*), dit Jb 14/7, il y a encore de l'espoir : dès qu'il flaire l'eau, il bourgeonne à nouveau, il reprend et ne cesse de surgeonner. Avec *šḥt*, par contre, la situation est sans doute plus irrémédiable ; les emplois de cette racine pour des plantes sont relativement rares (Dt 20/19, 20, Es 65/8, Jr 22/7, Ma 3/11), mais vont dans ce sens ; ainsi Es 65/8, ainsi que Ma 3/11 (où *šḥt* est en parallèle avec la mention de la stérilité), permettent de saisir l'irrémédiable de la situation. On observe donc que dans cet énoncé les deux verbes employés le sont dans un ordre curieux : c'est le verbe le plus fort qui est placé en tête.

Dans un seul autre passage de l'AT les deux verbes (*šḥt* et *krt*) sont employés dans le même ordre qu'ici, aussi pour des arbres. Ce passage (Dt 20/19-20) devient de ce fait particulièrement intéressant : on y trouve une première fois *šḥt* puis *krt* en 20/19, et, à nouveau, *šḥt* puis *krt* en 20/20. Appartenant à l'ancienne législation deutéronomique (et donc antérieur à Jérémie), ce texte apparaît dès lors comme l'arrière-plan de la métaphore. En reprenant dans leurs propos la même ordonnance des verbes, les incon-

---

ici de l'image du joug, mais je me demande si ce ne pourrait pas être plutôt une allusion à Gn 22/6, ce qui ferait de Jérémie une nouvelle figure exemplaire (celle d'Isaac). L'Alexandrinus serait alors le témoin d'un autre midrash.

31. Ici se pose une difficile question de critique littéraire. Pour savoir qui sont ceux qui complotent contre Jérémie, il faut chercher dans le contexte ; il peut s'agir des Israélites et des Judéens, si l'on se rapporte à 11/17, ou bien des habitants d'Anathoth, si l'on se rapporte à 11/21-22. La question de l'unité littéraire de ce passage est depuis longtemps fort débattue (voir à ce propos Vermeylen, 1981, où l'on trouve l'exposé des principales solutions proposées). Devant tant d'imprécision, je préfère pour l'instant m'en tenir à la seule étude de la métaphore, sans m'appuyer sur le contexte. Dans son état actuel, le texte semble indiquer que les comploteurs sont les gens d'Anatoth, mais rien ne dit que dans un état antérieur du texte les comploteurs étaient les mêmes. Voilà pourquoi je parle d'inconnus.

nus qui complotent me semblent bien faire allusion à ce code de loi, ce qui me fait dire que les comploteurs, s'appuyant sur la loi deutéronomique, sont des Israélites.

L'allusion à Dt 20 est importante pour plusieurs raisons ; la première est que les arbres auxquels la loi s'applique sont les arbres d'un pays ennemi contre lequel on se bat ; il est clair, dès lors, que ceux qui ont ici l'intention d'abattre un arbre ne s'en prennent pas à leur propre arbre. La deuxième est que cette loi fait une distinction entre les arbres fruitiers et les autres[32], ce qui fait apparaître que sur ce point les propos de Jr 11/19 manquent de précision. En employant une expression (*'ş blḥmw*) qui ne se trouve pas dans la loi, les iconnus laissent planer un doute ; on ne sait si l'arbre qu'ils veulent abattre est un arbre fruitier ou pas[33] et donc si leur projet est conforme à la loi ou pas. Mais on ne sera pas étonné de cette imprécision, puisqu'il s'agit de projets secrets, assez énigmatiques en tout cas pour que le principal intéressé ne puisse pas comprendre (cf. « je ne savais pas que c'était contre moi qu'ils projetaient leurs machinations »[34]). Bref, l'allusion à Dt 20/19-20 est claire, mais pas assez pour que l'on sache si le projet d'abattage est coupable ou pas.

ÉTUDE DU MÉTAPHORISÉ

Je ne savais pas que c'était contre moi qu'ils projetaient leurs machinations : Retranchons-le de la terre des vivants et qu'on ne se souvienne plus de son nom.

Si, dans l'état actuel du texte, l'identité de ceux qui complotent est tenue dans l'ombre et doit être éclairée plus loin (en 11/21), le métaphorisé de l'arbre, par contre, apparaît clairement : il s'agit de Jérémie. A la seule écoute des propos tenus par les inconnus, il est impossible de savoir qu'ils visent ce prophète et lui seul (ce qui est normal, s'il s'agit d'un complot). Il a fallu que Dieu lui-même « fasse connaître » à Jérémie qu'il était l'arbre visé. Nous ignorons comment Jérémie a été ainsi éclairé, mais nous pouvons prendre acte de cette information, qui nous est transmise, et en tirer parti.

Maintenant que l'on sait que c'est à Jérémie que les comploteurs pensent, les projets de ces derniers deviennent tout à fait clairs et l'allusion à

---

32. Dt 20/20 précise que les arbres que l'on peut abattre ne doivent pas être *'ş m'kl*. Cette expression désigne un arbre fruitier, comme on peut le voir en Lv 19/23 et Ez 47/12 : il s'agit des arbres dont le fruit (*pry*) est commestible.

33. Segond, Crampon, Darby, VS traduisent le début de la citation par « Détruisons l'arbre avec son fruit », mais il faut renoncer à une telle traduction, car *lèḥèm* ne désigne jamais ailleurs un fruit. Si l'on prétend que cela peut se déduire de « l'arbre avec sa nourriture » (nourriture tirée de l'arbre = fruit), on peut tout autant prétendre qu'ici *lèḥèm* peut faire allusion à *milḥâmâh* pour désigner les arbres que l'on peut abattre en temps de guerre et donc les arbres qui n'ont pas de fruits.

34. Même l'expression *ḥšbw mḥšbwt* ne permet pas de préciser si les projets sont coupables (cf. Dn 11/25) ou pas (cf. 2 C 2/13). Et *'l* peut aussi se trouver si les projets ne sont pas coupables (cf. Jr 29/11).

Dt 20/19-20 aussi : l'arbre qui métaphorise Jérémie est un arbre sans fruits. En effet, d'après 16/1 s., on sait que Jérémie est resté célibataire et sans enfants, ce qui à l'époque était une situation fort rare. De ce fait Jérémie s'est singularisé et a dû attirer sur lui l'attention de son entourage. Or, le mot *pry*, qui désigne le fruit d'un arbre, désigne aussi très fréquemment (il doit s'agir d'une métaphore morte) un enfant (cf. Ps 127/3, 132/11, Lm 2/20, Gn 30/2, Dt 7/13, 28/4, 11, 18, 53, 30/9, Es 13/18, Mi 6/7). Cette richesse sémantique de *pry* permet d'établir très facilement en hébreu une comparaison entre un arbre fruitier et un homme qui a des enfants, entre un arbre non fruitier et un homme sans enfants. Dans le cas de Jérémie, comparer celui-ci à un arbre, c'est le comparer implicitement à un arbre sans fruits. Du coup, les derniers mots des propos tenus par les inconnus deviennent tout à fait cohérents. En annonçant, en effet, que le nom de Jérémie sera oublié, ses adversaires doivent savoir que le prophète n'a pas d'enfants, sinon ils ne parleraient pas ainsi. La suppression du nom d'un homme n'est réelle à la mort de celui-ci que s'il n'a pas de descendance ; habituellement, un homme mort voit son nom perpétué dans sa descendance en sorte qu'il est impossible de dire de lui « on ne se souviendra plus de son nom ». D'après leurs propos en 11/19 les comploteurs savent pertinemment que leur victime n'a pas de descendance, ce qui, sur le plan métaphorique, signifie que l'arbre auquel il s'attaque est un arbre sans fruits[35].

En comparant Jérémie à un arbre et en appuyant cette métaphore sur Dt 20/19-20, où il est question du sort des arbres ennemis en cas de guerre, les adversaires de Jérémie font clairement entendre au prophète, et de façon très ironique, plusieurs choses :

— qu'ils prennent au sérieux la loi deutéronomique, cette loi nouvellement prêchée et pour laquelle Jérémie a sans doute pris parti (ce point est fort discuté, mais on peut remarquer que ceux qui parlent d'une prédication du Deutéronome par Jérémie, pendant une époque de sa vie en tout cas, s'appuient précisément sur ce chapitre 11, arrière-plan actuel de la métaphore ; cf. en particulier Rowley 1963, p. 159 s.) ;

— qu'ils ont bien entendu les oracles de Jérémie annonçant la guerre et qu'ils les prennent au sérieux en se préparant à mettre en application certaines ordonnances afférentes à la guerre, et à l'occurrence abattre un arbre non fruitier pour en fabriquer des ouvrages de siège ;

— qu'ils estiment que Jérémie en prêchant en faveur des Babyloniens est considéré comme traître passé au camp de l'ennemi (cf. 37/13 ss.) et qu'il

---

35. Avec la négation *l'* à la fin du verset, la dernière expression de 11/19 décrit la disparition du nom comme une conséquence du meurtre dont il est question juste avant. S'il y avait *'l*, on pourrait penser éventuellement à une autre action qui s'ajouterait au meurtre pour faire disparaître le nom (en supprimant la descendance par exemple, cf. Ps 109/13). L'indicatif (*yzkr*) successif aux deux cohortatifs (*nšḥth* et *wnkrtnw*) indique bien que le meurtre d'un seul suffit à faire disparaître le nom.

doit être abattu comme le sont les arbres sans fruits, qui appartiennent à l'ennemi ;

— qu'ils n'agissent pas contre la loi de Dieu, mais en accord avec elle, puisque c'est un arbre sans fruits qu'ils s'apprêtent à abattre ;

— et, en fin de compte, que Jérémie, devenu ennemi, est ennemi de Dieu, alors que eux sont dans le camp de Dieu, puisque Dt 20 appartient aux lois sur la guerre sainte, conduite par Dieu lui-même (cf. Dt 20/4).

Ce complot atteint Jérémie au plus profond de lui-même, dans son ministère prophétique, comme dans sa situation de célibataire sans descendance. Dans cette manière de métaphoriser à partir de Dt 20, les comploteurs parviennent à ranger Jérémie dans le camp des ennemis d'Israël et de Dieu et à se présenter eux-mêmes comme défenseurs du peuple et de la loi de Dieu. On rejoint ici ce qui a été dit sur 2/30, où le peuple pense agir conformément à la loi de Dieu en tuant des prophètes. Nouvel exemple d'inquisition, aux dépens de Jérémie lui-même cette fois. Jérémie savait que le peuple se dresserait contre lui pour le combattre (cf. 1/19) ; il pouvait penser que le peuple, en le combattant, manifesterait ainsi son opposition à Dieu. Il prend ici conscience qu'il n'en est rien et que le peuple, en le combattant, se prend pour un défenseur de la loi de Dieu.

Dans la forme actuelle que prend le récit où se trouve la métaphore, les acteurs du complot sont les habitants d'Anatoth, les concitoyens de Jérémie. Leur mise en avant de la loi deutéronomique pour annoncer sarcastiquement la mort de leur concitoyen semble être une revanche sur cette même loi qui annonçait la centralisation du culte et de ce fait la fin du sanctuaire d'Anatoth et la suspension d'un clergé dont faisait partie la famille de Jérémie (cf. 1/1). La réaction ne se fait pas attendre : puisque le clergé d'Anatoth est condamné, les proches de Jérémie, touchés par la loi deutéronomique, font entendre, métaphoriquement, que Jérémie lui-même devra disparaître au nom de cette même loi.

Dans la forme actuelle du texte, encore, la métaphore de 11/19, composée par les adversaires de Jérémie, reçoit comme réplique une autre métaphore, composée cette fois par le prophète (12/1-2). L'isotopie métaphorisante en est la même, mais le contraste est frappant. Face à Jérémie, arbre condamné car il ne porte pas de fruits, se trouvent des traîtres qui, eux, portent des fruits. Ces arbres-là seraient-ils donc protégés par la loi de Dieu ? Les questions du prophète en 12/1 prennent dans ce contexte métaphorique une résonance toute particulière.

Dans la forme actuelle du texte, enfin, l'exploitation de l'isotopie métaphorisante est poussée jusqu'à l'extrême, jusqu'à proposer même une réponse aux questions du prophète. En effet, la mention des gens d'Anatoth est reculée en 11/21 de manière à mettre en avant (en 11/17) Israélites et Judéens, comme si c'était tout le peuple qui avait comploté contre Jérémie. Et la structuration du passage est adroite ; elle soude l'ensemble grâce au rythme des premiers mots des versets : *wyhwh* (11/17), *wyhwh* (11/18) *w'ny* (11/19), *wyhwh* (11/20). Par cette structure, le rédacteur rapproche de la métaphore de l'arbre (11/19) une autre métaphore d'arbre (11/16-17). Dans cette dernière le peuple (comploteur) est comparé à un arbre à fruit (*pry* en 11/16) avec une insistance sur la beauté des fruits qui ne peut échapper ; or, cet arbre fruitier est condamné par Dieu lui-même (11/17) et sera détruit. En rapprochant toutes ces métaphores, le rédacteur répond aux questions de Jérémie : le peuple, en complotant, voulait s'appuyer sur la loi ; voilà que Dieu est prêt à dépasser sa propre loi, à aller au-delà de toute loi pour détruire le peuple, malgré ses fruits. Cette réponse est présentée comme étant celle de Dieu à Jérémie : « Et le Seigneur m'a mis au courant et j'ai compris ; alors j'ai découvert leurs manœuvres » (11/18).

4. MÉTAPHORE DES BERGERS ET DE LA VIGNE (12/9b-11)

Allez, ressemblez toutes les bêtes sauvages ; faites-les venir à la curée. De nombreux bergers saccagent ma vigne, piétinent mon champ ; ils font de mon champ délicieux un désert désolé. On le transforme en désolation ; le voici devant moi lamentable, désolé ; tout le pays est désolé ; nul, certes, ne s'en soucie.

REPÉRAGE DE LA MÉTAPHORE

Avec le verbe *šḥt* apparaissent ici deux termes qui lui sont liés : « bergers » (sujet du verbe) et « vigne » (complément). Ces deux termes peuvent être des métaphores mortes (cf. plus haut, p. 18 s.) et la question est de savoir si dans ce passage ils le sont ou pas. Pour en décider il suffit d'examiner le suffixe de *krmy* ; tout dépend, en effet, de l'identité de celui qui dit : « De nombreux bergers saccagent *ma* vigne ». Weiser rapporte que pour Zwingli c'est Jérémie qui parle ici. S'il en était ainsi, il n'y aurait pas de métaphore et mon travail s'arrêterait là. Jérémie en effet pourrait très bien être propriétaire foncier (cf. 32/7 ss.), posséder une vigne et un champ et déplorer les saccages effectués par de véritables bergers. Le point de vue de Zwingli est maintenant abandonné de tous, à ma connaissance, et Weiser ne le cite que pour le rejeter.

Si ce n'est pas Jérémie qui parle, c'est Dieu ; et cela ne peut être dit qu'en fonction du contexte. C'est parce que Dieu parle de sa maison (12/7) et de son héritage (12/7, 8, 9), qu'il peut aussi parler de sa vigne et de son champ (12/10) ; c'est lui le propriétaire foncier et sur ce plan-là « maison », « héritage », « vigne » et « champ » peuvent appartenir à une même isotopie. Tel est le point de vue de tous les exégètes modernes que j'ai pu consulter.

« Vigne » est à considérer comme une métaphore morte quand il s'agit de celle de Dieu ; et puisqu'on peut dire que c'est Dieu qui parle ici (« ma vigne »), le suffixe sert d'indice pour permettre de repérer la métaphore. On aura noté que sans le contexte on ne peut établir qu'il y a métaphore. Si l'on remet en cause ce lien contextuel (en tout cas avec 12/7-9) on ne pourra plus parler qu'arbitrairement de métaphore et l'analyse en sera faussée.

En tant que métaphore morte, la vigne désigne Israël. Cette métaphore sert elle-même d'indice pour désigner « bergers » comme métaphore morte. Il n'est pas possible en effet de penser à une foule de bergers détruisant le territoire d'une nation entière ; par contre, des chefs militaires ou des rois peuvent le faire, et c'est précisément le sens de cette métaphore morte.

Avec *šḥt*, en 12/10, nous sommes en présence d'une combinaison indissociable de deux métaphores mortes ; c'est cette combinaison qu'il faut étudier.

DÉLIMITATION DE L'ENSEMBLE MÉTAPHORIQUE

En dehors de la mention des bergers, il n'y a dans ce passage, à proprement parler, aucun terme de l'isotopie pastorale. Par ailleurs, en dehors de la mention de la vigne, il n'y a, à proprement parler, aucun terme de l'isotopie viticole. On pourrait simplement en conclure que ces deux métaphores ne sont pas revivifiées et en rester à l'étude de ce simple énoncé : « De nombreux bergers saccagent ma vigne ». Cet énoncé relate une situation tout à fait insolite, faisant état de l'intrusion de bergers dans un lieu où leur métier ne les conduit normalement pas. Sur le plan isotopique, cela peut se traduire ainsi : les bergers sont sortis de leur isotopie pour entrer dans une autre qui n'est pas la leur ; ce qu'ils font ne peut être décrit par des termes de leur isotopie. Ce que subit la vigne ne peut être décrit non plus par des termes habituels, empruntés à l'isotopie viticole. L'énoncé métaphorique me paraît devoir être délimité ici non pas isotopiquement, mais grammaticalement, par tous les termes qui se rapportent aux deux sujets métaphorisants (bergers et vigne).

De la vigne, il n'est plus rien dit. Par contre *r'ym* est sujet de plusieurs verbes (*šḥtw, bssw, ntnw*) en sorte que la description des différentes actions des bergers occupe l'ensemble du v. 10. On s'aperçoit que 10a est constitué de deux expressions parallèles, avec *krmy* et *ḥlqty* comme deux désignations métaphoriques parallèles. Les deux expressions métaphoriques parallèles décrivent deux situations aussi insolites l'une que l'autre. *ḥlqh* désigne dans l'AT une terre où poussent en particulier des lentilles (2 S 23/11) ou bien encore de l'orge (2 S 14/30, Rt 2/3, 1 C 11/13) ; si des moissonneurs peuvent y pénétrer (Am 4/7), des bergers n'ont certainement rien à y faire. C'est en gardant en parallèle dans l'étude ces deux situations insolites que l'on pourra sans doute saisir le contenu de ces métaphores.

La description de l'action des bergers dans la vigne ou dans le champ peut se poursuivre en 12/11. Certes le premier verbe de 12/11 est au singulier, mais ce singulier à sens impersonnel inclut d'une certaine manière les bergers. De plus, le suffixe féminin de ce verbe renvoie à *ḥlqh*, ce qui prolonge la description de 12/10. Enfin les trois occurrences de la racine *šmm* en 12/11 font suite au *šmmh* de 12/10 pour décrire la même réalité. On peut considérer 12/10-11 comme un ensemble métaphorique réunissant de façon indissociable trois métaphores : celles des bergers, de la vigne et du champ, avec pour principal actant les bergers. Dans cet ensemble « vigne » et « champ » sont deux métaphorisants parallèles, ayant pour métaphorisé commun Israël, désigné par *h'rṣ* en 12/11.

En 12/12 il n'est question ni des bergers, ni de la vigne, ni du champ, en sorte que nous sommes ici en dehors de l'énoncé métaphorique.

En 12/9a se trouve une toute autre métaphore (l'héritage de Dieu comparé à un rapace), qui n'a pas sa place dans l'ensemble dégagé en 10-11. La situation est une autre encore en 12/9b ; des ordres y sont donnés par Dieu à propos des bêtes des champs (ḥyt hśdh) ; à qui s'adresse-t-il ? Sur l'ordre de Dieu les bêtes pourraient se rassembler elles-mêmes (cf. le niphal de 'sp en Ez 39/17), mais ce n'est pas le cas ici. ḥyt hśdh désigne des bêtes sauvages et jamais des animaux domestiques en sorte que des hommes normalement ne peuvent les rassembler. Habituellement, le travail des bergers est de rassembler des troupeaux d'animaux domestiques (Gn 29/3, 7, 8) ; quant aux bêtes sauvages ils s'en méfient et s'en défendent (Ez 34/5, 8, 25, 28). D'une manière générale les bêtes sauvages sont un danger pour les hommes (Ex 23/29, Dt 7/22, Jb 5/22). L'ordre lancé par Dieu en 12/9b est unique dans l'AT, ce qui ne peut nous aider à savoir à qui il s'adresse. La mention des bergers, tout de suite après 12/9b, peut faire penser que c'est à eux que les ordres sont donnés. Dans la mesure où le comportement de ces bergers est insolite, on peut penser que l'insolite réside aussi dans le fait que ces bergers ne sont pas à la tête de moutons qu'ils rassemblent, mais à la tête de troupeaux d'animaux sauvages. Quand on sait que des bêtes sauvages peuvent venir chercher leur nourriture ('kl) dans une vigne dévastée, comme on le lit en Os 2/14, alors le travail destructeur des bergers en Jr 12/10 peut être une activité permettant aux bêtes sauvages qui les accompagnent de venir trouver leur nourriture (cf. aussi 'kl en 12/9) dans la vigne saccagée (cf. encore Ps 80/14, où les bestioles des champs viennent paître, r'h, dans une vigne détruite). Si donc l'ordre donné en 12/9b s'adresse aux bergers mentionnés en 12/10, alors 12/9b fait aussi partie de l'énoncé métaphorisant, et, dans cette étude sur šḥt, on pourra se demander si les bêtes sauvages n'ont pas quelque chose à voir avec l'activité destructrice (šḥt) des bergers dans la vigne.

Bref, šḥt apparaît dans un énoncé de quatre termes (10aα) réunissant de manière indissociable deux métaphores mortes (« De nombreux bergers saccagent ma vigne »). Cet énoncé doit être étendu à 12/9b, dans la mesure où les bergers peuvent être accompagnés de bêtes sauvages, pour lesquelles ou avec lesquelles ils saccagent (šḥt) la vigne. L'énoncé doit aussi être étendu à l'ensemble de 12/10-11, dans la mesure où l'activité des bergers dans la vigne est mise en parallèle avec l'activité de ces mêmes bergers dans un champ.

ÉTABLISSEMENT DU TEXTE

Dans trois manuscrits hébreux on lit 'tyw et non htyw en 12/9b. Condamin, Rudolph et d'autres s'appuient sur ces manuscrits pour corriger le TM en impératif qal de 'th (cf. BHS) que semble avoir lu aussi la Vulgate. Les mêmes exégètes s'appuient aussi sur la Vulgate pour corriger l'impératif qal de 'sp en niphal (hé'âsᵉphî), mais sans l'appui du moindre manus-

crit hébreu cette fois. Condamin en arrive ainsi à la traduction suivante :
« Allez, rassemblez-vous, bêtes des champs, venez à la curée ! » Une telle
invitation au festin adressée aux bêtes elles-mêmes rejoint celles de Es 56/9
(avec *'éthâyû*) et d'Ez 39/17 (avec *hé'âs*^e*phû*) et représente une *lectio facilior* par rapport à l'ordre donné dans le TM à d'énigmatiques rassembleurs
de bêtes sauvages. La leçon facilitante de la Vulgate ne peut être retenue,
par rapport au TM. Dans ce dernier *'spw* est attesté dans tous les manuscrits, en sorte que les ordres sont bien donnés à des rassembleurs de bêtes
et non aux bêtes elles-mêmes. Que dire alors de *'tyw* lu dans trois manuscrits ? Le changement d'interlocuteur que cet impératif qal suppose rend
cette forme douteuse (*'tyw* s'adressant aux bêtes et non plus à leurs rassembleurs). Brisant l'unité de 12/9b-10, où tous les verbes ont *r'ym* pour sujet,
je considère *'tyw* comme fautif.

A l'appui de *'tyw*, Rudolph mentionne la LXX en BHS, mais il s'agit
encore d'un texte différent. Avec *kai elthetôsan*, il est à noter que la LXX
accompagne la forme verbale d'une coordination, ce que ni la Vulgate ni
les trois manuscrits avec *'tyw* ne font. Avec le parfait inverti qal, que semble avoir lu la LXX (*w'tyw*), le contenu de 12/9b est encore différent : même
si le sujet du dernier verbe n'est plus « les bergers » comme dans le TM,
mais « les bêtes » comme dans la Vulgate et les trois manuscrits hébreux,
les ordres de 12/9b sont tout de même donnés aux seuls bergers comme dans
le TM, puisque la dernière forme verbale dans la LXX n'est pas un impératif : « Allez, rassemblez tous les animaux des champs et qu'ils viennent... ».
Dans la LXX comme dans le TM les interlocuteurs sont les mêmes : les rassembleurs de bêtes. La LXX peut avoir traduit librement *htyw* ou avoir lu
w'tyw mais en tout cas pas *'tyw*. Étant donné que sa traduction peut aussi,
de manière libre, être celle de *htyw*, je pense que l'impératif hiphil du TM
n'a pas à être corrigé. Ce dernier a pour lui d'être rare (il n'y a que deux
hiphil de *'th* dans la TM, contre 19 qal) et difficile (à cause de la contrac-
tion de *h'tyw* en *htyw*).

Une autre différence apparaît entre les manuscrits hébreux en 12/10a ;
au lieu de *ḥlqty*, des manuscrits[36] ont *nḥlty*. S'appuyant sur ces manuscrits,
Volz, Steinmann, Rudolph et d'autres corrigent le TM. Soggin garde le TM
qu'il considère comme difficilior en faisant remarquer que *ḥlqty* sous-entend
que les autres dieux ont aussi leur « part » (c'est ainsi qu'il traduit *ḥlqh*) ;
Soggin renvoie à Dt 32/8-9 (où il corrige *bny yśr'l* en *bny 'l*), mais dans
ce passage il est question de *ḥlq* et non de *ḥlqh*. L'argument de Soggin est

---

36. Selon Volz il s'agit de 25 manuscrits hébreux, d'un minuscule de la LXX
et de la marge des Syrohéxaples ; selon Soggin (1958, p. 304) il s'agit de 20 manuscrits
hébreux, d'un minuscule de la LXX, de la Syriaque et des Syrohéxaples. Les informations diffèrent légèrement sans modifier le fond du problème. Je ne sais, cependant, entre Volz et Soggin, lequel donne les meilleures informations, et l'on ne peut
avoir perdu 5 manuscrits entre 1922 et 1958.

peu convainquant car on pourrait dire la même chose de *nḥlh*, qui suppose aussi que les autres dieux ont leur héritage (cf. précisément le verbe *nḥl* en Dt 32/8). Si je retiens *ḥlqty* c'est parce que j'y vois une *lectio difficilior*, dans la mesure où nous avons ici le seul passage de l'AT à faire mention du « champ de Dieu », alors que c'est un lieu commun de parler de la *nḥlh* de Dieu (cf. 2/7, 10/16, 12/7, 8, 9, 16/18, 50/11, 51/19 pour le seul livre de Jérémie). On peut facilement considérer *nḥlty* en 12/10 comme une erreur de scribe à la suite des trois *nḥlty* de 12/7, 8, 9.

Un dernier point est à considérer dans les différences entre TM et LXX. En 12/9b la forme *l'klh* du TM est traduite par *tou phagein autên* ; la LXX a lu un infinitif construit suivi d'un suffixe (*l^e'okhlâh*), dont l'antécédent serait *klêronomia* c'est-à-dire *nḥlh* (de 12/9a). Le nom *'okhlâh* est hapax dans Jérémie, alors que l'infinitif construit de *'kl* précédé d'un *l* se trouve en 2/7, 15/3, 16/8. La lecture faite par la LXX semble donc être *facilior*, ce qui me fait préférer le TM sur ce point.

En 12/11, Steinmann, Rudolph et Bright corrigent *sâmâh* en *sâmuhâ*. Le pluriel est sans doute la *lectio facilior*, car il fait suite aux pluriels de 12/10, avec, comme ces derniers, *r'ym* pour sujet. Le singulier peut être maintenu et considéré comme marque d'un sujet vague (J 155d) ; ce sujet vague permet de décrire l'action combinée des bergers et des bêtes sauvages.

A la suite de Duhm et de Cornill, Rudolph propose en BHS de remplacer le *ky* de 12/11b par un waw, précisant que l'expression suivante s'applique aux bergers et non aux Israélites. La correction ne me paraît pas nécessaire si l'on considère *ky* comme un affirmatif (« Nul, certes, ne s'en soucie »). Il est possible que *'yn 'yš* (« aucun homme ») désigne aussi bien les bergers que les gardiens du champ ou de la vigne.

ÉTUDE DU MÉTAPHORISANT

Allez, rassemblez toutes les bêtes sauvages ; faites-les venir à la curée. De nombreux bergers saccagent ma vigne, piétinent mon champ ; ils font de mon champ délicieux un désert désolé. On le transforme en désolation ; le voici devant moi lamentable, désolé.

Il n'y a dans ce passage aucun inaccompli. On peut considérer les accomplis comme décrivant des actions appartenant à la sphère du passé (cf. les traductions de BP et TOB), mais il peut s'agir aussi de parfaits prophétiques. Les impératifs de 12/9b conviendraient mal s'il s'agissait d'une action passée ; par contre les ordres de 12/9b, dans la mesure où ils sont donnés par Dieu, conviennent bien avec les parfaits prophétiques. Ce sont ces parfaits que je traduis ici par des présents, qui, mieux que des futurs, rendent compte de la réalité du projet de Dieu.

Si l'on ne tient pas compte de 12/9b dans la métaphore et si l'on ne fait commencer cette dernière qu'en 12/10, l'image peut alors être celle de Bédouins pénétrant dans les terres de culture pour les saccager ; l'image repose alors sur l'opposition séculaire entre nomades et sédentaires (c'est l'interprétation de Rudolph, par exemple, qui, je le rappelle, corrige les impératifs de 12/9 de telle façon que c'est aux bêtes et non à leurs rassembleurs que les ordres sont donnés). S'il en était ainsi, les saccages des bergers devraient être punis, car il y aurait préjudice porté aux biens d'autrui. La législation proche-orientale a prévu de telles situations et y a répondu par de lourdes peines. Ainsi dans le code de Hammurapi : « Si un berger ne s'est pas entendu avec le propriétaire d'un terrain pour (y) faire paître l'herbe au petit bétail et (s')il a fait paître le petit bétail (sur) le terrain sans l'accord du propriétaire du terrain, le propriétaire du terrain moissonnera son terrain ; le berger qui a fait paître le petit bétail (sur) le terrain sans l'accord du propriétaire du terrain livrera en surplus au propriétaire du terrain 20 gur d'orge par bur[37] » (cf. Finet, p. 63). Ici, la situation est pire encore ; il ne s'agit pas simplement d'un troupeau qui vient paître dans une vigne ou dans un champ, mais la vigne est saccagée (*šḥt*), le champ piétiné (*bws*), au point de devenir un désert (*mdbr*) ; les préjudices ne portent pas sur une seule récolte, mais sans doute sur plusieurs, s'il est encore possible de remettre en état cette vigne et ce champ. Si l'image ne commençait qu'en 12/10, il n'y aurait qu'à mesurer l'ampleur des dégâts et à punir en conséquence l'attitude répréhensible des bergers.

Mais la présence de 12/9b dans l'énoncé métaphorisant modifie considérablement la situation, dans la mesure où les bergers reçoivent des ordres du propriétaire même de la vigne et du champ (c'est Dieu qui dit « allez », ainsi que « ma vigne »). Il ne s'agit plus d'un délit ; il ne s'agit plus de porter plainte ou de punir ; les bergers sont couverts par le propriétaire, envoyés par lui. Peu importent les raisons qui font agir ainsi le propriétaire, mais c'est lui le responsable du saccage (*šḥt*).

Comme le propriétaire est Dieu et comme les troupeaux sont constitués de bêtes sauvages et non de moutons, *šḥt* ne peut plus alors décrire une action répréhensible, mais un fléau envoyé par Dieu pour punir (on pourra rapprocher de 15/3, où des bêtes sont envoyées par Dieu comme des fléaux pour manger et détruire). On ne sait pas grand chose sur les bergers sinon qu'ils viennent en nombre, mais surtout qu'ils sont hors du commun puisqu'ils sont capables de rassembler des animaux sauvages, comme s'il s'agissait de leurs moutons. A la tête de tels troupeaux et commandés par Dieu, ces bergers apparaissent eux-mêmes comme des fléaux. Peu importe si c'est pour les bêtes sauvages que les bergers détruisent et piétinent ou si c'est avec elles qu'ils le font, l'essentiel est que *šḥt* a pour sujet des gens qui conduisent des bêtes sauvages sur le commandement de Dieu ; cela suffit pour faire des bergers avec leurs bêtes un fléau (cf. plus haut, p. 202).

---

37. Finet précise que 20 gur par bur représente le double de ce qui est normalement demandé à un métayer. Dans le Pentateuque on peut trouver une loi semblable en Ex 22/4, mais il m'est difficile d'utiliser ici un tel verset dont le sens est très discuté, suivant que l'on donne à la racine *b'r* le sens de « brûler » ou de « paître » (cf. Michaéli, 1974, p. 204 s.).

Il n'est pas dit dans cet énoncé pour quelle raison Dieu fait ainsi détruire sa vigne et son champ ; mais ce que l'on sait en tout cas, c'est que ce n'est pas par désintérêt pour son propre bien. Le champ dont il est question, en effet, est, dit Dieu, « mon champ délicieux », c'est-à-dire « le champ qui fait mes délices ». C'est ce champ-là, celui qui a une si grande valeur à ses yeux, qu'il va faire détruire pour le rendre « lamentable, désolé » de telle manière qu'il ne soit plus cultivé par qui que ce soit : un désert. Puisqu'il devient un « désert désolé », les bergers pourront à la rigueur y rester et s'y installer, si l'on se rappelle qu'il s'agit de bergers hors du commun, à la tête de bêtes sauvages. Même si Dieu continue à dire « ma » vigne et « mon » champ, même s'il ne renonce pas forcément à sa propriété, ces terrains devenus déserts seront tels qu'il sera sans doute difficile de reconnaître en eux une vigne ou un champ.

ÉTUDE DU MÉTAPHORISÉ

> *Tout le pays est désolé ; nul, certes, ne s'en soucie.*

On le sait depuis Esaïe : « La vigne (*krm*) du Seigneur c'est la maison d'Israël » (5/7). Si Jérémie ne précise pas, c'est que la métaphore est morte.

En mettant en parallèle « ma vigne » et « mon champ », Jérémie associe à la métaphore morte une métaphore vive, une métaphore qui ne se retrouve même pas ailleurs dans l'AT. Grâce aux emplois de la racine *šmm* pour *ḥlqh* comme pour *'rṣ*, il est aisé de comprendre que le métaphorisé est *h'rṣ*, c'est-à-dire le pays d'Israël. De cette manière « vigne » et « champ » semblent être complémentaires, désignant le premier le peuple d'Israël (cf. Es 5/7, Jr 2/21, où la vigne est avant tout le peuple, plus que le territoire), le second le territoire d'Israël, avec cependant une description plus détaillée du champ (10aß-b, 11a) que de la vigne (10aα), c'est-à-dire une plus grande attention accordée au territoire qu'au peuple.

Du peuple, il en est sans doute question à la fin du verset 11 pour le critiquer : nul homme ne prend à cœur ce qui se passe, personne ne s'en soucie. Que se passe-t-il donc ?

Les bergers, on le sait, désignent des chefs ou des rois ; il pourrait s'agir des rois d'Israël et de Juda, comme en 2/8, 3/15 et 23/1 ss., ou bien des rois étrangers, comme en 49/19, 50/44 et Na 3/18. Aucun commentateur, à ma connaissance, n'a pensé qu'il pourrait s'agir ici des rois israélites détériorant le pays que Dieu leur a confié. Cela me paraît juste, en effet, car il serait pour le moins étonnant de voir Dieu donner pour mission aux rois d'Israël de détruire Israël ; par contre une telle mission destructrice peut être donnée par Dieu à des rois étrangers. L'association des deux métaphores mortes (berger et vigne) montre bien le côté insolite de la présence des bergers dans la vigne, comme est insolite la présence de rois étrangers en Israël. Tout le contexte va dans ce sens : c'est à des ennemis (*'ybym* en 12/7) que Dieu livre sa propriété ; la mention des « dévastateurs » (*šddym*) dans le désert, en 12/12, va dans le même sens : bergers et animaux sauvages peuvent être de tels dévastateurs transformant le pays en désert. Les bergers sont donc bien des rois étrangers (cf. De Robert, p. 71) ; est-il possible d'en dire plus ?

Ces rois sont « nombreux », ce qui semble indiquer qu'ils ne viennent pas d'un seul pays, mais de plusieurs. Ils reçoivent des ordres de Dieu et c'est lui qui les envoie en Israël, en sorte qu'ils jouissent à ses yeux d'une certaine impunité. La destruction d'Israël par ces rois n'est pas acte répréhensible, mais mission confiée par Dieu. Ce dernier point donne une précieuse indication, d'après tout ce que nous avons vu jusqu'à présent : si des étrangers sont investis par Dieu d'une telle mission contre Israël, c'est qu'il doit s'agir de l'ennemi du Nord, ou bien, étant donné le terme « nombreux », de peuples de connivence avec l'ennemi du Nord. On peut penser avec Weiser, Nicholson et d'autres, au pillage concerté entre Chaldéens, Araméens, Moabites et Ammonites, qui eut lieu en Israël en 602-601, d'après 2 R 24/2. Ce pillage, annoncé par les prophètes (dit 2 R 24/2), peut bien être celui qu'annonce Jérémie ici. Non un pillage à l'insu de Dieu, mais décidé par lui.

Le livre de Jérémie nous fait part d'une information intéressante par nous ici. Il nous est dit en 27/6 et 28/14 que Dieu a donné à Nabuchodonosor les animaux sauvages (*ḥyt hśdh* dans les deux textes) pour le servir. C'est donc ce roi qui, par excellence et par décision de Dieu, est le berger des bêtes sauvages[38]. En reprenant ce trait pour plusieurs rois, la métaphore ne semble pas vouloir parler de plusieurs Nabuchodonosor, mais de plusieurs roitelets travaillant au service du roi de Babylone et agissant sous son autorité en recevant de lui les pleins pouvoirs. Cela renforce le point de vue de Weiser et Nicholson et le rapprochement avec 2 R 24/2.

En comparant les rois qui détruisent Israël à des bergers, rassembleurs d'animaux sauvages envoyés par Dieu lui-même, Jérémie donne à ces rois un caractère redoutable tel que Israël ne peut faire face, ni compter sur Dieu pour le délivrer. Israël se trouve en présence d'un véritable fléau envoyé par Dieu contre lui. Ce qu'il reste à faire dans une telle situation est de se tourner vers Dieu, non pour accuser les étrangers, car ces derniers ne sont pas coupables, mais exécuteurs du projet de Dieu, mais pour faire appel à sa miséricorde, pour intercéder en faveur de cette terre qui fait les délices de Dieu (cf. *ḥlqt ḥmdty*), comme Israël a appris à le faire lorsque Dieu se présente comme destructeur (cf. p. 202 et les raisons qui font que Dieu ne détruit pas).

« Nul ne s'en soucie » : à cause de l'emploi du mot *'yš* dans cette expression, il ne peut être question de penser que l'expression désigne Dieu. S'il y a reproche dans « nul ne s'en soucie », ce reproche ne peut viser Dieu, mais il peut viser les rois étrangers ou les Israélites. Il n'y a rien d'étonnant, à ce que les ennemis ne se soucient pas de la destruction d'Israël ; je crois que l'expression vise plutôt Israël, pour critiquer son manque de réaction.

---

38. Une telle particularité attribuée à Nabuchodonosor et à lui seul s'est perpétuée jusqu'en Judith 11/7.

Ces réactions peuvent être diverses, mais certaines sont vaines. Se défendre contre un ennemi décrit en des termes si redoutables paraît dérisoire, d'autant plus que c'est Dieu lui-même qui l'envoie. Dénoncer cet ennemi devant Dieu paraît tout aussi dérisoire, puisque c'est Dieu qui l'envoie. Ce qui semble indiquer cette expression, c'est que Dieu déplore l'absence de retour du peuple vers lui : humble retour pour implorer la miséricorde divine, ce que dit en d'autres termes 12/13 : « rougissez ».

5. MÉTAPHORE DE LA CEINTURE (13/1-11)

(1) Ainsi me parla le Seigneur : Va, tu t'achèteras une ceinture de lin, tu la mettras sur tes reins et tu ne la passeras pas à l'eau. (2) J'achetai la ceinture, suivant la parole du Seigneur, et je la mis sur mes reins.

(3) La parole du Seigneur me fut adressée une seconde fois : (4) Prends la ceinture que tu as achetée et qui est sur tes reins ; lève-toi et va vers le Pherat et là cache-là dans la fente d'un rocher. (5) J'allai et je la cachai dans le Pherat, selon ce que m'avait ordonné le Seigneur.

(6) Voilà qu'au bout de nombreux jours le Seigneur me dit : Lève-toi et va vers le Pherat et de là reprends la ceinture que je t'avais ordonné d'y cacher. (7) J'allai vers le Pherat, je fouillai et je repris la ceinture de l'endroit où je l'avais cachée ; mais voici : la ceinture était détruite, elle n'était plus bonne à rien.

(8) La parole du Seigneur me fut adressée : (9) Ainsi parle le Seigneur : de cette manière je détruirai la fierté de Juda et la grande fierté de Jérusalem. (10) Ce peuple mauvais, refusant d'écouter mes paroles, marchant d'après l'obstination de son cœur et suivant d'autres dieux pour les servir et se prosterner devant eux, qu'il soit comme cette ceinture qui n'est plus bonne à rien.

(11) Car, de même que la ceinture s'attache aux reins d'un homme, de même je me suis attaché tous les gens d'Israël et tous les gens de Juda, oracle du Seigneur, pour qu'ils deviennent pour moi un peuple, une renommée, une louange et une parure, mais ils n'ont pas écouté.

REPÉRAGE DE LA MÉTAPHORE

Le verbe šḥt est employé deux fois dans ce texte : en 7b et en 9a. Le deuxième de ces emplois est introduit par une particule de comparaison (kkh), qui établit une comparaison entre une ceinture et la fierté d'un peuple, ce qui constitue un changement isotopique. Cela suffit déjà pour parler de métaphore. La reprise du même verbe (šḥt) pour le métaphorisant (la ceinture) et pour le métaphorisé (la fierté de Juda et la grande fierté de Jérusalem) fait de ce verbe le foyer de la métaphore.

DÉLIMITATION DE LA MÉTAPHORE

Le verbe šḥt dans l'énoncé métaphorisant (7b) apparaît à la fin d'un ensemble (1-7) entièrement consacré au métaphorisant, ce qui permet de voir en 1-7 l'énoncé métaphorisant. Cet ensemble se présente comme une narration. L'énoncé métaphorisé, quant à lui, est également facile à délimiter : il est constitué par le verset 9, où se retrouve l'autre emploi de *šḥt*. Il est à noter que cet énoncé métaphorisé se trouve au début d'un ensemble (9-11), dont le genre littéraire est différent de celui de l'énoncé métaphorisant, puisqu'il s'agit d'un oracle. Ce fait est assez remarquable et doit être signalé, car c'est la première fois qu'il se présente à nous : l'énoncé métaphorisant et l'énoncé métaphorisé sont parfaitement répartis entre deux genres littéraires différents. La particule de comparaison (*kkh*) se trouve au tout début du contenu de l'oracle (9a) ; le foyer (*šḥt*) occupe également une place tout à fait privilégiée, à la fin du récit (7b) et au début de l'oracle (9a), ce qui constitue un élément unificateur dans ce texte, dont chacune des parties relève d'un genre littéraire différent. Grâce au foyer, c'est la métaphore qui unifie l'ensemble, ce qui fait d'elle un élément essentiel dans ce texte. Cependant si la métaphore est développée dans les versets 1 à 9, elle n'est pas pour autant le seul élément de ce texte, qui se prolonge jusqu'au verset 11.

Le verset 10 est constitué par une nouvelle métaphore, avec une nouvelle particule de comparaison (*k*). Le sujet métaphorisant est encore la ceinture, mais le sujet métaphorisé est nouveau (« ce peuple mauvais »), ainsi que le foyer (*ṣlḥ*) : que ce peuple soit bon à rien comme cette ceinture est bonne à rien. L'élément focal de cette métaphore (*l' yṣlḥ lkl*) est en fait une reprise de ce qui se trouve en 7b, à la fin de la narration, en sorte que, comme la première métaphore, la métaphore du verset 10 établit un lien entre la narration et l'oracle, à ceci près que *ṣlḥ* est utilisé les deux fois pour le seul métaphorisant (la ceinture), alors que *šḥt* est utilisé une fois pour le métaphorisant (7b) et une fois pour le métaphorisé (9a).

Au verset 11 se trouve une troisième métaphore, avec deux particules de comparaison (*k'šr* et *kn*). Le sujet métaphorisant est toujours le même (la ceinture) ; le sujet métaphorisé (tous les gens d'Israël et tous les gens de Juda) est le même que dans la métaphore du verset 10 (ce peuple), mais le foyer est encore nouveau (*dbq*) et, de plus, il est sans lien avec la narration.

Par cette succession de trois métaphores au même sujet métaphorisant, on peut tout de suite noter que ce texte (1-11) est entièrement métaphorique et qu'il trouve son unité dans le sujet métaphorisant, même si sur le plan littéraire il est composé de deux genres différents. Pour l'instant, je peux dire que des trois métaphores seule la première m'intéresse ici, puisqu'elle est la seule à utiliser le verbe *šḥt*, mais le lien entre ces trois métaphores est à examiner de plus près.

Si l'on examine la structure de la narration (1-7), celle-ci est composée de trois ordres successifs adressés par Dieu à Jérémie (versets 1, 4 et 6). Chacun de ces ordres est suivi par l'exécution attendue et l'on peut noter que chaque fois il y a dans l'exécution la reprise de deux verbes importants de l'ordre. C'est ainsi que 1-2 donne le premier ordre, suivi de l'exécution avec reprise des verbes *qnh* et *śym* ; ensuite, 3-5 donne le deuxième ordre, suivi de l'exécution avec reprise des verbes *hlk* et *ṭmn* ; enfin, 6-7a donne le troisième ordre, suivi de l'exécution avec reprise des verbes *hlk* et *lqḥ*. Cette

structure avec des couples de verbes donne à la narration un très grand équilibre, avec toutefois en 7b une finale, qui apparaît comme une chute brutale. Cette finale se présente comme un commentaire (« mais voici »), qui
brise le rythme de la narration, puisqu'il s'agit du seul commentaire présent
dans ce récit. Autant après chaque ordre la mention de l'exécution est attendue, autant le commentaire de la finale ne l'est pas. Alors que chaque ordre-
exécution met en valeur deux verbes, grâce à une répétition, la finale contient aussi deux verbes (*šḥt* et *ṣlḥ*), qui cette fois ne sont pas repris dans le
récit. Cette absence de reprise est une nouvelle rupture dans le rythme du
récit, mais cette rupture est telle qu'elle souligne les deux verbes de la finale,
du fait que leur reprise est attendue, mais n'a pas lieu.

Les deux verbes que la structure du récit souligne sont les foyers des
deux premières métaphores ; c'est dire que la narration est développée de
manière à faire ressortir ces deux premières métaphores et non la troisième.
Cette dernière prend de ce fait un caractère marginal, accentué par sa situation en fin de texte. Thiel est même d'avis que 13/11 est un ajout du rédacteur D (cf. p. 171) et rejoint ainsi l'opinion de bien d'autres exégètes qui
font de ce verset une glose sans donner plus de précision sur son auteur
(Schreiner, Duhm, Nicholson...). Nicholson parle d'un rédacteur deutéronomique en remarquant une parenté de style entre 13/11 et Dt 26/19 (*lthlh
wlšm wltp'rt* en Dt 26/19, *wlšm wlthlh wltp'rt* en Jr 13/11, chaque fois à
propos d'Israël par rapport à Dieu). Il y a, en effet, de fortes chances que
13/11 soit un ajout, mais je considère cette conclusion comme encore
provisoire.

Si je considère maintenant la structure de l'ensemble du texte (1-11),
on peut noter que narration et oracle comportent tous deux des formules
d'introduction de discours et que certaines de ces formules sont communes
aux deux. Ces formules sont les suivantes et peuvent être ainsi disposées :
formule A, verset 1 *kh 'mr yhwh 'ly*
formule B, verset 3 *wyhy dbr yhwh 'ly šnyt l'mr*
formule C, verset 6 *wyhy mqṣ ymym rbym wy'mr yhwh 'ly*
formule B, verset 8 *wyhy dbr yhwh 'ly l'mr*
formule A, verset 9 *kh 'mr yhwh 'ly*

Une double inclusion apparaît, mettant au centre la formule qui introduit la fin du récit. Avec la mise en avant des versets 6 et 7, c'est encore
une fois une manière de souligner les foyers des deux premières métaphores
et non celui de la troisième, qui, décidément, est de plus en plus marginalisée.

Si *šḥt* et *ṣlḥ* ne sont pas repris dans la narration, ils le sont dans l'oracle et de manière tout à fait remarquable : *šḥt* est le premier verbe de l'oracle et *ṣlḥ* en est le dernier, si l'on met à part le verset 11. C'est dire que,
si l'on écarte la métaphore du verset 11, les foyers des deux premières métaphores sont soulignés de différentes manières : *šḥt* et *ṣlḥ* dans le récit (7b)
par la structure du récit, comme par la structure de l'ensemble du texte ;
puis *šḥt* et *ṣlḥ* dans l'oracle (9a et 10b), où ils forment une sorte d'inclusion. Rien d'équivalent n'est à noter pour souligner le foyer

de la troisième métaphore, ce qui me permet de conclure que 13/11 est effectivement à considérer comme une glose.

Étant donné les liens étroits qui unissent les foyers des deux premières métaphores, j'étudierai donc ici la métaphore de 1-9, qui seule utilise *šḥt*, en relation avec la métaphore de 13/10, dans la mesure où cette dernière peut éclairer le verbe *šḥt*.

ÉTABLISSEMENT DU TEXTE

En 13/1-10, le TM et la LXX présentent entre eux quelques différences.

En 13/1, *'ly* manque dans la LXX, de même que *šnyt* en 13/3, en sorte que dans les formules d'introduction aux discours, le *tade legei kurios* de 13/1 devient identique au *tade legei kurios* de 13/9, de même que le *kai egenêthê logos kuriou pros me legôn* de 13/3 est mot pour mot le texte de 13/8. Il s'en suit que la double inclusion formée par ces tournures, déjà apparente dans le TM, est encore plus marquée dans la LXX. Le texte de la LXX apparaît comme le résultat d'une harmonisation entre 13/1 et 9, d'une part, et 13/3 et 8 de l'autre. Le texte du TM, moins harmonisé et donc *difficilior*, doit être le texte original ; comme tous les commentateurs que j'ai pu consulter, je retiens sur ces points le TM.

En 13/4, la LXX ne traduit pas *'šr qnyt*. Hitzig, Giesebrecht et BC suivent sur ce point la LXX et pensent que cette relative est une glose dans le TM, car, dit Giesebrecht, la relative suivante (*'šr 'l mtnyk*) serait superflue après la première. Je ne vois vraiment pas dans quelle intention le TM aurait ici glosé, par contre il est très facile de remarquer une faute de scribe dans la LXX, avec passage par homoïoarcton d'un pronom relatif à l'autre. De ce fait, c'est le TM qui doit être retenu.

En 13/7, quelques manuscrits de la LXX ajoutent *potamon* après *ton Euphratên*, alors qu'elle ne le fait pas dans les versets précédents, où ce fleuve est aussi nommé. Cette précision donnée en 13/7 seulement semble être une glose pour préparer la fin du verset (« mais voici la ceinture était détruite ») ; par cette glose, en effet, la LXX voudrait préciser que si la ceinture est détruite, c'est plus par l'eau du « fleuve » que par les fentes du rocher, où d'après 13/4 la ceinture serait cachée. La LXX n'a pas besoin d'être suivie dans cette glose.

En 13/7b, la mention de la ceinture manque dans la LXX, mais elle est remplacée par un pronom relatif (*o*), qui ne se trouve pas dans le TM. Nous devons voir là, me semble-t-il, une liberté du traducteur, qui s'est efforcé d'éviter la lourdeur de l'hébreu (il y a 6 occurrences de *'zwr* en 1-7), en remplaçant l'un des *to perizôma* par un relatif là où cela a été possible. Ce relatif n'est d'ailleurs pas attesté dans tous les manuscrits grecs ; il est parfois remplacé par une coordination (*kai*). Ce flottement au niveau du texte grec invite à conserver le texte du TM, comme le pensent tous les commentateurs que j'ai pu consulter, à l'exception de BC.

En 13/9-10, le texte de la LXX diffère de façon notable : « (9) Ainsi détruirai-je l'orgueil de Juda et l'orgueil de Jérusalem, (10) ce grand orgueil, ceux qui ne veulent pas écouter mes paroles et qui marchent après d'autres dieux pour les servir et pour se prosterner devant eux ; et ils seront comme cette ceinture qui n'est plus bonne à rien ». Le changement le plus important apparaît au niveau des compléments du verbe « détruire ». Dans le TM les compléments de *šḥt* sont en 9b, chacun étant précédé de la particule *'t*, en sorte qu'il est difficile de considérer 10a comme donnant la suite des compléments de ce verbe. Il n'en est pas de même dans la LXX, où l'emploi de l'accusatif en 9b et 10a fait de tout cet ensemble une énumération des compléments de *phtheirein*. La conséquence est importante ; dans le TM, 9b donne les sujets métaphorisés de la première métaphore et 10a donne ceux de la deuxième, en sorte que les sujets métaphorisés ne sont pas les mêmes dans chaque métaphore ; par contre, dans la LXX, 9b et 10a énumèrent les sujets métaphorisés de la première métaphore et ces derniers sont les mêmes pour la deuxième. Il y a donc dans la LXX une uniformisation des sujets, une simplification des données métaphoriques, qui invite à accorder la préférence au TM. Dans le détail, on observe aussi des différences dans la liste des sujets métaphorisés, en particulier au verset 10. Le découpage entre 9 et 10 n'est pas le même dans LXX et TM. A la place de *hrb h'm hzh hr'* se trouve *tên pollên tautên hubrin*. Le *hrb* du TM a donné le *tên pollên* de la LXX, mais *hubrin* ne peut être considéré comme une traduction de *h'm*. En parlant encore de *hubrin* en 10a, après les deux *hubrin* de 9b, la LXX ne mentionne pas en réalité un nouveau sujet métaphorisé ; elle fait en quelque sorte une reprise, mais surtout elle édulcore très nettement le texte. Le TM est, en un certain sens, scandaleux, dans la mesure où il affirme que le peuple (*h'm hzh*) subira le sort de la ceinture et que c'est Dieu qui le détruira. Le peuple y est considéré globalement mauvais, en sorte que c'est tout le peuple qui sera détruit. Rien de cela dans la LXX qui opère un tri, en sorte que pour elle ne seront détruits que l'orgueil du peuple et de la capitale, ainsi que ceux qui n'écoutent pas les paroles de Dieu et ceux qui adorent d'autres dieux ; dans la LXX ce n'est pas le peuple dans son entier qui sera détruit par Dieu, mais seulement les mauvais éléments du peuple. Le scandale du TM est ainsi contourné par une édulcoration manifeste, qui ne peut venir d'une Vorlage différente, mais qui vient d'une prise de position théologique de la part du traducteur ; manifestement, ce dernier n'a pas voulu transmettre la dureté que l'on trouve dans le TM. Cette édulcoration est une *lectio facilior*, ce qui invite à garder sur ce point le TM. Une dernière différence en 13/10 apparaît entre TM et LXX dans le fait que cette dernière ne traduit pas *hhlkym bšrrwt lbm*. L'erreur est ici facile à repérer : avec les deux emplois proches du verbe *hlk*, la LXX est passée de *hhlkym* à *wylkw*, de même qu'en 4a elle est passée d'un *šr* à l'autre. Encore une fois, c'est le TM qui doit être maintenu.

A partir du flottement observé en début de 13/10 entre TM et LXX, Volz envisage la présence d'une glose en 10a, ce qui n'est pas forcément la meilleure façon de résoudre la difficulté. Steinmann suit Volz sans apporter le moindre argument en faveur de cette glose. Nicholson va plus loin et considère l'ensemble du verset 10 comme une relecture Dtr (il est suivi en cela par Schreiner). Quant à Thiel, attentif au lien qui unit très fortement 10b à 7b, il parle simplement de reformulation du verset 10, qu'il reconstitue (p. 173) en (whyh) h'm hzh hr' k'zwr hzh 'šr l' yṣlḥ lkl qui lui paraît être le texte original. Comme l'a bien vu Thiel, il est difficile de faire disparaître 10b si intégré à l'ensemble (cf. plus haut). Reste à faire un examen du vocabulaire de 10a. L'expression h'm hzh hr' est hapax dans l'AT en sorte qu'il est difficile de voir là une expression D ou Dtr, d'autant plus que cela va à l'encontre des expressions, où hzh n'est pas avant mais après hr' (cf. hr' hzh en Dt 1/35, 13/12, 17/5, 19/20, Ne 13/17, contre hzh hr' que l'on ne trouve pas ailleurs). Thiel a donc raison de considérer h'm hzh hr' comme original. L'expression m'n lmšmw' ne se retrouve qu'en Jr 11/10 (aussi avec 't dbry), 1 S 8/19 et Ne 9/17, ce qui peut difficilement en faire un cliché Dtr. Même chose pour hlk bšrrwt lb, qui dans tout l'AT se retrouve seulement en Dt 29/18, Jr 7/24, 11/8, 23/17. Seule la dernière expression (hlk 'ḥry 'lhym 'ḥrym) peut avoir les allures d'un cliché, puisqu'on la retrouve en Dt 6/14, 8/19, 11/28, 13/3, 28/14, Jg 2/12, 19, 1 R 11/10, Jr 7/6, 9, 11/10, 16/11, 25/6, 35/15, autant de textes qui semblent être dépendants du Deutéronome. Il se peut donc qu'en 13/10, cette expression ait été ajoutée, car elle semble surcharger le texte de façon un peu maladroite, étant donné que l'imparfait wylkw fait suite à des participes (hm'nym et hhlkym). Cependant la construction de la phrase (wylkw 'ḥry 'lhym 'ḥrym l'bdm wlhšthwt lhm) a quelque chose d'assez original pour que la glose ne soit pas évidente. On a ici un indicatif suivi de deux infinitifs, alors que la construction la plus habituelle en Dtr est avec trois indicatifs (hlk w'bd 'lhym 'ḥrym whšthwh lhm) avec la mention des « autres dieux » à un autre endroit de la phrase (Dt 17/3, 29/25, Jo 23/16, 1 R 9/6) ; l'autre construction Dtr encore plus proche (hlk 'ḥry 'lhym 'ḥrym w'bdm whšthwh lhm) est aussi avec trois indicatifs (Dt 8/19, Jr 16/11) ou trois infinitifs (Jg 2/19). Ce n'est qu'en Jérémie (13/10 et 25/6) que l'on trouve cette phrase avec un changement de modes. Cette originalité ne permet pas d'être affirmatif sur la présence d'une glose.

Hitzig fait sienne une correction qu'il tient de Bochart, Venema et Duthe, et qui consiste à remplacer en 13/4, 5, 6, 7 le nom propre prt par celui de 'prth (= Ephrata près de Bethléhem), afin de rendre plus vraisemblable ce récit, où, par deux fois, Jérémie doit marcher vers un lieu fort éloigné, s'il s'agit de l'Euphrate. La correction est ingénieuse, mais d'autant plus fragile qu'elle ne s'appuie sur aucune version et sur aucun manuscrit hébreu. En ce qui concerne les versions anciennes, il est extrêmement intéressant de noter que la LXX et Symmaque ont traduit prt par *Euphratês*, alors qu'Aquila a traduit par *Phara(n)*. Il apparaît que le même mot hébreu peut être traduit de deux manières différentes et que cela se savait, en tout cas au début de notre ère. S'il pouvait être traduit par deux noms différents, c'est qu'en hébreu prt pouvait désigner deux cours d'eau différents. Partout ailleurs dans l'AT, prt désigne l'Euphrate et généralement ce mot est accompagné de *nhr*[39]. Ici l'absence du mot *nhr* est à remarquer et laisse en tout cas la possibilité de comprendre qu'il peut s'agir de l'un comme de l'autre des cours d'eau qui portent le nom de *prt*. Le nom de *Phara(n)* retenu ici par Aquila est à prendre au sérieux, car il s'agit d'une *lectio difficilior*, dans la mesure où ce cours d'eau n'est pas nommé ailleurs dans l'AT, sans doute parce qu'il s'agissait d'un cours d'eau de peu d'importance. Baurat Schick semble avoir été le premier, en 1867 (cf. Thiel, p. 174, n. 19), à attirer l'attention sur le wadi Fâra, qui coule à une heure de marche environ au Nord d'Anatoth. Pour prendre parti dans le long débat concernant ce point, je suis d'avis que *prt* désignait en hébreu l'Euphrate ainsi qu'un wadi de peu d'importance (très vraisemblablement le wadi Fâra), que les actions de Jérémie se sont déroulées auprès du wadi et que ce wadi, grâce à l'équivoque de son nom (équivoque soulignée par l'absence du mot *nhr*), a pu servir de substitut symbolique pour le fleuve, ce qui n'enlève absolument rien à la portée du récit. Pour garder l'équivoque de ce nom propre, j'ai préféré donner ici à ce wadi le nom de Pherat, ce qui à la lecture permet de confondre aussi « le Pherat » avec « l'Euphrate »[40].

En 13/9, Rudolph et Steinmann proposent, sans l'appui du moindre manuscrit ou de la moindre version, de corriger *šḥyt* en *nšḥt*. Une telle cor-

---

39. C'est le cas en Gn 2/14, 15/18, Dt 1/7, 11/24, Jo 1/4, 2 S 8/3, 2 R 23/29, 24/7, Jr 46/2, 6, 10, 1 C 5/9, 18/3. Ce n'est pas précisé en Jr 51/63, 2 C 35/20 et dans notre récit.

40. La seule réelle critique contre cette hypothèse du wadi Fâra, c'est de dire que *prt* n'a jamais rien désigné d'autre que l'Euphrate. Cependant ceux qui affirment cela (cf. Rudolph, Fohrer...) ne confrontent jamais leur point de vue à la traduction d'Aquila, dont la singularité force l'attention. On ne peut passer sous silence que pour Aquila *prt* pouvait désigner deux cours d'eau. Il est vrai que nous n'avons pas d'autre attestation que *prt* ait pu désigner un wadi d'Israël, mais comme nous n'avons pas de nomenclature des wadis, à l'époque de Jérémie ou à d'autres époques anciennes, rien n'empêche de faire confiance à Aquila, qui vivait sur place. Un double aller-retour vers l'Euphrate représente un voyage d'environ 4 000 km, soit plus d'une année de marche (cf. Esd 7/9). Cela n'est pas impossible, mais, comme geste prophétique, cela semble assez irréel. Dire avec Condamin qu'il ne s'agit que d'une fiction ne semble pas correspondre au ton du récit. Penser avec Volz à une parabole ne correspond pas non plus au ton du récit. Reste l'hypothèse d'une vision, comme l'ont pensé Maïmonide, Calvin et Osty ou encore Rudolph et Weiser ; on peut remarquer avec Fohrer que l'indication du temps en 13/6 (« au bout de nombreux jours ») s'accorde mal avec un récit de vision ; de plus, comme le note Thiel (p. 173), il n'y a pas le verbe *r'h*, caractéristique des récits de vision dans le livre de Jérémie (cf. 1/11, 13, 24/1) ; enfin, l'absence de la mention des témoins, sur laquelle s'appuie Rudolph pour parler de vision, n'est pas suffisante pour assurer que ces témoins n'ont pas existé (cf. Thiel, p. 175 qui avance 16/1 ss. et 27/1 ss.). Avec Thiel, Bright, Aeschimann et d'autres, je pense que le récit de 13/1-7 a été réellement vécu, non sur les bords de l'Euphrate, mais sur les bords d'un wadi du nom de *prt*, qui pourrait être l'actuel wadi Fâra. D'autres propositions ont été faites pour l'interprétation de *prt* ; elles sont maintenant abandonnées ; on les trouvera exposées dans Condamin.

rection n'est pas incompatible avec les *'t* suivants (cf. GK 121b et un autre point de vue dans J 128b), mais elle désamorce littéralement le texte et pour cela elle est inacceptable. On a vu l'importance de ce verbe *šḥt* dans le texte. En 13/7 il est au niphal, ce qui permet de laisser dans l'ombre le sujet logique de ce verbe. 13/9 lève le voile en annonçant que c'est Dieu qui détruit. Rétablir avec Rudolph un niphal en 13/9 est manifestement une édulcoration du message, une *lectio facilior* (parce qu'harmonisante de 13/7 et 9), sinon un refus de faire face à ce si brutal début d'oracle : « Ainsi parle le Seigneur : De cette manière *je* détruirai... ». La théologie qu'implique cette correction rejoint celle que semble défendre aussi le traducteur de la LXX. Si le niphal en 13/9 était originel, comme le pense Rudolph, je vois mal un scribe corriger ce niphal en *'šḥyt*.

La correction de Rudolph en 13/9 en entraîne une autre en 13/10 (celle de *wîhî* en *wayᵉhî*), qui, elle, rejoint le futur utilisé par la LXX (*kai esontai*). Mais c'est le résultat d'un point de vue théologique semblable, qui refuse de faire face à la brutalité du contenu de l'oracle. La question est de savoir déjà si l'imparfait apocopé du TM (*wîhî*) est à considérer comme un jussif (cf. Condamin, qui traduit par « qu'il soit ») ou comme un futur (cf. BP « deviendra », ainsi que le *esontai* de la LXX et le « erunt » de la Vulgate), moins brutal que le jussif. En corrigeant en *wayᵉhî* le jussif est évacué au profit du seul futur. La LXX a pu lire *wayᵉhî* mais peut-être aussi *wîhî* qui peut être rendu par un futur. A mon avis il faut garder le TM et laisser ouverte la question du sens à donner à cet imparfait apocopé, mais cela relève déjà plus de l'exégèse que de la critique textuelle.

ÉTUDE DU MÉTAPHORISANT

Avant même d'étudier ce texte comme une métaphore, il faudrait se demander si nous n'aurions pas affaire ici à une allégorie, comme le pensent Duhm et Baumann (1953, p. 77 ss.). La différence entre la métaphore et l'allégorie, c'est que dans la métaphore il y a un nombre limité de points de ressemblance (ou foyers) alors que dans l'allégorie chaque détail de l'énoncé est un point de ressemblance. Pour un récit aussi long que celui que nous avons en 1-7, la question est importante. Faudra-t-il retenir chaque détail de ce récit pour en faire un foyer ? La question me paraît être résolue par l'oracle de 9-10. Cet oracle, en effet, ne retient du récit que deux points sur lesquels il établit une ressemblance : *šḥt* et *ṣlḥ*. C'est dire que l'oracle fait lui-même le tri dans tous les détails du récit ; en faisant cela il donne au récit une portée métaphorisante et non allégorisante. Tous les éléments structurels du texte que nous avons remarqués soulignent ces deux foyers métaphoriques. Voir ici une allégorie c'est refuser le choix des deux verbes fait par l'oracle, c'est refuser la structure du récit et la structure de l'ensemble qui mettent en avant ces deux mêmes verbes. Pour parler d'allégorie, il faudrait dans un premier temps prouver que les éléments de structure sont secondaires dans le texte et que l'oracle est également secondaire, ce que ne font pas Duhm et Baumann. Ainsi, disserter sur 1b (« tu ne passeras pas la ceinture à l'eau ») ou sur tout autre détail non retenu par l'oracle, pour en tirer un enseignement allégorisant, me paraît être une erreur.

Si la lecture allégorisante de ce texte métaphorique est une erreur, le défaut de certains commentateurs qui reconnaissent qu'il s'agit d'un ensemble métaphorique est de se précipiter sur le métaphorisé sans s'arrêter assez sur le métaphorisant ; il s'ensuit le plus souvent un déplacement d'accent qui passe à côté de l'essentiel. Cela nous invite à bien préciser certains points du métaphorisant (c'est-à-dire 1-7).

La structure du texte a clairement montré que la pointe se trouve en 7b, sur la finale ; cela ne doit pas être perdu de vue. Cette finale fait état d'une destruction, sans mettre en avant le destructeur ; le complément d'agent du niphal n'est pas donné, en sorte qu'il me paraît vain d'épiloguer sur ce qui a bien pu détruire la ceinture. Dans cette finale, en 7b, nous sommes en présence d'un constat (*whnh*) sur une situation, sur un résultat (*nšḥt* est un accompli) irréversible et sans issue : « la ceinture est détruite, elle n'est plus bonne à rien ». Il n'y a rien de ce qui pourrait « éventuellement » être une destruction de la ceinture. En aucune manière aussi le niphal ne peut être compris comme un réfléchi[41], faisant penser à une autodestruction responsable de la ceinture ; la ceinture n'est pour rien dans ce qui lui arrive (autre point à ne pas oublier pour le métaphorisé). En outre, comme le souligne Condamin, rien ne dit que Jérémie se débarrasse de la ceinture parce qu'elle serait en mauvais état ; il semble même que cette ceinture, nouvellement achetée (*qnh*), est neuve, et l'on voit mal Jérémie s'enquérir d'une ceinture en mauvais état ; la destruction de la ceinture, sa dégradation a lieu en fin de récit et non avant que Jérémie s'en sépare.

Selon Baumann (p. 78) il y a un mystère dans la destruction de la ceinture, car celle-ci a été placée dans une fente de rocher, où il n'y a ni eau ni humidité. Même si les « fentes de rochers » sont très peu mentionnées dans l'AT[42], il me paraît difficile de suivre Baumann dans ses affirmations. Certes, en Jr 16/16, il est question de fentes de rochers, sans doute sur les montagnes et les collines, ce qui laisse penser qu'il s'agit d'un endroit sec ; mais en Es 7/19 la mention des fentes de rochers est en parallèle avec une expression qui parle de torrents (*nḥl*). Il n'est donc pas possible de conclure si « fente de rocher » évoque en soi un lieu sec ou humide. On peut noter qu'en Jr 13/4-5, entre l'ordre et son exécution on passe de *bnqyq hsl'* à *bprt* (avec la même préposition *b*) ; ce changement de termes ne semble pas indiquer que l'ordre a mal été exécuté, car la narration précise qu'en cachant la ceinture « dans le Pherat » Jérémie agit bien « selon ce qu'avait ordonné

---

41. Le verbe *šht* peut avoir un sens réfléchi (« se corrompre »), mais ce sens est exprimé par le piel (cf. Ex 32/7, Dt 9/12) ou par le hiphil (cf. Es 1/4, Ez 16/47) ; mais non par le niphal.

42. *nqyq hsl'* se trouve au singulier ici seulement. La même expression se retrouve au pluriel (*nqyqy hsl'ym*) en Es 7/19 et Jr 16/16.

le Seigneur ». En outre l'ordre suivant (13/6) ne laisse pas entendre que l'ordre antérieur aurait mal été exécuté. Je pense donc, contre Baumann, que la fente de rocher dont il est question ici est dans le cours d'eau, sinon dans ses abords proches, c'est-à-dire dans l'eau ou dans l'humidité, en sorte qu'il n'y a aucun mystère dans la destruction de la ceinture. Condamin, Schneider et Thompson ont noté, très justement, que le thème de l'eau était annoncé dès le premier verset (13/1b), puis curieusement laissé de côté, ce qui peut permettre de voir en 1b le contre-poids et l'opposé de la finale, avec une inclusion antithétique : protection de l'eau au début du récit et destruction par l'eau à la fin.

Sans parler de mystère, comme Baumann, Volz et Schreiner pensent que la destruction de la ceinture est une surprise pour le prophète et que *whnh* (en 7b) marque l'étonnement de Jérémie. Je le le pense pas ; le lin est, en effet, un matériau qui pourrit facilement ; en plaçant la ceinture « dans le Pherat », où elle reste « de nombreux jours », Jérémie ne peut s'attendre à la retrouver intacte. Il n'y a rien d'étonnant à ce qu'elle soit détruite. *whnh* est donc plus un constat que la marque d'un étonnement.

Selon Weiser, l'expression de 1b (« tu ne la passeras pas à l'eau ») est la marque d'une grande patience : patience de celui qui ne se sépare à aucun moment de sa ceinture, pas même le temps de la laver. S'il était question de patience, le récit donnerait une indication sur la durée du port de la ceinture ; or, la seule indication de temps est en 13/6 : « au bout de nombreux jours ». Ces « nombreux jours » ne sont pas ceux durant lesquels Jérémie porta la ceinture, mais ceux durant lesquels il ne la portait plus ! Weiser introduit dans le texte une donnée qui ne semble pas y être.

La ceinture de lin dont il est question ici serait, selon Thompson, celle que portaient les prêtres ou les nobles. Ce point de vue rejoint celui de Condamin et de Weiser, pour qui la signification sacerdotale de cette ceinture s'impose, selon ce qui est dit en Lv 16/4. Une telle interprétation est tout à fait contestable, car les termes employés en Lv 16/4 (seul texte de l'AT à parler d'une ceinture de lin pour les prêtres) et Jr 13/1 ne sont pas les mêmes. Le mot *'bnṭ* utilisé en Lv 16/4 désigne presque essentiellement une ceinture de prêtres (Ex 28/4, 39, 40, 29/9, 39/29, Lv 8/7, 13, 16/4) ; le dernier emploi de ce mot est en Es 22/21 pour un haut personnage politique. Cela semble indiquer que *'bnṭ* désigne un vêtement porté seulement par des personnages importants. Cela est confirmé par le terme *bd*, qui désigne le lin et qui n'est employé qu'en relation avec le Temple : pour le caleçon du prêtre (Ex 28/42, 39/28, Lv 6/3, 16/4), sa tunique (Lv 16/4), son habit (Lv 6/3), son turban (Lv 16/4), son vêtement (Lv 16/23, 32), pour l'Ephod (1 S 2/18, 22/18, 2 S 6/14, 1 C 15/27), ainsi que pour le vêtement d'un messager céleste (Ez 9/2, 3, 11, 10/2, 6, 7, Dn 10/5, 12/6, 7). Il ressort de cela que la ceinture de lin appelée *'bnṭ bd* en Lv 16/4 doit être un vêtement porté effectivement par les seuls prêtres, sinon peut-être par des messagers célestes. Or, ce n'est pas de ce vêtement qu'il est question en Jr 13/1 ss. En effet, *'zwr* désigne une ceinture portée par Élie (2 R 1/8), par un roi (Es 11/5,

Jb 12/18) et par des soldats (Es 5/27, Ez 23/15), mais jamais par des prêtres[43], en sorte que l'emploi de *'zwr* est plus varié et plus large que celui de *'bnṭ* et n'a en tout cas pas de connotation sacerdotale[44]. Quant à *pšt*, il peut désigner le lin utilisé pour le vêtement du prêtre (Ez 44/17-18), mais il est surtout une désignation d'un textile porté par tout le monde (Lv 13/47, 48, 52, 59, Dt 22/11, Os 2/11 pour des individus quelconques, Jos 2/6 et Os 2/7 pour une prostituée, Pr 31/13 pour la femme forte). Il ressort de cela que *'zwr pštym* n'a certainement pas de connotation sacerdotale et que cela doit désigner un vêtement relativement banal, sans connotation particulière[45].

Il semble impossible aussi d'affirmer avec Thompson que les ceintures de lin (*'zwr pštym*) n'étaient jamais portées par des prophètes et que ces derniers ne portaient que des ceintures de cuir. En effet, si Élie a porté une ceinture de cuir, la mention d'une telle ceinture en 2 R 1/8 apparaît plus comme la désignation d'une particularité de ce prophète-là que comme l'indication d'une coutume ou d'un uniforme. Tout porte à croire que les prophètes n'avaient pas de vêtements particuliers. A ma connaissance, aucune prescription sur les vêtements des prophètes ne semble avoir été donnée. Il se peut que la ceinture de lin que Jérémie a eu à se procurer ait eu une connotation particulière, mais, si c'est le cas, cela nous échappe aujourd'hui. En tout cas, 13/1-10 ne donne aucun détail sur la valeur de la ceinture, sinon qu'elle est en lin (*pšt*), ce qui semble en faire un vêtement banal, sans grande valeur. La glose, en 13/11, semblerait reconnaître une certaine valeur à cette ceinture, puisque celle-ci sert d'appui pour parler du peuple comme d'une renommée, d'une louange et d'une parure. Mais, là encore, l'accumulation des termes en 13/11 sert peut-être à souligner le contraste qu'il y a entre Israël et une simple ceinture. Enfin, 13/11 dit que *'zwr* se met sur les reins d'un homme ; en ne précisant pas si cet homme (*'yš*) est un prêtre, un roi ou un noble, on peut encore penser qu'il s'agit de n'importe qui.

Le fait que le Pherat (avec allusion à l'Euphrate) soit mentionné quatre fois dans ce texte (13/4, 5, 6, 7) ne peut passer inaperçu. On notera que

---

43. On trouve à Ugarit le mot *mizrt*, proche de *'zwr* ; ce mot désigne d'une part les reins (67 6/17, 31) et d'autre part un vêtement, qui peut être une ceinture ou sans doute mieux un pagne, puisque c'est en parallèle avec *ṣt* (tunique). Ce vêtement n'est mentionné que sur les reins de Danel (2 Aqt 1/6, 16) qui est un roi, mais le contexte ne semble pas sous-entendre que ce vêtement était réservé aux rois ; le contexte ne permet pas non plus de reconnaître une connotation sacerdotale à ce vêtement.

44. Si *'zwr* est porté par un roi, Es 11/5 et Jb 12/18 ne donnent pas à ce vêtement une connotation sacerdotale ; Es 11/5 décrit le roi comme un juge et non comme un prêtre. En Jb 12/18 le port de la ceinture par un roi est un signe d'humiliation, ce qui montre le côté humble, sinon servile, d'un tel vêtement.

45. Un troisième mot désigne le lin (*šš*) ; il s'agit alors d'un lin de qualité (Gn 41/42, Ex 25/4, Ez 16/10...). Des trois mots, c'est bien *pšt* qui semble désigner le lin le plus grossier.

ce cours d'eau n'est mentionné que pour le métaphorisant (la ceinture) et jamais pour le métaphorisé (en 9-11 il est absent). Or les commentaires font l'inverse : ils parlent de l'Euphrate pour le métaphorisé seulement et non pour le métaphorisant, ce qui est une curieuse façon d'inverser les données. Avant de suivre les commentateurs, il faudrait vérifier si la mention du *prt* pour la ceinture n'a pas une signification particulière. Il semble au premier abord que n'importe quel cours d'eau (fleuve, wadi ou autre) aurait pu convenir pour la destruction de la ceinture. Le choix d'un cours d'eau particulier et l'insistance sur son nom (avec l'allusion à l'Euphrate que cela implique) ont certainement un sens. A mon avis, le choix du Pherat, plutôt qu'un autre wadi, n'a de sens que parce qu'il évoque l'Euphrate. Que signifie donc cette évocation pour une ceinture ?

En Mésopotamie les cours d'eau tiennent une très grande place dans plusieurs domaines (agriculture, transport, ordalie, magie...). Or de tout cela c'est la magie qui me semble être la connotation la plus fructueuse pour l'interprétation de Jr 13. Dans la magie babylonienne, l'Euphrate, comme n'importe quel autre cours d'eau, tenait une grande place (cf. Seux, p. 257, 258, 349, 354, 356, 363, 365...). Pour les Israélites, l'Euphrate était de loin le plus connu de tous les cours d'eau mésopotamiens, si l'on en croit ses nombreuses mentions dans l'AT (cf. plus haut, p. 246, n. 39 ; le Tigre, lui, n'est mentionné qu'en Gn 2/14 et Dn 10/4). En faisant allusion à l'Euphrate, Jr 13 peut faire allusion à ce fleuve en particulier comme à n'importe quel cours d'eau mésopotamien. Dans les rituels magiques babyloniens, qui se déroulent au bord d'un cours d'eau, un ou plusieurs objets sont jetés à l'eau (cf. Seux, p. 363 n. 1, 365 n. 1, 370) ou enterrés dans la berge (Seux, p. 356 n. 1). Ces gestes sont accompagnés de paroles qui précisent sur qui ou sur quoi vont se diriger les forces mises en branle par le geste. La magie proche-orientale étant presque essentiellement sympathique, c'est-à-dire reposant sur un rapport analogique ou sur un lien de ressemblance, les paroles qui accompagnent les gestes magiques sont très souvent des métaphores : « De même que toi, motte, je te jette à l'eau pour que tu te délayes, te dissolves et sois éliminée, que le mal que j'ai vu pendant la nuit (...) tombe à l'eau pour qu'il se délaye, se dissolve et soit éliminé ! » (Seux, p. 370 avec cette précision en note 1 : « Le rituel qui accompagne cette prière prescrit seulement de recueillir une motte de terre à une porte colmatée (...), de réciter trois fois la prière sur elle et de la jeter à l'eau. »)

Une première remarque s'impose : ce qui est au cœur de la plupart des rituels magiques, c'est un lien métaphorique entre geste et parole ; ce qui est au cœur de Jr 13 c'est un lien métaphorique entre geste (1-7) et parole (9-10).

La mention de l'Euphrate en Jr 13, la destruction d'une ceinture dans ses eaux ou dans l'humidité de la berge (que ce soit « dans » l'Euphrate ou « dans » la fente d'un rocher, de toute façon il y a destruction « dans » quelque chose), une formule (versets 9 et 10) qui s'appuie sur un rapport analogique avec le geste accompli : tout cela nous renvoie à une ambiance magique incontestable, que l'on retrouve d'ailleurs dans d'autres passages de Jérémie : « Quand tu auras fini de lire ce livre, tu lui attacheras un caillou et tu le jetteras au milieu de l'Euphrate (encore lui !), puis tu diras : Ainsi (*kkh* : même particule comparative qu'en Jr 13/9) Babel sera engloutie et elle ne se relèvera plus du malheur que je fais venir sur elle » (51/63-64). Les auditeurs de Jérémie étaient trop confrontés avec la magie pour ne pas être frappés par la ressemblance. Cette sensibilisation au monde de la magie apparaît dans le simple fait que Jérémie lui-même a été amené à faire des mises en garde contre les magiciens (cf. 27/9, 29/8). Mais ces mêmes mises en garde nous invitent à chercher comment Jérémie a pu prendre soin de ne pas apparaître lui-même comme l'un de ces magiciens. Et la question se pose d'ailleurs de manière identique pour tous les gestes accomplis par Jérémie et accompagnés de paroles qui établissent un lien métaphorique avec le geste. J'en resterai ici à l'étude du seul récit de la ceinture, en sachant toutefois que la même question se pose pour d'autres gestes[46].

ÉTUDE DU MÉTAPHORISÉ

De cette manière je détruirai la fierté de Juda et la grande fierté de Jérusalem. Ce peuple mauvais, refusant d'écouter mes paroles, marchant d'après l'obstination de son cœur et suivant d'autres dieux pour les servir et se prosterner devant eux, qu'il ne soit plus bon à rien.

Généralement les commentaires s'appesantissent sur un point qui, en fin de compte, est secondaire, pour laisser de côté ce qui est essentiel. La discussion porte, en effet, sur le fait de savoir si l'oracle (c'est-à-dire 9-10, où se trouve l'énoncé métaphorisé) annonce l'exil à Babylone à travers la mention de l'Euphrate ou s'il dénonce, à travers cette même mention, les influences mésopotamiennes qui ont corrompu le peuple. Cette discussion est secondaire, car elle porte sur la mention de l'Euphrate qui ne se trouve en fait pas dans l'oracle lui-même (= métaphorisé), mais seulement dans la narration (= métaphorisant). La discussion porte sur le comment de la destruction (l'exil) ou sur le pourquoi (la corruption du peuple), mais elle laisse de côté l'essentiel, c'est-à-dire ni le comment ni le pourquoi, mais le fait même de la destruction, le fait même que Dieu puisse dire en parlant

---

46. Fohrer a longuement étudié (1968) les gestes prophétiques, en particulier au niveau des liens que ceux-ci pouvaient avoir avec les gestes magiques ; pour Jérémie, il étudie 13/1 ss., 16/1 ss., 5 ss., 19/1 ss., 27/1 ss., 28/1 ss., 32/6 ss. 43/8 ss., 51/59 ss. Amsler note (1980, p. 196) que les récits des actes prophétiques « se caractérisent par une analogie entre l'acte que le prophète dit avoir reçu l'ordre d'accomplir et la parole qu'il est chargé de faire entendre à ses auditeurs ». Je préciserai que cette analogie donne lieu à une métaphore en 13/9 s., 19/11, 43/12, 51/64, et à une comparaison en 27/8, 28/2 (entre le joug et un autre joug), 16/4, 6, 32/15 (entre Jérémie et le peuple). La place de l'analogie dans la magie proche-orientale est fortement soulignée par Contenau pour la Mésopotamie (1947, p. 13) et pour les Hittites (p. 268) et par Sauneron (1966, p. 36) pour l'Égypte.

de son peuple : « je détruirai ». C'est là le premier mot de l'oracle et c'est
là le point important.

Condamin, Rudolph, Steinmann, Schneider, Thompson, sont de ceux
qui voient dans la mention de l'Euphrate une dénonciation des influences
mésopotamiennes religieuses (Condamin) ou politiques (Steinmann). Une
telle interprétation transforme l'oracle en un procès du peuple, rendu responsable de son autodestruction. Tant qu'on ne corrige pas le texte, tant
qu'on laissera en 13/9 *šḥyt* (« je détruirai »), on ne pourra pas déplacer
ainsi l'accent de cet oracle : ce n'est pas le peuple qui détruit, mais Dieu,
aussi choquant que cela puisse paraître.

Duhm, Volz, Weiser, Bright, sont de ceux qui voient dans la mention
de l'Euphrate une annonce de l'exil et qui interprètent l'oracle en ce sens.
Il a été objecté à ce point de vue, par Condamin en particulier, que dans
le reste du livre de Jérémie l'exil n'était pas considéré comme une destruction du peuple (cf. 24/4-7, 29/4-14) et que la destruction était réservée à
ceux qui précisément ne partaient pas en exil (cf. 24/8-10). Ce à quoi Volz
a répondu que l'exil ne visait pas ici le peuple, mais la « fierté » ou l'orgueil
de celui-ci et que cet orgueil et cette fierté devaient bel et bien être détruits
par l'exil. Certes l'exil a un côté destructeur, mais il n'en reste pas moins
que l'accent n'est pas sur le moyen utilisé par Dieu pour détruire, mais sur
le fait même de la destruction par Dieu.

A mon avis, et pour en rester à la mention de l'Euphrate, cette mention ne fait pas allusion à l'exil ou à la corruption du peuple[47], mais elle
permet de situer le geste du prophète dans le monde de la magie et d'entendre du même coup l'oracle dans un tel contexte. Il ne s'agit pas d'une toile
de fond, mais d'une véritable intrusion du prophétique dans le magique.
Serait-ce une attitude syncrétiste douteuse, une réhabilitation de la magie
ou une déclaration de guerre ? Cela reste à voir.

Une grande proximité avec la magie a déjà été notée ; un élément est
encore à verser au dossier : il se trouve en 13/10 dans l'énoncé métaphorisé. Ce point réside dans la question du sens que peut avoir *wîhî* en 13/10 :
cet imparfait apocopé a-t-il ou non un sens volitif ? Condamin, par exemple, pense que oui (« ce peuple... qu'il soit comme cette ceinture »), alors
que Bright, d'un autre côté, le conteste. Pour Bright, il s'agit d'un jussif
indirect, coordonné à *šḥyt*, en sorte que, coordonné à un indicatif, il doit
prendre aussi un sens indicatif final ou consécutif (« Je détruirai... jusqu'à
ce qu'il ressemble à... » ; cf. sur ce point J 116e). Pour renforcer la coordination, Bright fait remarquer qu'en 10a le collectif *'m* est accompagné de
formes verbales au pluriel (*hm'nym, hhlkym, wylkw*), en sorte que le sujet
de *wyhy*, au singulier, ne peut pas être *'m*, mais *g'wn*. En ce qui concerne
'm, il s'agirait d'une apposition à *yhwdh* et *yrwšlm* (13/9). On en arrive

---

47. Sinon de manière très lointaine.

donc, selon Bright, à la construction suivante : « Je détruirai la fierté de
Juda, ce peuple qui..., jusqu'à ce qu'elle (la fierté) ressemble à cette ceinture ». Cette explication ne tient pas, dans la mesure où elle ne prend pas
en compte le fait que *'m* est, comme *'zwr*, accompagné d'un article et d'un
démonstratif, ce qui met en vis-à-vis *h'm hzh* et *h'zwr hzh*. Dans ce vis-à-
vis *'m* est alors à considérer comme un casus pendens, sujet de *wyhy*, qui
est précédé, comme c'est souvent le cas dans un casus pendens, d'un waw
d'apodose (J 1561, GK 143d). Avec ce waw d'apodose *wyhy* ne peut plus
être un jussif indirect, mais il est un vrai jussif à valeur volitive (« ce peuple... qu'il soit comme cette ceinture »). L'argument de Bright selon lequel
'm ne peut pas être à la fois sujet d'un pluriel (*ylkw*) et d'un singulier (*yhy*)
n'est pas contraignant. On peut, en effet, faire jouer ici le fait que le verbe
hyh a tendance à rester non fléchi (cf. J 150jkl) et que, d'autre part, il peut
y avoir sur *wyhy* attraction du sujet suivant (*'zwr* au singulier ; cf. GK 145u).
Le sens volitif de *wyhy* avec pour sujet *'m* est donc tout à fait correct.

   Une telle construction de 13/10 avec volitif et pronom démonstratif est
particulièrement proche de certaines formules magiques. Par exemple, « de
même que *ce* roseau a été arraché et ne revient pas en place, et que *ce* bord
a été coupé à mon vêtement et, une fois coupé, ne revient pas à mon vêtement, *que* le mal (qu'annonce) *ce* rêve (...) *ne m'atteigne pas* » (Seux, p. 373).
Et comme, bien sûr, les gestes décrits dans les formules sont effectivement
réalisés (Seux, p. 373 n. 1), la proximité avec Jr 13/1-10 est d'autant plus
grande.

   Si les ressemblances avec la magie sont grandes et si, à mon avis, il est
impossible que les auditeurs de Jérémie ne les aient pas perçues, les différences, s'il y en a, doivent être tout aussi apparentes, sinon plus, pour éviter la moindre équivoque, lever le moindre soupçon. C'est ce qu'il faut voir
maintenant.

   Le geste magique est une initiative humaine, même s'il fait référence
à l'autorité d'une divinité (Ea ou Marduk, pour ce qui est de la Mésopotamie ; cf. Contenau, 1947, p. 65 s.). Il déclenche un ensemble de forces, un processus qui, entre autres, fait pression sur les puissances supérieures démoniaques ou divines pour que ces forces aboutissent sur l'objectif
fixé, défini par les paroles qui accompagnent le geste. La pression est telle
que même les dieux doivent tôt ou tard se soumettre[48] au proces-

---

48. En Mésopotamie, la contrainte de l'acte magique s'exerce plus sur les démons
et autres puissances supérieures que sur les dieux. Ainsi Contenau : « La magie devra
donc agir contre eux (les démons), soit directement, soit en invoquant l'aide des puissances supérieures, quitte à l'obtenir par la contrainte » (1947, p. 13). « Pour réali-
ser les pratiques magiques, le fidèle commandera aux esprits, au nom des dieux qu'il
priera d'intervenir mais ne prétendra pas contraindre » (p. 57). En Égypte le magicien va plus loin, jusqu'à menacer les dieux par une sorte de chantage fondé sur
l'intimidation. Sauneron (1966, p. 41) reproduit un de ces textes d'intimidation :
« Si tu n'écoutes pas mes paroles, je couperai la tête d'une vache sur le parvis

sus déclenché par le geste, comme à une fatalité[49]. Grâce à la magie l'homme peut faire pression sur les dieux, voire à les contraindre, pour qu'ils entrent dans son projet et participent à son action.

Dans le geste prophétique la force du geste demeure et rien ne permet de penser qu'il pourrait être devenu tout d'un coup une simple illustration théâtrale[50] ou pédagogique. On sait combien en Israël toute parole est chargée d'une force ou d'une puissance, ce à quoi nous sommes moins sensibles aujourd'hui. Il faut en dire autant du geste et encore plus du geste auquel est liée une parole, qui amplifie cette force, que cela relève ou non de la magie. Si donc le geste prophétique a en lui-même une certaine force, ne serait-ce que persuasive, s'il exerce une certaine pression, on peut noter que, par rapport à la magie, cette force et cette pression sont complètement inversées.

Le récit de la ceinture commence par une formule prophétique caractéristique (« Ainsi me parla le Seigneur ») ; c'est suivi, avant chaque nouvelle parole de Dieu (ce qui n'a rien d'obligatoire), d'autres formules prophétiques non moins caractéristiques, tant dans le récit (13/3 et 6) que dans l'oracle (13/8 et 9), avec une insistance particulièrement soulignée, en sorte que cela ne peut pas passer inaperçu (il y a ainsi 5 formules prophétiques sur 10 versets, ce qui est beaucoup !). Dans toutes ces formules on découvre que Dieu intervient auprès de Jérémie pour lui commander un geste et une parole dont la force fait pression sur le peuple. Si Jérémie apparaît comme un magicien, le processus magique est totalement renversé. Dans la magie l'homme intervient auprès du magicien pour lui commander un geste et une parole qui fassent pression sur une divinité. Ici Dieu se présente comme un consultant auprès de Jérémie pour lui dicter un geste et une parole qui fassent pression sur l'homme. Les formules prophétiques utilisées en Jr 13 et donnant l'initiative à Dieu sont employées de telle manière que l'inversion du processus magique ne peut passeer inaperçue aux yeux des contemporains de Jérémie[51].

---

d'Hathor ! je décapiterai un hippopotame sur le parvis de Seth ! Je ferai qu'Anubis s'assoie enveloppé dans la peau d'un chien et que Sobek s'assoie enveloppé dans la peau d'un crocodile ». Autant d'actes qui sont des provocations blasphématoires.

49. Parler de fatalité n'est pas trop fort. Contenau reconnaît, en effet, dans son étude sur la magie mésopotamienne que même les dieux sont soumis à des forces qui les dépassent : « Le dieu devra *fatalement* obéir au mot de pouvoir si l'enchanteur le connaît ; il existe encore tout un ensemble de règles et de forces au-dessus de lui (= du dieu) » (1947, p. 59).

50. « Pour nous, c'est du théâtre sacré », dit Ramlot au sujet des actes prophétiques (*in* SDB, article « Prophétisme », col. 970). Je crois ce point de vue insuffisant pour rendre compte des gestes qui ont une autre réalité et une autre portée que théâtrales. Si le mariage d'Osée ou le célibat de Jérémie sont des actes prophétiques, cela n'a bien sûr rien à voir avec le théâtre !

51. On peut noter l'importance de ces formules prophétiques dans les autres récits de gestes prophétiques du livre de Jérémie. Ainsi en trouve-t-on en tout début

A cela s'ajoute, avec encore une grande insistance, un soin particulier à montrer que les gestes accomplis par Jérémie sont une fidèle exécution des ordres reçus par Dieu. Il apparaît clairement dans la narration que Jérémie obéit scrupuleusement sans prendre la moindre initiative et sans même savoir ce qui se passera par la suite. Ce qui lui revient en propre est de faire un constat une fois tous les gestes accomplis « suivant la parole du Seigneur » (13/2), « selon ce qu'avait ordonné le Seigneur » (13/5). Souligner que Jérémie ne sait pas où Dieu veut en venir avec la ceinture et que le prophète n'a aucune initiative se comprend : laisser à Jérémie la moindre initiative apparaîtrait comme une concession faite à la magie, où l'initiative humaine a sa place. Dans le geste prophétique tout vient de Dieu et rien de l'homme, fût-il prophète[52].

Si le geste magique est accompagné d'une prière à l'adresse d'un dieu, le geste prophétique est accompagné d'un oracle à l'adresse du peuple[53].

Tout cela montre sans équivoque possible que si le geste prophétique fait une intrusion dans le monde magique c'est pour le bouleverser de fond en comble, que ce bouleversement ne vient pas d'une provocation dont le prophète aurait pris l'initiative. C'est Dieu, et lui seul, qui en prend l'initiative et qui opère ce bouleversement de manière souveraine. Cependant si la magie est retournée, si la pression des forces mises en branle (par Dieu maintenant et non plus par l'homme) ne s'exerce plus sur Dieu, mais sur l'homme, une question demeure, celle de la fatalité du processus. Si Dieu n'est plus soumis à la fatalité du geste, serait-ce le peuple qui maintenant serait soumis à cette fatalité ? Si la magie est retournée, la fatalité des gestes serait-elle maintenant retournée contre le peuple ?

Un autre point important est à relever dans ce texte, car il est tout à fait insolite et ne peut, en tant que tel, passer inaperçu : l'emploi au tout début de l'oracle du hiphil de šḥt, alors qu'on attendrait le même niphal qu'en 13/7 (ce qui n'a pas échappé à Rudolph, qui propose en BHS de rétablir un niphal en 13/9). Le processus décrit en 13/1-7 est fatal, irréversible et la ceinture ne peut pas être autre chose que détruite à la fin de ce récit. En outre, ce processus, qui ne peut aboutir qu'à la destruction de la ceinture, échappe à l'homme, dans la mesure où les forces destructrices de la

---

des récits suivants : 16/1, 5, 19/1, 27/1-2, 32/6, 43/8. Le récit de 51/59-64 échappe à la règle, mais on sait par la reprise des derniers mots de 51/58 à la fin de 51/64a que ce récit est d'une autre main ; en disant en 51/59 que le geste est accompli sur l'ordre de Jérémie l'auteur de 51/59-64 n'a pas été attentif à l'équivoque par rapport à la magie. A côté de cela, l'absence de formule prophétique en 28/1 est significative : c'est une manière de disqualifier le geste d'Hanania.

52. Même insistance sur les ordres dans les autres récits, sauf encore une fois 51/59-64 et 28/1 ss. (Hananiah transmet un oracle, mais non un ordre que Dieu lui aurait donné à exécuter).

53. Même chose dans les autres récits. En 51/59-64, cependant, l'oracle (51/64) n'est pas clairement désigné comme tel et il est accompagné d'une prière (51/62).

ceinture ne sont pas même nommées ; le sujet logique de *nšḥt* en 13/7 reste dans l'ombre. Rétablir un même niphal en 13/9 serait laisser le peuple livré à ces mêmes forces anonymes, à ce même processus irréversible et incontrôlable (« de même que la ceinture est détruite, de même sera détruite la fierté du peuple, et le peuple sera comme la ceinture »). Ce serait livrer le peuple à la fatalité des forces mises en branle par Dieu, sans que l'on sache si ce dernier serait encore capable de les contrôler. Avec le passage du niphal au hiphil, ce ne sont plus des forces anonymes qui détruiront le peuple, mais Dieu, seul sujet du hiphil. Dieu agit et lui seul, non pas sous la pression de quelque fatalité de quelque force magique, mais librement, libre de cette fatalité. Le peuple n'est plus soumis à la fatalité des forces destructrices, mais à Dieu qui a le sort du peuple entre ses seules mains. Le clivage dans le foyer de cette métaphore (le passage du niphal au hiphil) a ici une particulière importance : il sonne le glas de la fatalité de la magie. Si Dieu décide de détruire, cette décision est libre et non dictée par la pression de forces obscures. La force du geste n'a certes pas disparu, mais cette force n'est plus fatale ; s'il y a pression sur le peuple cette pression vient de Dieu seul. Le hiphil de 13/9, par ailleurs si scandaleux puisqu'il annonce que Dieu veut détruire, est en même temps libérateur de toute fatalité magique. Ce n'est pas parce que la ceinture est détruite que le peuple sera fatalement détruit, mais parce que Dieu s'en chargera : redoutable bonne nouvelle ! C'est face à un Dieu destructeur que se trouve le peuple, mais nul autre que Dieu n'interviendra dans la destruction. Même terrible, le face à face entre Dieu et le peuple existe hors de toute fatalité. Et ce face à face demeure un dialogue, puisque Dieu adresse toujours la parole au peuple, même si c'est pour lui dire des choses désagréables ; et cette parole s'accompagne d'un geste qui fait pression sur le peuple pour le pousser à répondre, avec la liberté qu'il a de répondre ou de ne pas répondre. Ce dialogue est une grâce immense, laissant la place libre à une réponse que seul le peuple peut donner. Dialogue sans fard, certes, puisqu'il laisse libre cours à la colère destructrice de Dieu face à un peuple dont les travers ne sont pas laissés dans l'ombre (et 13/9-10 ne dit que le plus gros : fierté, refus d'écouter, soumission à d'autres dieux), mais dialogue vrai, qui laisse aussi libre cours à la réponse du peuple, si ce dernier daigne encore écouter.

Du même coup, en faisant voler en éclat la fatalité des forces obscures relevant de la magie, Dieu fait voler en éclat d'éventuels alibis que le peuple pourrait avancer : il serait facile en effet au peuple de prétexter que s'il est mauvais et incapable de servir Dieu ce pourrait être à cause de la fatalité de certaines forces qui le dépassent. En se montrant maître de la fatalité la plus redoutable (celle de la magie), en la faisant voler en éclats, Dieu se révèle ici comme capable de faire disparaître toute autre fatalité.

Avec le hiphil de 13/9 qui donne à Dieu toute iniative, le volitif de 13/10 traduit, non la fatalité d'en envoûtement, mais la détermination de Dieu. Détermination qui laisse toujours ouvert le dialogue, qui laisse toujours place à une réponse du peuple.

Tel est cet oracle, qui nous place en présence d'un Dieu résolu et destructeur, mais un Dieu toujours résolu à dialoguer. Ce dialogue est une grâce et la fatalité de la magie ne peut plus endiguer cette grâce. La magie vaincue fait place à une grâce qui peut toujours changer le cours des événements, librement ; elle fait place aussi à une libre repentance du peuple livré à son seul Dieu.

On le voit, l'intrusion du geste prophétique dans le monde de la magie est une provocation qui se solde par une défaite totale de la magie pour manifester la souveraineté de Dieu, même sur la magie devenue impuissante. Il ne s'agit pas d'un arrière-plan ou d'une magie en toile de fond, mais d'un combat.

6. MÉTAPHORE DES CRUCHES (13/12-14)

(12) Tu leur diras cette parole : Ainsi parle le Seigneur Dieu d'Israël : Toute cruche est remplie de vin. Mais ils te diront : Ne savons-nous pas que toute cruche est remplie de vin ?

(13) Tu leur diras : Ainsi parle le Seigneur : Voici que je vais remplir tous les habitants de ce pays, les rois issus de David qui siègent sur son trône, les prêtres, les prophètes et tous les habitants de Jérusalem, d'ivresse. (14) Puis je les casserai l'un contre l'autre, pères et fils ensemble, oracle du Seigneur. Ni pitié, ni compassion, ni miséricorde ne m'empêcheront de les détruire.

Repérage de la métaphore

Dans ce texte où ne se trouve aucune particule de comparaison, la réponse des auditeurs du prophète entraîne la poursuite des propos de celui-ci Cette poursuite (verset 13) est en réalité une reprise de sa première phrase, dont le seul verbe (*ml'*) est réutilisé, mais en changeant d'isotopie. Ce ne sont plus des cruches qui sont remplies, mais des hommes. La reprise des propos du prophète est introduite de la même manière (« Tu leur diras : Ainsi parle le Seigneur ») que son propos initial (« Tu leur diras cette parole : Ainsi parle le Seigneur Dieu d'Israël »). Le parallélisme des introductions établit un parallélisme entre les propos, ce qui peut être un indice syntaxique de métaphore. Grâce au changement isotopique qui accompagne ce parallélisme il est permis de parler de métaphore. Le sujet métaphorisant en est *nbl* et le sujet métaphorisé les différentes personnes énumérées au verset 13. Le foyer principal en est clairement le verbe *ml'*.

Délimitation de la métaphore

Si les formules d'introduction ont permis de remarquer le parallélisme dans les propos de Jérémie, seuls ces propos font partie de l'énoncé et non les formules d'introduction qui font partie du cadre narratif de la métaphore.

En 13/12a l'énoncé métaphorisant est bref : il consiste en quatre mots (*kl nbl yml' yyn*) répétés en 12b. Placé en parallèle, le contenu des propos en 13/13 donne l'énoncé métaphorisé, à l'exception (comme en 13/12) de la formule de messager (« Ainsi parle le Seigneur »), dont le vocabulaire n'appartient à aucune des deux isotopies mises en jeu dans la métaphore.

Le parallélisme entre les énoncés, établi autour du verbe *ml'*, pourrait faire penser que la métaphore s'arrête là. Or, il n'en est rien, si l'on considère le verset suivant. Celui-ci commence avec le verbe *npṣ*, utilisé pour le métaphorisé (cf. le suffixe du verbe qui renvoie aux différentes personnes énumérées en 13/13). L'utilisation d'un tel verbe est correcte, car on peut trouver celui-ci à propos d'individus (cf. Ps 137/9), mais elle est surprenante, car il est beaucoup plus courant de rencontrer *npṣ* à propos d'objets qui se cassent (cf. Jr 48/12, Ps 2/9 et surtout Jr 22/28, où il est utilisé pour *nbl*). Grâce à son appartenance aux deux isotopies mises en jeu dans la métaphore, on peut dire qu'il y a relance de l'énoncé métaphorique, ou tout simplement poursuite de l'énoncé métaphorisé avec, en sous-entendu, une poursuite de l'énoncé métaphorisant. Dans cette suite *npṣ* apparaît comme nouveau foyer (« Je casserai les différents habitants du pays, comme on casse des cruches »).

Après avoir noté la présence d'un nouveau foyer dans la métaphore, on peut maintenant se demander s'il n'y en a pas d'autres encore, prolongeant d'autant l'énoncé. Si 14a, dont le contenu dépend de *npṣ* (à l'exclusion de « oracle du Seigneur »), fait partie de l'énoncé métaphorisé, qu'en est-il de 14b ? La suite des verbes qui constituent 14b met en avant le verbe *šḥt*. Le contenu sémantique de ce verbe est suffisamment vaste pour que des hommes soient détruits (Dt 9/26, Jg 20/21, 25, 1 S 26/9...) aussi bien que des objets (des murs en Ez 26/4, Lm 2/5, 8, des grappes en Es 65/8 ou bien des ustensiles en 2 C 36/19, au nombre desquels on peut ranger *nbl*). De cette manière, étant donné que dans ce texte *npṣ* apparaît comme foyer, rien n'empêche de considérer aussi *šḥt* comme foyer ; utilisé ici pour le métaphorisé, c'est un emploi sous-entendu pour le métaphorisant que nous devons supposer (« Ni pitié, ni compassion, ni miséricorde ne m'empêcheront de détruire ces gens, comme ni pitié, ni compassion, ni miséricorde n'empêchent de détruire des cruches »).

Avec le verset 15, on passe de la prose à la poésie, de la narration au style direct. En outre, il n'est plus fait la moindre allusion à des cruches. Ce changement présente 12-14 comme indépendant de 15 ss.. Par ailleurs, 12-14 est aussi indépendant de 1-10, où nous avons reconnu un texte unifié avec l'adjonction d'une glose en 13/11. Si donc 12-14 apparaît comme un texte indépendant par rapport à un contexte actuel, on notera que dans ce bref récit, la métaphore occupe la meilleure place.

ÉTABLISSEMENT DU TEXTE

Sur différents points, le texte que nous trouvons dans la LXX est différent : « Tu diras à ce peuple : Toute outre sera remplie de vin. Mais s'ils te disent : Ne savons-nous pas que toute outre sera remplie de vin ? Tu leur diras : Ainsi parle le Seigneur : Voici que je remplis les habitants de ce pays, leurs rois, fils de David, qui siègent sur leurs trônes, les prêtres, les prophètes, Juda et tous les habitants de Jérusalem, d'ivresse. Puis je les disperserai, l'homme et son frère, leurs pères et leurs fils ensemble. Ni pitié, dit le Seigneur, ni compassion, ni miséricorde ne m'empêcheront de les détruire ».

En 12a, la LXX a « tu diras à ce peuple » là où le TM a « tu leur diras cette parole ». Deux problèmes sont ici mêlés. Tout d'abord, *hdbr hzh* manque dans la LXX ou a été ajouté dans le TM. Ensuite *'lyhm* dans le TM a pu être développé par la LXX en *'l h'm hzh* ou bien peut abréger le *'l h'm hzh* supposé par la LXX. Mais il est difficile de penser à la transformation de *'l h'm hzh* en *'t hdbr hzh* ou l'inverse. En ce qui concerne *'t hdbr hzh*, il est difficile de penser à un ajout du TM, car ce serait un pléonasme ; l'inverse, par contre est plus vraisemblable : face à un texte qui lui semblait pléonastique (« tu diras cette parole »), la LXX a pu supprimer « cette parole » qui pouvait paraître superflu. On accepterait de la part du TM un ajout, si la formule « tu diras cette parole » était un cliché ; dans ce cas l'ajout complèterait le texte pour obtenir la formule cliché. Or, il n'en est rien. Il y a, en effet 26 *w'mrt* dans les paroles adressées par Dieu à Jérémie[54] ; or, deux fois seulement (ici et 14/17), *w'mrt* est accompagné de *'t hdbr hzh*. On ne peut donc pas parler de cliché. La LXX semble donc avoir abrégé ici la formule pour retrouver le *w'mrt* habituel.

Pour ce qui est de *'lyhm*, cette forme est certainement plus difficile que le « à ce peuple » de la LXX. Dans ce bref récit, en effet, on ne sait pas à qui peut renvoyer le suffixe de *'lyhm*. Le TM ne dit jamais qui sont les interlocuteurs de Jérémie. Et si l'on suppose que ces interlocuteurs sont les mêmes que dans le récit précédent, la difficulté n'est toujours pas résolue, car en 13/1-11 rien n'était dit non plus sur les interlocuteurs du prophète. La difficulté reste entière : l'antécédent du suffixe de *'lyhm* n'est désigné ni en 12-14 ni en 1-11. On peut penser que 12-14 a été coupé de son contexte pour être rattaché plus ou moins artificiellement, sans la moindre suture, à 13/1-11 et que le début de 13/12 porte la trace de cette coupure (« Et tu leur diras » !) : il manque manifestement un début de récit spécifiant à qui Jérémie s'adresse et justifiant la présence de la coordination au tout début de 13/12[55] ; une telle coupure expliquerait pourquoi l'ordre de Dieu commence de manière étrange par un parfait inverti. On peut aussi penser que 12-14 a été coupé de son contexte initial et rattaché à 1-11, mais avec une formule de liaison ou de suture dans le début de 13/12. Une telle formule apparaît, en effet, en des termes semblables en 8/4 pour passer d'un récit

---

54. 3/12, 5/19, 7/2, 28, 8/4, 11/3, 13/12, 13, 14/17, 15/2, 16/11, 17/20, 19/3, 11, 22/2, 23/33, 25/27, 28, 30, 26/4, 28/13, 34/2*bis*, 35/13, 39/16, 43/10.

55. Il arrive qu'un texte commence par un parfait inverti, mais cela se trouve surtout avec le verbe *hyh* (cf. J 119c). Avec *w'mrt* cela paraît beaucoup plus étonnant. Dans Jérémie, en tout cas, *w'mrt* n'est jamais ailleurs un début de récit, sinon comme élément de suture, comme on l'a vu.

en prose à un oracle poétique (« Et tu leur diras : Ainsi parle le Seigneur ») ;
elle apparaît aussi en 14/17 pour passer aussi de la prose à la poésie (« Et
tu leur diras cette parole »). Que le début de 13/12 soit une formule de liaison ou appartienne au récit initial, de toute manière il apparaît assez clairement que 12-14 a été coupé de son contexte originel, dans lequel il devait
être dit quels étaient les interlocuteurs de Jérémie et à quelle occasion ces
propos ont été tenus. On ne peut malheureusement rien dire de plus sur ce
récit initial, par contre il sera intéressant de comprendre l'intention de celui
qui a ainsi rapproché 1-11 et 12-14. Face à la difficulté que représente le
début de 13/12 dans le TM, le texte de la LXX est, bien sûr, plus facile,
dans la mesure où l'interlocuteur de Jérémie est désigné (« ce peuple »). On
comprend aisément l'intention du traducteur : rendre clair un texte qui ne
l'est pas assez. Il est vraisemblable que la LXX a vu juste en spécifiant à
qui Jérémie s'adresse, mais il n'en demeure pas moins que le texte du TM
est ici à conserver en raison de sa difficilté (très rares sont ceux qui, comme
BJ 1, suivent ici la LXX). Au total, je peux dire que la LXX a supprimé
't hdbr hzh qui lui paraissait superflu, pour mettre à la place une information qui l'est beaucoup moins : « Tu diras à *ce peuple* »[56].

On peut aussi noter qu'en 12a la formule de messager (« Ainsi parle
le Seigneur Dieu d'Israël ») n'est pas dans la LXX. Hitzig, Volz, Rudolph
et BJ 1 s'en tiennent sur ce point à la LXX en faisant remarquer que ce
qui suit n'a rien d'un oracle. Hitzig précise même qu'il est assez déplacé
de faire précéder par une formule de messager des paroles aussi « trivia-
les » (« Toute cruche est remplie de vin ») ! Cela montre précisément, à
mon avis, que le TM est difficile et la LXX *facilior*. Il est, en effet, surprenant de trouver à cet endroit du texte une formule de messager, qui, en outre,
est plus redondante encore que celle de 13/13 (avec en plus « Dieu d'Israël »).
Cependant elle explique parfaitement la réaction des interlocuteurs de Jérémie : eux aussi ont été surpris d'entendre en guise d'oracle des banalités sur
des cruches. Leur question étonnée plaide, en un certain sens, en faveur du
maintien de la formule de messager. Cette formule a une certaine valeur
tactique, qui paraît efficace : l'auditoire est accroché en quelques mots et
attend la suite, ce qui sera le véritable oracle. La LXX émousse le texte en
supprimant la formule de messager et le TM doit lui être à tout prix préféré.

En début de 12b, la LXX a *kai estai ean eipôsi* à la place du *w'mrw*
du TM. Dans le reste du livre de Jérémie, *kai estai ean* traduit *whyh ky* en
3/16, 15/2, ou bien *whyh 'm* en 12/16, 17/24, mais aussi *w'm* en 17/27.
Si l'on s'en tient à ce dernier texte, la LXX a pu lire *w'm y'mrw* en 13/12.
S'il en est ainsi, on peut voir (comme le suggèrent BHK et BHS) dans le
TM une faute par haplographie, avec passage de *w'm y'mrw* à *w'mrw*. Le
TM est donc ici à corriger.

---

56. La LXX garde la coordination (*kai*) au début de 13/12.

Un autre homoïoarcton est à noter dans le TM en 13/13. Dans la longue liste de compléments d'objet que comporte ce verset, la LXX mentionne « Juda », absent dans le TM. Chacun de ces compléments est introduit en hébreu par la particule *'t* : dans cette longue liste un scribe a très bien pu passer d'un *w't* à un autre et sauter ainsi *w't yhwdh*. L'ajout de « Juda » par la LXX dans cette liste ne pourrait s'expliquer que si ce nom se trouve dans d'autres listes semblables à celle de 13/13 ; on verrait alors dans cet ajout une harmonisation des listes. Or, ce n'est pas le cas. Parmi les listes les plus proches, on trouve celles de 2/26 (« la maison d'Israël, eux, leurs rois, leurs chefs, leurs prêtres et leurs prophètes »), 8/1 (« les rois de Juda, ses chefs, les prêtres, les prophètes et les habitants de Jérusalem »), 18/18 (« prêtre, sage et prophète »), 23/33 (peuple, prophète, prêtre), 23/34, 26/7, 8 (prophète, prêtre, peuple), 29/1 (anciens, prêtres, prophètes, peuple). La liste la plus proche est celle de 32/32 (« les enfants d'Israël, les enfants de Juda, leurs rois, leurs chefs, leurs prêtres, leurs prophètes, l'homme de Juda et les habitants de Jérusalem »). Si, en 13/13, la LXX avait mentionné « les chefs », « le peuple » ou « l'homme de Juda », on aurait pu parler d'harmonisation, mais avec la simple mention de « Juda » il ne peut en être le cas. Il faut donc ajouter dans le TM ce que la LXX a conservé : « Juda ».

On peut enfin noter dans la LXX toute une série de pronoms personnels pluriels (*autôn* : « leurs » rois, « leurs » trônes ou « leur » trône suivant les manuscrits, « leurs » pères, « leurs » fils), là où le TM a un suffixe singulier (« son » trône) ou rien du tout (les rois, les pères, les fils). Ces pronoms semblent être ajoutés dans la LXX pour harmoniser sans doute avec d'autres listes, où se trouvent des suffixes (cf. 2/26, 32/32 en particulier) et l'hésitation que l'on observe dans les manuscrits grecs (leurs trônes, leur trône, son trône) va dans ce sens. Sur ces points le TM est à maintenir.

La suppression du waw de *w't hmlkym* proposée par BHS ne me paraît pas acceptable, dans la mesure où ce waw est aussi présent dans la LXX ; on est là devant une énumération syndétique très fréquente en hébreu (J 177*o*).

D'autres modifications du texte sont proposées par certains exégètes, mais aucune d'elles n'a l'appui de versions anciennes ou de manuscrits hébreux. Volz, suivi par Steinmann, Thiel (p. 177) et Fohrer, fait suivre le *'t kl yšby h'rṣ hz't* de 13/13 par *škrwn*, supprimant ainsi tout ce qui est entre les deux. On verra plus loin que la suppression de cette énumération endommage l'élan du texte et que cette liste doit être maintenue. McKane, de son côté, considère (1978, p. 117) le verset 14 comme une glose, ce qui me paraît encore contraire à l'élan du texte, comme on le verra. Même chose pour 14b que Schreiner considère comme une glose.

Un dernier point reste à préciser : il porte sur le premier mot du verset 14 : *wnpṣtym* (« je les casserai ») traduit dans la LXX par *kai diaskorpiô autous* (« je les disperserai »), dans le Targum par *w'grynwn* (« je les exciterai ») et dans la Vulgate par « et dispergam eos » (« je les disperserai »). Il ne s'agit pas là d'un problème de critique textuelle, mais d'un problème de traduction. En effet, *npṣ* peut aussi signifier « disperser », soit que l'on pense à une seule racine *npṣ* polysémique (ainsi Lisowsky : briser et disperser), soit que l'on pense à deux racines *npṣ*, dont l'une peut avoir le sens de « disperser » (ainsi BDB et KB[3]). En choisissant de traduire par « disperser », la LXX et la Vulgate n'ont pas vu la dimension métaphorique de ce verbe en ce passage. Quant au Targum il a plutôt fait un midrash, et n'a pas vu non plus la portée métaphorique de *npṣ*.

C'est aussi un choix de traduction que fait la LXX lorsqu'elle rend *nbl* par *askos* (outre, récipient en peau) ou encore *'yš 'l 'ḥyw* par *andra kai ton adelphon autou* (« l'homme et son frère »). Par ces choix, on découvre que la LXX a une toute autre interprétation de la métaphore.

ÉTUDE DU MÉTAPHORISANT

Toute cruche est remplie de vin. (On les brise l'une contre l'autre ; ni pitié, ni compassion, ni miséricorde n'empêchent de les détruire).

A l'exception de McKane (1978, p. 110 ss.), commentateurs et traducteurs pensent unanimement que *nbl* désigne ici une cruche de potier, ce qui permet de comprendre que Jérémie puisse prolonger la métaphore en 13/14 en employant en particulier à propos des Judéens le verbe *npṣ* (cf. en particulier Hitzig et Driver, qui spécifient que 13/14 est un prolongement de la métaphore). McKane reconnaît que toutes les versions anciennes, sauf la LXX, ont compris que *nbl* désignait ici de la poterie ; mais il s'appuie sur la LXX pour affirmer qu'il s'agit ici d'outres (*askos*), de récipients en peau ; il s'appuie aussi sur Gesenius et BDB, pour qui *nbl* en Jr 13/12 désigne une outre. Il est exact que *nbl* peut désigner un récipient en peau, mais un texte comme Es 30/14 suffit pour affirmer que *nbl* peut aussi être de la poterie. On ajoutera que dans les inscriptions hébraïques *nbl* apparaît comme contenant du vin aussi bien que de l'huile (cf. Gibson, T. 1, p. 8, 9, 10, 11), et, comme le remarque très justement Lemaire (1977, p. 46, n. 2), « généralement on ne met pas l'huile dans une outre ». Il faut donc conclure avec Lemaire (p. 46), Reymond (p. 149)[57] et KB[3] que *nbl* peut désigner aussi bien un vase de potier qu'une outre. Ici, c'est simplement l'emploi du verbe *npṣ* qui invite à penser qu'il s'agit de récipients que l'on peut « briser » ; soit de la poterie. On comprend alors que la LXX, ayant traduit *nbl* par « outre » (*askos*), n'ait pas été attentive au fait que *npṣ* pouvait être en liaison avec ce métaphorisant.

« Toute cruche est remplie de vin ». Face à la réaction que ce propos suscite chez les auditeurs du prophète (« Ne savons-nous pas que toute cruche est remplie de vin ? »), Origène écrit : « Si les gens qui font cette réponse

---

57. Reymond met en avant l'emploi du verbe *škb* (« coucher ») en Jb 38/37 et fait remarquer que pour vider une cruche il faut la coucher, ce qui n'est pas le cas pour une outre : « une outre est normalement toujours couchée, même pleine ! » (p. 150).

la font en s'en tenant à la lettre et prétendent savoir que toute jarre sera remplie de vin, ils se trompent, car il n'est pas vrai que toute jarre sera remplie de vin. Il y a en effet des jarres remplies d'huile ou d'un autre liquide et il en est aussi qui restent vides » (*Homélies*, XII/1). Je crois plutôt, comme la plupart des commentateurs modernes, que la réaction des auditeurs ne montre pas leur bêtise, mais qu'elle montre que ce que vient de dire Jérémie était connu de tous et qu'il devait s'agir d'un dicton ou d'un proverbe. Cependant si les exégètes modernes s'accordent sur ce point, ils divergent sur l'interprétation à donner à un tel dicton. Comme il est possible que le proverbe n'est pas cité ici en entier, étant donné que les auditeurs de Jérémie le connaissent et sont en mesure d'en dire la suite (si suite il y a), le sens de ce proverbe peut facilement nous échapper, à nous qui ne le connaissons plus en entier. McKane a rassemblé les différentes interprétations (p. 113 s) qui ont été données. On a ainsi pensé (cf. Elliot Binns) que ce propos était celui d'un temps de prospérité, après une bonne année de récoltes « toute cruche est pleine de vin », c'est-à-dire que pas une n'est vide. D'autres sont d'avis (cf. Bright) que le sens du proverbe est d'indiquer que chaque chose a son usage : la jarre pour le vin, la chaussure pour le pied, l'autel pour le sacrifice... D'autres enfin (cf. Weiser) en font un proverbe de buveurs : toute cruche est pleine de vin... et doit être vidée ![58] Il est difficile de se prononcer et je me demande s'il est même nécessaire de le faire. Il me semble, en effet, que l'important n'est pas dans le sens du proverbe, mais dans la manière qu'a Jérémie de l'utiliser. Grâce à ce proverbe le prophète accroche son auditoire en disant quelque chose de connu de tous. Ce dicton est une évidence pour tous, en sorte qu'il y a là une plate-forme commune sur laquelle une autre évidence pourra être dite ou bien une nouveauté (telle est l'opinion de Volz et d'Aeschimann). L'auditoire ne peut qu'être attentif à la suite, d'autant plus que, comme le remarque très justement Giesebrecht, Jérémie a fait précéder le proverbe d'une formule de messager, insolite devant un proverbe. C'est cet insolite qui, à mon avis, éveille le plus l'attention de l'auditoire ; celui-ci attend une suite et cette suite lui sera donnée dans l'énoncé métaphorisé[59].

Pour la suite de l'énoncé métaphorisant, que l'on peut seulement repérer en sous-entendu en 13/14, il y a peu de remarques à faire, car il ne s'agit que d'allusions. Il me paraît tout à fait risqué, par exemple, de penser avec Origène (*Homélies*, XII/1 s.) qu'il serait question ici de bonnes et de mauvaises cruches, selon qu'elles contiennent du bon vin ou du mauvais, et d'en

---

58. S'il y a propos de buveurs, on peut le comprendre encore autrement ; ainsi Rudolph pour qui les cruches seraient une métaphore pour des buveurs, chacun étant «empli de vin ».

59. On peut noter ici que le métaphorisé ne sera désigné qu'après une réaction de l'auditoire et qu'avant cette réaction il n'est pas possible de savoir qu'il y a métaphore. On peut remarquer qu'un procédé analogue apparaît en 2 S 12/1 ss. Sans doute sommes-nous ici proches des courants sapientiaux.

conclure que seules les mauvaises cruches seraient ici cassées. C'est là une exégèse à laquelle il nous faut renoncer, car il n'y a rien de cela dans ce texte. Le vin est le même dans toutes et toutes sont cassées et détruites.

L'expression *'yš 'l 'ḥyw* signifie « l'un à l'autre » ou « l'un contre l'autre ». Il se trouve que dans l'AT on ne la trouve employée que pour des hommes (Gn 37/19, 42/21, 28, Ex 16/15, 25/20, 37/9, Nb 14/4, 2 R 7/6, Es 9/18, Jr 23/35, 25/26, Ez 24/23) et non pour des objets. Cependant on peut aisément admettre qu'elle peut être utilisée pour des objets, étant donné qu'au féminin on trouve *'šh 'l 'ḥth* pour des objets (cf. Ex 26/3, 5, 6, 17, Ez 1/9, 23, 3/13). On peut donc dire aussi, à propos de cruches, qu'on les casse « l'une contre l'autre ». Cela donne simplement une idée du moyen utilisé pour casser les cruches : elles sont cognées les unes contre les autres, sans utilisation d'un autre objet (marteau, caillou ou autre).

« Ni pitié, ni compassion, ni miséricorde n'empêchent de les détruire ». Le terme *nbl* doit désigner de la poterie de peu de valeur, si l'on en croit le fait qu'on en trouve chez des gens ordinaires (cf. 1 S 1/24, 10/3, 2 S 16/1) et si l'on remarque surtout que pour établir un contraste entre ce qui a le plus de valeur et ce qui en a le moins, Lm 4/2 cite l'or pur et des cruches de terre. Casser une cruche ne doit donc pas représenter une grande perte. Il est vrai que pitié, compassion et miséricorde interviennent peu, lorsqu'il s'agit de casser une cruche. Et si jamais elles interviennent c'est seulement à cause de la valeur du contenu ; mais rien n'est dit ici sur la qualité du vin dont sont remplies les cruches.

ÉTUDE DU MÉTAPHORISÉ

Voici que je vais remplir tous les habitants de ce pays, les rois issus de David qui siègent sur son trône, les prêtres, les prophètes, Juda et tous les habitants de Jérusalem, d'ivresse. Puis je les casserai l'un contre l'autre, pères et fils ensemble ; ni pitié, ni compassion, ni miséricorde ne m'empê-cheront de les détruire.

S'il n'est pas possible de dire si le proverbe cité en 13/12 avait une suite, il est certain, par contre, que ce que dit Jérémie en 13/13 n'était pas cette suite. Un détail montre clairement que les auditeurs entendent en 13/13 quel-que chose de tout à fait nouveau. Un effet de suspens est créé en 13/13 grâce à une interminable liste de gens (« tous les habitants de ce pays, les rois issus de David qui siègent sur son trône, les prêtres, les prophètes, Juda et tous les habitants de Jérusalem ») ; cette énumération permet de repousser jusqu'à la fin le complément du verbe *ml'*, en sorte que l'on se demande à l'écoute de cette liste s'il sera aussi question de « vin », comme c'est le cas dans le proverbe. Le suspens créé par la liste est accentué par la présence d'un allongement pausal sur le dernier nom de l'énumération : Jérusalem[60]. La pause

---

60. La ponctuation pausale de Jérusalem, avec qames (*yršlâm*), se trouve 141 fois au silluq (2 S 8/7, 10/14, 11/1, 12/31, 14/23, 15/37, 17/20, 19/34, 35, 20/2,

met d'autant plus en valeur le complément tant attendu : « ivresse ». S'il y a suspens, par cette longue énumération et par la pause, c'est que l'auditoire ne savait pas ce qu'allait dire Jérémie, et sans doute que le mot « ivresse » était inattendu. Sans doute que les auditeurs, à cause du proverbe cité, attendaient le mot « vin » (ce qu'ils auraient apprécié !). Avec le mot « ivresse », la surprise fait place à la déception.

Ceux qui voient en 13/13 la présence d'une glose dans la longue énumération détruisent le suspens de ce verset et c'est mal comprendre ce texte que d'en couper des morceaux, sous prétexte de glose.

Bien des exégètes pensent ici que cette ivresse est celle du vin de la colère de Dieu (ainsi Condamin, Weiser, Thompson qui rapprochent ce texte de 25/15 ss.). Il en serait ainsi si l'on pouvait noter une parenté de vocabulaire entre les deux ; or, cette parenté se limite à la seule mention du vin (25/15), ainsi qu'à l'emploi de la racine *škr* (25/27), C'est trop peu ! Le verbe important de la métaphore (*ml'*) ne se trouve pas en 25/15 ss. Il est ici question de « cruche », alors qu'il s'agit d'une « coupe » en 25/15. Enfin la colère de Dieu (25/15) n'apparaît pas en 13/12-14. Le rapprochement entre les deux textes ne me semble donc pas être fait par l'auteur de 13/12-14. Ce qu'il me paraît important de noter, par contre, c'est que les victimes de

---

24/8, 1 R 10/26, 12/18, 14/25, 15/4, 2 R 8/17, 12/19, 14/2, 15/2, 18/22, 19/21, 23/1, 20, 23, 24/8, 25/8, Es 2/1, 3, 4/3, 8/14, 10/32, 27/13, 28/14, 31/9, 37/22, Jr 7/17, 11/2, 9, 15/4, 17/19, 21, 22/19, 27/20, 21, 29/2, 32/32, 34/6, 35/11, 37/5, 38/28, 44/9, 51/35, 52/12, Ez 4/1, 9/8, 15/6, 22/19, Jl 4/1, Am 2/5, Mi 1/1, 5, 9, 12, 4/1, 2, So 3/14, Za 1/16, 17, 2/2, 16, 12/2, 6, 9, Ps 51/20, 102/22, 122/2, Ct 3/10, 5/16, Ec 1/1, 12, 2/7, Lm 2/10, 4/12, Dn 9/12, Esd 1/3, 4, 5, 11, 3/1, 4/6, 7/27, 9/9, 10/7, Ne 1/2, 2/20, 3/9, 11/2, 12/29, 1 C 3/4, 5/36, 8/28, 9/34, 18/7, 19/15, 20/3, 21/4, 28/1, 2 C 1/4, 14, 2/15, 9/25, 10/18, 12/4, 14/4, 17/13, 19/1, 8, 21/5, 23/2, 26/3, 27/8, 28/24, 30/3, 11, 26, 32/2, 10, 25, 33/1, 21, 34/1, 5, 7, 9, 29, 35/18, 36/1, 2, 10, 11, 14) et 132 fois à l'atnah (Jo 15/8, Jg 19/10, 2 S 5/14, 15/29, 16/15, 19/20, 1 R 8/1, 9/15, 11/7, 29, 15/2, 4, 10, 22/42, 2 R 8/26, 12/2, 14/2, 15/2, 33, 16/2, 18/2, 17, 21/1, 19, 22/1, 23/5, 9, 31, 33, 36, 24/8, 10, 18, Es 1/1, 10/12, 30/19, 31/5, 40/9, 52/2, 9, Jr 3/17, 4/4, 17/20, 25, 19/3, 29/1, 32/2, 35/13, 36/9, 37/11, 38/28, 44/6, 13, 17, 52/1, Ez 9/14, 14/21, So 1/4, Za 3/2, 8/3, 4, 8, 22, 13/1, 14/10, 12, 14, 16, Ml 2/11, 3/4, Ps 68/30, 122/6, 128/5, Ct 1/5, 5/8, 8/4, Ec 1/16, 2/9, Lm 2/15, Esd 2/68, 7/7, 8/29, 31, 32, Ne 2/11, 12, 3/12, 4/2, 16, 7/2, 11/1, 3, 6, 12/27, 13/6, 7, 1 C 3/5, 5/41, 6/17, 14/3, 4, 15/3, 20/1, 21/16, 2 C 5/2, 11/5, 14, 12/2, 19/4, 21/20, 22/2, 24/1, 25/1, 26/3, 27/1, 28/1, 29/1, 8, 30/1, 2, 5, 14, 26, 32/19, 26, 33, 33/9, 15, 36/3, 5, 9, 19). En dehors de cela elle est très rare : on la trouve comme ici dans des versets où il n'y a pas d'atnah (Jr 8/1, Ps 116/19, 135/21, Ne 13/20) et une seule fois en plus de l'atnah (Ps 137/7). Dans ces derniers cas, l'effet de la pause est ressenti : elle permet d'isoler assez nettement la fin du verset ; elle met ainsi en valeur le « Alléluiah » de Ps 116/19 et 135/21, ou bien le mot « tombe » en Jr 8/1. Ici, en 13/13 cette pause a d'autant plus de valeur que s'il y avait un atnah au même endroit. La parenté entre Jr 8/1 et 13/13 est grande : dans ces deux versets, il n'y a pas d'atnah et une longue liste se termine par cette pause pour isoler en fin de verset un mot particulièrement important. Je comprends mal comment Volz peut voir en cette pause la marque d'une glose.

l'ivresse en 13/13 sont essentiellement des gens exerçant de hautes respon-
sabilités (rois, prêtres, prophètes). Or, voilà que devenus ivres, ces gens-là
deviennent irresponsables. En même temps que les grands[61], tous les habitants du pays sont destinés à l'ivresse. C'est donc la totale déchéance du
peuple qui est annoncée.

Dans le passage du métaphorisant au métaphorisé et dans la reprise du
verbe *ml'*, un important clivage est à noter : il y a passage d'une conjugaison passive (niphal) à une conjugaison active (piel). Avec le niphal, l'énoncé
métaphorisant laisse dans l'ombre le sujet logique du verbe : on ne sait pas
qui remplit les cruches. Dans l'énoncé métaphorisé, le passage au piel permet de faire ressortir et de souligner le sujet de l'action : Dieu. On peut noter
ici que le même procédé utilisé en 13/7, 9 est repris en 12-13, pour la même
mise en évidence de l'action de Dieu. Ce n'est pas le peuple qui s'enivre lui-
même et qui est responsable de sa desctruction, mais c'est Dieu et lui seul,
qui est ici à l'œuvre. Mais à la différence de 13/1-10, le geste de Dieu n'est
pas expliqué. En qualifiant le peuple de « mauvais » et en énumérant ses
fautes (13/10), la métaphore de la ceinture laisse entendre que le péché du
peuple, sa « fierté », est pour quelque chose dans la décision prise par Dieu
de détruire. Bien sûr, c'est le même peuple « mauvais » qui est visé ici, mais
l'heure n'est plus celle de la dénonciation. Dieu enivre le peuple de propos
délibéré, sans donner la moindre explication, sans qualifier le peuple de quoi
que ce soit, sans mentionner la moindre faute qui pourrait expliquer l'attitude de Dieu (aussi bien en 13/13 qu'en 13/14). Cela rend l'enivrement du
peuple d'autant plus dur. Si d'une certaine manière l'énumération des fautes du peuple, en 13/10, pouvait pousser celui-ci à la repentance, il n'en est
plus question maintenant. Et d'ailleurs, que serait la repentance d'un peuple ivre ?

Un autre élément de clivage dans le foyer est à noter, c'est le passage
de l'indicatif (*yml'*) au participe (*mml'*). Ce participe apparaît dans une construction (*hnny mml'*), dont la particularité est d'introduire un autre verbe[62].
Il s'agit d'une sorte de tremplin pour passer à autre chose. Grâce à ce tremplin, le foyer en appelle un autre. Tel est le moyen utilisé pour introduire
npṣ comme un nouveau foyer.

---

61. La mention des rois au pluriel n'indique pas ici que l'enivrement est celui
de plusieurs générations de rois. Ce pluriel, comme le note très justement Hitzig en
renvoyant à 17/20, désigne plutôt toute la famille royale.

62. Dans le livre de Jérémie, *hnh* suivi d'un participe est fréquent dans les oracles, mais jamais l'oracle ne se limite à ce seul participe (cf. 1/15, 2/35, 5/14, 15,
6/19, 21, 22, 7/8, 20, 32, 8/17, 9/6, 14, 24, 10/18, 22, 11/11, 22, 12/14, 16/19, 12,
16, 21, 18/11, 19/3, 6, 15, 20/4, 21/4, 8, 23/2, 5, 7, 15, 25/9, 29, 32, 28/16, 29/17,
21, 32, 30/3, 10, 18, 31/8, 31, 38, 32/3, 7, 37, 33/6, 14, 34/2, 17, 22, 35/17, 37/7,
39/16, 43/10, 44/11, 27, 30, 45/5, 46/25, 27, 47/2, 48/12, 49/2, 5, 35, 50/9, 18,
31, 41, 51/1, 36, 52). Le seul oracle limité au *hnh* + participe est en 27/16 et il s'agit
d'un oracle de faux prophètes ! Il est donc impossible de considérer 13/14 avec
McKane comme un rajout (à moins qu'on veuille en faire un oracle de faux
prophète !).

Le sujet de *npṣ* est à nouveau Dieu : « Je les casserai l'un contre l'autre ». Certes, avec « l'un contre l'autre ». on peut dire avec BC que c'est le peuple qui se brise lui-même ; on peut parler avec Rudolph de conflits de générations à l'intérieur des familles (« pères et fils ensemble »), ou même avec Calvin et Volz de guerre civile ; mais cela reste à l'arrière plan par rapport au fait majeur : Dieu brise le peuple. Ces exégètes émoussent la pointe de l'oracle, s'ils ne reconnaissent pas à Dieu l'entière responsabilité de la destruction. L'expression « l'un contre l'autre » invite aussi à penser qu'un intermédiaire ne sera pas utilisé pour casser le peuple. Comme intermédiaire, on pense avant tout à l'ennemi du Nord, mais il n'y a aucune allusion à lui dans cet oracle. Le face à face entre Dieu et le peuple a pour seul intermédiaire le prophète, comme en 13/1-10.

Qu'il y ait une ou deux racines *npṣ*, de toute manière il faut choisir ici entre « casser » et « disperser ». A cause de *'l*, qui accompagne *npṣ*, le sens de « disperser » est à exclure, car on ne peut disperser des gens les uns « vers » les autres. Par contre, on peut casser ou fracasser des individus, en précisant ensuite, grâce à *'l*, ce « contre » quoi on les fracasse, comme on peut le voir en Ps 137/9, où s'il s'agit de « fracasser » des enfants « contre » (*'l*) un rocher. Employé pour des individus, ce verbe est d'une extrême violence : il dénote un meurtre[63]. Sans doute les versions anciennes ont-elles été heurtées par la violence de cet oracle (on les comprend). En traduisant par « disperser », la LXX et la Vulgate ont vraisemblablement songé que l'oracle annonçait l'exil. Même en connotation, un tel sens est contredit par la présence de *'l* dans l'expression.

Avec *npṣ*, on peut noter qu'en 13/14a un autre vocabulaire est utilisé pour décrire le peuple. Il ne s'agit plus comme en 13/13 de groupes sociaux (famille royale, prêtres, prophètes), mais du peuple considéré cette fois selon les relations familiales (pères, fils, et l'on peut rajouter le mot « frère »). Ce changement d'éclairage porté sur le peuple se comprendrait difficilement si l'oracle se terminait avec 14a[64] ; par contre, il prend un sens, quand on considère la fin du verset. Puisqu'il est question du meurtre du peuple, parler de ce meurtre en employant des termes de l'isotopie familiale permet de soulever la question de la miséricorde de Dieu. Si Dieu n'a pas pitié du peuple considéré comme une organisation sociale, politique et religieuse, aura-t-il pitié de ce même peuple présenté sous un angle plus affectif ? A la suite de ce glissement au niveau du vocabulaire, 14b retentit avec plus de force : « ni pitié, ni compassion, ni miséricorde ne m'empêcheront de les détruire ».

---

63. Si je traduis dans cette métaphore *npṣ* par « casser », c'est pour souligner l'allusion aux cruches, mais on mesure ici combien par ailleurs ma traduction manque de force. Je n'ai pas pu trouver en français un verbe appartenant aux deux isotopies de la métaphore.

64. C'est là ma critique à l'égard de Schreiner, qui considère 14b comme une glose. Sans 14b que signifie le changement d'isotopie pour parler du peuple ? Schreiner ne dit rien là-dessus.

Et le verbe šḥt est aussi violent que ne l'est npṣ. On peut les considérer ici comme synonymes. Quelle que soit la manière dont on parle du peuple, le projet de Dieu est le même.

« Je serai sans pitié, je serai sans compassion, je serai sans miséricorde » : cet amoncellement de synonymes a valeur de superlatif. Il ferme la porte à quiconque rappellerait à Dieu sa traditionnelle miséricorde : non ! non ! non ! Si l'on peut résumer la prédication d'Israël en disant que le peuple vit parce que Dieu est miséricordieux et ne détruit pas, Jérémie annonce la mort du peuple en déplaçant la négation[65] : Dieu n'exercera pas sa miséricorde et détruira. La miséricorde de Dieu ne se marchande pas. Après les trois verbes insistant sur la non pitié de Dieu, le dernier mot de l'oracle tombe comme un couperet : šḥt. Pas même un reste n'est envisagé. Je connais peu d'oracles aussi durs. Mais je ne connais pas non plus d'oracles qui proclament avec autant de force que Dieu n'a pas besoin de dépendre d'un peuple pour être Dieu[66].

Ne serait-ce qu'avec le verbe šḥt comme mot crochet, le rapprochement entre 13/1 ss. et 12-14 se comprend. Dans cet ensemble, šḥt en tout dernier mot de l'oracle renvoie bien sûr au šḥt qui est au tout début de l'oracle précédent (13/9), formant ainsi une espèce d'inclusion. Ce rapprochement est souligné par le fait que le contenu de ces deux textes est entière-

---

65. On a vu plus haut (p. 202) que la théologie israélite traditionnelle emploie pour Dieu le verbe šḥt presqu'uniquement avec la négation. On peut voir maintenant que pour les trois verbes (ḥml, ḥws, rḥm) du début de 14b c'est l'inverse. Le verbe ḥml est employé pour Dieu qui a pitié en Ez 36/21, Jl 2/18, Ml 3/17, 2 C 36/15 et qui n'a pas pitié en Ez 5/11, 7/4, 9, 8/18, 9/10, Za 11/6, Lm 2/2, 17, 21, 3/43, Jb 16/13. ḥws pour Dieu qui compatit en Ez 20/17, Jl 2/17, Jn 4/11, Ne 13/22 et qui ne compatit pas en Ez 5/11, 7/4, 9, 8/18, 9/10, 24/14, rḥm pour Dieu miséricordieux en Ex 33/19bis, Dt 13/18, 30/3, 2 R 13/23, Es 14/1, 30/18, 49/10, 13, 54/8, 10, 55/7, 60/10, Jr 12/5, 30/18, 31/20bis, 33/26, Ez 39/25, Os 1/7, 2/25, Mi 7/19, Hb 3/2, Za 10/6, Ps 102/14, 103/13, 116/5, Lm 3/32 et pour Dieu qui refuse sa miséricorde en Es 9/16, 27/11, Os 1/6, 2/6, Za 1/12. Au total, rares sont les passages antérieurs à Jérémie qui parlent de la non pitié de Dieu (Es 9/16, Os 1/6, 2/6). Pour Osée Dieu peut ne pas avoir pitié, mais il ne détruit tout de même pas (cf. šḥt en 11/9). Pour Esaïe, c'est d'une partie du peuple que Dieu n'a pas pitié ; un reste subsiste. Ici Jérémie cumule les trois verbes (il est le seul à le faire dans l'AT, ici et en 21/7) dans une image qui vise l'ensemble du peuple, sans qu'on puisse entrevoir une possibilité de reste.

66. Le contraste par rapport au Proche-Orient est frappant. Dans la pensée proche-orientale les dieux dépendent d'une façon ou d'une autre des hommes. Ils ont besoin d'eux pour ne pas avoir à accomplir des tâches pénibles (c'est le motif invoqué dans le mythe d'Athrahasis pour expliquer la création de l'homme ; cf. Labat, Caquot, Sznycer, Vieyra, p. 28 « pour que l'homme assume le dur labeur de dieu ») ou bien pour se nourrir (cf. l'*Épopée de Gilgamesh*, où l'on raconte qu'après le déluge, les dieux se jettent comme des mouches sur le sacrifice offert par le survivant ; ibid, p. 217). Rien de semblable dans Jérémie : le sort de Dieu n'est pas lié au sort de son peuple.

ment métaphorique[67]. Si les deux ont, entre autres foyers, le verbe šḥt avec Dieu pour sujet, le message est sensiblement le même, cependant une nette progression apparaît dans la force de ce message. En 13/10 la description du peuple s'accompagne de la mention de ses fautes, ce qui semble être indirectement un appel à la repentance et une allusion à un pardon possible. En 13-14 toute mention de faute disparaît, ce qui semble écarter la possibilité d'une repentance, et la non miséricorde de Dieu est clairement affirmée, fermant ainsi la porte d'un pardon éventuel. Si l'on note encore que l'on passe du futur (13/9) au futur immédiat (13/13), la destruction devient de plus en plus imminente. Avec le changement de métaphorisant, on passe d'un humble vêtement (une ceinture de lin) à un objet sans grande valeur (une cruche). Un glossateur s'est emparé du premier métaphorisant pour parler encore de l'attachement de Dieu au peuple (13/11), mais aucune glose n'a été faite pour relever quelque chose de positif dans le deuxième métaphorisant[68].

7. MÉTAPHORE DE L'ARGILE ET DU POTIER (18/2-6)

(1) TELLE EST LA PAROLE QUi FUT ADRESSÉE A JÉRÉMIE DE LA PART DU SEIGNEUR : (2) Debout ! Descends chez le potier et là je te ferai entendre mes paroles. (3) Je descendis chez le potier et voici qu'il était en train de travailler au tour. (4) Lorsque dans la main du potier le vase qu'il faisait avec de l'argile était raté, il en refaisait un autre vase, comme il plaît à un potier de faire.

(5) Alors la parole du Seigneur me fut adressée : (6) Ne puis-je pas faire avec vous comme ce potier, maison d'Israël, oracle du Seigneur ? Vous voici dans ma main, maison d'Israël, comme l'argile dans la main du potier.

REPÉRAGE DE LA MÉTAPHORE

En 18/6a apparaît la particule *k* comme indice formel pour établir une comparaison entre Dieu et un potier. Reste à savoir si cet indice est accompagné d'un réel changement d'isotopie. Étant donné qu'il est question de Dieu et que Dieu peut être catachrésiquement désigné comme potier (cf. plus haut, p. 22), il se pourrait que dans ce passage Dieu soit, d'une part, lui-même décrit comme un potier, et, d'autre part, comparé au potier que visite

---

67. Schneider fait cavalier seul en rattachant 12-14 à ce qui suit et non à ce qui précède. Il n'avance pour cela aucun argument. Je rejoins ici les autres exégètes qui s'en tiennent au rapprochement entre 13/1 ss. et 12-14 : même style en prose ; même structure du texte en deux parties avec une formule prophétique au début de chacune (la deuxième partie étant chaque fois un oracle).

68. On pourrait en faire une, mais elle ne serait pas très flatteuse pour le peuple. En jouant sur les mots, on pourrait dire que si le peuple est comparable à une cruche (*nèbhèl*), c'est parce qu'il est insensé (*nâbhâl*), « cruche ». C'est à cause de la polysémie du mot français, que j'ai traduit ici par « cruche » !

Jérémie. Dans ce cas nous serions en présence d'un Dieu-potier comparé à un potier humain, ce qui ne serait pas un changement d'isotopie : il y aurait une comparaison et non une métaphore.

Si l'on s'en tient à cet ensemble (1-6), un examen du vocabulaire choisi pour décrire Dieu, d'une part, et le potier, de l'autre, donne un résultat concluant. Les termes appartenant à l'isotopie du potier sont les suivants : *ywṣr* (18/2, 3, 4*bis*, 6), *'bnym*, c'est-à-dire le tour[69] (18/3), *kly* (18/4*bis*) et *ḥmr* (18/4, 6). Tous ces termes sont utilisés pour la seule description du potier humain, auquel Jérémie rend visite ; aucun terme de l'isotopie du potier n'est utilisé pour décrire Dieu, en sorte que Dieu est comparé en 18/6 au potier que visite Jérémie, sans par ailleurs être lui-même décrit comme un potier. Cela fait donc apparaître dans ce texte un réel changement d'isotopie entre Dieu et « ce potier » : la métaphore est claire.

En 18/6b apparaissent deux nouvelles particules (*k* et *kn*) mettant cette fois en présence deux sujets (« argile » et « maison d'Israël »), différents de ceux de 6a (« ce potier » et « Dieu »). En 6b, il y a clairement changement isotopique entre les deux sujets, en sorte que 6b se présente comme une nouvelle métaphore.

Les deux métaphores de ce verset 6 sont différentes, mais les sujets métaphorisants choisis (« potier » et « argile ») appartiennent à la même isotopie, ce qui peut nous permettre de parler ici d'un ensemble métaphorique unifié. Non seulement cet ensemble est unifié au niveau des métaphorisants, mais encore il l'est au niveau des métaphorisés, grâce à une interpénétration de ces deux sujets métaphorisés dans les deux énoncés. En effet, le sujet métaphorisé de la deuxième métaphore (« maison d'Israël ») est aussi mentionné dans la première (6a) et c'est à lui que renvoie aussi le suffixe de *lkm*, que l'on trouve dans le premier énoncé. « Maison d'Israël » est au vocatif dans chacun des énoncés ; et dans chaque métaphore ce vocatif est accompagné d'un pronom à la deuxième personne du pluriel (*lkm* puis *'tm*). Quant au premier sujet métaphorisé (Dieu), il est désigné par une première personne dans la première métaphore (*'wkl*), comme dans la seconde (*bydy*). Ces mentions des deux sujets métaphorisés dans chacune des métaphores donnent à cet ensemble, déjà unifié par une commune isotopie métaphorisante, une encore plus grande unité. Il y a bien deux métaphores, mais elles sont tellement liées qu'il m'arrivera parfois de parler de l'ensemble comme d'une seule (ce que j'ai déjà fait dans le titre du chapitre).

---

69. Ostervald traduit *'bnym* par « selle » (« et voici, il faisait son ouvrage étant assis sur sa selle »). Bien des progrès ont été faits depuis Ostervald. Et l'identification du « tour » est maintenant chose acquise. Je relève simplement ce qui est dit en BC : « Le terme signifie étymologiquement « les deux pierres » ou, selon d'autres, « les deux roues ». Le tour était, en effet, formé de deux disques de pierre superposés et auxquelles l'artisan imprimait un mouvement de rotation soit avec la main gauche (ainsi dans l'ancienne Égypte ; cf. BENZINGER : *Hebr. Archäologie*, 3ᵉ éd., p. 153, fig. 153), soit avec les pieds posés sur le plateau inférieur (ainsi Sir 38/29 : « le potier qui tourne la roue avec ses pieds ») ».

Pour la première métaphore le foyer est le verbe *'śh*, employé pour le métaphorisé et sous-entendu pour le métaphorisant : Dieu fait comme le potier fait (il semble difficile d'adjoindre à ce foyer le verbe *ykl* : Dieu peut faire comme le potier peut faire ; la question se pose en tout cas). Pour la deuxième métaphore le foyer est clairement désigné, grâce à la reprise de *byd* (« dans la main de ») après chaque particule de comparaison ; nous sommes là en présence d'une des rares métaphores de Jérémie, où le foyer n'est pas verbal, mais nominal. Sans doute est-ce pour que ce foyer n'échappe pas que *byd* est répété et souligné par les particules comparatives, donnant ainsi à cette métaphore une structure simple :

hnh kḥmr   byd hywṣr
kn 'tm bydy   byt yśr'l

DÉLIMITATION DE L'ENSEMBLE MÉTAPHORIQUE

En 18/6 il est aisé de délimiter les énoncés de chaque métaphore. L'énoncé métaphorisant de la première est « ce potier », et l'énoncé métaphorisé « ne puis-je pas faire avec vous, maison d'Israël ? ». Pour la seconde l'énoncé métaphorisant est « l'argile dans la main du potier » et l'énoncé métaphorisé « vous dans ma main, maison d'Israël ».

Tout ne s'arrête pas là cependant. En faisant le relevé (cf. p. 271) des termes relevant de l'isotopie du potier, on a noté que certains de ces termes se trouvaient en dehors du verset 6. On peut maintenant préciser que c'est dans les seuls versets 2-4 qu'il s'en trouve d'autres. Cela fait ressortir les versets 1 et 5 ; ceux-ci contiennent des formules d'introduction, la première pour un récit (2-4), la seconde pour un oracle (18/6 ss.), ce qui fait apparaître une structure de texte semblable à celle de 13/1 ss.

Le sujet métaphorisant en 6a (« ce potier ») est, si l'on en croit le démonstratif, le potier dont il est question en 2-4, en sorte que 2-4 appartient à l'énoncé métaphorisant de cette première métaphore. Mais on peut dire aussi que 2-4 appartient à l'énoncé de la deuxième métaphore (6b) étant donné que tout l'énoncé métaphorisant de 6b (« l'argile dans la main du potier ») se retrouve mot pour mot en 18/4 (« l'argile dans la main du potier »). Certainement qu'en 18/6b il s'agit toujours du même potier. On le voit, 2-4 appartient à l'énoncé métaphorisant de l'une comme de l'autre des métaphores de 18/6. Cela rend insécable l'énoncé de cet ensemble métaphorique, que l'on peut ainsi délimiter : 2-4, 6. C'est dans l'énoncé métaphorisant de cet ensemble que l'on trouve le verbe *šḥt* (18/4).

En 18/11, après l'absence totale en 7-10 de tout terme appartenant à l'isotopie du potier, apparaît un seul terme de cette isotopie : le verbe *yṣr*. Il y a là une reprise, cependant un important glissement s'est opéré, en sorte qu'il n'est pas possible de parler d'une reprise de la métaphore interrompue par 7-10. Il s'agit plutôt d'une nouvelle métaphore. Le glissement apparaît dans le fait que ce qui est entre les mains de Dieu, ce qui est « façonné » par lui, n'est plus la « maison d'Israël », mais « un malheur » (*r'h*). Le sujet métaphorisé a changé et de ce fait nous sommes en présence d'une nouvelle métaphore, qui demande à être étudiée pour elle-même. Elle le serait ici, si elle avait un lien quelconque avec *šḥt* ; or, ce lien ne m'apparaît pas. Le malheur que Dieu façonne, en effet, n'est en rien quelque chose de « raté » . je ne vois pas comment le niphal de *šḥt* en 18/4 pourrait aussi appartenir à la métaphore de 18/11. Je laisserai donc ici 18/11 de côté.

J'ajouterai que l'utilisation que 18/11 fait de l'isotopie du potier diffère de celle qui en est faite en 2-6. En 2-6 l'isotopie du potier, on l'a vu, est uniquement utilisée pour décrire le potier humain et ne l'est pas pour Dieu. Par contre, en 18/11, l'isotopie du potier est utilisée pour décrire Dieu (qui est sujet de *yṣr*) et non pour le potier, dont il est question en 2-6 et que l'on perd de vue en 18/11. Cette différence dans l'utilisation de l'isotopie du potier contribue à faire de 18/11 un texte métaphorique différent de celui de 2-6. C'est une nouvelle raison pour étudier 18/11 à part.

ÉTABLISSEMENT DU TEXTE

Avant d'en venir aux questions de critique textuelle, des problèmes de critique littéraire sont à résoudre.

Selon Cornill, commencerait avec le verset 5 un développement que l'on ne peut attribuer à l'auteur de 1-4 il a été répondu à cela, par Volz et Peake en particulier, que 1-4 devient incohérent si on le coupe de l'oracle qui suit. En effet, en 18/2, Dieu annonce à Jérémie que chez le potier il lui fera entendre ses paroles. Si l'on coupe après le verset 4, ces paroles ne sont pas prononcées et le récit est incomplet. Ne serait-ce qu'à cause de *dbry* en 18/2, le récit doit à tout prix être suivi d'un oracle. Dans sa réponse à Cornill, Volz précise que 5 ss. est, « dans sa forme actuelle » (*in der jetzigen Form*), dû à une nouvelle main, mais qu'il faut tout de même supposer après 1-4 un oracle, même s'il est difficile de retrouver le texte original. Reprenant l'étude de ce passage, Thiel (p. 210 s.) en arrive à la conclusion qu'une différence de vocabulaire n'apparaît qu'à partir du verset 7 et que la terminologie dtr, présente en 7 ss., est totalement absente en 2-6. La même année que Thiel (1973), Nicholson en arrivait à la même conclusion. Les deux rejoignaient ainsi Hyatt et Rudolph, pour qui aussi la coupure dans ce texte n'a pas lieu au verset 5, mais au verset 7. Je ne voudrais pas répéter la démonstration, qui me paraît convaincante ; je signalerai simplement qu'un tel découpage isole d'autant plus 18/11 et 18/2-6.

Ce qui plaiderait en faveur de Cornill pour un découpage au verset 5, c'est qu'il est question de Jérémie à la 3e personne en 18/1 et à la première en 18/5. Cependant cette observation est trop rapide, car en 18/3 il est aussi question du prophète à la 1re personne. C'est donc le seul verset 1 qui, avec la 3e personne, se trouve isolé de 2-6. Avec Thiel, Rudolph, Schreiner, il me paraît juste de voir en 18/1 une introduction, non pour le simple récit du potier, mais pour l'ensemble des chapitres 18-20, reliés entre eux, en particulier par le thème du potier abordé dans les chapitres 18 et 19. C'est pour cet ensemble, où Jérémie est désigné à la 3e personne (en 19/14 et 20/1), que 18/1 a été composé avec une même utilisation de la 3e personne. Dans cet ensemble, l'emploi de la 1re personne en 18/2-6 fait de ce petit texte un morceau primitivement isolé et indépendant, que l'on peut même faire remonter à Jérémie lui-même. Si l'attribution de 2-6 à Jérémie a été combattue par Duhm, parce qu'il jugeait ce récit trop « enfantin » et « trivial », un tel point de vue est de plus en plus abandonné. Avec Condamin, Nicholson, Rudolph et Aeschimann, je crois pouvoir dire que ce petit récit à la première personne peut être attribué à Jérémie. Je l'étudierai donc, en laissant de côté le développement qui en est donné en 7-12.

18/1 ne pouvant être attribué au même auteur que 2-6, je l'ai écrit en capitale (p. 270) pour faire apparaître la différence. Il est vraisemblable que 2-6 avait son introduction propre (si l'on isole 2-6, en effet, le début en est brutal), mais celle-ci a disparu pour être remplacée par ce que nous lisons actuellement en 18/1. On ne peut rien dire de plus sur l'introduction primitive.

En ce qui concerne maintenant la critique textuelle, des divergences apparaissent entre les manuscrits hébreux et doivent être examinées avant de passer à l'étude des versions.

En 18/3, les Massorètes invitent à lire non pas *whnhw*, mais *whnh hw'*, ce qui au niveau du sens ne change rien. Le ketib est hapax, et sans doute est-ce pour cela que les Massorètes corrigent. Dans tous les autres textes, où *hnh* est suivi d'un suffixe de la 3e personne masculin singulier, on a *hnw*, mais ces passages sont peu nombreux (Nb 23/17, Jb 2/6, 1 C 11/25). Rien n'empêche de penser que la double orthographe (*hnw* et *hnhw*) a pu exister[70]. Hitzig signale que le qeré n'est pas mentionné dans tous les manuscrits, ce qui pourrait indiquer que *hnhw* n'a pas paru fautif à tous les scribes. Le qeré (avec pronom séparé) me semble être la voie de la facilité, car à la 3e personne masculin singulier, à côté des rares emplois avec suffixe, c'est la forme que l'on rencontre le plus souvent (Gn 20/16, Ex 4/14, Dt 22/17, Jg 9/33, 1 S 10/22, 2 S 9/4, Jr 38/5, Hb 2/19, Rt 3/2, 2 C 26/20). Devant ce qeré *facilior*, je garderai donc le ketib, qui est *difficilior*, sans être toutefois forcément fautif.

En 18/4 les manuscrits hébreux se partagent ; les uns ont *bḥmr et les autres kḥmr*. Peu d'exégètes (Nicholson et Thompson) et de traducteurs (TOB) optent pour *bḥmr*. Les plus nombreux (Volz, Bright, Steinmann, Rudolph, ainsi que Segond, VS, Osty, Crampon, Darby, BP) optent pour *kḥmr*. Il me paraît décisif de noter qu'aucune version ancienne ne semble avoir connu l'orthographe *kḥmr*. La LXX (et avec elle la Vetus Latina et la

---

70. Je note, en effet, qu'avec d'autres suffixes, on observe aussi pour *hnh* des différences orthographiques. On trouve ainsi, en dehors de toute influence de la pause, aussi bien *hin^enî* (Gn 6/17, 9/9...), que *hinnènnî* (Gn 22/7, 27/18) ou *hinnénî* (Es 65/1) pour la première personne. On trouve aussi *hinn^ekhâ* (Gn 20/3, Dt 31/16) ou *hinn^ekhâh* (2 R 7/2) pour la seconde masculin singulier. On peut donc admettre une double orthographe pour la troisième masculin singulier.

Peshitta) ne traduit pas, mais la Vulgate (*e luto*), Aquila et Theodotion (*en tô pêlô*), la recension de la LXX dite de Lucien (*ek tou pêlou*), la version arménienne ainsi que le Targum (*dṭyn'*) ne peuvent pas être considérés comme ayant traduit un original en *khmr*. Tous semblent avoir lu *bḥmr*. J'en conclus que la forme *khmr* semble être apparue relativement récemment dans la seule tradition massorétique. Même si cette forme est bien attestée dans les manuscrits, elle est secondaire et ne peut être retenue. Si les exégètes lui ont accordé une certaine faveur, c'est, entre autres, parce qu'elle a long-temps figuré dans le texte-même des éditions de l'AT (cf. en particulier la BHK de 1906, où *bḥmr* ne figure même pas dans l'apparat critique, en sorte que certains commentateurs ou traducteurs n'ont même pas eu à choisir). Si dans la tradition massorétique *khmr* est apparu tardivement à côté de *bḥmr*, cela doit venir du fait qu'en 18/6 se trouve l'expression *khmr byd hywṣr* ; et c'est cette expression de 18/6 qui a pu entraîner en 18/4 le *khmr byd hywṣr* de certains manuscrits. Je retiens donc *bḥmr* pour 18/4, même si Rudolph estime que cela n'a pas de sens. Ce *bḥmr* me semble, au con-traire, être tout à fait clair, si on en fait le dernier mot de la relative (« que celui-ci faisait avec de l'argile »), insérée dans une autre proposition (*wnšḥt hkly... byd hywṣr* : lorsque le vase était raté dans la main du potier), ce que suggère le disjonctif placé par les Massorètes sous *bḥmr*. Cela quel que soit le sens du beth de *byd* : locatif (cf. Chouraqui II : « Le vase est détruit dans la main du potier ») ou désignation du complément d'agent (« le vase était raté par la main du potier » ; cf. TOB : « Le potier ratait l'objet »).

La LXX présente avec le TM en 2-6 plusieurs différences : « Debout, descends chez le potier et là qu'on écoute mes paroles. Je descendis chez le potier et voici qu'il travaillait sur les pierres. Le vase qu'il faisait échoua dans ses mains et il en refit un autre vase, comme il envisageait de faire. Alors une parole du Seigneur me fut adressée : Ne puis-je pas faire avec vous comme ce potier, maison d'Israël ? Voici, vous êtes dans mes mains comme l'argile du potier ».

Avant d'examiner chaque détail dans les différences entre LXX et TM, un coup d'œil d'ensemble sur tout le passage en prose (18/1-12) permet de constater que le texte de la LXX est plus bref et que cette brièveté vient géné-ralement, non d'une différence de Vorlagen, mais d'un allégement fait par le traducteur grec par rapport à un texte qui est le même que celui du TM, sans doute pour éviter des lourdeurs.

Dans les versets 2-4 se trouvent dans le TM quatre mentions du potier. La LXX traduit les deux premières et n'a, pour les deux suivantes, qu'un pronom pour désigner ce personnage (*en tais chersin autou* et *enôpion autou* au verset 4). Il est difficile de penser que dans le TM des suffixes auraient été remplacés par un nom, quand il n'y a aucune équivoque possible sur l'antécédent de tels suffixes. Par contre, il est aisé de voir que pour la LXX la quadruple mention du même mot en trois versets a pu paraître lourde et que des pronoms rendaient le texte plus agréable à lire sans toucher au sens. Alors que BHK signalait cette différence au verset 4, en estimant que la Vorlage était *bydyw* et *b'ynyw*, BHS maintenant ne signale plus ces points, je crois avec raison. La LXX n'avait pas là un texte différent, mais elle a simplement traduit librement, pour alléger son texte sans toucher au sens ; sa Vorlage est la même que ce que nous avons dans le TM[71].

Même situation en 7b, où dans le TM nous avons trois infinitifs sans suffixes (« pour déraciner, renverser et perdre »). Dans la LXX il n'y a que deux infinitifs et un pronom pour en spécifier le complément (*tou exarai autous kai tou apolluein*). BHK signale la disparition de l'infinitif, mais pas l'ajout du pronom, alors que BHS ne signale rien, estimant sans doute que la LXX a traduit librement, sans avoir forcément une Vorlage autre que celle du TM. C'est en tout cas ce que je crois. On pourrait penser qu'un ajout aurait été fait dans le TM, ainsi que la suppression du suffixe, pour souligner l'allusion à 1/10. Cependant cette allusion pouvait difficilement échapper, car en 9b se trouvent en opposition à ceux de 7b deux autres verbes de 1/10. Je crois plutôt que la LXX a jugé trop lourds les trois infinitifs de 7b et qu'elle a préféré en enlever un pour équilibrer avec les deux infinitifs de 9b, en remplaçant l'infinitif manquant par un pronom rendant plus explicite le complément.

Si cette tendance à l'allégement est réelle dans la LXX, on peut alors trouver là l'explication à la disparition du deuxième vocatif au verset 6 : « maison d'Israël » se trouve deux fois dans le TM en 18/6 et seul le premier apparaît dans la LXX. Autant je vois mal pourquoi le TM aurait ajouté ce deuxième vocatif, qui n'apporte rien au texte, autant il est aisé de penser que la LXX n'a vu que lourdeur dans ce deuxième vocatif, qu'elle a supprimé pour obtenir un texte plus agréable à lire, sans toucher au sens du texte.

Dans le même verset 6, en 6b, la LXX ne traduit que la première particule comparative (*k*) ; je vois encore là liberté de traduction pour alléger. Je crois qu'il en est de même lorsqu'elle traduit qu'une des deux mentions de *byd* en 6b. Il ne s'agit pas de Vorlage plus brève, mais d'allégement dans la traduction. En 6a, l'absence de *n'm yhwh* dans la traduction de la LXX est pour moi un autre allégement par cette dernière, sans modification dans le sens du texte, étant donné que 18/5 est rédigé de telle façon qu'on comprend que 18/6 est un oracle.

En 18/4 la LXX ne traduit pas *bḥmr*. La mention de l'argile est importante dans ce texte, puisqu'elle sert à introduire le métaphorisant de 6b. On peut penser à un ajout du TM pour préparer cette métaphore et pour mieux souligner le lien entre cette dernière et le récit. On peut aussi penser à un homoïarcton qui aurait fait passer le traducteur grec de *bḥmr* à *byd*. Je crois plutôt qu'il s'agit d'un nouveau cas d'allégement de la part de la LXX. Il est si naturel, en effet, qu'un potier travaille « avec de l'argile », que ce détail

---

71. Un semblable allégement du texte a noté (cf. plus haut, p. 243) en 13/7, où la sixième mention de la ceinture (13/1-7) est remplacée par un pronom relatif.

a dû paraître superflu au traducteur. De là vient, me semble-t-il, la différence entre TM et LXX, qui n'est pas une différence de *Vorlagen*.

En 18/2 la LXX traduit le hiphil du TM (« je te ferai écouter »), par une forme différente (« on écoutera »). La BHK signale ce point comme une différence de *Vorlagen*, alors que BHS y renonce. Cette dernière me paraît avoir raison. Il peut s'agir en effet d'une nouvelle liberté de traduction avec explication sur le sujet (la parole entendue ne concernant pas seulement le prophète, mais le peuple ou ses représentants). On peut noter que la Vulgate se permet également de traduire librement (« tu écouteras »), sans toutefois copier la LXX (et sans qu'on puisse imaginer que la LXX et Vulgate avaient une *Vorlage* commune, différente de celle du TM).

Une modification de texte d'un autre type apparaît dans la LXX. Dans le TM, la mention de la main du potier (18/4, 6) et de la main de Dieu (18/6) est toujours au singulier, alors que dans la LXX il est toujours question des mains, au pluriel (18/4, 6). Si l'on se souvient qu'il existait deux techniques pour actionner le tour : l'une avec une main et l'autre avec les pieds (cf. plus haut, p. 271, n. 69), on peut penser que Jérémie avait en vue la première de ces techniques, laissant au potier une main pour modeler l'argile, pendant que l'autre manœuvrait le tour (« lorsque le vase qu'il faisait avec de l'argile était raté dans *la* main du potier »). Le pluriel dans la LXX laisse penser que le traducteur avait en tête l'autre technique, avec un tour actionné par les pieds, de telle manière que les deux mains du potier étaient totalement disponibles pour le travail de l'argile (« le vase qu'il faisait échoua dans *ses* mains »). Je ne sais si le texte de Sir 38/29 a influencé le traducteur grec, mais toujours est-il que LXX et Siracide s'adressaient aux mêmes auditeurs grecs, pour qui le tour ne s'actionnait qu'avec les pieds. On voit par là que la LXX a « modernisé » sa traduction, sans forcément avoir une *Vorlage* différente de celle du TM.

En conclusion, je crois pouvoir dire que le texte traduit par la LXX est le même que celui que nous trouvons dans le TM. De ce fait, il me paraît faux de s'appuyer sur la LXX pour corriger le TM. Ainsi, je ne puis suivre BC qui supprime *bḥmr* en 18/4 en prenant appui sur la LXX et sur ses filles (Vetus Latina et Peshitta). Pour la même raison, je ne suivrai pas Duhm et Bright qui restituent *b'ynyw* en 18/4, pas plus que Hitzig, qui propose d'enlever le deuxième *byt yśr'l* en 18/6, ou Condamin, qui supprime *n'm yhwh* dans ce même verset. La LXX étant à l'origine de ces corrections, celles-ci ne peuvent être retenues.

Une autre proposition de correction est faite par Duhm, Giesebrecht et Condamin. Ces exégètes veulent enlever les trois derniers mots de 18/4a (*kḥmr byd hywṣr* ou *bḥmr byd hywṣr*, suivant les éditions utilisées). Cette proposition a beau se réclamer de l'autorité de Capellus, comme nous le dit Condamin, il n'en demeure pas moins qu'elle n'a l'appui d'aucune version ancienne et d'aucun manuscrit hébreu.

ÉTUDE DU MÉTAPHORISANT

Debout ! Descends chez le potier et là je te ferai entendre mes paroles.
Je descendis chez le potier et voici qu'il était en train de faire son travail
au tour. Lorsque dans la main du potier le vase qu'il faisait avec de l'argile
était raté, il en refaisait un autre vase, comme il plaît à un potier de faire.
Comme (peut faire) ce potier.
Comme l'argile dans la main du potier.

Dans la première métaphore (6a), le sujet métaphorisant est « ce potier », c'est-à-dire non pas n'importe quel potier humain ou divin, mais le potier humain dont il est question en 2-4. Le démonstratif utilisé en 6a est sur ce point sans équivoque.

Pour beaucoup d'exégètes, le potier dont il s'agit ici se trouve à Jérusalem (Giesebrecht, Hyatt, BC, Aeschimann). Généralement, c'est sur le verbe « descendre » que cette interprétation s'appuie, car on sait qu'à Jérusalem les potiers avaient leurs ateliers en contrebas de la ville. Cependant, il est vraisemblable qu'en d'autres villes d'Israël il fallait aussi « descendre » chez les potiers, car en tant que grands utilisateurs d'eau ces artisans avaient intérêt à s'établir à proximité de points d'eau, c'est-à-dire généralement en contrebas des agglomérations. Rien ne permet donc d'affirmer que le récit se passe à Jérusalem.

Faisant remarquer que le mot « potier » en 18/2 est précédé d'un article (« descends chez *le* potier »), Steinmann en déduit que Jérémie se trouve en un lieu où ne se trouvent pas plusieurs potiers, mais un seul, ce qui semble exclure Jérusalem, où devaient exercer plusieurs potiers. Steinmann suggère alors : « il serait plus simple et plus naturel qu'il s'agisse de la poterie d'Anatôt ». Mais Steinmann ne fait pas attention au fait que l'article de *hywṣr* peut venir du mot précédent à l'état construit. En effet *byt hywṣr* peut se traduire par « la maison du potier », aussi bien que par « la maison d'un potier », c'est-à-dire « chez un potier ». Il est donc impossible de dire si, là où se trouvait Jérémie, il y avait un ou plusieurs potiers. Peut-être que l'introduction primitive du récit précisait où se déroula la visite du prophète, mais cela nous échappe maintenant, en sorte que c'est peine perdue que d'épiloguer sur ce point, comme d'ailleurs sur d'autres détails que le récit ne fournit pas (cf. plus bas) ! Ce qui est important dans ce texte, c'est ce que son auteur met en avant.

On a déjà noté que ce texte (2-6) repose entièrement sur des métaphores. Les paroles annoncées en 18/2 se trouvent en 18/6, et il s'agit de deux métaphores. Ces métaphores donnent, d'une part, le contenu de l'oracle (18/6) et sont l'objet, d'autre part, du récit précédent (18/2-4). Comme en 13/1-10 et 13/12-14, la visée du texte est entièrement métaphorique. Or, dans une métaphore le point important est le foyer, c'est cela que l'auteur met en avant. En 18/2-6 la mise en avant des foyers ne peut échapper. Pour la première métaphore (6a), le verbe *'śh* se présente comme foyer. Ce que « fait » le potier devient dès lors important pour la compréhension de cette métaphore, ainsi que du texte dans son entier. Or, dans l'énoncé métaphorisant, ce verbe *'śh* est employé pas moins de quatre fois pour le potier. On ne peut pas mieux souligner combien ce verbe est capital pour la compréhension du texte et combien le récit (avec quatre occurrences de *'śh* en 2-4) prépare l'oracle (avec une cinquième occurrence comme foyer de la première métaphore)[72]. Si Cornill avait été attentif à cela, il aurait sans doute révisé son point de vue.

Le foyer de la deuxième métaphore (*byd*) est moins fortement souligné, mais il l'est tout de même avec sa répétition en 18/6, et par la mention de *byd* dans le récit, en 18/4.

Si ce que « fait » le potier est important, une remarque s'impose : dans les quatre occurrences de *'śh* en 18/2-4, aucune d'elles, a priori, n'est à négliger, car les quatre sont à l'arrière-plan de 18/6a pour préparer le foyer.

La première chose que « fait » le potier, c'est son travail (18/3). L'expression *'śh ml'kh* (avec *ml'kh* sans article et sans suffixe ou autre déterminatif) est fréquente dans l'AT (Ex 31/14, 15, 35/2, 36/6, Nb 4/3, Dt 16/8, 1 R 11/28, Ps 107/23, Ag 1/14, Ne 6/3, 1 C 22/15). Des passages comme 1 R 11/28, Ps 107/23, 1 C 22/15, montrent clairement que cette expression signifie : « exercer son métier », « faire son travail », « travailler ». Il s'agit de l'exercice d'un travail professionnel et non d'une activité annexe, d'un dérivatif ou d'un passe-temps d'amateur. La précision donnée ici (le fait que le potier travaille « au tour ») montre bien qu'il en est de même pour le potier que visite Jérémie : il fait son travail. L'emploi du participe en 18/3 décrit une action qui dure : « Voici qu'il était en train de travailler ». Ce participe duratif est une introduction à 18/4, où le travail du potier va être décrit dans le détail. Mais on peut s'attendre, avec *'śh ml'kh*, à ce que 18/4 décrive quelque chose d'habituel. Le potier pour l'instant ne fait rien d'exceptionnel, en sorte que l'imprécision en 18/2 (« chez le potier » ou « chez un potier ») ne semble pas porter à conséquence. Peu importe si Jérémie doit aller chez le seul potier du coin ou chez n'importe quel potier ; ce qu'il va observer, en effet, se passe dans n'importe quel atelier de potier.

Les exégètes sont d'accord pour dire que ce qui est décrit en 18/4 est fréquentatif ou itératif. Cela me paraît exact. En effet, d'après J 119v, le parfait inverti (*wnśḥt* et *wśb*) utilisé après un participe (*'śh*), préalablement situé dans le passé (*w'rd* : je descendis), décrit une action répétée. Il ne s'agit donc pas d'un fait unique observé par Jérémie en 18/4, comme on pourrait le croire à la lecture de certaines traductions[73], mais d'un fait qui se produit plusieurs fois. C'est à plusieurs échecs et à plusieurs recommencements que

---

72. Si *ykl* peut aussi être un élément du foyer, son seul emploi en 18/6 par rapport au quintuple emploi dans le texte le met au deuxième plan.

73. Cf. Segond, par exemple : « Le vase qu'il faisait ne réussit pas (...). Il en refit un autre vase, tel qu'il trouva bon de le faire ». Cf. aussi Crampon, Darby et BP, qui ne rendent pas le fréquentatif.

Jérémie a pu assister. C'est donc avec un temps fréquentatif (l'imparfait) qu'il faut traduire en français. Introduit par un simple waw, 18/4a est à considérer comme une proposition conditionnelle (cf. J 159e) et 4b comme la principale, comme le rend bien, par exemple, la Bible du Rabbinat : « Or, quand le vase qu'il façonnait se trouvait manqué, (…) il se mettait à en faire un nouveau vase, comme c'était le bon plaisir du potier d'agir » (dans le même sens aussi TOB ou BJ 1).

En 18/4b, *šb* est à traduire par « à nouveau », « re- » ; un tel emploi de *šwb* est classique (cf. J 117b), avec ou sans waw devant le verbe suivant. Habituellement le temps du verbe suivant est le même que celui de *šwb*, mais ce n'est pas obligatoire. Joüon donne des cas, où *šwb* à l'imparfait est suivi d'un parfait inverti. Il ne donne pas (ni GK 120de) d'exemples avec *šwb* au parfait, suivi d'un imparfait inverti, mais la construction semble être tout de même claire, comme l'a bien compris déjà la LXX, qui traduit ici par : *kai palin autos epoiêsen*.

L'activité du potier, si elle est répétée, se déroule en deux temps et pour chacun de ces temps le verbe *'śh* est utilisé. Cette double activité est décrite avec plus d'intérêt que la forme donnée au vase. *kly* est un terme vague, qui désigne n'importe quel pot ou vase ; c'est un terme générique qui qualifie tout ce qui sort des mains d'un potier. Et la reprise de ce mot en 18/4 interdit de se demander si après un échec le potier s'apprête à faire un pot d'une autre forme. « Il refit un autre vase » ne signifie pas forcément, que dans sa nouvelle tentative le potier veut modifier son projet ; il veut en tout cas ne pas échouer une nouvelle fois.

Ce que fait le potier est « raté ». On ne trouve pas dans l'AT d'emploi similaire du verbe *šḥt*, mais ce verbe doit sans doute décrire ici (comme le pensent les commentateurs aujourd'hui) un travail qui ne réussit pas[74]. Le verbe « manquer » est utilisé par BP, Crampon, Rabbinat, « rater » par TOB, « ne pas réussir » par Segond. Utilisant *šḥt* dans une proposition circonstantielle, Jérémie ne s'attarde pas ici sur les causes de l'échec[75], mais il décrit les aléas du métier, il expose une situation qui n'arrête pas le potier

---

74. C'est bien comme cela qu'a compris la LXX, qui traduit ici par *diapiptein*. Construit avec *en tais chersin autou*, ce verbe signifie « échouer dans ses mains », et non « tomber », comme le commente Origène qui change la préposition *en* en *apo* (« tomber *de* ses mains »). Le vase n'échappe pas aux mains du potier et ne tombe pas du tout, mais il est « manqué ».

75. Je m'inscris en faux ici contre beaucoup d'exégètes qui se permettent d'étonnants *midrashim*. Pour Bright, par exemple, l'échec du travail tient à l'utilisation d'une argile de mauvaise qualité (cf. aussi Hyatt qui parle d'une résistance de l'argile). Il n'y a rien de cela dans ce texte, qui ne se prononce pas sur la qualité de l'argile, ni sur la surprise ou la déception du potier, face à son échec. Il se peut très bien que la faute incombe au potier lui-même (cf. TOB : « par un geste malheureux »), mais ce serait là encore un *midrash*. Le « malheureux » de TOB ne correspond à rien dans le texte. Seul le *b* de *byd* peut introduire un complément d'agent, mais ce n'est pas sûr.

dans son travail et à partir de laquelle celui-ci continue à produire, « à faire ». L'accent est moins ici sur le verbe *šḥt* que sur le verbe *'šh*. L'important n'est pas dans la proposition secondaire (avec *nšḥt*), mais dans la proposition principale, en 4b (avec *wy'šhw*). D'ailleurs, en 4b, *wy'šhw* est le premier et le seul indicatif de *'šh* en 3-4. Par rapport aux deux emplois de *'šh* au participe, en 3b et 4a, et par rapport à l'infinitif de 4b, cet indicatif me semble souligner ici le verbe. Cet indicatif est construit avec un double accusatif (*wy'šhw kly*) et l'on peut hésiter sur l'antécédent du suffixe, mais de toute manière ce double accusatif indique, pour l'un, ce qui est fait, et pour l'autre, la matière utilisée (cf. J 125v) ; l'antécédent peut être *hkly* (18/4 : il fit avec le vase raté un autre vase), ou mieux *hḥmr*, qui est plus proche (il fit avec l'argile un autre vase).

« Comme il plaît à un potier de faire » : cette dernière proposition de 18/4 est importante. Pour le nouveau vase, le potier fait comme il lui paraît juste ou bon à lui de faire, ou bien, comme il paraîtrait juste ou bon à n'importe quel potier de faire. Dans l'expression *yšr b'yny*, le terme *yšr* peut être un adjectif (cf. 2 S 19/7, Pr 12/15, 21/2) ou bien un parfait qal (cf. Nb 23/27, Jg 14/3, 7, 1 S 18/20, 26, 2 S 17/4, 1 R 9/12, Jr 27/5, 1 C 13/4, 2 C 30/4). Après *k'šr*, qui introduit une proposition, il est préférable d'y voir une forme verbale (et donc un parfait), ce qui du point de vue du sens ne change rien[76]. L'expression signifie « ce qui convient aux yeux de », « ce qui plaît aux yeux de » (cf. Jg 14/3, 7, Jr 27/5). L'expression signifie ici que le potier est seul juge pour savoir ce qu'il convient de faire, mais qu'il en reste aussi à ce que ferait n'importe quel potier. Il y a dans cette expression la mention de la liberté de choix et de la liberté d'action du potier, comme l'a bien vu Rudolph, qui emploie le mot « liberté » dans son commentaire. De même aussi Volz qui relève l'absence de tout fatum ou de toute colère pour laisser place à la libre volonté du potier. « Comme il parût bon », traduisent BP et Crampon. En traduisant par « selon la coutume des potiers », BJ 1 laisse entendre que n'importe quel potier ferait de même. Cela est aussi exact, dans la mesure où le TM n'a pas « à ses yeux » (ce qui pourrait mettre en avant le jugement subjectif de ce potier), mais « aux yeux du potier » ou « aux yeux d'un potier ». Cette dernière manière de traduire permet de noter dans le texte à la fois la libre volonté du potier et à la fois qu'il fait comme d'autres potiers feraient. Le seul autre emploi de *yšr b'yny* en Jérémie (27/5) met l'accent sur la libre appréciation de celui qui agit. Enfin, *yšr b'yny* nous dit comment le potier voit son travail ; il s'agit d'un regard positif, et l'on remarquera que c'est là le seul détail donné par le texte sur l'appréciation que fait le potier de son travail.

Fort de tous ces détails trouvés dans le récit, il est possible de préciser maintenant ce qui est observé et décrit par Jérémie. Lorsqu'un potier tra-

---

76. Dans 2 minuscules, signale Volz, on trouve *yyšr*, ce qui plaiderait encore en faveur d'une forme verbale et non adjectivale.

vaille au tour, il peut le faire suivant différentes méthodes. Celle qui correspond le mieux à ce que Jérémie décrit est bien connue : il s'agit de la technique de la motte[77]. Encore utilisée aujourd'hui, cette méthode l'était aussi avant notre ère, comme l'atteste le haut du dessin égyptien que l'on trouve reproduit in Lesetre (*DB*, T. V, col. 579 s., figure 155, article « potier »). Pour le travail à la motte, le potier place sur la girelle de son tour un important bloc d'argile, d'où il pourra tirer plusieurs objets. Cette technique permet, grâce au poids de la motte ajouté à celui de la pierre de la girelle, une rotation plus régulière du tour. Grâce à la plus grande force d'inertie de l'ensemble, elle permet aussi au tour, une fois lancé, de tourner plus longtemps, ce qui donne l'occasion au potier de libérer de temps en temps la main qui lance et relance le tour pour travailler l'argile avec ses deux mains, comme on peut l'observer sur le document égyptien. Cette technique permet aussi de ne pas arrêter le tour entre deux objets ; en effet, lorsque le potier a terminé (ou raté) un premier objet, il fait le suivant avec ce qu'il reste de la motte, sans avoir à arrêter le tour, à placer un nouveau bloc d'argile sur la girelle et à relancer le tour.

Lorsqu'un objet est raté, le potier n'en jette pas l'argile ; il s'en ressert pour un nouvel objet, mais il ne peut le faire sans avoir travaillé à nouveau l'argile, sans l'avoir laissé reposer, en sorte que généralement l'argile d'un pot raté est rarement utilisée avant le lendemain. il paraît difficile de penser que Jérémie est resté plus d'une journée chez le potier. Mais ce qu'il a pu observer c'est un potier, qui, travaillant à la motte, a raté un vase et a continué son travail en faisant un autre vase à partir de la motte : « il en (= de l'argile de la motte) refaisait un autre vase ». L'emploi du fréquentatif, qui laisse entendre que cela a pu se reproduire, convient tout à fait pour décrire cette technique.

Rater un vase n'arrive pas qu'aux amateurs et ce n'est pas non plus un signe d'incompétence de la part d'un professionnel. Il n'y a là rien d'extraordinaire, pas plus qu'il n'y a d'extraordinaire dans tout ce que « fait » par ailleurs le potier. C'est bien n'importe quel potier que Jérémie a pu visiter. En le regardant travailler, le prophète découvre que *šḥt* peut n'être qu'une péripétie dans l'activité de cet homme ; qu'un vase raté n'arrête pas son travail et que le potier continue à « faire » quelque chose de nouveau en utilisant la même argile, d'où est sorti pourtant un vase raté. Travail habituel sans relâche d'un homme de métier.

Dans la deuxième métaphore (6b) le choix du sujet métaphorisant est très important : il ne s'agit pas du vase (*kly*), mais de l'argile (*ḥmr*). L'attention n'est pas attirée sur le vase raté ou sur le nouveau vase, mais sur l'argile qui a donné l'un et l'autre. Dans les activités successives « faites » par le potier, l'argile est toujours la même et toujours présente. Un vase dispa-

---

77. Je tiens toutes mes informations sur le « travail à la motte » d'un potier de métier, Jean-Pierre Gardelle, que j'ai plaisir à remercier ici.

raît, un autre apparaît, mais c'est toujours le même potier et la même argile dans un constant vis-à-vis. Et Jérémie est témoin de ce vis-à-vis et de son histoire avec une phase négative et une phase positive. C'est cette histoire, à laquelle il assiste, qu'il raconte dans les différents « faire » du potier.

De manière étonnante le foyer de la deuxième métaphore est nominal (« dans la main de ») et non verbal. Et de manière étonnante aussi, l'énoncé métaphorique en 6b est sans verbe. Il est trop facile de suppléer alors un verbe « être », qui pourrait laisser penser que c'est lui le foyer (cf. Segond : « Voici, comme l'argile est dans la main du potier, ainsi vous êtes dans ma main » ; cf. aussi TOB, BP, Crampon, Rabbinat...). Avec l'absence de verbe dans cette métaphore (« comme l'argile dans la main du potier ») se pose une question : l'argile est quoi dans la main du potier ? Cette absence de verbe invite à scruter le récit et l'on s'aperçoit que la main du potier est présente de part en part dans l'histoire du vis-à-vis avec l'argile. C'est avec cette main que le potier « fait » son travail avec l'argile ; c'est dans cette main, qu'un vase d'argile est « fait » et « raté » ; c'est dans cette même main qu'un autre vase est « fait », avec la même argile, comme il plaît au potier de « faire ». On le voit, l'absence de verbe dans la deuxième métaphore permet de sous-entendre tous les verbes du récit et de voir défiler toute l'histoire dont le potier est l'auteur et le principal acteur, tant qu'il a l'argile dans sa main. Si cette histoire présente une situation d'échec, elle n'est pas pour autant finie ; il appartient à la libre décision du potier de lui donner suite, ce qu'il fait car cette histoire est au cœur de sa vie de potier ; l'argile est sa vie.

ÉTUDE DU MÉTAPHORISÉ

> *Ne puis-je pas faire avec vous, maison d'Israël ?*
> *Vous voici dans ma main, maison d'Israël.*

Comparer Dieu à un potier n'est pas nouveau dans l'AT et dans le Proche-Orient. Il serait long et vain d'exposer ici toute la littérature ancienne relative à ce sujet, sinon pour remarquer que dans le Proche-Orient pas une fois, à ma connaissance, un dieu n'est comparé à un potier qui rate un vase ! C'est la première fois, à ma connaissance, qu'un dieu est comparé non à un potier en général, mais à un potier précis (« ce potier ») observé dans son travail par quelqu'un. Généralement dans l'AT, c'est à n'importe quel potier que Dieu est comparé (cf. Gn 2/7, Es 29/16, 45/9, 64/7, Sir 33/13). En prenant pour Dieu un métaphorisant bien précis, il est en tout cas clair que ce n'est pas à un quelconque autre dieu potier, connu dans le Proche-Orient[78] que Dieu est comparé. Le seul métaphorisant que Jérémie présente pour Dieu est un voisin du prophète, un humble potier qui peut rater son

---

78. Cf. Khnoum, en particulier, en Égypte : Dieu créateur qui façonne sur son tour l'œuf, d'où sortirent le monde et l'homme. En Mésopotamie, c'est Ea qui modèle l'humanité sur son tour de potier (cf. Contenau, 1952, p. 75).

travail, mais qui connaît son métier. L'important n'est pas son nom et le lieu où il se tient, mais la manière dont il travaille et l'histoire de son travail.

A côté de Dieu, sujet métaphorisé de la première métaphore, le sujet métaphorisé de la deuxième est « maison d'Israël » et l'interpénétration entre les deux métaphores est telle que ces deux métaphorisés ne sont pas placés côte à côte, mais en vis-à-vis. Généralement, dans le Proche-Orient, lorsqu'un Dieu est comparé à un potier, c'est pour décrire son activité créatrice au premier jour du monde ou au premier jour de l'humanité. De la terre primordiale Dieu fait l'homme et les créatures ; alors commence l'histoire. Ici, ce qui est dans la main de Dieu n'est pas la création, le premier homme ou le cosmos, mais un peuple, non pas au premier jour, mais dans une histoire, avec une situation présente rattachée au passé, mais qui dure (« il était en train de faire »). A la situation présente appartient un verbe, qui employé à l'accompli (*nšḥt*), semble décrire pour un peuple une impasse, un échec irrémédiable, sans avenir. Mais cette histoire comporte tout de même un futur, et celui-ci fait l'objet d'une question à l'inaccompli : « Ne pourrai-je pas faire ? » Poser cette question à Israël à propos d'Israël, dont l'histoire avec Dieu a donné quelque chose de *nšḥt*, corrompu, détruit, la question demanderait une réponse négative. Il n'y a rien à faire avec un peuple qui a donné corruption et destruction. Mais, grâce à la métaphore, la question débouche sur une tout autre réponse : bien sûr que Dieu est capable de faire comme ce potier, capable d'œuvrer comme lui depuis le premier jour de l'histoire, capable d'œuvrer dans une histoire avec son peuple, qui paraît bloquée, sans issue. Dans cette métaphore, où le peuple, comparé à de l'argile, apparaît comme totalement passif dans la main de Dieu, cette passivité souligne l'activité de Dieu, tous ses « faire ». Ainsi ressort avec force que, si l'histoire dans le vis-à-vis de Dieu avec son peuple peut être sans issue, Dieu seul est en mesure d'agir, non pour faire un nouveau peuple ou une nouvelle histoire, mais à partir de ce même peuple (Israël n'est pas ici un vase raté, mais l'argile qui a donné ce vase raté) et de cette même histoire une situation nouvelle.

L'accent n'est pas sur une appréciation de la qualité de l'argile, et donc sur une appréciation des qualités du peuple, il n'est pas non plus sur ce que peut ou doit faire le peuple, mais il est sur la continuité de l'action de Dieu au-delà de l'échec et sur l'appréciation de cette action : « comme il lui plaît de faire ». « Ne puis-je pas faire ainsi avec vous, comme il me plaît de faire depuis le début ? » : incroyable et merveilleuse métaphore, qui ne permet pas de répondre : « ce n'est pas possible ». Israël n'est pour rien dans tout cela, sauf qu'il est tout dans la main de Dieu, comme l'argile est tout dans la main du potier. Israël est tout dans l'histoire de Dieu. Même si le projet qu'il veut tirer de cette argile est un cuisant échec, il reprend son travail, le poursuit, comme il lui plaît, librement, en artisan expérimenté ; l'important n'est pas l'argile, mais ce que Dieu peut en faire au-delà de l'échec. Comme ce potier, Dieu est capable de faire à partir du même Israël quelque chose de raté et quelque chose d'autre : merveilleuse bonne nouvelle.

Si les versets 7-12 n'appartiennent pas au récit primitif, ils n'en constituent pas moins un commentaire (soit qu'ils aient été rédigés comme développement de 2-6, soit qu'ils aient été rapprochés secondairement de 2-6 pour l'éclairer). Dans ce commentaire quelques glissements apparaissent et mettent en valeur des détails de 2-6.

Tout d'abord, 7-10 opère une ouverture assez remarquable par rapport au récit : grâce aux verbes utilisés en 7b et 9b un lien est fait avec le récit de la vocation de Jérémie (1/10) et ce lien correspond à une ouverture sur toutes les nations ; ce n'est pas Israël seulement qui est concerné, mais n'importe quel peuple ou royaume. Cette ouverture révèle l'enjeu de l'histoire entre Dieu et la « maison d'Israël » : cette histoire a une portée pour l'ensemble des peuples. Israël apparaît comme un cas singulier dans une perspective plurielle.

Ensuite, 18/11 pose la question des réels destinataires du récit (2-6) ; dans le récit les destinataires de l'oracle sont appelés « maison d'Israël », alors que 18/11 est adressé maintenant « aux hommes de Juda et aux habitants de Jérusalem ». S'agit-il des mêmes destinataires, et dans ce cas « maison d'Israël » désigne le royaume du Sud, ou bien le développement est-il fait pour le Sud, à partir d'un récit primitivement adressé au royaume du Nord (= maison d'Israël) ?

Dans le livre de Jérémie, en dehors de 18/6, l'expression « maison d'Israël » se retrouve 18 fois (2/4, 26, 3/18, 20, 5/11, 15, 9/25, 10/1, 11/10, 17, 13/11, 23/8, 31/27, 31, 33, 33/14, 17, 48/13). Dans 8 de ces passages (3/18, 5/11, 11/10, 17, 13/11, 31/27, 31, 33/14), c'est opposé à « maison de Juda », en sorte qu'il est clair que « maison d'Israël » désigne le royaume du Nord. Ce même sens peut se rencontrer dans la mention de Juda en parallèle, comme cela apparaît en 48/13, où la honte éprouvée par la « maison d'Israël » à cause de Béthel ne peut être que la honte du royaume du Nord. Par contre, dans l'annonce de l'ennemi qui vient contre la « maison d'Israël » en 5/15, l'expression semble plutôt désigner le royaume du Sud. En 33/17, enfin, la même expression désigne en tout cas le Sud, sinon l'ensemble des deux royaumes réunifiés sous la dynastie davidide. La question sur le sens de « maison d'Israël » en 18/6 est totalement ouverte. Pour Wambacq[79], l'expression désigne ici le Nord, pour la majorité des autres exégètes elle désigne le Sud. Il n'y a pas d'autres détails en 2-6 qui permettent de savoir à quel destinataire le récit primitif était adressé. La disparition de l'introduction peut être interprétée soit comme un changement de destinataire (du Nord au Sud), soit comme le maintien d'un unique destinataire (le Sud). L'alternative présentée en 7-10 laisse penser, elle, que les deux royaumes sont considérés (successivement ou simultanément) comme destinataires.

Si la question du destinataire de 2-6 ne peut, me semble-t-il, être réso-

---

79. Je n'ai pas pu consulter le commentaire de Wambacq, mais je tiens l'information de Thiel (p. 212, n. 7).

lue, elle permet en tout cas de préciser à quelle situation d'échec ce récit peut faire allusion en parlant du vase « raté » (*šḥt*). Si, en effet *nšḥt* fait allusion, comme je le crois, à une situation d'échec vécue par la « maison d'Israël », cette situation peut être comprise de deux manières. Pour un peuple, *nšḥt* peut signifier « corrompu » (cf. Gn 6/11, 12 pour la terre) ou bien « détruit » (cf. la métaphore de la ceinture). Dans le premier cas, la situation de corruption serait celle du royaume du Sud (cf. 6/28b « ils sont tous corrompus », au hiphil) et l'oracle (18/6) serait adressé à lui pour proclamer que Dieu peut faire autre chose à partir de ce peuple qui n'engendre que corruption. Dans l'autre cas, la situation de destruction serait celle du royaume du Nord et l'oracle lui serait adressé pour proclamer que Dieu peut faire autre chose de ce peuple dont l'histoire a débouché sur la destruction. Je ne peux dire plus sur le récit primitif, mais je constate que l'auteur du commentaire (18/7-10) a considéré que les deux interprétations étaient possibles. En présentant, en effet, ce commentaire sous forme d'alternative, cet auteur semble avoir envisagé le Nord, qui peut être reconstruit, comme le Sud, qui peut être détruit. L'auteur du commentaire a pu penser aux deux royaumes, mais il a dévié par rapport au récit primitif. Dans le commentaire il y a alternative entre le négatif (destruction) et le positif (construction), alors que le récit primitif est sans alternative, annonçant une continuité de l'œuvre de Dieu, au-delà du négatif (destruction ? corruption ?) pour quelque chose d'autre, « comme il lui plaît de faire ».

8. MÉTAPHORE DU LIBAN ET DU GILEAD (22/6-7)

Car ainsi parle le Seigneur sur la maison du roi de Juda : Tu es pour moi le Gilead, le sommet du Liban ; certes, je ferai de toi un désert, des villes inhabitées. Je mobiliserai contre toi des destructeurs, chacun armé de ses outils ; ils abattront les plus beaux de tes cèdres, qu'ils jetteront au feu.

Repérage de la métaphore

« Tu es pour moi le Gilead » : s'adresser ainsi à la « maison du roi de Juda » est sémantiquement insolite ; tel est l'indice sémantique, qui peut permettre de repérer une métaphore.

Selon Giesebrecht, « la maison du roi » désigne la famille royale ; selon Volz et Rudolph, cette expression désigne le palais royal. Peu importe encore le sens que *byt* peut avoir ici, car de toute manière comparer une famille ou un palais à une montagne (Gilead et Liban) fait apparaître un changement d'isotopie, en sorte que ce changement, accompagné de l'indice sémantique, permet de dire qu'il y a ici une métahore.

« Gilead » et « sommet du Liban » apparaissent comme deux sujets métaphorisants ; cependant, comme ils appartiennent à une même isotopie, comme ils sont nommés en parallèle synonymique et comme ils désignent à eux deux un même sujet métaphorisé (« maison du roi de Juda »), on peut parler ici d'une seule métaphore avec deux sujets métaphorisants.

DÉLIMITATION DE LA MÉTAPHORE

Avec la mention des cèdres en 22/7 est développée l'isotopie du Liban (cf. 2 R 14/9. Ez 31/3, Ps 92/13) ; on ne sait si le Gilead était aussi couvert de cèdres, mais de toute manière, ce détail, relevant de la végétation que l'on peut trouver sur une montagne, est à considérer comme faisant partie de l'énoncé métaphorisant. Avec la mention des cèdres, c'est l'ensemble de 7b (abattre des arbres et les jeter au feu) qui appartient à l'énoncé métaphorisant. Dans la métaphore de l'arbre, en 11/19, on a vu que la racine *šḥt* (accompagnée de *krt* comme ici) pouvait aussi être utilisée à propos d'arbres, ce qui permet de considérer 7a comme appartenant aussi à l'énoncé métaphorisant.

En 6b apparaît un nouveau parallélisme entre deux termes (désert et villes), ce qui fait écho au parallélisme des sujets métaphorisants, dans une structure qui souligne ce double parallélisme :

$$GL'D \ \text{'}th \ ly \ r\text{'}\check{s} \ HLBNWN$$
$$\text{'}ml\text{'} \ \text{'}\check{s}ytk \ MDBR \ \text{'}RYM \ l\text{'} \ nw\check{s}bh$$

Si « désert » et « villes » appartiennent à l'énoncé métaphorisant, cet énoncé n'est pas homogène et part dans deux directions différentes ; en 22/7, en effet, Liban et Gilead sont envisagés pour leur végétation et il est question d'un déboisement. En 22/6b, par contre, ces montagnes seraient envisagées pour leur population et il serait question de leur dépeuplement. En outre, si le Gilead est connu pour avoir des villes (cf. Nb 32/26, Jo 13/25, Jg 12/7), ce n'est pas le cas du « sommet du Liban ». Il en résulte que 6b entre mal dans le cadre de l'énoncé métaphorisant. Il est plus facile de voir en 6b une suite de l'énoncé métaphorisé ; en effet, le suffixe de *'šytk* renvoie à *'th*, qui désigne le sujet métaphorisé. En outre, *byt*, *mdbr* et *'rym* appartiennent à la même isotopie de l'habitation.

S'il en est ainsi, 6-7 est bâti selon un schéma nouveau pour nous : mention des sujets métaphorisants et du sujet métaphorisé en 6a (« Gilead tu es pour moi, sommet du Liban ») avec le sujet métaphorisé au centre d'une inclusion constituée par les deux sujets métaphorisants. Ensuite 6b développe l'énoncé métaphorisé et 7 l'énoncé métaphorisant. Grâce à la succession des énoncés, il apparaît que la dépopulation de la maison du roi est comparée au déboisement des montagnes.

Cependant, la délimitation des énoncés n'est pas aussi clairement définie. En effet, si les sujets sont désignés à la 2ᵉ personne pour le métaphorisé et à la 3ᵉ pour les métaphorisants, en 6a, il n'en va plus de même dans la suite de l'énoncé, où la 2ᵉ, reprise pour le sujet métaphorisé en 6b, est aussi utilisée pour le métaphorisant en 7a et 7b, en sorte que les deux métaphorisants, interpellés comme un seul au singulier en 7a et 7b, sont assimilés au sujet métaphorisé. Cette assimilation n'est pas étonnante, dans la mesure où elle reflète ce qui est dit en 6a (« Tu es le Gilead »), mais elle doit nous rendre attentifs à un fait : à savoir qu'une grande partie ou l'ensemble de l'énoncé peut être à double sens, c'est-à-dire avec des zones mitoyennes.

En 22/5 et 8, l'absence de termes de l'isotopie métaphorisante situe ces versets en dehors de la métaphore. Si l'on note que ces versets qui constituent le contexte immédiat de la métaphore sont en prose alors que le style de la métaphore est poétique, on doit en tenir compte dans l'analyse. Il est fort possible en effet que 6-7 soit inséré dans un contexte en prose de manière secondaire. Il sera donc préférable d'étudier la métaphore pour elle-même, sans trop s'appuyer sur son contexte actuel. « Sans trop »... ! Il faut de toute manière en tenir compte, car l'identification du métaphorisé (« maison du roi de Juda » comme explicitation du « tu » qui suit) semble faire partie de ce cadre en prose.

ÉTABLISSEMENT DU TEXTE

Le mot *byt* en 6a manque dans les fragments de la Geniza du Caire. Nous avons là un témoin trop récent et trop isolé (toutes les versions anciennes s'accordent ici avec le TM) pour penser qu'il a conservé le texte primitif. Il peut très bien s'agir d'une faute de copiste.

En 6b, les Massorètes pensent qu'il faut corriger *nwšbh* et lire *nwšbw*, ce qui correspond à ce que l'on trouve dans les versions et qui est simple accord avec le pluriel *'rym*. Duhm et Rudolph rappellent qu'il n'est pas rare de trouver en hébreu un verbe au féminin singulier avec un sujet pluriel (cf. GK 145k, ainsi que J 150g), ce qui invite à considérer que le Ketib est correct. Dans la mesure où le livre de Jérémie est l'un de ceux où l'on trouve le plus souvent ce genre d'accords (cf. 2/15, 4/14, 12/4, 49/24, 51/29 et peut-être 48/41) et que tous ne sont pas corrigés par les Massorètes (seul 2/15 l'est), je considère aussi que ce Ketib est correct et que nous sommes là en présence d'une particularité de style du livre de Jérémie.

Entre LXX et TM, des différences n'apparaissent qu'en 7a (LXX = « Je conduirai sur toi des destructeurs, chacun avec sa hache »). La mention de la hache ne semble pas supposer un texte différent, mais apparaît plutôt comme le signe que la LXX a voulu être plus précise. Pour abattre des arbres, en effet, il est plus précis de parler de hache (*pelekus*) que d'ustensiles (*kly*). Quoiqu'en pense BJ 1, qui traduit par « cognée », le TM n'est pas à modifier sur ce point (à noter que BJ 2 renonce à la LXX pour suivre le TM : « armes »). Pour le premier verbe de 7a, les manuscrits de la LXX hésitent entre *eisaxô* (Alexandrinus), *anaxô* (Venetus), *pataxô* (minuscule 106) et *epaxô* (les autres manuscrits). Aucun de ces verbes grecs (*eisagein*, *anagein*, *patassein* et *epagein*) ne peuvent traduire *qdš*. Étant donné que *eisagein*, *anagein* et *epagein* peuvent traduire le hiphil de *bw'*, il est possible que la LXX ait lu *whb'ty* ; cette dernière forme étant plus commune que *wqdšty*, on devra considérer le TM comme *lectio difficilior* et le préférer à la LXX. On peut se demander aussi si la LXX n'a pas fait une sorte de censure théologique, estimant que le verbe *qdš* (= sanctifier) était inapproprié dans un tel texte, ce qui plaide encore en faveur du TM. Une même censure peut également être suspectée dans le Targum, qui traduit par *zmn* (= désigner), mais non dans la Vulgate, qui reste proche du TM (*et sanctificabo*).

Quelques corrections sont proposées par des commentateurs modernes. Duhm, par exemple, est de ceux qui suspectent le rédacteur qui a inséré la métaphore de 6-7 dans le cadre en prose actuel. Selon Duhm, en effet, la maison du roi de Juda ne peut pas être comparée à des villes ; il faudrait alors trouver un destinataire, qui puisse être transformé en « villes inhabitées » ; il propose « Israël » et rétablit alors la mention de *yśr'l* après *ly* (« Israël, tu es pour moi un Gilead... »). Pour les mêmes raisons, Condamin supprime l'entête de 22/6 mentionnant le destinataire de l'oracle, et, pour ne pas rajouter ensuite le nom du destinataire (comme le fait Duhm), il déplace l'oracle après 21/13-14, en sorte que le destinataire (et métaphorisé) n'est plus la maison royale, mais Jérusalem. Il est vrai que dire de la « maison du roi » qu'elle deviendra « des villes inhabitées » mérite une explication, mais n'est-ce pas trop facile de corriger pour détourner la difficulté ? Ce point demande à être éclairci et non à être corrigé. La proposition de Condamin ne résoud rien et complique plutôt, car Jérusalem en 21/13-14 est considérée comme un féminin singulier ; or, c'est à un masculin singulier que s'adresse 22/6-7. Il est donc impossible d'attribuer à cet oracle un destinataire féminin, quel qu'il soit. Quant à la proposition de Duhm, je peux simplement dire qu'elle est gratuite.

Alors qu'en 6b les Massorètes veulent corriger le verbe en pluriel (*nwšbw*), certains interprètes modernes, à l'inverse, veulent corriger le sujet de ce verbe en singulier (*'yr*). C'est le cas de Segond, BC, BJ 1, TOB, FC, VS, qui traduisent par « ville » ou par « cité ». Hummel précise (1957, p. 103) qu'il faut voir ici la présence d'un mem enclitique. Cependant, même avec cette explication, Hummel est obligé de corriger *'rym* en *'yrm*, ce que rien ne justifie.

C'est aussi pour trouver un mot au singulier que Volz et Steinmann remplacent *'rym* par *'rṣ*. Volz justifie ce changement en prétextant qu'une maison royale ne peut pas être comparée à des villes, alors qu'elle peut l'être à une terre. On retrouve ici l'embarras éprouvé par Duhm et Condamin, à la différence près que ces derniers changent le métaphorisé pour qu'il puisse être comparé à des villes, alors que Volz, Steinmann, Hummel et les autres changent *'rym* pour qu'il puisse s'accorder avec le métaphorisé.

Une réponse peut être esquissée pour tous. Quand on voit en 20/16 qu'un homme (au singulier) peut être comparé à des villes (au pluriel), je ne vois pas pourquoi il ne pourrait pas en être de même de la « maison du roi de Juda ».

ÉTUDE DU MÉTAPHORISANT

Le Gilead, le sommet du Liban... Je mobiliserai contre toi des destructeurs, chacun armé de ses outils ; ils abattront les plus beaux de tes cèdres, qu'ils jetteront au feu.

Gilead et Liban sont pour Israël des montagnes d'une particulière richesse. Le premier pour ses pâturages essentiellement (Jr 50/19, Mi 7/14, Ct 6/5), mais aussi pour ses aromates (Gn 37/25) et ses plantes médicinales (Jr 8/22, 46/11). Le deuxième pour ses parfums (Os 14/7, Ct 4/11), ses vins (Os 14/8), mais surtout pour sa forêt, constituée surtout de cèdres (2 R 14/9) magnifiques (Ez 31/3, Ps 92/13). La mention des cèdres ici met l'accent sur la végétation de ces montagnes. Or, dans ce domaine-là, il est difficile de trouver mieux. C'est donc à ce qu'il y a de plus beau que nous avons affaire ici. Gilead et Liban ont acquis une telle réputation, que ce sont eux qui sont choisis en Za 10/10 comme lieu où se fera le nouveau retour d'Égypte, comme nouvelle terre promise. C'est dire l'excellence de ces contrées. Parler même de la « gloire » du Liban (cf. Es 35/2) n'est pas exagérer.

Comme beaucoup de montagnes et sans doute plus que toute autre, le Liban a été associé à une divinité. Il est ainsi appelé « séjour des dieux » dans l'Épopée de Gilgamesh (Labat, Caquot, Sznycer, Vieyra, p. 178). Deux inscriptions cypriotes des environs du 7e siècle mentionnent ainsi le « Baal du Liban » (cf. Gibson, T. 3, p. 67). On trouve même le Liban divinisé, élevé au rang des dieux, puisqu'il est nommé parmi des divinités dans certains traités d'alliance : celui de Mursilis et de Duppi-Tessub (cf. Pritchard 1950, p. 205, où il apparaît sous le nom de Lablana) et celui de Supilluliuma et Tette de Nuhassi (cf. Eissfeldt 1934, p. 48). Les différents horizons, d'où proviennent ces textes, montrent que dans le Proche-Orient le Liban était reconnu comme lieu saint, choisi par les dieux.

L'AT ne désigne pas expressément le Liban comme une montagne sainte, mais il y fait cependant allusion. C'est ainsi qu'en Es 37/24 l'abattage des cèdres du Liban est présenté comme une insulte faite à Dieu. Quant au Gilead, il ne jouit pas comme le Liban d'une telle réputation de sainteté.

En Jr 22/7, l'accent est moins sur le Gilead que sur le Liban, par la mention des cèdres. Il en est de même en 22/6, où la mention du « sommet » privilégie le Liban par rapport au Gilead. En 7a, l'emploi du piel de qdš est intéressant. Ce piel signifie « sanctifier » et il est utilisé, en particulier, à propos d'individus qui doivent s'approcher d'un lieu saint (cf. Lv 21/23, 1 S 7/1, Ez 37/28). Son emploi ici peut donc indiquer que les destructeurs, envoyés pour abattre les cèdres, doivent être sanctifiés, car ils vont sur une montagne saintè.

« Abattre (krt) les cèdres du Liban » relève de différentes activités, qui dans l'AT peuvent être sévèrement punies, ou bien considérées comme normales. Cela peut être le fait de bûcherons de métier et dans ce cas il n'y a rien à dire, comme on peut le lire en 1 R 5/20, où des Sidoniens, décrits comme des professionnels du bûcheronnage, abattent (krt) des cèdres pour le compte de Salomon. L'abattage de ces arbres, destinés à la construction du Temple, n'y est pas critiqué. Par contre, ce même abattage (krt) des cèdres du Liban est sévèrement critiqué en Es 14/8 et 37/24. On s'aperçoit alors qu'il ne s'agit pas d'une activité de bûcherons, mais d'un fait de guerre, d'une prise de butin par des soldats[80].

---

80. Les cèdres du Liban étaient, en effet, particulièrement enviés, et plusieurs

Si l'on s'en tient à la mention de *kly*, en 22/7, il est difficile de savoir si la métaphore décrit l'activité de bûcherons ou de soldats. Ce terme, en effet, est assez vague pour donner à ce texte une certaine ambiguïté. N'importe quel outil peut être considéré comme *kly* (cf. Dt 23/25, 1 R 6/7) et donc aussi la hache des bûcherons. Mais n'importe quelle arme peut également être considérée commè *kly* (Jg 9/54, 18/11, 16, 17) et donc aussi les haches d'arme.

L'emploi du piel de *qdš* ne permet toujours pas de savoir. Ce verbe peut, en effet, être utilisé pour ceux qui partent à la guerre (Jr 6/4, 51/27, 28, Jl 4/9, Mi 3/5), pour des soldats participant à une guerre sainte. Cependant, on l'a vu, ce verbe peut ici signifier que ceux qui vont abattre les cèdres sont sanctifiés, car leur tâche est accomplie sur une montagne sainte. Il peut donc s'agir de soldats, comme de bûcherons.

Le nom donné à ceux qui partent abattre les cèdres permet seul de décider. En effet, *mšḥyt* est le nom donné à un corps d'armée (1 S 13/17, 14/15), mais n'est jamais employé pour désigner des bûcherons. Les « destructeurs » auxquels nous avons affaire ici sont donc des soldats envoyés pour abattre des cèdres, dans le cadre d'une guerre sainte ou sur une montagne sainte, ou les deux à la fois (puisque l'emploi de *qdš* peut venir du fait que l'activité guerrière est sainte ou du fait que le lieu est saint).

Abattant des cèdres du Liban, ces soldats ne sont pas critiqués, comme le sont ceux d'Es 14/8, 37/24. Cela vient du fait que ces soldats sont envoyés par Dieu lui-même qui les sanctifie, ou les « mobilise », comme on dirait aujourd'hui en parlant de soldats. (FC emploie ici le verbe « mobiliser » que je fais mien, en sachant cependant que ce verbe français ne connote pas la guerre sainte). Envoyés par Dieu, ces soldats ne peuvent être critiqués dans leur entreprise.

Lorsque des soldats abattent les cèdres du Liban, c'est pour les emporter chez eux comme butin et pour les utiliser pour des constructions, soit pour leur propre palais (c'est le cas d'Asarhaddon, cf. p. 290, n. 80), soit pour le temple d'un dieu qu'ils veulent honorer (c'est le cas de Tiglat Pileser I pour les temples d'Anu et de Hadad (Pritchard 1950, p. 275))[81], mais

---

armées se sont vantées d'en avoir dans leur butin. C'est le cas de Tiglat Pileser I (cf. Pritchard 1950, p. 275) et d'Asarhaddon. Un texte de ce dernier est intéressant pour nous, car on y trouve le roi Manassé de Juda, mis à contribution pour transporter le butin assyrien : « J'appelai les rois de Hatti et des régions de l'autre côté de la rivière : (...) Manassé de Juda (...) Eux tous, je les envoyai pour leur faire transporter, avec de terribles difficultés, à Ninive, la ville de ma souveraineté, comme matériel de construction pour mon palais : de grosses poutres, de longues traverses et de minces planches de cèdres ou de pins, en provenance des montagnes de Sirara et du Liban » (cf. Michaéli 1961, p. 69).

81. Enkidou et Gilgamesh ne sont pas décrits comme des soldats, mais on peut noter qu'après avoir abattu des cèdres du Liban, ils en font une porte pour le temple de Nippour (Labat, Caquot, Sznycer, Vieyra, p. 188).

jamais pour les brûler, les « jeter au feu », comme on le découvre en 22/7, à la fin de l'énoncé. Cette fin d'énoncé représente une chute inattendue et scandaleuse. Jamais, à ma connaissance, dans le Proche-Orient, des soldats ou Gilgamesh et encore moins des bûcherons ne sont allés sur le Liban pour abattre des arbres afin de les brûler. Le métaphorisant ne décrit pas une banale activité de bûcherons, ni même un ordinaire fait de guerre, mais quelque chose d'extraordinaire, d'autant plus surprenant que ces « destructeurs » se permettent de choisir et d'abattre les « plus beaux » cèdres, le surchoix (*mbḥr*). Et pourtant, il s'agit bien d'envoyés de Dieu, sanctifiés par lui pour une activité sainte dans un lieu saint ! Ce sommet du Liban, réputé dans la terre entière, se voit malmené de façon scandaleuse par des envoyés de Dieu.

En abattant les cèdres, les destructeurs ont quelque chose des bûcherons, mais plus encore des soldats ; cependant il s'agit de soldats inhabituels, puisque ce n'est pas pour constituer un butin qu'ils abattent les arbres. Rudolph se demande si ces destructeurs ne pourraient pas avoir une dimension surnaturelle (cf. aussi Soggin 1960, p. 82, Berridge 1970, p. 84). Je crois qu'on peut être plus affirmatif ; *mšḥyt* désigne un corps d'armée, mais aussi un démon (cf. Ex 12/23). Dans le vocabulaire de la guerre sainte, si les soldats sont sanctifiés, ce n'est jamais Dieu lui-même qui sanctifie les soldats (cf. Jr 6/4, 51/27, 28, Jl 4/9, Mi 3/5). C'est la première fois ici que Dieu est sujet de *qdš* pour une guerre : il y a quelque chose de plus. Il y a quelque chose de plus aussi dans ces soldats qui ne se constituent pas un butin, mais qui jettent au feu. Assurément, ces soldats sont animés par une force surnaturelle, qui leur vient de Dieu, qui les envoie.

ÉTUDE DU MÉTAPHORISÉ

Maison du roi de Juda... Certes, je ferai de toi un désert, des villes inhabitées. Je mobiliserai contre toi des destructeurs, chacun armé de ses outils ; ils abattront les plus beaux de tes cèdres, qu'ils jetteront au feu.

Si le sujet métaphorisé est clairement désigné (« Maison du roi de Juda »), le sens à donner à cette expression ne l'est pas, puisqu'il peut s'agir du « palais du roi de Juda » (cf. 27/18, 32/2), comme le pensent Volz et Rudolph (ainsi que BJ 1, BJ 2, BC, Rabbinat qui traduisent ici par « palais »), ou bien de la « famille du roi de Juda » (cf. 21/11), comme le pense Giesebrecht.

Un détail pourrait permettre de trancher. Habituellement, lorsque *byt* a le sens de « famille », il est considéré comme un collectif et l'on utilise pour lui le pluriel (cf. 21/11 : « Famille du roi de Juda, écoutez »). Or, ce fait n'est pas décisif, car avec ce même sens *byt* peut aussi être considéré comme un singulier (cf. Gn 45/2 : « La famille du Pharaon entend » ; cf. aussi les singuliers en 2 S 7/16, 26, 29). L'emploi des pronoms singuliers en 22/6-7 n'est donc pas décisif.

L'expression contenue en 6b peut nous éclairer pour cerner le sens de *byt* (« je ferai de toi un désert, des villes inhabitées »). Cette expression ne peut pas signifier quelque chose de réel ; une maison ne peut devenir des villes. Mais cette expression est utilisée pour établir une comparaison (de même que *ntn* avec deux accusatifs . cf. plus haut p. 36s). Dans cette comparaison, seul le terme *nwšbh* peut apparaître comme foyer, en sorte que 6b peut être ainsi développé : je ferai en sorte que tu sois inhabité comme un désert et des villes sont inhabités. Dans ce cas, une maison peut être inhabitée et non une famille, ce qui invite à considérer ici *byt* comme signifiant « palais » : « je te rendrai inhabité comme un désert et comme des villes. » Il ne s'agit pas pour autant d'une métaphore, car il n'y a pas de changement d'isotopie ; ce sont des lieux d'habitations qui sont comparés. L'absence de changement isotopique fait de 6b une comparaison. Cependant, en parlant des palais qui deviendront inhabités, c'est aussi de la population de ces palais qu'il est question, c'est-à-dire aussi de la famille royale. Annoncer le dépeuplement du palais, cela concerne directement la famille qui s'y tient. On peut difficilement séparer ici le sort du palais de celui de la famille royale, en sorte qu'avec Weiser je pense que l'oracle vise à la fois le palais et la famille royale. C'est pour cette raison que j'ai traduit *byt* par « maison », qui en français désigne un lieu et une famille (surtout lorsqu'il s'agit d'une famille royale).

C'est au Liban et au Gilead que le palais est comparé et l'on n'a pas encore repéré le foyer de cette métaphore. Dans l'énoncé qui suit la mention des sujets, le dépeuplement du palais est mis en parallèle avec le déboisement des montagnes, ce qui permet de voir dans les cèdres une désignation de la population du palais. De ce fait « abattre » et « jeter au feu » se présentent comme foyers. Cela jette une lumière sur la dépopulation : la famille royale sera abattue (cf. *krt* pour des individus en 11/19, et plus haut, p. 222) et jetée au feu. Ni exil, ni mort naturelle, mais massacre et crémation, c'est-à-dire une infamie pour la dynastie de David.

Les cèdres ont été tellement utilisés dans les constructions salomoniennes qu'un des palais royaux a reçu le nom de « maison de la forêt du Liban » (1 R 7/2). Joyaqim également a eu ce même goût pour le cèdre (cf. Jr 22/14, 15) en sorte que Bright, Nicholson, Thompson, ont raison de voir en cet oracle l'annonce de la destruction de ces cèdres et donc des palais royaux. Cependant il y a plus que cela dans cet oracle. En effet, lorsqu'on détruit et incendie les cèdres d'une construction, on ne fait pas le tri entre les « plus beaux » cèdres et les autres. Par contre, lorsqu'on s'en prend à une population un tri peut être fait entre les personnages les plus en vue et les autres. Cet emploi de *mbḥr* en 22/7 me fait dire encore que les cèdres des constructions royales sont visés (et 22/7 décrivant le métaphorisé appartient aussi à l'énoncé métaphorisé), mais qu'il s'agit aussi à travers eux de la famille royale.

En comparant le palais et ses habitants au Liban et à ses cèdres, la métaphore décrit le métaphorisé comme quelque chose de splendide, de glorieux, et reconnaît même en lui quelque chose de saint, sans doute moins à cause du palais lui-même qu'à cause du roi, messie mis à part par Dieu, descendant de la famille de David. Cette grandeur de la « maison du roi de Juda » est reconnue dans l'énoncé métaphorique, ce qui pose en des termes particuliers l'emploi du mot *mšḥyt* pour désigner ceux qui viennent faire des ravages. Les destructeurs des cèdres du Libân sont aussi les destructeurs du palais et de la famille royale, y compris le roi, puisqu'il s'agit du meilleur (*mbḥr*). Or, quiconque porte la main sur le messie pour le détruire (*šḥt*) est passible de la peine de mort, comme le rappelle 1 S 26/9 et surtout 2 S 1/14s : l'Amalécite qui a détruit (*šḥt*) Saül est aussitôt tué pour son acte. L'emploi de *šḥt* en 22/7 pour ceux qui vont détruire la maison du roi souligne la gravité de la situation. Or, ces destructeurs sont envoyés par Dieu : qui les punira ou songera même à les punir ? C'est en fin de compte Dieu qui est responsable.

Jérémie annonce quelque chose de scandaleux, aussi scandaleux que l'abattage des cèdres du Liban par des soldats qui ne veulent même pas en faire leur butin et qui incendient. Le scandale est plus grand encore car il s'agit de la dynastie de David. On découvre ici que la légitimité de cette dynastie n'est pas contestée. En sanctifiant ses envoyés, Dieu reconnaît que les destructeurs vont entreprendre une tâche sainte, irrépréhensible et couverte par son autorité, mais aussi qu'ils vont s'attaquer à quelque chose de saint, comme lorsqu'on pénètre dans le Liban. Et pourtant, même reconnue dans sa légitimité par Dieu, cette dynastie va être atteinte dans ce qu'elle a de meilleur. Tel est l'incroyable oracle que Jérémie doit proclamer. « Tu es pour moi le Gilead, le sommet du Liban... » que dire de plus beau ? Et pourtant : « Je sanctifierai contre toi des destructeurs... » !

Selon Hyatt, le ton de 6-7 est celui de la Qinâh, ce qui peut expliquer certaines traductions qui emploient l'imparfait : « Tu étais pour moi le Gilead, le sommet du Liban » (cf. BC, VS, BJ1). L'oracle serait une lamentation funèbre. Cependant l'emploi de l'inaccompli en 6b et des parfaits invertis en 7a et b, ainsi que le contenu de l'oracle ne semblent pas aller dans ce sens.

Certes le palais sera inhabité, certes il sera détruit ainsi que le meilleur de sa population, cependant *mbḥr* laisse une formidable ouverture. Les plus beaux cèdres seront abattus, mais tous ne le seront pas ; les membres les plus en vue de la famille royale seront abattus, mais pas tous. L'oracle laisse la possibilité d'un reste dans la dynastie de David, un reste qui n'est pas le plus remarquable et qui échappe encore au regard. Il ne sera pas dans le palais rendu désert, mais il sera. Voilà pourquoi avec TOB, BP, Crampon, Rabbinat et d'autres je traduis par un présent : « Tu es pour moi le Gilead, le sommet du Liban ».

Le problème de l'identité des destructeurs pour le métaphorisé se pose en des termes semblables à ceux que nous avons déjà rencontrés, en 4/7 principalement. Même anonymat, même envoi par Dieu. L'utilisation du vocabulaire militaire (*qdš, mšḥyt*) en fait certainement des soldats ; *mšḥyt* investit ces soldats d'une puissance surnaturelle qui leur vient de Dieu. A lui seul 22/6-7 ne permet pas de reconnaître en eux les Babyloniens, seule l'extra-

textualité permet de le dire ; mais l'essentiel ici est de souligner que ces soldats ne sont là qu'au service de Dieu pour exécuter ses ordres.

9. MÉTAPHORE DES VOLEURS (49/9-10)

*Si ce sont des vendangeurs qui viennent chez toi, ils ne laisseront pas
de quoi grappiller.*
Si ce sont des voleurs pendant la nuit, ils détruiront à leur guise.
*Eh bien, c'est moi qui dénude Esaü et qui découvre ses retraites : il ne
pourra pas se cacher.*

REPÉRAGE DE LA MÉTAPHORE

Pas de particules comparatives dans ce texte, pas d'indices sémantiques,
mais un indice syntaxique : c'est la construction de la phrase qui permet
de remarquer la métaphore. Ce passage se présente comme un raisonnement
avec deux prémisses et une conclusion. Mais ce raisonnement est particulier. Dans chaque prémisse et dans la conclusion, il y a changement d'isotopie, en sorte que la conclusion ne peut découler logiquement des prémisses.
Elle en découle par une sorte d'analogie de situations. Après l'exposé de
deux éventualités connues, vient l'exposé d'une inconnue sous forme d'affirmation d'une réalité. Tel est ce raisonnement basé sur la ressemblance et
sur des changements d'isotopies : c'est en cela qu'il y a métaphore, ou plus
exactement deux métaphores, puisque vendangeurs et voleurs n'appartiennent pas à la même isotopie. Après les deux énoncés métaphorisants, vient
le pronom « moi », mis en avant au début de la phrase, comme sont mis
aussi en avant « vendangeurs » et « voleurs ». Ce parallélisme dans la
mention des sujets souligne que « moi » (= Dieu) désigne le sujet
métaphorisé.

Le verbe *šḥt* est utilisé pour les voleurs, ce qui met au premier plan ici
ce métaphorisant, mais pour les vendangeurs se trouve employé le verbe *bw'*,
qui fera l'objet d'un prochain chapitre. Il n'y a donc pas à hésiter pour
étudier ici l'ensemble, qu'il aurait été difficile de dissocier.

DÉLIMITATION DE LA MÉTAPHORE

La tâche est aisée. L'isotopie des vendangeurs apparaît seulement en
9a, avec *bṣrym* et *'wllwt* (le grappillage), et nulle part ailleurs dans le contexte proche. La description des voleurs se limite à 9b et ceux-ci n'apparaissent pas ailleurs dans le contexte proche (on verra plus loin que même pour
Dieu en 10a, ce n'est pas le vocabulaire de l'isotopie des voleurs qui est
utilisé).

Pour le métaphorisé, on peut s'en tenir à 10a. En 10b, en effet, le texte
laisse Esaü de côté, pour passer à ses frères et ses voisins : on a quitté la
métaphore.

ÉTABLISSEMENT DU TEXTE

Plusieurs différences apparaissent dans la LXX (= 30/3-4) : « Car sont venus des vendangeurs, qui[82] ne te laisseront pas de restes ; comme des voleurs dans la nuit, ils poseront leurs mains. Car moi, j'ai ravagé Esaü, j'ai dévoilé leurs cachettes ; ils ne pourront pas se cacher ».

Certaines de ces différences ne sont pas importantes. Ainsi, l'hésitation que l'on découvre dans les manuscrits entre *soi* et *hoi* peut venir d'une hésitation sur la manière de découper 9a. On peut, en effet, avec les Massorètes, rattacher *lk* au verbe précédent (« des vendangeurs viennent à toi ») ; mais on peut aussi rattacher *lk* au verbe suivant, comme on le voit dans tous les manuscrits de la LXX (« à toi ils ne laisseront pas » : *ou kataleipsousi soi*) ; la répétition de *soi* dans certains manuscrits, ou la présence du relatif dans d'autres (*(s)oi où kataleipsousi soi*) peut découler de là. Si, en s'appuyant sur la LXX, on veut corriger la ponctuation massorétique et rattacher *lk* à la suite (« Si ce sont des vendangeurs qui viennent, ils ne *te* laisseront pas de quoi grappiller »), cela ne prête pas à conséquence pour le sens. J'en reste donc au TM sur ce point.

En 10a, la LXX emploie le pluriel (« *leurs* cachettes ; *ils* ne pourr*ont* pas »), là où le TM utilise le singulier. La LXX a vraisemblablement considéré « Esaü » comme un collectif. Il n'y a donc pas lieu de corriger.

La différence la plus importante apparaît dans les débuts de phrases. Dans le TM se trouve la succession : *'m ...'m ...ky* ; il en va tout autrement dans la LXX avec : *hoti ...hôs ...hoti* : seul le troisième terme est bien traduit. Ces différences, qui pourraient paraître anodines, ont d'énormes conséquences. Dans la LXX, Dieu est écarté, en tant que métaphorisé, et ce sont les vendangeurs qui sont comparés à des voleurs. Ce n'est plus la même métaphore.

Il est clair que la *lectio difficilior* se trouve dans le TM ; comparer en effet Dieu à des voleurs est loin d'être évident (une telle métaphore ne se retrouve d'ailleurs pas dans le reste de l'AT). On peut aisément comprendre que cette métaphore a pu choquer. On n'aura pas de mal à suspecter une censure théologique dans la traduction grecque ; censure d'autant plus facile à faire, qu'il suffit de remplacer *ei* par *hôs*. A l'inverse, si la LXX reflétait le texte original, on verrait mal le TM supprimer une métaphore anodine (comparant des vendangeurs à des voleurs) pour la remplacer par une métaphore osée (celle des voleurs pour Dieu). Le texte du TM est donc à retenir et l'on pourra pour le reste du texte grec rester vigilant sur d'éventuelles modifications.

En changeant de métaphorisé, on s'aperçoit que la LXX se trouve dans une sorte d'impasse. Pour comparer, en effet, des vendangeurs à des voleurs, il faut faire apparaître au moins un point de comparaison pour que la métaphore ne soit pas boiteuse. C'est une logique, à laquelle on constate que

---

82. On trouve ici le relatif *hoi* dans le Vaticanus, le Sinaïticus et dans des minuscules. Les autres manuscrits ont *soi* à la place, ce qui donne : « Car des vendangeurs sont venus à toi, ils ne te laisseront pas de restes ».

la LXX a dû se soumettre. Dans le TM, vendangeurs et voleurs sont présentés en parallèle et comme il s'agit de deux métaphorisants il n'y a pas à établir entre eux de points de comparaison. Et le fait est qu'entre 9a et 9b il n'y en a pas. Dans le texte de la LXX deux points de comparaisons apparaissent : « Car sont venus des vendangeurs, qui *ne te laisseront pas de restes* ; comme des voleurs dans la nuit, *ils poseront leurs mains* ». C'est précisément sur ces points que la LXX se sépare du TM. A priori la LXX est à suspecter : la logique de sa métaphore peut l'entraîner à modifier sa *Vorlage*. « Laisser de quoi grappiller » ne peut en aucune manière être dit de voleurs (*'wllwt* n'apparaît jamais dans l'isotopie du vol). Par contre, donner pour complément à *kataleipsousin* un nom de la même racine (*kataleimmata*), c'est une bien maigre trahison du texte, c'est traduire de manière plus évasive, mais c'est une modification suffisante pour laisser entendre que les vendangeurs, comme des voleurs, « laissent des restes ». A mon avis, c'est pour préparer la particule *hôs* que la LXX traduit *'wllwt* par *kataleimmata* (sans avoir une Vorlage différente de ce que nous trouvons dans le TM). La même chose peut être observée à la fin de 9b.

En 9b, la LXX est encore plus poussée à modifier le texte ; dans le TM, en effet le sujet de *hšḥytw dym* est *gnbym* (les voleurs) ; dans la LXX, le sujet de *epithêsousi cheira autôn* est *trugêtai* (les vendangeurs). On comprendra si elle change le texte. A la suite de Duhm, la BHS estime que la LXX a lu *yšytw ydm* (ils poseront leurs mains). Cela ne me paraît pas possible. Tout d'abord *šyt yd* n'est jamais ailleurs traduit ainsi, par *epitithenai cheira* ; ensuite, et surtout, cette expression hébraïque se trouve utilisée pour une bénédiction (Gn 48/14, 17), pour fermer les yeux d'un mort (Gn 46/4), comme geste de témoignage (Ex 23/1) ou d'arbitrage (Jb 9/33) ; mais elle n'est jamais utilisée pour désigner le geste d'un vendangeur ou d'un voleur. De son côté *epitithenai cheira* (singulier) ou *cheiras* (pluriel) est employé dans la LXX pour un geste sacramentel (Ex 29/10, 15, 19, Lv 1/4, 11, 3/2, 8, 13, 4/4, 15, 24, 29, 33, 8/14, 18, 22, 16/21, 24/14, Nb 8/10, 12, 27/18, 23, Dt 34/9, Dn 13/34), un geste de deuil (2 S 13/19), un geste de surprise (Jg 18/19, Mi 7/16, Sag 8/12), un geste d'affection (Jb 31/27), de communion (2 R 13/16), un geste médical (2 R 5/11), mais aussi, avec une acception proche de ce que nous avons ici, pour signifier « s'emparer de quelqu'un » (2 R 11/16 : elle traduit alors l'hébreu *śym ydym*). La LXX semble vouloir dire ici que les vendangeurs « posent leur main » sur des grappes, comme des voleurs « posent leur main » sur les biens d'autrui, ce qui laisse penser qu'elle considère ces vendangeurs comme des étrangers venant faire la récolte à la place et à l'insu des vignerons, comme des voleurs. De toute manière, s'il fallait faire une rétroversion, il faudrait penser à *yśymw ydm*, ce qui nous éloigne encore plus du TM. Mais c'est peine perdue, me semble-t-il, depuis que l'on a constaté que la LXX avait changé de métaphorisé. Il n'est plus possible de savoir ce qu'elle a lu exactement, et il est fort probable qu'elle a délibérément corrigé son texte, pour sauvegarder l'honneur de Dieu qu'elle ne pouvait voir comparé à des voleurs.

ÉTUDE DU MÉTAPHORISANT

Si ce sont des vendangeurs qui viennent chez toi, ils ne laisseront pas de quoi grappiller. Si ce sont des voleurs pendant la nuit, ils détruiront à leur guise.

Un énoncé presque identique se trouve en Abd 5, dans un oracle qui, comme ici, est adressé à Edom. En voici le texte : « Si ce sont des voleurs qui viennent chez toi, ou des pillards de nuit ; comme tu seras anéanti ! Ne voleront-ils pas à leur guise ? Si ce sont des vendangeurs qui viennent chez toi, ne laisseront-ils pas de quoi grappiller ? Comme Esaü est fouillé et ses trésors mis à jour ».

Le texte d'Abdias est plus long, les voleurs sont nommés les premiers, mais les destinataires sont les mêmes et le vocabulaire présente assez de points communs pour qu'on puisse parler d'un doublet. La question est de savoir où se trouve le texte originel et quelles sont les modifications apportées à cet original. L'étude du métaphorisant en dépend (si Jérémie reprend et modifie Abdias, les modifications apparaîtront alors comme particulièrement significatives).

Parmi les ouvrages sur Abdias que j'ai pu consulter (Condamin 1900, p. 261, Nowack 1903, Rudolph 1931, p. 222 ss., Robinson 1938, Bič 1953, p. 11 ss.) aucun ne met en cause l'authenticité des versets 5-6 dans l'oracle d'Abdias et aucun ne parle d'emprunt. D'un autre côté, la plupart des commentateurs de Jr 49/9-10 (Weiser, Steinmann, Aeschimann. Duhm, BC...) pensent qu'il y a emprunt à Abdias. Duhm et Rudolph ont très justement noté un changement de personne en 49/9, révélateur d'une citation. En effet, depuis le début de l'oracle sur Edom (49/7), il est question d'Edom ou d'Esaü à la troisième personne, et c'est encore le cas en 49/10. Dans cet oracle, l'emploi de la 2e personne en 49/9 surprend. Dans Abdias, cette 2e personne apparaît dès le verset 2 et ne surprend pas au verset 5. Ce fait indique qu'Abd 5 est parfaitement intégré à son contexte (avec en outre une structure soignée avec 'm suivi de 'yk et à nouveau 'm... 'yk), et que Jr 49/9 maintient la 2e personne pour souligner qu'il s'agit d'une citation. C'est donc comme une citation d'Abdias que 49/9 doit être étudié.

Quand on sait que Jérémie a sévèrement condamné les prophètes qui reprennent à leur compte les oracles prononcés par d'autres (cf. 23/30) et que c'est là un point capital dans la dénonciation des faux prophètes (cf. 28/1 ss. et le commentaire qu'en fait Lys, 1979, p. 453 ss.), il faut s'entendre sur le mot « citation ». Répéter ce qu'Abdias a dit placerait Jérémie sous le coup de sa propre condamnation. Par contre, reprendre ce qu'Abdias a dit pour proclamer quelque chose de neuf n'est plus œuvre de perroquet, mais parole prophétique nouvelle. C'est dans la mesure où il y aura du neuf en 49/9-10 qu'on pourra accepter cette « citation ». Et c'est dans ce qu'il y aura de neuf qu'on pourra découvrir ce qu'a voulu dire Jérémie. Nous voilà donc invités à repérer toutes les nouveautés que présente cet énoncé métaphorisant par rapport à ce qu'il est dans Abdias (où voleurs et vendangeurs sont aussi des sujets métaphorisants parallèles, mais pas pour le même métaphorisé comme on le verra plus loin)[83].

Une première différence apparaît entre 49/9a et Abd 5b. Ces phrases sont rigoureusement les mêmes à l'exception du pronom interrogatif (*h*), présent en Abdias et absent en Jérémie. Bright, en particulier, est d'avis que 49/9a doit être traduit comme s'il y avait une interrogation (ce que fait, par exemple, Segond : « Si des vendangeurs viennent chez toi, ne laissent-ils rien à grappiller ? » ; de même Darby et Chouraqui I). Il est un fait qu'en hébreu l'interrogatif n'est pas toujours nécessaire pour donner à une phrase un sens interrogatif (cf. J 161a). Mais on peut objecter à Bright que si Jérémie avait voulu garder le sens interrogatif de la phrase d'Abdias, il lui était facile de garder l'interrogatif *h*, en copiant exactement Abd 5. Dans la mesure où il s'agit d'une citation, la suppression de l'interrogatif ne peut passer inaperçue et l'on ne peut pas traduire comme s'il y était. Je crois donc avec Rudolph que dans cette reprise la suppression de *h* ne signifie rien d'autre que la transformation d'une phrase interrogative en affirmative. Or, une telle transformation est très importante. En effet, à la question posée par Abdias, il n'y a qu'une manière de répondre. Étant donné la législation sur la vendange (cf. Lv 19/9s, Dt 24/19-22) cette réponse ne peut être que : « Bien sûr que si, ils laisseront quelque chose à grappiller ! ». Tout vendangeur agit ainsi et se doit de le faire. Cela est si clair que Abdias peut poser la question sans donner la réponse. Ce sont des vendangeurs dignes de ce nom qu'il met en scène, et c'est cela aussi que les auditeurs de Jérémie ont en tête. En supprimant l'interrogation et en affirmant « ils ne laisseront pas de quoi grappiller », Jérémie surprend et innove, puisqu'il met en scène maintenant d'autres vendangeurs, qui ne laissent rien à grappiller, qui ne respectent pas la loi, qui n'ont même pas de cœur pour la veuve et l'orphelin. Jérémie modifie profondément l'image d'Abdias en noircissant le tableau, en sorte que l'intérêt de l'auditoire est piqué au vif : que sont ces vendangeurs hors la loi, nouveaux par rapport à Abdias ?

L'énoncé sur les voleurs en 49/9 est sensiblement plus bref que dans Abdias. On peut noter en particulier la disparition de l'exclamation d'Abdias introduite par '*yk* (il en est de même dans ce qui se rapporte aux vendangeurs), ce qui ne laisse pas de place pour le moindre apitoiement sur le sort d'Edom ; mais cela ne modifie pas profondément le contenu de l'énoncé. On peut aussi noter que, dans sa brièveté, l'énoncé de Jr 49/9 sur les voleurs ne comporte plus qu'un verbe, ce qui met en valeur ce verbe. Or, accompa-

---

83. La question est la même, si l'on pense avec Condamin, que Jérémie et Abdias ont tous deux repris un oracle anonyme qui leur serait antérieur. Même anonyme, on ne peut accepter que Jérémie ait copié un oracle sans le modifier. Dans ce cas la comparaison avec l'original ne nous serait plus possible, mais les différences avec Abdias seraient encore significatives (mais ce serait plus risqué, car on ne sait si de son côté Abdias a aussi fait des modifications). Cette hypothèse de Condamin me paraît fragile, étant donné la profonde insertion d'Abd 5 dans le reste de l'oracle.

gné de *dym*, on voit aisément qu'en Jérémie *šḥt* prend la place du verbe *gnb* utilisé par Abdias. Ce changement de verbe est aussi accompagné par une transformation de la phrase interrogative d'Abdias en affirmative. Et ces modifications sont importantes. Abdias, en effet, met en scène des voleurs (*gnbym*) qui volent (*ygnbw*), ce qui, de la part des voleurs, est dans l'ordre des choses (tout autant que des vendangeurs qui laissent à grappiller) ; certes ces voleurs sont criticables en tant que voleurs, mais leur comportement de voleurs ne présente rien de surprenant. Jérémie de son côté met en scène de bien étranges voleurs, qui n'emportent rien, qui ne se remplissent même pas les poches et qui se contentent de détruire. La modification va dans le même sens que celle qui concerne les vendangeurs. Dans Abdias vendangeurs et voleurs ont le comportement qu'on attend d'eux. Dans Jérémie vendangeurs et voleurs sont déconcertants. Non seulement déconcertants, mais révoltants par leur dureté, autant les vendangeurs hors la loi que les voleurs destructeurs (on se trouve ici dans une situation proche de celle rencontrée en 22/6-7, avec des soldats déconcertants, n'emportant pas de butin, mais incendiant).

En modifiant le comportement des vendangeurs et des voleurs, Jérémie inverse l'ordre de leur présentation par rapport à Abdias de manière à produire un effet de crescendo (absence de grappillage puis destruction), culminant dans le seul verbe non utilisé par Abdias : *šḥt*. Introduit dans l'expression d'Abdias, ce verbe gagne en force. *ygnbw dym* signifie « ils volent à leur mesure », c'est-à-dire : ils volent autant qu'ils peuvent emporter ou bien ce dont ils ont besoin ; le vol a des limites. Chez Jérémie, cela devient : ils détruisent à leur mesure, c'est-à-dire autant qu'ils peuvent détruire ; et la destruction est pratiquement sans limites.

ÉTUDE DU MÉTAPHORISÉ

Eh bien, c'est moi qui dénude Esaü et qui découvre ses retraites : il ne pourra pas se cacher.

En parlant d'Esaü à la troisième personne (et non plus à la deuxième), Jérémie retrouve le style qu'il a adopté depuis le début de l'oracle (49/7-8) et met un point à la citation, non sans faire, cependant, une dernière allusion à Abdias pour souligner qu'il change de métaphorisé. Abdias, de son côté, poursuit l'énoncé de sa métaphore en utilisant le verbe *ḥpś* au niphal (« comme Esaü est fouillé »), sans révéler le sujet logique de ce verbe, de manière à faire transition entre les métaphorisants (voleurs et vendangeurs) et le métaphorisé (les alliés d'Edom, au verset 7). Jérémie, lui, joue sur les mots en remplaçant *ḥpś* par *ḥśp*, tout en remplaçant le passif par un actif, de manière à faire apparaître sans transition le métaphorisé : « C'est moi qui dénude Esaü ». Cette précipitation dans la mention du métaphorisé souligne le changement. Les auditeurs de Jérémie qui avaient en tête l'oracle d'Abdias découvrent qu'il n'est plus question des alliés d'Edom, mais du Dieu d'Israël.

En changeant de métaphorisé, Jérémie prononce une métaphore nouvelle, dit une parole nouvelle ; la citation qu'il fait sert de tremplin pour un tout autre message, en sorte qu'il n'y a pas lieu de reprocher à Jérémie ce qu'il reproche aux faux prophètes.

Non seulement la parole est nouvelle, mais encore elle est provocante : voilà Dieu comparé à des vendangeurs qui ne respectent pas la loi de Dieu et à des voleurs dont le comportement est pire que celui de tous les autres voleurs ! A ma connaissance, cette métaphore est absolument unique dans l'AT et l'on comprend aisément que la LXX ait voulu la censurer[84].

La métathèse opérée par Jérémie dans la modifcation de ḥpś en ḥśp n'est pas simple jeu de mots. Ce changement de verbe révèle un changement d'orientation. Comme l'a bien noté Rudolph, avec ḥpś en Abd 6 c'est aux biens des Édomites qu'on en veut ; l'isotopie du vol est maintenue, en sorte que les alliés d'Edom apparaissent comme des voleurs intéressés. Ces alliés devenus amis et familiers de la maison, peuvent s'introduire chez Esaü sans que le chien aboie et « fouiller », « mettre à jour les trésors », « voler à leur guise ». Abd 7 précise même que les Édomites sont « chassés jusqu'à leurs frontières », ce qui montre bien que ce n'est pas à eux que leurs alliés en veulent, mais à leurs richesses. Quant à Dieu, s'il est comparé en Jérémie à d'étranges voleurs qui ne volent pas, mais qui détruisent, on s'aperçoit qu'il s'en prend plus aux Édomites qu'à leurs biens. Cet étrange voleur n'est pas intéressé.

Dieu « dénude » Esaü : il le dénude comme on peut dénuder son bras (Es 52/10, Ez 4/7) ou le sexe d'une personne (Es 47/2, Jr 13/26). Il ne peut être question ici d'un vol de vêtements ; le verbe ḥśp signifie « faire apparaître la nudité ». Le seul autre emploi de ce verbe en Jérémie (13/26) l'indique bien (« je vais retrousser ta jupe sur ton visage et l'on verra ta honte ») : ce n'est pas aux vêtements que l'on en veut, mais à la personne que l'on dénude. La dernière expression de 49/10a va dans ce sens. « Esaü ne peut se cacher » ne signifie pas qu'Esaü veut cacher ses biens, mais qu'il veut se dissimuler aux regards des autres. C'est dans sa nudité qu'Esaü ne peut se cacher ; c'est dire que c'est cette nudité que Dieu veut exposer. La deuxième expression de 10a (« je découvre ses retraites ») est souvent interprétée comme signifiant que Dieu met à jour les trésors ou les biens d'Esaü. Cependant, s'il en était ainsi, Esaü chercherait à défendre ses biens ; il ne prendrait pas la fuite vers des lieux où se cacher. Ce sont ces lieux, où Esaü

---

84. Cette censure apparaît d'autant mieux, si l'on jette un coup d'œil sur la traduction d'Abdias, où, vendangeurs et voleurs servant de métaphorisants pour les alliés d'Edom, il n'y a pas lieu de censurer. On s'aperçoit alors que toutes les modifications présentes dans la traduction de Jr 49/9 n'apparaissent plus dans celle d'Abdias 5. Alors que le traducteur de Jérémie remplace *'m* par *hôs* pour faire des vendangeurs le métaphorisé, le traducteur d'Abdias rend parfaitement *'m* par *ei*. Le mot *'wllwt*, qui semblait faire difficulté (et devenu *kataleimmata* dans Jérémie), est parfaitement traduit par *epiphullida* (« grappillage ») dans Abdias. Enfin, *dym*, devenu *cheira autôn* en Jérémie, est correctement traduit par *tahikana heautois* (« ce qui leur suffit »).

pourrait se cacher, qui sont désignés par le terme *mstr* ; en « découvrant les retraites », Dieu enlève à Esaü toute possibilité de se cacher[85].

Le rapprochement opéré par Jérémie entre les voleurs et Dieu est donc clair. Pas plus que ces voleurs qui détruisent sans s'intéresser aux biens de leur victime, Dieu n'est intéressé par les biens d'Esaü. Dieu ne « détrousse » pas, mais « dénude » et empêche de se cacher. Le sens de l'attitude de Dieu se comprend si on rapproche ce passage du seul autre passage où Jérémie utilise *ḥśp*. En 13/26, c'est aussi Dieu qui dénude et cette mise à nu apparaît clairement comme une mise à nu des fautes, une mise au jour des actions coupables. Ainsi, ce voleur d'un nouveau type qu'est Dieu, ce vendangeur qui ne laisse rien derrière lui, apparaît comme un juge sans complaisance, qui ne laisse rien passer, qui surprend pour mettre tout au grand jour, et qui est prêt au besoin à tout détruire (*šḥt*). Tel est ce Dieu, dont la visite (*pqd*) est annoncée en 49/8. Aux alliés qui trahissent dans un but intéressé est substitué par Jérémie un juge scrupuleux, devant qui personne ne peut se cacher.

Si la visite de Dieu annoncée en 49/8 est celle d'un juge, il n'en reste pas moins que les métaphorisants choisis (vendangeurs et voleurs, aussi hors-la-loi les uns que les autres) présentent Dieu comme hors-la-loi. Une telle présentation de Dieu, aussi inattendue qu'elle puisse être, dit quelque chose de vrai et d'inattendu aussi. Il apparaît, en effet, qu'en intervenant en Edom, c'est-à-dire dans un peuple étranger, Dieu transgresse l'opinion commune internationale. C'est au dieu d'Edom à intervenir en Edom, à juger son peuple, en non au dieu d'Israël. Ce dernier, en pénétrant chez un étranger, se comporte bien comme un voleur. En ce sens, la métaphore est parfaitement bien trouvée. Étonnante intervention de Dieu en Edom au mépris de cette loi qui prescrit aux dieux de juger leurs seuls peuples. Dieu apparaît ici comme étant au-dessus d'une telle loi. Mais aussi, étonnante intervention de Dieu en Edom au mépris des dieux d'Edom. Cette mise à l'écart des dieux édomites se précise en 49/11 : c'était à ces dieux, en effet qu'incombait la charge de prendre soin des veuves et des orphelins d'Edom. En s'arrogeant cette charge Dieu prend la place des dieux édomites.

Cette métaphore si déconcertante, puisqu'elle met Dieu au rang des hors-la-loi, proclame, certes, que Dieu est déconcertant, mais aussi qu'il intervient souverainement au delà de toute loi, pour mettre à nu ce dont on a honte et pour prendre soin de la veuve et de l'orphelin de l'étranger.

---

85. *mstr* peut désigner un lieu où l'on cache des trésors ; c'est le cas en Es 45/3. Partout ailleurs dans l'AT ce mot désigne un lieu où un individu ou plusieurs (Hb 3/14, Ps 10/8, 9, 64/5) se cachent comme des fauves (Ps 17/12, Lm 3/10) pour tendre une embuscade. Jérémie, lui, utilise ce mot (13/17, 23/24 au pluriel comme en 49/10) pour désigner un lieu où se cache un individu pour ne pas être trouvé.

10. MÉTAPHORE DU VENT (51/1-2)

Voici que je vais faire lever contre Babylone et contre les habitants de Leb-Qamaï un vent destructeur ; puis j'enverrai à Babylone des étrangers, qui la vanneront.

REPÉRAGE DE LA MÉTAPHORE

Il n'y a pas ici d'indice formel, ni d'indice syntaxique. Le seul indice auquel on pourrait songer serait sémantique, mais il n'est pas évident. Avec *zrh* en 51/2, en effet, il peut être question de « disperser » Babylone, et dans ce cas il n'y a rien d'insolite, ou bien de « vanner » Babylone, et dans ce cas il y a un emploi insolite de ce verbe, avec changement d'isotopie. Tout tient donc à ce verbe.

La racine *zrh* est bien celle qui dénote le mieux le vannage ; elle a donné le mot *mzrh*, qui désigne une fourche à vanner, ainsi que le mot *mzrym*, qui désigne le vent du Nord, propice au vannage. Le verbe *zrh* signifie bien « vanner » (cf. au qal Rt 3/2) ; cependant il semble avoir pris aussi, surtout au piel, un sens plus large, pour signifier plus vaguement « disperser » (comme c'est indiqué dans BDB et KB³), sans dénoter forcément un vannage. C'est ainsi qu'en dehors de 51/2, le sens premier de « vanner » n'apparaît jamais clairement. Il est question, en effet, la plupart du temps, de « disperser » des hommes (Lv 26/33, 1 R 14/15, Jr 31/10, 49/32, 36, Ez 5/10, 12, 12/14, 15, 20/23, 22/15, 29/12, 30/23, 26, Za 2/2, 4*bis*, Ps 44/12, 106/27, Pr 20/26) ; sinon, il est question de « disperser » des ossements (Ez 6/5) ou du fumier (Ml 2/3), de « répandre » le savoir (Pr 15/7) ou de « disperser » le mal (Pr 20/8). Jamais, au piel, *zrh* n'est employé dans un contexte de vannage.

Comme le sens premier de *zrh* est « vanner », l'emploi de ce verbe peut aisément connoter le vannage ; cependant une telle connotation n'est repérable que si ce verbe est accompagné d'un autre terme de l'isotopie du vannage. Grâce à la présence de cet autre terme, on pourra alors traduire *zrh* par « vanner ». C'est ainsi que dans trois passages d'Ezéchiel (5/10, 12, 12/14), où le vent est mentionné, l'emploi de *rwh* permet de ne plus traduire par « disperser des individus à tout vent », mais de traduire par « vanner des individus à tout vent ». C'est l'emploi de *rwh* qui permet d'assurer qu'il y a emprunt à l'isotopie de vannage.

Pour ce qui est du seul livre de Jérémie, le verbe *zrh* est uniquement employé avec pour compléments des peuples (au qal en 4/11, 15/7, au piel en 49/32, 36, 51/2). Le plus souvent *zrh* est accompagné d'un autre terme de l'isotopie du vannage (le vent en 4/11, 49/32, 36 et peut-être en 51/1, la fourche à vanner en 15/7). Dans ces passages l'emploi de deux termes de l'isotopie du vannage, insolite quand ils ont des peuples pour objet, permet de parler d'une métaphore (insolite sémantique, avec changement d'isotopie).

La question n'est pas résolue pour 51/1-2, car le sens du mot *rwh* y est discuté. Si, comme le pensent certains (Nicholson, Bright, Thompson

et Lys 1962, p. 163, ainsi que BP, BJ 2, Rabbinat, Darby, Segond, TOB...),
rwḥ désigne ici le vent, on pourra dire qu'il y a métaphore. Mais si, comme
le pensent les autres (Duhm, Volz, Giesebrecht, Hyatt, Condamin, Rudolph,
Weiser, ainsi que BJ 1, Crampon...), *rwḥ* signifie ici « esprit », *rwḥ* ne serait
plus utilisé en tant que relevant de l'isotopie du vannage et le simple emploi
de *zrh* ne suffirait plus pour faire parler de métaphore. Que signifie donc
ici *rwḥ* ?.

Rudolph explique que c'est à cause de 51/11, qu'il faut traduire *rwḥ*
par « esprit » en 51/1. On retrouve en effet en 51/11 l'expression de 51/1
avec *rwḥ* comme complément du verbe *'wr*, dont le sujet est Dieu. Or, en
51/11, *rwḥ* est construit sur *mlky mdy* dans une expression qui ne peut signifier autre chose que « l'esprit des rois des Mèdes ». Reprenant le vocabulaire de 51/1, le verset 11 ne peut être qu'un renvoi à 51/1 et ce renvoi invite
à penser que *rwḥ* signifie « esprit » dans les deux passages. Cheyne ajoute
à cela qu'avec le verbe *'wr* le mot *rwḥ* ne peut pas signifier « vent ».

L'argument de Cheyne ne tient pas, pour la simple raison que Jérémie
utilise *'wr* au niphal, en 25/32, avec pour sujet le mot *s'r* (= tempête). Si
donc une tempête peut « se lever », il est possible à Dieu de « faire se lever »
le vent. Quant à Rudolph, il reconnaît lui-même (avec Duhm, Volz, Fohrer, Bright...) qu'il y a en 51/11 une glose. La présence de cette glose me
paraît, en effet, tout à fait claire[86] et n'invite alors à considérer 51/1 sous
un autre jour. Tout laisse penser que la glose en 51/11 est une relecture de
51/1 (ne serait-ce que par la reprise de plusieurs termes : *'wr* avec Dieu pour
sujet, *rwḥ*, *'l bbl*, ainsi que le hiphil de *šḥt*). Cette relecture semble avoir
été faite à partir de Es 13/17, où Dieu déclare qu'il va faire lever (*'wr*) les
Mèdes contre les Babyloniens[87]. En rapprochant cette information donnée
par Esaïe de Jr 51/1, le glossateur a cru découvrir alors ce que pouvait être
la *rwḥ* mentionnée en 51/1. Et il en tire la conclusion : si Dieu déclare faire
lever une *rwḥ* contre Babylone (Jr 51/1) et s'il déclare aussi qu'il va faire
lever les Mèdes contre les Babyloniens (Es 13/17), c'est donc qu'il va faire
lever la *rwḥ* des rois des Mèdes contre Babylone (= Jr 51/11, où la mention de Dieu à la troisième personne est bien celle d'un commentaire). La
glose apparaît donc comme un commentaire (peut-être le premier) de Jr 51/1.
Mais qui dit commentaire ne dit pas forcément que *rwḥ* a le même sens en
51/1 et 11. Le glossateur a très bien pu jouer sur les sens du mot *rwḥ* et,

---

86. On peut remarquer que 51/10b-12 est constitué de deux volets construits
de manière identique. Le deuxième de ces volets est structuré par 4 volitifs suivis
d'un *ky* explicatif (51/12). En 51/10b-11 la même structure apparaît avec 4 volitifs
suivis d'un *ky* explicatif, mais elle est interrompue par une parenthèse relative aux
rois des Mèdes (« le Seigneur a éveillé l'esprit des rois des Mèdes, car contre Babylone il a conçu un plan pour la détruire »). C'est cette parenthèse (anachronique
pour l'époque de Jérémie, à cause de la mention des Mèdes) qui est une glose.

87. Rudolph lui-même (ainsi que Duhm, Volz, Weiser...) reconnaît cette dépendance de 51/11 par rapport à Es 13/17.

à partir d'un texte parlant du vent, faire un commentaire sur l'esprit. On ne peut donc pas s'appuyer sur 51/11 pour comprendre 51/1.

Étant donné que dans tout le reste du livre de Jérémie *rwḥ* a le sens de « vent » lorsqu'il est accompagné par le verbe *zrh* (cf. 4/11, 49/32, 36), étant donné aussi que dans tout le reste de l'AT il en est de même (cf. Es 41/16, Ez 5/2, 10, 12, 12/14), je crois pouvoir dire qu'en Jr 51/1 *rwḥ*, précédant le verbe *zrh*, doit avoir le sens de « vent », malgré le commentaire qu'un glossateur a fait en 51/11[88].

En conclusion, la présence de *rwḥ* (= vent) et de *zrh* dans ce passage permet de dire que l'isotopie du vannage y est utilisée. Ce « vannage » de Babylone est insolite et nous avons là un indice sémantique. A cet indice s'ajoute un changement d'isotopie par rapport au contexte de l'oracle, qui n'a rien à voir avec un quelconque travail agricole. On peut donc parler de métaphore.

DÉLIMITATION DE LA MÉTAPHORE

Cette métaphore de vannage commence avec la mention du vent et plus précisément avec le verbe *'wr*, dont *rwḥ* est complément, en sorte que le début de l'énoncé métaphorique se trouve en *hnny*, juste après la formule de messager. Cet énoncé se poursuit dans le verset 2 jusqu'au verbe *zrh*. Après ce verbe, le verbe *bqq* (= piller) ne semble pas avoir de lien avec l'isotopie du vannage. De la racine *bqq*, seul le verbe apparaît dans l'AT (Es 19/3, 24/1, 3, Jr 19/7, Os 10/1, Na 2/3) et il ne se trouve jamais employé en relation avec le vannage.

La métaphore peut donc être ainsi délimitée : de *hnny* en 51/1 jusqu'à *wzrwh* en 51/2.

ÉTABLISSEMENT DU TEXTE

Le texte de la LXX est le suivant : « Voici, je vais faire lever contre Babylone et contre les habitants de la Chaldée un sirocco destructeur ; et j'enverrai à Babylone des insolents, qui l'insulteront ».

D'après sa traduction, la LXX montre qu'elle a lu *kśdym* là où le TM a *lb qmy*. Il ne s'agit pas là de Vorlagen différentes. Comme l'expliquent bien des commentateurs (Duhm, Hitzig, Driver, Volz, Rudolph...), il est facile en effet de passer de *kśdym* à *lb qmy*, grâce au procédé appelé *Atbash*. Selon ce procédé, on remplace la première lettre de l'alphabet par la dernière (*'/t*), la seconde par l'avant-dernière (*b/š*, et ces quatre lettres ont donné le nom du procédé : *'tbš*), et ainsi de suite. En procédant ainsi *kśdym* donne *lbqmy*, qui dans le TM est séparé en deux mots et vocalisé de telle

88. Pour les traducteurs anciens la question de savoir si 51/1 et 51/11 ont été écrits par un ou deux auteurs ne se posait sans doute pas. Or, on peut remarquer que pour beaucoup de ces traducteurs *rwḥ* ne signifie pas la même chose en 51/1 et 11. Dans le premier verset la LXX traduit par *anemos* (*idem* dans Aquila et Symmaque) et par *pneuma* dans le second. La Vulgate a *ventum* en 51/1 et *spiritum* en 51/11.

manière qu'il est possible de traduire, comme le fait TOB : « le cœur de mes adversaires ». L'*Atbash* permet ainsi une exégèse midrashique du nom « chaldée ». Si le texte original avait porté *lb qmy*, on ne voit pas pourquoi la LXX y aurait renoncé, surtout lorsqu'on connaît le goût du traducteur grec pour l'exégèse midrashique (cf. plus haut p. 205s.). La LXX a vraiment lu *ksdym*, sans connaître la transformation en *lb qmy* ; c'est donc elle qui a conservé le texte original, et non le TM qu'il faut corriger.

Grâce aux autres versions, il est possible de dater approximativement le *lb qmy* attesté par le TM. En effet Symmaque, par exemple, ne fait que transcrire en *leb kabê*, ce qui permet de voir qu'au début de notre ère le découpage transmis par le TM existait déjà. De son côté, Aquila connaît le même découpage et traduit par « le cœur des provocateurs ». L'insertion de l'*Atbash* est donc à situer entre l'époque de la LXX et celle d'Aquila et Symmaque (3e s. av. J.C. et 2e s. ap. J.C.), elle date d'un temps où les courants apocalyptiques sont très vivants. On sait combien ces milieux prisaient les désignations cryptographiques des ennemis d'Israël. L'*Atbash* s'inscrit parfaitement dans cette ambiance apocalyptique[89].

Refusant l'explication par l'*Atbash*, Nicholson adopte une conjecture de Sarsowsky. Ce dernier propose de corriger (1912, p. 151) *lb qmy* en *qambulay* pour retrouver la mention du groupe ethnique Gambouléen (*Gambu-la-a*), membre du royaume babylonien. Cependant, si à la rigueur ce *qmbly* avait été estropié dans le TM en *lb qmy*, je ne vois vraiment pas comment ce même *qmbly* original aurait pu être lu *ksdym* par la LXX. Étant donné que le TM présente d'autres cas d'*Atbash* (cf. *bbl* devenu $\overset{vv}{ssk}$ en 25/26 et 51/41) il vaut mieux en rester à l'explication de 51/1 par l'*Atbash*[90].

Par sa traduction, la LXX montre qu'elle a considéré les deux derniers mots de l'énoncé (*zrym wzrwh*) comme deux termes de la même racine (*hubristas kai kathubrisousin autên* : des insolents qui sont insolents envers elle). Avec Hitzig et Giesebrecht je crois que la LXX a fait une erreur de lecture par confusion du daleth et du resh : elle a rattaché les deux mots hébreux à la racine *zwd* (= être présomptueux, insolent)[91]. Avec tous les commentaires que j'ai pu consulter, je crois qu'il faut garder le TM.

En traduisant enfin *rwḥ* par *anemon kausôna* (« vent brûlant »), qui

---

89. Je crois aussi avec Hitzig que le procédé de l'*Atbash* n'était pas connu à l'époque de Jérémie. Cf. Condamin qui dit que ce procédé « n'émane pas de Jérémie et n'est même probablement pas de son temps ». Il faut donc corriger le TM, sans chercher à traduire, comme font TOB, Darby (« au cœur de ceux qui s'élèvent contre moi ») ou Ostervald (« et dont le cœur s'élève contre moi »).

90. D'autant plus que cette explication est connue depuis longtemps. Vigouroux signale (1926, col. 1210) que Jérôme en parle (sans en donner le nom) dans son commentaire sur Jérémie à propos de 25/26. Il dit aussi, avec raison, que le Targum est conscient du procédé, puisqu'il traduit tout d'abord par « Chaldée » et commente ensuite par une paraphrase où se trouve l'expression « leur cœur s'est élevé » (*rm lbhwn*).

91. En effet, la traduction de *zdwn* par *hubristia* en 50/31 ou par *hubris* en 50/32 montre que c'est bien la racine *zwd* que la LXX a traduite en 51/2.

désigne le Sirocco, la LXX ne fait que paraphraser, pour donner un aperçu de ce que peut être ce vent destructeur.

Alors que la LXX s'est trompée sur les deux derniers mots de l'énoncé et les a rattachés à une même racine, d'autres versions ont aussi rattaché ces deux termes à une même racine, sans confondre toutefois le resh et le daleth. C'est ainsi que la Vulgate (*ventilatores et ventilabunt eam*), Aquila et Symmaque (*lilmêtas kai likmêsousin autên*) traduisent tous par « des vanneurs, qui la vanneront ». A leur suite, plusieurs exégètes (Duhm, Volz, Bright, Rudolph, Thompson, ainsi que BJ 1, BJ 2, Crampon, Segond...) corrigent *zârîm* (des étrangers) en *zorîm* (des vanneurs). Cette correction est une *lectio facilior*, car elle nivelle le texte en faisant disparaître le jeu de mots entre *zr* et *zrh*. Avec ce jeu de mots, le TM est difficilior et doit être conservé[92].

Quelques suppressions de mots sont proposées par certains exégètes, mais aucune ne me paraît justifiée, faute d'appui dans les versions ou dans les manuscrits. Ainsi Volz (suivi par BC) supprime en 51/1 le mot *rwḥ*. Ce mot aurait été ajouté selon Volz pour montrer que *mšḥyt* est surnaturel et qu'il s'agit là du jugement de Dieu. L'argument est insuffisant et il est difficile de suivre Volz, d'autant plus que c'est précisément ce mot *rwḥ* que la glose commente dès l'époque perse, en 51/11.

Rudolph supprime la mention de Babel en 51/1 (cf. BHS) pour des raisons de métrique. Si l'on remarque la place de l'atnaḥ dans ce verset, on s'aperçoit que tout est mis en œuvre pour retarder et souligner la mention du sujet métaphorisant (un vent destructeur), ce qui produit un effet de suspens. Or, plus on raccourcira 51/1a, moins on donnera de force à ce suspens. Si la métrique n'est pas respectée, la mise en valeur de *rwḥ mšḥyt* est d'autant plus intéressante.

ÉTUDE DU MÉTAPHORISANT

Voici que je vais faire lever sur Babylone et vers les habitants de la Chaldée un vent destructeur ; puis j'enverrai à Babylone des étrangers et ils vanneront.

La mention de Babylone et de la Chaldée n'a rien d'insolite dans cet énoncé métaphorisant, dans la mesure où un vent peut se lever sur une ville ou sur un pays entier ; des étrangers peuvent aussi venir à Babylone pour vanner. Le seul point insolite est dans le dernier mot de l'énoncé, dans la

---

92. Chouraqui, lui, dans ses deux traductions (1976 et 1983), rattache les deux mots à la racine *zwr* (« des étrangers, ils l'aliènent »), sans donner d'explication. S'il ne corrige pas le TM, la forme *zérûhâ* ne peut venir de *zwr*, qui au qal doit donner *zâruhâ* (à l'intensif, il y aurait soit un polel, soit un redoublement du waw). S'il corrige pour obtenir *zârûhâ*, il fait aussi disparaître le jeu de mots du TM, qui joue sur deux racines différentes, et il obtient aussi un texte plus facile. Ma critique à son égard est la même : il faut garder le TM qui est difficilior dans la mesure où il joue sur deux racines.

dernière syllabe, dans le suffixe qui révèle que c'est Babylone elle-même qui est vannée. Ce suffixe appartient au seul énoncé métaphorisé et non au métaphorisant. Sans le suffixe final, l'énoncé peut décrire la réalité ; avec le suffixe, le même énoncé devient métaphorique. On constate avec intérêt que la dimension métaphorique du propos n'apparaît que dans la dernière syllabe et qu'ainsi l'effet de surprise est ménagé jusqu'à la fin. Dans la mesure où l'on ne sait pas, jusqu'au dernier suffixe, que c'est Babylone qui est visée, il n'est pas nécessaire de donner à '*l* ou à '*l* une valeur adversaire : le vent se lève « sur » Babylone, « en direction des » habitants de la Chaldée.

Dans cette description d'un vannage, deux acteurs interviennent conjointement et de façon complémentaire : un vent et des hommes, les deux étant nécessaires pour le vannage.

Il n'est pas possible de savoir si *rwḥ* est ici à l'état construit devant le substantif *mšḥyt*, ou à l'état absolu devant le participe hiphil de *šḥt*, mais qu'il s'agisse d'un « vent de destruction » ou d'un « vent détruisant », le sens est le même : vent destructeur (l'absence d'article interdit de traduire par « un vent du destructeur » ou par « le vent du destructeur »). Peu importe aussi de quelle direction vient le vent, le seul détail donné par l'énoncé pour qualifier le vent est à retenir : un vent destructeur. L'emploi de *šḥt* dénote la force, la violence du vent. La LXX (ainsi que Symmaque) pense au Sirocco, la Vulgate à un vent insalubre et malsain (*pestilens*), de toute façon il paraît clair qu'un vent destructeur est trop violent pour qu'un travail de vannage soit entrepris. En tant que *mšḥyt* et en tant qu'envoyé par Dieu (« *je* vais faire se lever »), ce vent a tout d'un fléau (comme le déluge, les rats ou la vermine ; cf. plus haut p. 202) : il serait insensé de se mettre à vanner dans de telles conditions.

Des hommes pourtant entreprennent l'opération, mais on apprend qu'il s'agit d'étrangers ; peut-être sont-ils inexpérimentés ! Il est possible, d'ailleurs, que le jeu de mots soit là pour indiquer que ces étrangers (*zârîm*) veulent se faire passer pour des vanneurs (*zorîm*), mais leur manière de travailler avec un vent destructeur révèle qu'ils ne sont pas du métier : il ne s'agit pas de réels vanneurs. Que sont-ils donc alors ?

Ces étrangers ne sont pas des ouvriers mercenaires travaillant pour le compte des Chaldéens. Ils sont envoyés (*šlḥ*) par quelqu'un, par le même qui a fait lever le vent : Dieu. C'est dans une même intention que sont envoyés et le vent et les étrangers ; ceux qui se font prendre pour des vanneurs ne semblent pas ignorer alors la réelle force du vent, dont ils sont complices, en quelque sorte. On ne peut plus dire que ces prétendus vanneurs sont des ignorants et que leur vannage va avoir des résultats désastreux, mais on doit suspecter ces hommes d'avoir pour mission d'effectuer sciemment un vannage aux résultats désastreux, de connivence avec le vent qui emportera la paille ainsi que le grain. Il ne s'agit pas de novices en vannage, mais de faux vanneurs, dont la mission, comme celle du vent, est de détruire. La suite du verset le montre bien : « les étrangers ravagent (*ybqqw*) ». En Na 2/3 *šḥt* et *bqq* sont employés en parallèle : le sens de ces deux verbes est voisin. En 51/1s, le vent « détruit », les étrangers « ravagent ». Cela souligne leur mission commune. Peu importe si les étrangers emportent avec eux le grain ou si c'est le vent qui s'en charge, de toute manière il ne restera rien aux Chaldéens.

L'image du vannage a été utilisée avant Jérémie pour décrire une opération de tri entre la paille et le grain (cf. Am 9/9). Il n'en est plus de même ici : le vent et les étrangers font un tel travail qu'il n'est plus question de tri. Après leur passage destructeur, il ne restera rien de positif. L'image est ici totalement négative[93].

ÉTUDE DU MÉTAPHORISÉ

Voici que je vais lever contre Babylone et contre les habitants de la Chaldée un destructeur ; et j'enverrai à Babylone des étrangers, qui la disperseront.

Que désignent donc le vent et les vanneurs ? Il est extrêmement difficile de le dire ; et sans doute que l'imprécision est volontaire, si l'on note que l'énoncé métaphorisé est contenu dans l'énoncé métaphorisant, dans un énoncé à double sens, qui voile partiellement et dévoile partiellement le métaphorisé.

Ceux qui se faisaient passer pour des vanneurs se révèlent être des « étrangers » et peut-être est-ce là leur véritable identité de métaphorisé, sans que l'on sache plus sur leur nationalité. Quant à la mention de « vent destructeur », la construction hébraïque est telle qu'elle peut révéler aussi à la fois le métaphorisant et le métaphorisé. En effet, *rwḥ mšḥyt* peut aussi être une apposition, en sorte qu'il est très facile de traduire par : « je vais faire se lever un vent, un destructeur », ce qui donne le métaphorisant (vent) et le métaphorisé (un destructeur). Si l'on considère que le hiphil de *'wr* appartient aussi à l'isotopie militaire (cf. Jl 4/9, où il est question de « faire se lever des soldats », c'est-à-dire de « lever des troupes » ou d'« exciter des soldats pour le combat »), alors ce *mšḥyt* que Dieu fait se lever risque fort d'être ce corps d'armée, appelé *mšḥyt* (que l'on a déjà plusieurs fois rencontré). L'expression signifie alors « lever un destructeur » (comme on « lève » une armée). Et du coup les prépositions *'l* et *'l* peuvent prendre un sens adversatif (« contre »). On s'aperçoit, en fin de compte que l'énoncé métaphorisant, relevant de l'isotopie du vannage, contient un énoncé métaphorisé, qui relève de l'isotopie militaire : « voici, je vais lever contre Babylone et contre les habitants de la Chaldée un destructeur ; et j'enverrai à Babylone des étrangers qui la disperseront ». De ce fait les deux métaphori-

----

93. Ce n'est pas la première fois dans ces métaphores avec *šḥt* que nous sommes en présence de métaphorisants déconcertants : des soldats qui incendient sans emporter de butin (22/7), des vendangeurs hors la loi et des voleurs qui ne volent pas mais qui détruisent (49/9), et maintenant des vanneurs qui ravagent. Aucun ne déconcerte en bien ; tous ont un comportement très négatif.

sants désignent un seul métaphorisé : un corps d'armée (*mšḥyt*) étranger (*zr*). Dans la mesure où les deux métaphorisants effectuent à eux deux un unique travail (un vannage destructeur), ils peuvent aisément désigner un même métaphorisé. Si l'isotopie du métaphorisé est celle de l'armée, elle s'intègre parfaitement dans le contexte de cet oracle, qui utilise abondamment une telle isotopie (cf. 51/3, 4 qui font suite à la métaphore).

Si l'armée étrangère, qui vient disperser les Chaldéens, reste anonyme, l'énoncé souligne avec force que c'est Dieu qui l'envoie (*wšlḥty*) après l'avoir mobilisé (*hnny m'yr*). Et sans doute est-ce là plus important que de savoir la nationalité de l'armée. C'est Dieu le grand stratège. Mais, en même temps, comme on l'a déjà vu plusieurs fois aussi, le terme de *mšḥyt* donne à l'armée envoyée par Dieu une puissance surnaturelle, en sorte que son adversaire ne pourra pas résister le moins du monde. Le métaphorisant choisi l'évoque : Babylone sera dispersée comme de la paille devant un vent violent ! Le transport de sens, qui se fait au niveau du foyer *zrh* (commun aux deux isotopies), souligne que Babylone ne pourra offrir aucune résistance : Babylone sera « vannée ».

Si l'armée étrangère reste anonyme, son adversaire ne l'est pas : Babylone. Le choix de l'isotopie métaphorisante est ici intéressant dans ce contexte babylonien. On voit, en effet, que le vent est ici choisi comme adjuvant de Dieu. Or, on peut noter que parmi les vents adjuvants de Marduk, il en est un qui a pour nom « vent-dévastateur ». Si, par la mention de ce vent il peut y avoir allusion à Marduk, on remarquera alors que, pour venir à bout de Tiamat, Marduk a besoin de ce vent, ainsi que de dix autres encore[94]. La disproportion est grande : en utilisant *un* seul vent, Dieu surpasse très nettement Marduk pour vaincre Babylone, qui, de manière ironique, prend la place de Tiamat (cf. déjà dans la métaphore de la mer en 51/42 ; voir plus haut, p. 193). La victoire sur Babylone se fait dans un retournement ironique du mythe babylonien.

L'anonymat du destructeur a dû très tôt intriguer les lecteurs de l'oracle ; la preuve en est que c'est pour lever cet anonymat qu'un glossateur a rédigé en 51/11 un commentaire de la métaphore : « Le Seigneur a éveillé l'esprit des rois des Mèdes, car contre Babylone il a conçu un plan, pour la détruire ». C'est là l'interprétation du glossateur et c'est conforme à l'histoire, mais rien de cela n'apparaît aussi clairement en 51/1-2 ; et cette imprécision sur l'armée étrangère dans la métaphore est certainement le signe qu'elle peut remonter à Jérémie lui-même. La métaphore pourrait donc dater d'une époque où il n'est pas possible de savoir qui pourra venir à bout de Babylone, c'est-à-dire d'une époque où Babylone est dans toute sa gloire.

---

94. « Le vent-mauvais, la tempête, la trombe, le vent-quadruple, le vent-septuple, le vent-dévastateur et vent-sans-égal » (cf. Labat, Caquot, Sznycer, Vieyra, p. 51), auxquels il faut ajouter les vents des quatre points cardinaux qui tiennent ouvert le filet de Marduk (*ibid..* p. 53).

A ceux qui se demanderaient même si Babylone pourra être un jour vaincue, Jérémie répond que Dieu lui-même s'en chargera avec de nouveaux serviteurs.

11. MÉTAPHORE DU PILON (51/20-24)

(20) Tu es pour moi un pilon, une panoplie de guerre :
   Avec toi je pilonne des nations,
   Avec toi je détruis des royaumes,
(21) Avec toi je pilonne le cheval et son cavalier,
   Avec toi je pilonne le char et son conducteur,
(22) Avec toi je pilonne l'homme et la femme,
   Avec toi je pilonne le vieillard et le jeune,
   Avec toi je pilonne le garçon et la fille,
(23) Avec toi je pilonne le berger et son troupeau,
   Avec toi je pilonne le laboureur et son attelage,
   Avec toi je pilonne des préfets et des gouverneurs,
(24) Puis je rends à Babylone et à tous les habitants de Chaldée
   Tout le mal qu'ils ont fait en Sion, sous vos yeux.
                                        Oracle du Seigneur.

Repérage de la métaphore

L'indice est ici sémantique : il n'existe pas au monde de pilons tels qu'on puisse avec eux détruire des nations ou des royaumes entiers. Il apparaît clairement que le pilon dont il est question ici désigne autre chose. On pourrait cependant penser à un réel pilon tenu par Dieu et que ce pilon est à la taille de Dieu ; cependant la double appellation en apposition l'interdit. On peut difficilement parler à un objet en lui disant qu'il est un (pilon) et pluriel (des armes = panoplie). En outre l'AT ne connaît pas ce genre de dialogue entre Dieu et des objets qu'il tiendrait dans ses mains. Tout porte à croire que l'interlocuteur de Dieu est autre qu'un objet et que c'est métaphoriquement qu'il est appelé « pilon ». Cependant, à cause de l'anonymat de cet interlocuteur, on ne pourra pas parler de changement d'isotopie et de métaphore, tant qu'on n'aura pas levé cet anonymat.

En attendant le paragraphe sur le métaphorisé, on devra considérer le repérage de la métaphore comme provisoire.

Le seul autre passage de Jérémie à présenter une structure identique est en 22/6 :

   gl'd 'th ly r'š hlbnwn
   mpṣ 'th ly kly mlḥmh

22/6 présente métaphoriquement un interlocuteur de Dieu avec deux sujets métaphorisants (Gilead et sommet du Liban). On peut présumer qu'avec « pilon » et « panoplie de guerre », il s'agit aussi d'une interpellation métaphorique, mais ce n'est qu'une présomption et non une certitude. En attendant l'identification de l'interlocuteur, on doit en rester là.

DÉLIMITATION DE LA MÉTAPHORE

Le mot *mpṣ* est un dérivé de la racine *npṣ* ; cette racine a donné le verbe *npṣ*, qui décrit ce que l'on fait avec le *mpṣ*. Il est donc facile ici de considérer toutes les expressions utilisant ce verbe comme faisant partie de l'énoncé métaphorisant. En outre *šḥt*, se présentant en parallèle, décrit aussi ce que l'on peut faire avec une arme. Les versets 20 à 23 se présentent donc comme appartenant à l'énoncé métaphorique. Dans le verset 24 on note, d'une part, l'absence de termes relevant de l'isotopie du pilon ou des armes, et, d'autre part, un changement d'interlocuteur avec passage du singulier (« tu ») au pluriel (« vous »). 51/24 ne fait donc pas partie de l'énoncé métaphorisant, mais peut concerner le sujet métaphorisé. Il peut être hors métaphore ou pas, la question doit rester ouverte jusqu'à l'étude du métaphorisé. 51/24 est de toute manière directement lié à 20-23 car il fait partie de la suite de parfaits invertis, qui a débuté en 20b. L'ensemble est à maintenir dans son unité.

En 51/25, c'est à nouveau à un interlocuteur au masculin singulier que Dieu s'adresse ; mais cette fois cet interlocuteur est appelé *hr mšḥyt*, ce qui doit être une nouvelle métaphore (elle sera étudiée dans le prochain paragraphe).

Si l'on remonte dans les versets qui précèdent 51/20-24, le dernier interlocuteur de Dieu est sans rapport avec notre texte, puisqu'il s'agit d'un interlocuteur féminin (51/14).

Pour l'étude de la métaphore du pilon, il faut donc s'en tenir aux versets 20-24.

ÉTABLISSEMENT DU TEXTE

La LXX traduit ainsi (= en 28/20-24) :

« Toi tu disperseras pour moi les armes de guerre,
  Avec toi je disperserai des nations,
  Avec toi je détruirai des rois,
  Avec toi je disperserai le cheval et son cavalier,
  Avec toi je disperserai les chars et leurs conducteurs,
  Avec toi je disperserai le garçon et la fille,
  Avec toi je disperserai l'homme et la femme,
  Avec toi je disperserai le berger et son troupeau,
  Avec toi je disperserai le laboureur et son champ,
  Avec toi je disperserai les préfets et les gouverneurs,
  Et je rendrai à Babylone et à tous les habitants de la Chaldée tout le mal qu'ils ont fait en Sion, sous vos yeux, dit le Seigneur ».

Il est à noter quelques bouleversements dans le verset 22 : la disparition d'un des membres de phrase (celui qui mentionne le vieillard et le jeune) et l'interversion des deux autres. Il est facile de voir, avec Lundbom (p. 92), que la disparition peut être une faute par homoïarcton (il est facile en effet dans cette liste de passer d'un verbe à l'autre). Quant à l'interversion elle est plus facile à faire dans le texte de la LXX, où les deux membres intervertis se suivent, que dans le texte du TM, où les membres intervertis sont séparés par un troisième. Je crois donc que le TM est à conserver en 51/22.

Rudolph est d'avis de suivre la LXX dans la suppression en 22 du membre de phrase sur le vieillard et le jeune. Il argumente en remarquant que le rythme de cette liste est binaire et donc que le verset 22 ne devrait avoir que deux membres de phrase. Cependant, pour conserver son rythme binaire au texte, Rudolph est amené à supprimer aussi en 51/23 un membre de phrase (il supprime 23b, cf. BHS), ce qu'il doit faire sans l'appui de la LXX cette fois, ni d'aucune autre version. Je crois que la liste ne repose pas sur des paires, mais sur des inclusions. Comme l'a remarqué Lundbom (p. 92), les deux pluriels de la fin de la liste (23b) forment une inclusion avec les deux pluriels du début (20b). Cela me paraît juste, mais il faut aller plus loin et noter une autre inclusion formée par les suffixes singuliers de 21, qui renvoient à ceux de 23a. Ces inclusions au niveau des compléments des verbes donnent à la liste la structure suivante :

pluriel : *des* nations et *des* royaumes
suffixe : le cheval et *son* cavalier
suffixe : le char et *son* conducteur
             l'homme et la femme
             le vieillard et le jeune
             le garçon et la fille
suffixe : le berger et *son* troupeau
suffixe : le laboureur et *son* attelage
pluriel : *des* préfets et *des* gouverneurs.

Il n'est donc pas nécessaire de suivre Rudolph pour imposer au texte une structure binaire qu'il n'a pas.

Cette structure formée d'inclusions permet d'aborder une autre particularité de la LXX : l'emploi du pluriel en 21b (les chars et leurs conducteurs). Ces pluriels dans la LXX brisent la structure et doivent laisser la préférence au TM.

En 20a, la LXX traduit de manière particulière, mais il n'est pas sûr que cela relève de la critique textuelle. Chacun des termes du TM s'y retrouve, mais ils sont compris différemment. Pour la LXX, *kly mlḥmh* n'est pas une apposition de *mpṣ*, mais son complément, et *mpṣ* n'y est plus compris comme un nom mais comme une forme verbale, de telle manière que la métaphore disparaît. Ce n'est plus « tu es pour moi un pilon, des armes de guerre », mais « tu disperses pour moi des armes de guerre ».

La LXX a bien vu que *mpṣ* et les *wnpṣty* suivants appartenaient à la même racine, puisqu'elle a traduit *mpṣ* comme *wnpṣty* par le verbe *diaskorpizein*. En rendant *mpṣ 'th* par *diaskorpizeis*, elle a vu en *mpṣ* un participe de *npṣ*, et plus précisément un participe hiphil (le participe piel serait en effet *mnpṣ*). Normalement le participe hiphil devrait être *mpyṣ* et ce n'est qu'en forçant le texte que l'on peut transformer ce participe en *mappiṣ* ou *mappéṣ*[95]. A moins que la LXX ait eu une Vorlage différente, avec *mpyṣ*.

La Vulgate, en 20a, fait la même lecture que la LXX : *conlidis tu mihi vasa belli* (tu brises pour moi les engins de guerre), et le Targum aussi, puisqu'il traduit *mpṣ* par *mᵉbhaddér* (participe pael de *bdr* : disperser). Étant donné que la Vulgate et le Targum sont des filles du TM, il y a de fortes chances qu'ils ont traduit le même *mpṣ* que nous trouvons dans le TM et non *mpyṣ*. Bref, LXX, Vulgate et Targum, en traduisant de manière identique, montrent qu'ils ont tous lu *mpṣ*, et donc que leur texte en 20a est le même que celui du TM. Il n'y a pas de problème de critique textuelle, mais un problème d'interprétation. Ce point est donc à laisser de côté, pour l'étude du métaphorisant.

En dehors des versions, quelques corrections sont proposées par des exégètes modernes.

En 21b, Duhm et Rudolph pensent qu'il faut corriger *wᵉrokhᵉbhô* en *wᵉrakkâbhô*. Le cavalier se dit *rakkâbh* effectivement (cf. 2 R 9/17), cependant *rokhébh* est tout aussi correct pour désigner également le cavalier (cf. 2 R 9/18, 19). Il n'y a donc pas lieu de changer ici l'orthographe massorétique.

Rudolph propose aussi en BHS de remplacer le pluriel *kᵉléy* par un singulier *kᵉlî* (il est suivi, entre autres, par BC, VS, Osty, TOB, FC). Le singulier est certainement une *lectio facilior*, puisqu'il forme un bon parallèle avec le *mpṣ* aussi au singulier. En outre, toutes les versions anciennes s'accordent sur le pluriel. On peut considérer le passage du singulier (*mpṣ*) au pluriel (*kᵉléy*) comme dénotant une progression vers un pluriel de plénitude afin de décrire le métaphorisé d'abord comme une arme, puis par l'ensemble des armes. Un procédé identique a été rencontré en 46/7, où l'on passe de *y'r* à *nhrwt* (cf. plus haut, p. 146). La vocalisation massorétique est donc à maintenir ici.

Du point de vue de la critique littéraire, le verset 24 est très discuté. Rudolph, Nicholson et Schreiner pensent que 20-24 forme un tout unifié, alors que Condamin et Thompson sont d'avis qu'il faut considérer 20-23 d'un côté et 24-26 de l'autre. Duhm, Volz et BC, enfin, voient en 51/24 une glose complétant 20-23. Il me paraît impossible de rattacher 24 à 25-26. S'il y a, en effet, des parfaits invertis en 25b, ceux-ci sont introduits par le *hnny* de 25a, de telle manière que le parfait inverti de 24 s'intègre mal dans cet ensemble. Par contre, ce même parfait inverti de 24 apparaît comme le dernier d'une suite de parfaits invertis présente en 20b-24. Reste à savoir si ce dernier parfait est un ajout ou pas. En faveur de la glose, Duhm invo-

---

95. Dans les verbes *p"n*, le yod du participe hiphil singulier ne disparaît que si le verbe est en même temps *l"h* (cf. *makkèh* en Ex 2/11, 7/17, 2 R 6/22, Ez 7/9, ou bien *mazzéh* en Nb 19/21), ce qui n'est pas le cas ici. Même la présence du maqqef n'abrège pas la forme (cf. *mappîl 'ᵃnî* en Jr 38/26).

que le changement d'interlocuteur (« tu » en 20-23 et « vous » en 24), ainsi que la rupture entre un panorama international (cf. 20b) et une focalisation sur la seule Sion en 24. BC ajoute à cela que 20-23 est poétique, alors que 24 est en prose.

Le caractère prosaïque de 24 est fort contestable ; il suffit pour cela de noter le découpage adopté en BHS, pour se rendre compte qu'il s'agit bien de poésie en 51/24. Plusieurs commentateurs (Volz, Osty, Lundbom, p. 91) ont noté que la cadence donnée au texte par la répétition de *wnpṣty* était particulièrement évocatrice des coups successifs du pilon. Cette cadence ne peut échapper, et par rapport à elle 51/24 est très nettement en rupture. Sur le plan de la structure il en va de même : par rapport aux inclusions relevées plus haut (p. 313), 51/24 est aussi inattendu. Mais pourquoi cette rupture serait-elle à attribuer à un glossateur ? Ne pourrait-elle pas être l'œuvre de celui qui a composé 20-23 pour annoncer précisément quelque chose d'inattendu. Ce qui pour certains est révélateur d'une glose est pour moi révélateur d'un grand talent : c'est en changeant de rythme, en changeant d'interlocuteurs, en focalisant sur un point, en débordant de la structure, que l'auteur de 20-23 peut dire en 24 quelque chose de neuf, semblable à un retournement de situation, un retournement qui concerne les interlocuteurs successifs, à propos d'un point précis, sur lequel la focalisation attire l'attention. A lui seul, le verbe *šlm* (« payer en retour », « rendre ») dénote une inversion de mouvement.

ÉTUDE DU MÉTAPHORISANT

La forme *mpṣ* est hapax dans l'AT, en sorte qu'il est bien possible d'en faire un nom ou une forme verbale. Les versions[96] anciennes ont opté pour un participe, les dictionnaires modernes et les exégètes actuels pensent tous qu'il s'agit d'un nom. Ce qui, me semble-t-il, aurait pu mettre les versions anciennes sur la voie, c'est la similitude de construction avec 22/6. C'est en tout cas cette similitude qui me fait dire avec les modernes que *mpṣ* est un nom : « Tu es pour moi le Gilead, le sommet du Liban » (22/6), « Tu es pour moi *mpṣ*, une panoplie de guerre ».

Pour les modernes *mpṣ* sert à « casser », « briser » (*npṣ*) et je crois qu'il est juste de penser à un pilon, une massue ou un marteau. A cause du parallélisme avec *kly mlḥmh*, on peut préciser que *mpṣ* désigne une arme, et donc une massue ou une masse d'armes. Si je traduis ici par « pilon » plutôt que par « massue », c'est pour pouvoir utiliser le verbe « pilonner » pour rendre *npṣ*. Le mot « massue » conviendrait mieux pour désigner une arme, mais *npṣ* serait alors difficile à traduire par un verbe de la même famille.

---

96. A côté de la LXX, la Vulgate et le Targum, il est à signaler que Aquila rend *mpṣ 'th* par *prosrêsseis su* (toi tu brises). Il donne à *npṣ* un autre sens, mais il considère toujours *mpṣ* comme un participe. S'il me paraît curieux que ce participe se soit ainsi abrégé en *mpṣ*, je dois reconnaître que les traducteurs anciens n'ont pas trouvé cette forme curieuse.

Il y avait dans le Proche-Orient une grande variété de massues. Salonen signale qu'en Mésopotamie il y avait le *hutpalû* (1976, p. 37 : massue avec pommeau en pierre ou en bronze), le *mašgašu* (p. 46 : massue avec lanière de cuir pour le poignet pour ne pas la lâcher), le *patarru* (p. 52 : massue ne servant qu'au combat, alors que les précédentes servaient aussi bien pour le combat que pour la chasse), le *gamlu* (p. 31 : autre massue, sans description), le *sakkullu* (p. 52 : sans description). Étant donné que dans l'AT *mpṣ* est un hapax, il est impossible de dire à laquelle de ces massues elle correspond.

Dans l'AT, plusieurs mots hébreux désignent des objets proches : marteaux ou massues. Parmi eux, *maqqèb^{h}èt^h* désigne un objet qui se trouve dans les mains d'artisans (Es 44/12, Jr 10/4, 1 R 6/7) : il doit s'agir d'un marteau. Si Yaël s'en sert pour tuer Sisera (Jg 4/21), elle transforme le marteau en arme, mais en réalité *mqbt* ne doit pas être une réelle arme. Le terme *paṭṭiš* désigne aussi un objet que l'on trouve dans les mains d'artisans (Es 41/7) ; en Jr 23/29 cet outil sert à casser des cailloux : il doit s'agir d'une masse. En Jr 50/23, il est difficile de dire si cette masse peut être aussi une arme. Le terme le plus proche est certainement *mpyṣ* ; on le trouve mentionné en Pr 25/18, avec l'épée et la flèche, ce qui en fait résolument une arme. BDB note la proximité des deux termes *mpyṣ* et *mpṣ*, sans considérer cependant ces derniers comme des synonymes. Par contre, KB³ en fait pratiquement des synonymes et propose d'ailleurs de corriger en Pr 25/18 *mpyṣ* par *mpṣ* (BDB est prêt à faire la même correction, mais il est moins affirmatif). Il est vrai que sur le plan phonique les deux termes sont très proches et que cela invite à voir en eux des synonymes (sinon le même terme, si avec KB³ on corrige l'un par l'autre). Cependant on hésitera à assimiler les deux termes, si l'on considère que *mpyṣ* dérive de la racine *pwṣ* et *mpṣ* de la racine *npṣ*.

Dans l'iconographie proche-orientale apparaissent souvent des massues, utilisées comme des armes. Elles sont tenues ou brandies soit par des dieux, soit par des rois, soit par des soldats. Le dieu Ningirsu, par exemple, s'en sert pour assommer des hommes dans la stèle des Vautours (cf. Parrot 1957, p. 15). Baal en brandit une semblable sur une stèle de Ras Shamra (cf. Parrot 1957, planche V et commentaire p. 54). Un dieu assyrien tient aussi une massue (in Pritchard 1954, figure 534), ainsi que Marduk (in Parrot 1956, figure 22 et commentaire p. 41, où Parrot parle d'une « masse d'armes »). Le motif est si fréquent, qu'il est impossible de dire à quel dieu la massue est liée comme attribut qui lui est propre. Le roi Narmer brandit aussi une massue (cf. Pritchard 1954, figure 296). Des soldats assyriens en tiennent également (cf. Pritchard 1954, figures 358 et 360). Plus qu'à des soldats ou des rois, c'est à d'autres dieux que Jer 51/20 peut comparer Dieu, mais il n'est pas possible de préciser auquel, en particulier.

Dans le cycle de Baal trouvé à Ugarit, on apprend que Kothar a fabriqué pour ce dieu deux massues (*ṣmd*) (cf. Caquot, Sznycer, Herdner, p. 136). Il me paraît intéressant de noter que Baal donne à chacune d'elles un nou-

veau nom, qu'en outre il le leur donne en s'adressant à chacune d'elles, et
enfin, que ce nom est tiré du verbe qui décrit l'action que le dieu attend
de chaque massue ; ainsi dit-il à la première : « Ton nom est Yagruš.
Yagruš, chasse (*grš*) Yam, chasse Yam de son trône... » (*op. cit.*, p. 136 s.)
et à la seconde : « Ton nom est Ayyamur. Ayyamur expulse (*mr*) Yam,
expulse Yam de son trône... » (*ibid.*, p. 137 s.). On peut être frappé par
la similitude de situation : c'est aussi à son arme que Dieu s'adresse ; le nom
de cette arme est tiré du verbe (*npṣ*) qui décrit ce que Dieu peut faire avec
elle. Pour le reste il s'agit d'une hypothèse : on peut penser que *mpṣ*, que
l'on ne trouve nulle part ailleurs, serait un nouveau nom, suffisamment proche du mot *mpyṣ* pour que l'on reconnaisse qu'il s'agit d'une massue, mais
bâti à partir d'une nouvelle racine (*npṣ*) pour permettre le développement
suivant, avec le verbe *npṣ*, décrivant la tâche que Dieu accomplira avec cette
arme. Ainsi 51/20 ss rapporterait les propos tenus par Dieu à une massue
(*mpyṣ*) : propos, où il donnerait à celle-ci un nom inventé : « Tu es pour
moi Fracasseuse (*mpṣ*), une panoplie de guerre ; avec toi je fracasse... ».
Cette hypothèse permettrait, en particulier, de comprendre pourquoi les versions anciennes ont mal compris *mpṣ*, alors que *mpyṣ* ne présentait pas pour
elles de difficulté[97]. En faveur de cette hypothèse, on peut ajouter que dans
la métaphore suivante (51/25) apparaît aussi un changement de nom (il est
dit à *hr hmšḥyt* : « je ferai de toi *hr śrph* »), et que dans deux autres passages de Jérémie, on assiste à des créations de noms (en 20/3 Jérémie dit
à *pšḥwr* qu'il s'appellera désormais *mgwr msbyb* ; en 46/17 le Pharaon
reçoit le nom de *š'wn h'byr hmw'd*).

En donnant un nouveau nom à son arme, Dieu se révèle être le maître
absolu de cette arme, son créateur pour un usage précis et peut-être limité,
en dehors duquel elle n'a plus sa raison d'être. Le champ d'action est défini
par le verbe *npṣ* (et son synonyme *šḥt*), et il est limité aux compléments de
ce verbe. L'énumération de 20b-23 apparaît comme un programme de ce
qui doit être exécuté par la massue (cette massue-là et pas une autre), et plus
exactement par le seul qui peut la tenir en main : Dieu.

ÉTUDE DU MÉTAPHORISÉ

Donner un nom n'exclut pas forcément la possibilité d'une métaphore,
que ce nom soit inventé ou pas. Les noms donnés à des individus en 20/3
et 46/17 ne sont pas forcément métaphoriques, par contre le nouveau nom
donné au palais royal en 22/6 (« Tu es pour moi Gilead » : même structure
de phrase qu'en 51/20) est métaphorique. En 22/6, ce n'est pas à une montagne qu'est donné le nom de Gilead. En 51/20, ce n'est pas forcément à
une massue qu'est donné le nom de *mpṣ*.

---

97. En Pr 25/18, la LXX traduit parfaitement *mpṣ* par *ropalon* (= massue).
La Vulgate traduit moins bien, mais elle y voit tout de même une arme (*iaculum* =
javelot ou épervier).

Le métaphorisé n'étant pas nommé, les exégètes se sont divisés sur son identification. Selon Cheyne, il s'agirait d'Israël. Cette interprétation met en avant le fait que le passage de « tu » (20-23) à « vous » (24) ne peut pas dénoter un changement d'interlocuteurs ; c'est le même interlocuteur qui est interpellé d'abord au singulier puis au pluriel. Étant donné alors que 51/24 s'adresse aux Israélites, 20-23 s'adresse forcément à Israël. L'oracle annoncerait donc la domination universelle de Dieu à travers Israël après la chute de Babylone. La principale critique que l'on peut faire à cette interprétation, c'est que cela ne coïncide pas avec le reste du livre. Dans Jérémie, en effet, Israël est invité à fuir Babylone, lors de la chute de celle-ci (cf. 50/8, 51/6, 45), et non à être l'instrument de cette chute, qui est confiée à des peuples étrangers (cf. 50/3, 9, 51/27s). Si donc 51/20-24 avait voulu modifier ce schéma et confier à Israël un nouveau rôle, il n'aurait pas laissé le métaphorisé à ce point dans l'ombre.

Selon Lundbom (p. 91) le métaphorisé est Jérémie ; c'est au prophète que Dieu s'adresserait ici pour lui rappeler que par ses paroles il fracasse les peuples. Cela me paraît étonnant ; si Dieu, en effet, interpelle souvent le prophète, jamais il ne le fait dans les oracles sur les nations (46-51). Si 51/20-24 devait innover sur ce point, il le ferait de façon plus claire, sans équivoque sur l'identité de l'interlocuteur.

Pour d'autres (Nicholson, Hyatt, Hoeffken, p. 89) le métaphorisé est Cyrus ou son peuple, outil de Dieu pour une domination universelle après le renversement de Babylone. Cette interprétation est aussi à rejeter ; Cyrus, en effet, doit bien écraser Babylone, mais son rôle vis-à-vis des autres nations n'est pas celui qui est décrit ici. Dans Jr 50-51 les Mèdes ne doivent pas « pilonner les nations et détruire les royaumes » (51/20), mais au contraire les libérer de l'emprise babylonienne (cf. 50/16b, 51/9). La domination de Cyrus sur les nations est annoncée par le Deutéro-Esaïe (cf. 45/1), mais non par Jérémie.

Duhm, Rudolph, Weiser, Bright et d'autres sont d'avis que le métaphorisé est Babylone. Cela me paraît être la bonne interprétation. Il est vrai que Babylone est souvent interpellée au féminin (cf. 50/24, 42, 51/13, 14), mais elle l'est aussi au masculin, dans un passage, où, comme ici, Dieu parle d'abord à Babylone (50/31), puis de Babylone (50/32). La mention de Babylone à la troisième personne en 51/24 n'a donc pas de quoi surprendre après son interpellation en 51/20-23. Il faut admettre avec Rudolph que Dieu parle tour à tour à Babylone (51/20-23), à Israël (51/24), puis à nouveau à Babylone (51/25-26 : encore au masculin). Quant aux parfaits invertis, ils peuvent très bien, comme le note aussi Rudolph, avoir un sens présent. L'oracle s'adresse donc à une Babylone dont la puissance est encore très réelle. Si le verbe annonçant sa fin (wšlmty) est aussi au parfait inverti, c'est pour indiquer, me semble-t-il, que la fin de Babylone est aux yeux de Dieu une même réalité que sa puissance présente, une même certitude. On peut ajouter avec Rudolph et Bright que la métaphore est très proche de celle de 50/23, appliquée aussi à Babylone.

Si en 51/20 le métaphorisé n'est pas nommé, c'est que pour l'auteur il ne pouvait pas y avoir d'équivoque sur son identification, et pour les auditeurs aussi. Dans un oracle sur Babylone, le principal interlocuteur de Dieu doit être Babylone, et ce fait facilite l'interprétation de la métaphore. Si 50/23 est une métaphore proche, avec le marteau (*ptyš*) comme métaphorisant de Babylone, un autre texte peut être signalé à l'arrière-plan de 51/20ss. En dehors de Pr 25/18, le seul autre texte de l'AT qui mentionne la massue (*mpyṣ*) est Na 2/2. Ce texte est un oracle de quelques années seulement antérieur à Jérémie. Il annonce à travers la métaphore de la massue la montée ou le départ en campagne (*'lh*) de celui qui vaincra l'Assyrie : il ne peut s'agir que de Babylone[98]. Avec un tel arrière plan, Jr 51/20 pouvait reprendre et développer le métaphorisant, mais pouvait aussi supposer comme déjà connu le métaphorisé. Pour apporter de l'eau au moulin, mais avec hésitation, je ferai simplement remarquer que dans la transformation de *méphîṣ* en *mappéṣ* (en 51/20), ce nouveau nom donné à la massue a curieusement pour vocalisation de quoi rappeler le nom de *bâbhèl* ! Serait-ce une allusion au métaphorisé ? Je ne puis l'assurer.

Telle est donc cette métaphore qui présente Babylone comme une arme qui à elle seule est l'équivalent de toute une panoplie, comme une arme spécialement conçue par Dieu pour une tâche bien précise sur l'ensemble de la terre : superpuissance non livrée à elle-même, mais solidement tenue en main par Dieu qui l'utilise pour lui seul. En lui donnant un nouveau nom, Dieu est le maître absolu de Babylone.

Pourquoi alors ce retournement en 51/24, où Dieu finit de façon curieuse par faire payer à Babylone ce pour quoi il l'avait créée ? Rudolph me semble avoir donné l'explication. Le champ d'action défini par Dieu pour la massue est très caractéristique : la longue liste qui énumère ce qui doit être touché par la massue est strictement limitée aux domaines politique, social et militaire : le domaine religieux est soigneusement écarté du champ d'action de la massue. Or, il est reproché en 51/24 à Babylone d'avoir touché à Sion, c'est-à-dire d'avoir empiété sur le religieux. En touchant à Sion, Babylone s'en prend à ce qui évoque sur terre la présence de Dieu et par là à Dieu lui-même. Telle est la faute commise par Babel et que Dieu lui fait maintenant payer[99].

---

98. Le terme *mpyṣ* en Na 2/2 est très discuté. Pour KB[3] il s'agit d'un participe hiphil de *pwṣ*, cependant la forme y est reconnue difficile et plusieurs propositions de corrections sont mentionnées. Parmi ces propositions, il y a celle que l'on trouve dans BHS : corriger en *mpṣ* (ce qui ne fait que souligner la proximité des deux termes). Pour BDB *mpyṣ* est un nom, auquel il donne le sens de « disperseur », mais en hésitant et en signalant aussi la proximité avec *mpṣ*. De toute manière, *mpyṣ* est un nom ou pris comme tel en Na 2/2. On peut traduire comme signale TOB en note : « Une massue monte contre ta face ».

99. On peut noter la place particulière de l'atnaḥ en 51/24 : elle isole « ora cle du Seigneur », mais souligne aussi le dernier terme de 24a ; celui-ci est placé de

12. MÉTAPHORE DE LA MONTAGNE (51/25-26)

A nous deux, montagne du destructeur, oracle du Seigneur, toi, destructeur de toute la terre ; je vais allonger ma main sur toi, et je te ferai rouler du haut des rochers et je ferai de toi une montagne embrasée. On ne pourra plus extraire de toi ni pierre d'angle, ni pierre de fondation, car tu seras à jamais une ruine, oracle du Seigneur.

REPÉRAGE DE LA MÉTAPHORE

Après les versets 25-26, où Dieu s'adresse à une montagne, il y a changement d'interlocuteurs en 27-28, avec passage du singulier au pluriel. Dans les propos tenus à ces nouveaux interlocuteurs, en 27-28, il est fait mention de l'interlocuteur précédent à travers des suffixes (ceux des quatre occurrences de *'lyh*). Or, ces suffixes sont au féminin singulier, alors que *hr* est un mot masculin. C'est là un indice insolite, qui peut faire penser à une métaphore. Il paraît difficile de penser à un autre antécédent que *hr* pour ces suffixes et l'insolite que constitue ce changement de genre ne peut s'expliquer que d'une manière : le mot *hr* décrit autre chose, une réalité féminine, à laquelle renvoient les suffixes. Tel est l'indice sémantique que l'on peut trouver dans ce texte[100].

L'identité réelle de ce féminin, antécédent des suffixes, ne fait pas difficulté. Les commentateurs, unanimement, reconnaissent là le destinataire de l'oracle : Babylone. Cela me paraît évident. C'est elle qui est désignée à travers la mention de la montagne. Les exégètes s'accordent sur ce point. Là où l'analyse est difficile, c'est dans l'appréciation de cette image : est-ce que cette description de Babylone comme une montagne est métaphorique (avec changement d'isotopie) ou métonymique (sans changement isotopique) ?

Pour qu'il y ait métonymie, il faut une relation de contiguïté entre « montagne » et « Babylone », c'est-à-dire que la montagne fasse partie de la réalité et de l'isotopie babyloniennes. Il me paraît de peu d'intérêt de dire avec Duhm que l'auteur de ce passage est bien ignorant de la situation de Babylone pour avoir choisi une telle image. L'intérêt est de savoir ce qu'Israël connaissait de la réalité babylonienne. Il se peut que les Israélites imaginaient Babylone sur le modèle de la plupart des villes d'Israël, et donc sur une montagne ; c'est ce que pense Volz, qui avance Es 14/13 comme preuve qu'Israël

---

manière telle qu'on peut le rattacher aussi bien à la proposition relative (cf. Segond : « Tout le mal qu'ils ont fait à Sion sous vos yeux ») qu'à la proposition principale (cf. BJ 1 : « mais sous vos yeux, je ferai payer à Babylone »). Grâce à cette construction, le rôle d'Israël est double : il est témoin à la fois de ce qu'a fait Babylone et de ce que fera Dieu.

100. Dans « me voici contre *toi*, montagne », le pronom suffixe désigne au masculin le métaphorisé féminin, alors que *hr* désigne le métaphorisant. Il n'y a pas là contradiction. C'est à cause de l'attraction du prédicat (*hr*) que *'lyk* devient masculin (GK 145t).

considérait que le peuple du Nord habitait sur une montagne. Cela ne me paraît pas si simple. En Israël-même il y avait des villes en montagne et d'autres en plaine (cf. Jéricho, les villes du Negev...). les Israélites pouvaient donc penser qu'il en était de même dans le Nord. Preuve en est que Gn 11/2 situe Babylone dans une plaine[101]. Si donc Israël situait Babylone dans une plaine, il y aurait en 51/25 une métaphore et non une métonymie, sans lien de contiguïté entre la montagne et Babylone. Mais le problème peut se poser autrement ; en effet, on sait maintenant, par la documentation mésopotamienne, que les ziggurats étaient considérées comme des montagnes. Celle d'Assur avait pour nom « maison de la montagne de l'univers » (cf. Parrot 1970, p. 107), celle de Nippur celui de « maison de la montagne » (*ibid.*, p. 107). Celle de Babylone s'appelait « maison du fondement du ciel et de la terre » (*ibid.*, p. 107), mais peu importe ce nom, car de toute manière chaque ziggurat était une « montagne » aux yeux des Mésopotamiens (*ibid.*, p. 108). Les Israélites savaient-ils cela ? Je l'ignore. En Gn 11/4 la ziggurat de Babylone est appelée une « tour » (*mgdl*) et non une « montagne ». Israël connaissait l'existence des ziggurats, mais l'AT est silencieux sur le fait que ces monuments pouvaient être considérés comme des montagnes. Ce silence rend difficile ici l'appréciation du changement isotopique, mais ne paralyse cependant pas l'analyse du texte.

Il est possible de savoir si 51/25-26 repose sur un point de ressemblance ou non. Ce point apparaît dans le terme *mšḥyt*. L'expression génitivale *hr hmšḥyt*[102] peut être comprise de deux manières : ou bien « montagne de la destruction » (cf. BJ 2), « montagne de destruction » (cf. Segond, Crampon, Darby, Rabbinat), et dans ce cas *hmšḥyt* joue le rôle d'un déterminatif (cf. TOB : « Montagne-qui-détruit ») ; ou bien « montagne du destructeur » (cf. Chouraqui I et II). Dans le premier cas *šḥt* décrit l'activité de la montagne ; dans le second, ce n'est pas la montagne qui détruit, mais le *mšḥyt* qui réside sur elle. Avec la deuxième occurrence de *hmšḥyt* en 51/25 l'imprécision est levée. En effet, ce deuxième *hmšḥyt*, avec un article et un complément d'objet (= celui qui détruit toute la terre ») , met en avant le verbe *šḥt* comme désignant l'activité du métaphorisant, de telle manière que c'est bien la montagne qui détruit, soit directement (« montagne destructrice qui détruit »), soit parce qu'elle participe à l'activité de son résidant (« montagne du destructeur qui détruit »). La double occurrence de *šḥt* souligne ce verbe pour le métaphorisant. Quant au métaphorisé (Babylone), les métaphores déjà étudiées nous ont appris que Babylone pou-

---

101. Peu importe ici si le Yahwiste est postérieur ou antérieur à Jérémie ; en effet, si le Yahwiste est postérieur à Jérémie, il s'appuie sur une vision d'une Babylone en plaine, qui lui est antérieure et qui peut facilement être considérée comme contemporaine de Jérémie en tout cas ; et si le Yahwiste est plus ancien il n'y a pas de problème.

102. Il s'agit bien de cela, à cause de l'article. Si le participe était épithète, *hr* aurait l'article.

vait également être appelée *mšḥyt*. C'est elle le « destructeur des nations » (cf. 4/7) ; elle aussi peut « détruire toute la terre ». Il en résulte qu'en 51/25 *hmšḥyt 't kl h'rṣ* peut s'appliquer aussi bien à *hr* qu'à Babylone ; c'est là un point de ressemblance, un foyer, ce qui permet de dire que le texte repose sur une ressemblance et donc qu'il peut s'agir d'une métaphore.

S'il est difficile d'apprécier un éventuel changement d'isotopie, la présence d'un foyer permet de parler de métaphore. Ce qui reste flou, c'est de savoir si cette métaphore repose sur un lien métonymique (dans le cas où pour Israël la montagne fait partie de la réalité babylonienne) ou pas (si pour Israël la montagne n'a rien à voir avec Babylone).

Le verset 26 contribue à faire de ce texte une métaphore ; en effet, l'ensemble du verset peut s'appliquer aussi bien à Babylone qu'à une montagne (on en tirera pas de Babylone une seule pierre de construction, comme on ne tire pas d'une montagne en feu une seule pierre de construction). Ce verset met en avant une ressemblance avec le verbe *lqḥ* pour foyer, puis *hyh šmmwt*.

Une autre difficulté apparaît dans ce texte métaphorique ; elle tient à la présence d'un autre élément insolite. « Je te roulerai du haut des rochers » : cela ne peut être dit d'une montagne. Mais cela ne peut être dit non plus de Babylone. Ce propos ne pouvant être tenu à une montagne, ce n'est donc pas, à travers le métaphorisant, une expression qui vise le métaphorisé, en sorte que cet insolite-là n'est pas indice de métaphore. Que traduit donc cet insolite ? La tournure du texte est telle que Dieu parle ici, s'adresse directement à Babylone comme à une montagne, en sorte qu'on peut voir ici une personnification de l'interlocuteur de Dieu. Le choix du masculin (cf. les suffixes) pour cet interlocuteur met plus en avant la montagne que Babylone ; c'est donc la montagne, plus que Babylone, qui est personnifiée : « A nous deux, montagne... ». Étant donné cette personnification, l'expression « je te ferai rouler du haut des rochers » ne peut, me semble-t-il, s'adresser qu'à celui qui personnifie la montagne. Le propos devient cohérent si c'est ce personnage que Dieu fait rouler. Il devient cohérent aussi, si les rochers en question (avec article) sont ceux de la montagne métaphorisante et si ce personnage et cette montagne ne font qu'un. Tout cela invite à traduire *hr hmšḥyt* par « montagne du destructeur » et à considérer « le destructeur » comme le personnage qui réside sur la montagne. S'il en est ainsi le métaphorisant est à la fois la montagne et celui qui l'habite ; c'est à la montagne qu'il est dit « je ferai de toi une montagne embrasée », et c'est au résidant qu'il est dit « je te ferai rouler du haut des rochers ». L'unité entre les deux est telle qu'elle permet de personnifier la montagne sous les traits de celui qui l'habite et de lui dire : « A nous deux, montagne du destructeur ». L'unité est telle que la montagne participe à l'activité de son habitant, ce qui permet de comprendre « celui qui détruit toute la terre » comme s'appliquant aussi bien à la montagne qu'au destructeur qui l'habite.

Telle me paraît être l'explication de cet énoncé métaphorisant insolite, où sont combinées des expressions qui s'appliquent à la montagne ou à un un personnage. Le sujet métaphorisant est ici une montagne personnifiée sous les traits de celui qui habite sur elle. C'est ce métaphorisant singulier qui donne à la métaphore un tour aussi singulier.

DÉLIMITATION DE LA MÉTAPHORE

L'isotopie de la montagne apparaît dans la double mention de *hr*, en 51/25, ainsi que dans *hsl'ym* et dans la double mention de *'bn*. A cela s'ajoute l'emploi de la deuxième personne du début de 51/25 jusqu'à la fin de 51/26. Au total, on peut donc dire que 25-26 appartient à l'énoncé de la métaphore. En 51/27 l'isotopie de la montagne n'apparaît plus et l'on ne pourra retenir que les suffixes féminins comme désignation du métaphorisé. En 20-24 il s'agit, comme on l'a vu, d'une toute autre métaphore. C'est donc l'étude des seuls versets 25 et 26 qu'il nous faut faire ici.

ÉTABLISSEMENT DU TEXTE

Le texte de la LXX est très proche, il diffère de celui du TM en deux points seulement.

La LXX traduit le *n'm yhwh* de 51/26, mais pas celui de 51/25. Rudolph fait remarquer (en s'appuyant sur Humbert 1933, p. 101) qu'après la formule *hnny 'lyk* vient généralement *n'm yhwh*. Cela me paraît juste ; en effet, dans les deux autres passages de Jérémie, où se trouve *hnny 'lyk* (21/13 et 50/31), on a le même schéma avec *hnny 'lyk*, puis la mention de l'interlocuteur, puis *n'm ('dny) yhwh*. On peut donc voir ici une particularité du style de Jérémie, ce qui invite à conserver le TM en 51/25. A noter que le style de Nahum est un peu différent ; ce prophète emploie également *hnny 'lyk*, mais il le fait suivre immédiatement de *n'm yhwh*, sans la mention de l'interlocuteur (2/14 et 3/5). Par contre, Ezéchiel, seul autre auteur de l'AT à employer *hnny 'l* (13/8, 20, 21/8, 29/10, 30/22, 34/10, 35/3, 36/9, 38/3, 39/1), varie dans l'utilisation de cette formule ; il la fait parfois suivre du nom de l'interlocuteur (35/3, 38/3, 39/1) et une seule fois de *n'm 'dny yhwh* (13/8). Différents styles apparaissent ; celui de Jérémie est respecté dans le TM et non dans la LXX.

La LXX traduit *hr hmšhyt* par une tournure passive (*to oros to diephtharmenon*) qui pourrait faire penser qu'elle a lu *hammošhâth* (cf. BHS). Je crois plutôt que la traduction de *hr hmšhyt* est influencée par celle de *hr śrph* (*oros empepurismenon*) et que c'est pour maintenir l'unité du texte que la LXX a traduit par deux participes passifs. Sa Vorlage n'était donc pas forcément différente.

L'insolite du texte a été considéré comme une incohérence par des exégètes, qui ont pensé venir à bout de l'incohérence en procédant à quelques corrections de texte. C'est le cas de BC qui corrige en 25a *hr* en *'r*, avec en note ce commentaire : « Tous les témoins du texte portent « montagne ». Mais on ne voit guère comment Babylone pourrait être qualifiée de « montagne du destructeur » ou de « montagne destructrice ». La ville était construite dans une plaine immense ; du reste, comment une montagne pourrait-elle ravager la terre ? Pourrait-on faire rouler une montagne du haut des rochers ?... Nous supposons que, au lieu de « montagne (*har*) », le texte primitif portait le mot archaïque *'ar*, « ville », qui s'est conservé dans le nom d'Ar Moab et dans le mot *'ârîm*, qui sert de pluriel à *'îr* « ville ». » Je crois avoir déjà répondu à BC en montrant que le métaphorisant est une montagne personnifiée sous les traits de son résidant. Il n'y a donc pas lieu de suivre BC dans sa correction.

Les suppressions proposées par Rudolph dans BHS (*hmšḥyt 't kl h'rṣ* et *mn hsl'ym*) cherchent aussi à résoudre ce qui pourrait paraître incohérent, mais qui en fait ne l'est pas. En supprimant « des rochers », Rudolph pense que le propos peut s'adresser à la montagne, mais il ne fait qu'émousser l'insolite du texte. Pour l'autre suppression (« le destructeur de toute la terre »), Rudolph argumente en disant que le premier *hmšḥyt* de la phrase est abstrait (= destruction) et que le second le glose avec un sens concret (= destructeur). Quel que soit le sens que l'on donne à ces deux emplois du même mot, il suffit de dire que dans une même phrase un même terme peut avoir deux sens différents (et surtout dans une métaphore), pour que l'argument en faveur de la glose ne tienne plus.

Rudolph enfin veut corriger en 25b *hr* par *tnr* ; selon lui (1930, p. 286) la faute commise par le TM viendrait d'une reprise du mot *hr* du début du verset. Non seulement la faute aurait été commise par le TM, mais encore par la LXX et par toutes les versions, ce qui rend hésitant pour une correction. Selon Rudolph *tnr śrph* désignerait un four à chaux (en s'appuyant sur le *śrph* de Gn 11/3) et *hr śrph* n'aurait pas de sens. Je préfère dire que *hr śrph* (qui est un hapax) nous est aujourd'hui pratiquement incompréhensible et non que cela n'a pas de sens. La difficulté plaide pour le maintien du texte et nous invite à reconnaître notre ignorance et non à corriger.

ÉTUDE DU MÉTAPHORISANT

A nous deux, montagne du destructeur, oracle du Seigneur, toi, destructeur de toute la terre ; je vais allonger ma main sur toi, je te ferai rouler du haut des rochers et je ferai de toi une montagne embrasée. On ne pourra plus extraire de toi ni pierre d'angle, ni pierre de fondation, car tu seras à jamais une ruine, oracle du Seigneur.

On a vu plus haut que le sujet métaphorisant est une montagne personnifiée ; il reste à préciser maintenant quel est ce personnage, que l'on sait déjà être résidant de la montagne.

Dans une très belle étude consacrée à la formule *hnny 'lyk*, (1933, p. 101-108) Humbert en arrive, de manière tout à fait convaincante, à la conclusion que cette formule exprime un défi propre aux combats singuliers : « A nous deux ! » traduit-il très judicieusement. Ces premiers mots de la métaphore situent d'emblée la scène : face à Dieu se trouve un personnage, auquel il lance un défi, et qui apparaît comme un adversaire, voire un combattant.

Dans une autre étude, consacrée cette fois à l'expression « étendre la main » (1962, p. 383-395), Humbert note qu'avec le verbe *šlḥ* le geste est essentiellement humain (p. 388) et avec *nṭh* essentiellement divin (ce qui est effectivement le cas ici). Pour ce dernier verbe il conclut « que l'expression *nâṭâ yâd* (« pointer la main ») désigne un geste éminent proprement divin et surnaturel, exécuté par Dieu lui-même ou commandé par Dieu à son représentant humain. Par ce geste Dieu intime à un objet visé de servir d'agent du châtiment divin (cf. les plaies d'Égypte) ou vise directement le coupable voué par Dieu au châtiment. C'est donc un geste indicatif réservé exclusivement à Dieu (ou à son représentant) dont il manifeste la puissance souveraine et surnaturelle » (p. 391). Humbert a raison de dire que le geste est réservé à Dieu et qu'il manifeste sa puissance souveraine et surnaturelle, mais il me paraît faux de dire que ce geste est seulement « indicatif ». Il peut l'être, mais il n'est pas que cela. En effet, si Dieu ne faisait que désigner un coupable par ce geste, le châtiment infligé au coupable le serait alors par quelqu'un d'autre que par Dieu, par quelqu'un à qui Dieu a montré le coupable en tendant la main (ou l'index, dirait-on aujourd'hui). Or dans bien des textes ce n'est pas le cas : Dieu lui-même exécute le châtiment après avoir tendu la main, en sorte que ce geste n'est pas indicatif, mais préhensif. En Es 5/25 Dieu tend la main contre son peuple et le frappe (*nkh*) en Ez 14/9 il tend la main contre un prophète et le supprime (*šmd*) en Jr 15/6 il tend la main contre Jérusalem et la détruit (*šḥt*). Ici « tendre la main » contre quelqu'un à qui on a jeté un défi, puis faire rouler cet adversaire, signifie que le geste n'est pas indicatif, mais qu'il s'agit plutôt d'une empoignade dans un corps à corps. Comme en Es 5/25, Ez 14/9, Jr 15/6, Dieu tend la main, non pour désigner, mais pour empoigner de manière agressive.

Tel est me semble-t-il ce défi pour un corps à corps, que Dieu vient lancer à son adversaire, sans doute sur le propre terrain de ce dernier, si les rochers sont ceux de la montagne de sa résidence : « A nous deux, je vais t'empoigner et je te ferai rouler du haut des rochers ».

L'adversaire de Dieu est appelé *hmšḥyt*. Selon Bright le mot désignerait ici un corps d'armée ; cet exégète renvoie à 1 S 13/17 et 14/15, mais il se demande aussi s'il ne pourrait pas s'agir d'une désignation mythologique (et il renvoie alors à Morgenstern 1961, p. 70).

Morgenstern émet l'hypothèse que *mšḥyt* désignerait un dieu infernal, mais sans l'étayer. J'en reste ici à ce que j'ai écrit plus haut (p. 113) : *mšḥyt* peut désigner un démon, mais pas un dieu. Penser ici à un corps d'armée ne me paraît pas convenir ; d'après 1 S 13/17-22 il semble que ce corps d'armée se bat avec des épées et des lances ; or, c'est au corps à corps que le défi est lancé ici. Par contre, le lien entre la montagne et son résidant est si fort en 51/25, qu'il semble préférable de penser au démon de cette montagne. L'expression « destructeur de toute la terre » paraît plus appropriée pour un démon que pour un corps d'armée ; ce démon pourrait avoir un lien avec la mort (cf. Ex 12/23), ce qui étend effectivement son champ d'action à toute l'humanité, toutes les créatures mortelles, et donc toute la terre.

Le seul autre texte de l'AT, où *hr hmšḥyt* se trouve, est tout à fait intéressant : il s'agit de 2 R 23/13. Cette expression y désigne le Mont des Oliviers. Hoffmann prétend (1882, p. 175) qu'en 2 R 23/13 mšḥyt n'est pas un dérivé de šḥt, mais un dérivé de mšḥ avec finale en yt, en sorte qu'il ne faudrait pas traduire par « mont du destructeur », mais par « mont de l'huile ». Ce mot hapax supposé par Hoffmann me paraît étonnant. hr hmšḥyt n'est pas forcément le vrai nom du Mont des Oliviers, il peut très bien être un surnom donné à cette montagne dans un but particulier. Si l'on remarque que le Mont des Oliviers est appelé hr hmšḥyt, en 2 R 23/13, au moment où ce mont est envahi de hauts lieux païens, il me paraît préférable avec Condamin de voir en hr hmšḥyt un surnom critique jouant sur les mots : ce n'est plus le Mont des Oliviers (hr hmšḥh), mais le Mont du destructeur (hr hmšḥyt). La critique porte d'autant plus si la montagne, couverte de hauts lieux païens, se fait appeler du nom d'un démon qui porte la mort. Un texte comme 2 R 23/13 renforcerait l'idée que le démon appelé « le destructeur » résiderait de préférence sur une montagne.

L'expression hnny 'lyk hr se retrouve une seule fois dans l'AT, dans un texte que l'on a rapproché depuis longtemps de 51/25 : il s'agit d'Ez 35/3. Dans ce texte, la formule de défi est aussi prononcée par Dieu ; elle est aussi suivie de la même annonce d'une empoignade (wnṭyty ydy 'lyk) et l'issue du combat promet d'être à peu près la même (w'th šmmh thyh ; proche de Jr 51/26b). La différence importante est que l'adversaire de Dieu n'y est pas hr hmšḥyt, mais hr ś'yr. A la suite de Budde, Giesebrecht, Volz et Peake pensent que Jr 51/25-26 transpose sur Babylone un oracle primitivement adressé à Edom (= Séïr), parce que l'image de la montagne convient mieux à Edom qu'à Babylone. Ce point de vue me paraît rapide et trop tributaire du point de vue de Budde, selon lequel Jr 50-51 serait postexilique (cf. 1878, p. 428-470, 529-562). Il me paraît intéressant de noter que, si sé'îr désigne une région d'Edom, ce terme peut faire jeu de mots avec śâ'îr, qui signifie précisément « démon ».

Mon hypothèse est la suivante : Jr 51/25-26 et Ez 35/3-4 feraient tous deux référence à un récit mythique relatant un combat singulier contre un démon résidant sur une montagne (cf. 2 R 23/13). Jérémie garderait le nom de ce démon (hmšḥyt) porteur de mort, pour décrire le combat de Dieu contre Babylone, étant donné que Babylone apparaît comme un mšḥyt (cf. 4/7 en particulier). Jérémie garderait aussi de ce récit un trait primitif (« je te ferai rouler du haut des rochers » ; ce trait absent dans Ezéchiel ne me permet pas de penser à une influence d'Ezéchiel sur Jérémie). De son côté, Ezéchiel garderait du démon son nom commun (śâ'ir = démon), et jouerait sur ce nom et sur celui de sé'îr pour décrire le combat de Dieu contre Edom. Il s'agit là d'une hypothèse, car je ne connais pas de textes du Proche-Orient pouvant donner des indications sur un tel mythe.

Tel serait donc le contenu de cet énoncé métaphorisant : un défi lancé par Dieu à un démon et à sa montagne pour un combat singulier ; défi dans lequel Dieu fait état, d'une part, de sa puissance souveraine et surnaturelle (cf. Humbert sur « étendre la main »), et rappelle au démon, d'autre part, le caractère essentiellement négatif de ce dernier (« le destructeur de toute la terre »). En défiant un tel démon, Dieu affirme du même coup qu'il peut comme le démon agir sur « toute la terre » ; défiant un démon porteur de mort, Dieu se présente enfin comme décidé à vaincre celui qui est de connivence avec la mort.

Si l'on connaissait le mythe sous-jacent à notre texte, il est possible qu'on pourrait tirer au clair le sens exact de l'hapax *hr śrph*. Selon Aeschimann « une montagne embrasée » désignerait tout simplement « un immense incendie ». Condamin, Weiser et Schneider y voient quelque chose de plus précis et pensent que l'expression désigne un volcan. Rudolph corrige pour y trouver la mention d'un four à chaux (cf. *mśrpwt śyd* en Es 33/12). L'expression n'est pas dans Ez 35/3-4 : est-ce un détail du mythe non transmis par Ezéchiel (et dans ce cas je ne peux en dire plus) ou bien est-ce une pointe particulièrement dirigée sur Babylone et non sur Edom ? Il m'est difficile de trancher.

ÉTUDE DU MÉTAPHORISÉ

A nous deux, (Babylone), toi, le destructeur de toute la terre, je ferai de toi une montagne embrasée. On ne pourra plus extraire de toi ni pierre d'angle, ni pierre de fondation, car tu seras à jamais une ruine, oracle du Seigneur. »

On a déjà vu Babylone décrite comme un « destructeur » au service de Dieu, investi par Dieu d'une puissance surnaturelle pour détruire Israël (cf. 4/7). Avec l'énoncé de la métaphore de la montagne, voilà que le « destructeur » n'est plus au service de Dieu, mais adversaire de Dieu : Dieu change de camp et lance maintenant un défi à celui qui par ailleurs est son serviteur. Alors qu'Ez 35/3-5 motive ce défi par des reproches faits par Dieu à Edom (cf. 35/5), il n'en est rien ici : Jérémie n'énumère aucun motif. Peut-être faut-il chercher des reproches implicites dans des détails du texte.

hr śrph, absent dans l'oracle d'Ezéchiel sur Edom, pourrait être spécialement adressé à Babylone, mais l'on sait la difficulté de cette expression. L'expression de 26a, aussi absente en Ezéchiel, pourrait aussi viser directement Babylone. Et les deux expressions pourraient être liées l'une à l'autre : c'est parce que Babylone devient une « montagne embrasée », qu'on ne peut plus tirer d'elle la moindre pierre. Or, la mention des pierres est insolite dans le contexte babylonien. Gn 11/3-4 reproche à Babylone de s'être fait un nom grâce à un subterfuge : faire passer des briques pour des pierres. On retrouve dans ce texte *'bn* et *śrph*. Peut-être y a-t-il une critique semblable en Jérémie ; critique d'une ville qui veut faire passer ses briques pour des pierres, sa fragilité pour de la solidité. En transformant Babylone en *hr śrph*, il ne sortira de là aucune pierre, parce que de *śrph* il ne sort que des briques ! En cherchant des pierres on ne trouvera à Babylone que des briques ; on s'apercevra alors que sa force cachait sa faiblesse ; si Babylone a été destructeur de toute la terre, cela ne tenait pas à la force de cette ville, mais à la décision de Dieu qui se l'est asservie comme destructeur. C'est pour affirmer sa suprématie que Dieu lance maintenant un défi à Babylone.

Dans cette métaphore, le défi de Dieu est lancé, mais le combat singulier n'a pas encore lieu ; il reste futur. Qui en sortira vainqueur ? Pour Israël l'issue du combat ne fait pas de doute. Le récit de la Pâque célèbre la totale souveraineté de Dieu sur le destructeur (Ex 12/23). Aucun destructeur ne peut lui échapper. Si donc Babylone voulait échapper à cette emprise de Dieu sur elle, cela ne pourrait être qu'à ses dépens. La soumission du destructeur, célébrée par la Pâque, affirme du même coup que Dieu ne peut être que vainqueur du destructeur, et donc de Babylone.

CONCLUSION

Dans cette étude sur les emplois de la racine *šḥt* dans des métaphores, il est temps maintenant d'opérer une classification, si l'on veut s'en tenir au projet initial : regrouper les métaphores dans lesquelles *šḥt* est utilisé comme foyer. Lorsqu'il a été question de la racine *'lh*, le travail a été simplifié, dans la mesure où *'lh* n'est utilisé que dans le foyer. Aucune métaphore n'a utilisé un dérivé de *'lh* pour désigner le sujet métaphorisant ou le sujet métaphorisé. Il n'en est pas de même avec la racine *šḥt* ; celle-ci, en effet, a parmi ses dérivés le mot *mšḥyt* et ce dernier désigne le sujet métaphorisé en 4/7, ainsi que des sujets métaphorisants en 5/26, 22/7 et 51/25. Dans cette étude, où le classement des métaphores se fait par les foyers, ces métaphores doivent donc être mises de côté. Cependant, cette mise à l'écart des métaphores, où la racine *šḥt* sert pour désigner un des sujets, ne peut être totale. 51/25, en effet, en est la preuve ; dans cette métaphore une première occurrence de *mšḥyt* est utilisée nominalement pour le sujet métaphorisant (le destructeur, sous les traits duquel la montagne est personnifiée) ; la deuxième occurrence de *mšḥyt* est utilisée verbalement (avec un complément d'objet) pour définir un des foyers (« détruire » appartient aux énoncés métaphorisant et métaphorisé). Cette double utilisation de *mšḥyt* (nominale et verbale) montre que dans cette métaphore le même terme donne d'une part le sujet métaphorisant et d'autre part le foyer, ce qui en fin de compte n'est que l'explicitation d'une lapalissade : le destructeur détruit. Dans une telle explicitation on découvre qu'il peut arriver que le foyer (ou l'un des foyers) d'une métaphore soit contenu dans le terme même qui sert à désigner le sujet métaphorisant. Cela doit nous rendre attentif au fait que cela peut se retrouver de manière implicite et non explicite dans d'autres métaphores. De ce fait les métaphores de 5/26 et 22/7 ne sont pas à écarter trop rapidement de cette étude par foyers. En 5/26 le sujet métaphorisant principal est *yqšym*, dont le sujet métaphorisé est *rš'ym* ; cela apparaît clairement dans l'énoncé. Par contre il est difficile de dire ce qui est métaphorisé par le piège (*mšḥyt*) mis en place par les oiseleurs. Cette difficulté me semble être une invitation à renoncer à l'identification du métaphorisé ; y renoncer pour découvrir qu'à travers le nom *mšḥyt*, à travers ce sujet métaphorisant c'est un foyer implicite qui est mis en avant : ce qui est important dans le piège (*mšḥyt*) mis en place par les oiseleurs, c'est que ce piège détruit (*mšḥyt*) et non que ce piège peut désigner un sujet métaphorisé. Le foyer contenu dans le sujet métaphorisant (*mšḥyt*) indique que l'activité des méchants en Israël est destructrice comme l'est l'activité des oiseleurs. Avec ce foyer implicite, la métaphore de 5/26 est donc à classer avec les métaphores qui ont *šḥt* comme foyer explicite.

Il en est en 22/6-7, me semble-t-il, comme en 5/26. En effet, 22/6 commence par une présentation des sujets principaux : la maison du roi de Juda (sujet métaphorisé) métaphorisée par Gilead et par le sommet du Liban. Après l'exposition de ces sujets, le nom *mšḥtym* apparaît comme nouveau sujet métaphorisant, dont le métaphorisé n'est pas explicité : cette absence d'explicitation est encore une invitation, non pas tant à rechercher coûte que coûte quel peut être le métaphorisé de ces soldats, qu'à considérer que l'activité de ces soldats (*mšḥtym*) est destructrice (*mšḥyt*). Là encore, un foyer implicite est contenu dans ce sujet métaphorisant secondaire, en sorte que la métaphore est à classer avec les métaphores qui ont *šḥt* comme foyer explicite.

Ainsi, grâce à 51/25, qui explicite qu'un foyer peut être contenu dans un sujet métaphorisant, 5/26 et 22/6 s sont à retenir comme étant des métaphores utilisant implicitement la racine *šḥt* au niveau du foyer. Au total, je dirai que la racine *šḥt* apparaît explicitement dans les foyers de 11 métaphores (2/30, 5/10, 11/19, 12/10, 13/7-9, 14, 18/4, 49/9, 51/1, 20, 25) et implicitement dans les foyers de 2 métaphores (5/26, 22/7).

Il a déjà été dit dans l'introduction à ce chapitre que Jérémie est de loin le livre de l'AT à utiliser le plus la racine *šḥt* dans des métaphores. Il faut maintenant, dans cette conclusion, voir ce que signifie une telle utilisation.

Du point de vue de la forme, il est à noter que dans plusieurs métaphores (mais non dans toutes) *šḥt* est particulièrement mis en valeur, de différentes manières. Il y a mise en valeur dans la répétition de *šḥt* ; c'est le cas en 51/25 ; c'est le cas aussi en 13/7, 9, avec un premier emploi à la fin d'un récit (13/1-7) et un deuxième au début d'un oracle (13/9). S'il n'y a pas répétition, la mise en valeur apparaît dans le fait que *šḥt* est le tout premier mot de l'énoncé métaphorique (ainsi en 11/19) ou bien le tout dernier (ainsi en 2/30 et 13/14). Une dernière manière de mettre en valeur *šḥt* apparaît en 49/9 : cette métaphore est la reprise d'un texte d'Abdias ; dans cette reprise tous les verbes de l'énoncé métaphorisant se trouvent déjà dans Abdias, sauf *šḥt* ; c'est ici la nouveauté par rapport au texte de référence qui permet de mettre en avant.

Du point de vue du fond, l'importance métaphorique de *šḥt* fait de cette racine une sorte de lieu théologique dans le message du prophète. Lieu théologique, dont le contenu est particulièrement riche.

On a vu dans l'introduction à ce chapitre (p. 201 s.), que à côté des anges ou des démons, des animaux ou des phénomènes naturels, Dieu pouvait aussi choisir et envoyer comme destructeurs des hommes ou des peuples, et qu'Israël pouvait ainsi être envoyé par Dieu pour détruire. Il est à noter que dans les nombreux emplois de *šḥt* dans Jérémie (dans les emplois métaphoriques comme dans les emplois non métaphoriques), jamais Israël n'est présenté comme destructeur envoyé par Dieu : pas plus Israël que l'un des Israélites ou un groupe d'Israélites. A côté de cela, Jérémie décrit métaphoriquement Israël comme se prenant pour un envoyé de Dieu pour détruire. Cette prétention israélite est au centre de deux métaphores, qui décrivent un processus d'inquisition ; en 2/30 le peuple est présenté comme un lion destructeur, c'est-à-dire comme un fléau envoyé par Dieu. Cette métaphore est au cœur d'un procès, en sorte que ce rôle destructeur du peuple à l'égard des prophètes est dénoncé. Les réels envoyés de Dieu sont les prophètes et non le peuple. Même chose en 11/19, où l'activité destructrice du peuple est présentée dans le cadre de la législation sur la guerre sainte. Là encore cette guerre sainte ne reçoit pas l'aval de Dieu, mais elle est dénoncée par lui comme un complot contre Jérémie, qui est, lui, réellement envoyé par Dieu. Ces métaphores ne refusent pas à Israël le droit qu'a Dieu de considérer Israël comme son destructeur, mais il refuse à Israël la prétention de s'arroger ce droit et de se déclarer destructeur choisi par Dieu, sous prétexte qu'un jour Dieu a déclaré qu'Israël pouvait être son envoyé pour détruire. Ces métaphores font apparaître une chose : il est des temps et des circonstances où Israël est choisi par Dieu pour détruire, il est des temps et des circonstances où il ne l'est plus. Cette mission que Dieu confie est limitée et le tort d'Israël est de ne pas savoir s'arrêter. Sans doute en est-il de même de tout destructeur ; en effet, si le déluge est choisi par Dieu pour détruire dans une circonstance donnée, ce même déluge est ensuite arrêté par Dieu dans son élan destructeur (cf. Gn 9/11, 15). Si des anges peuvent être envoyés par Dieu pour détruire, ces mêmes anges peuvent être arrêtés par Dieu dans leur élan (2 S 24/16). La difficulté avec Israël c'est qu'il est difficile de l'arrêter, et sous prétexte de faire la guerre sainte (Dt 20/20) Israël détruit des prophètes (Jr 11/19). Tel est le péché d'Israël : dépasser les limites fixées par Dieu dans la mission de destruction qui peut lui être confiée.

Israël va sans doute plus loin dans ce péché, comme on peut le voir en 5/26. Non seulement le peuple peut être destructeur, mais encore voilà que certains Israélites disposent d'un destructeur qu'ils manœuvrent eux-mêmes : de même que des oiseleurs manipulent un piège, les méchants manipulent un destructeur ; de ce fait ces méchants jouent le rôle de Dieu, qui seul peut utiliser un destructeur. Telle est l'autre dimension du péché d'Israël, c'est que dans son rôle de destructeur il finit par prendre la place de Dieu ; non seulement il outrepasse ses droits en détruisant au nom de Dieu (= inquisition), mais encore il finit par n'agir qu'en son nom propre en mettant sur pied son propre destructeur.

Grâce à ces trois métaphores, une esquisse est faite de la machine infernale que peut être la destruction : celui qui est envoyé par Dieu pour détruire ne s'arrête plus de détruire, finit par prendre des initiatives dans la destruction. Et le malheur est qu'il se détruit lui-même en fin de compte ; les trois métaphores le soulignent : ce sont ses propres prophètes qu'Israël détruit en 2/30 et 11/19 ; en 5/26 ce sont vraisemblablement des Israélites que d'autres Israélites prennent dans leur piège. Machine infernale de la destruction, dont le destructeur ne sait pas sortir.

Dans d'autres métaphores Israël n'est plus destructeur, mais victime de nouveaux destructeurs envoyés par Dieu. Ce nouveau destructeur est Babylone (cf. 4/7). Autre impasse de la destruction : pour arrêter Israël dans son élan destructeur, il faut envoyer un autre destructeur. Impasse aux conséquences d'autant plus douloureuses, qu'en détruisant Israël c'est la vigne bien aimée de Dieu qui est détruite (cf. 5/10, 12/10), c'est la dynastie davidique qui est atteinte (22/6-7). Contre Israël qui se prend pour un fléau ce sont des bergers de fléaux qui sont envoyés (12/9s). Contre Israël qui se lance dans la guerre sainte (11/19), ce sont des destructeurs envoyés par Dieu dans une guerre sainte contre Israël qui sont mobilisés (22/6-7).

Mais la machine infernale n'est pas pour autant arrêtée ; à son tour, en effet, Babylone tombe dans les mêmes travers qu'Israël. A son tour, Babylone outrepasse ses droits en détruisant au-delà de ce qui lui a été demandé : elle touche à Sion (51/20ss). A son tour Babylone prend des initiatives et finit par devenir un adversaire auquel Dieu doit lancer un défi pour un combat singulier (51/25). A son tour, Babylone devra être détruite ; le destructeur devra être victime d'un nouveau destructeur. C'est alors que 51/1 annonce contre Babylone la venue d'un nouveau destructeur envoyé par Dieu. Mais cette annonce faite en 51/1 arrêtera-t-elle la machine infernale ? N'en sera-t-il pas de même du nouveau destructeur ? Ne tombera-t-il pas dans le même travers et ne devra-t-il pas être arrêté dans son élan destructeur par un autre destructeur ?

A côté de ces métaphores, où l'on découvre que la destruction est un cycle infernal, Jérémie en donne d'autres d'une tonalité toute nouvelle : des métaphores où le destructeur est Dieu lui-même. En annonçant que c'est Dieu lui-même qui se chargera de détruire, Jérémie a certainement choqué, troublé, scandalisé ses auditeurs. On l'a vu (p. 203), il était pratiquement inadmissible de dire que Dieu peut détruire. C'est en parlant d'un Dieu destructeur que Jérémie choque. Et la première victime de Dieu est Israël dans sa fierté et son orgueil (13/9), Israël comme une « cruche » (13/14). Ces deux métaphores finissent en 13/14 par une proclamation incroyable : « ni pitié, ni compassion, ni miséricorde ne m'empêcheront de détruire ». Message qui a dû être reçu comme un blasphème vis-à-vis d'un dieu, dont la miséricorde était proclamée comme un article de foi. Message insoutenable et réalité insoutenable, puisqu'Israël a bel et bien été détruit, lors de la victoire babylonienne. Pourquoi Jérémie à travers la victoire babylonienne proclame-t-il que c'est Dieu qui détruit et pas seulement Babylone ? Parce que, me semble-t-il, en annonçant que Dieu lui-même détruit, Jérémie annonce aussi la sortie du cycle infernal de la destruction. C'est la grande nouvelle de la métaphore du potier et de l'argile. En effet, si Dieu peut détruire et rater son œuvre (ce qui est inouï), il peut aussi à partir de la même argile qui aboutit à la destruction tirer quelque chose d'autre. Dieu est le seul destructeur à pouvoir aller au-delà de la destruction (ce qui est aussi inouï). Si donc Dieu entreprend de détruire, c'est parce qu'il est le seul à pouvoir mener l'œuvre de destruction au-delà. C'est en prêchant un Dieu destructeur que Jérémie annonce la libération de la fatalité de la destruction (cf. la libération de la fatalité des puissances magiques en 13/1-10). Formidable bonne nouvelle à l'intérieur d'un message par ailleurs scandaleux. Formidable bonne nouvelle si elle n'est pas seulement entendue et si elle est également vécue. Il faut une destruction effectivement vécue par Israël pour que la libération du cycle infernal de la destruction soit effectivement vécue. En fin de compte Jérémie annonce aux Israélites que c'est dans leur destruction qu'ils vivront leur libération de la destruction, et non en échappant à la destruction, comme les faux prophètes l'imaginaient. C'est le même Dieu qui, prenant en main la destruction de son peuple, prend en main la libération de son peuple.

A côté des métaphores qui annoncent que Dieu va détruire Israël, Jérémie proclame dans d'autres métaphores que Dieu détruira également Edom (49/9) ainsi que Babylone (51/25). C'est dire que le champ d'action de Dieu s'étend à toute la terre. C'est particulièrement clair en 51/25, dans ce texte où Dieu lance un défi au destructeur de toute la terre. Les témoins et acteurs de la destruction d'Israël connaîtront eux-mêmes la destruction par Dieu. Cependant, s'il est annoncé un au-delà de la destruction à Israël, cela n'est pas annoncé à Edom ou Babylone. Les métaphores ne vont pas jusque là, mais le reste du livre de Jérémie laisse apparaître que le nouveau vase israélite façonné par Dieu sera admiré par les autres nations, qui salueront l'acte libérateur de Dieu (16/14-15).

Dans les métaphores, où il est annoncé que Dieu détruira lui-même, aucun détail n'est donné pour dire comment Dieu s'y prendra. Mais c'est là, certainement, une particularité indéniable du discours métaphorique. Annoncer métaphoriquement que Dieu va détruire permet de parler de ce fait sans s'aventurer sur le terrain du « comment ». La métaphore en effet ne donne aucun détail sur le « comment » ; par contre, son propos est de donner des détails sur le « comme ». Dieu détruira Edom comme des voleurs désintéressés ; il détruira Babylone comme dans un combat singulier ; il détruira Israël comme on cassé de vulgaires cruches. Grâce à la métaphore un point est mis en lumière sur Dieu, alors que d'autres sont laissés dans l'ombre. Mais ce qui est mis en lumière l'est avec une particulière clarté ; l'inouï est rendu audible grâce à des emprunts faits à la vie quotidienne : un potier qui poursuit son travail, un dicton sur des cruches remplies de vin, des oiseleurs qui dressent un piège...

Si, dans le passage d'une des isotopies de la métaphore à l'autre, le clivage dans le foyer peut être créateur de sens, quelques remarques sont à faire sur ce clivage.

Tout d'abord, on observe dans les métaphores avec šḥt le même phénomène plusieurs fois notés dans les métaphores avec 'lh : il peut y avoir transport de sens de l'élément focal métaphorisant sur l'élément focal métaphorisé. En 11/19, par exemple, ce transport de sens au niveau du foyer est assez remarquable. Lorsque des hommes détruisent, avons-nous vu, cette action est coupable ou non, suivant que ces hommes sont envoyés de Dieu ou pas pour détruire. C'est ainsi que dans le cadre de la loi deutéronomique sur la guerre sainte, il est permis de détruire (Dt 20/20). C'est dans ce cadre que se situe le métaphorisant de 11/19, en sorte que, au niveau du métaphorisant, le foyer *šḥt* y décrit une action irrépréhensible. Dans cette même métaphore, au niveau du métaphorisé, le complot meurtrier préparé contre Jérémie est tout à fait coupable, mais grâce au métaphorisant choisi, on s'aperçoit que l'intention des comploteurs est de tirer profit du clivage dans le foyer pour faire passer le caractère irrépréhensible de *šḥt* dans le métaphorisant sur le *šḥt* du métaphorisé, de manière que le meurtre de Jérémie apparaisse comme une action non coupable. Dans cet exemple, les comploteurs se révèlent être de parfaits utilisateurs du clivage dans le foyer, pour un transport de sens, qui les innocenterait.

Ensuite, on peut noter un fait observé dans plusieurs métaphores. A plusieurs reprises on a pu remarquer une création de sens dans l'énoncé métaphorisant, grâce à la présentation d'un métaphorisant insolite ; c'est ainsi que l'on se trouve en présence de bergers insolites en 12/9-10 (ces bergers conduisent des animaux sauvages), des soldats insolites en 22/7 (ils ne prennent pas de butin, mais incendient les arbres qu'ils abattent), des voleurs insolites en 49/9 (ils ne volent pas) et des vanneurs insolites en 51/1 (ils détruisent la récolte). Dans ces métaphorisants, le sens de *šḥt* n'est pas nouveau (il signifie bien « détruire »), mais il y a création d'une situation insolite, qui donne à *šḥt* une teinte particulière et nouvelle. C'est cette dimension nouvelle donnée à *šḥt* dans le métaphorisant, qui est transportée sur le *šḥt* du métaphorisé, ce qui permet alors de donner au métaphorisé un caractère tout aussi insolite. Dans ces métaphores, le transport de sens au niveau du foyer est chargé d'une dimension nouvelle, qui vient d'un énoncé métaphorisant étrange.

On peut noter enfin le cas d'une métaphore, où le clivage dans le foyer est exploité d'une toute autre manière ; il n'y a plus création de sens par transport du métaphorisant sur le métaphorisé, mais par refus de ce transport. En 13/7, en effet, *šḥt* est, dans le métaphorisant, chargé du poids de la fatalité de la magie ; par contre, dans le métaphorisé, en 13/9, le passage du passif à l'actif dans l'utilisation de *šḥt* constitue un retournement tel que le poids de la fatalité magique n'est pas transporté sur le métaphorisé, mais renversé et annulé. Par rapport à la destruction magique décrite dans le métaphorisant, le métaphorisé décrit une destruction d'un type nouveau, une destruction indemne de fatalité. Le clivage dans le foyer est l'occasion d'une création de sens, non pas, cette fois, par transport de sens, mais par retournement. Cette métaphore permet d'observer que le clivage dans le foyer est toujours l'occasion d'une création de sens, et que cette création est d'un type nouveau. A côté des métaphores où la création se fait par transport du métaphorisant sur le métaphorisé, il existe des métaphores où la création se fait dans le métaphorisé par retournement du métaphorisant. La création de sens est d'un type nouveau, mais cela ne remet pas en cause, me semble-t-il, la notion de transport, que je crois toujours constitutive du fait métaphorique. Seulement une précision est à.faire : le phénomène de transport de sens au niveau du foyer existe toujours dans la métaphore de la ceinture, mais la particularité de cette métaphore est de ne pas faire de ce transport un enrichissement ; sa particularité est de repousser ce transport de sens. Le transport est réel, mais renversé, comme sont réels la fatalité de la magie et le combat de Dieu contre elle. Le retournement du transport de sens dénote la victoire de Dieu sur la fatalité de la magie. Je dirai donc que toutes les métaphores se caractérisent par un transport de sens au niveau du foyer, et je complèterai cela par une précision : dans certaines métaphores ce transport est exploité positivement pour un enrichissement du métaphorisé ; dans d'autres il est repoussé pour faire apparaître une autre richesse du métaphorisé ; mais dans les deux cas, il y a création de sens.

LE VERBE bw'

Pour les emplois de ce verbe en Jérémie voir p. 78 s. Si l'on classe les livres bibliques par ordre d'emplois de ce verbe, on obtient le tableau suivant :

	Total	Qal	Hiphil	Hophal
Sam	318	276	42	
Rois	266	224	37	5
Chro	219	153	64	2
Gen	217	168	46	3
Jéré	210	156	52	2
Ezéch	191	131	57	3
Exod	124	78	45	1
Esa	123	102	21	
Deut	106	84	22	
Jg	95	87	8	
Nomb	91	69	22	
Lévi	81	30	44	7
Psau	79	70	8	1
Jos	59	54	5	
Job	51	47	4	
Néh	50	29	21	
Dan	41	31	10	
Esth	37	29	8	
Prov	34	31	3	
Zach	22	18	4	
Ruth	18	18		
Esd	17	13	4	
Eccl	15	12	3	
Amos	13	10	3	
Osée	11	11		
Mich	11	10	1	
Mal	10	7	3	
Cant	10	5	5	
Lam	10	7	3	
Joël	8	7	1	
Aggée	8	5	3	
Hab	6	6		
Jonas	5	5		
Abd	4	4		
Soph	3	2	1	
Nah	1	1		

On peut faire ici la même constatation que pour le verbe *'lh* (cf. p. 104) : Jérémie se trouve en tête des livres prophétiques et poétiques dans l'utilisation du verbe *bw'*.

Si l'on classe maintenant ces mêmes livres suivant les emplois de *bw'* dans les énoncés métaphoriques, on obtient le tableau suivant :

	Total	Qal	Hiphil
Jéré	13	12	1
Esa	13	11	2
Ezé	10	4	6
Prov	7	7	
Gen	5	5	
Sámu	3	3	
Rois	3	3	
Amos	3	2	1
Zach	3	3	
Psau	3	2	1
Job	3	3	
Joël	2	2	
Abd	2	2	
Mal	2	2	
Cant	2	2	
Dan	2	2	
Jug	1	1	
Osée	1	1	
Lam	1		1

Pour les autres livres les textes métaphoriques sont les suivants : Gn 41/21*bis*, 29, 35, 54, Jg 9/15, 2 S 12/4*ter*, 2 R 18/21, 19/3, 28, Es 7/19, 14/31, 21/1, 27/6, 30/13, 36/6, 37/3, 29, 59/19, 20, 60/20, 66/20*bis*, Ez 16/7, 17/3, 4, 12*bis*, 13, 19/4, 9*bis*, 24/14, Os 6/3, Jl 2/9, 4/13, Am 4/1, 5/19, 8/2, Abd 5*bis*, Za 2/4*bis*, 5/4, Mal 3/19*bis*, Ps 35/8, 74/5, 109/18, Jb 5/26, 19/12, 30/26, Pr 1/27, 6/11, 29, 7/22, 13/12, 24/34, 26/2, Ct 4/16, 5/1, Lm 3/13, Dn 8/5, 6.

Comme pour *'lh* et *šḥt* Jérémie est en tête des livres de l'AT pour l'emploi métaphorique de *bw'*. Il s'agit maintenant de passer en revue les métaphores concernées par ce verbe : 2/31 (métaphore du désert), 4/11 (vent), 6/3 (bergers), 8/7 (oiseaux), 15/9 (soleil), 17/6 (arbuste), 17/8 (arbre), 46/18 (Tabor et Carmel), 46/20 (taon), 46/22 (bûcherons), 49/9 (vendangeurs), 51/33 (aire). Tous ces passages utilisent le verbe au qal. Le hiphil se trouve en 49/36 dans la métaphore du vent. Deux de ces métaphores ont déjà été étudiées : celle du vent (4/11, cf. plus haut, p. 124ss.) et celle des vendangeurs (49/9, cf. plus haut, p. 295ss.).

1. MÉTAPHORE DU DÉSERT (2/31)

Suis-je un désert pour Israël ? Une terre de sacrées ténèbres ? Pourquoi est-ce que mon peuple dit : Nous cheminons librement, nous n'irons plus vers toi ?

REPÉRAGE DE LA MÉTAPHORE

Le seul indice que nous pouvons relever dans ce texte est un indice sémantique ; il réside dans le fait de dire que Dieu est un désert : propos insolite qui ne se trouve pas ailleurs dans l'AT. Cependant, désigner Dieu ainsi pourrait être une simple catachrèse. Cette catachrèse sera considérée comme transformée en métaphore, si l'on peut relever dans ce texte d'autres termes de l'isotopie du désert.

L'expression *bw' 'l* est très rarement employée avec Dieu pour complément (« aller vers Dieu »). Sauf erreur ou omission, elle ne se retrouve dans l'AT qu'en Jr 16/19. Habituellement, on utilise pour Dieu l'expression *bw' lpny* (cf. Ex 28/30, 34/34, Lv 15/14, Ez 46/9, Ps 18/7, 79/11...). Par contre, l'expression *bw' 'l* est souvent employée lorsqu'il s'agit d'un désert (cf. Ex 16/1, 18/5, Nb 13/26 : « aller vers le désert »[1]). Il en résulte que cette expression, employée pour Dieu en 2/31b, l'est en faisant un nouvel emprunt à l'isotopie du désert. On découvre là, dans ce nouvel emprunt, que le texte est métaphorique et non plus catachrésique.

L'indice sémantique, accompagné d'un changement isotopique (il y a toujours changement d'isotopie quand on parle de Dieu), permet donc de déceler cette métaphore. De cette dernière, d'après ce qui vient d'être dit de *bw' 'l*, le foyer est déjà connu : il se trouve dans le verbe *bw'* (« nous n'irons plus vers toi, comme nous n'irons plus vers un désert »).

Après le sujet métaphorisant « désert » se trouve un deuxième sujet métaphorisant : « terre de sacrées ténèbres », qui, on le verra plus loin, est une autre désignation du désert, sinon un autre lieu, à propos duquel il est possible de dire aussi : « nous n'irons plus vers lui ». Le foyer s'applique aussi à ce deuxième sujet métaphorisant, en sorte que c'est cet ensemble, centré sur *bw'*, que nous devons étudier.

DÉLIMITATION DE LA MÉTAPHORE

La tâche est aisée pour cette métaphore. En 2/30, en effet, se trouve une toute autre métaphore (celle du lion), que nous avons déjà étudiée. Entre cette métaphore et celle du désert se trouve une formule de transition (« Vous, hommes de ce temps, considérez la parole du Seigneur »), que l'on peut mettre dans la bouche du prophète (étant donné que Dieu y est mentionné à la troisième personne) ; formule de transition pour introduire les propos de Dieu (« Suis-*je* un désert... ? »), qui sont, eux, métaphoriques, alors que la formule du prophète ne l'est pas. La métaphore du désert commence donc avec la forme *hmdbr*.

Après l'exposé des sujets métaphorisé et métaphorisants en 31a, vient en 31b une citation du peuple faite par Dieu ; cette citation donne le foyer de la métaphore, explicité pour le métaphorisé (Dieu) et sous-entendu pour

---

1. On peut ajouter à cela l'expression voisine avec le hiphil de *bw'* (« faire aller vers un désert », avec *hby' 'l*) que l'on trouve en Nb 20/4, Ez 20/10, 35.

les métaphorisants (« nous n'irons plus vers un désert, vers une terre de sacrées ténèbres »). La citation est introduite par une question posée par Dieu (« mon » peuple), en sorte que 31b prolonge les propos de Dieu. Cette question est aussi à considérer comme faisant partie de l'énoncé métaphorique, si l'on considère qu'en 31a, c'est également sous forme de question que les sujets de la métaphore sont exposés.

En 2/32, une nouvelle question est posée par Dieu au peuple mais il s'agit d'une toute autre métaphore, avec un autre sujet métaphorisé (le peuple), d'autres sujets métaphorisants (jeune fille, jeune mariée) et un autre foyer (oublier). L'isotopie métaphorisante étant différente, 2/32 n'est pas à étudier avec 2/31.

La délimitation de la métaphore correspond en 2/31 à la délimitation des questions posées dans ce verset.

ÉTABLISSEMENT DU TEXTE

Le texte de la LXX présente quelques différences, qu'il nous faut aborder : « Suis-je un désert pour Israël ? Une terre en friche ? Pourquoi est-ce que mon peuple dit : Nous ne servirons plus et nous n'irons plus vers toi ? »

La traduction de *m'lplyh* par *kechersomenê* (« laissée en friche ») fait dire à Giesebrecht que la LXX avait une autre Vorlage portant *mappâlâh* (« tas de ruine »). Il m'est difficile d'être aussi affirmatif que Giesebrecht, car la LXX traduit ailleurs *mplh* (Es 17/1, 23/13, 25/2) par des dérivés de la racine *piptein* et non par des dérivés de *chersoun*. Cependant tout n'est pas résolu, car dans les autres textes où la LXX utilise *chersoun* (Pr 24/31 et Na 1/10) il est difficile de dire ce que ce verbe traduit.

D'autres versions anciennes peuvent nous aider à comprendre sur ce point la traduction de la LXX.

La Vulgate traduit *m'plyh* par *serotinus* (= « tardif »), et c'est par ce même adjectif qu'elle traduit l'hapax *'pyl* en Ex 9/32, qui veut bien dire, en effet, « tardif ». Cet hapax vient d'une autre racine *'pl* (cf. KB³, racine bien attestée en araméen et qui donne également le terme *'pyl* signifiant « tardif »). La traduction de la Vulgate en 2/31 montre donc que cette dernière a confondu les deux racines *'pl* et qu'elle a bien lu un dérivé de *'pl*. Sa traduction est fautive, mais elle atteste sans doute *m'plyh*. On peut dire la même chose de Symmaque, qui traduit *m'plyh* par *opsimos* (= « tardif »), qui est le terme choisi par la LXX pour traduire *'pyl* en Ex 9/32. Avec le synonyme *opsigonos*, Aquila rejoint Symmaque et la Vulgate et atteste le TM. On peut se demander maintenant si la LXX n'a pas fait la même erreur de traduction. En effet, Aquila, Symmaque et la Vulgate ont pensé qu'il était question en 2/31 d'une terre qui produit tardivement. De là à estimer que la production tardive peut avoir un rapport avec une terre laissée en friche et l'on comprendra alors la traduction de la LXX. A mon avis, donc, la LXX a aussi confondu les deux racines *'pl* et a traduit approximativement *m'plyh* par « en friche ». Je rejoins ici BHK et BHS, qui n'estiment pas que la LXX aurait une autre Vorlage sur ce point.

La traduction de *rdnw* par *ou kurieuthesometha* fait aussi difficulté. Selon Volz, la LXX aurait lu *l' 'bdnw*, ce qui me paraît contestable. En effet, le seul autre passif de *kupieuein* dans la LXX (Es 14/2) traduit le qal de *rdh*. Cela invite à penser que c'est aussi le verbe *rdh* que la LXX a lu en Jr 2/31. Ce verbe devrait donner au parfait *rdynw*, mais cette forme peut se contracter en *rdnw*, si l'on considère par exemple la forme *'tnw* en Jr 3/22. Je crois donc que la LXX a lu en 2/31 *râdinû* au lieu de *radnû*, ce qui montre que sa Vorlage était identique, mais que la LXX l'a mal traduite. Arrivant au sens de « nous soumettrons », le traducteur s'est permis de rajouter une négation et de transformer en passif, de manière à rester dans la logique du contexte : « nous ne serons pas asservis ».

Comme l'a bien noté BHS, Aquila (avec *apestêmen*) a dû lire *mrdnw* ; en effet, la LXX traduit souvent *mrd* par *aphistanai* (cf. Gn 14/4, Js 22/18, 19, 2 C 13/6, Ne 9/26, Ez 17/15, Dn 9/5, 9). Aquila a dû faire de même ici. Même chose pour la Vulgate (*recessimus*) qui traduit *mrd* par *recedere* 13 fois sur 25 (Gn 14/4, Jos 22/16, 19, 29, 2 R 24/20, Es 36/5, Jr 52/3, Ez 2/3, 17/15, Dn 9/5, 9, Ne 9/26, 2 C 36/13). Si l'on ajoute que la Peshitta a pensé au verbe *yrd* (cf. BHS), on s'aperçoit que les versions anciennes ont été embarrassées par *rdnw*, mais aussi que les racines auxquelles elles ont pensé (*rdh* pour la LXX, *mrd* pour Aquila et la Vulgate, *yrd* pour la Peshitta) ont en commun les consonnes *r* et *d* présentes dans le TM. Elles se sont trompées sur le verbe *rwd*, mais leurs erreurs, dans leur diversité, sont en fin de compte une attestation du TM. En proposant de remplacer *rwd* par *nwd* ou par *ndd*, la BHS ne fait que donner des synonymes, qui n'expliquent pas les traductions anciennes. Ces propositions sont à rejeter et le TM est à conserver, grâce aux versions anciennes, aussi paradoxal que cela puisse paraître.

D'autres corrections sont proposées par des exégètes modernes. Après avoir estimé que la LXX avait lu *l' 'bdnw*, Volz pense qu'il faut s'appuyer sur cette lecture pour corriger en *l' 'brnw*. Mais on a vu que cette estimation de la Vorlage de la LXX est fautive. La correction de Volz, n'ayant plus aucun appui, ne peut donc être retenue.

Volz est aussi d'avis de supprimer *'my*, qu'il considère comme un vocatif. Cette analyse me paraît fautive ; en effet, si *'my* était un vocatif, il serait vraisemblablement accompagné d'un verbe à la 2e personne (« pourquoi, mon peuple, dites-vous ? »). En fait *'my* est ici un sujet collectif d'un verbe à la 3e personne du pluriel (*'mrw*), comme c'est le cas aussi dans le verset suivant (*škḥwny*). *'my* n'est donc pas à supprimer.

La forme *m'plyh* a intrigué bien des commentateurs. Thomas, dans une étude qui me paraît décisive (1953, p. 219-224), s'appuie sur des commentateurs du Moyen-Age (Ibn Ezra, Kimchi, Rashi) pour considérer la finale en *yh* de ce mot comme un enclitique dérivé du Tétragramme et à valeur superlative. Cette analyse de la forme est certainement correcte (cf. BDB, KB³) : il s'agit du mot *m'pl* (« ténèbres ») suivi de *yh*, ce qui est à traduire par « profondes ténèbres », ou mieux encore par « sacrées ténèbres »[2]. A la suite de Stade, plusieurs exégètes (Duhm, Volz, Rudolph, cf. BHS, ainsi que Prat[3]) corrigent en *ma'p^{e}lîyâh*, faisant alors de ce mot un féminin de l'adjectif *m'ply* (cf. J 88 Mg, GK 86h sur le féminin de ces adjectifs). Tous ces exégètes (sauf Prat[3]) reconnaissent que la vocalisation massorétique est celle du superlatif, mais ils corrigent parce qu'ils estiment que ce superlatif n'a pas sa place ici. Une remarque de structure plaide, me semble-t-il, en faveur du maintien du superlatif. Si l'on met de côté la tournure interrogative de la phrase, on peut noter qu'on retrouve en 2/31a une structure identique à celle que nous avons rencontrée en 22/6 et 51/20, avec les deux sujets métaphorisants formant inclusion aux extrémités du stique, le premier étant composé d'un terme et le second de deux :

mdbr	*hyyty*	*lyśr'l*	*'rṣ*	*m'plyh*	2/31
gl'd	*'th*	*ly*	*r'š̆*	*hlbnwn*	22/6
mpṣ	*'th*	*ly*	*kly*	*mlḥmh*	51/20

En 22/6 comme en 51/20, il y a progression entre les deux sujets et le deuxième renchérit sur le premier : une montagne puis un sommet de montagne (22/6), une arme puis une panoplie (51/20). Si l'on supprime le superlatif en 2/31 la progression disparaît (désert, terre ténébreuse) ; par contre, en maintenant la vocalisation massorétique et le superlatif, la progression est respectée (désert, terre de sacrées ténèbres). Telle me paraît être la remarque structurelle en faveur du maintien de la vocalisation massorétique.

A ma connaissance, seul Koehler (1926, p. 62) a proposé de modifier les consonnes de *m'plyh*. Intrigué par l'abondance des synonymes dérivés de *'pl* (*'ophél*, *'âphél*, *^{a}phélâh*, *ma'^{a}phél*), considérant aussi la forme hapax de *m'plyh* en 2/31 et s'inspirant d'Ez 19/13, où *mdbr* est parallèle à *'rṣ ṣm'*, Koehler propose de corriger *'rṣ m'plyh* en *'rṣ ṣm' lh*. Par cette correction il établit un parallèle entre *lyśr'l* et *lâh* en 2/31a. Par cette correction aussi, il fait disparaître un des nombreux synonymes dérivés de *'pl* (ce qui est suivi d'effet dans le dictionnaire KB[2]). Il est à noter que dans KB[3] *m'plyh* figure sans plus aucune référence à l'article de 1926 de Koehler. La proposition de correction y est abandonnée, à juste titre, me semble-t-il. La forme hapax *m'plyh* n'est pas, en réalité, un nouveau nom, mais une forme dérivée du mot *m'pl*, qui existe par ailleurs en Jo 24/7.

---

2. Je me calque ici sur la traduction que fait Lys (1968, p. 282) d'un superlatif identique en Ct 8/6 (*šlhbtyh* : « un sacré coup de foudre »). Cette manière de traduire correspond à l'opinion de Thomas, selon laquelle (p. 215) les superlatifs avec *yh* ne sont pas de simples superlatifs, mais toujours des superlatifs à connotation religieuse, montrant que le mot au superlatif est d'une façon ou d'une autre en lien avec Dieu.

3. Prat (1901, p. 497 ss.) nie toute utilisation du nom de Dieu pour un superlatif, non seulement ici, mais encore dans tout l'AT ; c'est pour cela qu'il accepte en 2/31 le changement de vocalisation tel que le propose Stade. Mais c'est de la part de Prat une sorte de pétition de principe. Depuis les travaux de Thomas, j'estime que le point de vue de Prat ne peut plus être partagé.

ÉTUDE DU MÉTAPHORISANT

> *Un désert, une terre de sacrées ténèbres (le peuple dit : Nous cheminons librement, nous n'irons plus vers eux).*

Nous sommes ici en présence de deux sujets métaphorisants mis en parallèle. La question est de savoir tout d'abord quel sens peut avoir ce parallélisme. La parenté de structure déjà relevée entre 2/31, 22/6 et 51/20 peut donner un élément de réponse. En 22/6, comme en 51/20, les deux sujets métaphorisants mis en parallèle appartiennent chaque fois à la même isotopie (celle des montagnes en 22/6, celle des armes en 51/20), avec une progression entre les deux sujets. On peut penser qu'il en est de même en 2/31.

Si l'on s'en tient encore à des remarques sur la structure, il est à noter que 2/31 est bâti sur des questions, introduites par trois termes, dans l'ordre suivant : *h, 'm* et *mdwʿ*. Cette même structure, avec les trois mêmes termes et dans le même ordre, se retrouve en 2/14, 8/4-5, 19, 14/19, 22/28, 49/1. C'est là une structure très caractéristique du livre de Jérémie[4]. Dans un de ces textes (22/28) il s'agit d'une métaphore ; on observe alors que *h* et *'m* introduisent chacun un sujet métaphorisant (*ʿṣb* puis *kly*) et *mdwʿ* les foyers (*ṭwl* et *šlk*). Ces deux métaphores (2/31 et 22/28) sont structurées de manière identique. En 22/28 les deux sujets métaphorisants relèvent de la même isotopie (celle des récipients) ; cela pousse encore à considérer qu'il en est de même en 2/31.

Le contexte immédiat, enfin , va dans le même sens ; 2/31, en effet, est directement suivi d'une autre métaphore avec deux sujets métaphorisants de la même isotopie (jeune fille et jeune épouse).

A la suite de toutes ces remarques, je crois que « désert » et « terre de sacrées ténèbres » peuvent être envisagés comme appartenant à une même isotopie. Cela oriente d'emblée cette étude du métaphorisant, ce qui me paraît important. Le terme *mdbr*, en effet, a un contenu tellement riche dans la pensée biblique que pour bien comprendre cette métaphore de 2/31 il est capital de repérer le mieux possible sous quel angle le désert est ici considéré. Si l'on voit en « terre de sacrées ténèbres » une expression relevant de la même isotopie que « désert », sans doute avons-nous là une précieuse indication pour cerner de près le métaphorisant.

Dans BC, on trouve la remarque suivante, en note de *m'plyh* : « "Terre ténébreuse" n'est pas nécessairement une autre désignation du désert. Jérémie peut avoir pensé au Cheôl, le pays par excellence des ténèbres ». Telle est l'hypothèse, tout à fait contestable, proposée par BC. Elle est contestable, parce qu'elle repose sur la correction de la vocalisation massorétique, qui fait disparaître le superlatif en *yh*. Tant qu'on en reste à cette correction, on peut voir en « terre ténébreuse » une désignation de l'enfer. Par

---

4. Pour l'étude de cette structure, cf. en particulier Holladay (1962, p. 48) et Brueggemann (1973, p. 358 ss.).

contre, maintenir le superlatif en *yh*, c'est reconnaître qu'il y a un lien entre les ténèbres et *yhwh*. Or, un tel lien, connoté par ce superlatif, ne peut être reconnu pour la Shéol, ce lieu qui est précisément caractérisé par une absence de lien avec Dieu (cf. Ps 6/6, 88/6, 11-13, 115/17, Es 38/18) ; il ne peut certainement pas être dit de l'enfer qu'il est « une terre de sacrées ténèbres ». Pour cette raison l'interprétation de BC doit être abandonnée.

Le seul autre emploi de *m'pl* dans l'AT (Jos 24/7) nous fait aller dans une toute autre direction. Parmi les dérivés de *'pl*, le terme *'ophèl* a une connotation infernale (cf. Jb 3/6, 10/22, 23/17, 28/3), mais *m'pl* ne l'a pas. Le choix de ce dernier terme plutôt que *'ophèl* me paraît être encore une invitation à refuser l'interprétation de BC. En Jo 24/7 *m'pl* désigne les ténèbres que Dieu a placées entre les Égyptiens et les Israélites lors de la sortie d'Égypte. Si *m'pl* désigne ces ténèbres-là, alors un tel sens s'impose en Jr 2/31, car, précisément, ces ténèbres du temps de l'exode sont marquées par un fort lien qui les unit à Dieu. De ces ténèbres-là on peut dire qu'elles sont de « sacrées ténèbres ». En outre, ces ténèbres sont celles du temps de l'exode et du séjour d'Israël au désert. Le métaphorisant de 2/31 trouve alors son unité : le désert dont il est question c'est le désert que mentionne aussi Jos 24/7, celui où séjourna Israël après la sortie d'Égypte.

Si le métaphorisant fait allusion au séjour au désert, tout n'est pas clair encore, car ce séjour peut être interprété de manières fort différentes : il peut être envisagé de manière très positive (cf. Os 2/16) ou, au contraire, très négative (cf. Ps 95/8-9). Dans le livre de Jérémie, *mdbr* dénote toujours une réalité négative, un lieu où il ne fait pas bon vivre (cf. 9/11, 17/6). Et lorsqu'il est fait allusion à la sortie d'Égypte la seule dimension positive du désert tient au fait que Dieu y était présent, au côté du peuple (cf. 2/2, 6) ; c'est cette présence de Dieu qui a permis de survivre dans ce lieu toujours décrit négativement (cf. « terre inculte » en 2/2, « pays de steppes et de pièges, pays de la sécheresse et de l'ombre mortelle, pays où nul ne passe, où personne ne réside » en 2/6). Le désert du temps de l'exode est pour Jérémie un lieu où l'on ne s'installe pas (cf. 2/6), un lieu où l'on ne fait que passer sous la conduite de Dieu (cf. *'lk* en 2/2 et 2/6). Qu'en est-il en 2/31 ?

La même conception du désert me paraît être présente en 2/31. En effet, le foyer de cette métaphore est très explicite à ce sujet. Dans ce foyer, il est sous-entendu pour le métaphorisant : « nous n'allons plus vers lui ». L'emploi du terme *'wd* (« encore ») est tout d'abord une nouvelle allusion au séjour au désert. « Nous *n'*allons *plus* » suppose qu'un premier passage au désert a eu lieu, ce qui ne peut renvoyer qu'à l'exode. Mais l'expression signifie aussi que cette expérience du désert ne donne pas envie de la renouveler. C'est dire que cette expérience est vue sous un angle négatif. Mais en même temps, « terre de sacrées ténèbres » garde une note postive par le fait que le superlatif fait allusion à la présence de Dieu. On retrouve là ce qui a été noté à propos de 2/2, 6 : seule la présence de Dieu fait du désert le lieu d'un événement positif, mais cet événement est unique, en sorte qu'il n'est pas souhaitable qu'il soit renouvelé.

L'expression *bw' 'l* éclaire la référence au séjour au désert après la sortie d'Égypte. Le désert est un lieu où l'on ne fait que passer, avons-nous vu en 2/6. C'est une étape, qui en précède une autre : l'entrée dans la terre promise. Or, pour décrire cette entrée, Jérémie utilise précisément *bw' 'l* en 2/7 (au hiphil). En Jos 24/7-8, il en va de même : après la mention des ténèbres et du désert *bw' 'l* est encore employé pour décrire l'entrée dans la terre promise. Suivant la théologie de l'exode que l'on trouve en Jr 2/6-7 et Jos 24/7-8, le véritable lieu vers lequel on va (*bw' 'l*) c'est la terre promise et non le désert. Voilà pourquoi on ne s'installe pas au désert, même en présence de Dieu ; le désert n'est qu'une étape avant l'installation dans une terre, dont Dieu dit qu'elle est sienne (« ma terre » : 2/7).

Dire du désert « nous n'irons plus vers lui », c'est tenir des propos d'une grande justesse théologique. Vouloir retourner au désert serait mépriser le don de la terre promise, refuser le temps présent pour un passéisme fort douteux.

En conclusion de cette étude du métaphorisant, on peut dire que, en soi, *mdbr* dénote un lieu négatif, vers lequel on ne va pas. Le véritable lieu vers lequel on va est la terre promise. Si le désert n'est pas une réalité positive, il peut évoquer une présence positive, celle de Dieu, comme y fait allusion le deuxième sujet métaphorisant : « une terre de sacrées ténèbres ». Mais cette référence à la présence de Dieu renvoie à un temps révolu. Pour le temps présent, le lieu de la présence de Dieu, c'est la terre de Dieu : non pas le désert, mais la terre promise, « sa » terre.

ÉTUDE DU MÉTAPHORISÉ

Pourquoi est-ce que mon peuple dit : Nous cheminons librement, nous n'irons plus vers toi ?

L'identification du métaphorisé ne pose aucun problème : celui qui est ici comparé à un désert est celui qui pose les questions en 2/31, c'est-à-dire Dieu. Aucun exégète, à ma connaissance, n'a remis en cause que « je » désigne ici Dieu. Comme je l'ai dit plus haut, comparer Dieu à un désert est unique dans l'AT. Reste à préciser le sens d'une telle métaphore.

L'énoncé de cette métaphore est présenté sous forme de questions, sans que les réponses en soient données. C'est à son auditoire que Jérémie laisse le soin de répondre, c'est-à-dire à Israël (« vous, la génération présente », 2/31), non à la génération qui a vécu au désert, mais à celle qui se trouve dans la terre promise.

« Suis-je un désert pour Israël ? ». A cette question une réponse semble s'imposer : une réponse négative. Dieu n'est pas un désert ; il n'est pas un pays de steppes et de pièges, un pays de sécheresse et d'ombre mortelle, un pays invivable. Il n'est pas ce lieu où l'on est passé, mais vers lequel on ne retourne plus. Dans sa manière de traduire la question (*mê erêmos egenomên tô Israêl*), la LXX, en employant *mê*, a bien vu que la réponse doit être négative : Dieu n'est pas un désert. De son côté, le Targum a perçu aussi combien la question elle-même frise le blasphème. C'est, en effet, pour éviter de penser que Dieu pourrait être assimilé à un désert que le Targum modifie légèrement le métaphorisé en substituant à Dieu sa *Memra* : « Est-ce que ma *Memra* est pour Israël comme un désert désolé dans lequel il n'y a pas de plaisir, ou bien comme une terre de sécheresse ? ».

Si la réponse à la question de 31a est négative, la question de 31b laisse l'auditoire sans réponse. « Alors pourquoi dire : Nous cheminons librement, nous n'irons plus vers toi ! ». Si Dieu n'est pas ce lieu désert vers lequel on ne veut pas aller, c'est qu'il est l'inverse : un lieu vers lequel on veut aller ; alors pourquoi ne pas aller vers lui ? A cela il n'y a rien à répondre, sinon reconnaître la contradiction dans laquelle le peuple se trouve. Par les questions de la métaphore, le peuple est dans une impasse ; il est tombé dans un piège.

Pour éviter le piège, faut-il alors répondre autrement aux premières questions ? Les termes-mêmes de la question pourraient aussi être une invitation à répondre par l'affirmative. « Suis-je pour Israël une terre de sacrées ténèbres ? ». Après tout, ces ténèbres du temps de l'exode sont aussi marquées par la présence de Dieu. Après tout, Osée lui-même a évoqué la possibilité d'un retour au désert (2/16). Après tout, les Rékabites vivent à leur manière une sorte de retour au désert (Jr 35/6-7). Si donc le désert est ce temps de la première liberté et du premier amour (Jr 2/2) pourquoi ne pas comparer Dieu à ce désert-là ? Si le peuple répond par l'affirmative à 31a, la question de 31b laisse encore le peuple sans réponse : « Alors pourquoi dire : nous n'irons pas vers toi ? ». Voilà à nouveau le peuple dans l'impasse.

« Nous cheminons librement » : sans doute est-ce par ce premier verbe que le peuple peut justifier son attitude. Il n'y a pas de compte à rendre, pas de justification à donner sur le choix du chemin suivi. Ce premier verbe dans la bouche du peuple explique l'expression suivante : « nous n'irons plus vers toi : nous cheminons librement ». Ce verbe *rwd* est extrêmement important. Il ne se retrouve au qal qu'en un seul autre passage de l'AT, en Os 12/1, où il décrit précisément de manière très positive l'attitude des Judéens, l'attitude du Royaume du Sud qui, « marchant encore librement », a échappé à la catastrophe du Royaume du Nord. Cependant, si le peuple justifie son attitude par sa liberté en s'appuyant sur Osée, la question posée en Jr 2/31b souligne que la référence à Osée est incomplète et que le terme *'wd* y est déplacé. Osée disait : « Juda chemine encore librement avec Dieu » ; « pourquoi est-ce que mon peuple dit : Nous cheminons librement, nous ne viendrons pas encore à toi ? ». Cheminer librement, c'est cheminer « avec Dieu ». Ne plus aller vers Dieu, c'est transformer ce chemin de liberté en errance (cf. *rwd* au hiphil en Ps 55/3). En faisant prévaloir sa liberté, le peuple s'égare, car cette liberté n'est plus avec Dieu. Il n'y a de liberté qu'avec Dieu, affirme Osée. En disant « nous cheminons librement, nous n'irons plus vers toi », le peuple dit ce qu'il faudrait dire du désert et non de Dieu. Tel est le sens de la première question de Dieu : suis-je donc un désert pour que vous disiez : « Nous ne viendrons plus vers toi » ? Ces propos du peuple peuvent être dits à un désert, mais non à Dieu.

Il est difficile de dire quelles sont les délimitations du texte dans lequel se trouve la métaphore. Dans son état actuel, ce texte peut commencer en 2/4. S'il en est ainsi, la métaphore se trouve insérée dans un texte qui se présente comme un procès ; un tel cadre donne alors aux questions de la métaphore l'allure d'un réquisitoire. Mais le rôle que Dieu tient dans ce procès est double. D'après 2/9, c'est Dieu qui plaide dans ce procès. D'après 2/29 c'est le peuple qui plaide. Mais quelle que soit l'attitude de Dieu, les questions qu'il pose en 2/31 et qui mettent le peuple dans une impasse ne peuvent qu'innocenter Dieu ; plus exactement, tant que le peuple ne donnera pas de réponses aux questions posées par Dieu, le verdict ne pourra être rendu. C'est au peuple à répondre, c'est à lui de dire pourquoi il ne veut plus aller vers Dieu.

2. MÉTAPHORE DES BERGERS (6/2-3)

Je réduis au silence la pâturable et délectable fille Sion. Vers elle viennent des bergers et leurs troupeaux ; ils lui font une enceinte de tentes ; ils font paître chacun leurs parties.

REPÉRAGE DE LA MÉTAPHORE

On sait déjà (cf. plus haut, p. 19) que le mot *r'h* est une métaphore morte et que le seul emploi de ce mot peut être indice de métaphore. Seul le contexte permet de dire si *r'h* est employé métaphoriquement ou pas. C'est vers Sion, une capitale, que viennent ces bergers, ce qui peut paraître étonnant pour faire paître des troupeaux. L'annonce de la venue des bergers est précédée, en 6/1, d'impératifs dont le contenu annonce clairement la venue d'une armée assaillante. En 6/4 l'assaut est donné contre Sion. Dans un tel contexte guerrier la scène décrite en 6/3 serait tout à fait insolite s'il s'agissait de réels bergers, faisant paître leurs troupeaux sur un champ de bataille au milieu de troupes armées. Cet élément insolite, sur le plan sémantique, apparaît comme un indice permettant de voir en *r'h* la désignation métaphorique de chefs militaires, c'est-à-dire le métaphorisé habituel de cette métaphore morte.

La mention des troupeaux et l'emploi du verbe *r'h* appartiennent à l'isotopie des bergers et non à l'isotopie militaire. Ce développement de l'isotopie métaphorisante permet de dire que la métaphore morte est revivifiée.

DÉLIMITATION DE LA MÉTAPHORE

Le sujet métaphorisant *r'ym* est sujet de tous les verbes de 6/3, ce qui laisse penser que ce verset, dans son entier, fait partie de l'énoncé métaphorisant. Les expressions de ce verset le confirment : tous les mots de 6/3 peuvent appartenir à l'isotopie des bergers.

En 6/3 aussi, se trouvent des suffixes au féminin singulier. Ces suffixes ont pour antécédent « fille Sion ». Cette identification de l'antécédent est logique et paraît facile, cependant il ne faut pas aller trop vite. Dictionnaires et commentaires s'accordent, à juste titre, à voir dans le premier terme de 6/2 un adjectif féminin (= aimable, agréable). Pour KB³ *nwh* dérive de la racine *n'h* et est une autre graphie d'un adjectif le plus souvent orthographié *n'wh* (= beau, aimable). BDB est plus hésitant ; selon lui, *nwh* pourrait dériver d'une racine *nwh*, dénotant la beauté, mais pourrait aussi être rattaché à la racine *n'h*, qui serait synonyme. L'adjectif *nwh* est rare ; il ne se retrouve qu'en Ps 68/13. Il signifie certainement « beau », « aimable », « agréable » et peu importe pour l'instant s'il s'agit d'une autre orthographe ou d'un synonyme de *n'wh*. L'important ici est de noter que cette forme féminine a un homonyme dans le mot *nâwâh*, qui signifie « pâturage » et qui est aussi féminin. Cette homonymie me paraît importante et permet de repérer un jeu de mots en ce début de 6/2, jeu de mots qui consiste à laisser entendre à travers l'adjectif *nâwâh* (aimable) le mot *nâwâh* (pâturage). Ce jeu de mots est-il réel ? Je pense que oui, dans la mesure où *hannâwâh* est mis en avant en début de verset, dans le fait aussi qu'il est accompagné de l'article, ce qui pourrait le faire passer pour un nom déterminé, et dans la mesure où le mot *nwh* appartient à l'isotopie du berger, abondamment employée en 6/3. Le jeu de mots est tel qu'il permet aussi de voir dans le mot féminin *nwh* un éventuel antécédent pour les suffixes de 6/3, ce qui donnerait quelque chose de tout à fait cohérent en 6/3 : « Vers lui (= le pâturage) viennent des bergers et leurs troupeaux ; ils lui font une enceinte de tentes ; ils font paître chacun leurs parties ».

L'adjectif *nwh* ne fait pas partie de l'isotopie métaphorisante, mais grâce au jeu de mots avec *nwh*, qui fait partie de cette isotopie, il nous faut considérer 6/2, non pas comme une partie de l'énoncé métaphorisant, mais comme une amorce par jeu de mots de cet énoncé. 6/2, auquel renvoient les suffixes de 6/3, se présente comme une amorce de l'énoncé métaphorisant, liée à lui par jeu de mots[5]. Pour souligner en français le jeu de mots, je me permets de traduire l'adjectif *nwh* par « pâturable ».

En 6/4 et 6/1 l'isotopie métaphorisante est absente, ce qui limite l'énoncé métaphorisant à 6/3 et l'énoncé métaphorisé à 6/2, mais avec un jeu de mots qui soude l'ensemble de façon complexe.

Dans la première expression de 6/3b, on peut noter une zone mitoyenne aux deux énoncés. Les tentes, en effet, sont celles des bergers (cf. Gn 12/8, 31/25, Jr 49/29), mais elles peuvent aussi être celles de soldats (cf. Jr 37/10), en sorte qu'il peut aussi être dit du métaphorisé (les chefs ou les rois en campagne) : « ils plantent des tentes tout autour de Sion ».

Quant au verbe *bw'*, qui nous occupe ici, il est employé pour le méta-

---

5. Cette amorce de la métaphore dans *hnwh*, est précédée d'autres amorces dans d'autres jeux de mots. En effet, le jeu de mots sur *tq'* en 6/1 (*wbtqw' tq'w*) prépare le *tq'w* de 6/3. En outre, le *r'h* de 6/1 peut aussi être considéré comme faisant jeu de mots avec le sujet métaphorisant (*r'ym*). Ces jeux de mots sont trop éloignés pour être pris en compte dans l'énoncé métaphorisant, mais ils n'en constituent pas moins de discrètes amorces. Ils ne donnent aussi plus d'assurance dans le repérage du jeu de mots présent en *hnwh*.

phorisant et sous-entendu pour le métaphorisé (des chefs militaires ou des rois viennent vers Sion), ce qui fait de lui un foyer dans cette métaphore.

ÉTABLISSEMENT DU TEXTE

En 6/3, le texte de la LXX ne présente pas de difficulté. Certes, des *kai* de coordination sont introduits devant *tq'w* et *r'w*, mais, comme le note très justement Tov (1981, p. 222), ce fait est fréquent dans la LXX et n'indique pas forcément qu'il y avait un waw dans sa Vorlage. Il s'agit plutôt d'une liberté de traducteur.

En 6/2, la LXX a une traduction qui fait difficulté : « Ta hauteur sera dépouillée, fille Sion ». On s'aperçoit que les trois premiers mots du TM correspondent en grec à deux mots seulement (*kai aphairethêsetai to hupsos sou*). Selon Duhm, la LXX, en traduisant par *to hupsos sou*, aurait lu *rmt*. Il est possible que ce *rmt* soit lu à la place de *dmyty*, ce qui montrerait entre autres une confusion entre *r* et *d*. Il est possible alors que cette erreur de lecture ait rendu incompréhensibles les deux premiers mots de 6/2. Pour se tirer d'embarras, la LXX aurait alors traduit les deux adjectifs présents dans le TM par une forme verbale. Quoi qu'il en soit le verbe *aphairein* ne traduit jamais ailleurs le mot ou l'adjectif *nwh*, pas plus qu'un dérivé de *'ng*. Il m'est donc impossible ici de dire si la LXX a été gênée par le texte à la suite d'une confusion entre *dmh* et *rmh*, ou bien si sa *Vorlage* était différente de celle du TM. Les commentateurs se contentent de parler ici de texte corrompu ; il me paraît difficile aussi de trouver une meilleure explication. Devant cette réelle difficulté, je crois qu'il est impossible ici d'aller au-delà de ce que nous offre le TM et ses filles (Aquila, Symmaque, Vulgate suivent le TM).

En traduisant par « je compare la fille Sion à une belle et délicate », Symmaque et la Vulgate ne sont pas les témoins d'un autre texte. Ils laissent plutôt apparaître une erreur de traduction. Il existe, en effet, un verbe *dmh* signifiant « comparer » ; cependant ce verbe est construit avec un lamed (cf. Es 1/9, Ps 89/7, 102/7, 144/4, Ct 2/9, 17, 7/8, 8/14) ou avec *'l* (cf. Ez 31/2, 8bis, 18), mais pas avec un double accusatif[6]. Ces traducteurs, à mon avis, se sont trompés de verbe.

Devant la difficulté que constituent les trois premiers mots de 6/2, Volz propose de corriger le texte en *hᵃnâwâh mᵉ'ugâbhâh dâmᵉthâ(h)* ce qui donne pour 6/2 : « Est-ce que la fille Sion est comparable à un pâturage apprécié ? ». Volz pense donc à *dmh* construit avec un double accusatif, ce qui est fautif. C'est pour corriger cette erreur que Rudolph propose la correction suivante (cf. dans BHS) : *hᵃlinᵉwéh ma'ᵃnâgh dâmᵉthâ(h)* (« Est-

---

6. Il est possible que Symmaque et la Vulgate aient vu en *dmyty* un piel, mais dans ce cas leur erreur serait la même. En effet, *dmh* au pied se construit aussi avec un lamed (cf. Es 46/5, Ct 1/9, Lm 2/13) ou avec *'l* (cf. Es 40/18, 25), mais pas avec un double accusatif.

ce qu'elle est comparable à un pâturage apprécié ? »). Ces corrections introduisent en 6/2 *nâwâh* ou *nâwèh*, c'est-à-dire un terme de l'isotopie du berger. Si l'on procède ainsi (ce que font Steinmann, Aeschimann et d'autres[7]) 6/2 doit aussi faire partie de l'énoncé métaphorisant. Cependant ces corrections me paraissent facilitantes, dans la mesure où elles font disparaître le jeu de mots du TM ; ces corrections retiennent, en effet, la mention du pâturage, mais font disparaître la mention de la beauté de la fille Sion. Et l'emploi de *bt* dans le TM invite bien à voir dans les adjectifs une description de Sion présentée comme une fille. Étant facilitantes, je rejette ces corrections, pour conserver le TM, autrement plus subtil.

ÉTUDE DU MÉTAPHORISANT

(La pâturable)... Vers elle viennent des bergers et leurs troupeaux ; ils lui font une enceinte de tentes ; ils font paître chacun leurs parties.

Grâce au jeu de mots qui laisse entendre que Sion est un pâturage, la scène décrite en 6/3 est des plus paisibles. Il ne s'agit point là, en effet, d'une situation difficile telle que celle de troupeaux sans bergers (cf. Nb 27/17, 1 R 22/17, Es 13/14, Za 10/2) ou celle de troupeaux dispersés par des bergers (cf. Jr 23/1, Za 11/17) ou celle, déjà vue, d'insolites bergers rassemblant des animaux sauvages (cf. 12/9-10). C'est, tout normalement, vers un pâturage que les bergers viennent avec leurs troupeaux. Avec méthode ils installent leurs tentes autour du pâturage, sans doute pour bien délimiter celui-ci et pour faire face, le cas échéant, aux éventuels dangers qui pourraient menacer les troupeaux. « Ils font paître chacun leurs parties ». L'emploi du mot *yd* est ici particulier, mais il ne semble pas présenter de difficulté. *yd*, en effet, peut signifier « part », « portion », comme s'accordent à le dire les commentateurs. Bright donne 2 S 19/44 et 2 R 11/7 à l'appui de cette acception. BDB ajoute Gn 47/24 et Ne 11/1 à ces deux textes, mais ne mentionne pas Jr 6/3, qu'il traduit par « place », ainsi que Nb 2/17. Dans KB³, Jr 6/3 est traduit par « chacun sa part ». Joüon apporte (1933, p. 453) une petite modification : « Dans Jr 6/3 le contexte indique une situation analogue qui justifie l'emploi du mot yad. Les chefs des armées qui font le siège de Jérusalem sont représentés comme des pasteurs qui font paître leurs troupeaux. Ils forment donc comme une « bordure » tout autour de Jérusalem : « ils plantent contre elle leurs tentes ; chacun broute le bord où il est » (Nous dirions en langage militaire : « son secteur ») ». Joüon a le tort ici de définir le mot par rapport au métaphorisé (des chefs militaires) plus que par rapport au métaphorisant. C'est dans l'énoncé métaphori-

---

7. Bright propose de corriger en *hlnwh m'ngh dmyty* (« Es-tu comparable à un pâturage apprécié ? »). Il garde la forme *dmyty*, dont il fait une 2ᵉ personne archaïque (cf. J 42f, qui signale que cette forme est fréquente dans Jérémie). Le TM est mieux respecté, mais la correction s'apparente tout de même à celle de Rudolph.

sant que se trouve *yd*, il faut donc lui garder un sens acceptable dans l'isotopie pastorale. « Ils font brouter chacun sa part » : cette expression indique que les bergers s'entendent bien entre eux, qu'aucun ne fait brouter ses bêtes sur la part d'un autre berger.

Tels sont donc ces bergers, consciencieux, compétents, en bons termes les uns avec les autres. La scène est paisible. Sont-ils chez eux ? Rien ne le dit, mais rien ne s'y oppose. Aucun terme ne permet de penser qu'il y aurait eu effraction ou dommages envers le bien d'autrui. Ce silence ne me semble pas devoir mettre en cause cet énoncé, où tout semble être dans l'ordre des choses.

On pourrait s'arrêter là (et c'est ce que font, à ma connaissance, tous les interprètes de ce texte), si l'on n'était pas attentif à une particularité dans l'antécédent des suffixes féminins de 6/3. Tant qu'on en reste à l'allusion contenue dans le jeu de mots, qui fait de Sion un pâturage, on ne pourra pas aller plus loin dans l'interprétation de ce métaphorisant. Mais tout n'est pas dit sur Sion. En 6/2, Sion est aussi comparée (et non pas de manière allusive cette fois) à une fille, dont on souligne même la grande beauté : « la belle et délectable fille Sion ». C'est là un nouveau trait métaphorique, une nouvelle métaphore, qui fera l'objet d'une nouvelle étude, en temps voulu, puisqu'il s'agit d'une métaphore féminine (cf. plus bas le chapitre sur les métaphores féminines). Cependant cette nouvelle métaphore, à cause des suffixes féminins de 6/3, s'intègre dans la métaphore des bergers. Et si l'on est attentif au fait que les suffixes de 6/3 renvoient à *bt ṣywn*, c'est-à-dire à Sion comparée à une fille, la métaphore des bergers prend alors une toute autre dimension. L'énoncé métaphorisant devient alors : « Je fais taire la pâturable et délectable fille. Vers elle viennent des bergers et leurs troupeaux ; ils lui font une enceinte de tentes ; ils font paître chacun leurs parties ».

Un nouveau personnage est mis en scène dans cet énoncé : une fille aimable et belle. Ce fait doit nous amener à modifier la délimitation de l'énoncé faite plus haut, avec l'intégration des termes de 6/2 qui s'appliquent à la fille. Si je ne l'ai pas signalé plus haut, c'est pour ne pas compliquer l'analyse. L'énoncé sur les bergers demande en effet une double lecture : une première, où les bergers se dirigent vers un pâturage (c'est la lecture que l'on trouve dans tous les commentaires), une deuxième, où les bergers se dirigent vers une fille. Tout ce qui a été dit jusqu'à présent concerne la première lecture. Il nous reste à faire maintenant la deuxième lecture, en sachant que l'une n'exclut pas l'autre, mais qu'il y a superposition des deux lectures.

La première expression présente en 6/3 est tout à fait intéressante si l'on tient compte du fait que le suffixe à pour antécédent, non pas Sion (ce nom propre fait partie en effet de l'énoncé métaphorisé), mais « fille » (ce nom fait partie de l'énoncé métaphorisant). « Des bergers viennent vers elle ». Lorsque *bw' 'l* est employé dans l'AT pour décrire une relation entre un homme (ou des hommes comme ici) et une femme, cette relation est la plupart du temps une relation sexuelle[8]. Nous voilà donc devant une situation inattendue ; après la description d'une fille et de son allure désirable, en 6/2, le début de 6/3 décrit la venue de bergers, aux intentions non équivoques : ils veulent coucher avec cette fille.

« Ils plantent tout autour d'elle des tentes ». L'expression s'inscrit parfaitement dans la logique de ce que veulent les bergers. La fille est encerclée et pour être tranquilles dans leurs ébats amoureux les bergers installent des tentes. L'expression ne signifie rien de plus, mais si je me suis permis de la traduire par « ils lui font une enceinte de tentes », c'est pour jouer à mon tour sur les mots et laisser entrevoir la dimension sexuelle de l'énoncé de cette métaphore.

« Ils font paître chacun leurs parties ». Parmi ses multiples acceptions, le mot *yd* désigne aussi le sexe d'un homme. Si je traduis par un pluriel, c'est parce qu'en français populaire « les parties d'un homme » désignent aussi le sexe. Delcor a étudié (1967, p. 234 ss.) l'acception sexuelle du mot *yd*. Il trouve une telle acception dans un seul texte de l'AT (Es 57/8). Il ne dit rien de Jr 6/3, mais je propose d'interpréter ainsi ce texte. En faveur d'une telle acception, Delcor signale que *yd* désigne clairement le pénis en un texte de Qumrân (1 QS 7/13) ; il signale aussi qu'il en est de même pour *yd* à Ugarit (je renvoie pour cela à Caquot, Sznycer et Herdner, p. 205, 286, 374 s.). J'ajouterai aux arguments de Delcor qu'en accadien la main est aussi une désignation euphémistique du sexe (cf. Kramer 1983, p. 177). Si l'on remarque que le verbe *r'h* peut être utilisé dans des expressions à connotation sexuelle (cf. Ct 2/16, 6/2, 3), je crois qu'il est clair qu'en Jr 6/3 la dernière expression signifie tout simplement dans cette lecture de la métaphore que les bergers « font paître chacun leur sexe ». En traduisant par « leurs parties », je laisse possible la première lecture de ce métaphorisant, qui décrit les bergers dans un pâturage.

Que se passe-t-il donc selon cette lecture de l'énoncé métaphorisant ? S'agit-il d'un viol, organisé par des bergers, ou bien d'une aventure voulue par la fille ? Si l'on examine les deux adjectifs utilisés en 6/2 pour décrire la fille, il n'est pas possible de le dire. Si *nwh* est un synonyme de *n'wh*, ou s'il s'agit tout simplement d'une graphie défective de *n'wh*, on ne peut déceler la moindre critique à l'égard de la fille. En effet, *n'wh* décrit aussi une fille en Ct 1/5, 2/14, 4/3, 6/4 et dans ces descriptions l'adjectif est flatteur et nullement critique. Par ailleurs, si *'ânogh* peut être très péjoratif pour une fille (cf. Dt 28/56 et Es 47/1, où *'ngh* peut être traduit par « jouis-

---

8. Dans l'AT, *bw' 'l* est employé 48 fois avec pour sujet un homme et pour complément une femme. Dans 8 de ces passages, l'expression est sans connotation sexuelle notable (Jg 4/22, 13/6, 9, 10, 1 S 25/40, 28/8, 2 S 17/20, 1 R 2/13). Dans les 40 autres passages, la signification sexuelle est sans équivoque (Gn 6/4, 16/2, 4, 29/21, 23, 30, 30/3, 4, 16, 38/2, 8, 9, 16*bis*, 18, 39/14, 17, Dt 21/13, 22/13, Jos 2/3, 4, Jg 15/1, 16/1, 2 S 3/7, 12/24, 16/21, 22, 17/25, 20/3, Ez 16/33, 23/17, 44*ter*, Ps 51/2, Pr 6/29, Rt 4/13, 1 C 2/21, 7/23).

seuse »), l'emploi du hithpaél de *'ng* pour une femme est par contre positif
(cf. Es 66/11), en sorte qu'il n'est pas possible de se prononcer sur le sens
exact du pual hapax de *'ng* que nous avons en 6/2. Les deux premiers mots
de 6/2 ne permettent pas de dire si cette fille au milieu des bergers est une
coureuse (cf. Ct 1/7) ou bien s'il s'agit d'un viol.

C'est la forme verbale de 6/2 (*dmyty*) qui peut éclairer la situation. Selon
BDB, cette forme viendrait du verbe *dmh* signifiant « détruire » (et c'est
ainsi que traduisent Osty, VS, Crampon, Darby, Segond). Un tel sens, cependant, rend incompréhensible la scène des bergers. Que peut avoir de désirable, en effet, une fille « détruite » ? Selon KB³, il y aurait un autre verbe
dmh, avec le sens de « se taire », « être silencieux ». Selon Lisowsky, qui
reconnaît l'existence de ce verbe, le qal serait intransitif (avec le sens de « se
taire », cf. Jr 14/17, Lm 3/49) ou bien transitif (avec le sens de « faire
taire », cf. Os 4/5). Je crois avec BP que *dmyty* est ici transitif, comme en
Os 4/5, et qu'il faut traduire par « je fais taire la fille Sion »⁹. L'énoncé
métaphorisant devient alors tout à fait cohérent. La fille, réduite au silence,
ne peut appeler. Il ne s'agit pas alors d'une fille mise dans l'impossibilité
d'appeler ses amoureux, puisque les bergers la trouvent tout de même, mais
d'une fille mise dans l'impossibilité d'appeler au secours. Ce verbe permet
alors de dire que la scène est celle d'un viol ; un viol d'autant plus cynique
que ce ne sont pas les bergers qui réduisent la fille au silence, mais quelqu'un
d'autre qui livre cette fille sans défense aux bergers. Peu importe si, selon
la loi deutéronomique (Dt 22/25s), cette fille sera par la suite innocentée.
L'important est la situation présente : une fille livrée à plusieurs hommes
sans l'espoir du moindre secours.

Tel est cet énoncé métaphorisant à double sens, à cause du double antécédent possible des suffixes de 6/3. Les commentateurs ont relevé l'antécédent le moins évident (pâturage) et ont laissé de côté celui qui ne devrait
pas échapper (fille). Suivant la double lecture qu'il faut faire de cet énoncé,
les bergers apparaissent à la fois comme des hommes irréprochables dans
leur métier (première lecture) et comme des profiteurs d'une situation igno-
ble (deuxième lecture).

ÉTUDE DU MÉTAPHORISÉ

*Je réduis au silence l'aimable et coquette Sion. Des (chefs avec leurs
troupes) viennent vers elle ; ils plantent tout autour d'elle des tentes.*

---

9. En traduisant par « Toi, la belle Sion, la charmante, la coquette, tu es réduite
au silence », TOB fait de *bt ṣywn* un vocatif et de *dmyty* un intransitif à la deuxième
personne archaïque. Généralement, dans les cas de 2ᵉ personne archaïque, les Massorètes signalent cette 2ᵉ personne par un Qeré (cf. 2/33, 3/4, 5, 4/19, 10/17, 22/23,
31/21, 46/11, 51/13). En 2/20 seulement ils ne le font pas, ce qui peut donner raison ici à TOB. Les suffixes de 6/3, à la 3ᵉ et non à la 2ᵉ personne, me font préférer
« je fais taire », ce qui ne rend tout de même pas impossible la traduction de TOB.

L'identification des sujets métaphorisés ne pose pas ici de problèmes. Dans la lecture qui fait intervenir la fille, cette dernière est clairement désignée : il s'agit de Sion. De cette ville il est dit qu'elle est *nwh*. Si l'adjectif *n'wh* peut être appliqué à une fille, il peut l'être aussi pour une ville (cf. Ct 6/4 : « aimable comme Jérusalem » ; cf. aussi *nwh* en Ps 68/13 pour une maison). Il est vraisemblable que *m'ngh* peut aussi s'appliquer à une ville, mais cela ne peut être certifié, car ce pual est hapax. En 6/2 la beauté de la capitale est donc rappelée. Cependant, quoique belle, la capitale est réduite au silence par Dieu, ce qui signifie, dans le contexte guerrier de l'oracle, que les Jérusalémites seront dans l'incapacité de demander du secours. Ils ne pourront faire appel, ni à des alliés (les Égyptiens ou d'autres), ni même à Dieu, si c'est vers lui qu'ils se tournent, car c'est Dieu lui-même qui impose silence. En faisant taire Sion, Dieu apparaît comme celui qui livre son peuple. Grâce au métaphorisant choisi, le peuple ainsi livré apparaît doublement faible : avec la faiblesse d'une fille face à un groupe d'hommes, faiblesse d'autant plus grande que cette fille est seule, sans l'espoir de la moindre aide. Dans ce contexte de guerre, la faiblesse d'un des belligérants est particulièrement soulignée.

Le métaphorisé des bergers n'est pas indiqué, mais comme il s'agit d'une métaphore morte, ce métaphorisé est connu des auditeurs de Jérémie : il s'agit de rois, ou bien de chefs militaires. Ces rois viennent vers Sion et installent leurs tentes en l'encerclant. Cette dernière expression permet de dire que ces rois ne sont pas israélites, mais qu'il s'agit de rois étrangers venant pour assiéger Jérusalem. C'est l'interprétation de tous les commentateurs que j'ai pu consulter et il me paraît difficile de comprendre autrement. Le contexte va dans ce sens. Avant la venue des rois étrangers accompagnés de leurs troupes, l'alerte est donnée en 6/1. Une fois les armées ennemies installées autour de Jérusalem, l'ordre d'attaquer est donné en 6/4. C'est à ces ennemis que Dieu livre Sion, c'est sans doute Dieu lui-même qui donne en 6/4 l'ordre d'attaquer. Il est clair que Dieu est dans le camp des ennemis de Sion.

D'après le transport de sens du métaphorisant sur le métaphorisé, les bergers « viennent » comme s'ils étaient chez eux. Ces rois « vienent » et s'installent tranquillement, méthodiquement, connaissant bien leur métier, bien concertés. En même temps, ces mêmes chefs « viennent » avec le désir de s'emparer des richesses de la capitale, comme des hommes qui désirent une femme, avec la certitude de la victoire, comme des hommes qui s'attaquent à plusieurs à une femme seule, qui leur est livrée. La disproportion des forces dans le combat qui se prépare est manifeste. Devant la faible Sion s'installent des chefs qui connaissent bien les rouages de la guerre et pour qui la victoire est assurée. Dans sa défaite, Sion sera doublement honteuse ; elle connaîtra la honte d'une femme violée et la honte d'avoir été livrée par celui qui aurait pu venir à son secours.

Peut-on dire plus sur ces ennemis ? Sans doute que oui, si l'on tient compte d'un jeu de mots déjà signalé. En 6/1 un malheur (*r'h*) est annoncé venant du Nord. En 6/3 ce sont des bergers (r'ym) qui viennent. La cohérence du passage, soulignée par le jeu de mots, invite à penser que les ennemis viennent du Nord. Cela entre aussi dans la cohérence du livre de Jérémie : les ennemis auxquels Dieu livre Jérusalem sont ceux du Nord. Là encore le nom de ces ennemis n'est pas donné, mais l'intertextualité permet de reconnaître Babylone. Ce qui est souligné c'est que Dieu tient en main la situation : c'est lui qui donne l'ordre d'attaquer (6/4), c'est lui qui impose silence à Sion, c'est lui aussi qui indique une issue de secours, non dans un appel à des alliés éventuels, mais dans la fuite (6/1).

Un dernier point est à prendre en considération dans l'interprétation de cette métaphore. Avec la mention de *ṣpwn* en 6/1, c'est encore à une allusion possible à Baal que nous devons penser (cf. plus haut, p. 114 s.). Le mot *ṣpwn* se trouve en 6/1 dans une expression tout à fait intéressante. Cette expression utilise en effet le verbe *šqp*, qui signifie « regarder vers le bas ». Pour ce verbe, le niphal prend toujours un sens actif, en sorte qu'il faut traduire ici, non par « un malheur est vu », mais par « un malheur regarde du haut du Saphon »[10]. Cette expression est intéressante pour deux raisons. Tout d'abord, elle laisse clairement apparaître que le Saphon est considéré ici comme un point élevé. Avec ce verbe, c'est moins un des points cardinaux (le Nord) qu'un lieu élevé, qui est dénoté par *ṣpwn*, ce qui correspond bien au fait que Saphon est le nom d'une montagne dédiée à Baal. L'autre intérêt de ce verbe *šqp*, c'est qu'il personnifie son sujet *r'h*, comme le note très justement BDB. C'est donc le malheur personnifié qui regarde du haut du Saphon. Or, le personnage qui par excellence se tient sur le haut du Saphon est Baal.

Si l'allusion à Baal est réelle, le fait de nommer *r'h* et non Baal, fait de ce dieu le malheur personnifié, ce qui est une critique qui ne surprendrait pas de la part de Jérémie. Critique d'autant plus astucieuse qu'elle relance l'intérêt du jeu de mots déjà noté entre *r'h* et *r'ym*. En effet, parmi les titres attribués à Baal, il y a celui de « berger » (cf. De Robert, p. 17). En parlant du « Malheur » qu'regarde du haut du Saphon, Jérémie donne à Baal le titre de « Malheur » (*râ'âh*) et non celui de berger (*ro'èh*) qu'il donne à d'autres. Si jamais Sion attendait de Baal un quelconque secours, la voilà surprise de voir venir du Saphon des bergers qui viennent la violer !

Si l'allusion est réelle, l'attitude de Sion en 6/2 est alors dévoilée. Que regarde, en effet, celui qui est sur le Saphon ? Une belle jeune fille, qui n'est peut-être pas là par hasard. Peut-être s'est-elle faite belle pour son berger du Saphon. La beauté de la fille Sion ne serait, en fin de compte, pas si innocente que cela ! Mais, au lieu de son amant, c'est le

---

10. Dans son commentaire de Ct 6/10, Lys (1968, p. 241) reconnaît que ce niphal a toujours un sens actif ; mais selon lui Jr 6/1 ferait exception. Je ne vois pas pourquoi Jr 6/1 ferait exception et devrait avoir un sens passif. Je crois plutôt qu'en Jr 6/1 ce niphal doit avoir le sens actif, qu'il a dans tous les autres textes de l'AT.

« malheur » qui la regarde et ce sont des bergers envoyés par Dieu, qui viennent la violer[11].

Si cette allusion est réelle, alors la situation de Sion est très proche de celle qui est décrite en 4/30-31, où la « fille Sion » se fait belle pour ses amants et tombe entre les mains de tueurs. Tout en annonçant la honte de Sion, 6/1-3 semble en même temps exclure tout secours éventuel de la part de Baal ; ce dernier étant dénoncé comme un malheur pour Sion, le Malheur par excellence.

3. MÉTAPHORE DES OISEAUX (8/7)

Même la cigogne dans le ciel connaît ses rendez-vous,
La tourterelle, l'hirondelle (?) et le martinet (?) observent le temps de
leur venue,
Mais mon peuple ne connaît pas l'ordre instauré par le Seigneur.

REPÉRAGE DE LA MÉTAPHORE

La structure de ce verset est celle d'un parallélisme antithétique, avec un premier membre (7a) constitué de deux éléments (formant eux-mêmes un parallélisme synonymique : 7aα et 7aβ), et un deuxième membre (7b), qui reprend le verbe *yd'* du premier membre en y ajoutant une négation (*l'*), qui rend antithétique le parallélisme. Par cette antithèse, le peuple est comparé négativement à des oiseaux. Le parallélisme entre 7a et 7b peut dès lors apparaître comme un indice syntaxique.

Par rapport à la mention du peuple, la mention des différents oiseaux constitue un changement d'isotopie, en sorte que ce changement, accompagné de l'indice syntaxique, permet de voir en ce verset une métaphore.

Dans cette métaphore, la reprise de *yd'* fait de ce verbe le foyer principal de la métaphore ; il est d'abord employé pour le métaphorisant, puis pour le métaphorisé.

Le verbe *bw'*, qui nous occupe ici, se trouve dans le métaphorisant, mais on ne pourra pas considérer ce verbe comme un foyer, car il n'est pas repris et n'est pas sous-entendu, dans l'énoncé métaphorisé.

DÉLIMITATION DE LA MÉTAPHORE

L'isotopie des oiseaux n'apparaît ni en 8/6, ni en 8/8 ; elle est strictement limitée à 7a qu'elle occupe entièrement. Les différents oiseaux énumérés en 7a étant sujets des verbes de ce demi-verset, on peut dire que 7a est l'énoncé métaphorisant. Pour rester dans le cadre du parallélisme qui structure cet énoncé, on peut limiter l'énoncé métaphorisé à 7b.

---

11. Le jeu de mots entre *r'h* et *r'ym* est difficile à rendre en français. On pourrait peut-être ici parler du « mal », qui regarde depuis le Saphon, et des « mâles », qui viennent violer la fille.

ÉTABLISSEMENT DU TEXTE

Une seule différence apparaît entre les manuscrits hébreux. A côté du pluriel *mw'dyh*, deux manuscrits ont un singulier. Ces deux manuscrits sont à prendre au sérieux, car c'est aussi un singulier que nous trouvons dans la LXX (*ton kairon autês*) et dans la Vulgate (*tempus suum*). Cependant, le singulier n'est pas à retenir ici. Dans tout le reste de l'AT, en effet, le pluriel de *mw'd* est strictement réservé pour des fêtes religieuses (cf. Ez 44/24, 45/17, Ne 10/34...). Le singulier, par contre, s'il peut être utilisé dans le domaine religieux (cf. Ex 13/10, 23/15, 27/21...), peut l'être également pour un rendez-vous profane (cf. 1 S 13/8, 20/35, 2 S 20/5...). Étant donné que la cigogne est un animal impur (Lv 11/19, Dt 14/18) et que l'impureté empêche d'observer les fêtes religieuses (Nb 9/13), le pluriel *mw'dyh*, laissant entendre que la cigogne observerait des fêtes religieuses, a dû paraître choquant à des scribes soucieux de pureté rituelle. Je considère donc que les deux manuscrits hébreux, qui ont le singulier, semblent être témoins d'une sorte de censure, et que le pluriel, tout compte fait insolite pour un oiseau impur, est une *lectio difficilior*, qu'il faut conserver. Quant à la LXX et à la Vulgate, leurs traductions par un singulier apparaissent comme des traductions tout à fait approximatives. En effet, là où le TM a deux mots différents (*mw'dym* et *'t*), la LXX traduit par un même terme (*kairon* puis *kairous*), ce qui est une harmonisation ; en outre, le passage du singulier au pluriel dans la LXX semble venir du fait qu'il est d'abord question d'un seul oiseau puis de plusieurs. Une approximation semblable apparaît dans la Vulgate, qui traduit les deux termes hébreux (*mw'dym* et *'t*) par un même *tempus*.

Les Massorètes demandent de corriger *sws* en *sys*. Plusieurs points plaident en faveur d'une telle correction. D'une part, en effet, le Ketib peut très bien venir d'une faute d'inattention, étant donné qu'en 8/6 il a été question de *sws* ; après *sws* en 8/6, un scribe aurait pu à nouveau écrire *sws* en 8/7. D'autre part, le Qeré demandé par les Massorètes est un hapax, ce qui en fait une *lectio difficilior*. En outre, on peut faire valoir le fait que le mot en question n'a pas été traduit par Aquila, mais simplement transcrit en *seis*. Cette transcription correspond mieux à *sys* qu'à *sws*. Koehler ajoute enfin (1936, p. 289) que ce nom d'oiseau peut très bien être une onomatopée ; dans ce cas *sys* correspondrait mieux que *sws* à un cri d'oiseau, d'autant plus qu'en arabe *sis* est également un nom d'oiseau. La correction massorétique doit donc, me semble-t-il, être retenue.

A propos de la traduction de la LXX une seule difficulté reste à étudier, en 7aβ : « La tourterelle et l'hirondelle, les moineaux des champs observent les temps de leur venue ». Le nom du troisième oiseau est traduit par deux mots : « les moineaux des champs » (*agrou strouthia*). Comme l'ont fort justement remarqué plusieurs commentateurs (Hitzig, Giesebrecht, Duhm, Condamin, Aeschimann, ainsi que Koehler 1936, p. 288 et Thackeray 1978, p. 37), *agrou* est certainement une déformation de *agour*, qui est une transcription de *'gwr*. Après la déformation de *agour* en *agrou*, qui est un génitif, le mot *strouthia* aurait été ajouté pour justifier la présence de ce génétif. Cela me paraît être une bonnne explication de *'gwr* devenu *agrou strouthia*. Explication d'autant plus vraisemblable que Symmaque et Aquila ont tous deux été gênés par *'gwr*, qu'ils ont simplement transcrits en *agour*. Ce mot hébreu est en tout cas bien attesté et doit être conservé.

Un autre point important apparaît dans la traduction de la LXX, c'est que celle-ci ignore le waw entre *sys* et *'gwr*. Sa Vorlage semble donc être : *wtr wsys 'gwr*, ce qui laisse penser qu'il n'y aurait là que deux noms d'oiseaux et que *sys 'gwr* serait le nom d'un seul oiseau. Si de son côté Symmaque atteste avec *kai agour* la présence de la coordination, on peut remarquer par contre qu'Aquila avec *seis agour* ignore la coordination. Ce qui n'est qu'une transcription chez lui montre qu'il recopie fidèlement un texte qu'il ne comprend pas. On peut dire alors avec certitude qu'Aquila avait à traduire un texte sans waw (*sys 'gwr*). Le témoignage d'Aquila est important ; ce dernier, en effet, est représentant de la tradition longue du texte de Jérémie, alors que la LXX est témoin de l'autre tradition. C'est dire que l'absence du waw se trouve dans des représentants des deux familles de la tradition.

En hébreu, le mot *'gwr* ne se retrouve qu'une fois dans l'AT, en Es 38/14 (*ksws 'gwr kn 'ṣpṣp 'hgh kywnh*). Ce passage est intéressant, dans la mesure où l'on y trouve la mention de *sws 'gwr* sans waw de coordination ; en outre, on peut voir là une inclusion formée par *ksws 'gwr* et *kywnh*, comme si *sws 'gwr* était le nom d'un seul oiseau. Jérôme nous dit que Théodotion a ici simplement transcrit par *sis agor*. Cela correspond au *sys 'gwr* que les manuscrits orientaux ont en Es 38/14 (cf. BHS). Si l'on note enfin qu'en Es 38/14, la LXX traduit *s(w)s 'gwr* par *chelidôn*, comme s'il s'agissait d'un seul oiseau, tout porte à croire qu'en hébreu *sws 'gwr* ou *sys 'gwr* est un nom composé pour désigner un seul et non deux oiseaux. C'est ce que pensent Volz, BC et Giesebrecht. Un dernier argument que ces exégètes ont ignoré me pousse à leur donner raison.

Dans les textes trouvés à Déir Alla se trouve la mention de *ss 'gr*. Caquot et Lemaire (1977, p. 198) reconnaissent avec Hoftijzer qu'il s'agit là de la désignation, par un nom double, d'un oiseau ; ils pensent qu'il faut traduire par « passereau » (p. 199). Ce texte de Déir Alla me permet de dire que le *ss 'gr* (sans *matres lectionis*) correspond au *sws 'gwr* de l'AT, ou mieux, si l'on tient compte des remarques faites plus haut, au *sys 'gwr* et qu'en Jr 8/7 il faut corriger en *sys 'gwr*, pour voir en ce nom double la désignation d'un et non de deux oiseaux[12]. Avec cette correction, on découvre que l'énoncé métaphorisant est constitué par un parallélisme progressif, avec un (*ḥsydh*) puis deux noms d'oiseaux (*tr wsys 'gwr*), ce qui est une structure que l'on retrouve dans l'énoncé métaphorisant de 51/40.

---

12. Ce nom est conservé en Es 38/14 dans les manuscrits orientaux, ainsi que par la transcription d'Aquila en Jr 8/7 (*seis agour*).

ÉTUDE DU MÉTAPHORISANT

> *La cigogne elle-même dans le ciel connaît ses rendez-vous,*
> *La tourterelle et l'hirondelle observent le temps de leur venue.*

Selon Eissfeldt (1971, p. 213 s.), la finale de *b'nh* ne serait pas un suffixe féminin pluriel, mais une afformante emphatique (à traduire par « heureuse » venue). L'existence d'une telle afformante me paraît trop hypothétique pour accepter cette explication. J'en reste donc à l'explication traditionnelle, avec un suffixe et allongement pausal (cf. GK 91f, J 94h) : « leur » venue.

La première diffculté, dans cet énoncé, réside dans l'identification des oiseaux, qui y sont mentionnés. Dictionnaires et interprètes s'accordent à voir en *tr* la tourterelle, mais l'unanimité n'existe pas dans l'identification des autres oiseaux.

Jamais dans la LXX *ḥsydh* n'est traduit par « cigogne » (*pelargos*). C'est traduit en Lv 11/19 par « chouette » (*glaux*), en Dt 14/18 par « pélican » (*pelekan*), en Ps 104/17 par « héron » (*erôidios*), en Za 5/9 par « huppe » (*epops*). C'est dire l'embarras de ces traducteurs devant ce mot. En Jr 8/7 et Jb 39/13 ce mot n'est pas traduit, mais transcrit : *asida*. Théodotion transcrit également en Jr 8/7, alors qu'Aquila traduit par « héron » (*erôidios*) et Symmaque par « milan » (*iktin*). Jamais aussi dans l'AT la Vulgate ne traduit *ḥsydh* par *ciconia* ; elle traduit par *erodion* (héron, en Lv 11/19, Ps 104/17), par *onocratalu* (? en Dt 14/18) et par *milvus* (héron, en Jr 8/7 et Za 5/9). Seule la Peshitta reconnaît en Jr 8/7 la cigogne. Les commentateurs modernes suivent BDB, qui voit dans *ḥsydh* le nom de la cigogne. De son côté, KB³ hésite entre « cigogne » et « héron ». A vrai dire, peu importe le sens exact de *ḥsydh* ; l'important est, me semble-t-il, ce que dit l'AT de cet oiseau. Étant donné qu'ici, comme on va le voir, l'énoncé fait allusion à la migration des oiseaux, je traduirai par « cigogne », car en français le mot « cigogne » connote la migration.

Le *sys 'gwr* a aussi embarrassé les traducteurs. Si à Déir Alla il pourrait s'agir d'un « passereau » (sans plus de précisions), si Aquila n'a fait que transcrire en Jr 8/7, si la LXX et Symmaque ont transcrit en 8/7 la deuxième partie du nom de cet oiseau, c'est généralement à l'hirondelle qu'a fait penser la première partie du nom. La LXX traduit en effet par *chelidôn* (hirondelle) en 8/7 et Es 38/14 ; la Vulgate traduit par *hirundo* dans les deux textes. Quant à Symmaque, sa traduction en 8/7 par *tettix* (cigale) me semble montrer qu'il a lu *sys* et qu'il a reconnu en ce mot le bruit que fait la cigale. Si j'en reste à « hirondelle », c'est parce qu'en français cet oiseau est un migrateur réputé.

Le terme *mw'd* signifie « rendez-vous », c'est-à-dire à la fois un « lieu » de rendez-vous (cf. Jo 8/14) et le « moment » de ce rendez-vous (cf. Gn 17/21). La double dimension (temporelle et spatiale) de ce terme est importante : si l'on veut en effet se retrouver, il faut que l'on soit en même temps au même endroit. Au pluriel, comme on l'a vu, il s'agit toujours d'un rendez-vous religieux, ce qui sous-entend que c'est Dieu qui a fixé le rendez-vous. Jamais ailleurs dans l'AT ce terme n'est employé pour des animaux. Son emploi ici pour la cigogne semble indiquer que, de même que les grandes fêtes israélites sont annuelles[13], de même aussi cet oiseau se trouve d'année en année au même endroit. Je crois que les commentateurs ont raison de voir là une allusion à la migration annuelle des cigognes. La régularité dans la migration des oiseaux a de quoi frapper, en effet, l'attention des hommes. L'emploi de *mw'dym* pour la cigogne, avec sa connotation religieuse, semble aussi indiquer que la migration des oiseaux s'inscrit dans l'ordre que Dieu a instauré à la création. Il ne s'agit donc pas ici d'un phénomène « naturel », dégagé de tout lien avec le créateur ; ce que « connaît » la cigogne ce sont les directives que Dieu lui a fixées pour sa vie d'oiseau, sa vie de créature de Dieu.

Autant l'identification exacte de la cigogne me paraît secondaire, autant il me paraît primordial de s'arrêter sur le nom hébreu de cet oiseau. *ḥsydh* signifie « la fidèle ». Le mot *ḥsyd* est tout aussi connoté religieusement que ne l'est *mw'dym*. Il désigne essentiellement celui qui est fidèle à Dieu, plus qu'aux autres hommes (1 S 2/9, Ps 30/5, 52/11, 79/2...). Ce terme s'inscrit dans le cadre de l'alliance entre Dieu et Israël ; c'est dans le cadre de cette alliance que Dieu peut aussi être appelé *ḥsyd* (cf. Jr 3/12). Le nom même de la cigogne renchérit sur ce qui a été dit à propos de *mw'dym*, pour faire de cet oiseau l'exemple de la fidélité aux rendez-vous fixés par Dieu dans le cadre d'une alliance, dont il est un des protagonistes. Si l'on note aussi, avec Huffmon (1966, p. 31 ss ; cf. aussi Huffmon et Parker 1966, p. 36 ss), que le verbe *yd'* appartient aussi au vocabulaire de l'alliance, on est frappé de voir l'unité du vocabulaire choisi ici pour décrire la cigogne. Il est possible alors de paraphraser ainsi ce début d'énoncé métaphorisant : « la fidèle connaît les rendez-vous fixés par Dieu et les observe fidèlement ». Toute la vie de la cigogne est marquée par une alliance entre Dieu et cet oiseau.

Et pourtant cet oiseau est réputé impur. Il y a là quelque chose de tout à fait étonnant et qui frappe d'autant plus l'Israélite : même impure, la cigogne est « la fidèle ». Son impureté ne l'empêche pas d'être fidèle et n'est pas un alibi : cet oiseau est fidèle aux rendez-vous, malgré tout.

Dans le parallélisme synonymique que constitue cet énoncé métaphorisant, le vocabulaire utilisé dans le second membre reste celui de l'alliance. Le verbe *šmr* (« garder », « observer », « mettre en pratique »), en effet, s'inscrit tout à fait dans un tel cadre (cf. Gn 17/9, 10, 18/19, Ex 12/17,

---

13. Le terme *mw'd* peut s'appliquer au sabbat (cf. Lv 23/2s) ou à l'année sabbatique (cf. Dt 31/10) et peut donc supposer un autre rythme qu'annuel. Cependant ce terme est le plus souvent employé (et de loin) pour des fêtes qui reviennent chaque année (cf. Ex 13/10, 23/15, 34/18, Lv 23/4-37, Nb 9/2ss, Dt 16/6...), en sorte qu'on peut penser que *mw'd* connote principalement un rythme annuel.

13/10...). Ce verbe complète *yd'*, pour préciser que les déplacements dans les migrations ne sont pas simplement connus des oiseaux, mais bien observés par eux.

Si le verbe *yd'* est extrêmement fréquent dans l'AT, il est par contre très rarement employé pour des animaux (en tout et pour tout Es 1/3, 56/11, Ez 19/7 et Jb 28/7). Parmi ces textes Es 56/11 et Ez 19/7 sont certainement postérieurs à Jérémie. Pour Jb 28/7 on peut hésiter, mais comme ce texte parle d'un animal qui « ne connaît pas » (*l'*), ce texte peut être écarté de l'arrière-plan de Jérémie. Reste seulement Es 1/3, qui avant Jérémie est le premier et seul texte à utiliser positivement *yd'* pour des animaux. Cette singularité met certainement Es 1/3 à l'arrière-plan de Jr 8/7, et ceci d'autant plus que Es 1/3 établit aussi une comparaison entre des animaux qui « connaissent » et Israël qui « ne connaît pas ». Es 1/3 est aussi une métaphore antithétique, ce qui permet de dire que Jr 8/7 fait allusion au texte d'Esaïe.

Dans cette reprise que fait Jérémie, l'énoncé métaphorisant est modifié de manière très significative. Il ne s'agit plus chez lui d'un bœuf et d'un âne, mais d'oiseaux migrateurs. Par ce changement, Jérémie parle d'une connaissance dans le règne animal encore plus mystérieuse que ne le fait Esaïe. En effet, le bœuf et l'âne sont des animaux domestiques, habitués à obéir et qui doivent être fidèles. Par contre la cigogne et l'hirondelle (mais aussi parfois la tourterelle) sont des oiseaux sauvages, libres, semble-t-il, de leurs allées et venues ; leur obéissance et leur fidélité sont plus mystérieuses parce que plus gratuites. En outre, si l'âne connaît sa mangeoire, c'est parce qu'il revient chaque jour. Les allées et venues de l'âne et du bœuf sont quotidiennes. Pour les oiseaux migrateurs, par contre, les déplacements sont annuels ; la fidélité dans des temps aussi espacés apparaît alors comme plus étonnante. Enfin, l'âne et le bœuf vivent sur la terre, où il est plus facile (du point de vue de l'homme) de se déplacer. Comment, par contre, les oiseaux peuvent-ils retrouver leur chemin dans le ciel (cf. *bsmym* en Jr 8/7) ? Certainement l'obéissance et la fidélité des oiseaux, décrites par Jérémie, ont de quoi émerveiller.

ÉTUDE DU MÉTAPHORISÉ

Mais mon peuple ne connaît pas l'ordre instauré par le Seigneur.

Si le vocabulaire choisi pour l'énoncé métaphorisant est celui de l'alliance, on peut s'attendre à ce qu'il en soit de même dans l'énoncé métaphorisé. Cela reste tout de même à vérifier.

L'expression *yd' mšpṭ* se trouve dans le reste de l'AT en 2 R 17/26, Jr 5/4, 5, Mi 3/1, Ps 147/20, Ec 8/5. Lorsqu'il n'est pas précisé qu'il s'agit du *mšpṭ* de Dieu (Mi 3/1, Ec 8/5), cette expression peut concerner Israël (Mi 3/1), mais elle peut aussi déborder le strict cadre israélite pour s'ouvrir à la sagesse internationale (Ec 8/5) ; n'importe quel homme sur la terre peut alors connaître le *mšpṭ*, vivre dans la justice. Mais, chaque fois qu'il est précisé que le *mšpṭ* à connaître est celui de Dieu, alors seul Israël peut connaître le mšpṭ. 2 R 17/26s et Ps 147/20 précisent très clairement qu'il est impossible aux nations païennes de connaître le mšpṭ de Dieu. C'est donc dans le strict cadre de l'alliance israélite qu'il est possible de vivre le droit de Dieu. Cela montre combien cette expression de Jr 8/7 s'inscrit dans le cadre de l'alliance.

Le sujet métaphorisé (« mon peuple ») c'est précisément Israël, le peuple de l'alliance. Le vocabulaire est unifié, en sorte que l'énoncé métaphorisant et l'énoncé métaphorisé se situent tous deux dans le contexte de l'alliance.

Dès le premier mot de l'énoncé métaphorisé, le sujet est désigné : c'est Israël. Avec la négation et le verbe suivant, l'allusion à Es 1/3 ne pouvait échapper aux auditeurs de Jérémie, car le sujet métaphorisé et le foyer sont les mêmes qu'en Es 1/3. Cela est intéressant, car on s'aperçoit alors que Jérémie innove par rapport à Esaïe. Ce dernier, en effet, avait bâti sa métaphore sans préciser pour le métaphorisé un complément au verbe yd'. Or, en modifiant le métaphorisant, Jérémie donne à yd' le mot mw'dym pour complément. Autant ce terme est inattendu pour un oiseau, autant il ne l'est pas pour le peuple. L'insolite de ce terme dans le métaphorisant a de quoi intriguer l'auditoire, mais a de quoi le rassurer aussi. Et sans doute que c'est ce terme que le peuple a pu attendre dans l'énoncé métaphorisé. Esaïe ne précisait pas ce que le peuple aurait dû connaître. Voilà que Jérémie a précisé en parlant de la « connaissance des rendez-vous ». Si c'est sur cette connaissance-là que le peuple est à comparer avec la cigogne, alors il ne craint rien. Le parallélisme attendu dans la métaphore de Jérémie est le suivant : « La cigogne elle-même dans le ciel connaît ses rendez-vous ; mon peuple sur la terre connaît aussi ses rendez-vous ». Israël connaît parfaitement, en effet, le lieu de rendez-vous par excellence, c'est-à-dire le Temple (cf. Jr 7/4). Il connaît parfaitement les temps de rendez-vous avec Dieu, les fêtes religieuses (cf. 2 R 23/21ss relatant la célébration pascale du temps de Josias). Pour ce qui est de l'observation des rites Israël aurait pu soutenir la comparaison avec la cigogne. Mais voilà que Jérémie surprend en donnant dans le métaphorisé, non pas le même complément de yd' que dans le métaphorisant, mais un autre, non préparé dans le métaphorisant et non dévoilé par Es 1/3. Voilà ce que le peuple de Dieu doit connaître : c'est mšpṭ yhwh.

Reprenant les termes de Liedke, Wisser (p. 238) dit que le mšpṭ yhwh est en Jr 8/7 non pas le jugement rendu par Dieu, mais l'« exigence fondamentale en matière de droit ». C'est tout ce que Dieu demande à son peuple de vivre dans le cadre de l'alliance, non seulement en matière de rites et de fêtes, mais dans tous les domaines de la vie. C'est un comportement à vivre au quotidien. Autant les nations païennes sont excusables si elles ignorent le droit de Dieu (cf. 2 R 17/26, Ps 147/20), autant le peuple de l'alliance est inexcusable d'ignorer ce droit. Ce serait extraordinaire de voir des païens observer les commandements de Dieu. C'est extraordinaire de voir Israël ne pas l'observer.

L'antithèse de la métaphore souligne le mystérieux comportement de la cigogne, de manière positive, et le mystérieux comportement d'Israël, de manière négative. Autant la cigogne peut émerveiller par sa fidélité, autant Israël peut décevoir dans son infidélité. Antithèse d'autant plus soulignée que ce qui est demandé à la cigogne est inouï (revenir un an plus tard au même endroit), alors que ce qui est demandé à Israël est simple et quotidien.

Avec cette antithèse, il est clair que face à la cigogne, la « fidèle », Israël ne peut-être que l'infidèle. Cela correspond d'ailleurs bien au contenu du reste de Jérémie, qui n'emploie jamais le mot *ḥsyd* pour Israël (le seul *ḥsyd* pour Jérémie est Dieu, en 3/12, la seule *ḥsydh* est un oiseau, mais non Israël).

Si le foyer de la métaphore est *yd'*, il est important, me semble-t-il, de replacer aussi la métaphore dans l'oracle où elle se trouve. Volz et Steinmann remarquent, en effet, que la métaphore vient après un développement sur le retour (*šwb* en 8/4, 5, 6) vers Dieu. Après ce développement, la mention des oiseaux qui reviennent de leur migration invite à voir en *bw'* et *mw'dym* des rebondissements de ce thème. Il est exact que la métaphore peut préciser à Israël en quoi peut consister son retour vers Dieu. Elle le fait, je crois, en l'invitant à pratiquer le droit de l'alliance.

Si on relie la métaphore à ce qui suit, on découvre alors que le foyer (*yd'*) introduit parfaitement au thème de la sagesse présent en 8/8. En effet, *yd'* appartient au vocabulaire de l'alliance, mais aussi à celui de la sagesse. La métaphore sert alors de charnière entre la question du retour dans le cadre de l'alliance (8/4-6) et la question de la sagesse (8/8). Grâce à cette charnière, Jérémie annonce que le peuple ne pourra se dire sage que s'il vit le droit de l'alliance, s'il appuie sa sagesse sur l'alliance. Alors il sera *ḥsyd* et *ḥkm* à la fois.

4. MÉTAPHORE DU SOLEIL (15/9)

Son soleil s'est couché au beau milieu du jour dans la honte et la confusion.

REPÉRAGE DE LA MÉTAPHORE

L'indice que nous pouvons trouver ici est d'ordre sémantique. Il réside dans la présence tout à fait insolite d'un suffixe après le mot « soleil » : « son » soleil. Ce suffixe a pour antécédent « celle qui a enfanté sept fois » (15/9), c'est-à-dire, comme le notent tous les commentaires que j'ai pu consulter, Jérusalem, décrite sous les traits d'une femme[14].

Dans l'AT, la présence d'un suffixe après le mot *šmš* est extrêmement rare ; sur les 134 emplois de ce mot, cela ne se trouve que trois fois : Es 54/12, 60/20 et Jr 15/9. Il faut ajouter à cela que jamais *šmš* n'est à

---

14. Les exégètes rapprochent généralement la mention de sept enfantements avec 1 S 2/5 pour indiquer que Jérusalem, en tant que mère de sept enfants, est une mère comblée, bénie de Dieu, et que maintenant, par la mort de ses enfants, elle devient la plus malheureuse des femmes. Cela me paraît juste.

l'état construit, en sorte qu'en dehors des trois passages avec suffixe, il n'est pas ailleurs question du soleil de quelqu'un ou de quelque chose.

En Es 54/12, *šmš* est au pluriel (*šmštyk*). Ce pluriel interdit de voir là une mention du soleil ; par contre, il permet de voir là une désignation d'un des éléments des fortifications d'une ville, selon la polysémie du mot *šmš* (cf. aussi Ps 84/12). Peu importe ici ce que *šmštyk* dénote dans les fortifications d'une ville ; l'important est de noter qu'Es 54/12 ne parle pas du soleil.

En Es 60/20 la mention de la lune permet de dire que *šmš* désigne bien le soleil. Le suffixe qui accompagne ce dernier terme est féminin singulier (*šimšékh*) et a pour antécédent Jérusalem. Ce passage s'adresse à la capitale, comme si elle était personnifiée, pour lui annoncer la fin de son deuil. Tout cela (et surtout la présence du suffixe après *šmš*, ce qui, quand il s'agit du soleil, ne se trouve qu'en Es 60/20 et Jr 15/9) semble faire d'Es 60/20 une réponse à Jr 15/9, qui place effectivement Jérusalem dans une situation de deuil, en parlant de la mort de ses enfants (cf. « je donnerai ce qui reste de ses enfants à l'épée »).

En Jr 15/9 la présence du verbe *bw'* interdit de voir en *šmš* la désignation d'un élément de fortification. On voit mal, en effet, ce qui pourrait ainsi « venir ». Par contre, quand il s'agit d'un astre, *bw'* est habituellement employé pour dénoter le coucher de cet astre (cf. Gn 15/17, 28/11, Lv 22/7, 2 S 2/24...). C'est ce même verbe qui est aussi employé en Es 60/20, ce qui rapproche encore ces deux textes (« son soleil s'est couché », Jr 15/9, « ton soleil ne se couchera plus », Es 60/20).

Bref, le texte postexilique d'Es 60/20 semble bien dépendre de Jr 15/9 et lui répondre. Cela place le texte de Jérémie dans une situation de premier plan ; c'est la première fois dans l'AT qu'il est question ainsi du soleil. L'insolite du suffixe est tel que même après Jérémie, on ne s'est permis d'employer le suffixe qu'en référence à 15/9. Tel est l'indice sémantique.

Il est difficile cependant d'aller plus loin, pour l'instant. Si, en effet, l'indice sémantique, peut laisser penser que le soleil désigne métaphoriquement autre chose, le contexte immédiat de 15/9 ne nous en dit rien de plus. Aucun sujet métaphorisé ne s'impose à l'évidence. Je crois qu'il faut en rester là pour l'instant : s'il y a métaphore, elle ne peut être que pressentie dans l'indice sémantique. L'absence d'un sujet métaphorisé clairement désigné en 15/9, ou dans le contexte proche, ne permet pas d'apprécier s'il y a changement d'isotopie et donc de dire s'il y a métaphore. Ce n'est que dans l'étude du métaphorisé, que l'on pourra être certain de la dimension métaphorique de ce passage.

L'absence d'un sujet métaphorisé clairement désigné est aussi le signe que, s'il y a métaphore, il s'agit d'une métaphore morte. C'est en effet la caractéristique des métaphores mortes que de ne pas désigner le sujet métaphorisé (parce qu'il est connu de tous). Si donc le soleil est ici un sujet métaphorisant, et si les auditeurs de Jérémie comprenaient d'emblée quel en était le sujet métaphorisé, c'est cette métaphore morte qu'il nous faudra découvrir à notre tour. Telle est la piste qu'il nous reste à explorer et qui, à ma connaissance, n'a pas vraiment été explorée par les commentateurs[15].

DÉLIMITATION DE LA MÉTAPHORE

Le vocabulaire de l'isotopie du soleil se limite ici au verbe *bw'* (= « se coucher »), ainsi qu'à la mention d'un dérivé du mot « jour » (*ywmm*), en sorte que l'énoncé métaphorisant se limite pour l'instant à quatre termes (*b'h šmš b'd ywmm*).

L'absence de toute indication sur le sujet métaphorisé et le pressentiment qu'il est question ici d'une métaphore morte font qu'on peut s'en tenir à cette délimitation de l'énoncé, en soupçonnant que l'énoncé métaphorisé est contenu dans l'énoncé métaphorisant.

ÉTABLISSEMENT DU TEXTE

A la place du Ketib (*b'h*) les Massorètes proposent le Qeré *b'*. Cette correction est curieuse, car, si le Qeré est juste, le Ketib l'est aussi. Le mot *šmš*, en effet, est aussi bien masculin que féminin. On le trouve avec *b'h* en Gn 15/17, 2 S 2/24, Mi 3/6, sans que les Massorètes corrigent l'un de ces textes ; et on le trouve avec *b'* en Gn 28/11, Lv 22/7. Pourquoi les Massorètes ont-ils tenu à corriger Jr 15/9 ? Duhm, Volz et Rudolph pensent que la correction massorétique a pour but d'éviter toute confusion sur le sujet des verbes suivants (*bwšh* et *ḥprh*). Avec *b'*, en effet, *šmš* est masculin et ne peut être sujet des verbes suivants. Le sujet féminin est alors *yldt*, en sorte qu'il est question de la honte de Jérusalem. Par contre, avec *b'h*, le mot *šmš* est féminin, en sorte qu'il y a équivoque sur le sujet des verbes suivants ; c'est Jérusalem qui peut avoir honte, mais aussi le soleil (cf. Es 24/23 avec *bwšh* et *ḥprh* pour dénoter la honte du soleil et de la lune). Avec *b'h* et la confusion que cela entraîne sur le sujet des verbes suivants, nous sommes en présence d'un texte plus difficile, en sorte que ce « difficilior » invite à refuser la correction massorétique. Je garde donc le Ketib.

En Es 60/20, le mot *šmš* est masculin (cf. *ybw'*). On peut tirer de cela que, Es 60/20 reprenant Jr 15/9, *šmš* devait être aussi au masculin en Jr 15/9. Mais on peut penser à une modification en Es 60/20 par rapport à Jr 15/9. En effet, Es 60/20 est aussi un texte métaphorique, avec cette fois une claire désignation du métaphorisé : le soleil, qui ne se couche pas, et la lune, qui ne disparaît plus, métaphorisent tous deux Dieu, lumière pour toujours. « Lune » (*yrḥ*) étant masculin, « soleil » a pu aussi être pris comme

---

15. Généralement, les exégètes passent sans s'arrêter sur cette mention du soleil. Quelques-uns traduisent le suffixe et d'autres (Volz, Weiser, Schreiner) même pas. Aeschimann, de son côté, écrit sans autre explication : « Le soleil de sa joie — c'est-à-dire sans doute ses enfants — disparaît avant l'heure ». Rien n'est avancé pour justifier cette métaphore, mais la dimension métaphorique du passage a tout de même été pressentie (de même par Thompson, qui pense aussi aux enfants, et par Driver, qui pense à la « splendeur de la maison » de Jérusalem).

un masculin, pour harmoniser le genre de ces deux métaphorisants de Dieu. Les Massorètes ont peut-être voulu souligner le rapprochement entre Jr 15/9 et Es 60/20 en faisant de *šmš* un masculin en Jr 15/9, mais la proximité de ces deux textes est réelle, même si *šmš* est masculin en Es 60/20 et féminin en 15/9. Tant qu'on ne sait pas quel est le métaphorisé de Jr 15/9, tant qu'on ne sait pas si Es 60/20 a modifié ou conservé le métaphorisé de Jr 15/9, on peut admettre que *šmš* était féminin en 15/9 et masculin en Es 60/20 (et le changement de genre en Esaïe peut correspondre à un changement de sujet métaphorisé).

La LXX atteste bien la présence du suffixe (*epedu ho hêlios autêi*), mais sa traduction par un datif (« le soleil se couche pour elle ») semble indiquer que la dimension métaphorique du passage n'a pas été perçue[16]. Cela est encore plus flagrant dans la traduction de la Vulgate (*occidit ei sol* : « pour elle le soleil se couche »). La place de *ei* avant, et non après, le mot *sol* indique que la Vulgate ne soupçonne pas la présence d'une métaphore.

Si je traduis *bwšh wḥprh* par « dans la honte et la confusion », c'est pour garder l'équivoque sur le sujet de ces verbes. S'il s'agit de la honte et de la confusion du soleil ce trait appartient à l'énoncé métaphorisant (mais il pourra être entendu aussi pour celui qui est métaphorisé par le soleil). S'il s'agit de la honte et de la confusion de Jérusalem, le trait appartient alors à l'énoncé métaphorisé. On le voit, grâce à l'équivoque sur le sujet, le trait peut appartenir aux deux énoncés, ce qui fait apparaître une zone de mitoyenneté, au niveau de *bwšh wḥprh*.

ÉTUDE DU MÉTAPHORISANT

Le soleil s'est couché au beau milieu du jour dans la honte et la confusion.

Utilisée à propos du soleil, la racine *bw'* dénote normalement le coucher de l'astre (Gn 15/12, 17, 28/11, Ex 17/12, 22/25, Lv 22/7, Dt 11/30, 16/6, 23/12, 24/13, Jo 1/4, 8/29, 10/13, 27, 23/4, Jg 19/14, 2 S 2/24, 3/35, 1 R 22/36, Es 60/20, Am 8/9, Mi 3/6, Za 8/7, Mal 1/11, Ps 50/1, 104/19, 113/3, Ecc 1/5, 2 C 18/34). Il se peut que *bw'* puisse dénoter non le coucher mais la course du soleil (cf. Lys 1973, p. 97 pour Ecc 1/5), mais un tel sens est exceptionnel et dépend du contexte ; ici, à cause de *b'd ywmm*, il ne peut s'agir de la course du soleil. Cette dernière expression est hapax, mais elle signifie sans nul doute « en plein jour », si on le rapproche de *b'wd hywm* en 2 S 3/35, qui apparaît comme une expression synonyme (et 2 S 3/35 précise bien que « en plein jour » se situe « avant le coucher du soleil »). Voir aussi *b'wd lylh*, « en pleine nuit », en Pr 31/15. Parler de la course

---

16. Dans trois manuscrits de la LXX (les manuscrits 106, 130, 311) on a le génitif (*autês*) au lieu du datif. Ce génitif est plus proche du TM, dans la mesure où il rend compte de l'insolite (son soleil se couche). Avec le génitif, on peut estimer que l'aspect métaphorique du passage a pu être perçu, alors qu'avec le datif ce n'est pas le cas.

du soleil « en plein jour » serait vraiment sans intérêt et n'aurait pas de quoi faire honte à quiconque. Par contre le coucher du soleil « au beau milieu du jour » explique la mention de la honte du soleil ou de ceux qui le regardent se coucher si tôt. C'est bien d'un coucher de soleil qu'il est question ici, comme l'ont compris les traducteurs anciens et les exégètes modernes[17].

Les seules autres mentions de couchers extraordinaires du soleil sont en Jos 10/13 (le coucher est retardé), Es 60/20 (le coucher n'a plus lieu) et Am 8/9 (le coucher est avancé à midi). En Jos 10/14 et Am 8/9 il est bien précisé que les anomalies dans le cours du soleil sont l'œuvre de Dieu, en sorte qu'il me semble permis de généraliser : toute anomalie dans le cours du soleil doit être considérée par Israël comme une œuvre de Dieu. Si cela n'est pas précisé en Jr 15/9, je crois qu'on peut l'y trouver en connotation. Il me paraît difficile de penser que de telles anomalies dans le cosmos auraient pu être perçues par Israël comme étrangères à Dieu.

En Jos 10/13 le retard du coucher permet la victoire d'Israël ; en Es 60/20 l'absence de coucher marque la fin du deuil du peuple, en sorte que, si l'on peut généraliser à partir de si peu d'exemples, tout retard (momentané ou définitif) dans le coucher du soleil doit être heureux, bénédiction, signe de la grâce de Dieu. Cela se confirme dans le fait inverse : en Am 8/9 le coucher du soleil en plein midi entraîne le deuil du peuple, ce qui va dans le sens de la honte mentionnée en Jr 15/9. Moins que l'annonce d'une perturbation de l'ordre indépendante de Dieu, Jr 15/9 est à comprendre comme l'annonce d'une action néfaste de Dieu à l'égard de son peuple. Action de Dieu qui peut faire honte au soleil (qui disparaît plus tôt que prévu) comme au peuple (qui se trouve plus tôt que prévu plongé dans la nuit).

ÉTUDE DU MÉTAPHORISÉ

Le Pharaon vient en plein jour dans la honte et la confusion.

Le contexte immédiat de 15/9 ne donne aucun détail permettant de connaître le sujet métaphorisé. Ce fait, comme on l'a vu, ne peut s'expliquer, dans l'hypothèse d'une métaphore, que s'il y a métaphore morte. Or dans Jérémie, comme dans le reste de l'AT, cette métaphore morte n'apparaît pas. Il nous faut donc avoir recours ici au Proche-Orient.

Dans tout le Proche-Orient le soleil a été adoré, que ce soit en Mésopotamie, en Égypte, à Ugarit, chez les Hittites ou même en Israël, malgré la

---

17. Cheyne pense que Jérémie annonce ici une éclipse de soleil. Cette interprétation me paraît gratuite, dans la mesure où le verbe *bw'* n'est jamais employé pour dénoter un tel phénomène. Je dois reconnaître que j'ignore quel verbe serait alors employé. Cependant Israël devait bien faire une différence entre un coucher et une éclipse de soleil. Pour décrire une éclipse il n'a dû certainement pas employer le même verbe que celui qui décrit un coucher de soleil. Peake mentionne que Thalès a parlé d'une éclipse en 585, mais comme les autres exégètes il rejette l'interprétation de Cheyne.

loi et les prophètes (cf. Dt 4/19, 2 R 23/5, 11, Ez 8/16, Jr 8/2). Cela est bien connu, mais il est important de noter que pas un texte, à ma connaissance, parlant du culte du soleil, n'emploie le suffixe, comme ici, pour l'astre divinisé. Le suffixe de Jr 15/9 invite à chercher dans une autre direction.

A côté de ce culte, et peut-être en relation avec lui, certains rois ont eux-mêmes été assimilés ou comparés au soleil, au point que « soleil » est devenu une appellation pratiquement interchangeable avec celle de « roi ». Un texte comme celui-ci[18] le laisse clairement apparaître : « Voici les paroles du soleil Mursilis, le grand roi, (...) fils de Suppiluliuma le grand roi (...). Moi, le soleil, je t'ai installé à la place de ton père (...) ; moi le roi, j'ai été loyal envers toi » (Pritchard 1950, p. 203 s.). Les textes où le soleil désigne un roi ne manquent pas, mais ce qui m'intéresse particulièrement ici c'est que dans certains d'entre eux on trouve un emploi du suffixe, qui rejoint celui que nous avons en Jr 15/9.

Lorsque Matthiwaza, jeune prince du Mittani et vassal des Hittites, s'adresse à son suzerain, il lui dit : « Sur les rives du fleuve Marassantiya, je me suis jeté aux pieds de *mon* soleil, Soupilouliouma, la grand roi, le roi du pays hittite » (Labat, Caquot, Sznycer et Vieyra, p. 481).

Un document, malheureusement fragmentaire, adressé au roi d'Ugarit par un représentant du roi hittite, commence ainsi : « Message du soleil à 'mrpi » (PRU V, 2060, lignes 1-2). Virolleaud[19] commente ainsi : « špš, le soleil, titre habituel des rois hittites » (cf. aussi la note 1 de Pritchard 1950, p. 203). Dans ce document, au milieu d'expressions comme « le soleil ton maître » (lignes 11, 13, 15, 18) et « mon seigneur » (ligne 9), se trouve, à la ligne 21, la mention de « *notre* soleil ». Toutes ces expressions, selon Virolleaud, désignent le roi hittite[20].

Suppiluliuma aurait, semble-t-il, été le premier roi hittite à adopter un tel titre et, selon Virolleaud (1940, p. 255), il l'aurait adopté « à l'exemple ou à l'imitation du Pharaon ». Le fait est que le même titre se rencontre en Égypte à la même époque que Suppiluliuma (XIVe s.) dans les lettres trouvées à El-Amarna. Un grand nombre de ces lettres adressées au Pharaon commencent ainsi : « Au roi, mon seigneur, *mon* soleil » (cf. nos 244, 254, 288, in Pritchard 1950, p. 485 ss.), « Au roi, mon seigneur, mon panthéon,

---

18. Ce texte hittite du XIVe s. est un traité de vassalité entre le suzerain hittite Mursilis et son vassal Duppi-Tessub d'Amurru. Ce Mursilis, qui s'adresse ici à son vassal, est le fils de Souppilouliouma, qui apparaît dans la correspondance trouvée à El Amarna. Suivant les traducteurs les orthographes varient, c'est pourquoi on lira ici tantôt Suppiluliuma, tantôt Souppilouliouma, mais il est bien entendu qu'il s'agit du même personnage.

19. Palais Royal d'Ugarit, 1965 (= PRU V), ad loc.

20. Hoftijzer a consteté (1982, p. 385) la lecture « notre soleil », en faisant du n final un n emphatique et non un suffixe. Le texte étant fragmentaire, il est difficile de se prononcer. Je note simplement que Hoftijzer ne conteste pas que « soleil » puisse désigner le roi, ni que « soleil », dans ce cas, puisse être accompagné d'un suffixe.

mon soleil » (cf. n°s 147, 270, 271, 280, 292, 297, 298, 320, *op. cit.*, p. 484 ss.). Dans les salutations inaugurales de ces mêmes lettres se trouve souvent l'expression : « Je tombe sept fois et sept fois aux pieds du roi, mon seigneur et *mon* soleil » (cf. n°s 244, 254, 270, 271, 280, 292, 297). Cette dernière formule est proche de celle employée par Marassantiya pour Suppiluliuma (cf. ci-dessus, p. 366 : « Je me suis jeté au pied de *mon* soleil »), en sorte que Virolleaud a sans doute raison de voir l'influence égyptienne sur les hittites dans cette façon de s'adresser au roi.

Quelques remarques sur ces textes sont à faire :

— les seuls rois à s'être faits appeler « soleil » sont ceux d'Égypte et du pays hittite ; il n'y a rien de semblable, à ma connaissance, en Mésopotamie ;

— aucun roi vassal n'a été appelé ainsi, et l'on ne trouve ce titre pour Pharaon et pour le roi hittite que dans la bouche des vassaux (c'est le cas de Mattiwaza s'adressant à Suppiluliuma ; c'est ce que réclame Mursilis de la part de Duppi-Tessub ; les lettres d'El Amarna, que je viens de citer, sont toutes écrites par des hommes de Syrie-Palestine qui se considèrent comme des vassaux du Pharaon) ; les rois qui traitent d'égal à égal ne s'appellent jamais ainsi, à ma connaissance ;

— le titre « soleil », avec un possessif, apparaît entre autres dans des formules diplomatiques, qui sont très nettement stéréotypées. Elles sont stéréotypées au point qu'il n'est plus nécessaire le plus souvent de préciser qui est appelé ainsi, et cela dès le XIVe s. (c'est très clair dans la lettre d'Ugarit, où « message du soleil » ne semble pas nécessiter d'explication). C'est dire qu'en Égypte, comme à Ugarit et chez les Hittites (c'est-à-dire au Nord et au Sud d'Israël), le soleil, avec un possessif, peut être considéré comme une métaphore morte désignant le suzerain par rapport à son vassal.

Si les textes cités plus haut datent à peu près de la même époque, il ne faut pas croire pour autant que le titre de « soleil » n'ait été donné qu'à cette époque. De tout temps, en effet, le Pharaon a été considéré comme fils du dieu soleil et donc aussi comme soleil. Grapow signale ainsi qu'il était dit à Ramsès III : « Toi, soleil pour les hommes, qui chasse les ténèbres de l'Égypte » (p. 30), que le Meremptah est « le soleil qui chasse le mauvais temps » (p. 30), que Ramsès II, III et IV sont tous trois appelés « Ré de l'Égypte » (p. 31), que Thoutmès III est « Seigneur des seigneurs, soleil de tous les pays » (p. 31), que Ramsès IX est « Ré du royaume » (p. 31). Ce titre me paraît être une constante dans la titulature pharaonique.

Entre Égypte et royaume hittite, Israël s'est trouvé dans un monde où le soleil pouvait désigner les rois de ces deux pays, à une époque où cette métaphore, morte depuis longtemps, pouvait être utilisée sans mentionner le métaphorisé. A l'époque de Jérémie, les Hittites ont disparu de la scène internationale, en sorte que l'on peut dire, sans trop de risques, que l'expression « son soleil », en Jr 15/9, désigne le Pharaon comme le suzerain de son vassal jérusalémite. Je n'ai pas d'autre attestation qu'une telle métaphore morte était connue en Israël à l'époque de Jérémie, mais cette métaphore morte appartient aux stéréotypes du vocabulaire diplomatique ; ce vocabulaire évolue si peu d'un siècle à l'autre qu'il a pu, me semble-t-il, avoir cours aussi du temps de Jérémie. Telle est en tout cas mon hypothèse.

On le sait, Joyaquim a été installé sur le trône par Néko (cf. 2 R 23/34ss) et à même reçu de lui son nom. De ce fait Joyaqim est vassal du Pharaon. Comme les autres roitelets de Syrie Palestine, il a dû utiliser le vocabulaire diplomatique de rigueur, avec ses clichés. Il n'est pas trop risqué de penser qu'il a dû dire au Pharaon : « mon soleil ». Pour Joyaqim, comme pour ses partisans, le Pharaon était « leur » soleil ; pour Jérusalem, il était « son » soleil. Si Sédécias n'a pas été vassal de l'Égypte, les proches de ce roi, ainsi qu'une grande partie de la population jérusalémite, étaient favorables à la suzeraineté égyptienne contre la suzeraineté babylonienne. Ce parti pro-égyptien continuait à espérer que le Pharaon soit à nouveau « son » soleil. Lorsque sous Sédécias le danger babylonien est devenu particulièrement menaçant, les proches du roi et le roi lui-même attendirent une aide égyptienne contre Babylone. On peut dire sans se tromper qu'à cette époque toute une partie du peuple, favorable à l'Égypte, attendait que « vienne » (bw') Pharaon. Ophra vint effectivement, ce qui fit reculer momentanément les Babyloniens (cf, Jr 37/5). Dans un tel contexte, les propos de Jérémie deviennent extrêmement moqueurs. Utilisant le verbe bw', qui devait être chargé d'espérance pour tous ceux qui attendaient la « venue » du Pharaon, et combinant ce verbe avec un titre diplomatique donné à ce même Pharaon, Jérémie annonce à propos de Jérusalem : « son soleil vient en plein jour » ; proclamation que d'aucuns auraient espéré positive, mais qui ne pouvait, bien sûr, être que sarcastique en hébreu : « son soleil se couche en plein jour ! ». Pour les pro-égyptiens le coup fait mouche et Jérémie n'a qu'à conclure : « Jérusalem rougit, couverte de honte ».

On le voit, en employant un verbe de l'isotopie du soleil, Jérémie revivifie la métaphore morte. Ce verbe, commun aux isotopies du métaphorisant (soleil) et du métaphorisé (Pharaon) se présente comme un foyer métaphorique. Dans ce foyer, bw' a un sens positif pour le métaphorisé (« venir ») et un sens négatif pour le métaphorisant (« se coucher »), en sorte que le clivage dans le foyer est ici admirablement utilisé de façon ironique. Grâce au transport de sens dans le foyer, voilà qu'il est annoncé que Pharaon « se couche », va plus tôt que prévu vers l'Occident. Le transport est tel que le sens est inversé. Au lieu de « venir » vers Jérusalem, Pharaon « se couche » à l'Occident, c'est-à-dire qu'il s'éloigne de Jérusalem. Au lieu d'une arrivée en plein jour, c'est un départ précipité qu'annonce Jérémie. Je crois que l'on peut même aller plus loin et voir dans ce départ précipité du Pharaon vers l'Occident une mort précipitée, étant donné ce que connote le coucher du soleil dans la pensée égyptienne.

Si l'on en reste au niveau des connotations, et si les couchers de soleil prématurés sont pour les Israélites l'œuvre de Dieu, alors le départ précipité de Pharaon est ici à l'actif de Dieu. C'est Dieu qui fait aller plus tôt que prévu vers l'Occident et cela ne peut être pour Pharaon que honte et confusion.

Dans cette métaphore le clivage dans le foyer (*bwʾ*) est un véritable jeu de mots, plein d'humour, du même humour que nous avons goûté dans la métaphore du Nil (cf. 46/7-8), pour la plus grande honte du Pharaon et la plus grande honte du groupe qui, à Jérusalem, attendait quelque chose de la « venue » de « son soleil ».

Il peut être intéressant de voir comment l'image a été reprise en Es 60/19-20. Dans ce dernier texte, « ton soleil ne se couchera pas » est-il une réhabilitation de Pharaon ? Certainement pas. La mention conjointe de la « lune », fait disparaître toute possibilité de voir en « soleil » une désignation du Pharaon. Ensuite, comme on l'a vu, la suite du verset 20 désigne clairement un nouveau métaphorisé : Dieu. Le Pharaon disparaît donc complètement pour laisser toute la place à Dieu, seul véritable suzerain, de qui Israël est vassal.

5. MÉTAPHORES DE L'ARBUSTE ET DE L'ARBRE (17/5-8)

(5) Maudit l'homme qui fait confiance en l'humain,
Il prend un mortel pour appui,
Son cœur se détourne du Seigneur,
(6) Il est comme un arbuste dans la steppe :
Il ne goûte pas le bonheur qui vient,
Il demeure dans les champs de lave du désert,
Dans une terre salée et inhabitée.
(7) Béni l'homme qui fait confiance au Seigneur,
Le Seigneur est sa confiance,
(8) Il est comme un arbre transplanté près de l'eau :
Près d'un canal il envoie ses racines,
Il ne redoute pas la chaleur qui vient,
Son feuillage est vert,
L'année de la sécheresse il ne s'inquiète pas,
Il ne cesse de porter du fruit.

REPÉRAGE DE LA MÉTAPHORE

En 17/8 se trouve la particule comparative *k*, qui permet d'établir une comparaison entre un homme et un arbre. Le métaphorisant (arbre) constitue par rapport au métaphorisé (homme) un changement d'isotopie, en sorte qu'il est possible ici de parler d'une métaphore.

En 17/6 se trouve la même particule comparative, permettant d'établir une comparaison entre un homme et un *ʿrʿr*. On verra plus loin que ce terme désigne un arbuste, en sorte qu'on peut parler ici d'un changement isotopique identique à celui qui apparaît en 17/7-8. De ce fait 5-6 est une nouvelle métaphore.

Ces deux métaphores devraient être étudiées séparément ; cependant, la structure de ce passage les réunit fortement. En 17/5, l'expression :

ʾrwr hgbr ʾšr ybṭḥ bʾdm

renvoie à celle de 17/7   brwk hgbr ʾšr ybṭḥ byhwh

De même, le début de 17/6   *whyh k'r'r*
renvoie au début de 17/8   *whyh k'ṣ*

Ces expressions font de 5-6 un premier membre d'un parallélisme, dont le second membre est en 7-8. Le premier mot de chaque membre (*'rwr* et *brwk*) permet de dire que le parallélisme est antithétique. La prise au sérieux de cette structure invite à étudier ensemble ces deux métaphores.

Dans chacune de ces métaphores le verbe *bw'* apparaît, dans des expressions, qui soulignent encore le parallélisme :

wl' yr'h   ky ybw' ṭwb   (17/6)
wl' yr'(h) ky yb' ḥm   (17/8).

DÉLIMITATION DE L'ENSEMBLE MÉTAPHORIQUE

La structure antithétique opposant 5-6 à 7-8 permet déjà de pressentir que ces versets délimitent l'ensemble métaphorique. Cela se précise par le fait que dans ces versets il est toujours question de Dieu à la troisième personne (en particulier versets 5 et 7), alors qu'en 17/4 et 10 il est question de Dieu à la première personne. En 17/10 cette première personne est utilisée pour répondre à la question posée en 17/9, ce qui unit fortement ces deux versets. Ces changements de personne, à propos de Dieu, isolent encore 5-8 de son contexte, ce qui est souligné par la formule de messager, que l'on trouve en début de 17/5 et qui sépare 17/4 de la suite. La structure antithétique et le changement de personne à propos de Dieu suffisent, me semble-t-il, pour isoler 5-8 du reste du texte. Cela permet alors de comprendre la présence du mot *pry* en 17/10 ; ce mot fait partie de l'isotopie métaphorisante (celle des plantes) et il se retrouve d'ailleurs en 17/8, comme dernier mot de l'ensemble antithétique. Cette présence du même mot *pry* en 17/8 et 10 ne peut permettre de dire que l'énoncé métaphorisant reprend en 17/10. Ce mot apparaît plutôt comme un mot-crochet, dont la fonction est de relier 5-8 à son contexte ; grâce à ce mot crochet on comprend alors le changement de personne en 5-8 par rapport au contexte. Ce passage (5-8) parfaitement structuré devait être autonome à l'origine ; par un mot crochet il a été relié à ce chapitre 17, où il se trouve actuellement. S'il en est ainsi 5-8 est à étudier pour lui-même.

Si l'on en vient, maintenant, à la délimitation des énoncés métaphorisants et métaphorisés à l'intérieur de 5-8, c'est par la métaphore de l'arbre qu'il vaut mieux commencer, étant donné que *'r'r* est un mot fort rare et que son isotopie nous est moins bien connue que celle de *'ṣ*.

En 7-8 les termes relevant de l'isotopie de l'arbre se trouvent tous rassemblés dans le seul verset 8, après la particule de comparaison : *štl* (transplanter), *šrš* (racine), *'lh* (feuillage), *pry* (fruit). Ces termes se trouvent dans différentes petites propositions syndétiques, qui semblent toutes appartenir à la description de l'arbre, en sorte qu'en 7-8 la particule de comparaison semble bien marquer le passage de l'énoncé métaphorisé à l'énoncé métaphorisant. Si je ne suis pas plus affirmatif c'est parce qu'on peut voir dans Lisowsky que les verbes *r'h* (= le Qeré), *d'g* et *mwš* ont pour sujet *gbr* (le métaphorisé) et non 'ṣ (le métaphorisant), alors que šlḥ a bien 'ṣ pour sujet. Cela signifierait que l'énoncé métaphorisant se limiterait à 8aα et que l'énoncé métaphorisé reprendrait en 8aβb. Malheureusement, les commentaires ne se prononcent pas sur la délimitation des énoncés ; cependant une traduction comme celle de la TOB montre que Lisowsky n'est pas isolé dans son analyse. TOB traduit ainsi 17/8 : « Pareil à un arbre planté au bord de l'eau qui pousse ses racines vers le ruisseau, *il* ne sent pas venir la chaleur, *son* feuillage est toujours vert ; une année de sécheresse ne *l'*inquiète pas, *il* ne cesse de fructifier ». Ce que j'ai souligné s'applique à l'homme et non à l'arbre, ce qui est conforme au point de vue de Lisowsky. S'il en est ainsi, que veut dire, en parlant d'un homme, « son feuillage est toujours vert » ? Cette proposition appartient à l'isotopie de l'arbre et non à celle de l'homme. Lisowsky soutient bien que le suffixe de 'lhw a pour antécédent *gbr*, et la traduction de TOB va également dans ce sens ; cependant jamais ailleurs dans l'AT il n'est question du feuillage d'un homme ; que signifierait 'lh pour un homme ? Les dictionnaires sont muets sur ce point, les commentateurs aussi.

Lisowsky, TOB et, très vraisemblablement d'autres interprètes encore, ont mis le doigt sur un réel problème, mais le résolvent mal, me semble-t-il. Le problème est le suivant : l'isotopie dominante en 17/8 est manifestement celle de l'arbre (« transplanter », « racine », « feuillage vert », « fruit », à quoi on peut ajouter « chaleur » et « année de sécheresse » à la suite de « eau » et « canal ») ; cependant les verbes *yr'* (Ketib, ou *r'h* du Qeré), *d'g* et *mwš* n'ont jamais ailleurs une plante pour sujet. Cela revient à dire que, à quelque chose près, les noms appartiennent à l'isotopie de l'arbre et les verbes à celle de l'homme, ce qui donne un mélange extrêmement curieux, auquel nous ne sommes pas habitués. Le mélange est tel que, en fin de compte, 17/8 ne peut décrire à proprement parler ni l'arbre (que signifie un arbre, qui voit, qui a peur, ou qui s'inquiète ?) ni l'homme (que signifie le feuillage d'un homme est vert ?). Dans la plupart des expressions de 17/8, si les noms s'appliquent à l'arbre, il ne peut en être de même des verbes, et si les verbes s'appliquent à l'homme, il ne peut en être de même des noms.

Pour la première métaphore, en 5-6, la situation est rigoureusement la même. En effet, si le 'r'r est un arbuste peu connu, 17/6 nous apprend qu'il s'agit d'un arbuste de la steppe ('rbh) en sorte que 'rbh doit être un terme de l'isotopie de ce métaphorisant. En plus de ce terme, nous trouvons des mots voisins, tels que « champs de lave » (ḥrrym, cf. plus loin pour le sens de cet hapax), « désert » (mdbr), « terre salée » ('rṣ mlḥḥ) ; à côté de ces termes, les verbes « voir » (r'h) et « habiter » (škn) n'ont jamais ailleurs dans l'AT une plante pour sujet. Encore une fois, Lisowsky dit que le sujet de ces deux verbes est *gbr* (ce qui correspond encore à la traduction de la TOB). C'est dire que les verbes relèvent de l'isotopie de l'homme, alors que les autres termes de l'énoncé relèvent de celle de l'arbuste, pour donner des expressions qui ne peuvent, à proprement parler, s'appliquer ni au métaphorisant, ni au métaphorisé (cf. plus loin, pour « habiter dans des champs de lave » à propos d'un homme).

Le problème se pose donc en des termes identiques dans les deux métaphores. On ne peut le résoudre en parlant de mitoyenneté, car une expression mitoyenne est une expression qui appartient en propre aux deux énoncés (métaphorisant et métaphorisé) ; ici, les expressions appartiennent improprement à chacun des énoncés. On ne peut pas dire avec Lisowsky et TOB que les expressions avec *yr'* et *škn* (en 17/6), *yr'*, *d'g* et *mwš* (en 17/8) appartiennent à la description de *gbr* (le métaphorisé), car cela n'a pas de sens (cf. le feuillage de l'homme est vert). La seule solution acceptable me paraît être la suivante : en 17/6 et 8, après chaque particule de comparaison, se trouve l'énoncé métaphorisant, à ceci près que dans chaque cas le métaphorisant est personnifié grâce à des verbes : voilà pourquoi l'arbuste « voit », « habite », et l'arbre « a peur », « s'inquiète »... On verra dans l'étude du métaphorisant ce qui a pu favoriser la personnification des végétaux ; on peut essayer d'entrevoir ici le pourquoi de cette personnification.

Une autre particularité de la métaphore de l'arbre (7-8) réside dans le fait qu'aucun terme de l'énoncé ne se présente comme foyer métaphorique. Où est, en effet, le foyer ? Si l'on retient le premier verbe (*hyh*) de 17/8 comme foyer, l'énoncé devrait alors être ainsi développé : « l'homme est comme un arbre est ». En développant ainsi, une question s'impose alors : en quoi l'homme est-il comme un arbre ? Si la question se pose c'est que le verbe *hyh* n'est pas un réel foyer. Il faut la suite de l'énoncé en 17/8 pour comprendre en quoi l'homme est comme un arbre. S'il y a besoin de la suite de l'énoncé, cela montre que *hyh* n'est qu'un tremplin, une amorce introduisant ce qui suit et qui décrit ce qu'est l'arbre. Dans ce qui suit, aucun terme n'est encore mis en avant de façon à s'imposer comme foyer. Il s'agit d'une métaphore avec un foyer diffus (cf. plus haut, p. 62). Avec ce foyer diffus la ressemblance (le terme « ressemblance » est au cœur du fait métaphorique, cf. plus haut p. 15 s.) ne porte pas sur un point, qui serait dénoté par un terme, mais sur une situation, qui est décrite par l'ensemble de l'énoncé métaphorisant. Ressemblance de situation : comment saisir cette ressemblance ? C'est ici, me semble-t-il, que se rejoignent les deux particularités de cette métaphore : foyer diffus, d'une part, et personnification de l'arbre, de l'autre. En effet, c'est pour aider à saisir la ressemblance de situation que l'auteur a rapproché à l'extrême les sujets métaphorisé et métaphorisant ; il les rapproche ainsi : pour comparer l'homme à un arbre, il donne à cet arbre les traits d'un homme. Ce rapprochement frise l'assimilation d'un des sujets à l'autre, mais la particule de comparaison empêche toute assimilation (l'homme est *comme* un arbre, mais il n'en est pas un). De même l'arbre est décrit comme un homme, mais il n'en est pas un. Les termes de l'isotopie de l'arbre restent dominants pour empêcher de penser à une assimilation. Le rapprochement des sujets est là pour aider à saisir la ressemblance entre les sujets.

Dans la métaphore de l'arbuste, la situation est rigoureusement la même. Les sujets y sont très nettement désignés et facilement repérables : *gbr* et *'r'r*. La particule de comparaison les sépare de la même manière. De même aussi aucun terme ne s'impose comme foyer, en sorte qu'il s'agit aussi d'une métaphore avec un foyer diffus. La ressemblance n'est pas sur un point, mais sur une situation décrite dans l'énoncé métaphorisant. Pour aider à cerner cette ressemblance entre l'homme et l'arbuste, il y a rapprochement dans le fait que l'arbuste est décrit comme un homme.

S'il est difficile de saisir des foyers diffus, portant sur des ressemblances de situation, une autre aide nous est fournie par cet ensemble. En effet, 5-8 est une antithèse. Au niveau des métaphorisants, cette antithèse décrit deux situations, et cette fois ces situations sont dissemblables (celle de l'arbuste et celle de l'arbre). Grâce à ces situations métaphorisantes antithétiques, on pourra encore mieux saisir la ressemblance dans chaque métaphore.

ÉTABLISSEMENT DU TEXTE

En 17/8, les Massorètes demandent de corriger *yr'* en *yr'h*. Le Qeré, retenu par Volz, Freehof, Chouraqui et Montet (p. 126), est appuyé par le Targum et par un fragment hébreu de la Geniza du Caire ; il permet de souligner le parallélisme avec *yr'h* en 17/6. Cependant cette manière de souligner le parallélisme avec 17/6 est en fait une *lectio facilior*. La *lectio difficilior* est le Ketib (*yr'*), différent de *yr'h* en 17/6 ; ce Ketib est appuyé par la LXX, la Vulgate et la Peshitta. L'accord ici entre LXX et le Ketib me paraît assez important, en sorte qu'avec Condamin, Weiser, Rudolph et d'autres, je retiens le Ketib. L'expression *wl' yr'h ky ybw'* de 17/6 n'est donc pas répétée telle quelle en 17/8, mais elle est modifiée en *wl' yr' ky yb'*, ce qui fait apparaître un jeu de mots entre *yr'* et *r'h*, comme le note justement Holladay (1962, p. 52)[21].

Dans la LXX la formule de messager au début de 17/5 est absente. Cette formule est en dehors de l'énoncé de la métaphore, mais il est important d'en parler, car elle peut permettre de définir le genre littéraire de la métaphore. Pour Volz, Weiser, Rudolph et d'autres, cette formule est un ajout rédactionnel dans le TM. Sans doute ont-ils raison. En effet, la formule de messager fait de ce qui suit un oracle ; or, on est surpris de voir qu'en 17/5-8, il est question de Dieu à la troisième personne et non à la première. Mais surtout, comme le note Weiser, l'antithèse *'rwr/brwk* n'appartient pas à la littérature prophétique. En effet, cette antithèse se retrouve dans l'AT en Gn 9/25-26, 27/29, Nb 24/9 et Dt 27-28. Dans ces textes il est toujours question de Dieu à la troisième personne (cf. Gn 9/26, 27/27, Nb 24/6, Dt 27/15). Si Nb 24/9 peut relever de la littérature prophétique, il est à remarquer que ce texte est appelé *mšl* (24/3) ; s'il est aussi appelé *n'm*

---

21. Le même jeu de mots apparaît en Za 9/5. Pour Holladay le jeu de mots est ici à retenir, car il s'ajoute à un autre jeu de mots constitué par *'r'r* et *'rbh*. C'est pour rendre le jeu de mots entre *r'h* et *yr'*, que je traduis ici ces verbes par « goûter » et « redouter ».

(24/3), il s'agit d'un *n'm bl'm* et non d'un *n'm yhwh*, ce qui met ce texte en marge de la littérature prophétique. En Jr 17/5, je crois donc que la formule de messager est un ajout, et que la métaphore est un propos de Jérémie (*n'm yrmyhw* ?) et non un oracle.

Volz remarque que 17/5 est constitué de trois membres de phrase et 17/7 de deux. Pour rétablir l'équilibre, il propose de supprimer 7b pour le remplacer par 5b (5b étant modifié par l'ajout d'une négation : « son cœur ne s'éloigne pas du Seigneur »). Cette correction est tout à fait gratuite et ne peut être retenue. Le déséquilibre entre 17/5 et 7 est réel, mais on verra plus loin qu'il a une signification.

ÉTUDE DU MÉTAPHORISANT

La sabine dans la steppe : elle ne goûte pas le bonheur qui vient, elle demeure dans les champs de lave du désert, dans une terre salée et inhabitée.

Un arbre transplanté près de l'eau : près d'un canal il envoie ses racines, il ne redoute pas la chaleur qui vient, son feuillage est vert ; l'année de la sécheresse il ne s'inquiète pas, il ne cesse de porter du fruit.

S'il est difficile de dire avec une absolue certitude ce qu'est le *'r'r*, les versions anciennes ont toutes reconnu là le nom d'une plante. Pour la LXX il s'agit d'une bruyère sauvage (*agriomurikê*), pour la Vulgate un tamaris *(myrice)*, pour le Targum une sorte de chardon (*'kwbyt'*). En s'appuyant sur l'arabe *'ar'ar*, KB[3] et BDB estiment qu'il s'agit du genévrier. Il y a dans ces informations de quoi comprendre les traducteurs modernes : Ostervald, Crampon et Rabbinat suivent la LXX et traduisent par « bruyère » ; BJ et De Beaumont suivent le Targum et traduisent par « chardon ». Mais la grande majorité des commentateurs et traducteurs s'en tiennent à « genévrier », ce que je crois être exact. Je préfère cependant traduire par « sabine », qui est le nom d'une espèce méridionale de genévrier.

A Ugarit se trouve par trois fois (Ug V 7/64, 65 et 13/29) mentionné le *'r'r*, en qui Herdner et Johnstone reconnaissent le genévrier et Virolleaud le tamaris ou la bruyère[22]. Ce qu'il est intéressant de noter, c'est qu'à Ugarit le *'r'r* est bien une plante et non un nom générique. « Il arrache du *'r'r* parmi les arbres » (Ug V 7/64) : cette phrase montre que le *'r'r* est une espèce précise. Il doit en être de même en hébreu, en sorte qu'on ne peut traduire avec TOB par « arbuste », ou avec Steinmann par « broussaille ».

Si la sabine n'est pas nommée ailleurs dans l'AT, le *'r'r* désigne en Ps 102/18 un individu « misérable », « dénudé ». Cette polysémie du terme est intéressante, car elle explique une des difficultés de cet énoncé. On a vu plus haut que l'arbuste était ici en partie personnifié (essentiellement dans les verbes « voir », « habiter »). Je crois que cette personnification est une manière de jouer sur la polysémie de *'r'r*, qui désigne un arbuste et un indi-

---

22. Cf. Ug VII, p. 17 (pour Herdner) et p. 114 (pour Johnstone) ; Virolleaud dans Ug V, p. 571.

vidu misérable. L'énoncé métaphorisant décrit la sabine, tout en lui donnant quelques traits d'un individu misérable. Du coup, on peut comprendre la deuxième métaphore : 'ṣ n'a pas une polysémie semblable à celle de 'r'r. Si, cependant, il y a encore une sorte de personnification de l'arbre (« il n'a pas peur », « il ne s'inquiète pas »), c'est pour faire le pendant à 'r'r. La polysémie du premier métaphorisant, qui rend possible une personnification de l'arbuste, a entraîné une personnification du deuxième métaphorisant (malgré l'absence de polysémie identique pour ce deuxième métaphorisant). Si cette explication est la bonne, je peux alors répondre à Hitzig, qui refuse de voir en 'r'r le nom d'un arbuste, précisément à cause des verbes suivants (r'h et škn) qui ne peuvent être employés pour des plantes. Il donne alors à 'r'r le même sens qu'en Ps 102/18[23]. On peut répondre à Hitzig que pour 'ṣ en 17/8, il y a aussi l'emploi de verbes qui font penser à un homme plus qu'à une plante ; cette personnification de l'arbre en 17/8 peut avoir en vis-à-vis la personnificaton d'un 'r'r. En outre, Hitzig a contre lui toutes les versions anciennes qui voient bien en 17/6 la mention d'une plante.

Grâce à la polysémie de 'r'r, on peut considérer, au moins en connotation, que le 'r'r est un arbuste « misérable », « dénudé », « dépouillé », ce qui permet de voir un fort contraste avec l'arbre décrit en 17/8 : « son feuillage est vert », « il ne cesse de porter du fruit ». L'antithèse de ces deux métaphores apparaît de manière très soulignée dans le choix des métaphorisants, en sorte qu'on doit bien voir en 'r'r un arbuste misérable, un des arbustes du désert qui ne donne ni ombre, ni fraîcheur, un arbuste rabougri, ce qui correspond bien à la sabine[24].

Le contraste entre les deux plantes, l'une misérable et l'autre verdoyante, n'est pas seulement dans l'aspect extérieur ; il est aussi dans « l'espérance vie », si je peux dire, de ces deux végétaux. En effet, si l'arbre de 17/8 « porte du fruit », cela ne veut pas forcément dire qu'il s'agit d'un arbre fruitier (le cèdre aussi « porte du fruit », d'après Ez 17/23), mais cela signifie en tout cas qu'il s'agit d'un arbre qui, en produisant du fruit, assure l'avenir de l'espèce (cf. Os 9/16, où « porter du fruit » est mis en parallèle avec « enfanter »). Il s'agit donc d'un arbre, dont l'avenir est sans limites, au delà de sa propre mort. Face à cet arbre, qui prolonge sa vie en se renouvelant, se trouve le 'r'r, dont la survie semble être sérieusement compromise. Je crois, en effet, qu'on peut, avec Rudolph, rapprocher 'r'r de 'ryry, qui signifie « sans enfants » (cf. Gn 15/2). Tels sont ces deux végétaux, dont l'un porte sur lui de quoi vivre et survivre (ses fruits) et dont l'autre a un aspect et un avenir misérables.

---

23. Segond et Montet (p. 126) font de même et traduisent 17/6 par : « Il est comme un misérable ». Cf. aussi VS (« Il est comme un homme abandonné »), Darby (« Et il sera comme un dénué »).

24. A noter que pour rendre l'opposition entre les deux métaphorisants, Symmaque traduit 'r'r par *akarpon xulon* (un arbre sans fruits).

Non seulement le contraste entre ces plantes est grand, mais encore les cadres dans lesquels ils sont placés accusent le contraste. En 17/6 le cadre où se trouve la sabine est longuement décrit : steppe, désert, terre salée et inhabitée. Parmi les termes qui décrivent ce cadre, se trouve l'hapax *ḥrr*. S'appuyant sur le géographe Yaqoût, Dussaud a très bien défini ce que dénote cet hapax : « La ḥarra, dit Yaqoût, est "une région remplie de pierres brisées et noires comme si elles avaient été passées au feu" (Mondjam II, p. 247). Il signale que le pays des Arabes contient une grande quantité de ḥarra, surtout entre Médine et Damas (...). La teinte noire des roches caractérise ces régions volcaniques, mais ce n'est point un effet du feu. Dans les déserts à précipitations atmosphériques rares, la rosée très abondante dissout l'acide carbonique et l'azote d'ammoniaque de l'air. D'autre part, les sels de fer et de manganèse des roches volcaniques, lentement suroxydés sous l'action des hautes températures, se concentrent dans la rosée. Quand celle-ci s'évapore, elle dépose les sels de fer et de manganèse à la surface des roches, en une fine pellicule colorée. La teinte de la roche passe ainsi, par oxydation, du gris de fer au ton rouge, teinte ordinaire des terres d'origine volcanique. Au désert la suroxydation atteint le ton noir » (Dussaud 1907, p. 25 s.). Ainsi, ces *ḥrrym* « remplies de pierres » sont pour la végétation ce qu'il y a de pire, de plus ingrat dans le désert. Dussaud ne décrit pas la flore de ces lieux, en sorte que je ne sais si la sabine peut y pousser. Toujours est-il que le *'r'r* « habite » dans ce qu'il y a de pire pour une plante[25].

Le cadre de vie de l'arbre est aussi décrit, en 17/8, par un hapax : *ywbl*. BDB traduit ce terme par « courant » et KB³ par « canal ». Je crois avec KB³ que ce terme est à rapprocher de *ybl*, que l'on trouve en Es 30/25 et 44/4, et qui signifie « canal ». Le lieu où se tient l'arbre n'est donc pas un cours d'eau naturel, mais un cours d'eau artificiel (cf. aussi Duhm : « canal »). Auprès de ce canal, l'arbre est *štwl*. Beaucoup traduisent ici par « planté », mais je crois avec BDB qu'il vaut mieux ici traduire par « transplanté » (« planté » serait en effet *nṭw'*). Avec ces deux termes, il est fait allusion, semble-t-il, à l'irrigation, à la transplantation, c'est-à-dire à des travaux agricoles, qui donnent à l'arbre plus encore que ce que la nature lui a déjà donné.

---

25. Si l'on s'en tient à la description que fait Dussaud de *ḥrr*, on touche de plus près l'insolite de l'expression *škn ḥrrym*. On a vu que le verbe *škn* était insolite pour une plante. Mais ceux qui, comme Duhm et Lisowsky, affirment que le sujet de *škn* est *gbr* ne se rendent pas compte que l'expression est tout aussi insolite. Aucun homme, en effet, n'habite (*škn*) dans les *ḥrrym*. Seuls quelques nomades s'y rendent, à l'époque des pluies, lorsque le sol se couvre « d'une herbe rare dont les moutons sont friands » (Dussaud, p. 27). Mais ce séjour est passager et pour cela le verbe *gwr* conviendrait mieux que *škn*. Dussaud a relevé dans ces champs de lave quelques inscriptions safaïtes qui mentionnent comme des exploits le fait que certains individus ont passé l'été dans une ḥarra (cf. Dussaud, p. 109). Cela montre bien que les conditions de vie pour un homme sont telles qu'il est insolite de dire pour un individu : *škn ḥrrym*.

Le contraste est grand : d'un côté un arbuste dans ce que la nature peut offrir de plus ingrat et sauvage, de l'autre un arbre dans ce que la culture peut offrir de meilleur, dans une nature améliorée. Bref, les deux extrêmes.

Le verbe *bw'* apparaît dans chacun des énoncés métaphoriques. Pour chacun des végétaux, *bw'* est utilisé pour décrire l'avenir proche ou lointain (ce qui « vient »), ou simplement les aléas de l'existence (ce qui « advient » ou « survient »)... Et curieusement cette fois les sujets respectifs de ce verbe n'accusent pas les différences qu'il y a entre les deux plantes et entre leurs cadres de vie. Au contraire, il y a renversement ou correction des contrastes. Ce qui vient vers l'arbuste est *ṭwb*, c'est-à-dire le bonheur, mais aussi le moindre bienfait, qui pour cette plante peut être une pluie ou de la rosée, tout ce qui est bénéfique pour sa croissance[26]. Ce qui vient vers l'arbre est *ḥm*, la chaleur ; et le parallélisme avec « année de sécheresse » permet de voir en *ḥm* quelque chose de redoutable, capable de dessécher les feuilles et les fruits d'un arbre.

Avec *bw'* sont donc mentionnés des événements qui rééquilibrent les conditions d'existence des deux métaphorisants. Mais la réaction de ces derniers face à ces événements surprend encore par des contrastes. Si le moindre bienfait est accordé à l'arbuste, ce dernier ne s'en aperçoit pas, c'est-à-dire, si l'on rapproche l'expression de *r'h ṭwb* en Ec 3/13, Ps 34/13, Jb 7/7, il n'en jouit pas, il n'en tire aucun profit (cf. Lys 1973, p. 168). D'un autre côté, l'arbre confronté à la chaleur fait face à cette situation difficile, qu'il ne redoute pas. C'est dans un jeu de mots aux sonorités très proches que l'hébreu décrit des comportements opposés, celui de l'arbuste qui ne sait pas tirer profit de la rosée et celui de l'arbre qui ne se laisse pas abattre par la sécheresse.

Non seulement le contraste apparaît dans le comportement de ces plantes considérées pour elles-mêmes dans leur développement, mais il apparaît aussi dans ce que ces deux végétaux peuvent offrir aux hommes. D'un côté, il y a l'arbuste, qui est dans une terre « inhabitée », en sorte qu'il est inaccessible aux hommes, sans profit pour eux. Mais il y a sans doute plus. A Ugarit, en Ug V 7/64, le *'r'r* est mentionné en parallèle avec « l'arbre de mort » (*'ṣ mt*), ce qui laisse entendre que le *'r'r* pourrait être aussi un arbre de mort. Si le genévrier a en français une connotation positive à cause de son emploi pour une boisson alcoolisée de fort bon goût, la sabine, par contre, est non seulement d'une odeur désagréable, mais encore elle donne un produit utilisé comme abortif et qui, à forte dose, est un poison. Si le *'r'r* est donc sans profit pour l'homme, il est vraisemblable qu'il est aussi nocif pour lui, porteur de mort. De l'autre côté, il y a l'arbre, transplanté par l'homme dans une zone de culture, ce qui laisse entendre qu'il est pour l'homme un bien,

---

26. Selon DAHOOD (*Psalms I*, p. 25) *ṭwb* est à traduire par « pluie » ici comme en Dt 28/12, Jr 5/25, Os 10/1, Ps 4/7, 85/13, ce que font Thompson et Schreiner. C'est possible, mais je ne le ferai pas pour ne pas exclure le métaphorisé.

une richesse, qu'il est utile. Engnell va plus loin (1953, p. 93 ss.), mais il me paraît difficile de le suivre. Cet exégète a remarqué que *štl* était employé pour la vigne (Ez 17/8, 10, 19/10, 13), pour le cèdre, (Ez 17/22, 23), pour le juste comparé à un palmier et à un cèdre (Ps 92/13, 14), c'est-à-dire pour des plantes qui, selon lui, sont des évocations de l'arbre de vie, en sorte qu'ici *'ṣ štwl* évoquerait aussi l'arbre de vie. Ce point de vue est intéressant pour ce passage où l'arbre est opposé à *'r'r*, qui à Ugarit est en relation avec l'arbre de mort, cependant il faudrait être sûr que *štl* est réservé à certaines plantes connotant la vie. A mon avis c'est l'ensemble de l'énoncé en 17/8 et non le seul *'ṣ štwl*, qui connote la vie : « transplanté », « eau », « canal », « feuillage vert », « fruit ».

Du point de vue des hommes, les deux arbres sont donc très différents ; l'arbuste est inaccessible (dans une terre inhabitée) et peut-être même mortel ; l'arbre, transplanté par les hommes, offre à ces derniers l'ombre de son feuillage ou bien ses fruits, ce qui rend sa présence agréable, connotant la vie.

Les métaphorisants végétaux sont extrêmement nombreux dans l'AT. Le texte qui se rapproche le plus du nôtre est certainement celui du Ps 1. On peut parler ici de parenté littéraire ; la métaphore de l'arbre s'y trouve en effet en des termes très proches :

whyh k'ṣ štwl 'l plgy mym	Ps 1/3
whyh k'ṣ štwl 'l mym	Jr 17/8

A cela s'ajoute la mention du fruit (*pry*) et du feuillage (*'lh*). Si le Psaume est proche pour un des métaphorisants, il diffère beaucoup pour l'autre métaphorisant ; en effet, ce n'est pas à un arbuste que l'arbre est opposé, mais à de la paille, avec d'ailleurs un jeu de sonorité entre *k'ṣ* (Ps 1/3) et *kmṣ* (1/4). S'il y a parenté littéraire entre les textes, il sera alors intéressant de savoir lequel des deux reprend et corrige l'autre. Si le Psaume est antérieur à Jr 17, il faudra l'étudier pour voir les modifications apportées par Jérémie ; mais si le Psaume est plus récent, il fera partie de l'histoire de la métaphore, ce qui, je l'ai dit plus haut, n'est pas l'objet de mon travail. Avec une assez grande unanimité, les commentateurs estiment, à juste titre, que Jr 17 ne s'inspire pas ici de Ps 1. Je renvoie à ces commentateurs sans reprendre ici la démonstration. Pour Volz, Duhm, Steinmann, Rudolph, Davidson (1959, p. 202), c'est Ps 1 qui s'inspire de Jr 17. Dans les commentaires qu'ils font du Ps 1, Jacquet (1975, p. 202), Mowinckel (1961, T.V, p. 124), Dahood (*Psalms* T. I, *ad. loc.*), Auvray (1946, p. 365 ss.) pensent de même. Weiser et Nicholson préfèrent ne pas se prononcer. Engnell (1953, p. 91) estime que Jr s'inspire non directement de Ps 1, mais d'un prototype de ce Psaume. Dans la mesure où ce prototype (reconstitué par Engnell) est hypothétique, il me paraît difficile de suivre ici Engnell. Cet exégète est suivi par Lipinski (1968, p. 383 ss.), qui parle plus volontiers d'un prototype commun aux deux textes (et ce prototype serait proche du texte d'Amenemopé). Aucun exégète ne parlant d'une influence directe de Ps 1 sur Jr 17, je crois que dans cette étude de Jr 17 il me faut laisser de côté le Psaume, qui n'a d'intérêt que pour le « après » Jérémie.

Le texte le plus intéressant pour nous ici est certainement celui d'Amenemopé, puisqu'il est antérieur à Jérémie et sans doute connu de lui. J'en donne ici la traduction de Daumas (*Études Carmélitaines* 1952, p. 125), que j'ai trouvée dans Lipinski (1968, p. 334 s.) :

« Pour le bouillant dans le temple,
il est comme un arbre qui pousse au dehors :
en un instant se produit la chute de ses rameaux ;
il va finir sur le chantier,
puis flotte loin du lieu où il poussait ;
(enfin) le feu est son linceul.
Le vrai silencieux se met à l'abri :
il est comme l'arbre qui pousse dans un verger.
Il verdit et double ses fruits ;
il est dans le parvis de son seigneur.
Ses fruits sont doux, son ombre est agréable,
et il finit dans le jardin. » (*Amenemopé* 6/1-12)

Dans ce texte, la structure oppose métaphorisants et métaphorisés de façon très équilibrée et marquée, comme en Jr 17. Comme en Jérémie, c'est aussi le « mauvais » arbre qui est décrit avant le « bon » (alors que c'est l'inverse en Ps 1). Si l'on s'en tient pour l'instant à l'examen des seuls métaphorisants, on trouve en second, dans Amenemopé, un arbre cultivé, qu'on laisse vivre pour ses fruits et l'ombre de son feuillage, ce qui est très proche de Jérémie. Quant au premier métaphorisant, les textes d'Amenemopé et de Jr 17 divergent de manière intéressante : au lieu d'un arbrisseau malingre du désert se trouve décrit un arbre abattu par des bûcherons, puis transporté par cabotage, pour finir brûlé, sans que soit indiqué à quoi a pu servir cet arbre avant d'être brûlé. On peut remarquer dans cette divergence que Jérémie et Amenemopé sont tous deux très liés à leur culture. Amenemopé fait allusion à une situation typiquement égyptienne. En effet, n'ayant pas de forêts, les Égyptiens utilisaient beaucoup les arbres étrangers, surtout ceux du Liban, abattus, puis transportés par cabotage « loin du lieu où ils poussaient » jusqu'en Égypte ; et il est vrai que ces arbres, pourtant splendides, finissaient un jour ou l'autre par être brûlés. Triste fin pour ces magnifiques arbres, expatriés et brûlés. Si Jérémie a connu le texte d'Amenemopé, il est intéressant de noter qu'il transforme le métaphorisant, qu'il le remplace par un autre très présent dans la vie isréalite. Certes Israël connaissait le cabotage des arbres du Liban (cf. 1 R 5/23, Esd 3/7), mais il connaissait mieux encore la végétation du désert. Si donc il y a emprunt à Amenemopé, c'est en toute liberté que Jérémie remodèle sa source pour l'adapter à son auditoire israélite[27].

---

27. Les premiers éditeurs du livre d'Amenemopé ont d'abord considéré ce livre comme étant antérieur à Jérémie (cf. Budge, Lange, Erman, d'après Gressmann

Si Jérémie adopte et adapte, la métaphore qu'il présente est autrement plus profonde que celle d'Amenemopé. Pour ce dernier, en effet, il n'arrive rien de bon à l'arbre « qui pousse au dehors » et rien de difficile ou de mauvais à l'arbre du verger. Pour l'un tout est noir, pour l'autre tout est rose. La réalité est édulcorée, au point qu'Amenemopé passe sous silence qu'avant d'être brûlé l'arbre transporté par cabotage a du être utilisé, positivement, pour la menuiserie ou pour une charpente. Jérémie, plus nuancé, envisage une situation plus réaliste, avec un mélange de bienfaits et de difficultés pour les deux plantes. Sur ce point, Amenemopé va dans le sens du Ps 1, pour qui aussi tout est bon pour l'arbre et tout est mauvais pour la paille. Si donc Jérémie a connu Amenemopé, les nuances qu'il apporte dans la description des métaphorisants lui permettent d'aller plus en profondeur dans la présentation de ses métaphorisés.

ÉTUDE DU MÉTAPHORISÉ

Maudit l'homme qui fait confiance en l'humain, il prend un mortel pour appui, son cœur se détourne du Seigneur. Il est comme... Béni l'homme qui fait confiance au Seigneur, le Seigneur est sa confiance. Il est comme...

La première chose à noter est que dans chacune des métaphores le sujet métaphorisé est désigné par le même terme : *gbr*. Mais dans chacun des énoncés, la désignation du métaphorisé ne se limite pas à ce seul terme. Chaque fois la mention de *gbr* est accompagnée de propositions qui décrivent ce qu'est le *gbr*, non dans son essence, mais dans sa manière d'être, dans son existence. En 17/5 est décrite une manière d'être, en 17/7 une autre, en sorte que, s'il y a présentation antithétique de l'homme, l'opposition ne porte pas sur l'essence mais sur l'existence, non sur deux espèces d'hommes, mais sur

1924, p. 272). Ce point de vue a été renversé par Drioton, qui a considéré Amenemopé comme postérieur (cf. en particulier 1957, p. 254 ss.). A l'heure actuelle, après une sérieuse critique du point de vue de Drioton faite par Williams (p. 100 s.) et Couroyer (1961, p. 394 ss. et 1963, p. 208 ss.), on peut considérer à nouveau Amenemopé comme antérieur à Jérémie. Lipinski affirme ainsi (1968, p. 333) que ce livre était connu en Israël à l'époque monarchique. Erman pense même (1952, p. 277 ss.) qu'il a existé une traduction hébraïque d'Amenemopé. C'est dire combien il est très vraisemblable que Jérémie ait pu avoir accès à Amenemopé. Selon Gressmann (1924, p. 284) Anememopé a directement influencé Jr 17 comme Ps 1. Pour cet auteur, en effet, l'influence apparaît dans le fait que l'image de l'arbre transplanté près d'un canal d'irrigation (Jr 17/8 et Ps 1/3) appartient au décor égyptien plus qu'au décor palestinien. Pour Lipinski, on l'a vu, l'influence d'Amenemopé sur Jr 17 et Ps 1 ne serait pas directe, mais serait indirecte, à travers un prototype hébreu, lui-même inspiré d'Amenemopé. Directe ou pas, l'influence d'Amenemopé semble être réelle, si l'on s'en tient à l'argument donné par Gressmann. Cependant, comme on vient de le voir, si cette influence transparaît dans le texte de Jérémie, elle n'empêche pas le prophète d'user librement de sa source.

Grâce à l'épigraphie et à l'archéologie, Posener (1951, p. 43) classe Amenemopé parmi les textes du Nouvel Empire, ce qui rend caduque, de manière définitive, toute l'argumentation de Drioton.

deux manières d'être que l'homme peut avoir dans son existence. Dans chaque cas, l'homme est décrit en situation. Ce point est important, car il rejoint ce qui a été dit plus haut. Ces métaphores ont un foyer diffus, c'est-à-dire qu'elles portent sur une ressemblance de situation. L'homme dans une situation donnée est comparable à un arbuste, lui même décrit dans une situation donnée. L'homme, dans une autre situation, est comparable à un arbre, lui-même décrit dans une situation donnée. Cette remarque est importante (et l'on y reviendra dans la conclusion finale de ce travail) : les métaphores ne portent pas ici sur une *analogia entis*, mais sur des manières d'être. C'est dire que *hyh*, en début de 17/6 et 17/8, signifie plus « exister » que « être ». Ce serait ignorer et négliger les descriptions faites dans ces énoncés, que de réduire ces métaphores à « l'homme est comme un arbuste », pour la première, et « l'homme est comme un arbre », pour la seconde. Ne pas atrophier les métaphores et respecter les situations qu'elles présentent revient à dire ceci : l'homme qui se comporte de telle et telle manière « a une existence » (*hyh*) semblable à celle de l'arbuste qui est dans telle situation, et l'homme qui se comporte de telle autre manière « a une existence » (*hyh*) semblable à l'arbre qui est dans telle situation. Bref, des métaphores qui présentent de manière antithétique des existences et non des essences.

L'erreur inverse est de penser que les existences décrites sont celles d'individus précis, dont on pourrait retrouver les noms. Rien en 17/5 et 17/7 ne permet de dire que Jérémie décrit deux hommes précis. Cornill, suivi par Rudolph, voit en 17/5 une description de l'attitude de Sédécias et de son entourage ; Rosenmüller celle de Joyaqim et Davidson celle de Josias[28]. Ces exégètes ne pensent donc pas à un individu précis, mais à une époque précise. Dans leurs arguments, rien n'est avancé de manière décisive, en sorte qu'aucune des époques ne peut exclure les autres. En fait, chacun de ces exégètes a en partie raison, car 17/5 correspond bien à chacune des trois époques. Mais 17/5 et 17/7 correspondent aussi aux trois époques à la fois. Ces exégètes ont tort de privilégier une époque. Duhm a raison de dire que les attitudes ici décrites sont de tous temps. Il s'agit d'affirmations d'ordre général sur l'existence de l'homme, et en ce sens Volz, Bright et Aeschimann ont raison de dire que ce texte relève de la sagesse[29]. *gbr* est ici, comme en Pr 6/34, 20/24, 24/5, 28/3, 21, 29/5, 30/19, une désignation d'ordre général[30].

---

28. Cf. Davidson 1959, p. 204 s., qui donne, en plus du sien, les points de vue de Cornill, Rudolph et Rosenmüller.

29. Ainsi écrit Aeschimann : « Que la parabole des deux arbres soit apparentée, par son style et son allure générale, à la littérature sapientale (machals), c'est un fait certain ».

30. Dans les passages des Proverbes que je cite il n'y a pas d'article devant *gbr*, alors qu'il est devant *gbr* en Jr 17/5, 7. Cela pourrait laisser penser que Jérémie pense à des hommes précis. En fait il n'en est rien. L'article vient du fait que *gbr* est entre *'rwr* (ou *brwk*) et *'šr* et que cette construction exige l'article (cf. Dt 27/15,

Si, par son contenu d'ordre général, ce texte relève de la sagesse, il en relève aussi par sa forme antithétique. En effet, l'opposition entre deux types d'existence humaine apparaît dans de très nombreux proverbes (cf. Pr 10/1, 5, 11, 14, 15, 16...). Cependant, s'il y a réelle parenté avec la littérature sapientiale, ce texte ne relève pas uniquement de cette littérature. Jamais, en effet, dans la sagesse on ne trouve une antithèse présentée sous forme de bénédiction (*brwk*) et de malédiction (*'rwr*)[31]. Sur ce point, comme le relève bien Weiser, Jer 17/5-8 relève de la littérature sacerdotale. Mais on peut être plus précis. Dans la littérature sacerdotale, bénédiction et malédiction sont mises en relation avec un individu précis, dont on donne le nom (cf. Sem et Canaan en Gn 9/25-26, le fils d'Isaac en 27/29 : son nom n'est pas donné pour permettre la substitution de Jacob à Esaü, mais il est tutoyé ; cf. enfin Israël en Nb 24). Autrement, bénédiction et malédiction sont mises en relation avec des individus imprécis dans le cadre de la conclusion ou du renouvellement d'une alliance (cf. Dt 27-28). On peut dire que le genre littéraire adopté en Jr 17/5-8 est celui des bénédictions et malédictions qui sont prononcées dans le cadre de l'alliance. Non seulement Jr 17 emprunte ce genre-là, mais dans son contenu aussi Jr 17 fait référence à l'alliance. L'homme dont il est question en 17/5 est, en effet, celui dont « le cœur s'éloigne du Seigneur » ; il est opposé en 17/7 à l'homme « qui met sa confiance dans le Seigneur ». Chacun de ces hommes est situé par rapport au Seigneur, ce qui nous situe bien dans le cadre de l'alliance entre Dieu et Israël. Si donc l'homme dont il est question ici est celui de n'importe quelle époque, ce n'est pas cependant n'importe quel représentant de l'humanité : Jr 17/5-8, comme l'a bien vu Thompson, se limite à l'homme israélite.

Un coup d'œil sur les bénédictions et malédictions de Dt 27-28 permet de voir que Jr 17 s'en distingue, par le fait qu'en Dt 27-28 il n'y a pas place pour des métaphores (ce qui ne surprend pas de la part de ces textes juridiques). La malédiction et la bénédiction de Jr 17 se distinguent par la présence des métaphores ; et sur ce point, Jr 17 relève plus de la littérature sapientiale. En fin de compte, je dirai que Jr 17 relève à la fois de la sagesse et de la liturgie de l'alliance d'une manière tout à fait originale. C'est là l'originalité d'un auteur qui sait emprunter et se démarquer avec une grande liberté (ce qu'on a déjà vu p. 380 à propos d'Amenemopé).

Si Jérémie replace cette malédiction et cette bénédiction parmi celles de la liturgie de l'alliance, il a cependant de l'alliance une vision assez particulière. Dt 27-28 développe ce qu'il faut faire ou ne pas faire dans le cadre

---

1 S 14/24, 28, Jr 11/3, 20/15), sans pour autant que le *gbr* en question soit quelqu'un de précis (cf. Dt 27/15, 1 S 14/24, 28, Jr 11/3).

31. Dans le reste de l'AT, l'opposition *'rwr* et *brwk* se retrouve en Gn 9/25-26, 27/29, Nb 24/9, ainsi qu'en Dt 27/15, 16, 17, 18, 19, 20, 21, 22, 23, 24, 25, 26, 28/16bis, 17, 18, 19bis (*'rwr*) et 28/3bis, 4, 5, 6bis (*brwk*). Ce que l'on rencontre plutôt dans la sagesse c'est 'šry (cf. Pr 3/13, 8/34, 28/14...) et s'il y a antithèse c'est entre 'šry et 'y (cf. Ec 10/16-17).

de l'alliance ; on y trouve énumérés des faits précis (fabriquer une idole, déplacer une borne, égarer un aveugle, …). Jr 17 définit plutôt une attitude, une façon d'être, une manière de vivre dans le cadre de l'alliance. Pas de catalogue de bonnes et de mauvaises œuvres, mais un style de vie pour l'homme de l'alliance.

Si le premier verbe de l'homme béni est *bṭḥ*, le verbe de la confiance et de la foi, ce n'est pas pour opposer la foi aux œuvres, mais pour opposer une foi à une autre foi. La foi en Dieu est opposée à la foi en l'homme. Il faut préciser cette opposition. Tout d'abord on peut noter que la confiance en Dieu est décrite de telle manière que cette confiance est marquée par un profond équilibre. Il y a en 17/7 un remarquable chiasme

ybrḥ byhwh whyh yhwh mbṭḥw

qui décrit un style de vie, une existence équilibrés. A l'inverse 17/5 décrit celui qui a confiance à l'homme en des termes qui font apparaître un paradoxal déséquilibre, comme l'a fort bien noté Lys (1967, p. 56). *gbr* désigne l'homme dans ce qu'il a de vigoureux et *'dm* dans ce qu'il a d'humble (« cet être de boue tiré de 'adhâmâh la terre arable », écrit Lys) ; *zrw'* désigne la force et *bśr* la faiblesse de l'homme. Tel est donc le déséquilibre paradoxal de l'existence d'un homme, qui appuie sa force sur la faiblesse de l'homme ! Ensuite, on peut noter que dans son déséquilibre, l'homme fort qui s'appuie sur la faiblesse humaine est entraîné à s'éloigner de Dieu (17/5b). Sur ce point, l'absence d'une troisième proposition en 17/7, qui ferait opposition à 5b, est fort intéressante. Là où on attend un troisième élément en 17/7 vient en réalité l'énoncé métaphorisant de 17/8. Or 17/8 ne dit pas, en réponse à 5b, que celui qui s'appuie sur Dieu serait entraîné à s'éloigner des hommes : au contraire ! Il est comme un arbre transplanté près d'un canal, au beau milieu d'une zone de culture, d'une zone humaine ; il est au milieu des hommes. L'opposition avec l'arbuste fait surgir alors un nouveau paradoxe. L'homme qui s'appuie sur l'homme est comme un arbuste dans une terre où il n'y a pas d'hommes (*l' tšb*) ! Non seulement il s'éloigne de Dieu, mais encore il est éloigné des hommes, éloigné de ce en quoi il place sa confiance. Complètement isolé et peut-être même porteur de mort pour les autres hommes.

Grâce aux métaphorisants choisis, l'antithèse de Jérémie n'est pas simplificatrice ou manichéenne. A celui qui s'éloigne de Dieu n'est pas interdit le bonheur, cependant ce bonheur n'est pas goûté, apprécié, mis à profit comme il se doit. Cet homme-là n'est pas privé de bonheur, mais ce bonheur est comme la lumière pour un aveugle. Quant à celui qui met sa confiance en Dieu, aucune récompense ne lui est annoncée, aucun mérite ne lui est reconnu. Ce qui advient pour lui c'est l'épreuve, le passage par des temps difficiles. Cependant annonce est faite aussi, non d'un bonheur compensatoire dans l'au-delà, mais de l'absence de peur face à des épreuves incontournables et surmontables. En 17/8, écrit Reymond (p. 112 s.), « le miracle de l'eau sert de point de départ pour expliquer le miracle de la foi. Ce que l'eau fait pour la nature, Dieu le fait pour ses fidèles. Comme elle donne la vie, Dieu la donne aussi ; comme l'eau permet aux arbres de porter du fruit, même en temps de sécheresse, ainsi Dieu permettra aux siens d'en porter, malgré les épreuves ; et ils subsisteront malgré celles-ci ».

Si le Ps 1 a aussi pour métaphorisés des hommes, d'importants glissements apparaissent par rapport à Jr 17. Le Psaume s'en tient à une pratique (la récitation de la loi), plus qu'à une manière d'être (la confiance en Dieu). Il édulcore passablement l'existence en passant sous silence les épreuves du fidèle et en mentionnant au contraire que « tout réussit » pour celui qui médite la loi. Enfin, dans l'antithèse, le sort de chacun est envisagé de façon eschatologique (cf. Ps 1/5), ce que ne fait pas Jérémie.

Bien des exégètes se sont demandés si Jr 17/5-8 pouvait être attribué à Jérémie. La discussion ne porte pas sur des questions de forme (aucun point de vocabulaire ou de style n'a pu être relevé pour refuser à Jérémie la paternité de ce passage[32]), mais de fond. Duhm, par exemple, affirme que ce passage idyllique ne va pas avec le message de malheur du prophète. Le mot « idyllique » me paraît ici inexact. Le malheur n'est nullement occulté ici, au contraire (il semble même être réservé à celui qui a confiance en Dieu), en sorte qu'on peut très bien attribuer ce passage à Jérémie, dont l'intention est d'annoncer que devant le malheur qui vient le fidèle n'a pas à avoir peur. Nicholson, de son côté, refuse à Jérémie ce passage étant donné que le prophète n'a pas vécu ce qui est dit ici. Il est vrai que le calme de celui qui « ne redoute pas la chaleur qui vient » n'est pas celui qui apparaît dans les Confessions ; cependant, à aucun moment dans ces Confessions, Jérémie n'apparaît comme quelqu'un qui a peur. Il s'insurge, certes, mais il n'a pas peur. Je crois le point de vue d'Aeschimann plus juste : « On peut voir dans Jer 17/5-8 le témoignage de la certitude intérieure qui a été l'aboutissement de toutes les souffrances et de tous les combats du prophète. Une expérience dure et prolongée a appris à cette âme sensible que toutes les réalités purement humaines, charnelles, sont finalement décevantes et productrices de sécheresse intérieure. Et alors, il ne lui est plus rien resté que la pure confiance en son Dieu, en ce Dieu qui l'avait appelé, qui le laissait souvent souffrir, mais qui ne l'avait jamais vraiment abandonné, et qui était toujours la source rafraîchissante, toujours vivifiante de sa confiance et de son espérance ».

17/5-8 n'est pas un oracle de Jérémie transmettant un message de Dieu ; pourtant un glossateur s'est permis d'ajouter en début de 17/5 « ainsi parle le Seigneur ». Je crois que 17/5-8 est une sorte de bilan fait par Jérémie,

---

32. Au contraire l'analyse du vocabulaire plaide en faveur de l'authenticité ; c'est ainsi que pour Holladay (1962, p. 52) le jeu de mots *r'h* et *yr'*, ainsi que l'assonance *'r'r b'rbh*, sont signes d'authenticité.

une réflexion sur la vie. Jérémie s'exprime là comme un sage, empruntant à la littérature sapientiale, mais aussi comme un fils de prêtre (cf. Jr 1/1), empruntant à la littérature sacerdotale. Mais s'il emprunte c'est avec une totale liberté, cette liberté dont les prophètes savent faire preuve. Un rédacteur a reconnu cette liberté et a reçu dans les propos de Jérémie une parole de Dieu. C'est pourquoi, ayant reçu d'un prophète cette parole de Dieu, il s'est permis, en toute liberté, d'ajouter « ainsi parle le Seigneur », donnant ainsi la mesure de la profondeur des propos de Jérémie. Béni soit aussi ce glossateur-là !

6. MÉTAPHORE DU TABOR ET DU CARMEL (46/18)

Oui, comme le Tabor dans les montagnes et comme le Carmel dans la mer, il vient.

REPÉRAGE DE LA MÉTAPHORE

En 18b se trouvent deux particules, avec après chacune d'elles le nom d'une montagne. Reste à savoir ce qui est comparé à ces montagnes, et plus précisément quel est le sujet du verbe *bw'*, car c'est le sujet de ce verbe qui leur est comparé. Le contexte de 18b est un oracle sur l'Égypte (13ss) et dans celui-ci il n'est pas ailleurs question de montagnes, en sorte que sans trop de risques d'erreur on peut bien voir dans la mention du Tabor et du Carmel un changement d'isotopie par rapport au contexte. Ceci sera vérifié dans l'étude du métaphorisé lorsqu'on précisera quel est ce métaphorisé.

DÉLIMITATION DE LA MÉTAPHORE

Dans le contexte proche, aucun terme de l'isotopie des montagnes n'apparaît, en sorte qu'il est facile de délimiter l'ensemble métaphorique à 18b. En fait il y a là deux métaphores, mais comme les métaphorisants relèvent de la même isotopie et comme ces deux métaphorisants ont un métaphorisé commun, c'est ensemble que ces deux métaphores doivent être étudiées.

L'énoncé métaphorisant de la première métaphore est introduit par la première particule de comparaison et s'arrête à la deuxième particule, qui introduit le deuxième énoncé métaphorisant. Grâce à la présence de la préposition *b* après chaque sujet métaphorisant, les deux énoncés métaphorisants forment à eux deux un parallélisme assez remarquable dans sa simplicité :

> *ktbwr bhrym*
> *kkrml bym*

Après ce parallélisme vient l'énoncé métaphorisé qui se limite ici au seul terme : *ybw'*.

Cependant, dans la simplicité de cet ensemble, l'accentuation massorétique est curieuse ; on attendrait un disjonctif pour séparer les énoncés métaphorisants et métaphorisé (et d'ailleurs toutes les traductions que j'ai pu consulter font comme si ce disjonctif y était) ; or, c'est un conjonctif qui se trouve sous *bym* ! On a déjà observé des curiosités dans l'accentuation massorétique des métaphores (cf. plus haut, p. 163), que dire ici de ce conjonctif ?

En rattachant *bym* à *ybw'*, on peut penser que le conjonctif étend à ces deux mots l'énoncé métaphorisé (« il vient dans la mer »). Cependant, s'il en était ainsi, on serait obligé de négliger le parallélisme sans doute plus solide que l'accentuation massorétique (« le Tabor dans les montagnes »//« le Carmel dans la mer »). En outre, l'énoncé métaphorisé (« il vient dans la mer ») serait incompréhensible, comme en ont bien jugé tous les traducteurs, qui traduisent, sans exception, par « il vient » et non par « il vient dans la mer ».

En rattachant *bym* à *ybw'*, on peut aussi penser que le conjonctif intègre le verbe à l'énoncé métaphorisant (« comme le Carmel vient dans la mer »). Mais, s'il en était ainsi, il n'y aurait plus d'énoncé métaphorisé, ce qui rendrait la métaphore incomplète : « oui, comme le Tabor dans les montagnes et comme le Carmel dans la mer vient... ». Le conjonctif ne semble pas être décisif, au point d'entraîner à lui seul la disparition de l'énoncé métaphorisé, comme en ont bien jugé encore les traducteurs, qui maintiennnent tous cet énoncé métaphorisé. A mon avis, le conjonctif ne suffit pas pour empêcher *ybw'* d'être l'énoncé métaphorisé, mais sa fonction est d'indiquer que *ybw'* fait également partie de l'énoncé métaphorisant. En d'autres termes, si *ybw'* fait partie des deux énoncés, le conjonctif désigne ce verbe comme étant le foyer de la métaphore. L'accentuation massorétique est ici précieuse, car effectivement *bw'*, en tant que foyer, peut échapper[33]. En outre, si *ybw'* est commun aux deux énoncés, il y a mitoyenneté sur ce verbe, ce qui me paraît impossible de rendre en français, sinon par une répétition (« il vient comme vient le Carmel dans la mer »). Enfin, étant donné le parallélisme des énoncés métaphorisants, étant donné aussi que le premier énoncé métaphorisant n'a ni verbe ni foyer, *ybw'* est à considérer comme le foyer de l'ensemble, en sorte que 18b peut être ainsi développé : « Oui, comme vient le Tabor dans les montagnes et comme vient le Carmel dans la mer, il vient ».

ÉTABLISSEMENT DU TEXTE

On peut se féliciter de découvrir en 18b la plus grande unanimité dans les versions anciennes et leur accord avec le TM.

Rudolph propose (cf. BHS) de rajouter *gbwr* devant *ktbwr* et *'wyb* après

---

33. C'est ainsi que BC, par exemple, n'ayant pas repéré ce foyer, se trouve obligé d'en inventer un : « Quelqu'un viendra [majestueux] comme le Tabor parmi les montagnes, comme le Carmel qui domine la mer ». Le fait que *bw'* est le seul verbe de la métaphore et sa place en fin d'énoncé sont autant d'éléments qui désignent *bw'* comme étant le foyer.

ybw'. Ces propositions sont très astucieuses car elles font apparaître des jeux de mots. Les deux termes rajoutés pourraient avoir disparu par des sortes d'haplographie, cependant aucun manuscrit, aucune version ne viennent étayer ces suggestions de Rudolph. Le TM est donc à maintenir.

Volz et Steinmann considèrent que 18b est une glose, dont le but est de certifier que la prophétie prononcée contre l'Égypte se réalisera (« Cela arrivera comme le Tabor parmi les montagnes, comme le Carmel dans la mer »). Cette glose serait à l'origine un proverbe. Je réserve pour les paragraphes suivants la critique de cette argumentation.

ÉTUDE DU MÉTAPHORISANT

Le Tabor dans les montagnes s'avance, le Carmel dans la mer s'avance.

Le parallélisme entre le Tabor et le Carmel ne se retrouve pas ailleurs dans l'AT. C'est avec l'Hermon que le Tabor est en parallèle en Ps 89/13. Par ailleurs, c'est avec le Basan que le Carmel est en parallèle en Es 33/9, Jr 50/19, Na 1/4. Il y a donc quelque chose de neuf en Jr 46/18, qu'il nous faut découvrir.

Aucun adjectif n'est donné pour décrire le Tabor et le Carmel. Le seul élément de la métaphore qui relie ces deux mots est le foyer, le verbe *bw'* suivi de la préposition *b*, comme on vient de le voir. C'est ce point commun qui attire ici l'attention.

Le verbe *bw'* n'est jamais employé ailleurs pour des montagnes. L'expression est hapax, mais elle n'est pas pour autant forcément insolite. L'expression *bw' bym* se retrouve en Ex 14/28 et 15/19, et signifie alors « entrer dans la mer ». Dans ces deux textes de l'Exode, la LXX traduit alors avec *eis* suivi de l'accusatif pour marquer le mouvement. Par contre elle traduit en Jr 46/18 avec *en* suivi du datif. La LXX a donc perçu ici une différence. L'expression *bw' bhr* (*hr* au singulier ; jamais on ne retrouve l'expression avec *hr* au pluriel comme ici) se retrouve en Es 30/29 ; la LXX traduit alors en *eis* suivi de l'accusatif. En Jr 46/18 elle traduit avec *en* suivi du datif. Je crois que la LXX a saisi ce que le verbe *bw'* a de particulier en Jr 46/18, dans sa construction avec *b*. Elle a saisi que *bw'*, utilisé de manière particulière, sert à décrire quelque chose de particulier qu'ont en commun le Tabor et le Carmel. Ces deux montagnes ne sont pas particulièrement élevées (le Tabor culmine à 562 mètres et le Carmel à 552), cependant elles se distinguent très nettement par rapport à ce qui les entoure : les autres montagnes pour le Tabor (et celles-ci sont parfois plus hautes que lui) et la mer pour le Carmel. Cela tient à leur forme : le Tabor est une demi-sphère, le Carmel est un véritable éperon. Quand il les découvre, l'observateur est frappé par la silhouette de ces montagnes. On dirait en français que le Tabor et le Carmel « se détachent » par rapport à leurs cadres. Le verbe « se détacher » est un verbe de mouvement, pourtant il sert à décrire aussi des objets immobiles. Je crois que c'est le sens de *bw'* ici. Le Tabor et le Carmel donnent tous deux l'impression d'avancer, quand on les regarde, et l'on sait bien pourtant qu'ils ne se déplacent pas. C'est cette impression de mouvement que dénote ici *bw'*. Pour d'autres montagnes, *bw'* serait insolite ; pour le Tabor et le Carmel il ne l'est pas. Quant à la particule *b*, elle situe ici le Tabor dans son cadre géographique (les montagnes) et le Carmel aussi (dans la mer).

ÉTUDE DU MÉTAPHORISÉ

Il vient.

Si les exégètes ne sont pas d'accord sur l'identité du métaphorisé, cela se comprend : le contexte immédiat ne permet pas de comprendre immédiatement quel est ce sujet : « Il » ou « cela ».

Selon Volz, le sujet métaphorisé est le contenu de l'oracle. De cette manière il faudrait voir en *n'm* (46/18a) le sujet du verbe *bw'*. Cela me paraît peu vraisemblable, car *n'm* serait alors en casus pendens dans ce verset et devrait de ce fait être repris en 18b par un pronom (cf. J 156a) ou par un nouveau nom (cf. J 156f). Si, au lieu de « l'oracle se réalisera », Volz pense à un sujet neutre (« cela arrivera »), on s'attendrait plutôt à une forme féminine : *tbw'* (cf. J 152).

Aeschimann a une toute autre explication : « Quelqu'un vient. C'est bien le style prophétique, à allure messianique : pas de précisions, un mystérieux quelqu'un (...) le Roi divin, qui se manifeste comme un Être aussi éminent parmi les hommes que le Tabor parmi les montagnes, ou le Carmel qui surplombe la mer ». Pour Aeschimann, comme pour Lisowsky, le sujet de *ybw'* est *mlk* qui précède, c'est-à-dire Dieu. En rattachant la métaphore à la titulature divine de 18a (« oracle du roi... qui vient comme... »), cette interprétation ne tient pas compte de la formule de serment de 18a. L'expression *ḥy 'ny* (Nb 14/21, 28, Es 49/18, Jr 22/24, 46/18, Ez 5/11, 14/16, 18, 20, 16/48, 17/16, 19, 18/3, 20/3, 31, 33, 33/11, 27, 34/8, 35/6, 11, So 2/9), ou *ḥy 'nky* (Dt 32/40), est une formule de serment (cf. J 165e), qui est toujours suivie d'une propostion donnant le contenu du serment ; cette proposition peut être introduite par *ky* (cf. Nb 14/21, Es 49/18, Ez 35/6, So 2/9). Si 18b se rattache à la titulature, le contenu du serment serait alors en 46/19, ce qui n'est pas possible, car 46/19 est à l'impératif et donne un ordre (on ne trouve pas d'impératifs dans les serments). Si 18b donne le contenu du serment avec Dieu pour métaphorisé, ce n'est également pas possible. En effet, les serments introduits par *ḥy 'ny* (ou *ḥy 'nky*) sont toujours prononcés par Dieu et ce dernier parle toujours de lui à la première personne (Nb 14/22, 28, Dt 32/41, Jr 22/24, Ez 5/11, 17/19, 20/3, 31, 33, 33/11, 27, 34/8, 35/6, 11, So 2/9). Dans ces serments la troisième personne est utilisée pour d'autres que Dieu (cf. Ez 14/16, 18, 20, 17/16). De ce fait *ybw'* ne peut pas avoir ici Dieu pour sujet, pas même comme éventualité (comme le pense TOB dans sa note). Dieu ne peut être ici le sujet métaphorisé.

Avec la plupart des commentateurs, je peux dire que le métaphorisé est ici l'ennemi de l'Égypte, une armée ennemie, ce qui explique l'ordre donné à l'Égypte juste après la métaphore : « prépare tes affaires pour l'exil ». Dans le titre de cet oracle (46/13), il est question de la venue (*bw'*) de Nabuchodonosor. En spécifiant ainsi que Nabuchodonosor « vient », le titre donne la clé de la métaphore et le nom du sujet métaphorisé. Cependant, il est possible que les premiers auditeurs de l'oracle n'aient pas eu droit au titre, en sorte que, pour eux, un certain mystère planait sur l'identité de ce métaphorisé, ce qui devait le rendre plus menaçant encore. Si le titre appartient au stade de la mise par écrit de l'oracle et non à son stade oral antérieur, alors on reconnaît bien là le style de Jérémie, qui, on l'a vu, laisse une certaine ombre sur l'identité de l'ennemi envoyé par Dieu et annoncé ici avec serment. Comme le dit très justement BC à propos de 18b : « Cette façon voilée de désigner l'ennemi est bien dans le style des oracles ». A mon avis donc, dans son stade oral, l'oracle présentait comme métaphorisé « l'ennemi » annoncé par Dieu. Puis lors de la mise par écrit de l'oracle, il a été spécifié par le titre que le sujet métaphorisé est Nabuchodonosor (à ce stade écrit doit aussi appartenir à 46/25-26, qui est en prose et qui nomme aussi Nabuchodonosor).

On a vu dans l'étude de plusieurs métaphores que Jérémie prend généralement soin de choisir les sujets métaphorisants dans le cadre de vie de ses auditeurs. On peut alors se demander ce que signifie ici le choix du Tabor et du Carmel dans un oracle adressé aux Égyptiens. Si le Tabor (cf. Os 5/1 et Eissfeldt 1934, p. 29 ss.) et le Carmel (cf. 1 R 18) ont pu avoir une signification religieuse, je ne vois pas quel impact cela aurait ici pour les Égyptiens. Quelques kilomètres de plaine séparent ces deux monts, mais cet ensemble géographique est trop éloigné de la vallée du Nil pour qu'on puisse le considérer comme un paysage familier des Égyptiens. Aux yeux de ces derniers le Tabor et le Carmel ne peuvent avoir quelque importance, à l'époque de Jérémie, que d'un point de vue historique. En effet, dans la plaine qui sépare ces deux monts se trouvent quelques agglomérations, dont en particulier Megiddo. C'est là que, du vivant de Jérémie, en 609, les Égyptiens ont été les auteurs d'un événement capital : la mort de Josias (2 R 23/29). On peut dire que le Tabor et le Carmel ont été les grands témoins de cette mort, qui pour les Égyptiens était une grande victoire. Pour les destinataires de l'oracle, le Tabor et le Carmel, en tant que tribunes d'un théâtre où l'armée égyptienne l'emporta, devaient donc être le rappel de cette victoire récente. Pour les destinataires égyptiens les noms de ces deux monts pouvaient être des noms prestigieux sur le plan militaire. En choisissant ces deux monts comme métaphorisants, Jérémie provoque le transport du prestige de ces deux noms sur le métaphorisé : l'ennemi de l'Égypte. Avec un tel transport il y a retournement : ce n'est plus l'Égypte qui est victorieuse, mais son ennemi. D'une certaine manière aussi, la victoire de l'ennemi devient revanche sur la mort de Josias[34].

Bardtke a noté (1935, p. 234) que l'oracle de 46/13ss ne contenait aucun

---

34. Tout cela suppose, bien sûr, que l'oracle est postérieur à 609, ce qui est tout à fait vraisemblable.

reproche à l'égard de l'Égypte. Si l'on ne tient pas compte de cette métaphore, Bardtke a raison. Mais s'il en est ainsi, que signifie alors l'annonce d'un jour de châtiment de Dieu contre l'Égypte (46/21b). Je crois que, rédigé après 609, cet oracle contient un reproche implicite dans la mention du Tabor et du Carmel. Ce rappel d'une victoire égyptienne est, du point de vue israélite, le rappel du meurtre de Josias, le messie de Dieu, c'est-à-dire le rappel d'une faute de l'Égypte[35]. En même temps qu'une revanche, l'oracle semble annoncer dans cette métaphore une punition. Ayant été les deux témoins du meurtre de Josias, le Tabor et le Carmel deviennent maintenant les témoins, en quelque sorte, du serment que prononce Dieu : « par ma vie (*ḥy 'ny*) ». L'annonce de la venue de l'ennemi de l'Égypte est doublement appuyée ; elle l'est par le fait que la métaphore est un serment de Dieu ; elle l'est aussi par le choix des métaphorisants, dont la situation caractéristique s'impose à l'évidence.

7. MÉTAPHORE DU TAON (46/20)

L'Égypte est une splendide génisse : un taon vient du Nord.

Repérage de la métaphore

Le verbe *bw'* est ici employé avec pour sujet le mot *qrṣ*, qui est un hapax et dont le sens doit être défini. Parmi les versions anciennes, la LXX est la seule à donner à *qrṣ* le sens de « séparation », « déchirure » (*apospasma*). Cette traduction est en réalité celle de l'araméen *qèrèṣ* (= « séparation »). On ne peut donc pas s'appuyer sur la LXX pour le sens de l'hébreu *qèrèṣ*, car rien ne dit que *qèrèṣ* a le même sens en araméen et en hébreu[36]. Aquila et Symmaque (*enkentrizôn*), ainsi que la Vulgate (*stimulator*), traduisent par « aiguillonneur », ce qui semble plus désigner un individu qu'un insecte. La Peshitta traduit par « taon » (*ḥajlâ*), ce qui rejoint ce que nous trouvons dans les Hexaples *ho hebraikos* = *oistros*, c'est-à-dire « taon »). C'est ce dernier sens de « taon » que les dictionnaires et les commentaires retiennent aujourd'hui, me semble-t-il avec raison. KB[3] rapproche ainsi *qrṣ* de l'arabe *qâriṣ*, qui signifie « piquant » en parlant d'un insecte. De son côté, BDB fait un rapprochement avec l'araméen *qrwṣ'*, qui est le nom d'un insecte qui pique[37]. Comment savoir si cette mention du taon est métaphorique ou pas ?

---

35. En 2 C 35/22, le Pharaon Neko, « inspiré par Dieu », n'est plus présenté comme coupable de la mort de Josias, mais il s'agit là d'une interprétation récente de l'événement.

36. A propos de la LXX qui traduit à partir de l'araméen, cf. Tov 1981, p. 125 s., 164 s., 249 s. ; cf. aussi plus haut p. 165 à propos de 49/19.

37. Si l'on en croit Gibson (T. I, p. 25) un autre emploi de *qrṣ* se trouverait dans l'ostracon de l'Ophel et désignerait aussi un « taon » mais la lecture de ce mot n'est pas assurée (cf. Lemaire 1977, p. 241 qui lit *qry*).

« L'Égypte est une génisse » : il y a dans cette affirmation un insolite sémantique, ainsi qu'un changement d'isotopie, en sorte qu'il s'agit là d'une métaphore (cf. plus loin sur le fond métonymique de cette métaphore). Une fois repérée cette métaphore, avec « génisse » comme sujet métaphorisant, on peut alors voir dans la mention du taon un développement de la métaphore précédente et donc un nouveau sujet métaphorisant, dans la mesure où « génisse » et « taon » appartiennent à la même isotopie. Sans la métaphore de la génisse la métaphore du taon ne pourrait pas être repérée ; on le voit, les indices de la première métaphore servent pour le repérage de la seconde. (Cf. plus haut, p. 44).

DÉLIMITATION DE LA MÉTAPHORE

La délimitation de la métaphore du taon se fait grâce aux limites des métaphores qui l'entourent. En 20a se trouve l'énoncé de la métaphore de la génisse, qui est une métaphore indépendante avec son sujet métaphorisant (génisse) et son sujet métaphorisé (Égypte). En 46/21 commence une nouvelle métaphore, avec un nouveau sujet métaphorisant (des veaux) et un nouveau sujet métaphorisé (les mercenaires de l'Égypte). Entre les deux se trouve la métaphore du taon, dont l'énoncé ne peut déborder 20b. Étant donné que le verbe *bw'* ne concerne que cette dernière métaphore, c'est à l'étude de 20b seulement que nous devons nous cantonner ici.

ÉTABLISSEMENT DU TEXTE

Les manuscrits hébreux hésitent sur l'orthographe du dernier terme du verset : les uns ont *b'* et les autres *bh*. A ma connaissance, seul Chouraqui retient le texte du TM : « il vient, il vient ». Cette répétition d'une même forme verbale est très rare en hébreu (cf. la répétition de *nplh* en Es 21/9) et sa signification ici est douteuse. Je dirai même que la vocalisation massorétique est équivoque. En effet, s'il devait y avoir une formule d'insistance en 46/20, les Massorètes pouvaient facilement et sans toucher aux consonnes opter pour la tournure classique d'insistance, c'est-à-dire avec un infinitif absolu (cet infinitif de *bw'* peut être défectif ; cf. *bo'* en Lv 14/18, Jr 36/29, Hb 2/3, Ps 126/6). En vocalisant comme ils l'ont fait les Massorètes peuvent inviter à lire « il vient, il vient », mais ils peuvent aussi suggérer, sans signaler dans la marge le changement de consonnes, la lecture *bâ' bhâh*, qui est celle que font certains manuscrits. Cette dernière lecture est d'ailleurs celle que font la LXX, la Vulgate, la Peshitta et le Targum, c'est-à-dire des représentants des deux familles de la tradition jérémienne. Étant donné la double interprétation possible de la vocalisation massorétique, l'hésitation des manuscrits hébreux et les témoins importants que sont les versions anciennes, je crois avec Duhm Volz, Rudolph et tant d'autres, qu'il faut retenir l'orthographe *bâ' bhâh*, moins douteuse que *bâ' bhâ'*, ce qui donne alors l'énoncé suivant : « du Nord un taon vient sur elle ».

Sur le plan métaphorique la lecture avec un *h* à la fin de l'énoncé a une conséquence importante. Ce suffixe féminin peut avoir, en effet, comme antécédent aussi bien *mṣrym* que *'glh*, c'est-à-dire les sujets de la métaphore de 20a. Il en résulte alors que la métaphore du taon est reliée par le suffixe à celle de la génisse et que nous devons étudier ici ces deux métaphores, c'est-à-dire l'ensemble du verset 20. Le texte de 20a est donc aussi à établir.

La forme *yph pyh* est mal attestée dans les manuscrits ; en effet, on trouve aussi dans certains manuscrits *ypypyh*. La forme *yph pyh* peut être celle qu'ont lue Aquila (*kalê kekalliômenê*) et la Vulgate (*eligans atque formosa*) ; la forme *ypypyh* semble être celle qu'a traduite la LXX (*kekallô-pismenê*). La forme *yph pyh* me paraît être fautive ; Aquila et la Vulgate l'ont traduite tant bien que mal, en considérant *yph* et *pyh* comme des synonymes (mais *pyh* est inconnu par ailleurs). La forme *ypypyh* peut être retenue et peut être considérée comme une forme qetaltil (cf. GK 84[b]n, ainsi que BDB et KB[3], qui retiennent *ypypyh*). Tous les traducteurs et commentateurs que j'ai pu consulter traduisent ici comme s'il y avait un seul terme. Je considère donc ici *ypypyh* comme un dérivé de *yph* et l'on verra plus loin le sens que ce dérivé peut avoir.

ÉTUDE DU MÉTAPHORISANT

Une splendide génisse : du Nord un taon vient sur elle.

Le sens de *ypypyh* est discuté : pour ce GK 84[b]n et KB[3] cette forme qetaltil aurait un sens superlatif, alors que pour BDB ce serait diminutif. Je crois que cette forme, sur le modèle des intensifs des verbes faibles, doit avoir un sens superlatif : « très belle », « splendide ». Ce qualificatif justifierait alors la venue du taon, attiré par la grande beauté de la génisse.

Curieusement l'énoncé mentionne la venue de l'insecte et s'arrête là, sans décrire ce que provoque cette rencontre. Cependant, dans la métaphore suivante, où le métaphorisant choisi (des veaux) relève encore de la même isotopie que ceux des métaphores précédentes (génisse et taon), un curieux détail semble donner à mots couverts la suite de la métaphore du taon. Il est dit, en effet, en 46/21, à propos des veaux : « eux aussi tournent le dos, s'enfuient tous ensemble et ne résistent pas ». Ce « eux aussi » (*gm hmh*) de 46/21 vient fort à propos après la métaphore du taon et semble vouloir dire : « de même que la génisse ». De manière très fine, il nous est donc indiqué par là que, à cause de la venue du taon, la génisse a tourné le dos, qu'elle s'est enfui et qu'elle n'a pu résister. Voilà, semble-t-il, que génisse et veaux sont tous mis en fuite par un simple taon (on ne voit pas en dehors du taon ce qui pourrait faire déguerpir les veaux). On découvre ici une succession de métaphores aux contenus complémentaires. Mais cette suite ne s'arrête pas là.

En 46/21, l'expression *l' 'mdw*, après *gm hmh* (« eux aussi... ils ne résistent pas »), peut avoir un autre sens. *l' 'mdw*, en effet, peut renvoyer au *l' 'md*, qui, en 46/15, a pour sujet un autre représentant de l'isotopie bovine : « ton taureau »[38] : Ce rapprochement entre 46/15 et 46/21 est d'autant plus fort si en 46/15 *nsḥp* peut être lu *ns ḥp* avec la LXX, c'est-à-dire « Apis s'enfuit ». En effet, le *nsw* de 46/21 renforcerait le lien avec 46/15 par un nouvel emploi du verbe *nws*[39] . Bref, si « eux aussi » (46/21) signifie que les veaux ont la même attitude que la génisse, il signifie également que les veaux s'enfuient comme avait fui auparavant le taureau. C'est tout un ensemble d'images que nous découvrons dans cet oracle et cet ensemble nous informe mieux sur la situation de la génisse : avant que ne vienne le taon, la belle génisse et les veaux avaient été abandonnés par le taureau, lui-même mis en fuite on ne sait pas trop comment.

La métaphore du taon se focalise sur un point (sa venue sur la génisse), mais le reste de l'oracle nous informe indirectement sur le contexte de cette venue (la fuite préalable d'un taureau, qui devait accompagner la très belle génisse) et sur ces conséquences (la fuite de la génisse, en même temps que les veaux qui devaient l'accompagner).

ÉTUDE DU MÉTAPHORISÉ

(Il vient du Nord contre elle).

Dans la métaphore du taon, seul l'énoncé métaphorisant est donné ; rien, en 20b, ne peut faire partie explicitement de l'énoncé métaphorisé, en sorte que tout est à découvrir sur le métaphorisé. Pour la génisse le métaphorisé est nommé (l'Égypte) ; pour les veaux le métaphorisé est aussi nommé (les mercenaires), mais pas pour le taon.

Steinmann commente ainsi 46/20 : « Curieux point de contact avec le mythe de Io transformée en vache et affolée par un taon ! ». Ce point de contact relevé par Steinmann me paraît tout à fait artificiel, quand on connaît le soin de Jérémie à choisir les métaphorisants dans la culture des destinataires de ses oracles. Que viendrait faire l'allusion à un mythe grec dans

---

38. A cause du singulier *l' ʿmd*, en 46/15, la forme plurielle *'byryk* doit être considérée comme un pluriel de majesté (comme le pensent Rudolph et Weiser). Le sens de « taureau » pour *'byr* n'est pas retenu par tous depuis l'article de Torczyner (1921, p. 296 ss.), qui conteste ce sens. BDB le retient tout de même, ainsi que Nicholson et Bright. Par contre Torczyner est suivi par KB[3], ainsi que Rudolph et Weiser, qui traduisent par « puissant ». Je plaiderai pour la polysémie de ce terme (puissant, étalon, taureau). En effet, la LXX traduit *'byr* par *dunatos* (Jg 5/22), *ischuros* (Lm 1/15), mais aussi par *tauros* (Es 34/7, Jr 50/11, Ps 50/13, 68/31, 22/13), *moschos* (Jr 46/15) et *hippos* (Jr 8/16). En outre, à Ugarit, *ibr* signifie « taureau » ou « taurillon ». En Jr 47/3, enfin, il est question des *prswt* des *'byrym* ; or, *prsh* désigne toujours un sabot d'animal (pour le porc en Lv 11/7, Dt 14/8, pour le cheval en Es 5/28, Ez 26/11, pour le bétail en Ez 32/13, pour Sion comparée à une génisse en Mi 4/13). Je traduis donc en Jr 46/15 par « taureau », en notant que le pluriel de majesté en fait une bête particulièrement importante.

39. Cf. Duhm et Condamin qui soulignent cette reprise de *ʿmd* en 46/21. Le découpage en *ns ḥp* est adopté par beaucoup (BP, Condamin, Nicholson...). *ḥp* désigne Apis dans un texte phénicien cité par KB[3] au mot *ḥp*.

un oracle adressé à des Égyptiens ? Ce point de contact est encore plus artificiel, si l'on examine de près l'oracle de 46/13ss. En 46/15, en effet, la mention du taureau Apis (le pluriel de majesté à propos d'Apis est ici tout à fait à sa place) nous introduit délibérément dans la culture égyptienne et non dans la culture grecque. Et la mention du taureau Apis nous invite à rester dans le contexte égyptien et à n'en pas sortir. Certes, aucune génisse n'apparaît dans la mythologie égyptienne, mais il ne faut pas pour autant renoncer à chercher à changer de monde culturel.

Volz me paraît être plus dans le vrai que Steinmann, quand il dit que l'image de 20a doit faire allusion à Isis, dont la représentation habituelle est celle d'une vache ; de même aussi Nötscher (cité par Weiser), qui se demande s'il n'y aurait pas allusion à Hathor, adorée sous les traits d'une vache. On peut ajouter à ces indications que les Égyptiens parlaient aussi du ciel divinisé comme d'une vache ; ainsi est-il dit à Amon : « Salut à toi ! ô grand qui est sorti de la vache Ihet » (cf. Barucq et Daumas, p. 283 et cf. la représentation de cette vache dans Erman 1952, p. 53). Quelques remarques sont à faire. D'une part, si plusieurs divinités font apparaître que la vache tient une grande place dans la représentation des divinités égyptiennes, aucune divinité d'Égypte, par contre, n'est représentée comme une génisse. D'autre part, la mention du taureau Apis semble nous obliger à chercher parmi les divinités égyptiennes celle qui pourrait représenter ici l'Égypte comparée à une génisse. Je ne vois qu'une solution pour maintenir la cohérence de cet oracle. Après la mention d'Apis, on attendrait la description de l'Égypte sous les traits d'une vache, ce qui serait une manière flatteuse de désigner l'Égypte à travers les traits d'une de ses principales divinités. En parlant de génisse et non de vache, Jérémie désigne bien l'Égypte sous les traits d'une de ses divinités vaches, mais en s'en moquant. La moquerie et le sarcasme de Jérémie ont bien des fois été notés, lorsqu'il est question de l'Égypte. La moquerie en 46/20 ne serait donc pas insolite.

Si plusieurs divinités égyptiennes sont représentées sous les traits d'une vache, laquelle d'entre elles serait ici visée ? Je crois que *ypypyh* peut nous aider à trouver. A ma connaissance, en effet, la divinité la plus saluée pour sa beauté est Hathor. Ainsi commence un hymne à Hathor : « Salut à elle, la vache d'or, au beau visage » (cf. Baruch et Daumas, p. 437 ; on peut y ajouter les nombreuses mentions du « beau visage » d'Hathor, p. 450, 451, 453*bis*, 454, 455). Il y aurait donc ici allusion à Hathor, ce qui ne pouvait échapper non plus aux Israélites, étant donné que des représentations de cette déesse avec des cornes ou une face de vache ont été trouvées hors d'Égypte et jusqu'en Israël (cf. celle de Beth Shéan). Voilà donc l'Égypte métaphorisée ici par Hathor, « une très belle génisse » !

Sur le plan métaphorique, on pourrait dire que l'affirmation « l'Égypte est une belle vache » ou « l'Égypte est Hathor » serait métonymique (désignation d'un pays par une de ses divinités) ; cependant en remplaçant « vache » par « génisse », il semble bien que l'on passe de la métonymie à la métaphore, avec passage d'un animal qui représente une déesse à un autre animal qui ne la représente normalement pas. Je crois donc que 46/20a est une métaphore reposant sur une métonymie et s'en séparant par dérision ; « vache » appartient à l'isotopie des divinités égyptiennes, mais « génisse » n'appartient pas à cette isotopie. Il y a donc bien changement isotopique en 20a.

Qu'en est-il maintenant du taon qui vient du Nord ?

D'après Lundbom (p. 57 s.) le verbe *bw'* en 46/20 formerait une inclusion avec l'autre occurrence de ce verbe en 46/21, ce qui permettrait alors de trouver le sujet métaphorisé dans le sujet grammatical de *b'* en 46/21 : « le jour du désastre ». La remarque de Lundbom me paraît incomplète. Si, en effet, *b'* en 46/20 peut faire inclusion avec *b'* en 46/21, ce même *b'* en 46/20 fait également inclusion avec *ybw'* en 46/18. Il y a dans ce passage trois et non pas deux occurrences de *bw'*. Laquelle de ces occurrences peut alors éclairer celle de 46/20 dans la recherche du métaphorisé ? Je crois que la logique de la lecture de l'oracle veut que ce soit celle qui précède (46/18) et non celle qui suit (46/21). En effet, après la lecture de 46/18, où *bw'* a pour sujet grammatical le métaphorisé de la métaphore du Tabor et du Carmel (et ce métaphorisé, comme on l'a vu, est l'ennemi de l'Égypte), c'est à ce même métaphorisé que l'on doit penser lorsqu'on arrive à la lecture de 46/20. Cette logique de la lecture permet de dire que c'est « l'ennemi de l'Égypte » qui est sujet métaphorisé en 46/18, comme en 46/20a. En outre, comme il est dit en 46/20 que le taon vient « du Nord » (*mṣpwn*), cette mention du *ṣpwn*, extrêmement fréquente quand il est question d'un ennemi annoncé par Dieu (cf. 1/15, 4/6, 6/1, 22, 10/22, 13/20, 25/9, 46/24, 47/2, 50/3, 9, 51/48) confirme qu'il doit bien s'agir ici d'un ennemi annoncé par Dieu. Je crois donc, contre Lundbom, que le métaphorisé est ici le même qu'en 46/18 (cf. plus haut, p. 388 ce qu'il a été dit de ce métaphorisé). Le même anonymat redoutable demeure et la même précision donnée dans le titre (46/13) éclaire cet anonymat : il s'agit de Nabuchodonosor. De ce fait, le verbe *bw'* est aussi foyer de la métaphore, avec en sous-entendu : « l'ennemi, Nabuchodonosor, vient du Nord ».

L'image du taon choisie pour Nabuchodonosor peut, au premier abord, paraître dépréciative. Il en serait ainsi si l'on en restait à des connotations de notre culture française. Mais il n'en est sans doute rien, si l'on en reste au contexte égyptien de l'oracle. En effet, Erman signale (1952, p. 169) qu'en Égypte, parmi les récompenses données aux guerriers valeureux, on trouve des figurines de lion ou de mouche. Les mouches seraient donc (comme chez Homère aussi, cf. Iliade 15/131) signe de témérité au même titre que le lion. S'il en est ainsi, l'image du taon est très flatteuse pour Nabuchodonosor et désigne ce dernier comme un guerrier valeureux, devant lequel l'Égypte est aussi démunie qu'une génisse devant un taon et ne peut trouver son salut que dans la fuite.

Pour les auditeurs israélites de Jérémie, et surtout pour les auditeurs égyptophiles, la métaphore est extrêmement moqueuse. L'Égypte peut être un bel animal de grande taille, elle peut même être conduite par des divinités représentées sous les traits de bovidés (Apis, Hathor et les autres), il n'en demeure pas moins qu'un minuscule taon suffira à mettre tout cela en fuite ! Quant aux mercenaires de l'Égypte, ils ne résisteront pas plus. L'ironie continue dans la présentation de ces mercenaires : ceux-ci n'ont rien de taureaux belliqueux ; ils sont tout juste comparables à des veaux « à l'engrais », préparés pour la boucherie et non pour le combat[40]. Toute la grandeur de l'Égypte, avec son armée et ses divinités, est ici mise à mal par l'ironie des métaphores.

Un dernier point est à signaler à propos de la mention du Saphon, qui, on l'a vu, ne peut faire penser qu'à Baal[41]. En faisant venir le taon du Saphon, le métaphorisant choisi par Jérémie disqualifie totalement Baal. Ce dernier, en effet, a comme principale représentation celle du taureau. La déesse Hathor, « la belle vache », est la déesse de l'amour. Après avoir mentionné la disparition du taureau Apis, on pourrait s'attendre à ce que l'oracle annonce la venue d'un nouveau taureau pour aimer « la très belle génisse ». Venant du Saphon, Baal ferait l'affaire, d'autant plus que les textes sur Baal nous informent sur l'amour de ce dieu pour les génisses : « Baal aime une génisse (*'glt*) dans le pâturage » (cf. Caquot, Sznycer et Herdner, p. 248). Mais, point de taureau venant du Saphon : c'est un taon qui vient ! L'ennemi par excellence du taureau ! Voilà Baal disqualifié, tourné en ridicule.

---

40. Cf. 1 S 28/24 et Am 6/4, où *mrbq* indique que les animaux « à l'engrais » sont avant tout destinés à être mangés. Le sens de la métaphore de 46/21 est bien vu par les commentateurs. Duhm note ainsi que les veaux à l'engrais font de bien piètres bêtes de combat. Weiser ajoute qu'il s'agit d'animaux qui se font nourrir et qui ne vont même pas chercher leur propre nourriture. Tout cela est vrai et moqueur pour les mercenaires. Sur ces mercenaires de l'Égypte à l'époque de Jérémie, Hérodote nous donne des informations intéressantes : « Des Ioniens et des Cariens en quête de butin se virent forcés d'aborder en Égypte (...). Le roi (= Psammétique) fait bon accueil à ces Ioniens et Cariens et, par de magnifiques promesses les décide à se ranger à ses côtés » (2/151). « Aux Ioniens et aux Cariens qui l'avaient secondé, Psammétique donna des terres où s'établir, situées en vis-à-vis de chaque côté du Nil (...). Les Ioniens et les Cariens habitèrent longtemps ce territoire » (2/154). De là à penser que l'ardeur de ces mercenaires a pu s'émousser une fois ces derniers confortablement installés, et l'on comprendrait la moquerie de Jérémie. En fait il n'en est rien. « Apriès arma ses auxiliaires étrangers et marcha contre les Égyptiens. Il y avait autour de lui des auxiliaires Cariens et Ioniens au nombre de 30 000 » (2/163). Même bien installés et bien nourris, ces mercenaires répondirent au Pharaon pour faire régner l'ordre sur son territoire. Ces mercenaires semblaient être la principale force armée de l'Égypte. Pour s'en moquer, comme le fait Jérémie, il fallait être sûr de la force supérieure d'une autre armée. En comparant les mercenaires égyptiens à des veaux mis en fuite par un taon, Jérémie donne une idée de l'immense supériorité de l'armée choisie par Dieu contre l'Égypte.

41. Parler ici de Baal n'est pas sortir de l'univers culturel des Égyptiens. Baal, en effet, et même Baal Saphon, avait aussi son culte en Égypte (cf. Pritchard 1950, p. 249 s.).

8. MÉTAPHORE DES BÛCHERONS (46/22-23)

Ils viennent vers elle avec des haches comme des bûcherons ; ils abattent sa forêt, bien qu'elle soit impénétrable.

REPÉRAGE DE LA MÉTAPHORE

En 22b la présence de la particule de comparaison (*k*) constitue un indice formel : « comme des bûcherons ». L'isotopie des bûcherons, introduite par la particule, est totalement absente depuis le début de l'oracle (46/13) jusqu'à 22a, en sorte qu'on peut parler de changement d'isotopie, même si l'on ne sait pas au juste qui sont ceux qui « viennent comme des bûcherons ». Le changement isotopique par rapport au contexte et la particule permettent de repérer ici une métaphore.

DÉLIMITATION DE LA MÉTAPHORE

Le premier terme de l'isotopie des bûcherons est *qrdmwt* (des haches) en 22b ; il se trouve avant la particule de comparaison, c'est-à-dire dans l'énoncé métaphorisé, accompagné du verbe *bw'*, qui apparaît comme foyer, en sorte que cet énoncé métaphorique peut être ainsi développé : « ils viennent avec des haches comme des bûcherons viennent avec des haches ».

En 23a, l'expression qui suit la mention des bûcherons relève aussi de l'isotopie métaphorisante (« ils abattent sa forêt ») ; on y ajoutera *ky l' yḥqr* (« bien qu'elle soit impénétrable »), qui a pour sujet *y'r*, car cette expression décrit la forêt qui est abattue.

Dans cet énoncé, *n'm yhwh* se trouve en incise ; il s'agit d'une expression qui donne une information sur le genre littéraire de l'ensemble du texte, mais qui ne relève pas en propre des deux isotopies mises en jeu dans la métaphore. Cette incise peut donc être écartée de l'énoncé métaphorique.

En 23b se trouve une nouvelle métaphore, avec une nouvelle isotopie métaphorisante (celle des sauterelles), ce qui exclut 23b de la métaphore des bûcherons.

La métaphore des bûcherons commence donc avec la mention des haches et se termine à la fin de 23a. Le verbe *bw'* y apparaît déjà comme foyer. On peut ajouter *krt*, dont le sujet est le même que celui de *bw'* (c'est-à-dire le métaphorisé), mais dont le sujet peut être aussi *ḥṭby 'ṣym* (c'est-à-dire le métaphorisant). La métaphore a donc deux foyers : *bw'* et *krt*.

ÉTABLISSEMENT DU TEXTE

En 22b, une cinquantaine de manuscrits hébreux ont *lk* au lieu de *lh*. Cette graphie, qui n'est attestée par aucune version (pas plus par les filles du TM que par la LXX et ses filles), semble fautive ; elle peut venir, en effet, d'une dittographie du *k* suivant.

Dans quelques manuscrits hébreux[42], en 23a, se trouve le pluriel *yḥqrw*, au lieu du singulier. Le pluriel est retenu par Condamin, Rudolph et Aeschimann, qui lui donnent le sens de « ils sont innombrables », ce qui est possible si l'on considère 1 R 7/47, où *l' nḥqr* signifie « incalculable » (à propos d'un poids : *mšql*). Ce pluriel serait à rattacher à ce qui suit et *ky l' yḥqrw* serait en parallèle avec *ky rbw*. Cependant, avec l'ensemble de 23b, cela ferait une triple mention du grand nombre des arrivants (« car ils sont innombrables/car ils sont plus nombreux que des sauterelles/ et l'on ne peut les compter »). Ce rythme ternaire, inhabituel en hébreu, paraît boiteux. En outre, étant donné que *yḥqrw* n'est attesté par aucune version, on peut le considérer comme fautif : il semble, en effet, provenir du fait que les trois verbes précédents sont au pluriel. Avec Duhm, Bright, Thompson et d'autres, je pense que le singulier, bien attesté par l'ensemble des versions, est à retenir. Ce singulier signifie que la forêt est « impénétrable », de même qu'en 31/37 les fondements de la terre sont « inexplorables » ou « impénétrables ». Dans cette expression au singulier *ky* signifie « bien que » (cf. J 171b).

Dans la Peshitta et dans certains manuscrits de la LXX le premier verbe du verset 23 est à l'impératif (« coupez sa forêt »). Cet impératif ne vient pas d'une différence de *Vorlagen*, mais d'une autre vocalisation[43]. Cet impératif n'est certainement pas à retenir. Le plus ancien manuscrit qui atteste l'impératif ne date que du VIe s. (il s'agit du codex Marchalianus). Tous les manuscrits antérieurs à cette date (Alexandrinus, Sinaïticus, Vaticanus) ont un indicatif. Je considère donc l'impératif comme une lecture tardive et fautive (dont peut dépendre aussi la Peshitta).

ÉTUDE DU MÉTAPHORISANT

Des bûcherons viennent avec des haches ; ils abattent la forêt, bien qu'elle soit impénétrable..

Les bûcherons mis en scène dans cette métaphore apparaissent tout d'abord comme des êtres assez extraordinaires ; ils s'attaquent, en effet, à une forêt, qui est dite *l' yḥqr*. Le qal de *ḥqr* signifie « explorer », en sorte que le niphal peut avoir le sens de « exploré », « explorable » ou « pénétrable ». L'expression *l' yḥqr* peut vouloir dire deux choses. Ou bien la forêt est impénétrable parce qu'elle est particulièrement dense ; ou bien elle est inexplorable à cause de certains dangers particulièrement redoutables. Les commentaires insistent généralement sur la densité de la forêt et négligent ce que peut avoir de dangereux une forêt. Pourtant, il est souvent question dans l'AT des animaux sauvages qui peuplent la forêt et qui rendent celle-ci dangereuse ; en Ps 80/14 il est question des sangliers ; 2 R 2/24 parle des ours ; quant à Jr 5/6, 12/8, Am 3/4 et Mi 5/7, ils mentionnent les lions.

---

42. Les informations à ce sujet ne sont pas claires ; dans BHK, dans Aeschimann et dans le commentaire de Rudolph, il est question de plusieurs manuscrits ; cependant, le même Rudolph dans BHS, ainsi que Volz, ne parlent que d'un seul manuscrit !

43. Étant donné que le piel de *krt* n'est pas attesté dans l'AT, on ne peut pas considérer *kâreṯû* comme un impératif piel, en sorte que, malgré ce que dit TOB, la forme n'est pas ambiguë. Pour voir ici un impératif, il faut avec Giesebrecht et Duhm modifier la vocalisation pour en faire un impératif qal : *kireṯû*.

Il a même pu arriver que, lors d'une guerre, la forêt fît plus de victimes que les soldats (2 S 18/8). S'il s'agit d'une forêt impénétrable à cause de sa densité, le travail des bûcherons y est particulièrement difficile. S'il s'agit d'une forêt impénétrable à cause des dangers qu'elle renferme, le bûcheronnage y est tout aussi difficile, en sorte que, de toute manière, les bûcherons dont il est question ici sont assez extraordinaires par leur courage et par leur ardeur au travail. Ce n'est pas quelques arbres qu'ils abattent, mais une forêt entière.

Le *ḥṭb 'ṣym* est peu mentionné dans l'AT (Dt 29/10, Jo 9/21, 23, 27, 2 C 2/9 et Jr 46/22), mais les textes où il apparaît laissent clairement voir que pour Israël ce corps de métier était, avec celui de puiseur d'eau (Dt 29/10, Jos 9/21, 23, 27), réservé à des étrangers. Aucun Israélite n'est connu pour avoir exercé un tel métier. En Dt 29/10 c'est l'étranger (*gr*) qui est bûcheron et puiseur d'eau. En Jos 9/21, 23, 27, ces deux métiers sont ceux des Gabaonites. En 2 C 2/9 il est question des bûcherons de Hiram, roi de Tyr. Si les Israélites reconnaissaient leur méconnaissance du bûcheronnage (cf. 1 R 5/20), c'est très certainement parce que cette activité était considérée par eux comme servile. Cela ressort très clairement de Jos 9, où l'on apprend que les Gabaonites usèrent d'une ruse envers Israël pour avoir la vie sauve. Une fois la ruse découverte, les Gabaonites furent déclarés maudits (*'rwrym*, 9/23) et on leur infligea les métiers de bûcheron et de puiseur d'eau, au service d'Israël (9/23, 27). En 2 C 2/7, 9, les bûcherons sont aussi clairement présentés comme des serviteurs (*'bdym*). Telle me paraît donc être la principale connotation de *ḥṭby 'ṣym* pour les auditeurs israélites de la métaphore : le métaphorisant choisi par Jérémie est un non-Israélite, qui travaille pour le compte de quelqu'un d'autre.

Bright et Thompson pensent que si les bûcherons abattent la forêt, c'est parce qu'ils sont à la recherche du serpent, dont il est fait mention en 22a. Cela ne me paraît pas du tout éclairant. Il ne semble pas, en effet, que la meilleure méthode pour trouver un serpent soit d'abattre la forêt dans laquelle il se cache, car un serpent peut se cacher aussi bien (et peut-être mieux !) dans des arbres abattus que dans des arbres sur pied. Rien ne permet de dire que la métaphore du serpent et celle des bûcherons se complètent. Il vaut donc mieux les considérer séparément. Si donc les bûcherons abattent ici une forêt, c'est parce que mieux que quiconque ils peuvent accomplir ce travail.

Nous sommes donc ici en présence de professionnels, qui exercent leur métier avec un étonnant courage et (en connotation) pour le compte de quelqu'un d'autre.

ÉTUDE DU MÉTAPHORISÉ

Ils viennent vers elle avec des haches ; ils abattent.

Les suffixes féminins en 22b (*lh*) et 23a (*y'rh*), comme en 21 (*bqrbh*) et 22a (*qwlh*), ont pour antécédent *mṣrym* (20 a). C'est donc bien l'Égypte qui est visée ici. Si cela est clair, rien ne dit par contre quel est le sujet des verbes au pluriel en 22-23. Qui donc vient en Égypte ? Tous les emplois précédents du verbe *bw'* sont au singulier (46/18, 20, 21).

Par trois fois dans cet oracle le verbe *bw'* se trouve dans des textes métaphoriques (46/18, 20, 22) ; il est d'abord au singulier, puis au pluriel, mais chaque fois le sujet métaphorisé n'est pas désigné, ce qui rapproche ces trois passages, en leur conférant une dimension mystérieuse. En 46/20 on apprend que le métaphorisé vient du Nord, ce qui prépare 46/24, qui lève un peu plus le voile sur le métaphorisé : l'Égypte est livrée au « peuple du Nord ». Le collectif *'m* explique pourquoi le métaphorisé est tantôt un singulier (46/18, 20), tantôt un pluriel (46/22). On sait bien sûr par le reste du livre de Jérémie que le peuple du Nord doit être Babylone, mais il est à noter que dans l'oracle en 46/14-24 cela n'est jamais précisé. En 46/26 l'identité babylonienne du peuple est dévoilée, mais la plupart des commentateurs estiment, avec raison me semble-t-il, que ce verset, en prose et absent dans la LXX, est secondaire. Il peut en être de même aussi du titre (46/13), qui mentionne la venue de Nabuchodonosor. Si donc dans un premier stade l'oracle a été limité à 14-24 (ou 14-25), on notera que tout y est mis en œuvre pour ne révéler qu'à la fin que la menace qui plane sur l'Égypte est le « peuple du Nord », sans que le nom de ce peuple soit donné.

Si le contexte aide à découvrir le métaphorisé, cela reste encore à vérifier dans l'énoncé même de la métaphore des bûcherons.

A l'indice formel (la particule *k*) signalé dans le repérage de la métaphore peut être ajouté ici un indice sémantique : cet indice réside dans le caractère insolite de la mention de la forêt de l'Égypte. Comme le signale, en effet, Erman (1952, p. 14), l'Égypte se caractérise par l'absence totale de forêt : « Ce qui, dans le paysage égyptien, paraît le plus singulier — l'absence des forêts et la rareté des arbres — existait certainement déjà dans l'antiquité ». La mention insolite de la forêt en 46/23 convient avec le métaphorisant et permet de dire que ceux qui viennent avec des haches ne sont pas de réels bûcherons. Que sont donc ceux qui viennent « avec des haches » sans être bûcherons ?

Les informations données par l'AT sur les différents utilisateurs de la hache sont peu nombreuses, mais éclairantes. En 1 S 13/20-21, la hache (*qrdm*) est utilisée par des paysans, ce qui permet de voir que, sans être des bûcherons de métier, les Israélites possédaient tout de même des haches pour accomplir quelques travaux de bûcheronnage. Par ailleurs, en Jg 9/48, on trouve un *qrdm* dans la main d'Abimélék lors d'une campagne militaire, ce qui montre que ce chef avait une hache dans son armement ; cependant il s'en sert pour couper une branche et non pour se battre. En Ps 74/5 les soldats ennemis manient aussi des haches pour saccager le Temple et non pour se battre. On note donc que, à côté des civils, qui bûcheronnent (professionnellement ou pas), se trouvent des soldats porteurs de haches, qui ne leur servent pas pour se battre, mais qui pouvaient leur servir pour des travaux de sape ou de démolition.

Il ressort de l'AT que *qrdm* appartient à deux isotopies : celle du bûcheron et celle du soldat. Grâce à cette double appartenance isotopique, on peut dire avec certitude que celui qui tient une hache, sans être réellement un bûcheron, ne peut être qu'un soldat. Cette information sur le métaphorisé concorde avec ce que nous savons par ailleurs sur le peuple du Nord.

A propos de la hache, nous sommes bien documentés sur les Babyloniens du deuxième millénaire, mais beaucoup moins bien sur ceux du premier millénaire et sur les contemporains de Jérémie. Au deuxième millénaire la hache était l'arme spécifique d'un corps d'élite de soldats appelés ba'irum (cf. Cardascia, p. 52). Elle était utilisée pour le corps à corps, si l'on considère cette scène de la première dynastie babylonienne représentant un homme terrassant son adversaire et lui fracassant le crâne avec une hache (cf. Pritchard 1954, fig. 308). Au premier millénaire, Bonnet affirme (1977, p. 40) que l'épée et le poignard ont supplanté la hache, reléguant celle-ci aux seuls travaux de sape[44].

Si les informations sur l'utilisation militaire de la hache à Babylone à l'époque de Jérémie manquent, c'est par un faisceau d'informations venant de tout le Proche-Orient que nous pouvons voir plus clair. La démarche semble être légitime, dans la mesure où l'armement a dû évoluer à peu près de la même manière dans tout le Proche-Orient.

Dans le Dictionnaire de la Bible, à l'article « armées étrangères » (T. I, col. 991s, figure 268), Vigouroux reproduit un document, où l'on voit des soldats égyptiens de la XVIIIe dynastie avec des haches. L'attitude de ces soldats du deuxième millénaire montre que, de la même manière qu'à Babylone à pareille époque, la hache était utilisée pour le combat. Dans le même sens, Bonnet parle (p. 30) de monuments égyptiens du deuxième millénaire montrant des Syriens, des Palestiniens et des Égyptiens se battant avec des haches. Il signale aussi (p. 40) qu'au premier millénaire la hache était en perte de vitesse dans l'armée égyptienne et qu'elle avait tendance à devenir une arme symbolique pour les parades. Seul le chef en portait une en or, qu'il tenait du Pharaon. Si telle était la situation en Égypte, chez les destinataires de l'oracle de Jérémie, en était-il de même dans l'armée annoncée, venant du Nord ?

Je crois qu'il faut en rester aux remarques de Bonnet : en Égypte, à l'époque de Jérémie la hache ne devait plus servir qu'à la parade, alors qu'en Mésopotamie, d'après les bas reliefs assyriens, elle était réellement employée. Le document reproduit in Vigouroux (DB T. I, col. 989s., figure 264, arti-

---

44. Bonnet s'appuie sur les bas-reliefs assyriens de l'époque d'Assurbanipal, où dans les corps à corps les haches ne sont pas utilisées. Comme cependant des haches se trouvent dans les carquois des soldats, Bonnet en conclut qu'elles servaient pour la sape. Par ailleurs, Bonnet considère que l'armement assyrien a dû être le même que celui des Babyloniens du premier millénaire, ce qui me paraît vraisemblable, en tout cas pour ce qui est de l'utilisation de la hache, d'autant plus qu'en Israël aussi (d'après ce qu'on a vu dans l'AT) au premier millénaire la hache n'est plus mentionnée pour le corps à corps, mais pour la sape ou la démolition.

cle « armées étrangères ») montre que les soldats assyriens s'en servaient pour abattre réellement des arbres en pays ennemis, ce qui s'accorde avec les récits de même époque, où les Assyriens se vantent de ramener des arbres dans leur butin (cf. plus haut, p. 290 s.). Tiglat Pileser a abattu des arbres sur le Liban lors d'une campagne (Pritchard 1950, p. 275) ; Assurbanipal (*ibid.* p. 276) et Salmanassar III (*ibid.* p. 278) ont fait de même dans l'Amanus. Sans doute les Assyriens ont-ils fait de même en Israël lors de la chute du Royaume du Nord. Je ne sais ce qu'il en était chez les Babyloniens, mais je crois qu'à partir des souvenirs laissés par les Assyriens en Israël, Jérémie a très bien pu penser que le « peuple du Nord » utilisera la hache de la même manière (on a déjà vu que Jérémie donne parfois à l'ennemi du Nord des traits assyriens, cf. plus haut, p. 113 et 121). C'est donc en parfaite conformité avec la réalité que Jérémie peut dire : « ils viennent avec des haches et abattent la forêt ». En parfaite conformité avec la réalité pour bien des pays envahis par le peuple du Nord, cependant pas pour l'Égypte, puisqu'en ce pays il n'y a pas de forêt. Dans cet oracle sur l'Égypte, je retiens donc dans l'énoncé métaphorisé « ils viennent vers elle avec des haches », car cela décrit la réalité. Mais la mention de la forêt (et qui plus est de la forêt « impénétrable » !) est un détail métaphorisant, qui peut servir à décrire une réalité autre.

La difficulté ici vient du fait que le métaphorisé de *y'r* n'est pas désigné et que rien ne permet de penser que *y'r* est une métaphore morte. Selon Weiser, *y'r* désignerait ici la population égyptienne. Il est vrai que dans bien d'autres passages de Jérémie des individus sont comparés à des arbres (cf. 11/19, 17/8 et 22/6s déjà vus, ainsi que 12/2) ; le terme *y'r* ne se trouve pas dans ces passages, mais le verbe *krt* y est employé métaphoriquement comme ici (cf. 11/19 et 22/7). La forêt « impénétrable » pourrait alors faire allusion à la densité de la population, mais aussi à la menace que représenteraient les Égyptiens pour tous ceux qui voudraient les approcher. Cependant, une telle interprétation s'accorde mal avec le reste de l'oracle. Dans les versets précédents, en effet, (19-21) il n'est pas question d'« abattre » (*krt*) sur place les Égyptiens comme des arbres, mais de les mettre en fuite, eux et leurs mercenaires (20-21), ou bien de leur faire prendre la route de l'exil (19a : *gwlh*).

Selon Steinmann, *y'r* désignerait ici les palais égyptiens, de la même manière que *y'r* désigne en 21/14 les palais jérusalémites. Cette interprétation me paraît mieux convenir avec le reste de l'oracle. En effet, après avoir mis en fuite la population, les mercenaires, ainsi que les dieux de l'Égypte (cf. Apis en 46/15), le peuple du Nord peut s'attaquer aux bâtiments (cf. Ps 74/5-6 décrivant les méfaits des soldats avec leurs haches dans des bâtiments). La forêt « impénétrable » ou « inexplorable » serait alors les palais et les temples égyptiens, jusque là inviolés et inexplorés par des étrangers. Cette « exploration » avec destruction (*krt*) serait alors profanation et blasphème, si l'on en croit la réaction de l'Égypte, décrite au verset suivant : « elle a honte ». La difficulté d'une telle interprétation est qu'elle a un côté invraisemblable : palais et temples égyptiens sont plus en pierre qu'en bois, en sorte que des hommes avec de simples haches ne peuvent les abattre, même si ces hommes sont particulièrement valeureux.

La destruction de bâtiments avec des haches est vraisemblable en Israël (cf. Ps 74/5-6), même s'il s'agit de belles constructions. Dans les constructions salomoniennes charpentes et colonnes étaient en bois, ce qui explique qu'un des palais soit appelé « maison de la forêt (*y'r*) du Liban » (1 R 7/2, 10/17, 21, 2 C 9/16, 20) ou tout simplement « maison de la forêt (*y'r*) » (Es 22/8). C'est à partir du nom de ce palais qu'on peut voir dans la mention de la forêt en 21/14 une désignation métonymique pour tous les palais de Jérusalem. On pouvait avec des haches abattre cette forêt-là et la détruire par le feu. La difficulté de 46/23 pourrait alors être résolue de la manière suivante : vus d'Israël les palais égyptiens pouvaient être décrits sur le modèle des palais jérusalémites et leur destruction pouvait être envisagée par Jérémie à partir de la réalité israélite.

Une autre piste me paraît meilleure pour résoudre la difficulté de 46/23. Si des hommes ne peuvent pas venir à bout des grandes constructions égyptiennes, ceux que Jérémie annonce, venant avec des haches, peuvent être plus que des hommes. Comme on l'a noté plusieurs fois, l'ennemi annoncé et envoyé par Dieu peut être investi par lui de forces surnaturelles. Cela pourrait se retrouver ici, si l'on considère que la hache était, à toute époque, un attribut divin, entre les mains de plusieurs divinités[45], et en particulier entre les mains de Bel, Dieu de Babylone (cf. la mention de Bel en 50/2). Ceux qui « viennent avec des haches » et qui osent s'attaquer aux constructions « impénétrables » des Égyptiens sont à mon avis, des soldats du peuple du Nord accompagnés de leur dieu. Ainsi peut-on admettre que Jérémie annonce la venue d'individus (sans plus préciser) capables d'abattre avec des haches les constructions égyptiennes.

On pourrait être étonné de voir Jérémie reconnaître un certain rôle à des dieux étrangers, mais on peut remarquer qu'il ne le fait pas n'importe comment. D'une manière générale, dans Jérémie, lorsque le nom d'un dieu est donné, c'est toujours de manière critique (cf. ici Apis en 46/15, Amon en 46/25, ainsi que Kemosh en 48/7, Milkon en 49/1, 3, Bel et Marduk en 50/2, Baal en 2/8...). Mais lorsqu'un certain rôle positif est reconnu à un dieu étranger c'est toujours en refusant d'appeler ce dieu par son nom (ce qui est une manière de le dévaloriser) et en faisant de ce dieu un serviteur soumis au Dieu d'Israël, comme on l'a déjà vu dans certaines métaphores. Qu'en est-il ici ?

---

45. Cf. Pritchard 1954, fig. 611 (où deux des quatre dieux hitites tiennent en main une hache), fig. 499 (où Milqart, dieu araméen, tient aussi une hache), ainsi que les fig. 531, 532, 538 (où des dieux, non identifiés, tiennent chacun une hache). Voir aussi Vigouroux (*DB* T. I col. 1559, figure 474, article « Bel » ou Bel tient une hache).

L'anonymat du métaphorisé est très net en 46/22 (« on vient ») et, si cet anonymat désigne globalement le peuple du Nord avec son dieu, le nom de ce dernier est soigneusement laissé dans l'ombre. En outre, le choix du métaphorisant est extrêmement intéressant. « On vient comme des bûcherons », c'est-à-dire comme des individus exerçant un métier déprécié et servile. Le transport de sens du métaphorisant sur le métaphorisé permet de rabaisser le dieu étranger au rang des étrangers de petite condition qui exercent le métier de bûcheron pour le compte de quelqu'un d'autre. Grâce au métaphorisant choisi, le peuple et le dieu étrangers sont des serviteurs. Dans cet oracle qui proclame la royauté de Dieu (46/18), ils ne peuvent être serviteurs que de ce roi-là. Ainsi peut-on parler de la soumission du peuple et du dieu du Nord au Dieu d'Israël.

PS : Il se trouve qu'à Ugarit le titre *aliy qrdm* revient plusieurs fois, toujours utilisé pour Baal (67, 2/11, 18, 51, 8/34, 'nt 3/11 et 4/52, 'nt VI 6/25). Lokkegaard et Dahood (cf. KB³, p. 1061) en ont conclu que la hache (*qrdm = qrdm*) était le symbole de Baal, mais il s'agit là d'un contresens, car dans ce titre qrdm est le pluriel de qrd (= héros). *Aliy qrdm* doit alors être traduit par « le plus puissant des héros » (cf. Caquot, Sznycer et Herdner p. 75, 163, 169, 178, 221, 244 s.). On ne peut donc pas voir en Jr 46/22 une allusion à Baal.

9. MÉTAPHORE DES VENTS (49/36)

Je ferai venir sur Elam quatre vents des quatre extrémités du ciel, puis je les vannerai par tous ces vents.

REPÉRAGE DE LA MÉTAPHORE

Le verbe *zrh* a ici pour complément un suffixe pluriel, dont l'antécédent ne peut être que *'ylm*, considéré comme un collectif. On a vu plus haut (p. 303 s.) que le verbe *zrh* est polysémique et que de ce fait il appartient à plusieurs isotopies. Utilisé, comme ici, à propos d'un peuple, il prend le sens de « disperser » : « je disperserai les Élamites ». Pour que le verbe *zrh* prenne le sens de « vanner », il faut qu'il soit en relation avec un autre terme de l'isotopie du vannage (cf. plus haut, p. 303 s.), ce qui est le cas ici avec la mention des vents. Mais cela reste encore à préciser. En effet, l'expression « quatre vents » (*'rb' rwhwt*) peut être une désignation des quatre points cardinaux (cf. Ez 37/9, 42/20, Dn 8/8, 11/4, 1 C 9/24). Dans ce cas cette expression ne relève pas forcément de l'isotopie du vannage. Qu'en est-il ici ? S'agit-il d'une dispersion d'Elam à tous les vents, c'est-à-dire dans toutes les directions ? A la fin de 36a la mention des vents est accompagnée d'un démonstratif (*h'lh*), ce qui ne peut renvoyer qu'à la première mention des vents en début de 36a. « Tous ces vents » sont les « quatre vents » dont il est question juste avant. Or, ces quatre vents, Dieu les « fait venir » (*whb'ty*). Avec ce verbe de mouvement *rwhwt* ne peut pas désigner des points cardinaux (qui ne se déplacent pas), mais désigne des vents (qui eux se déplacent). S'il y a dans ce verset une dénotation des quatre points cardinaux, elle se trouve dans *'rb' qṣwt hšmym* (« les quatre extrémités du ciel ») et non dans *'rb' rwḥwt* (« quatre vents »). Le terme *rwḥ* ne désigne donc pas ici une direction, mais bien un vent. En tant que « vent », *rwḥ* appartient donc avec *zrh* à l'isotopie du vannage. C'est donc grâce à la présence du terme *rwḥ* que *zrh* prend ici le sens de « vanner ». Si les vents se lèvent ce n'est pas pour la dispersion d'Elam (la dispersion d'un peuple ne nécessite nullement la présence d'un ou plusieurs vents), mais pour son vannage. Avec *rwḥ* le verbe *zrh* passe d'une isotopie (celle de la dispersion) à une autre (celle du vannage). Tel est le changement isotopique que l'on peut constater dans ce verset.

Avec ce changement isotopique et avec la présence de l'isotopie du vannage, le suffixe de *wzrtym*, désignant les Élamites, est alors insolite, sur le plan sémantique (on ne vanne pas des gens). C'est cet insolite qui est l'indice sémantique permettant, avec le changement isotopique, de repérer une métaphore. Dans cette métaphore les Élamites sont comparés à la céréale un jour de vannage.

Si le sujet métaphorisant servant à décrire les Élamites n'est pas explicité (blé ? paille ? balle ?), il y a par contre dans la description du vannage une double mention des vents. De ce fait, l'attention est attirée par *rwḥwt* et sur ce qui peut être désigné métaphoriquement par les vents. *rwḥwt* est mis en évidence et se présente comme le sujet métaphorisant de la métaphore.

DÉLIMITATION DE LA MÉTAPHORE

L'isotopie du vannage est représentée par le verbe *zrh* et par les deux occurrences de *rwḥwt* en sorte que l'énoncé métaphorique se limite aux expressions contenant ces termes, c'est-à-dire à l'ensemble de 36a. Aucun terme ne permet d'étendre cet énoncé à 35 ou 36b.

ÉTABLISSEMENT DU TEXTE

Aucune difficulté n'est à signaler dans les versions anciennes, en sorte que l'on peut considérer que le texte est bien établi.

Les seuls points à examiner ici relèvent de la critique littéraire. Condamin signale que pour Cornill le verset 36 est une glose, ce que pense aussi BC. D'autres exégètes (Rudolph, Bright, Steinmann) estiment que la glose se limite à une partie seulement de ce verset (à partir de *wzrtym* jusqu'à la fin). Les arguments avancés par les uns et par les autres sont en partie les mêmes. Du point de vue du contenu, tout d'abord, la mention de la dispersion des Élamites apparaît trop tôt dans l'oracle (en 49/37 ces mêmes Élamites semblent être encore dans leur territoire). Du point de vue de la forme, ensuite, le style est très nettement dépendant d'Ezéchiel, d'une part, et présente, d'autre part, un caractère prosaïque qui brise l'unité de l'oracle.

Du point de vue du fond, on peut répondre en notant avec Condamin que cet oracle n'est qu'une succession de parfaits invertis (de 36 à 39), après un participe avec *hnh* (verset 35) qui indique que ces parfaits invertis se situent tous dans la sphère du futur proche, à l'exception du dernier qui, avec la précision *b'ḥryt hymym* (« dans la suite des temps »), se situe dans un avenir lointain. Mis à part ce dernier parfait inverti, tous les autres (de 36 à 38) se situent sur le même plan, en sorte qu'il ne faut pas chercher en eux une énumération d'événements se succédant logiquement dans le temps. Je crois que ces parfaits invertis (de 36 à 38) décrivent de différentes maniè- res, d'abord métaphoriquement (v. 36) puis réellement (37-38), les mêmes événements. Il n'y a donc pas lieu de supprimer (ou de déplacer même) le verset 36 ou l'une de ses parties.

La structure de cet oracle me paraît être très solide. Après l'introduc- tion, où l'action de Dieu est décrite avec un participe (49/35 avec *hnny šbr*), et avant la conclusion, où l'action de Dieu est décrite avec un inaccompli (49/39 avec *"šyb*), se trouve un ensemble de stiques commençant tous par un parfait inverti qui décrit l'action de Dieu. Cet ensemble commence par *whb'ty* et cette même forme se retrouve en 37aβ, ce qui permet de remar- quer la présence de deux strophes, commençant chacune par *whb'ty* et cons- tituée chacune de trois stiques. Les stiques de la première strophe commen- cent par *whb'ty*, *wzrtym* et *whhtty* ; ceux de la seconde par *whb'ty*, *wšlhty* et *wśmty*. Supprimer le verset 36 ou la moitié de ce verset déséquilibre la structure de l'oracle, mais il faut reconnaître que le deuxième stique du ver- set 36 est plus long que les autres. Je ne pense pas qu'il faille pour autant faire entrer ce stique dans le lit de Procuste.

Reste à apprécier, sur le plan du style, l'influence éventuelle d'Ézéchiel sur Jr 49/36. On peut noter tout d'abord que la mention des quatre vents est toujours chez Ezéchiel une désignation des points cardinaux (Ez 37/9 et 42/20), alors qu'elle ne l'est pas ici. Ensuite, la mention des quatre extré- mités du ciel (*'rb' qšwt hšmym*) est tout à fait originale ; elle ne se trouve nulle par ailleurs. Même sans l'indication du chiffre, *qšwt hšmym* ne se trouve pas ailleurs. Le seul point de contact important éventuel réside dans l'expression sur le vannage, mais là encore le style de Jr 49/36 n'est pas celui d'Ézéchiel. Chez ce dernier on trouve l'expression *zrh lkl rwh* (Ez 5/10, 12, 12/14), qui se retrouve en Jr 49/32, en sorte que, s'il y a influence d'Ezé- chiel, ce serait à la rigueur sur ce verset de Jérémie. Mais en Jr 49/36 l'expression est au pluriel (*zrh lkl hrhwt*), ce qui ne se retrouve pas plus en Ezéchiel que dans le reste de l'AT. Même le simple *kl hrhwt* ne se retrouve pas ailleurs dans l'AT. Bref, le style de Jr 49/36 est tout à fait original et n'est certainement pas dépendant d'Ezéchiel.

En conclusion, il ne me paraît pas possible de considérer le verset 36 (ou une partie de ce verset) comme une glose.

ÉTUDE DU MÉTAPHORISANT

Je ferai venir sur Elam quatre vents des quatre extrémités du ciel, puis je vannerai par tous ces vents.

Je renvoie ici à l'étude de 51/1s (cf. plus haut, p. 303 ss.), où se trou- vent déjà des informations sur le vannage.

La première remarque à faire est que le vannage, auquel on assiste ici, est tout à fait exceptionnel, voire surréaliste. Généralement, en effet, lorsqu'il est question de vannage, un seul vent est nommé (cf. Jr 13/24, 18/17, 51/1, Es 17/13, 41/16 (et peut-être 27/8), Ps 1/4, 35/5, 83/14, Jb 21/18). Ici interviennent non pas un, mais quatre vents, venant de directions opposées : ces vents vont-ils s'annuler ou provoquer un tourbillon quatre fois plus violent qu'un seul vent ?

Le meilleur vent pour vanner est très certainement le vent du Nord, si l'on considère que ce vent reçoit entre autres pour nom celui de *mzrym* (Jb 37/9, où ce vent, amenant le froid, est bien un vent du Nord), tiré de la racine *zrh* (vanner). Avec le vent d'Est, ou vent du désert, par contre, il n'est pas question de vanner, comme le précise Jérémie lui-même, en 4/11 (*l' lzrwt*, cf. plus haut, p. 130). Or, si l'on considère les scènes de vannage décrites en Jérémie, on s'aperçoit qu'elles font toutes intervenir un mauvais vent et que le résultat en est désastreux. Cela est très clairement apparu en 51/1, où le vent utilisé pour le vannage est le *rwḥ mšḥyt* (« vent destructeur »). En 18/17 c'est avec le vent d'Est (*rwḥ qdym*) que le vannage (*zrh*) est effectué, en sorte qu'il doit très certainement s'agir encore d'un vannage aux effets désastreux. Si l'on rapproche, en effet, 18/17 de 13/24, on s'aperçoit qu'avec le vent d'Est (18/17), ou vent du désert (13/24), il n'y a pas à proprement parler « vannage », mais « dispersion » (*pwṣ* en 13/24 au lieu de *zrh* en 18/17). Au lieu d'un bon vent du Nord, pour un vannage consciencieux, Jérémie parle d'un vent destructeur, d'un vent d'Est ou d'un vent du désert, en sorte que ses images de vannage sont inhabituelles, insolites dans un sens particulièrement négatif. Cet arrière-plan jérémien permet, me semble-t-il, d'aborder 49/32 (où le vannage est « à tout vent ») et surtout 49/36 : là encore le vannage est exceptionnel, là encore l'inhabituel réside dans ce qui est dit du vent. Grâce à l'arrière-plan jérémien, je crois pouvoir dire qu'en 49/36 les « quatre vents », venant de directions opposées (« des quatre extrémités du ciel ») ne doivent pas s'annuler, mais qu'ils doivent au contraire conjuguer leurs forces, provoquant ainsi une véritable tornade, désastreuse pour une opération de vannage. La mention des quatre vents doit être considérée comme une sorte de superlatif. De ce fait, le vannage effectué avec quatre vents ne peut être que désastreux pour la récolte.

ÉTUDE DU MÉTAPHORISÉ

Je disperserai les Élamites.

C'est avec insistance qu'il est question des vents dans l'énoncé métaphorisant et si l'on considère que ce n'est pas avec des vents réels que Dieu peut disperser un peuple, on s'aperçoit qu'il y a en *rwḥwt* une désignation métaphorique dénotant une autre réalité : quel est donc le sujet métaphorisé par les vents ? L'énoncé de la métaphore ne le précise pas, mais le reste de l'oracle permet de dire que ce sont des ennemis d'Elam (*'ybyhm* en 49/37) que Dieu fait venir, sans la moindre précision complémentaire sur l'identité de ces ennemis. L'oracle ne précise pas d'où viennent les ennemis. En parlant des vents qui viennent des quatre coins de l'horizon, Jérémie laisse la plus grande imprécision sur le lieu d'origine des ennemis. Cela ne surprend pas, en fin de compte, car Elam se situe à l'Est de Babylone, en sorte qu'il aurait été fautif de parler d'un ennemi du Nord, à propos d'Elam. Pour cette nation extrêmement lointaine (peut-être était-il difficile de la situer exactement), faire venir les ennemis de partout, comme des vents, était une manière de ne pas se tromper, tout en maintenant le côté menaçant de ces ennemis, venant de partout, et devant qui il n'est plus possible de fuir : plus question de s'échapper dans telle ou telle direction ! L'ennemi est-il Babylone ? Rien dans l'oracle ne permet de l'affirmer ou de le nier. D'après ce que nous savons par ailleurs, rien ne l'exclut en tout cas. L'oracle est daté du début du règne de Sédécias (49/34) ; or, à cette époque, un conflit entre Babylone et Elam semble avoir eu lieu, si l'on en croit la *Chronique* publiée par Wiseman[46]. Il se peut donc que l'ennemi soit Babylone.

Si Jérémie laisse l'ennemi d'Elam dans l'anonymat, il insiste par contre, avec une particulière force, sur le fait que c'est Dieu qui est le grand maître d'œuvre dans les événements qui surviennent en Elam. Du début de l'oracle à la fin, Dieu est sujet de presque tous les verbes. Les ennemis ne sont que des adjuvants utilisés par Dieu. Dans cette métaphore Dieu est le vanneur et si la scène est insolite il n'est point un vanneur inexpérimenté, se mettant au travail quand les conditions atmosphériques ne le permettent pas. Son vannage destructeur est, en effet, voulu, puisque c'est lui aussi qui fait venir les vents dont il a besoin. Le vannage est certainement désastreux, mais aussi soigneusement orchestré par le vanneur lui-même qui choisi les vents, dont il est maître. Elam dans tout cela n'est pas plus qu'un brin de paille soumis à la totale souveraineté de Dieu.

10. MÉTAPHORE DE L'AIRE (51/33)

La fille Babylone est comme une aire à l'époque où on la bat ; encore un peu et le temps de la moisson vient vers elle.

REPÉRAGE DE LA MÉTAPHORE

Un indice formel apparaît dans la particule de comparaison (*k*), qui fait de *grn* (« aire ») le sujet métaphorisant. A l'aire est comparée Babylone personnifiée (« la fille Babylone »), en sorte qu'entre cette personne et l'aire il y a clairement un changement d'isotopie, ce qui permet dès lors de parler d'une métaphore de l'aire.

A cette métaphore de l'aire s'ajoute un autre trait métaphorique dans la

46. Cette *Chronique* est malheureusement en mauvais état dans le passage qui nous intéresse. En ce qui concerne l'année 596 (qui est bien dans les débuts du règne de Sédécias), on y lit : « le roi d'El[am] fut effrayé ; une grande crainte tombant sur lui, il retourna dans son pays » (Wisemann p. 73, ligne 20). Comme cette *Chronique* provient de Babylone, on peut penser que Babylone est pour quelque chose dans la crainte d'Elam.

personnification de Babylone. Sur le plan de l'analyse on peut dire que Babylone (métaphorisé) est d'abord comparée à une fille (métaphorisant) et que l'ensemble « fille Babylone » est le sujet métaphorisé, qui a pour sujet métaphorisant « aire ». La métaphore de la fille sera étudiée plus loin, dans le dernier chapitre de ce travail ; j'étudierai ici la métaphore de l'aire en considérant alors « fille Babylone » comme sujet métaphorisé.

DÉLIMITATION DE LA MÉTAPHORE

Grâce à la présence du terme *qṣyr* (« moisson ») qui appartient à l'isotopie de l'aire, il est possible de dire que l'énoncé métaphorisant va de la particule de comparaison jusqu'à *qṣyr lh*, c'est-à-dire jusqu'à la fin du verset 33. Avant la mention du sujet métaphorisé (« la fille Babylone »), la formule de messager informe sur le genre littéraire du texte (un oracle), mais n'appartient pas à l'énoncé métaphorique. Avec le verset 34, c'est une nouvelle métaphore qui apparaît (celle du monstre), sans rapport avec la métaphore de l'aire, tant au niveau des métaphorisants qu'au niveau des métaphorisés (« le roi de Babylone » en 51/34 et « la fille Babylone » en 51/33).

Ceci dit, l'énoncé de la métaphore peut être délimité de *bt bbl* jusqu'à la fin du verset.

ÉTABLISSEMENT DU TEXTE

Le texte de la LXX présente quelques particularités : « les maisons du roi de Babylone sont comme une aire à l'époque où elles sont abattues ; encore un peu et vient sa moisson » (= 28/33).

Dans la LXX le sujet métaphorisé n'est pas « la fille Babylone », mais « les maisons du roi de Babylone ». Parmi les fautes fréquentes que l'on trouve dans les manuscrits se trouvent celles qui portent sur les matres lectionis (cf. Tov 1981, p. 206), en sorte qu'entre *bt* (« fille ») et *bty* (« maisons ») la confusion est facile. Ici les filles du TM (Aquila, Symmaque, Vulgate) s'accordent pour attester *bt*, à l'exception de Théodotion, qui semble avoir lu *bty* (*hoi oikoi babulônos*). Il est donc clair que certains manuscrits avaient *bt et d'autres bty* et que dans ces derniers on peut compter la Vorlage de la LXX. Cependant, où se trouve le faute entre *bt* et *bty* ?

Dans Jérémie, l'expression *bt bbl* est très rare : elle ne se retrouve qu'en 50/42, dans un verset assez éloigné du nôtre. Dans les versets qui précèdent 51/33 les dégâts causés à Babylone concernent presque essentiellement des constructions ou des lieux (le pays en 51/29, les habitations et les verrous en 51/30, la ville en 51/31, les passages en 51/32) ; dans ce contexte, la mention des maisons apparaît comme une *lectio facilior*, alors que la personnification de Babylone semble être assez inattendue. De ce fait, le contexte fait de *bt* une *lectio difficilior*, qu'il faut retenir.

Par rapport à Théodotion (*hoi oikoi babulônos*), la LXX se distingue par la mention du roi (*oikoi basileôs babulônos*), ce qui peut inviter à penser que la LXX n'avait pas forcément *mlk* dans sa Vorlage et qu'elle a pu traduire en interprétant son texte. Je crois que c'est le cas, en effet ; dans le contexte immédiat de la métaphore, *mlk bbl* apparaît en 51/31 et 34. Considérant alors que l'attention était attirée sur le roi de Babylone en 31 et 34, la LXX a voulu unifier l'ensemble en mentionnant aussi le roi en 33. De ce fait la mention du roi de Babylone en 51/33 est harmonisante et une *lectio facilior*.

Le sujet métaphorisé qui se trouve dans le TM est donc à conserver : « la fille Babylone ».

La traduction d'un actif avec suffixe (*hdrykh*) par un passif, dont le sujet est le suffixe de l'actif (*aloêthêsontai*) ne pose pas de problème. En outre, la présence du pluriel dans la LXX (« elles sont battues ») au lieu du singulier (« on la bat ») ne pose pas de problème non plus : il y a simplement dans la LXX harmonisation logique avec le sujet métaphorisé (« les maisons »). J'en profite pour signaler que la métaphore prend dans la LXX une signification particulière, grâce au clivage du foyer qui existe en grec et non en hébreu. En effet, le verbe *aloan* signifie « fouler » ou « battre », quand il s'agit de céréales sur une aire (cf. 1 C 21/20), et « démolir » ou « abattre », quand il s'agit de constructions (cf. Jr 5/17), en sorte que, dans la LXX, la métaphore peut être ainsi développée : « les maisons seront abattues comme une aire battue ». Mais cela fait déjà partie de l'histoire de l'interprétation de la métaphore.

En 33b, le mot *'t* n'est pas traduit par la LXX, ainsi que par la Peshitta et le Targum, ce qui me semble être la bonne leçon, comme le pensent Volz, Rudolph et Bright. Le TM, en effet, a très bien pu ajouter ce mot pour harmoniser avec le premier *'t* de 33a, ce qui est une *lectio facilior*. Cette harmonisation a pu aussi se faire sous l'influence de 50/16, où se trouve *'t qsyr*. Je corrige donc le TM sur ce point, selon la LXX, en supprimant *'t* et en remplaçant *b'h* par *b'* (cf. BHS), puisque *qsyr* (masculin) devient sujet de ce verbe.

Giesebrecht considère *hdrykh* comme un accompli, dont le sujet singulier est un impersonnel (cf. J 155d) ; ce verbe est celui d'une proposition relative asyndétique (cf. J 158a). Rudolph, dans BHS, propose de remplacer la première voyelle de cette forme verbale pour en faire un infinitif (*hadhrîkhâh*). Cela ne me paraît pas nécessaire, car la vocalisation massorétique peut aussi être celle de l'infinitif hiphil (cf. GK 53 l, qui, parmi les exemples d'infinitif hiphil en « i », mentionne Jr 51/33). Je retiens donc la vocalisation massorétique, sans pouvoir préciser s'il s'agit d'un infinitif ou d'un accompli (de toute manière le sens est le même).

ÉTUDE DU MÉTAPHORISANT

Une aire à l'époque où on la piétine ; encore un peu et la moisson vient vers elle.

Le premier point à examiner est l'étendue exacte de l'énoncé métaphorisant. Cela peut se faire avec l'identification de l'antécédent des suffixes féminins (ceux de *hdrykh* et *lh*). Selon Rudolph, l'antécédent est *grn* ; selon Bright, l'antécédent est *bt bbl*. Si les suffixes renvoient à *grn*, les expressions où ils se trouvent appartiennent à l'énoncé métaphorisant (« une aire à l'époque où on la piétine ; encore un peu et la moisson vient vers elle ») ; mais s'ils renvoient à *bt bbl*, ces mêmes expressions appartiennent alors à l'énoncé métaphorisé (« la fille Babylone à l'époque où on la bat ; encore un peu et la moisson vient vers elle »). *bt bbl* est, bien sûr, une expression féminine (chacun des termes même est féminin). Quant à *grn*, aucun autre texte de l'AT ne permet d'en connaître le genre. Le pluriel de ce mot a une forme féminine (*grnwt*, cf. 1 S 23/1, Os 9/1, Jl 2/24), ce qui ne préjuge pas forcément du genre, mais qui peut laisser penser que ce mot est féminin. Je le considérai comme tel ici, sans pour autant chercher à départager Rudolph et Bright. Je crois plutôt que l'antécédent peut être à la fois le sujet métaphorisant (*grn*) et le sujet métaphorisé (*bt bbl*) et qu'il pourrait y avoir dans cette métaphore une zone de mitoyenneté entre les énoncés. Reste maintenant à vérifier si la mitoyenneté est possible, du point de vue du contenu.

Le verbe *drk* dénote l'action de piétiner, fouler aux pieds, comme cela ressort clairement de Dt 11/24 et de Jos 1/3, où dans chacun des textes le sujet de ce verbe au qal est *kp rglym* ; comme cela ressort aussi de Jos 14/9, où le sujet de ce verbe au qal est *rgl*. C'est ainsi qu'on « pose son pied » (*drk*) sur un arc pour le bander (cf. Jr 46/9, 50/14, 29) ; c'est ainsi aussi qu'on « foule » le raisin (cf. Am 9/13). Si ce verbe est souvent employé pour le raisin, au point de devenir un terminus technicus (cf. Jg 9/27. Es 16/10, 63/2, 3, Jr 25/30, 48/33, Lm 1/15), il l'est aussi pour la pression des olives (Mi 6/15), mais jamais ailleurs pour une aire ou même pour des céréales, en sorte que nous nous trouvons ici devant une expression unique. D'après BC, *hdryk* dénoterait ici le travail de dépiquage des céréales. Cela ne me paraît pas exact pour deux raisons. Tout d'abord, d'après l'énoncé de cette métaphore, le « piétinement » dont il est question ici a lieu avant la moisson (cf. « encore un peu »). Or, le dépiquage se fait après et non avant la moisson. Ensuite, il existe en hébreu un verbe spécifique pour le dépiquage : *dwš* (cf. Os 10/11, Mi 4/13). Le verbe *drk* doit donc dénoter autre chose que *dwš*, autre chose que le dépiquage. L'interprétation de *hdryk* par Volz, Duhm, Rudolph et d'autres me paraît alors bien meilleure : peu de temps avant la moisson, et en vue du dépiquage, l'aire doit être aplanie, renivelée, car d'une année sur l'autre, entre deux moissons, elle a subi des détériorations dûes au fait qu'une aire est généralement aussi un lieu public pour toutes sortes d'activités (cf. 1 R 22/10, 2 C 18/9, où elle est un lieu de réunion, de même qu'à Ugarit, d'après Caquot, Sznycer, Herdner p. 427, 443). *hdryk* dénoterait alors le « battage » ou « piétinement » de l'aire, sa remise en état en vue du dépiquage.

Le mot *qṣyr* désigne la moisson, c'est-à-dire l'action de moissonner, mais aussi, comme le fait remarquer Rudolph, le contenu de la moisson, les céréales moissonnées (cf. Jr 5/17, Es 23/3). Je crois que Rudolph a raison de donner ici à *qṣyr* ce dernier sens. En effet, le suffixe de *lh*, renvoyant ici à *grn*, ne peut pas faire penser que la moisson de l'aire approche et que l'aire serait un terrain à moissonner. « La moisson vient vers l'aire » signifie que des chargements de céréales moissonnées sont acheminés vers l'aire.

Dans la description qui est faite ici de l'aire, deux moments différents sont envisagés : tout d'abord, la situation présente, qui est celle du piétinement, et ensuite, pour un futur très proche (cf. « encore un peu »), la venue des céréales moissonnées. C'est dire que l'aire n'a pas fini d'être malmenée. Dès que la moisson sera déposée sur l'aire, cette dernière, en effet, devra subir un nouveau piétinement, celui du dépiquage (*dwš*). Certes l'époque de la moisson connote la joie (cf. Es 9/2), mais cette joie est pour les moissonneurs et certainement pas pour l'aire, qui est doublement piétinée, avant la moisson et après. Rien n'est dit ici sur le dépiquage, mais c'est sous-entendu dans « la moisson vient vers l'aire ». Le dépiquage était effectué par des génisses qu'on faisait piétiner (cf. Os 10/11, Mi 4/13), ou bien par des ânes (cf. Pritchard 1954, fig. 89), ou encore par un traîneau à battre ou une herse (cf. Es 28/28, 41/15, Am 1/3) tirés par des bêtes de trait (sans doute les bœufs mentionnés en Dt 25/4). Si l'aire est déjà malmenée lorsqu'on la prépare avant la moisson, elle l'est encore plus lors du dépiquage, car ce dernier travail dure jusqu'à la vendange (cf. Lv 26/5), étant donné qu'après le dépiquage de l'orge vient celui du froment. En fin de compte, ce que subit l'aire dans le temps présent (son nivellement) n'est rien par rapport à ce qui l'attend et qui est simplement évoqué dans « la moisson vient ».

ÉTUDE DU MÉTAPHORISÉ

La fille Babylone à l'époque où on la bat : encore un peu et la moisson vient vers elle.

Le sujet métaphorisé est désigné par une expression (*bt bbl*), qui est elle-même une métaphore, avec un métaphorisé (*bbl*) et un métaphorisant (*bt*), ce qui invite à faire une double lecture : une pour Babel, en tant que ville comparée à une aire, et une autre pour Babel, en tant que fille comparée à une aire, ce qui est favorisé par le fait que *bbl* et *bt* sont tous deux des noms féminins et que chacun d'eux peut être antécédent des suffixes féminins.

En tant que ville ou pays, qu'est-il dit ici de Babylone ? Lorsque *drk* est employé au hiphil avec pour complément le nom d'une tribu, d'une ville ou d'une nation, il dénote une écrasante victoire militaire (cf. Jg 20/43 : « Israël écrasa Benjamin »). Il appartient alors à l'isotopie de la guerre, ce qui convient parfaitement ici pour le métaphorisé, dans le contexte guerrier de l'oracle sur Babylone. Appartenant donc aux deux isotopies mises en jeu dans la métaphore, *hdryk* apparaît comme un foyer : de même qu'une aire est foulée aux pieds par ceux qui la nivellent, de même Babylone est foulée aux pieds par ceux qui l'ont vaincue. Pour garder en français le double sens de *hdryk*, je traduis par « battre », qui dénote le piétinage d'une aire, ainsi qu'une victoire militaire : « Babylone est battue comme une aire ». Grâce au clivage du foyer, Babylone vaincue est aussi celle dont le sol est foulé par ses vainqueurs, mais sans doute aussi celle qui est nivelée, aplanie. L'équivalent me semble être, en français : Babylone est rasée. Peu importe quel est le vainqueur, la métaphore focalise l'attention sur Babylone vaincue.

« La moisson approche pour Babylone » : là encore le sens de l'expression peut changer, en passant du métaphorisant au métaphorisé. En effet, parler de la venue de la moisson à propos d'une ville vaincue ou d'un territoire vaincu dénote une réalité tout à fait particulière. Dans ce cas *qṣyr* ne désigne pas le contenu de la moisson, mais l'acte de moissonner. Et plus précisément, *qṣyr* dénote une moisson faite par l'armée ennemie, qui, une fois victorieuse, se constitue ainsi une partie de son butin. Les guerres, en effet, se déroulaient généralement au printemps (cf. 2 S 11/1, 1 C 20/1), c'est-à-dire à l'époque où les moissons étaient sur le point d'être faites, en sorte qu'il était possible au vainqueur d'emporter la moisson dans son butin. Plusieurs textes du Proche-Orient nous informent sur ce fait. Ainsi trouve-t-on plusieurs fois mentionné dans des récits assyriens et égyptiens que, après une campagne victorieuse, les soldats ont emporté dans leur butin les céréales moissonnées en plus des arbres abattus. Toutmès III, dans le rapport de sa sixième campagne, affirme être arrivé à Kadesh, avoir détruit la ville, puis abattu les arbres et moissonné (cf. Pritchard 1950, p. 239) ; ce Pharaon avait fait de même à Tunip lors de sa deuxième campagne (*ibid.*, p. 241). Sur la stèle de Barkal, Ramsès III dit avoir moissonné le pays du Mitanni vaincu (*ibid.*, p. 240). Assurbanipal II fit de même dans le pays de Luhutti (*ibid.*, p. 276). Il est donc clair, après la mention de la défaite de Babylone, que « la moisson vient » ne peut annoncer qu'une moisson faite par les troupes ennemies et victorieuses, ce qui pour Babylone connote disette et humiliation. L'image est alors bien trouvée : autant la moisson connote la joie pour ceux qui en goûteront le produit, autant elle est source d'amertume pour ceux qui ont semé et qui voient d'autres moissonner. La souffrance du vaincu peut alors être comparée à celle de l'aire qui voit venir la moisson. Grâce au transfert de sens, les Babyloniens vont faire les frais de la guerre et voir leurs vainqueurs partager le butin sur leur propre territoire. Quand les ennemis repartiront, il ne restera plus rien à Babylone que les meurtrissures de l'occupation, comme une aire triturée par les sabots des bêtes et les roues des chars, puis déserte.

A propos de Babylone comparée à une fille, l'énoncé métaphorique prend encore une signification différente, qui s'ajoute à ce qui a été dit jusqu'à présent.

Lorsque le hiphil de *drk* a pour complément un individu, il peut alors avoir deux significations : un sens concret et un sens figuré. « Faire marcher quelqu'un », c'est, concrètement, lui prendre la main et le conduire, parce qu'il ne peut pas marcher tout seul ou parce qu'il ne connaît pas le chemin. Celui que l'on fait ainsi marcher est de toute manière pris en charge. C'est ainsi que Dieu fait marcher des aveugles (Es 42/16) ou des malheureux qui ont perdu leur chemin (Ps 107/7). Dans ce sens-là « une fille au temps où on la fait marcher » pourrait signifier que Babylone est comparée à une petite fille, à l'époque où l'on doit encore lui tenir la main pour la faire marcher ! Au sens figuré, celui que l'on fait marcher est celui à qui l'on apprend à se comporter dans la vie. Ce hiphil de *drk* appartient alors au vocabulaire de la sagesse : il est parallèle à *lmd* en Es 48/17, Ps 25/5, 9. Il apparaît en Pr 4/11, où le sage « fait marcher » son fils, lui apprend à vivre. Dans ce sens, à côté du fils que le sage fait marcher, voilà la fille Babylone, à qui il faut aussi apprendre à vivre. Dans l'un comme dans l'autre sens, l'image est humiliante pour Babylone qui ne sait pas ce que c'est que d'être prise en charge. Dans le contexte guerrier de l'oracle, de telles significations de l'énoncé trouvent peu leur place, mais je crois qu'en connotation au moins Babylone est bien une fillette à qui il faut tenir la main et à qui il faut apprendre à vivre.

« Encore un peu et la moisson vient pour cette fille » : j'avoue que je ne sais pas ce que peut signifier une telle expression. Il est possible que la portée du mot *bt* n'aille pas au delà de 33a, mais je crois plutôt que la dernière expression de l'énoncé appliqué à une fille doit avoir un sens et que celui-ci m'échappe.

Un dernier point reste à voir : le sens que peut avoir le mot *'t* ajouté par un scribe en 33b. Il est clair que cet ajout provient d'une volonté d'harmoniser, mais il me paraît tout aussi clair que cet ajout n'est pas innocent. Il ne s'agit pas, en effet, d'une simple erreur de copiste. C'est un ajout conscient, en sorte qu'il peut être révélateur de la théologie du glossateur. Le mot est ici sujet de *b'h* « le temps vient »), comme c'est le cas aussi en Jr 27/7, Es 13/22. Ez 7/7, 12, 22/3, Ag 1/2. Mis à part Ag 1/2, l'expression « le temps vient » est résolument eschatologique, connotant un jugement de Dieu. Étant donné aussi que le terme *qṣyr* est utilisé en Os 6/11 et Jl 4/13 pour parler du jugement de Dieu, je crois qu'on peut voir en « le temps de la moisson vient pour elle » (c'est-à-dire pour Babylone) l'annonce du jugement final de Babylone par Dieu. Je crois que cet ajout de *'t* doit dater d'une époque où l'on attendait avec impatience la fin de Babylone, ce qui ne peut pas être à l'époque de l'exil (car la LXX serait aussi témoin de l'ajout), mais ce qui peut être à l'époque des Apocalypses, où Babylone désignait l'occupant de l'heure (cf. Daniel). C'est pour répondre à cette attente impatiente que le glossateur aurait ainsi modifié le texte de Jérémie : « Encore un peu et le temps de la moisson viendra pour elle ».

CONCLUSION

Dans ces différentes métaphores le verbe *bw'* est utilisé tantôt négativement (décrivant ce qui ne vient pas), tantôt positivement (décrivant ce qui vient).

Dans une seule métaphore *bw'* est précédé d'une négation ; il s'agit de la métaphore du désert (2/31), où sont rapportés les propos d'Israël (« nous ne venons plus vers toi »). Ces propos sont adressés à Dieu et marquent la fin d'une époque, où le peuple allait encore vers Dieu. Les paroles du peuple sont rapportées dans le cadre d'un procès, où Dieu interroge : « pourquoi mon peuple dit-il cela ? ». Ce qui aurait pu être une venue riche et positive n'a pas lieu, non parce que Dieu serait inaccessible, mais parce que le peuple lui-même a délibérément choisi de ne plus venir. S'il y a rupture de relation entre Dieu et le peuple, la rupture vient du peuple. Et si la rupture est évoquée dans un procès entre Dieu et le peuple, c'est parce que ces derniers sont les partenaires d'une alliance conclue au désert. En choisissant précisément le désert comme métaphorisant, cette métaphore s'enracine dans le vécu de l'alliance pour laisser le peuple sans réponse face aux questions de Dieu, tant l'attitude du peuple est insensée.

On peut rapprocher de cette métaphore celle des oiseaux (en 8/7), dont la structure antithétique sous-entend un emploi négatif de *bw'*. Les oiseaux migrateurs savent quand ils doivent venir et le font, mais le peuple ne sait pas. Encore une fois c'est l'attitude du peuple qui est au centre de la métaphore. Encore une fois Israël est envisagé dans le cadre de l'alliance. Il n'y a pas cette fois évocation de l'alliance passée, mais évocation d'une autre alliance, où le partenaire de Dieu est un modèle de fidélité (la cigogne : *ḥsydh*). C'est dire qu'il est possible d'être fidèle avec Dieu, puisque des animaux sauvages y parviennent, dans des conditions pourtant difficiles (retrouver son chemin dans le ciel pour des lieux et des jours de rendez-vous fixés depuis la création). Dans cette antithèse, l'ignorance du peuple fait apparaître son infidélité dans une alliance moins mystérieuse, où il est demandé au peuple, non de venir à des rendez-vous, mais de vivre en conformité avec le « droit de Dieu ».

Dans toutes les métaphores, les seules où il est question de la venue d'Israël sont celles de 2/31 et 8/7, en sorte qu'il est toujours question de la « non venue » du peuple et jamais de sa « venue ». L'attitude d'Israël est essentiellement négative.

Toutes les autres métaphores emploient *bw'* positivement. Le plus souvent ces métaphores décrivent la venue d'un adversaire, d'une armée ennemie, dont Israël est parfois la victime (4/11, 6/3) ; les autres victimes sont l'Égypte (46/18, 20, 22), Elam (49/36) et Babylone (51/33). Dans l'énoncé de ces métaphores le nom de cet adversaire n'est jamais donné, ce qui rend l'ennemi mystérieux et redoutable. Le choix des métaphorisants souligne moins la force de l'adversaire que l'absence de résistance des victimes ; ces derniers, en effet, sont comme de la paille devant plusieurs vents (49/36), comme une génisse devant un taon (46/20), comme une forêt devant des bûcherons (46/22), comme une fille devant plusieurs bergers (6/3) ou comme une aire sous les coups de ceux qui la piétinent (51/33). Ainsi la victoire de l'adversaire ne fait-elle aucun doute. Ce qui unifie profondément ces métaphores (en plus du verbe *bw'*), c'est qu'elles sont toutes dans des oracles, dont les destinataires sont toujours la victime de l'adversaire annoncé.

Au milieu de ce concert de métaphores sur l'adversaire, une métaphore joue dans une toute autre tonalité, annonçant la venue d'un allié (15/9). Mais cet allié vient comme un coucher de soleil, en sorte que ce qui aurait pu être une délivrance ne fait l'objet ici que d'ironie. Par cette métaphore, on s'aperçoit qu'en fin de compte ce n'est jamais le salut qui vient, mais toujours la défaite. Ces métaphores feraient-elles entrevoir une apologie de la défaite, une prédication de la soumission devant le malheur qui vient et un refus d'annoncer la venue du salut ?

Dans les métaphores qui annoncent la venue du malheur, on peut tout d'abord remarquer que l'adversaire annoncé est toujours celui des destinataires de l'oracle, mais jamais l'adversaire de Dieu, en sorte qu'il n'y a pas trace dans ces métaphores (ni même dans l'ensemble du livre de Jérémie) de dualisme présentant Dieu en conflit avec un adversaire. Dans bien des métaphores, l'ennemi annoncé est un adjuvant ou un serviteur de Dieu (cf. 4/11 ou 49/36). En ce sens, l'anonymat de l'ennemi souligne l'effacement du serviteur devant celui qui l'envoie. Pour Jérémie, il est clair que le malheur annoncé vient de Dieu. Pour souligner l'effacement du serviteur et même l'inutilité de l'adjuvant, Jérémie se permet même, dans une seule métaphore, de ne plus annoncer la venue d'un ennemi pour annoncer la seule venue de Dieu, quitte à laisser entendre que Dieu lui-même est le malheur qui vient (cf. 49/9, où Dieu est comparé à un voleur). Le malheur que Jérémie annonce est donc entièrement entre les mains de Dieu. En guise d'apologie de la défaite, Jérémie fait plutôt l'apologie de la seigneurie universelle de Dieu, entre les mains de qui sont toutes les nations (Égypte, Babylone, Edom...), comme le sont aussi les vents (49/36) et même les dieux (cf. 46/22). En annonçant à la fois la seigneurie de Dieu et le malheur qui vient comme deux réalités liées l'une à l'autre, Jérémie se permet alors de tirer de là une conclusion pour ses destinataires. Ce n'est pas la peur qu'il prêche devant le malheur qui vient, mais la confiance en ce Dieu souverain (17/7-8) ; une confiance qui n'est pas évasion en attendant le bonheur qui vient, mais qui regarde en face le malheur qui vient ainsi que la souveraineté de Dieu : « Celui qui s'appuie sur Dieu n'a pas peur ».

Tout en annonçant le malheur qui vient, Jérémie annonce en même temps le bonheur qui vient, non pas comme deux réalités qui se succèderaient (d'abord le malheur, puis le bonheur), mais comme deux réalités présentes. Cependant il précise que, si le bonheur vient réellement, l'homme ne sait pas le voir (17/6). La raison en est encore une affaire de confiance : c'est parce que l'homme recherche sa force dans la faiblesse humaine, qu'il ne sait pas voir venir le bonheur.

Si Jérémie, enfin, en parlant du malheur qui vient, annonce que l'homme est victime de ce qui vient de Dieu, il annonce en même temps que Dieu est aussi victime du peuple qui ne vient pas (cf. 2/31, 8/7). S'il y a défaite, c'est aussi celle de Dieu devant ce peuple qui refuse de venir vers lui. Défaite qui n'empêche cependant pas Dieu de poser une question, pour laquelle il ne cesse d'attendre la réponse : « pourquoi mon peuple dit-il : nous ne voulons plus venir vers toi ? » Loin d'inviter l'homme à la résignation devant le malheur qui vient, il l'invite à répondre à l'attente de Dieu et pousse en fin de compte l'homme à venir vers Dieu, c'est-à-dire à vivre les exigences de l'alliance.

A partir de ces métaphores, une précision peut être apportée sur le fonctionnement métaphorique et plus précisément sur le clivage au niveau du foyer. Ce clivage est facile à percevoir et à cerner, dès lors que le foyer a des significations différentes dans chacun des énoncés. C'est le cas, par exemple, en 15/9, où le verbe *bw'* signifie « venir » pour le métaphorisé (Pharaon) et « se coucher » pour le métaphorisant (le soleil). Le clivage a lieu au niveau des dénotations du verbe. Ce phénomène est rare dans les métaphores où le foyer est le verbe *bw'*, et l'on a souvent pu constater dans ces métaphores que la dénotation de *bw'* était la même dans chacun des énoncés. Cela ne signifie pas pour autant qu'il n'y a pas de clivage dans le foyer. Dans ces métaphores, en effet, le clivage existe non au niveau des dénotations mais au niveau des connotations. C'est très clair, par exemple, dans la métaphore des bergers, en 6/3, où le même énoncé prend une signification différente, suivant l'antécédent que l'on reconnaît à *'lyh*. Dans l'énoncé métaphorisé, comme dans l'énoncé métaphorisant, le verbe *bw'* dénote toujours l'action de « venir », mais les connotations changent. Quand les bergers « viennent » vers un pâturage, ou quand « ils viennent » vers une fille, les connotations ne sont pas les mêmes. Lorsque les chefs étrangers « viennent » vers Sion, une nouvelle connotation (belliqueuse) apparaît encore. On s'aperçoit que ces connotations du foyer sont insaisissables sans l'énoncé auquel ce foyer appartient. Si le transfert de sens ou de connotation est impossible sans le foyer, il est aussi inséparable de l'énoncé auquel appartient ce foyer. Cela est vrai, que le clivage ait lieu au niveau des dénotations ou bien au niveau des connotations, mais cela apparaît plus clairement au niveau des connotations. Le verbe *bw'* a une connotation sexuelle lorsque des bergers « viennent » vers une fille ; il ne l'a plus lorsqu'un taon « vient » vers une génisse. C'est bien grâce à l'énoncé que la connotation du verbe est saisissable.

LE VERBE $\check{s}br$[1]

Pour les emplois de ce verbe en Jérémie voir p. 95. Si l'on classe les livres bibliques par ordre d'emplois de ce verbe, on obtient le tableau suivant :

	Total	Qal	Niph	Piel	Hiphil	Hophal
Jéré	28	15	10	2		1
Ezé	22	9	12	1		
Psau	21	6	7	8		
Esa	14	4	6	3	1	
Exo	9	1	2	6		
Rois	8	2	1	5		
Dan	8	1	6	1		
Chro	6		2	4		
Lévi	5	4	1			
Job	5	1	3	1		
Deut	4			4		
Lam	3	1		2		
Prov	3	1	2			
Osée	2	2				
Gen	1	1				
Nomb	1	1				
Jug	1	1				
Sam	1		1			
Amos	1	1				
Jona	1		1			
Nah	1	1				
Zach	1			1		
Eccl	1		1			
Joël	0					
Abd	0					
Mich	0					
Hab	0					
Agg	0					
Mal	0					
Ruth	0					
Cant	0					
Est	0					
Esd	0					
Néh	0					

---

1. Il s'agit de $\check{s}br$ I (= briser) et non de $\check{s}br$ II (= acheter ou vendre des céréales), que Jérémie n'utilise d'ailleurs pas.

On peut faire ici la même constatation que pour le verbe šḥt (cf. p. 200) : Jérémie est le livre de l'AT qui utilise le plus ce verbe.

Si l'on classe maintenant ces mêmes livres suivant les emplois métaphoriques de šbr, on obtient le tableau suivant :

	Total	Qal	Niphal	Piel
Jéré	8	4	4	
Esa	8	4	3	1
Ezé	6	1	5	
Dan	3		2	1
Psau	2		1	1
Zach	1		1	
Job	1		1	
Prov	1	1		
Eccl	1		1	

Pour les autres livres, les textes métaphoriques sont les suivants : Es 8/15, 14/5, 25, 29, 28/13, 30/14, 38/13, 42/3, Ez 26/2, 27/26, 29/7, 31/12, 34/4, 16, Da 8/7, 8, 22, Ps 48/8, 124/7, Za 11/16, Jb 24/20, Pr 25/15, Ecc 12/6.

Comme pour 'lh, šḥt et bw', Jérémie est en tête des livres de l'AT pour l'emploi métaphorique de šbr. Chez Jérémie, les occurrences de šbr dans les métaphores sont : au qal, en 19/10, 11 (métaphore de la gargoulette), 19/11 (métaphore de l'ustensile, c'est-à-dire du vase), 48/38 (nouvelle métaphore de l'ustensile ou du vase), au niphal en 2/13 (métaphores des citernes), 48/17 (métaphore du bâton et de la branche), 50/23 (métaphore du marteau) et 51/8 (métaphore de la coupe). Comme pour les autres verbes, les métaphores seront étudiées dans l'ordre où elles se présentent dans le livre de Jérémie.

Métaphore du joug ?

Dans le récit de la rencontre entre Hanania et Jérémie (Jr 28), ce dernier porte un joug (mwṭh : 28/10, 12), que brise (šbr) Hanania (28/10, 12, 13). Il accompagne ce geste d'un oracle, où il annonce que la domination ('l) du roi de Babylone sera brisée (šbr : 28/2, 4, 11). Dans ce texte mwṭh désigne ce que porte Jérémie (au singulier en 28/10, 12 et au pluriel en 28/13) et 'l la domination babylonienne. Y a-t-il alors métaphore, avec 'l pour désigner le sujet métaphorisé et mwṭh le sujet métaphorisant ?[2].

Le terme 'l signifie à la fois « domination » (comme on vient de le voir en Jr 27 et 28) et « joug » (cf. Nb 19/2, Dt 21/3 et 1 S 6/7, où 'l désigne ce que porte un animal). Quant à mwṭh, il désigne en particulier une partie

---

2. En Jr 27, les deux termes mwṭh et 'l sont employés de la même manière : mwṭh (au pluriel en 27/2) désigne ce que porte Jérémie sur son cou et 'l la domination babylonienne (27/8, 11, 12). Si Jr 28 est métaphorique, Jr 27 l'est aussi, car mwṭh annonce également 'l en le visualisant.

du joug (cf. Lv 26/13 et Ez 34/27, où il est question de *mṭwt 'l*, c'est-à-dire vraisemblablement les « barres du joug », si l'on considère qu'en 1 C 15/15 *mwṭh* désigne des barres, utilisées pour porter l'arche). Si *mwṭh* désigne aussi le joug (cf. Jr 28), c'est métonymiquement (la partie pour le tout). Bref *mwṭh* (= barre de joug et joug) et *'l* (joug et domination) sont pratiquement synonymes et appartiennent en tout cas à la même isotopie. De ce fait, lorsque *'l* et comparé à *mwṭh* en Jr 28, il n'y a pas de changement isotopique : il s'agit là d'une comparaison et non d'une métaphore.

Cependant, la question n'est pas totalement réglée. En effet, l'expression « briser le joug, ou la domination du roi de Babylone » (28/2, 4, 11) est une image, qui pourrait bien être une métaphore, où des individus seraient comparés à des animaux de trait. En dehors de 28/2, 4, 11, on retrouve « briser un joug » (*šbr 'l*) en 2/20, 5/5, 30/8. Et pour 2/20, en particulier, bien des commentateurs (Weiser, Schreiner, Bright, Rudolph, BC) parlent d'une métaphore, où Israël est comparé à un bovin. BC, par exemple, écrit en note à propos de 2/20 : « L'image est celle d'une génisse indomptée qui ne veut pas labourer ». Qu'en est-il donc de tous les textes de Jérémie (2/20, 5/5, 27/8, 11, 12, 28/2, 4, 11, 14, 30/8), où il est question d'un joug (*'l*) porté par des hommes et qui peut être brisé (*šbr*) (2/20, 5/5, 28/2, 4, 11, 30/8) ? Ces hommes sont-ils considérés métaphoriquement comme des animaux ?

Le mot *'l* désigne bien un joug porté par un animal : d'après Nb 19/2 et 1 S 6/7, il peut être porté par une vache (*prh*) ; d'après Dt 21/3, il peut l'être par une génisse (*'glh*). La première remarque à faire, c'est que Jérémie ne précise jamais à quel animal en particulier il pense. Le sujet métaphorisant n'est jamais défini, en sorte qu'il faudrait déjà nuancer la note de BC et parler d'une bête de trait, plutôt que d'une « génisse ». En outre, ces textes, où il est question du joug, ne donnent aucun autre détail permettant de savoir à quel animal Jérémie pourrait penser.

Par trois fois (2/20, 5/5, 30/8) « briser le joug » est en parallèle synonymique avec « rompre les liens » (*ntq mwsrwt*). Dans l'AT, *mwsrwt* désigne les liens d'un âne en Jb 39/5, mais ce terme est aussi utilisé pour des individus assujettis (Na 1/13, Ps 2/3, 107/14), pour lesquels, s'ils sont comparés à des animaux, l'animal métaphorisant n'est toujours pas désigné[3].

Le terme *mwṭh*, qui désigne métonymiquement un joug et qui de ce fait est pratiquement synonyme de *'l*, est toujours utilisé dans l'AT à propos d'individus (Lv 26/13, Es 58/6*bis*, 9, Jr 27/2, 28/10, 12, 13, Ez 30/18, 34/27, 1 C 15/15). Là encore, si ces gens sont comparés à des animaux, l'animal métaphorisant n'est jamais désigné. Mais il y a plus encore : à cause

---

3. A côté du pluriel *mwsrwt* à forme féminine, on trouve le pluriel *mwsrym* à forme masculine ; ce dernier apparaît en Es 28/22, 52/2, Ps 116/16, chaque fois pour des hommes. S'il y a comparaison avec des animaux, le nom de l'animal n'est jamais donné.

d'Es 58/7, 10, où sont décrites des actions très concrètes, j'en viens à me demander si *mwṭh* en 58/6, 9 ne peut pas décrire aussi des liens ou des jougs portés réellement par des hommes et si, en plus de certains animaux, des prisonniers ou des esclaves n'ont pas été réellement affublés de jougs, du moins en certaines circonstances. Mon hypothèse est la suivante : le joug appartiendrait à la fois à l'isotopie des animaux de trait et à celle des prisonniers ou des esclaves.

Si *mwṭh* est toujours employé pour des hommes, ces derniers ne seraient pas forcément comparés à des animaux, ce qui expliquerait pourquoi dans ces textes, en dehors de *mwṭh*, il n'y a pas de termes de l'isotopie animale. En Ez 30/18, où il est question des « jougs de l'Égypte », l'expression ne serait alors pas métaphorique, mais décrirait très concrètement une situation d'esclavage.

De même, en dehors du texte où *mwšṭ* désigne les liens d'un âne, ce même terme pourrait, lorsqu'il est employé pour des hommes assujettis, signifier simplement que ces hommes sont prisonniers ou esclaves, sans forcément les comparer à des animaux. Cela expliquerait aussi pourquoi dans ces textes, il n'y a pas, en dehors de *mwsr*, d'autres termes de l'isotopie animale.

La même chose pourrait être dite de *'l* ; ce terme relève de l'isotopie animale en Nb 19/2, Dt 21/3 et 1 S 6/7. En dehors de ces textes, *'l* est toujours utilisé pour des hommes (Gn 27/40, Lv 26/13, Dt 28/48, 1 R 12/4, 9, 10, 11, 14, Es 9/3, 10/27, 14/25, 47/6, Ez 34/27, Lm 1/14, 3/27, Os 11/4, 2 C 10/4, 9, 10, 11, 14 en plus de Jérémie). Dans ces passages, comme dans Jérémie, le nom de l'animal métaphorisant n'est jamais donné[4] et l'isotopie animale n'est pas développée. Ces hommes avec un joug pourraient être considérés comme des prisonniers ou comme des esclaves et non comme des animaux.

Dans beaucoup de textes, où il est question de joug pour des hommes, se trouve un emploi de la racine *'bd* (cf. Gn 27/40, Lv 26/13, Dt 28/48, 1 R 12/4, 7, Ez 34/27, ainsi que Jr 2/20, 30/8, 27/7), en sorte que le joug est lié à la notion de travail, ce qui peut se comprendre aussi bien pour des animaux que pour des hommes.

Les emplois de *'l* en Esaïe sont intéressants, car ils font chaque fois référence à l'oppression assyrienne en la comparant à l'esclavage égyptien, c'est-à-dire à des esclaves israélites et non à des animaux. En Es 9/3, 10/27 et 14/25, *'l* est chaque fois accompagné de *sbl*. Ce dernier mot (qui ne se trouve pas ailleurs que dans ces trois textes) est proche de *sblh*, qui, dans tous ses emplois, dénote la « corvée » effectuée par les Israélites esclaves en Égypte et non par des animaux (cf. Ex 1/11, 2/11, 5/4, 5, 6/6, 7). On peut ajouter la mention de *ngś* en Es 9/3, qui se trouve aussi en Ex 3/7,

---

4. Ez 34/27 fait exception, mais curieusement l'animal mentionné (le mouton cf. 34/17 ss) est précisément un animal qui ne porte pas de joug !

5/10, 13, 14, où il désigne un homme qui fait travailler d'autres hommes et pas forcément des animaux. A mon avis, les objets désignés en Es 9/3, 4 pourraient être tous en relation avec la vie des prisonniers ou des esclaves.

Si les autres textes, où il est question du joug pour des hommes, ne développent pas l'isotopie animale, on pourrait très bien dire que ces textes décrivent ces hommes comme des esclaves ou des prisonniers (ainsi Gn 27/40, Lv 26/13, Dt 28/48, Es 47/6). On pourrait aussi voir en 1 R 12 et 2 C 10 une critique de la royauté israélite qui fait des Israélites de véritables esclaves et pas forcément des animaux.

Bref, dans l'AT, l'image du joug comparant des hommes à des animaux n'apparaît nulle part de façon claire et plusieurs textes laissent penser que le joug pourrait aussi avoir été porté par des hommes, prisonniers ou esclaves.

A l'article 'l, KB³ signale qu'un terme proche arabe (*gullu*) désigne l'anneau que l'on met au cou d'un prisonnier, en sorte que, à mon avis, 'l pourrait aussi désigner un objet porté par un prisonnier. L'iconographie proche orientale ouvre quelques pistes en ce sens. Dans Pritchard (1954), la figure 85 montre une charrue égyptienne tirée par quatre esclaves ; on ne distingue pas de joug sur l'image, mais on ne le distingue pas non plus dans la figure 86, où ce sont des bœufs qui tirent la charrue. Dans un document reproduit par Parrot (1969, p. 335) on voit des prisonniers avec, sur leurs épaules, un immense « carcan » (c'est le terme employé par Parrot, p. 335) les réunissant. Pourquoi « carcan » et pas 'l ?

Dans les documents reproduits in Beurlier (*DB* T. II col. 591s, figure 206, article « chariot ») et Lesètre (*DB*, T. IV col. 1215s, figure 304, article « moisson »)., grâce à la position des mains de ceux qui sont attelés, on peut dire que ces hommes ne portent vraisemblablement pas de joug, mais il est vraisemblable aussi que des hommes, effectuant les mêmes corvées, ont pu en porter un, sinon un objet voisin tenant lieu de joug.

Si le joug est devenu symbole de servitude à une puissance étrangère, c'est, à mon avis, parce que des esclaves ou des prisonniers en ont réellement porté un. La documentation étudiée ci-dessus me le laisse supposer. Dans Jérémie, en particulier, où les textes mentionnant le joug ne développent pas l'isotopie animale, je pense que c'est à cette réalité servile que Jérémie fait allusion et qu'il ne s'agit pas d'une métaphore animale. Il est clair que tous les esclaves ou tous les prisonniers n'ont pas réellement porté un joug ; il est clair aussi qu'en parlant de joug, Jérémie n'envisage pas que des hommes porteront réellement des jougs. Il y a bien image dans la mention du joug, mais cette image est métonymique et non métaphorique. Métonymique parce qu'il y a contiguïté entre les hommes qui ont réellement porté un joug et ceux pour qui le joug est simplement symbole de servitude. Métonymie parce que l'image désigne la partie pour le tout. Le mot « joug » fait partie de l'isotopie animale, mais aussi, me semble-t-il, de l'isotopie de la servitude. De ce fait, « briser le joug » peut avoir été un réel geste d'affranchissement, ou bien d'insurrection, pour devenir ensuite, métonymiquement (la partie pour le tout), expression de toute insurrection ou de tout affranchissement.

Si donc nous avons affaire à une métonymie du joug, je n'en dirai pas plus ici, pour passer à l'étude des métaphores avec *šbr*.

1. MÉTAPHORE DES CITERNES (2/13)

Ils m'ont abandonné, moi une fontaine d'eau vive, pour creuser pour eux des citernes, des citernes fissurées, qui ne retiennent pas l'eau.

REPÉRAGE DE LA MÉTAPHORE

Le verbe *šbr* apparaît en 2/13 à propos de citernes et l'on notera qu'aucun indice du type de ceux que nous avons rencontrés jusqu'à présent ne permet de dire si ces citernes sont une désignation métaphorique. Cela vient du fait que nous sommes en présence d'une métaphore qui en développe une autre, comme on l'a déjà vu avec la métaphore du taon (cf. plus haut, p. 44 et 391). La mention des citernes, en effet, fait suite à celle de la fontaine, qui, elle, est métaphorique, et c'est par contre-coup que l'on peut dire que, la fontaine étant désignation métaphorique, les citernes le sont aussi.

Le mot *mqwr* est le deuxième complément du verbe *'zb*, après un premier (*'ty*), qui désigne Dieu, en sorte qu'il y a dans ces deux compléments une apposition avec changement isotopique (Dieu, fontaine). Cette apposition est un indice syntaxique (cf. plus haut, p. 38), qui, ajouté au changement isotopique, permet de repérer une métaphore, dont le sujet métaphorisé est « Dieu » et le sujet métaphorisant « fontaine ».

Après la métaphore de la fontaine, qui pourrait se suffire à elle-même (cf. 17/13), vient donc la mention des citernes, qui, avec « fontaine », relève de la même isotopie (celle des pourvoyeurs d'eau). Nous avons donc avec « citernes » un prolongement de l'isotopie métaphorisante, sans qu'il y ait pour autant prolongement de la description de la fontaine. Une opposition apparaît entre « fontaine » et « citernes », en sorte qu'on peut voir en « citernes » un deuxième sujet métaphorisant, dont le sujet métaphorisé, cette fois, n'est pas explicite. On le voit, sans la métaphore de la fontaine, la métaphore des citernes ne peut pas être repérée.

Le fait que le repérage de la métaphore des citernes dépende de celui de la métaphore de la fontaine est déjà une invitation à étudier ces deux métaphores ensemble. D'autres arguments plaident aussi en ce sens. Sur le plan grammatical, tout d'abord, le verbe *ḥṣb*, qui dépend de la deuxième métaphore (« creuser des citernes »), est à l'infinitif et cet infinitif dépend de l'accompli précédent (*'zbw*), c'est-à-dire du verbe de la première métaphore (« abandonner une fontaine »). A cette dépendance grammaticale s'ajoute ensuite le fait que les deux métaphores sont introduites par une affirmation qui leur est commune : « mon peuple commet deux fautes ». Il y a tout lieu de penser que ces « deux » fautes sont décrites par les deux métaphores.

Le verbe *šbr* est dans la métaphore des citernes, mais cette métaphore doit être étudiée avec celle de la fontaine. C'est cet ensemble que nous aborderons ici[5].

DÉLIMITATION DE L'ENSEMBLE MÉTAPHORIQUE

Le terme *mym* se trouve employé à propos de la fontaine (« une fontaine d'*eau* vive ») et aussi à propos des citernes (« elles ne retiennent pas l'*eau* »). Ce terme, commun aux deux énoncés métaphorisants, permet de dire que l'isotopie métaphorisante de l'ensemble est celle des fournisseurs d'eau.

La délimitation des énoncés métaphorisants est aisée : ces énoncés sont constitués par tout ce qui décrit chacun des sujets métaphorisants (« abandonner la fontaine d'eau vive » pour le premier, et « creuser des citernes, des citernes fissurées qui ne retiennent pas l'eau » pour le second).

Le verbe *'zb*, étant également employé pour le premier sujet métaphorisé (« ils m'abandonnent »), fait figure de foyer pour la première métaphore ; il est aussi mitoyen dans les énoncés de celle-ci : « ils m'abandonnent » et « ils abandonnent la fontaine ».

Pour la métaphore des citernes le sujet métaphorisé n'est pas désigné et l'on peut noter aussi l'absence de tout énoncé métaphorisé, en sorte qu'il est difficile pour l'instant de parler de foyer. C'est sans doute grâce à la première métaphore que la seconde pourra être élucidée, ce qui montre encore une fois la cohésion de l'ensemble. On se trouve devant une sorte d'équation (ou opposition) à une inconnue : Dieu – fontaine// x – citernes.

En 13a et 14, aucun terme de l'isotopie métaphorisante n'apparaît, ce qui permet de voir clairement l'énoncé de l'ensemble métaphorique limité à 13b.

Cela dit, on peut noter qu'en 2/12 est employé le verbe *ḥrb*, qui, pouvant signifier « etre sec », relève de l'isotopie des fournisseurs d'eau (cf. Os 13/15, où ce verbe a pour sujet *m'yn*, ou bien Es 19/5 et Jb 14/11, où le sujet est *nhr*). En 2/12, *ḥrb* ne s'applique à aucun des deux sujets métaphorisants de 2/13 (fontaine et source), mais relève tout de même de cette isotopie métaphorisante ; il a pour sujet *šmym*, autre fournisseur d'eau. Le ciel, qui est interpellé en 2/12, ne désigne pas autre chose que le ciel, en sorte qu'il n'y a pas là une nouvelle métaphore. Il s'agit du ciel réel, pris à témoin par Dieu (cf. Dt 4/26, 30/19, 31/28, Es 1/2, et l'étude de Delcor 1966, p. 8-25). On peut donc dire qu'avec *ḥrb*, qui relève de l'isotopie méta-

---

5. Si la deuxième métaphore dépend de la première pour son repérage, on peut dire aussi que la désignation de la première en tant que métaphore dépend de la seconde. En effet, dire que Dieu est une fontaine peut être considéré comme une catachrèse. C'est grâce à la mention des citernes, qui développe l'isotopie des fournisseurs d'eau, que cette catachrèse devient métaphore (cf. plus haut, p. 22s). Cela fait apparaître une interdépendance dans le repérage des deux figures, sans qu'il soit nécessaire de préciser ce qui est premier.

phorisante de 2/13 sans pour autant appartenir à l'énoncé métaphorisant, nous avons affaire à une amorce de la métaphore de la fontaine et des citernes. Cette amorce (« cieux, asséchez-vous ») sera étudiée ici pour elle-même, en marge de la métaphore.

ÉTABLISSEMENT DU TEXTE

Pour les deux occurrences au pluriel du mot *b'r*, les Massorètes disent que le aleph est écrit, mais qu'il ne doit pas être lu, ce qui explique la vocalisation (*bo'rôth*), qui est celle du pluriel de *bôr* (citerne) et non celle du pluriel de *b^e'ér* (puits), qui serait *b^e'arôth*. Cette correction faite par les Massorètes rejoint la lecture faite par les versions ; ces dernières, en effet, ont traduit *brwt* et non *b'rwt* (cf. *cisternas* dans la Vulgate et *lakkous* dans la LXX, non corrigé par Aquila, Symmaque et Théodotion, ce qui montre l'accord de ces derniers avec la LXX). Cet accord avec les versions rend acceptable la correction massorétique. Il s'agit donc ici de « citernes » et non de « puits ».

Dans la LXX, les deux emplois successifs de « citernes » du TM sont rendus par un seul *lakkous*. Condamin donne la préférence à la LXX et pense à une dittographie du TM. Cependant Condamin présente le bâton pour se faire battre ! En effet, après avoir supprimé une des mentions de « citernes », cet exégète constate que, sur le plan de la métrique, il manque un mot dans ce verset, ce qui l'entraîne à ajouter un infinitif absolu de *'zb* après *'zbw* ! L'opération de Condamin montre en tout cas que la suppression d'un des deux « citernes » déséquilibre le verset, ce qui me paraît plutôt être une invitation à conserver le doublet et à penser à une haplographie dans la LXX. Dans le TM, le doublet a pour effet de ralentir le cours de la phrase et de mettre ainsi en évidence le terme *nšbrym*, qui qualifie les citernes. S'il n'y a pas haplographie dans la LXX, il peut y avoir chez elle allègement d'une tournure, qui a pu lui paraître lourde.

Un dernier point est à signaler à propos de la LXX : là où le TM a une seule forme verbale (*yklw*), la LXX en a deux : *dunêsontai sunechein* (« elles ne peuvent retenir »). Dans la Vulgate, il en est de même : *valent continere* (« elles ne peuvent retenir »). Ces deux formes verbales pourraient faire penser qu'elles sont la traduction de deux formes verbales hébraïques ; en fait, je crois qu'il n'en est rien. En effet, la LXX et la Vulgate peuvent ainsi rendre compte du fait que *yklw*, sans les voyelles, peut être traduit de différentes manières. *yklw* peut être considéré comme un qal de *ykl* (« pouvoir »), si on vocalise ainsi : *yâkh^elû* (ils peuvent) ; il peut être un qal de *kl'* (« retenir »), si on vocalise en *yikh^elû*. Il peut enfin être un hiphil de *kwl* (« contenir »), avec la vocalisation *yâkhilû*. De ces trois traductions possibles, la LXX a retenu les deux premières. En effet, *dunasthai* traduit très souvent le verbe *ykl* (plus de 180 fois dans l'AT) ; quant à *sunechein* il traduit *kl'* en Gn 8/2. C'est ce qui me permet de dire qu'en traduisant avec deux verbes, la LXX a essayé de rendre compte d'une seule forme hébraïque pouvant être traduite de différentes manières. Le procédé employé par la LXX est original mais cela me paraît vraisemblable[6]. C'est ce même procédé que la Vulgate aurait utilisé.

Si la LXX et la Vulgate semblent avoir voulu rendre compte de plusieurs vocalisations possibles de *yklw*, quelle est la vocalisation retenue par les Massorètes ? La forme *yâkhilû* est habituellement considérée comme un hiphil de *kwl* (« contenir », cf. KB[3], BDB, Lisowsky), ce qui est possible (cf, en effet, *yâkhilû* en 10/10). BHK et BHS proposent de corriger en *yikhᵉlû*, qui est un qal de *kl'* (« retenir »). Cette correction n'est peut-être pas nécessaire. En effet, Wernberg-Moller (1958, p. 306) donne plusieurs exemples de qal de verbes l"' (ainsi que *l"h*) ayant la forme d'un hiphil d'un verbe faible. Il est donc possible de voir ici en *yâkhilû* un qal de *kl'*. A mon avis, *yâkhilû* est à la fois un qal de *kl'* et un hiphil de *kwl*, ce qui ne doit pas être corrigé. Cette vocalisation semble indiquer que les Massorètes ont voulu garder le double sens de la forme : les citernes, ne « retenant » pas l'eau, n'en « contiennent » donc pas. S'il en est ainsi, la LXX et la Vulgate seraient tout à fait dans la ligne adoptée aussi par les Massorètes.

ÉTUDE DU MÉTAPHORISANT

Ils ont abandonné une fontaine d'eau vive, pour creuser pour eux des citernes, des citernes fissurées, qui ne retiennent pas l'eau.

L'expression *mym ḥyym* ne signifie rien d'autre que « eau courante » (cf. Gn 26/19, Lv 14/5, 50, Nb 19/17, Jr 17/13, Za 14/8, Ct 4/15), c'est-à-dire de l'eau provenant d'une source, sans que cela connote que l'eau en question est sainte ou miraculeuse[7]. La dénotation est bien celle d'une eau courante ; cependant, à cause de l'adjectif *ḥyym* (vivant), homonyme du mot *ḥyym* (la vie), l'expression connote la vie[8], ce qui peut être rendu en français par la traduction « eau vive ».

Le mot *mqwr* désigne un jaillissement de liquide, ce qui permet de l'employer pour du sang (Lv 12/7, 20/18) ou pour des larmes (Jr 8/23). Quand il s'agit d'un jaillissement d'eau, on peut hésiter dans la traduction entre « source » (cf. LXX, qui traduit ici par *pêgê*) et « fontaine » (cf. BP). Comme le mot *mqwr* dérive de la racine *qwr*, qui signifie « creuser », on doit plus penser à « fontaine », qui fait intervenir le

---

6. On a vu, à propos de 2/30 (cf. plus haut p. 205 s.), que la LXX s'est permis de traduire un mot hébreu (*'ryh*) par deux (lion, crainte), ce qui ne repose pas sur des voyelles différentes mais sur un ordre différent des consonnes. Si elle s'est permis de procéder ainsi en 2/30, on acceptera son procédé utilisé en 2/13.

7. Une autre expression serait alors employée, comme *mym qdšym* (eau sainte, cf. Nb 5/17), ou *mym ṭhwrym* (eau pure, cf. Ez 36/25). L'eau dont il est question ici n'a donc rien d'extraordinaire.

8. Je souscris à ce point de vue de Martin-Achard (1956, p. 17, n. 2) : « Les eaux de vie sont sans doute simplement des eaux courantes, mais celles-ci assurent la vie ».

le travail de l'homme, qu'à « source », qui fait penser à un jaillissement naturel[9].

« Fontaine d'eau vive » désigne donc une fontaine alimentée par une source, de même que « puits d'eau vive » (Gn 26/19, Ct 4/15) désigne un puits au fond duquel une source jaillit.

L'absence d'article dans l'expression se rapportant à la fontaine (« une » fontaine, et non « la » fontaine) ne permet pas de dire que le sujet métaphorisant est une fontaine précise, localisée. BP prétend qu'il y a ici « allusion au canal d'Ezéchias et aux sources de Siloé » (cf. aussi Hitzig). Ce point de vue ne me paraît pas exact. On sait que le thème de l'eau coulant à Jérusalem a été richement développé dans la tradition prophétique (cf. Es 8/6, Ez 47/1, Jl 4/18, Za 13/1, 14/8) ; mais, précisément, on peut remarquer que Jérémie ne reprend ici aucun des termes de ses prédécesseurs. En Jl 4/18 (qui peut être antérieur à Jérémie) la source sortant du Temple est appelée *m'yn*, alors que Jérémie parle de *mqwr*. En Es 8/6, il est reproché au peuple de « mépriser » (*m's*) les eaux de Siloé, alors que Jérémie parle, lui, d'« abandonner » (*'zb*). Rien ne permet de penser que Jérémie fasse ici allusion à cette tradition jérusalémite. Ce n'est que bien après Jérémie que l'on trouve à propos de Jérusalem le vocabulaire de Jr 2/13. C'est ainsi que Za 13/1 utilise le mot *mqwr* et que Za 14/8 parle de *mym ḥyym*. S'il y a reprise, celle-ci est, à mon avis, chez Zacharie, qui a voulu localiser à Jérusalem une image de Jérémie non localisée[10].

Si, en Jr 2/13, la fontaine n'est pas localisée, il ne s'agit pas non plus d'une désignation abstraite. *mqwr* peut être utilisé dans des expressions abstraites du type de « fontaine de sagesse » (Pr 18/4) ou « fontaine de vie » (Pr 10/11, 13/14, 14/27, 16/22, Ps 36/10). Mais, précisément, en ne parlant pas de *mqwr ḥyym* (« fontaine de vie »), mais de *mqwr mym ḥyym* (« une fontaine d'eau courante »), Jérémie reste dans le concret et ne spiritualise pas. Le métaphorisant qu'il choisit est une simple fontaine, telle qu'on en trouve dans certains villages d'Israël.

Si l'eau et la fontaine n'ont rien d'extraordinaire, « une fontaine d'eau

---

9. Reymond préfère donner à *mqwr* le sens de « source », qu'il explique ainsi (p. 59) : « la racine *qwr*, creuser, semble donc correspondre à ces trous d'eau naturels que représente le mot *'yn* ». Cette explication semble plutôt inviter à faire une différence entre *'yn*, qui désigne bien une source, et *mqwr*, qui, connotant un travail d'aménagement, désignerait mieux une fontaine. Cela n'enlève rien à la beauté des lignes écrites par Reymond sur la métaphore de Jr 2/13 (p. 63 ss.).

10. Je me demande même si l'absence d'article et le décalage dans le vocabulaire par rapport à la tradition jérusalémite ne sont pas un démarquage voulu par Jérémie par rapport à la capitale et au Temple. Quand on voit, en effet, le peu d'intérêt que Jérémie accorde à Jérusalem et que tout ce qu'il peut en dire est chargé de critique (cf. Jr 7 et 26, ainsi que 4/30-31, 5/1ss, 6/1ss ...), quand on voit aussi que Jérémie n'emprunte aucun métaphorisant aux réalités de la cour et du Temple, je ne serais pas surpris de voir ici Jérémie refuser à Jérusalem l'honneur d'avoir en elle un métaphorisant pour Dieu.

vive » est cependant une réalité d'un grand prix, un centre de vie et de regroupement dans un village, un bien auquel on doit avoir recours chaque jour. En Israël, comme dans tous les pays chauds, l'importance d'une fontaine d'eau vive est particulièrement grande. La vie d'un village en dépend.

Quand on connaît le prix que peut avoir une fontaine dans un pays chaud, on mesure alors la folie de ceux qui, en ayant une à disposition, l'abandonnent (*'zb*).

Comme les fontaines, les citernes font partie de la vie de tous les jours en Israël. Les deux métaphorisants sont choisis parmi les réalités de la vie quotidienne. Ceux à qui ces métaphores sont adressées sont des utilisateurs et des connaisseurs (cf. Reymond, p. 126, 133 ss., 137 s. à propos des citernes). S'il arrivait qu'avec le temps des tremblements de terre fissurent (*šbr*) des citernes (plusieurs tremblements de terre par siècle, dit Reymond, p. 138), les Israélites étaient assez bons bâtisseurs pour creuser des citernes étanches. Or, Jérémie présente ici des citernes, qui, dès leur construction, sont fissurées[11], ce qui n'entraîne que mépris à l'égard de ces bâtisseurs de citernes fissurées. Mépris d'autant plus grand, que ces bâtisseurs commettent aussi la folie d'abandonner une fontaine d'eau vive.

Dans l'opposition faite ici entre une fontaine et des citernes, le terme *mym* se retrouve dans chacun des membres de l'opposition, en sorte que, faisant pendant à *ḥyym*, on attendrait un terme qualifiant l'eau des citernes. Or, ce qualificatif n'y est pas (ce qui n'empêche pourtant pas certains exégètes d'épiloguer sur l'eau tiède ou fétide des citernes !). Par contre *nšbrym* décrit l'état des citernes, ce qui est sans équivalent dans la description de la fontaine. Ce déséquilibre dans la place des qualificatifs est intéressant et souligne combien il est vain de vouloir épiloguer sur la qualité des eaux des citernes. Qui pourrait, en effet, goûter l'eau des citernes fissurées pour se faire une idée de leur qualité ? Personne, puisque dans de telles citernes il n'y a pas d'eau ! Jérémie ironise en précisant dans les derniers mots de l'énoncé ce que tout le monde avait compris : « elles ne retiennent pas l'eau et n'en contiennent donc pas ». Point n'est besoin de qualifier une eau qui n'existe pas. Point n'est besoin non plus de donner un qualificatif à une fontaine d'eau vive : celle-ci fait ce qu'elle a à faire.

Lorsqu'une citerne était fissurée (accidentellement ou dès la fabrication), elle était loin d'être hors d'usage. En effet, autant des citernes fissurées étaient de bien piètres réservoirs à eau, autant ces mêmes citernes pouvaient être d'excellentes prisons (cf. Jr 38/6 ou Gn 37/24). En dehors de cette utilisation, les citernes fissurées ne pouvaient servir à rien d'autre : les

---

11. Selon Reymond (p. 138), il n'est pas possible de se prononcer sur l'origine des crevasses des citernes de Jr 2/13. A mon avis, il ne peut s'agir de fissures accidentelles postérieures à la construction. « Ils creusent pour eux des citernes, des citernes fissurées » me semble bien indiquer que les citernes sont fissurées dès leur construction. Il ne s'agit donc pas d'un accident, mais dun vice de forme.

bâtisseurs de ces citernes auront donc de quoi s'occuper en devenant gardiens de prison, sinon prisonniers ! Mais je ne suis pas sûr que cela soit connoté par cette métaphore.

Au niveau des connotations, je crois que la métaphore des citernes va très clairement dans une autre direction. Le mot *bwr* est polysémique et, en plus de « citerne », il désigne aussi une « fosse », où les morts sont recueillis (cf. Es 14/15, 19, 38/18, Ez 26/20, 31/14, 16, 32/18, 23, 24, 25, 29, 30, Ps 28/1, 30/4, 40/3, 88/5, 7, 143/7, Pr 1/12, Lm 3/55). Deux points me permettent de dire que la connotation est ici présente. Tout d'abord, le verbe « creuser », qui est utilisé ici (*ḥṣb*), est aussi utilisé quand il s'agit de creuser une tombe (cf. Es 22/16), et dans ce cas il est aussi construit avec un lamed pour indiquer quels sont les destinataires de la tombe. Ce vocabulaire est intéressant, car il permet d'entendre ici en connotation dans l'énoncé métaphorisant : « ils creusent pour eux des fosses ». Ensuite, on peut noter qu'il y a opposition entre fontaine et citernes, que le choix du terme *ḥyym* connote la vie, à propos de la fontaine, et qu'en contrepartie on peut attendre une connotation de la mort à propos des citernes. Je crois donc qu'après la connotation de la vie, vient une connotation de la mort dans le terme *bwr* (= fosse) et dans la construction qui l'accompagne : « ils creusent pour eux des fosses ».

S'il y a opposition entre fontaine et citernes, il y a une unité et une continuité dans la description des personnages et de leur attitude face à la fontaine, tout d'abord, et face aux citernes, ensuite. Dans ces deux énoncés, il s'agit des mêmes individus. Ces derniers attirent sur eux un double mépris, puisque tout d'abord ils abandonnent une fontaine (ce qui relève d'une sorte de folie suicidaire), pour creuser ensuite de mauvaises citernes, ou encore (en connotation) des fosses où ils seront ensevelis après leur suicide[12].

---

12. De Roche a proposé (1981, p. 369 ss.) une tout autre interprétation de cette métaphore. Il s'appuie sur le fait que *mqwr* a pour métaphorisé une épouse en Pr 5/18 pour en conclure que Dieu serait ici présenté comme l'épouse d'Israël. Je crois cette interprétation complètement fausse, parce qu'elle repose sur une démarche fausse. Cette démarche, en effet, consiste à dire qu'un métaphorisé (épouse) connote un métaphorisant (fontaine), en sorte que dans une autre métaphore le nouveau métaphorisé (Dieu) prendrait les traits du premier métaphorisé (femme). S'il en était ainsi, on pourrait rapprocher Dt 33/20 (où Gad est comparé à un lion, *lby'*) et Os 13/8 (où Dieu est comparé à un lion, *lby'*) et conclure qu'en Os 13/8 Dieu est décrit sous les traits d'un Gadite. Mais, si l'on ajoute Gn 49/9 (où Juda est comparé à un lion, *lby'*), qui peut tout aussi bien que Dt 33/20 être à l'arrière-plan d'Osée, que faut-il conclure ? Dieu est-il décrit sous les traits d'un Gadite ou d'un Judéen en Os 13/8 ? De la même manière, on pourrait rapprocher 2 S 1/23 (où Saül et Jonathan sont « plus rapides que des aigles ») et Jr 4/13 (où les chevaux ennemis sont « plus rapides que des aigles ») et conclure que les chevaux ennemis sont décrits sous les traits de Saül et Jonathan. Mais, si l'on ajoute Lm 4/19 (où les persécuteurs sont « plus rapides que des aigles »), ces persécuteurs sont-ils décrits sous les traits de Saül et Jonathan, ou bien sous ceux de chevaux, ou bien des deux ? Lorsque De Roche dit qu'en Jr 2/13 Dieu est décrit sous les traits d'une épouse, pourquoi ne serait-il pas

ÉTUDE DU MÉTAPHORISÉ

Ils m'ont abandonné.

Dans la première métaphore (celle de la fontaine), le métaphorisé est clairement désigné : il s'agit de Dieu. Le métaphorisant étant une simple fontaine, ce choix est judicieux, car il souligne combien Dieu, comme une fontaine, est celui auquel on a recours quotidiennement, celui qui, tout en étant discret, sait rassembler une communauté villageoise et procurer à chacun de quoi vivre... Mais il faut s'arrêter là ! En effet, des points de ressemblance entre Dieu et une fontaine on peut en trouver beaucoup, au point de bâtir plusieurs sermons et peut-être même une dogmatique. Mon propos n'est pas ici d'en trouver le plus possible, mais il est de relever le point de ressemblance retenu par Jérémie, sans en chercher de nouveaux, qui ne seraient rien d'autre que de nouveaux foyers de nouvelles métaphores[13]. Le point de ressemblance (= foyer) retenu ici par Jérémie est exprimé par le verbe *'zb*, ce qui décrit l'attitude d'Israël face à Dieu et non un attribut ou une attitude de Dieu. Ce foyer n'est pas une révélation sur Dieu, mais une dénonciation du peuple : « mon peuple m'abandonne, comme on abandonne une fontaine ».

En un sens, si l'on replace Jr 2/13 dans le contexte du Proche-Orient, comparer Dieu à une fontaine n'a rien d'original. Dans cette région du monde, où l'on connaît le prix de l'eau, plusieurs dieux ont été comparés à des points d'eau (source ou fontaine). Il en est ainsi de Baal, par exemple,

---

décrit comme la « bouche du juste », puisque cette bouche est aussi métaphorisée par « fontaine de vie » en Pr 10/11 ? D'une manière générale, je crois pouvoir affirmer qu'un métaphorisé ne peut pas devenir connotation pour un métaphorisant et que dans une métaphore la simple mention du métaphorisant n'est pas connotée ipso facto par les différents métaphorisés que ce métaphorisant a pu avoir par ailleurs, dans d'autres métaphores. Pour qu'il y ait connotation, il faut une convergence d'indices soulignant la connotation. Or, cette convergence d'indices n'existe pas en Jr 2/13 pour pouvoir dire que le métaphorisant (*mqwr*) est connoté par le métaphorisé (épouse), qu'il a en Pr 5/18. La situation est différente dans les métaphores mortes, parce que dans ces dernières le sujet métaphorisé est devenu une des acceptions du terme métaphorisant, en sorte qu'en nommant le métaphorisant, le métaphorisé est en même temps dénoté. C'est ainsi que dans la métaphore morte du berger, le terme *r'h* signifie à la fois « berger » (métaphorisant) et « roi » (métaphorisé). S'il arrive alors que *r'h* est utilisé par ailleurs comme métaphorisant pour une nouvelle métaphore (vive), le métaphorisé de cette métaphore pourra du coup recevoir en connotation les traits royaux du métaphorisé de la métaphore morte. Il me semble que c'est le cas en Jr 17/16, où Jérémie est comparé à un berger (« je n'ai pas refusé d'être berger à ta suite ») ; en connotation dans cette métaphore, le prophète est décrit sous les traits d'un roi. Pour que l'interprétation de De Roche soit acceptable, en 2/13, il faudrait montrer que *mqwr* est une métaphore morte désignant une épouse, ce qui est loin d'être fait.

13. Les méditations s'inspirant de Jr 2/13 sont nombreuses ; je mentionnerai simplement ici le très beau poème de saint Jean de la Croix recopié par Reymond en page de garde de son ouvrage.

dans un texte liturgique assez scandé et rimé pour être mémorisable et pour être répandu parmi les adorateurs de ce dieu, peut-être même jusque dans l'auditoire de Jérémie. Dans ce texte[14], Baal est comparé à « qr » (source ou fontaine), qui est proche du *mqwr* de Jr 2/13. En Égypte, l'image de la fontaine est appliquée à Thot dans un très beau texte : « O Thot, fontaine douce à l'homme altéré dans le désert ! Elle est scellée pour le bavard mais ouverte pour le silencieux. Il vient, le silencieux, et il trouve la fontaine » (in Barucq et Daumas p. 360)[15]. En choisissant pour métaphorisant « une fontaine » et non « la fontaine », Jérémie ne semble pas vouloir disqualifier les autres dieux au profit de Dieu (la seule et la vraie fontaine). Telle est cette métaphore qui ne révèle rien d'original sur Dieu. Mais ce point fait d'autant plus ressortir le foyer choisi par Jérémie et qui décrit l'attitude du peuple. Parmi les peuples qui honorent un de leurs dieux comme une fontaine, y a-t-il un peuple qui « abandonne » un dieu ainsi décrit ? Certainement aucun. Si le Dieu d'Israël n'est pas singularisé par la description qui est faite de lui, Israël, lui, se singularise en « abandonnant » son Dieu, semblable à une fontaine. Un abandon aussi singulier est une folie suicidaire, comme est folie déjà le simple fait de délaisser une fontaine. L'attitude du peuple mérite bien le terme qui la désigne en 2/13a : « mon peuple commet deux *r'wt* » (= fautes, méfaits, infamies, péchés...). La première de ces folies est d'abandonner Dieu ; la deuxième est ce que décrit la deuxième métaphore.

Autant le métaphorisé de la fontaine est clairement désigné, autant le métaphorisé des citernes ne l'est pas. Le plus grand silence est fait sur ce

---

14. Ce texte est dans Caquot, Sznycer et Herdner p. 350. Dans cette doxologie des rimes en « l » et « n » apparaissent en fins de stique :

> *ittpq lawl*
> *išttk lm ttkn*
> *štk mlk dn*
> *štk šibt 'n*
> *štk qr bt il*
> *wmṣlt bt ḫr (..)*

En laissant de côté l'hapax que constitue le premier mot, on peut traduire ainsi : « Je..., ô prince, je t'ai établi pour que tu sois ferme : on a fait de toi un roi puissant, on a fait de toi ce qu'on puise à la source, on a fait de toi la fontaine (*qr*) de la maison de El et la fontaine (*mṣlt*) de la maison de ... ». Pour le dernier mot, dont la finale manque, je me demande si, à cause de la rime, il ne faudrait pas penser à « *ḫršn* », qui désigne la montagne de El (cf. Caquot, Sznycer et Herdner p. 65), s'il y a place pour deux lettres dans la partie manquante.

15. Dans cette métaphore, où Thot est comparé à une fontaine, le point de ressemblance est tout différent de celui retenu par Jérémie. Ce texte égyptien pourrait alors donner lieu à une riche méditation : l'homme bavard est bien malheureux, car par son bavardage il couvre le bruit discret que fait la fontaine, il passe à côté de Dieu sans se laisser interpeller par sa discrétion, alors que le silencieux, en se taisant, est en mesure de trouver Dieu et de s'en régaler. Beau texte sur l'humble discrétion de Dieu et sur le bavardage de l'homme.

nouveau métaphorisé, mais ce silence n'est pas le fait d'une devinette. En effet, grâce à l'opposition entre les deux métaphorisants et grâce à ce qui a été dit juste avant les citernes désignent clairement les autres dieux : « une nation change-t-elle de dieux ? Et pourtant ce ne sont pas des dieux ! Mon peuple, lui, échange sa gloire contre ce qui ne sert à rien » (2/11).

Si la critique des autres dieux n'apparaît pas dans la première métaphore, elle est au cœur de la seconde. « Les autres dieux ne sont pas des dieux », affirme 2/11. C'est dire qu'on ne sait pas quel nom donner aux autres dieux. N'en trouvant aucun, Jérémie en profite pour ironiser en 2/11 et pour estropier le seul nom consacré par l'usage : *b'l*. En 2/11 Jérémie écorche *b'l* et en fait *blw' yw'yl* (« ce qui ne sert à rien »).

C'est dans la ligne de 2/11 que s'inscrit 2/13. Puisqu'il n'y a pas de nom pour ceux qui ne sont pas des dieux, autant ne pas les nommer, estropier leur nom, ou bien... les nommer métaphoriquement. En 2/13 Jérémie sait parfaitement utiliser un des avantages du discours métaphorique : nommer autrement ce que l'on ne veut pas nommer. Ainsi, en ne nommant pas le métaphorisé des citernes, tout en se faisant comprendre grâce à l'opposition avec la métaphore de la fontaine, Jérémie trouve une arme contre les autres dieux : en ne les nommant pas, il leur refuse en quelque sorte le droit à l'existence. En comparant ces dieux à des citernes, en opposition avec une fontaine, Jérémie souligne que les dieux peuvent tout au plus transmettre ce qu'ils reçoivent d'ailleurs (de la pluie et des rigoles) ; les citernes, en effet, sont des ersatz de fontaines, ou des fontaines par procuration. En comparant les dieux à des citernes fissurées, non accidentellement, mais depuis leur origine, Jérémie souligne que les dieux ne peuvent rien transmettre de ce qui leur aurait été confié.

Dans l'énoncé qui décrit les citernes le seul terme appartenant à la fois à l'isotopie des citernes et à celle des faux dieux, et pouvant donc être foyer, est *nšbrym*. On trouve, en effet, *šbr*, aussi au niphal, en Ez 6/6, où il a pour sujet *glwlym* (les idoles). Grâce à ce verbe, on a le foyer de la métaphore : « les idoles sont brisées comme des citernes ». A propos des faux dieux, le niphal de *šbr* peut être éclairé par le piel de ce verbe. Ce piel apparaît souvent (Dt 7/5, 12/3, 2 R 18/4, 23/14, Jr 43/13) avec pour complément *mṣbwt* (les poteaux sacrés représentant les idoles). On peut donc dire que, si des idoles sont « brisées », ce fait est accidentel, dû à des iconoclastes. Grâce au transport de sens dans cette métaphore, les « brisures » des idoles ne sont plus décrites comme un accident, mais comme un vice de forme, ce qui disqualifie les faux dieux dès leur venue à l'existence.

Pour Reymond (p. 160) le métaphorisé n'est pas simplement les dieux, mais de manière plus générale « les fausses sécurités de Juda ». Cet élargissement est à préciser, si l'on cantonne Dieu au seul domaine religieux. Mais si l'on reconnaît avec Jérémie que tous les domaines de la vie sont concernés par Dieu, alors tout ce qui peut se présenter comme un ersatz de Dieu dans n'importe quel domaine de la vie doit être appelé faux-dieu et apparaître ici comme le métaphorisé des citernes.

En décrivant des citernes creusées par le peuple et non des citernes creusées par d'autres et adoptées par le peuple, l'accent n'est pas mis sur les dieux (ou les sécurités) venus de l'étranger, mais sur ce que le peuple fabrique lui-même (« ils creusent pour eux »). C'est une manière de rabaisser toutes les sécurités du peuple au rang des objets-fabriqués par eux-mêmes. La connotation sépulcrale du mot *bwr* finit de présenter ces fausses sécurités comme des tombes, réceptacles de toutes les illusions mortes. Le peuple creuse sa propre tombe. Telle est sa deuxième faute (*r'h*) ou folie.

L'AMORCE DE LA MÉTAPHORE

Cieux, soyez désolés à ce propos et terrifiés ;
Asséchez-vous complètement, oracle du seigneur.

Comme on l'a vu, l'isotopie métaphorisante de 2/13 se trouve déjà présente en 2/12 avec le verbe *ḥrb*, qui peut vouloir dire « être sec », et le mot *šmym*, qui désigne à côté de « fontaine » et « citernes » un autre fournisseur d'eau. En dehors de Chouraqui, qui traduit ces deux termes par « ciels, desséchez-vous », tous les commentateurs et traducteurs actuels que j'ai pu consulter font disparaître le lien isotopique entre le verbe *ḥrb* et la métaphore, en sorte que chez eux l'amorce de la métaphore n'apparaît plus. A vrai dire, il en est de même dans les versions anciennes, qui d'une manière ou d'une autre ne parlent pas non plus de cieux asséchés. Le texte de ce verset demande à être établi.

Le seul terme de ce verset que la LXX n'atteste pas, est précisément *ḥrbw*. A la place, elle traduit par *epi pleion*, ce qui montre qu'elle n'a pas lu la racine *ḥrb*, et qu'elle a sans doute lu *hrbh*, comme le pensent Bright, Weiser et Thompson, qui corrigent sur ce point le TM en suivant la LXX, ce qui donne en 12b *wš'rw hrbh m'd*. Un tel texte est certainement une *lectio facilior*. En effet l'expression *hrbw m'd* du TM est hapax, alors que *hrbh m'd* est très courant (Gn 15/1, 41/49, Dt 3/5, Jo 13/1, 22/8, 1 S 26/21, 2 S 8/8, 12/2, 30, 1 R 5/9, 10/10, 11, 2 R 21/16, Jr 40/12, Neh 2/2, 1 C 20/2, 2 C 11/12, 16/8, 32/27). Le TM, difficilior, est donc à maintenir.

Le verbe *ḥrb* est bien attesté par Aquila et Symmaque (« soyez déserts » *erêmousthe*), ainsi que par la Vulgate (*desolamini*), cependant, à la place du mot précédent (*š'rw*), ces trois versions lisent *š'ryw* (*pulae autou, portae ejus*), transformant ainsi le sujet de *ḥrbw* ; ce n'est plus le ciel qui est asséché, mais les « portes » du ciel qui sont désertes. L'erreur de lecture sur *š'rw* est facile à déceler, mais on peut noter qu'en traduisant par « portes » (un substantif et non un verbe), ces versions équilibrent le verset en présentant en parallèle deux sujets (cieux et portes des cieux) et deux verbes (être consterné et être désert), là où le TM a un sujet et trois verbes. Le parallélisme offert par ces versions est certainement plus banal. Le TM, difficilior, doit être retenu[16].

---

16. On pourrait être surpris de voir la même faute commise par des traducteurs aussi différents (grecs et latin), mais cette proximité entre ces traducteurs se

Dans la marge des Syrohéxaples est mentionné *hê gê*, qui devait être à insérer en 12b, si l'on constate que ce mot est effectivement présent à cet endroit (tantôt avec *epi pleion*, tantôt après : cette hésitation peut être le signe d'une glose) dans deux minuscules (36 et 87) de la LXX, dans la recension de Lucien, (dans les versions éthiopienne et bohaïrique) ainsi que chez certains Pères (Basile, Cyrille d'Alexandrie, Chrysostome, Pseudo-Chrysostome). C'est avec de tels appuis que Volz propose de corriger le début de 12b en *wš'rw hrbh 'rṣ*. Encore une fois, l'ajout de *'rṣ* est facilior, car il établit dans ce verset un parallélisme entre « ciel » et « terre », comme c'est le cas en Es 1/2, où ciel et terre sont aussi pris à témoin. Par rapport à ce parallélisme avec deux sujets et deux verbes, le texte du TM (un sujet et trois verbes) est *difficilior* et préférable.

La Peshitta a lu *ḥrdw* (« soyez pris d'épouvante ») et non *ḥrbw*. Rudolph et BJ donnent ici la préférence à la Peshitta. Cette version a pour elle que jamais ailleurs *šmym* n'est sujet de *ḥrd*. Cependant, on peut en dire autant pour *ḥrb*. C'est peut-être grâce aux deux premiers verbes de 2/12 que l'on pourra trancher.

Selon KB[3], le verbe *ḥrb* I signifie « être sec » ou « être dévasté », ce qui en aucun cas ne peut décrire un sentiment humain. Pour « être dévasté », KB[3] précise qu'il s'agit du stade final après une dévastation et qu'un tel sens peut difficilement convenir en Jr 2/12 (« cieux, soyez dévastés »). KB[3] propose alors de corriger cette dernière occurrence du verbe en *ḥrdw*, en accord avec la Peshitta. De son côté, BDB distingue entre *ḥrb* I (= être sec) et *ḥrb* II, auquel il donne le sens de « être dévasté » pour toutes ses occurrences, sauf Jr 2/12, où ce verbe aurait le sens de « être désolé », ce qui est bien étonnant, car ce serait la première fois que ce verbe décrirait un sentiment humain. On peut constater que, le ciel étant personnifié dans son interpellation du début du verset par les deux premiers verbes (« soyez désolés et terrifiés »), BDB et KB[3] cherchent pour la fin du verset un troisième verbe servant à décrire un sentiment humain, soit en donnant un sens particulier à *ḥrb* (cf. BDB), soit en corrigeant le verbe (cf. KB[3]). De son côté, Lisowsky accepte un changement de registre entre les deux premiers verbes du verset (= sentiments humains) et le dernier, auquel il donne le sens de « être sec », ce qui range alors le ciel à côté des fleuves (Es 19/5, 6, Jb 14/11), de la mer (Ps 106/9) et d'une fontaine (Os 13/15) ; le ciel est ainsi parmi les pourvoyeurs d'eau.

Le verbe *šmm* peut signifier « être désertique », mais, construit avec *'l*, il ne peut signifier que « être désolé à propos de » (Lv 26/32, 1 R 9/8, Es 52/14, Jr 18/16, 19/8, 49/17, 50/13, Ez 26/16, 27/35, 28/19, Ps 40/16, Jb 17/8, 2 C 7/21, les sujets de cette expression sont toujours des individus), ce qui est clairement une personnification du ciel, à qui on attribue

---

retrouve ailleurs (cf. Würthwein 1980, p. 93, n. 5, qui renvoie aux travaux de Ziegler sur l'utilisation par Jérôme des traductions d'Aquila et Symmaque).

des sentiments humains. La même personnification apparaît avec *š'r* ; les autres occurrences de ce verbe sont en Ez 27/35, 32/10, chaque fois en parallèle avec *šmm 'l* (au qal en Ez 27/35 et au hiphil en Ez 32/10) et avec pour sujet des individus.

A mon avis, c'est pour rester dans le registre des sentiments humains que la Peshitta transforme le *ḥrbw* du TM, qui, malgré BDB, ne peut décrire un sentiment humain, en *ḥrdw*, qui le peut (« être terrifié »). C'est là, me semble-t-il, une harmonisation et un nivellement du verset pour ne s'en tenir qu'aux seuls sentiments du ciel personnifié. Par contre, « asséchez-vous » (et non « soyez dévastés », qui n'a pas de sens ici, cf. KB³), que l'on lit dans le TM, est plus insolite (car il fait passer des sentiments humains à autre chose) et difficilior, par rapport à la Peshitta. Je garde donc le TM, en donnant à *ḥrb* le sens de « être sec ». C'est pour rester dans la description des sentiments du ciel que BDB donne exceptionnellement à *ḥrb* le sens de « être désolé », mais cela ne correspond pas avec le sens de la racine *ḥrb*, comme en convient KB³, qui doit mettre de côté Jr 2/12 pour le corriger. La racine *ḥrb* dénote sécheresse, chaleur et destruction et n'est pas employée pour décrire des sentiments humains.

Si les deux premiers verbes de 2/12 se rapportent aux sentiments du ciel personnifié et si le troisième concerne son rôle de fournisseur d'eau, un dernier point souligne cette répartition des verbes : la présence d'un waw devant le deuxième verbe et non devant le troisième, ce qui unit les deux premiers verbes en isolant le dernier. Les Massorètes, cependant, en ont décidé autrement en plaçant l'atnaḥ avant le deuxième verbe. A choisir, je préfère ne pas tenir compte de cette accentuation et respecter le waw de coordination, qui rapproche le deuxième verbe du premier.

Ce verset accorde au ciel un double rôle. Tout d'abord, celui de témoin, auquel fait appel un des partenaires de l'alliance, parce qu'il y a rupture d'alliance. Cette rupture est évoquée juste avant, en 2/11 : le peuple a changé de dieu. Devant cette situation, le ciel est donc appelé comme témoin. Ensuite il est chargé par Dieu d'intervenir afin de démasquer celui qui a été infidèle à l'alliance. Que le ciel soit pris à témoin n'est pas étonnant (cf. Delcor 1966, p. 8 ss.) ; qu'il soit chargé d'intervenir ne l'est pas non plus. Lorsque le peuple, en effet, commet un méfait, il est habituel de voir Dieu commander au ciel de retenir la pluie (cf. Dt 11/17, 1 R 8/35, Ag 1/10-11, 2 C 6/26). A l'inverse du « cieux, répandez la rosée », que l'on entend en Es 45/8, Dieu demande ici aux cieux de retenir la pluie. C'est sur ce point qu'il y a amorce de la métaphore. Puisque le peuple abandonne une fontaine pour des citernes fissurées, que la pluie cesse et l'on verra qui continuera à donner de l'eau : le peuple lui-même constatera ce qu'il en est entre la fontaine et les citernes fissurées ; il ouvrira les yeux sur son propre péché.

Telle est cette amorce qui introduit magnifiquement la métaphore.

2. MÉTAPHORE DE LA GARGOULETTE (19/1-2, 10-12)

(1) Ainsi parle le Seigneur : Va, tu achèteras une gargoulette de potier ; de chez les anciens du peuple et anciens des prêtres (2) tu sortiras vers la vallée de Ben-Hinnom, à l'entrée de la porte des Tessons, et là tu proclameras les paroles que je te dirai (…) (10) Tu briseras la gargoulette sous les yeux des gens qui t'accompagnent (11) et tu leur diras : Ainsi parle le Seigneur tout-puissant : C'est ainsi que je briserai ce peuple et cette ville. De même que l'on brise le vase du potier, qui ne peut plus ensuite être réparé — faute de place pour ensevelir, on ensevelira même à Tapheth — (12) de même ferai-je à ce lieu, oracle du Seigneur, et à ses habitants.

REPÉRAGE DE LA MÉTAPHORE

Le repérage de la métaphore est ici facilité par la présence en 19/11 de la particule *kkh*, qui est suivie d'une proposition, dont le verbe *šbr* a pour compléments « ce peuple » et « cette ville », alors que le même *šbr* a été utilisé en 19/10 avec un autre complément : *hbqbq*.

Les versions anciennes s'accordent à voir en *bqbq* un récipient en poterie[17]. Dans son étude sur la poterie, Kelso voit en *bqbq* (1948, p. 17) un récipient dont le col étroit fait glouglouter le liquide qui en sort. Ce mot serait une onomatopée évoquant ce bruit, en sorte qu'en français la traduction de Steinmann par « gargoulette » est bonne, dans la mesure où elle peut évoquer aussi ce même bruit. D'après Kelso ce récipient pourrait être en métal ou en poterie, ce qui rendrait alors nécessaire la précision que l'on trouve en 19/1 : une gargoulette d'un *ywṣr ḥrś* ; cette dernière expression (« façonneur d'argile ») est hapax, mais elle ne peut désigner qu'un potier, en sorte que l'isotopie à laquelle appartient *bqbq* est celle de la poterie[18].

---

17. Le mot *bikos* utilisé par LXX (uniquement dans ce récit) et Symmaque n'est en lui-même pas très éclairant, dans la mesure où, selon Thackeray (p. 34), il ne serait en fait rien d'autre qu'une hellénisation d'un mot phénicien. Il apparaît, en effet, pour la première fois avec Hérodote (1/194) et l'on peut reconnaître effectivement un lien de parenté entre *bqbq* et *bikos*. Il est possible que la LXX et Symmaque aient précisément choisi ce mot à cause de cette parenté. Aquila, de son côté, en traduisant par *stamnos*, choisit un mot grec qui dénote clairement une « cruche en terre ». C'est aussi par *stamnos* que la LXX traduit *bqbq* en 1 R 14/3. La Vulgate, avec *lagoncula* (petite bouteille, carafon) semble connoter une poterie. Le Targum, avec *zlw'*, désigne une cruche ; ce mot vient d'une racine *zl'* ou *dly*, signifiant « puiser de l'eau », ce qui ne connote pas forcément de la poterie.

18. La description que Kelso fait de *bqbq* est celle que retiennent commentaires et dictionnaires (cf. KB³, qui mentionne des mots voisins appartenant à d'autres langues sémitiques, ainsi que la transcription de Jérôme en « bocboc », qui souligne l'onomatopée). Cette description me paraît acceptable, même si elle convient peu pour le seul autre texte où ce mot est mentionné (1 R 14/3). On voit mal, en effet, comment le miel contenu dans un *bqbq* pourrait être utilisé dans un récipient au col si étroit. Mais, si l'on pense que *bqbq* est un récipient avec une large ouverture, un tel récipient ne serait plus en rapport avec l'onomatopée suggérée par son

Par rapport à « ce peuple et cette ville » en 19/11, la mention de la gargoulette représente donc un changement d'isotopie. On peut donc parler d'une métaphore, avec *bqbq* comme sujet métaphorisant (19/10), *šbr* comme foyer (19/10, 11) et « ce peuple et cette ville » comme sujet métaphorisé.

En 19/11 se trouve une deuxième occurrence de *šbr* dans une proposition introduite par *k᾿šr*. Comme on l'a vu dans l'introduction (p. 33 s.), il s'agit là d'une nouvelle métaphore avec deux particules comparatives (*k᾿šr* et *kn*). Le sujet métaphorisé est cette fois « ce lieu et ses habitants » (19/12) et le sujet métaphorisant « vase de potier », ce qui fait bien apparaître un changement isotopique, le même d'ailleurs que dans la métaphore précédente, même si les termes choisis pour désigner les sujets métaphoriques sont différents.

Le verbe *šbr* étant dans deux métaphores distinctes (celle de la « gargoulette » et celle du « vase de potier »), il faudrait étudier séparément ces métaphores ; cependant, comme l'isotopie métaphorisante est la même, comme les métaphores appartiennent au même récit, je les étudie ensemble ici (cela évitera ainsi des redites).

DÉLIMITATION DES MÉTAPHORES

Le sujet métaphorisant de la première métaphore est déterminé (*hbqbq*) ; il s'agit de la gargoulette, dont il a déjà été question en 19/1. Tout ce qui décrit la gargoulette dans ce récit peut alors être considéré comme appartenant à l'énoncé métaphorisant. Dans une certaine mesure, la situation est la même que celle que nous avons rencontrée en 13/1-11 pour la ceinture. Comme pour la ceinture, en effet, la gargoulette est au centre d'un texte (19/1-13), en sorte que l'ensemble de ce texte pourrait être retenu comme énoncé métaphorique. Cependant, en lisant 19/1-13, on s'aperçoit que la gargoulette n'est pas constamment au premier plan, comme l'était la ceinture en 13/1-11.

En 19/1-13, l'isotopie de la poterie est représentée par *bqbq* (versets 1 et 10), *ywṣr ḥrś* (verset 1) et *kly hywṣr* (verset 11). On peut ajouter *ḥrswt* en 19/2. Ce dernier mot (*ḥrswt* ou *ḥrsyt*) est un hapax, que BDB et KB³ font venir de la racine *ḥrś* (la même racine que *ḥrś* en 19/1) en sorte que ce mot relève aussi de l'isotopie de la poterie[19], quel que soit le sens qu'on

---

nom. Je crois qu'il faut admettre qu'il y a eu plusieurs formes de *bqbq*, ce qui ne remet pas en cause l'appartenance de *bqbq* à l'isotopie de la poterie.

19. Cheyne défend l'idée que *š῾r hḥrswt* désigne la « porte de l'Est » ou la « porte du Soleil », en rattachant *ḥrswt* à *ḥrs*, qui désigne le soleil en Jg 14/18 et Jb 9/7. Il n'est pas suivi car il veut à tout prix situer la Géhenne dans le Cédron et faire de la porte de 19/2 une porte orientale. Le lien avec *ḥrs* supposé par Cheyne ne peut être accepté, car *ḥrs* est très certainement un mot d'origine égyptienne (cf. Dhorme dans son commentaire de Job, *ad. loc.*). Je vois mal comment on aurait fait dériver un nouveau mot (*ḥrswt*) d'un mot étranger. J'accepte donc le rattachement de *ḥrswt* à *ḥrś* proposé par BDB et KB³, qui me paraît plus vraisemblable.

lui donne : « tesson » (BDB, KB³, Rudolph, Bright, TOB...), « glaisière » (d'après KB³ encore) ou « poterie » (Jérôme, ainsi que Condamin, BP...).

On peut noter que l'isotopie métaphorisante n'est présente que dans les versets 1, 2, 10 et 11. Si l'on ajoute 12a, qui est l'énoncé métaphorisé de la deuxième métaphore, il est possible, provisoirement, de délimiter ainsi les métaphores : énoncé métaphorisant de la première (19/1-2, 10), énoncé métaphorisé (en 19/11, la proposition introduite par *kkh*), énoncé métaphorisant de la seconde (11a, à partir de *k'šr*), énoncé métaphorisé (12a).

Des questions de critique littéraire peuvent être examinées dès maintenant. En 3-9 n'apparaît aucun élément de l'énoncé métaphorique ; or, la grande majorité des commentateurs (Rudolph, Weiser, ...) voit en ces versets un morceau secondaire. Cela peut être vérifié. L'ensemble 1-13 est structuré par une succession d'ordres donnés par Dieu à Jérémie : le premier est à l'infinitif (*hlwk* 1a) et les autres au parfait inverti (*wqnyt* 1a, *wyṣ't* 2a, *wqr't* 2b, *w'mrt* 3a, *wšbrt* 10a et *w'mrt* 11a). Dans cette suite, qui charpente l'ensemble, les ordres des versets 3 et 11 sont introduits par le même *w'mrt*, ce qui peut faire penser que l'un des deux *w'mrt* est une reprise de l'autre pour introduire une glose. Autant les paroles introduites par le dernier *w'mrt* sont très liées (métaphoriquement) à la gargoulette, autant celles de 3-9 le sont peu : elles le sont par une simple allusion grâce au jeu de mots entre *wbqty* (19/7) et *bqbq*[20]. Enfin, par son exceptionnelle longueur (sept versets, c'est-à-dire plus de la moitié du texte), 3-9 brise le rythme du texte et l'alourdit. On peut donc bien considérer 3-9 comme secondaire dans ce texte, soit qu'il s'agisse d'une relecture à partir du jeu de mots (c'est ce que pense Rudolph), soit qu'il s'agisse d'un oracle indépendant inséré ici grâce à ce même jeu de mots servant de crochet (c'est ce que pense Weiser)[21]. Il est possible qu'en 19/2 la mention de la Géhenne (= vallée de Ben-Hinnom) ait été ajoutée en même temps que 3-9 pour mieux étayer le développement sur cette vallée en 19/6 ; cela expliquerait pourquoi 19/2 mentionne deux lieux (vallée de la Géhenne et porte des Tessons), mais il est possible aussi de voir dans cette mention de la vallée ce qui a favorisé l'insertion ultérieure de 3-9. En l'absence d'argument décisif, je maintiens la mention de la vallée en 19/2 comme appartenant au texte primitif.

Si l'on écarte 3-9 pour retrouver le texte primitif, on s'aperçoit alors

---

20. BDB rattache le mot *bqbq* à ce verbe *bqq* qui signifierait « vider », mais KB³ refuse un tel lien et donne à *bqq* le sens de « dévaster ». Qu'il y ait ou non un lien au niveau de la racine, le lien phonique existe de toute manière, ce qui suffit pour un jeu de mots.

21. La LXX donne l'impression d'avoir remarqué le jeu de mots, car en traduisant *wbqty* en 19/7 elle fait aussi un jeu de mots, mais cette fois avec le dernier terme de 19/6 (*sphagês*). Curieusement, la LXX traduit ici *bqq* par *sphazein* (« égorger »), ce qu'elle ne fait nulle part ailleurs et qui est une mauvaise traduction. Je ne pense pas que la LXX ait lu autre chose que *wbqty* ; je crois qu'elle a simplement voulu faire un jeu de mots entre *sphagês* et *sphaxô*.

que l'énoncé métaphorisant de la première métaphore devient très unifié (1-2 et 10) et que, comme le récit relatif à la ceinture, il est au cœur de ce texte. Dans ce cas le verset 2 dans son entier pourra faire partie de l'énoncé, même si la gargoulette n'est pas mentionnée : c'est en effet avec la gargoulette que Jérémie sort en direction de la vallée, puisqu'en 19/10 il a encore l'objet avec lui. Les paroles annoncées en 19/2 étant celles de 19/11, où est développée la métaphore, on doit encore retenir 2b comme en relation avec la gargoulette. Je retiens donc 1-2, 10-12a comme délimitation de l'ensemble des deux métaphores, avec kᵉ$šr$ pour marquer le passage de l'une à l'autre.

Dans ce texte la gargoulette occupe une place importante, comme la ceinture en 13/1 ss. Sur le plan littéraire la parenté entre les deux textes est grande, si l'on considère seulement les débuts de ces deux morceaux :

kh 'mr yhwh 'ly hlwk wqnyt   13/1
kh 'mr yhwh   hlwk wqnyt   19/1

En outre, dans chacun des textes, la première métaphore se trouve introduite par la même particule rare *kkh*, à la suite d'une formule de messager :

kh 'mr yhwh   kkh   13/9
kh 'mr yhwh ṣb'wt kkh   19/11

Dans chacun des textes la deuxième métaphore a pour particules kᵉ$šr$ et *kn* (13/11 et 19/11-12).

Pour la gargoulette, comme pour la ceinture, Jérémie reçoit de Dieu des ordres à accomplir, en sorte qu'il s'agit là de deux actions prophétiques. Bien des questions soulevées par la métaphore de la ceinture vont se retrouver ici (je renvoie donc aux pages 240 ss.) La grande différence entre les deux textes est que 13/1s décrit avec application l'exécution des gestes accomplis par Jérémie en réponse aux ordres reçus. En 19/1ss Dieu donne une suite d'ordres et l'on ne peut que supposer que le prophète les a exécutés. En 19/14, en effet, Jérémie revient du Tapheth : il y est donc bien allé.

ÉTABLISSEMENT DU TEXTE

En 19/1a, certains manuscrits hébreux ont en plus *'ly*, qui est par ailleurs attesté par la LXX, la Peshitta et le Targum. Ce *'ly* rend le texte facilior. En effet, nulle part en 1-13 il n'est spécifié qui est l'interlocuteur de Dieu. Cela a dû surprendre, même si on se doute bien que cet interlocuteur est Jérémie. C'est donc pour expliciter ce qui n'est qu'implicite qu'un scribe aurait ajouté *'ly* au début du texte. Sans *'ly* le texte est difficilior (sans être incompréhensible) : le TM doit donc être conservé. Je préciserai que l'ajout de *'ly* peut aussi être dû à une volonté d'harmonisation avec 13/1, dont les premiers mots seraient alors les mêmes que ceux de 19/1 (cf. ci-dessus). Un tel texte ainsi harmonisé avec un autre est facilior.

En 2a, les Massorètes signalent qu'il faut lire *hḥrsyt* et non *hḥrswt*. Ce Qeré me paraît acceptable, car il est en accord avec les transcriptions de ce mot que l'on trouve dans la LXX (*charsith* ou *charseith* suivant les manuscrits), ainsi que dans Aquila, Symmaque et Théodotion (*arseith*). Ces transcriptions attestent le yod du Qeré[22].

En 2b, quelques manuscrits ont *h'lh*, qui est attesté par ailleurs uniquement par le Vaticanus de la LXX (*toutous*). Il est très difficile ici d'apprécier ce qui peut être originel. Pour s'en tenir au seul livre de Jérémie, on pourrait dire, d'une part, que les 23 occurrences de *hdbrym h'lh* (3/12, 7/27, 11/6, 16/10, 20/1, 22/5, 25/30, 26/7, 10, 15, 27/12, 34/6, 36/16, 17, 18, 24, 38/4, 24, 27, 43/1, 45/1, 51/60, 61) font de cette formule un cliché facilior par rapport aux 10 occurrences de *hdbrym* (26/2, 12, 30/2, 36/2, 13, 16, 20, 27, 28, 38/1)[23]. Mais, d'autre part, la situation est inverse si l'on tient compte du relatif suivant. On ne trouve, en effet, qu'une fois *hdbrym h'lh 'šr* (38/27), ce qui fait de *hdbrym 'šr* (26/2, 12, 30/2, 36/2, 13, 27, 38/1) une tournure facilior. Pour trancher en faveur du TM, je tiendrai seulement compte des 18 premiers chapitres de Jérémie. En effet, lorsqu'un scribe en est à 19/2, il a eu à écrire jusque là uniquement *hbdrym h'lh* (3/12, 7/27, 11/6, 16/10) et jamais *hdbrym*. On peut comprendre ainsi que devant le premier *hdbrym* de Jérémie, on ait tendance à ajouter *h'lh*.

En 11a, *lhrph* est certainement fautif. Après *l*, en effet, il faut un infinitif construit. Or, n'importe quel infinitif construit d'un *l''h* est en *wt* et non en *h*. Il faut donc écrire *lhrp'*, comme on le trouve dans beaucoup de manuscrits. C'est d'ailleurs ce que demandent les Massorètes qui ont mis ici les voyelles d'un infinitif construit niphal d'un *l'' '*.

Sur plusieurs points le texte de la LXX est différent de celui du TM :

« (1) Alors le Seigneur me dit : Va, tu achèteras une gargoulette façonnée en argile ; tu emmèneras des anciens du peuple et des prêtres ; (2) tu sortiras vers la vallée des fils de leurs enfants, qui est à l'entrée de la porte de Charsith, et là tu proclameras toutes les paroles que je te dirai (...) (10) Tu briseras la gargoulette sous les yeux des gens qui t'accompagnent (11) et tu diras : Ainsi parle le Seigneur : Ainsi briserai-je ce peuple et cette ville, comme on brise un vase d'argile, qui ne peut plus ensuite être réparé. (12) Ainsi ferai-je, dit le Seigneur, à ce lieu et à ses habitants ».

Le texte de la LXX commence par *tote* (« alors »), ce qui est retenu par Duhm et Rudolph, qui proposent de rajouter *'z* en début de 19/1. Lorsque dans la LXX *tote* apparaît en tout début de texte, c'est toujours une formule d'enchaînement pour faire apparaître un lien entre ce texte et le précédent (cf. Ex 15/1, Jo 8/30, 22/1, 1 R 8/1, 2 R 12/18...). Je crois qu'il en est de même ici et que la LXX, en 19/1, traduit librement *kh 'mr yhwh* en *tote eipe kupios pros me* pour faire de 19/1ss la réponse de Dieu à la plainte de Jérémie, sans réponse dans la fin du chapitre 18 (18-23) ; dans

---

22. Si Lucien parle de « porte de reconnaissance », ce n'est sans doute pas parce qu'il a lu un autre mot, mais parce qu'il a dû jouer sur le *chars(e)ith* de la LXX pour le transformer en *charisiais*.

23. Je laisse de côté 30/4, où l'on a *'lh hdbrym*.

cette réponse Dieu annonce qu'il va détruire le peuple, c'est-à-dire ceux dont se plaint le prophète. Un détail montre que la LXX a vu en 19/1ss la réponse à 18/18-23. En 18/23 se trouve une expression avec *'ṣh*, traduite par *egnôs hapasan tên boulên autôn* (« tu connais tout leur conseil »). En 19/7 le TM mentionne une seule fois *'ṣh* et la LXX traduit alors en répétant le mot *sphaxô tên boulên Iouda kai tên boulên Ierousalêm* (« j'égorgerai le conseil de Juda et le conseil de Jérusalem »). Cette répétition de *boulên* en 19/7 n'a d'autre but, me semble-t-il, que de souligner le lien avec 18/23. Faire de 19/1ss une réponse à 18/18-23 (« Alors le Seigneur me dit ») est une liberté que prend la LXX et cela ne doit pas nous pousser à corriger le TM. Il se peut très bien que la Vorlage du TM soit la même que celle de la LXX.

En 19/1, la LXX semble avoir lu *yûṣar*[24] (« façonné ») et non *yôṣér* (« façonneur »). Le passage d'une forme à l'autre est très facile, et je ne sais comment trancher. *yûṣar* est difficile, à cause de sa rareté, mais *yôṣér ḥârèś* est aussi difficile (hapax). Ne sachant comment trancher je garde le TM.

En 1b, la LXX traduit avec un verbe (*axeis*), alors qu'il n'y en a pas dans le TM. Tous les traducteurs que j'ai pu consulter suivent ici la LXX en faisant comme s'il y avait *wlqḥt* en début de 1b. Il est clair que le TM ici est beaucoup plus difficile et que c'est précisément cette difficulté qui a arrêté les traducteurs, tant anciens que modernes. Avant de corriger le TM, il faudrait expliquer la disparition de *wlqḥt* ou de *wlqḥt 'tk*, ce que, à ma connaissance, aucun commentateur ne fait. La Vulgate est très proche du TM, puisqu'elle traduit 1b sans y introduire un verbe, cependant sa traduction est fautive, car elle fait dépendre les prépositions *mn* de 1b du verbe *qnh* (1a) : « reçois de la part des anciens » (*accipe a senioribus*). Pour que cette traducton soit correcte, il faudrait supprimer le waw de coordination du premier mot de 1b, ce qui est possible, car dans certains manuscrits hébreux ce waw est absent. Cependant, même ainsi, la traduction n'est pas correcte. En effet, après *qnh* ce n'est pas *mn* qui est utilisé devant celui à qui l'on achète, mais *m't* (Gn 25/10, 49/30, 50/13, Lv 25/15, 27/24, Jo 24/32, 1 R 16/24, Jr 32/9), *myd* (Gn 33/19, 39/1, Lv 25/14, Rt 4/5, 9), *m'm* (2 S 24/21) ou *m'wt* (2 S 24/24, peut-être fautif pour *m't*). Avec *qnh* la préposition *mn* ne précède pas la mention du vendeur, mais elle précède la mention des différents objets parmi lesquels on choisit celui qu'on achète (Lv 25/44, 45). En se trompant la Vulgate atteste à la fois le TM et sa difficulté. Le Targum et la Peshitta comprennent *mn* comme un partitif : « prends avec toi des anciens ». Ils se rapprochent ainsi de la LXX. Soit ces versions avaient *wlqḥt* et leur Vorlage est facilior, soit elles ont voulu résoudre tant bien que mal la difficulté du TM et dans ce cas il ne faut pas

---

24. BHK et BHS pensent que la LXX a lu un participe passif qal. Rien n'est moins sûr. Le participe passif de *yṣr* n'est pas attesté dans le TM. La LXX a pu lire un inaccompli hophal (*yûṣar* cf. Es 54/17), tout à fait possible dans une relative asyndétique avec accusatif de matière (cf. J 128c).

corriger. Le désaccord entre la LXX, d'une part, et la Peshitta et le Targum de l'autre, me fait penser à une paraphrase du TM par ces versions. La LXX, en effet, pense à un *mn* partitif et complète avec un verbe (« prends des anciens » : *apo tôn presbuterôn*). La Peshitta et le Targum complètent en ajoutant « avec toi », que n'a pas la LXX. Ces différents ajouts sont pour moi la preuve de paraphrases à partir d'un TM difficile. Pour résoudre à mon tour la difficulté, je propose de voir en 1b un casus pendens à rattacher à 2a, avec un waw d'apodose dans *wyṣ't* (cf. J 156 l) : « de chez les anciens du peuple et anciens des prêtres tu sortiras ».

En 1b encore, la LXX n'a pas traduit le deuxième *zqny*, ce qui pousse Volz, Rudolph et Steinmann a supprimer ce mot dans le TM. La mention des anciens des prêtres n'est pas impossible et elle est assez rare (2 R 19/2 et Es 37/2 seulement) pour être considérée comme difficilior. La LXX n'a pu voir que lourdeur dans cette répétition, ce qui expliquerait sa suppression du deuxième *zqny*.

En 2a la LXX traduit *bn hnm* par *huiôn tôn teknôn autôn*, alors qu'en 19/6 elle rend correctement ces mêmes mots par *huiou Ennom*. On peut noter dans ce chapitre 19 une tendance de la LXX à jouer sur les noms propres en les paraphrasant. En effet, alors qu'en 7/31-32, elle transcrit bien *tpt*[25] par *Tapheth*, elle cherche à traduire ce même mot en 19/6, 14 (*Diaptôsis*) ainsi qu'en 19/12, 13 (*diapiptein*). Elle a peut-être voulu faire de même en transcrivant *Ennom* en 19/6 et en traduisant en 19/2 (« les fils de leurs enfants »). Par cette dernière traduction, la LXX semble vouloir ironiser sur cette vallée, où les enfants, précisément, sont sacrifiés (19/5), en parlant d'elle comme du « cimetière (*poluandrion*) des fils de leurs enfants ».

En 2b, la LXX suppose la présence de *kl* devant *hdbrym*. Dans Jérémie l'expression *kl hdbrym* est beaucoup plus fréquente (7/27, 11/6, 16/10, 25/30, 26/2, 12, 15, 27/12, 30/2, 34/6, 36/2, 13, 16bis, 17, 18, 20, 24, 28, 38/27, 43/1, 51/60, 61) que le simple *hbdrym* (3/12, 20/1, 22/5, 26/7, 10, 30/4, 36/27, 38/1, 45/1). Je garde donc le TM sur ce point.

En 11a, *'lyhm* n'est pas traduit par la LXX. Il peut s'agir là d'une simplification de la part de la LXX, étant donné que les destinataires des paroles sont déjà mentionnés au verset précédent. Je garde donc ici le TM.

En 11a encore, *ṣb'wt* n'est pas traduit par la LXX ; il ne l'est pas non plus en 3a ; il peut y avoir là une harmonisation avec 1a. Je garde donc le TM.

Le texte de 11b n'apparaît pas dans la LXX. Cette fois, l'ajout me sem-

---

25. La LXX n'est pas la seule à jouer sur les noms propres. *tpt* doit se lire Tapheth, si l'on en croit Aquila, Symmaque, Théodotion, Origène et Lucien, qui transcrivent *thapeth*. La LXX fait de même en Jr 7/31, 32, 2 R 23/10 (*tapheth*). Dans ces transcriptions il n'y aurait pas de raison de falsifier les voyelles. Par contre en hébreu on peut jouer sur les voyelles, ce que font les Massorètes avec *tophèth* (= crachat, cf. Jb 17/6). Ce jeu de mots, ignoré des Grecs, ne peut remonter à Jérémie. Il peut dater de l'époque de la Vulgate, car celle-ci hésite entre *Thafeth* (2 R 23/10) et *Thofeth* (Es 30/33, Jr 7/31, 32, 19/6, 11, 12, 13, 14).

ble être dans le TM. En effet, 19/6 est pratiquement identique à 7/32, à ceci près que la fin de 7/32 (« on ensevelira à Tapheth, faute de place ») ne se trouve pas en 19/6. Or, cette fin de 7/32 est presque identique à ce que nous trouvons en 19/11b (« et à Tapheth on ensevelira, faute de place pour ensevelir »). On peut donc penser avec Condamin, Rudolph et Aeschimann qu'un scribe, ayant remarqué la proximité entre 7/32 et 19/6, aurait ajouté dans la marge du chapitre 19 les derniers mots de 7/32. Un autre scribe ensuite aurait inséré cette note marginale dans le corps du chapitre 19, ce qui aurait donné 19/11b. J'ajouterai à l'appui de cette hypothèse que le texte traduit par Lucien accorde à l'expression de 11b une autre place. En la mettant à la fin du verset 13, ce texte est témoin d'une autre tradition, où la note marginale aurait été insérée ailleurs.

En 1a, la Peshitta ne traduit pas *ḥrś*, mais ce mot, attesté par les autres versions, doit être retenu comme faisant jeu de mots avec *ḥrsyt* (2a).

En 1a, Volz considère que *'ly* (présent dans certains manuscrits) est une abréviation de *'l yrmyhw*. Cette explication satisfait Rudolph, Steinmann, Aeschimann et d'autres, car elle permet d'harmoniser le passage avec 19/14, où Jérémie est mentionné à la troisième personne. Mais je crois avec Thiel (p. 220) une telle abréviation impossible. Autant je comprends l'abréviation de *'l yhwh* en *'ly* par certains scribes qui ne veulent pas écrire le nom de Dieu, autant je ne comprends pas pourquoi on aurait abrégé *'l yrmyhw* en *'ly*.

La suppression de *ywṣr*, proposée par Rudolph en 1a, n'a pas de raison d'être, car ce mot est attesté par toutes les versions (que ce soit *yôṣér* ou *yûṣar*).

La suppression de *wlywšbyw* en 12a, proposée par BHK et BHS, n'a l'appui que d'un manuscrit grec et de la Peshitta, ce qui me paraît insuffisant. D'après Rudolph, le glossateur aurait rajouté ce mot en croyant que *mqwm* désignait Jérusalem. Mais si *mqwm* désigne un autre lieu, pourquoi n'aurait-il pas aussi glosé ? Quant à la place de *n'm yhwh* au milieu d'une phrase, cela se retrouve ailleurs (cf. 13/11, 15/3, 16/5, 21/7, 25/12, 27/8...).

Pour un grand nombre d'exégètes (Volz, Rudolph, Aeschimann...) les versets 12 et 13 sont aussi des gloses, du même auteur que 3-9. Il est possible qu'il en soit ainsi de 12b-13, dont le contenu est voisin de celui de 3-9 ; mais la présence de la particule *kn* en 12a, faisant suite au *k'šr* de 11a, relie 12a à la métaphore et interdit de voir en 12a une glose.

ÉTUDE DU MÉTAPHORISANT

Première métaphore : *(1) Ainsi parle le Seigneur : Va, tu achèteras une gargoulette de potier ; de chez les anciens du peuple et anciens des prêtres (2) tu sortiras vers la vallée de Ben-Hinnom, à l'entrée de la porte des Tessons, et là tu proclameras les paroles que je te dirai. (10) Tu briseras la gargoulette sous les yeux des gens qui t'accompagnent (11) et tu leur diras : Ainsi parle le Seigneur tout-puissant .*

Deuxième métaphore : *(11) on brise le vase du potier, qui ne peut plus (ensuite) être réparé.*

Le mot *bqbq* est trop peu employé dans l'AT pour que l'on puisse savoir de quelle connotation il pouvait être chargé. On peut remarquer que *bqbwq* est un nom propre (Esd 2/51, Né 7/53), proche d'un autre nom propre : *bqbqyh* (Né 11/17, 12/9, 25). L'existence de ces noms propres permet de penser que *bqbq* devait être chargé de quelque connotation, sans doute positive puisque l'un de ces noms est théophore, mais malheureusement je ne peux pas aller au-delà du stade de la supposition et cerner de plus près cette connotation[26]. Dans la deuxième métaphore *kly hywṣr* ne précise nullement une éventuelle connotation de *bqbq*, il généralise au contraire en désignant de façon globale n'importe quel récipient en poterie.

Pour les deux métaphores le foyer métaphorique est exprimé par le verbe *šbr*, ce qui place ce verbe au premier plan. En 19/10 il donne le contenu d'un ordre adressé par Dieu à Jérémie. Cet ordre est suivi d'un autre : « tu diras ». Par ces deux verbes, il apparaît que le prophète doit exécuter un geste et prononcer une parole, dont le contenu est en relation avec le geste. Ce simple fait suffit à nous plonger dans le monde de la magie[27], ce qui nous rapproche encore une fois de 13/1ss (cf. plus haut, p. 251 ss.).

Le contexte magique de ce passage a été repéré par plusieurs commentateurs soit pour l'accepter (Weiser, BC), soit pour le rejeter (Thompson, Aeschimann). BC nous y introduit de manière très claire : « Chez les Égyptiens, au temps de la XIᵉ dynastie (vers 2000) on inscrivait sur des vases de terre la liste des ennemis du Pharaon en y ajoutant parfois la mention : « qu'il meure ». D'autre part dans certains textes de pyramides il est question d'une formule qu'il faut prononcer « en brisant les pots rouges » et parfois le texte est accompagné d'un déterminatif représentant un homme abattant un pilon sur une coupe (Kurt Sethe, 1926). Il faut en conclure qu'on pensait assurer la perte des ennemis du roi en détruisant un vase d'argile qu'on avait identifié avec la personne visée en inscrivant son nom dessus. » (Sur ces textes auxquels se réfère BC, voir en particulier Pritchard 1950, p. 328 s..)

---

26. KB³ signale que *bqbwq* pourrait signifier « le bavard ». C'est possible, mais j'ai de la peine à croire que l'autre nom propre pourrait signifier « le Seigneur est bavard » ! Sans doute que le contenu de ces noms devait être plus positif.

Ce n'est qu'après Jérémie que ces noms apparaissent, mais il serait étonnant qu'on ait donné ces noms à des individus pour commémorer le geste de Jr 19. Ce geste, en effet, est trop négatif pour le peuple pour songer à une telle commémoration. Il est donc très vraisemblable que ces noms existaient déjà du temps de Jérémie avec un sens positif, mais il n'est pas possible d'en dire plus.

27. Dans d'autres passages bibliques il est question de poterie volontairement brisée. En Lv 6/21 un vase devenu saint doit être brisé pour ne pas être utilisé de façon profane. En Lv 11/33 un vase doit être brisé si le cadavre d'une bestiole tombe dedans. Comme Jérémie vient d'acheter son vase, ce n'est pas pour ces raisons-là qu'il doit le briser. En Jg 7/19s les soldats de Gédéon cassent des cruches, ce qui est une ruse de guerre. Là encore le contexte de Jérémie n'est pas le même. Le prophète ne brise pas la gargoulette au cours d'une opération militaire. Si le récit de Gédéon a une dimension magique, l'arrière-plan est alors le même pour Gédéon et Jérémie, et c'est cet arrière-plan qu'il nous faut explorer ici.

Depuis BC, de nouveaux textes égyptiens d'exécration ont été trouvés, et en particulier, à Mirgissa, un dépôt avec des centaines de vases brisés, dont certains étaient couverts de ces textes d'exécration. Cette découverte de Mirgissa remonte à 1962[28]. Quelques remarques sont à faire.

Si, à ma connaissance, un seul lieu archéologique avec vases brisés dans un but magique est connu, il ne faut pas croire pour autant que la pratique a été exceptionnelle. Vila note, en effet (p. 135) que ces textes d'exécration étaient largement répandus en Égypte. Il est clair que de telles pratiques devaient être connues dans tout le Proche-Orient ; j'en veux simplement pour témoin cette formule mésopotamienne, où la même métaphore que celle de Jr 19 se trouve dans un contexte magique de pratique contre le mauvais œil : « Prenez l'œil, brisez-le comme un vase de potier » (in Reiner p. 81).

On peut estimer à plusieurs centaines les vases trouvés dans le dépôt de Mirgissa. Ces récipients étaient de types variés (coupes, vases biconiques, ovoïdes ou sphériques, jarres, gobelets, assiettes...). Cela ne nous pousse donc pas à chercher précisément quelle forme pouvait bien avoir le *bqbq* de Jérémie. N'importe quel vase de potier pouvait faire l'affaire, y compris certainement le *bqbq*. Par contre on peut être frappé par la sobriété de Jr 19, qui ne parle que d'un seul récipient.

Certains récipients de Mirgissa sont inscrits (moins d'un quart) et l'on ne sait rien à ce sujet du *bqbq* de Jérémie. Mais, de toute façon, dans les deux cas le lien analogique entre le vase et la personne qu'il représente est fait. Dans les formules égyptiennes d'exécration les vases eux-mêmes, à ma connaissance, ne sont pas mentionnés ; seules les personnes le sont, mais en inscrivant les noms de ces personnes sur les vases le lien entre les deux est fait. Dans Jr 19 vase et personne sont mentionnés dans la métaphore, de telle manière que les deux aussi sont liés. Du point de vue de la magie, on peut dire que la situation est la même.

Bien que d'une grande sobriété, le texte de Jr 19 se situe très claire-ment dans un contexte magique. La gargoulette doit être brisée volontaire-ment par Jérémie et la parole qui accompagne le geste a des allures d'exé-cration. La précision selon laquelle le vase « ne peut plus être réparé[29] » tra-

---

28. Le site de Mirgissa se trouve maintenant inondé par le barrage d'Assouan. Sur le dépôt voir Vercoutter (1963, p. 129 ss.), Vila (1963, p. 135 ss.) et Posener (1966, p. 277 ss.). Sur d'autres textes d'exécration, cf. Posener 1939, p. 313 ss.

29. L'emploi d'un terme de la racine *rp'* à propos d'une poterie ne se retrouve pas ailleurs dans l'AT ; cependant il ne s'agit pas là d'un emploi abusif de cette racine. On peut, en effet, « soigner » des objets, c'est-à-dire les « réparer » ou les « restau-rer », comme on peut le voir en 1 R 18/30, où un autel est restauré. Les israélites savaient restaurer les poteries, lorsque celles-ci avaient une certaine valeur et que les brisures n'étaient pas trop importantes. Ici « il ne peut plus être réparé » indique que le vase doit être brisé en mille morceaux et qu'une restauration n'est plus envi-sageable. Si la scène se passe à la porte des « Tessons », la réparation de la gargou-lette devient encore plus impossible, car les débris peuvent difficilement être retrou-vés parmi les tessons déjà présents sur ce lieu. Mais je ne veux pas aller plus loin sur ce point, car la traduction de *ḥrsyt* par « tesson » n'est pas assurée.

duit le caractère irréversible du geste et de la parole, ce qui rejoint ce qu'on a pu observer à Mirgissa ; le dépôt est à l'écart, à un endroit tel que les formules écrites ne peuvent être effacées, ce qui assure leur efficacité magique « bien au-delà du temps d'existence des sujets à envouter » (Vila p. 141).

ÉTUDE DU MÉTAPHORISÉ

Première métaphore : *(11) Je briserai ce peuple et cette ville.*
Deuxième métaphore : *(12) (Ainsi) ferai-je à ce lieu et à ses habitants.*

La métaphore de la ceinture (13/1 ss.) nous a montré que, si la proximité avec le monde de la magie est réelle dans le geste prophétique, la distance est tout aussi réelle et que cette distance est une victoire sur la magie (cf. plus haut, p. 254 ss.). Cela reste à vérifier dans cet autre texte relatif à un nouveau geste prophétique.

Comme en Jr 13, le geste que Jérémie doit accomplir n'est pas commandé par un consultant humain ou décidé par Jérémie lui-même, comme cela se passe dans la magie, où la divinité est sollicitée sinon contrainte d'agir selon le désir des hommes. Dès les premiers mots de 19/1 (« ainsi parle le Seigneur »), il est souligné que l'initiative vient de Dieu et que c'est lui qui sollicite, et même ordonne ce que doit accomplir le prophète : « va », « tu achèteras », « tu sortiras », « tu proclameras », « tu briseras », « tu diras ». L'impressionnante liste d'ordres qui charpente le texte efface toute équivoque : Dieu seul programme et contrôle le geste que Jérémie devra accomplir. S'il a paru superflu à l'auteur de dire si le prophète a bel et bien accompli ce qui lui est demandé, il ne lui a pas paru superflu de souligner que tous les ordres sont donnés par Dieu. Cette insistance est importante, car elle fait apparaître le retournement du processus magique, désormais entre les seules mains de Dieu.

Comme en Jr 13, les paroles que Jérémie doit prononcer ne sont pas une prière adressée à Dieu, mais un oracle adressé aux hommes (cf. la nouvelle formule de messager en 19/11, ainsi que « oracle du Seigneur » en 19/12).

Enfin, comme en Jr 13, le sujet du verbe foyer de la métaphore est Dieu, au niveau du métaphorisé : « je brise » (19/11), ainsi que « je fais » (19/12). Par ces premières personnes, Dieu est le seul actant, le seul à agir sur son peuple, libre de toute influence magique. Cette liberté par rapport à la fatalité magique apparaît ici dans le fait que l'accomplissement du geste par Jérémie n'est pas décrit. Le peuple est ici soumis à l'initiative et à la parole de Dieu et non aux forces mises en branle par un geste.

Les conclusions de Jr 13 peuvent donc être reprises ici concernant la magie, avec le geste de la gargoulette cassée il y a véritablement intrusion dans le monde de la magie ; intrusion souveraine, qui consacre la victoire de Dieu, renversant le processus magique et libérant du *fatum* magique ceux qui sont visés par le geste accompli par le prophète.

Dans la première métaphore le sujet métaphorisé est « ce peuple et cette ville », ce qui, étant donné les détails de 19/2 (la vallée de Ben-Hinnom et la porte des Tessons), ne peut désigner que Juda et Jérusalem. Dans la deuxième métaphore le sujet métaphorisé est « ce lieu et ses habitants », et ce qui est ici désigné par *mqwm* reste à préciser. Pour de tels métaphorisés que signifie exactement le verbe « briser » (*šbr*) ?

A propos d'un peuple le verbe *šbr* se retrouve, au qal comme ici, en 48/38 (Dieu brise Moab) et Es 14/25 (Dieu brise l'Assyrie). Dieu est toujours sujet de ce verbe, en sorte que lui seul semble être en mesure et capable de briser un peuple. Au niphal, l'Égypte (Ez 29/7), les alliés de l'Égypte (Ez 30/8), les Nubiens (2 C 14/12), Moab (Jr 48/4), Babel (Jr 51/8) et Israël (Jr 14/17) sont brisés, sans qu'il soit toujours possible de savoir quel est le sujet logique de ces passifs. En 2 C 14/12, c'est clairement par Dieu que les Nubiens sont brisés. En Ez 30/8 et Jr 51/8, le contexte laisse entendre que c'est également Dieu qui brise. Il semble donc bien que pour l'AT Dieu est le seul à pouvoir briser un peuple, que ce peuple soit Israël ou un peuple étranger.

Parmi les dérivés de la racine *šbr*, le terme *šèbhèr* est aussi employé pour un peuple ; Am 6/6 parle ainsi de la « brisure » de Joseph. Tous les autres textes parlent de la brisure du peuple de Dieu (Es 30/26, Jr 6/14, 8/11, 21, 14/17, Lm 2/11, 13, 3/47, 48, 4/10). Si ces textes ne précisent pas de qui vient la brisure d'un peuple, en revanche ils font clairement apparaître que toute brisure de peuple provoque pleurs et lamentations, d'une part, et pose, d'autre part, la question des soins à donner au peuple brisé. C'est ainsi que la brisure du peuple entraîne les pleurs en Jr 14/17, Lm 2/11, 3/48. Quant à la question des soins, elle est posée en Es 30/26, Jr 8/22, Lm 2/13.

Si l'on s'en tient au seul livre de Jérémie, lorque le verbe *šbr* est employé pour un peuple, il est aussi question de pleurs ou de lamentations (14/17, 48/4, 38, 51/8), ainsi que des soins à donner au peuple brisé (51/8). Lorsqu'il est question de « brisure » (*šèbhèr*), le peuple est alors le plus souvent appelé « fille mon peuple » (8/11, 21, 14/17). C'est dire que, chez Jérémie en tout cas, un peuple « brisé » est considéré comme une personne. C'est ce peuple ainsi personnifié que l'on cherche à soigner (cf. *rp'* en 6/14, 8/11, 51/8) ; c'est sur lui que l'on pleure. Je crois donc pouvoir dire que dans l'énoncé métaphorisé de 19/11 l'expression « briser ce peuple » est à comprendre comme une personnification du peuple, en sorte que *šbr* y a le même sens que dans « briser un individu ».

En dehors des passages où il est question de briser (ou de la brisure d') une partie du corps humain (pied ou main en Lv 21/19, les dents en Ps 3/8, les molaires en Jb 29/17, les os en Es 38/13, Lm 3/4, la nuque en 1 S 4/18, le bras ou les bras en Ez 30/21, 22, 24, Ps 10/15, 37/17, Jb 31/22, 38/15, Dn 11/22, le cœur en Ps 69/21, 147/3, Es 61/1, Ez 6/9, Ps 34/19, 51/19, Jr 23/9, l'esprit en Ps 51/19), il est des textes où la racine *šbr* est employée pour un ou plusieurs individus. Ainsi, avec le qal, un lion brise un homme (1 R 13/26), Dieu brise les jeunes gens de Jérusalem (Lm 1/15), des hommes brisent un roi (Dn 11/26), Dieu brise les persécuteurs (Jr 17/18 + le mot *šbrwn*). Au niphal, des hommes (Es 8/15, 28/13), Pharaon (Ez 32/28), un homme vaurien (Pr 6/15), un entêté (Pr 29/1), un roi (Dn 8/25, 11/20), des amants (Jr 22/20) sont brisés. Au hophal Jérémie (ou Dieu ?) est brisé (8/21). Le mot *šèbhèr* est employé pour un homme (Lv 24/20), des rebelles (Es 1/28), Pharaon (Ez 32/9). Enfin, *šbrwn* pour un homme en Ez 21/11. Dans tous ces textes, on peut dire qu'un homme « brisé » n'est pas forcément mort, mais qu'il est blessé et proche de la mort. Ainsi, l'homme brisé par le lion en 1 R 13/26 n'est pas encore mort, puisque le fauve doit l'achever. L'homme brisé semble être mort, mais il ne l'est pas (cf. Ez 32/28). C'est ce qui explique pourquoi se pose encore la question des soins (cf. *rp'* en Pr 6/15, 29/1).

Lorsque Dieu annonce en 19/11 qu'il va « briser ce peuple », cela signifie, non qu'il va l'anéantir, mais qu'il va le mettre dans une situation proche de l'anéantissement, dans une situation où il n'aura plus assez de force pour se défendre ou pour nuire. Autant *šht* dénote une destruction totale, autant *šbr* se trouve juste en deçà de la destruction totale.

« Je briserai cette ville » : trois passages sont ici à rapprocher : le vent brise Tyr (Ez 27/26), Tyr est brisée par la mer (Ez 27/34), une cité est brisée (Es 24/10). Dans les descriptions qui accompagnent ces expressions, on s'aperçoit que la « brisure » d'une ville s'accompagne d'une perte en hommes, mais qu'il s'agit surtout d'importants dégâts matériels (cf. dans le même sens la brisure des verrous d'une ville en Jr 51/30, Am 1/5, Lm 2/9, ou la brisure des remparts en Es 30/13). Mais les dégâts matériels sont tels que la ville brisée ne semble plus pouvoir être restaurée (cf. Ez 27/36, où il est dit à Tyr : « pour toujours tu ne seras plus »).

Avec « je briserai ce peuple et cette ville », les dégâts causés par Dieu toucheront à la fois la population et les constructions de la capitale, ce qui met Juda et Jérusalem au bord de l'anéantissement.

Dans la deuxième métaphore, le parallélisme entre *šbr* et *'śh* invite à penser que Dieu va aussi briser « ce lieu et ses habitants ». Les termes désignant le métaphorisé diffèrent cette fois de ceux de la première métaphore, alors que le foyer est toujours le même : « briser ». Dans le texte de 19/1-13, les autres emplois de *mqwm* accompagné du démonstratif sont tous dans la glose de 3-9 (cf. 3, 4*bis*, 6 et 7). Dans cette glose *hmqwm hzh* désigne clairement le Tapheth, mais cela ne veut pas dire pour autant qu'en 19/12 *hmqwm hzh* désigne la même chose. Étant donné que Jérémie se trouve en 19/2 à l'une des portes de Jérusalem, *hmqwm hzh* doit désigner tout ce que le prophète peut voir de là, c'est-à-dire Jérusalem, y compris la zone *extra muros* du Tapheth. Si l'on considère que les deux métaphores ont le même foyer et que les sujets métaphorisés sont énumérés suivant un chiasme (peuple, ville, lieu, habitants), je suis enclin à penser que « ce lieu » est synonyme de « cette ville » et donc que *mqwm* désigne Jérusalem y compris le Tapheth. C'est la glose qui invite à voir en « ce lieu » une désignation du Tapheth, mais sans la glose « ce lieu » n'a pas un sens aussi restreint. Dans le chiasme des métaphorisés, « habitants » renvoie à « peuple » et « lieu » renvoie à

« ville ». Je crois qu'on peut dire qu'il y a un parallélisme synonymique entre les sujets métaphorisés.

On a vu plus haut que la brisure d'une population pose la question de ses soins (*rp'*). Si un peuple peut être soigné comme une personne blessée peut l'être, l'énoncé métaphorisant est intéressant, car il reprend en 19/11 le verbe *rp'*. Grâce au transfert de sens du métaphorisant au métaphorisé, la question des soins éventuels à donner au peuple se trouve définitivement réglée : le peuple ne pourra plus être soigné après sa brisure ! C'est dire combien le peuple sera profondément atteint. Si un peuple brisé n'est pas forcément anéanti, et s'il peut encore être soigné, ici il n'est plus question de soins. Le coup infligé au peuple par Dieu est donc si fort, qu'on peut ici penser à un peuple complètement détruit : « comme un vase qu'on ne peut plus réparer ». Grâce au transfert de sens, *šbr* est ici proche de *šht*.

Le texte primitif ne donne aucune explication au comportement destructeur de Dieu. Cette raison peut apparaître en 19/13, mais ce verset est peut-être une glose. Dans ce verset, la mention des maisons impures (*ṭm'*) est intéressante, car elle peut être rapprochée de Lv 11/33. D'après Lv 11/33, un vase d'argile (*kly ḥrś*) rendu impur (*ṭm'*) par la présence d'un cadavre de bestiole doit être brisé (*šbr*). Si les maisons de Jérusalem sont impures c'est à cause du sang (19/4) ou des cadavres des enfants sacrifiés aux idoles (19/5) : voilà pourquoi elles doivent être brisées comme des vases d'argile. Si 19/13 est, avec 3-9, une glose, on peut voir là une relecture s'appuyant sur le code sacerdotal et replaçant la métaphore dans un contexte de pureté rituelle. Un tel contexte est-il déjà présent dans le texte primitif ? Il m'est difficile de le dire. Le terme *bqbq* est trop peu employé, en effet, pour que l'on sache s'il a une connotation sacerdotale. D'un autre côté, le fait que Jérémie sorte « de chez les anciens des prêtres » (19/1) peut faire penser que c'est chez eux qu'il s'est procuré le *bqbq* ; auquel cas il s'agirait d'un ustensile vraisemblablement lié au culte. S'il en est ainsi, c'est parce qu'il est devenu impur que le peuple doit être « brisé », sans qu'il soit question de le guérir.

3. MÉTAPHORE DU BÂTON ET DE LA BRANCHE (48/17)

Comment ! Il est brisé le bâton de puissance, la branche de magnificence !

REPÉRAGE DE LA MÉTAPHORE

En 48/16 est annoncée une catastrophe concernant Moab, dont les proches, en 17a, sont alertés. A ces derniers il est dit : *ndw lw*. Dans cette expression le suffixe du lamed désigne Moab. D'après les autres emplois de cette expression dans l'AT, Moab peut être considéré ici soit comme un grand malade (Es 51/19, Jr 15/5, Nah 3/7), soit comme un endeuillé (Jr 16/5, Jb 2/11, 42/11), soit comme un mort (Jr 22/10). Ce que les voisins doivent dire commence par *'ykh*. Ce terme peut être un interrogatif (« comment ? »), mais dans ce cas, les propos suivants donnent la réponse à la question posée. Lorsqu'il n'y a pas de réponse, comme c'est le cas ici, *'ykh* est un exclamatif (« comment ! ») et, dans ce cas, cette exclamation est celle d'une lamentation funèbre (Lm 1/1, 2/1, 4/1, 2)[30]. Dans une lamentation, ce qui suit *'ykh* s'applique le plus souvent au mort que l'on pleure, mais cela peut aussi s'appliquer à un endeuillé (cf. Lm 1/1, où *'ykh* introduit une description de la veuve).

D'après ce qui vient d'être dit, les voisins sont invités à prononcer sur Moab une lamentation, sans que l'on puisse dire, cependant, si celui que l'on pleure est Moab lui-même ou un proche de Moab. On peut donc hésiter dans la traduction de *ndw lw*. C'est ainsi que TOB traduit ici par « exprimez-lui vos condoléances » et FC par « présentez-lui vos condoléances », ce qui fait de Moab un endeuillé ; dans ce cas la lamentation peut porter sur Moab endeuillé ou sur le mort dont Moab porte le deuil. D'un autre côté, VS, Darby et Segond traduisent *ndw lw* par « lamentez-vous sur lui », ce qui fait de Moab celui dont on parlera dans la lamentation suivante, soit comme un mort, soit comme un endeuillé. Sans trancher encore, on se trouve ici devant trois possibilités : ou bien Moab est endeuillé et les voisins se lamentent sur lui, en tant qu'endeuillé ; ou bien Moab est endeuillé et les voisins se lamentent sur le mort que pleure Moab ; ou bien Moab est mort et ses voisins le pleurent.

Curieusement, dans la lamentation il n'est question ni de Moab, ni de l'un de ses proches, mais d'un bâton (*mṭh*), d'une branche (*mql*). Est-ce là une lamentation insolite, où l'insolite serait indice de métaphore ? Ce n'est pas sûr. Il n'est pas impossible, en effet, qu'un bâton soit pleuré, si l'on se souvient que Gilgamesh, par exemple, a lui-même entonné une lamentation sur deux objets réels, qu'il a perdus, et dont l'un, un *mekkoû*, peut être une baguette de tambour ou un bâton de cerceau (cf. Labat, Caquot, Sznycer et Vieyra p. 222 s.). Seul le contexte peut permettre de dire si l'objet pleuré est réel ou pas. Pour Gilgamesh, il s'agit d'un réel objet, car il est encore question de lui après la lamentation[31]. Par contre, dans le reste de l'oracle sur Moab (Jr 48), il n'est plus jamais question de bâton ou de branche, en sorte que la mention de ces objets dans la lamentation est bel et bien insolite : c'est donc là un indice sémantique, qui peut être indice métaphorique. Ces objets désignent autre chose : soit Moab, soit le mort que pleure Moab (son roi ou son dieu). Reste à savoir s'il y a là changement d'isotopie ou pas.

Tous les traducteurs ne voient pas en *mṭh* et *mql* des noms désignant

---

30. Giesebrecht, BC et Rudolph font remarquer que le rythme de la phrase qui suit *'ykh* est celui de la qinah, ce qui montre qu'il s'agit bien ici d'une lamentation.
31. La douzième tablette de l'épopée a des lacunes, en sorte qu'il n'est pas possible de dire ce qui s'est passé avant la lamentation prononcée par Gilgamesh. Cependant, après cette lamentation, Enkidou propose à son compagnon d'aller à la recherche de l'objet perdu, de telle manière qu'il doit bien s'agir d'un objet réel.

des objets. TOB et FC, par exemple, traduisent *mṭh* par « puissance » et *mql* par « pouvoir ». Il ne s'agit pas là d'acceptions de ces termes reconnues par les dictionnaires (et aucune version ancienne ne traduit ainsi ces mots par des abstractions). Je pense que TOB et FC savent bien que *mṭh* et *mql* dénotent bien des objets et non des abstractions et qu'ils ont dû considérer ces objets comme des symboles de « puissance » et de « pouvoir ». Je reçois ces traductions comme étant marquées par le souci de mettre en avant le signifié par rapport au signifiant. Si ce n'est pas le cas, ces traductions sont fautives, car *mṭh* et *mql* ne dénotent pas des abstractions.

Avant de trancher, comme le font TOB et FC, la question est donc de savoir si *mṭh* et *mql* sont des objets symboliques ou pas. S'ils ne le sont pas, il y a de fortes chances que la mention de ces objets constitue un changement d'isotopie. S'ils le sont, ces objets peuvent être, en tant que symboles, des désignations métonymiques ou métaphoriques, suivant que le lien qui unit le signifiant au signifié repose sur la contiguïté ou sur la ressemblance[32]. La question reste donc ouverte : ce texte peut être métonymique ou métaphorique. La suite de l'étude le dira.

DÉLIMITATION DE LA MÉTAPHORE

Ce qui décrit le bâton ne déborde pas le contenu de la lamentation, en sorte que l'énoncé métaphorisant commence avec le premier mot de celle-ci : *'ykh*. En 48/18 il ne s'agit plus d'une lamentation, mais d'ordres adressés à un interlocuteur féminin, en sorte qu'il ne peut s'agir ni de Moab (masculin), ni de ses voisins (masculins), ni du bâton (masculin). En outre, en 48/18, il n'est plus question du bâton. La lamentation se termine avec 48/17, ainsi que l'énoncé métaphorisant. Comme aucun sujet métaphorisé ne s'impose, on peut considérer que l'énoncé métaphorisé est sous-entendu dans le métaphorisant.

ÉTABLISSEMENT DU TEXTE

L'énoncé de cette métaphore ne pose aucune difficulté textuelle. On peut simplement noter que les manuscrits orientaux ont *'yk* au lieu de *'ykh*, ce qui ne change rien au sens, étant donné que *'yk*, comme *'ykh*, peut intro-

---

32. Le symbole est, selon la définition qu'en donne Lalande, « ce qui représente autre chose en vertu d'une correspondance analogique » (in *Petit Robert*). Selon cette définition, les symboles, reposant sur l'analogie, ou la ressemblance, seraient des métaphores et, plus précisément, des métaphores mortes, dès lors que le signifié est connu de tous et n'a plus besoin d'être nommé. Cependant, tous les symboles ne sont pas de ce type. Le sabre et le goupillon, par exemple, symbolisent l'État et l'Église, non en vertu d'une analogie, mais parce qu'il y a une relation de contiguïté entre le sabre et l'État par l'intermédiaire du représentant de l'État qui détient le sabre, ainsi qu'entre le goupillon et l'Église par l'intermédiaire du représentant de l'Église qui détient le goupillon. C'est pars pro toto que ces objets symbolisent l'État et l'Église. Le sabre appartient à l'isotopie de l'État, comme le goupillon à celle de l'Église. Ces symboles sont métonymiques et non métaphoriques.

duire une lamentation (cf. 9/18, 48/39, Ez 26/17...). A choisir entre les deux graphies, *'ykh* semble préférable, car *'yk*, déjà présent en 48/14, fait de *'yk* en 48/17 une *lectio facilior*.

ÉTUDE DU MÉTAPHORISANT

> *Comment ! Il est brisé le bâton de puissance, la branche de magnificence !*

Le terme *mṭh* peut signifier « tribu », mais ici, à cause du parallélisme avec *mql*, cela ne peut pas être le cas. Ici *mṭh* désigne un bâton et il reste à savoir si ce bâton est d'un type particulier et s'il peut être considéré comme un symbole.

On trouve un *mṭh* dans les mains de différents personnages : dans la main de Juda (Gn 38/18), de Moïse (Ex 4/2ss), d'Aaron (Nb 17/23), de Jonathan (1 S 14/27, 43), d'un roi (Ps 110/2), comme dans celle d'un simple ouvrier en train de battre des céréales (Es 28/27), ce qui interdit de voir dans la simple mention de *mṭh* un quelconque symbole de gouvernement ou de puissance. Le mot en lui-même n'évoque pas la royauté. Si *mṭh* est le plus souvent utilisé comme arme (cf. Es 10/24, 9/3, 30/32, Hb 3/9, 14), ce n'est pas ainsi qu'il est utilisé par Juda (Gn 38/18), par Aaron (Nb 17/23), ou par l'ouvrier qui bat le blé et qui s'en sert comme outil de travail.

En dehors de Jr 48/17, l'expression *mṭh 'z* se retrouve en Ps 110/2, Ez 19/11, 12, 14. En Ps 110/2, le *mṭh 'z* est dans la main de celui qui domine et qui siège à la droite de Dieu ; sans doute s'agit-il du roi. En Ez 19/11 *mṭwt 'z* est accompagné de l'expression *šbṭy mšlym* (« sceptres de gouvernement »), en Ez 19/14 *mṭh 'z* est en parallèle avec *šbṭ lmšwl*, en sorte que dans l'image de la vigne d'Ez 19 *mṭh 'z* semble bien appartenir à la fois à l'isotopie de la vigne (« puissant rameau ») et à celle du gouvernement royal (« bâton de puissance »). Il ressort de ces textes que, autant *mṭh* employé seul ne peut pas évoquer la royauté, autant *mṭh* accompagné de *'z* peut évoquer la royauté. A mon avis, *mṭh* ne peut pas être un symbole, par contre *mṭh 'z* est très certainement un symbole de la puissance royale, en tout cas par la présence dans cette expression du terme *'z*, qui signifie « force », « puissance ». Si aujourd'hui le sceptre est le seul « bâton » que nous puissions imaginer dans la main d'un roi pour symboliser sa force, l'iconographie du Proche-Orient ancien montre des rois avec différents bâtons, sceptres ou masses pouvant tous être des symboles royaux. De ce fait, il peut être commode de traduire ici par « sceptre » (comme le font Hyatt, Peake, Segond) parce que cela correspond à l'image que nous nous faisons aujourd'hui d'un roi, mais cela ne correspond très certainement pas à la réalité à l'époque de Jérémie[33].

---

33. En hébreu « sceptre » se dit *šrbyṭ* (Est 4/11, 5/2, 8/4) ou *šbṭ* (Am 1/5, 8. Ps 45/7, 125/3...) et non *mṭh*. La LXX traduit ici par *baktêria* et la Vulgate par *virga*, ce qui ne peut désigner un sceptre. Il faut donc voir en *mṭh 'z* un autre symbole royal que le sceptre, sans que je puisse préciser quel est ce « bâton ». Avec *'z*, il s'agit d'un symbole de la puissance royale.

Dans l'expression *mṭh ʿz* le terme *ʿz* peut qualifier le bâton lui-même, en sorte qu'il s'agit d'un « puissant bâton , c'est-à-dire d'un solide bâton, particulièrement difficile à briser. Mais, dans cette même expression, *ʿz* peut aussi désigner la puissance conférée par le bâton, la force donnée par le bâton à celui qui le tient. C'est ainsi qu'en Ps 110/2 *mṭh ʿzk* signifie plus « le bâton qui fait ta force » que « ton puissant bâton ». Pour garder l'équivoque de l'hébreu, je préfère traduire en Jr 48/17 par « bâton de puissance » plutôt que par « puissant bâton ».

Il n'est pas précisé par qui le bâton est brisé, puisque le niphal de *šbr* est sans complément d'agent. S'il s'agissait d'un simple bâton, il serait sans doute vain de chercher qui a pu le briser. Mais dans la mesure où ce « bâton de puissance » est une désignation symbolique d'une puissance royale, la question se pose en d'autres termes : n'importe qui ne peut pas briser un tel bâton. D'après l'AT et le Proche-Orient seul un dieu est en mesure de « briser » un symbole de puissance et de pouvoir. C'est ainsi que, dans l'AT, celui qui brise (*šbr*) le *šbṭ*, symbole de la puissance babylonienne en Es 14/5, est Dieu. C'est Dieu aussi qui brise (*šbr*) l'arc d'Elam (Jr 49/35) ou l'arc d'Israël (Os 1/5), comme il brise (*šbr*) le bras de Pharaon (Ez 30/21, 24). Dans l'AT nul autre que Dieu n'est en mesure de briser (*šbr*) un objet qui symbolise la force ou le pouvoir d'un roi ou d'une nation.

Dans le reste du Proche-Orient de nombreux textes viennent corroborer ce fait : seuls les dieux peuvent briser les sceptres ou les armes, symboles de pouvoir et de puissance. Par exemple, dans l'épilogue de code de Hammurapi, se trouve cette malédiction, qui vise principalement un roi : « Si cet homme n'a pas pris garde < à > mes décrets que j'ai écrits sur ma stèle, et (s')il a méprisé mes malédictions, et (s')il n'a pas redouté les malédictions des dieux, et (s')il a annulé le droit que j'ai promulgué, (s')il a révoqué mes décrets, (s')il a contrarié mes desseins, (s')il a effacé mon nom écrit pour écrire son propre nom, (ou si) à cause des présentes malédictions, c'est à un autre qu'il l'a fait faire, cet homme, qu'il soit roi, qu'il soit seigneur, qu'il soit gouverneur ou qu'il soit toute espèce d'homme qui est appelé d'un nom, que le grand Anum, le père des dieux, celui qui a prononcé mon gouvernement, lui ôte l'éclat de la royauté, qu'il brise son sceptre, qu'il maudisse sa destinée »[34]. Dans ce même épilogue, ce qui est dit du sceptre l'est aussi de l'arme d'un roi : « Que Zababa, le grand héros[35], le fils aîné de l'Ekur, celui qui marche à ma droite, où il y a combat brise son arme, qu'il lui tourne le jour en nuit et qu'il établisse son ennemi sur lui ! Qu'Ištar, la déesse de la bataille et de la mêlée, celle qui dégaine mes armes, ma précieuse Protectrice, celle qui aime mon gouvernement, de son cœur courroucé, avec ses grands éclats de furie, maudisse sa royauté, qu'elle tourne son bien

---

34. In Finet p. 139. L'expression « qu'il brise son sceptre » est *ḫaṭṭu-šu li-iš-bi-ir* : on y reconnaît le verbe *šbr*, correspondant à *šbr*.
35. Zababa est aussi un dieu : il s'agit d'un dieu guerrier.

en mal, où il y a bataille et mêlée qu'elle brise son arme »[36]. De semblables malédictions se lisent sur une tablette de fondation d'Assurnasirpal II : « Quiconque effacerait mon nom ci-écrit (ou bien) ferait servir ce document à son propre dessein, qu'Aššur, le Grand Seigneur, brise son arme, lui enlève son trône »[37]. Bottéro remarque (*ibid.*, p. 28) à propos de ce dernier texte que ces « malédictions se retrouvent partout ». C'est vrai aussi bien pour l'arme que pour le sceptre, c'est-à-dire pour tout symbole de puissance royale. Je donnerai comme dernier exemple des textes venus d'Ougarit, où par deux fois résonne la menace que El « brise le sceptre souverain »[38].

Il ressort de ces textes une unanimité entre l'AT et le reste du Proche-Orient : seul un dieu peut « briser » un symbole royal. Si les voisins de Moab viennent se lamenter (« comment ! il est brisé le bâton de puissance »), ceux-ci peuvent se demander quel est le dieu qui a agi ainsi : pour Jérémie il n'y a aucun doute : c'est le Dieu d'Israël qui a brisé le bâton de puissance.

Dans la mesure où il s'agit de symboles, lorsqu'un « bâton de puissance », une arme royale ou un sceptre sont brisés, ce n'est pas simplement un bout de bois qui est cassé, mais c'est la fin d'un règne qui est évoquée. Dans ce cas il n'y a pas de remède, pas de réparation possible. Il y a bien lieu d'entonner une lamentation.

Après *mṭh ʿz* est mentionné *mql tpʾrh*, qui est une expression hapax et qui vraisemblablement n'a rien d'un symbole royal. En effet, *mql* désigne une branche d'arbre (Gn 30/37-41, Jr 1/11), un bâton pour la marche (Ex 12/11) ; Balaam l'utilise pour battre son ânesse (Nb 22/27) ; c'est la houlette d'un berger (Za 11/7, 10, 14, 1 S 17/40) et dans ce cas elle sert à ce dernier pour se défendre contre les bêtes (1 S 17/43) ; *mql* peut aussi être utilisé pour la divination (Os 4/12) ; c'est une arme (Ez 39/9). Jamais dans l'AT *mql* n'apparaît dans l'isotopie royale. Le seul texte qui peut poser question est la métaphore du berger en Za 11/7, 10, 14, mais dans ce texte *mql* peut appartenir à l'isotopie pastorale et pas forcément à l'isotopie royale. BDB, qui indique que *mṭh ʿz* est un insigne de gouvernement, ne dit rien de tel pour *mql* ; il a raison, aucun texte ne permettrait de voir en *mql* un symbole, en sorte que cette fois TOB et FC ont tort de traduire *mql* par « pouvoir ».

Le mot habituellement en parallèle avec *mṭh* et *šbṭ* (cf. Es 9/3, 10/5, 15, 24, 14/5, 30/31-32, Ez 19/11, 14) et comme ce dernier terme peut signifier

36. In Finet, p. 144. L'expression « brise son arme », que l'on trouve deux fois, est *kakka-šu li-iš-bi-ir*. C'est toujours le même *šbr*.

37. In Bottéro 1948, p. 25. Dans « brise son arme », c'est toujours le verbe *šbr* qui est utilisé. Comme dans d'autres malédictions n'importe qui est visé, mais la mention du trône montre bien que c'est essentiellement un roi qui est visé.

38. In Caquot, Sznycer et Herdner, p. 124 et 269. Le verbe utlisé est chaque fois *tbr*, équivalent de *šbr*.

« sceptre » et être de ce fait un autre symbole royal, s'il devait y avoir un autre symbole royal dans cette lamentation, c'est la mention de *šbṭ* que l'on attendrait. La parallélisme hapax (*mṭh*//*mql*) que nous avons ici m'invite à penser que dans la lamentation il y a passage d'un symbole royal (« bâton de puissance ») à la vulgaire réalité : « une branche ». Passage qui devient moqueur avec le déterminatif qui l'accompagne : « une branche de magnificence ! ». Cela donne, bien sûr, un tout autre tour à la lamentation entonnée par les voisins de Moab. Après un début solennel, où l'on déplore la fin d'un symbole royal brisé par nul autre que par un dieu, voilà qu'on se met à pleurer maintenant sur un vulgaire bâton tout juste bon à battre un chien ou une ânesse et cassé par le premier venu ! C'est donc à tort, me semble-t-il, que Volz voit en *mql* comme en *mṭh* un symbole de pouvoir, à tort aussi que Schneider, Crampon, BJ et Condamin traduisent *mql* par « sceptre ». Certes, avant eux, Aquila, Symmaque et Théodotion ont traduit *mql* par *skêptron*, mais ces traducteurs me semblent être victimes ici du parallélisme en voulant à tout prix voir après la mention d'un symbole royal celle d'un second symbole royal. Je note qu'ici la LXX traduit *mql* par *rhabdos* et la Vulgate par *baculus*, ce qui ne désigne pas forcément un emblème royal.

ÉTUDE DU MÉTAPHORISÉ

Celui que les voisins doivent pleurer est Moab lui-même ou un proche de Moab, comme il a été dit plus haut. S'il s'agit d'un proche, le symbole royal mentionné au début de la lamentation permet de dire que les voisins pleurent le roi ou le dieu de Moab. Pour ce qui est du dieu, Kemosh, celui-ci est mentionné à trois reprises dans l'oracle (48/7, 13, 46) ; on apprend qu'il a été déporté (48/7). Cet exil de Kemosh pourrait certainement faire l'objet d'une lamentation, mais les termes de cette lamentation ne seraient pas ceux de 48/17. Le verbe *šbr*, en effet, ne convient pas pour un dieu exilé ; il pourrait décrire la situation d'un dieu dont la statue a été « brisée » sur place (cf. Ez 6/6), mais ce n'est pas la situation de Kemosh.

Celui qui est pleuré peut être le roi de Moab, désigné par un de ses emblèmes (« le bâton de puissance ») ; telle est, par exemple, l'interprétation du Targum, qui traduit ainsi la lamentation : « Comment ! il est brisé le roi insolent, le chef oppresseur ». Si cette interprétation respecte la dimension royale du symbole choisi en 48/17, elle s'accorde cependant mal avec le contexte : jamais dans cet oracle sur Moab il n'est question du roi. Il serait étonnant qu'on ne parle de lui que par allusion, en 17b, à travers la mention d'un symbole royal. Si le contexte de la lamentation ne présente pas le roi comme la victime sur laquelle il faut pleurer, il y a tout de même une victime, un personnage qui peut être l'objet d'une lamentation, c'est Moab lui-même. Pour en rester au contexte proche, la ruine de Moab est mentionnée en 48/16 ; il est question ensuite du dévastateur de Moab (48/18) et de Moab dévasté (48/19). Dans cet oracle, Moab est personnifié sous les traits d'une femme (cf. l'emploi du féminin en 48/2, 4, 9), puis sous les traits d'un homme à partir de 48/11 (cf. l'emploi du masculin en 11, 12, 13, 15, 16, ...). Au moment de la lamentation, Moab a les traits d'un homme. Sa personnification masculine fait de lui l'homme de Moab par excellence : certainement, Moab est ici considéré sous les traits de son roi, ce qui explique l'absence de la mention du roi. A mon avis, donc, il ne s'agit pas en 48/17a d'aller « exprimer ses condoléances » à Moab (cf. TOB pour *nwd l*) pour la mort de son roi, mais d'aller « se lamenter » (cf. VS, Segond) sur Moab. Celui qui est désigné par le « bâton » et la « branche » n'est pas le roi, mais Moab personnifié sous les traits de son roi.

Si Moab est celui sur lequel les voisins se lamentent (*nwd l*), celui-ci est mort (cf. Jr 22/10) ou moribond (cf. Es 51/19, Jr 15/5, Nah 3/7). Le seul emploi de *nwd l* ne permet pas d'en dire plus sur la situation exacte de Moab. Peut-être en saurons-nous plus avec *šbr*, puisque à travers le « bâton de puissance » c'est Moab qui « est brisé ».

Dans cet oracle (48/1ss), la racine *šbr* est essentiellement réservée pour décrire la situation de Moab. En 48/4 Moab est brisée (au féminin dans ce début d'oracle) ; c'est accompagné de la mention de *šèbhèr* en 48/3 et 5. Cette situation de Moab entraîne les pleurs (48/5) et les cris des petits de Moab (48/4). En 48/38, Dieu brise Moab, ce qui provoque encore des lamentations (*mspd*). Ces diverses mentions de pleurs et de lamentations à propos de la brisure de Moab corroborent ce que l'on trouve en 48/17 ; c'est bien Moab lui-même qui est brisé et pleuré par les voisins. Comme on l'a vu plus haut (cf. p. 448 s.), la « brisure » d'un peuple dénote une situation proche de l'anéantissement, ce qui laisse penser que Moab est ici considéré comme un gros malade proche de la mort. Mais l'image choisie, celle d'un symbole royal brisé ou d'une branche brisée, présente la brisure comme irrémédiable, en sorte que, grâce au transfert de sens, c'est véritablement la mort de Moab qui est pleurée par les voisins.

Désigner le royaume de Moab par un des emblèmes royaux (*mṭh 'z*) est métonymique, car il y a relation de contiguïté entre le symbole royal et le royaume ; il n'y a pas de changement isotopique. Il en serait de même, si la lamentation mentionnait ensuite un autre symbole royal, mais avec la mention d'une branche (*mql*), qui n'appartient pas à l'isotopie royale et nationale, il y a changement d'isotopie, en sorte que dans cette lamentation il y a glissement de la métonymie à la métaphore. Glissement très astucieux car il se fait sur deux mots appartenant à la même isotopie végétale (bâton et branche) ; le premier étant symbole royal, le second ne l'étant pas, la lamentation devient moquerie en comparant finalement Moab à un simple bout de bois. Le fait que *mṭh* appartienne à la fois à l'isotopie royale et à l'isotopie végétale permet de considérer ce mot comme une charnière : à la fois métonymie et métaphore. Sans *mql*, *mṭh* ne serait que métonymique ; avec *mql* il devient aussi métaphorique.

Il s'agit donc ici d'une métaphore reposant sur une base métonymique. Désigné par l'un de ses emblèmes de pouvoir, Moab est comparé à une branche brisée, ce qui annonce de façon moqueuse la fin de sa puissance.

4. MÉTAPHORE DE L'OBJET (48/38-39)

J'ai brisé Moab comme un objet dans lequel on n'a aucun plaisir : quel dégât !

REPÉRAGE DE LA MÉTAPHORE

La présence de la particule *k* en 38b est un indice formel. Moab est ici comparé à *kly*. Ce dernier terme désigne n'importe quel objet : suivant le contexte, il peut s'agir d'un vase (19/11), d'une arme (51/20), de bagages (Gn 43/11)... Quel que soit l'objet désigné, l'emploi de *kly* pour une nation ou un pays constitue un changement d'isotopie, car Moab n'est pas un « objet ».

Il y a dans la présence de la particule et dans le changement isotopique de quoi parler d'une métaphore.

DÉLIMITATION DE LA MÉTAPHORE

La particule *k* introduit le sujet métaphorisant (*kly*) et la proposition relative suivante (« dans lequel on n'a aucun plaisir »), décrivant *kly*, appartient à l'énoncé métaphorisant. *n'm yhwh* donne une information sur le genre littéraire du texte, mais n'appartient pas à l'énoncé de la métaphore, car cette expression ne décrit aucun des deux sujets. Le verbe *šbr*, s'appliquant au sujet métaphorisé (Moab), appartient à l'énoncé métaphorisé et se présente comme foyer, dans la mesure où un *kly* peut aussi être brisé (cf. Lv 6/21, 11/33, Jr 19/11).

Cet énoncé métaphorique, en 38b, est dans une proposition causale introduite par *ky* (car, parce que), expliquant la raison des lamentations, dont il est question en 38a. Le contenu de ces lamentations est donné en 43/39, introduit par *'yk*. A vrai dire, cette lamentation est interrompue par un impératif (*hylylw* : gémissez), en sorte que 48/39 donne le contenu de deux lamentations, chacune introduite par *'yk*. C'est toujours Moab qui est pleuré, mais il peut l'être de deux manières différentes, chacune des lamentations pouvant emprunter à des isotopies différentes. La deuxième lamentation compare Moab à une personne qui « tourne le dos et a honte », ce qui n'a rien à voir avec 48/38, où Moab est comparé à un objet. Par contre, dans la première lamentation (*'yk ḥth*) la situation n'est pas la même, ne serait-ce que dans le changement de genre : Moab est féminin (*ḥth*), alors que par la suite il est masculin (*hpnh* et *bwš*). A ce changement de genre correspond un changement isotopique.

En dehors de Jérémie, le qal de *ḥtt* n'est jamais employé pour des objets ; il l'est pour des individus (cf. 2 R 19/26, Es 20/5, 31/9) ou pour des peuples (cf. Es 8/9), en sorte qu'il convient ici pour Moab en tant que nation (« comme elle est effondrée ! ») et qu'il s'accorde aussi avec la lamentation suivante qui personnifie Moab (il est effondré, il tourne le dos, il a honte). Cependant, ce même verbe *ḥtt* est employé par Jérémie de manière plus large ; en effet, il est utilisé par lui, au qal, pour le sol qui « se craquèle » sous l'effet de la sécheresse (14/4), pour une forteresse qui « s'effondre » (48/1), et au piel pour des arcs qui sont « brisés » (51/56), ce qui s'ajoute au hiphil rencontré en Es 9/3 pour le joug, le bâton et la férule que Dieu « brise ». Ces textes montrent que *ḥtt* peut aussi être employé pour des objets, en sorte qu'on peut considérer ce verbe comme faisant partie de l'isotopie de *kly*, avec un sens très voisin de celui de *šbr*. En 48/39 *ḥth* ne peut avoir que Moab (le métaphorisé) pour sujet grammatical, mais il peut être considéré comme un prolongement de la métaphore, avec en sous-entendu pour le métaphorisant (*kly*) : « comme il est cassé ! », en sorte que dans cette première lamentation on pleure sur Moab, toujours comparé à un objet brisé. Je note que Crampon, Darby, Segond et BJ 1 traduisent ici *šbr* et *ḥtt* par un seul verbe français (« briser »), ce qui montre que la dimension métaphorique de *ḥtt* a été repérée, mais il est dommage d'employer un seul verbe français pour deux verbes hébreux. Je traduis ici *'yk ḥtt* par « quel dégât », qui peut s'appliquer aussi bien à une population qu'à un objet.

ÉTABLISSEMENT DU TEXTE

Dans la LXX, en 38b, la mention de Moab manque dans le Vaticanus et le Sinaïticus, mais elle est présente dans l'Alexandrinus. Cette absence de « Moab » doit être fautive, car *sunetripsa* (« j'ai brisé ») manque alors de complément, ce qui n'a pas de sens.

En 39a, BHK et BHS corrigent *ḥth* en *ḥt*, pour accorder avec les masculins suivants, en expliquant que le *h* doit provenir d'une dittographie du *h* suivant. Il se peut qu'il y ait dittographie (comme en 48/20), mais il se peut aussi qu'il y ait hésitation sur le genre de *mw'b*. Ce dernier terme est très clairement féminin en 48/2, 4, 9, masculin en 48/11, 12, 13, 15, 16, 17, 20, 25, 26, 27, 30, 39, 42, puis à nouveau féminin en 48/44 (cf. *'lyh*). En 48/15, se trouve une même hésitation entre le masculin (*šdd*) et le féminin (*w'ryh*) sans que l'on puisse noter de dittographie. De toute façon le sens est le même. Je garde le féminin, qui est difficilior sans être incohérent, étant donné les autres féminins pour Moab dans cet oracle. Avec ce féminin, *ḥth* ne peut s'appliquer qu'au métaphorisé, et non au métaphorisant (*kly*) masculin.

ÉTUDE DU MÉTAPHORISANT

(On brise) un objet dans lequel on n'a aucun plaisir : (quel dégât !)

Les interprètes hésitent ici sur le sens à donner à *kly* ; pour TOB et Chouraqui ce terme désigne de façon générale « un objet », pour les autres *kly* aurait ici un sens plus précis : « un vase » (selon VS, Osty, Segond, BJ, BP, BC...), « un pot » (selon FC).

L'expression *kly 'yn ḥpṣ bw* se retrouve en Os 8/8 et Jr 22/28. En Os 8/8, *kly* n'est accompagné d'aucun terme de l'isotopie de la poterie, en sorte qu'il n'est pas possible de savoir si *kly* signifie « objet » ou « vase ». En Jr 22/28, *kly* est en parallèle avec *'ṣèbh*, qui, malheureusement, est un hapax. D'après Kelso (p. 8), *'ṣèbh* désignerait un objet en poterie, car le verbe *'ṣb* se rattacherait à l'activité du potier, d'après Jb 10/8 ; mais d'après BDB la racine *'ṣb* appartiendrait plutôt à l'isotopie de la sculpture. De toute manière, si en 22/28 le sens de *kly* est précisé par un mot utilisé en parallèle, aucun parallélisme n'apparaît en 48/38, en sorte que *kly* peut désigner n'importe quel objet cassable, y compris la poterie.

Dans les autres passages de l'AT, où *šbr* est employé avec *kly*, ce dernier terme est toujours accompagné d'un autre donnant une précision sur *kly*. En Lv 6/21 et 11/33, c'est un *kly ḥrś* qui est brisé : il s'agit donc bien d'un objet de poterie. Une précision identique est apportée en Jr 19/11, où c'est *kly hywṣr* qui est brisé. Aucune précision de ce genre n'étant donnée en 48/38, il faut je crois laisser à *kly* une acception vague : « un objet ».

« Un objet dans lequel on n'a aucun plaisir » : peu importe le prix de cet objet, peu importe son utilité, il ne plaît pas, en sorte que s'il est cassé, cela ne provoque aucun regret. De ce fait, le contenu de la lamentation suivante, qui en sous-entendu s'applique à cet objet sans intérêt, devient bouffon : « Comment ! Il est cassé ». Entonner une lamentation sur un tel objet est aussi bouffon que le « Amen » entonné pour un rat dans le *Faust* de Berlioz !

ÉTUDE DU MÉTAPHORISÉ

J'ai brisé Moab (dans lequel on n'a aucun plaisir) : quel dégât !

On a déjà vu que « briser un peuple » c'est le rendre proche de l'anéantissement, le rendre hors d'état de nuire ou de se défendre. Si une lamentation (*mspd*) est entonnée c'est que la situation est plus grave encore (cf. Gn 50/10, Za 12/10, où *mspd* concerne un mort) : on peut considérer Moab comme anéanti.

La situation de Moab étant comparée à celle d'un objet sans intérêt, à cause du transfert de sens, la lamentation entonnée sur Moab est également bouffonne et devient dérision. Ceci est accentué par le fait que la construction *'yn ḥpṣ b* n'est pas réservée aux seuls objets ; on la trouve aussi pour des individus en Mal 1/10 et Ecc 5/3, en sorte que « dans lequel on n'a aucun plaisir » peut être sous-entendu pour Moab, en tant que peuple : Moab est sans intérêt comme un objet sans intérêt. Pourquoi donc entonner une lamentation sur ce qui est dérisoire ?

C'est entre autres sur les toits qu'est dite la lamentation (38a) ; cela souligne combien la lamentation s'adresse aux dieux (cf. 19/13 et 32/19 : sur les toits se déroulent des cérémonies religieuses). Kemosh est parti en exil (48/7) ; le Dieu d'Israël est responsable de la situation de Moab. Qui donc aura pitié de ce qui est sans intérêt, ce en quoi on a aucun plaisir ? La situation de Moab est ici sans issue, désespérée. La métaphore est d'autant plus dure qu'elle décrit cette situation avec moquerie . « comme un objet ! » ; cette moquerie est même mentionnée en 39b : Moab fait rire !

5. MÉTAPHORE DU MARTEAU (50/22-23)

Bruit de guerre sur la terre et grand brisement !
Comment ! Le marteau de toute la terre est détruit, brisé !
Comment ! Babylone est devenue un lieu désolé parmi les nations !

REPÉRAGE DE LA MÉTAPHORE

Le verset 23 est formé de deux membres parallèles, chacun d'eux étant introduit par *'yk*, l'un consacré à un marteau, l'autre à Babylone. Ce verset est à rapprocher de 51/41, où se retrouve un même parallélisme avec *'yk* au début de chaque membre. 51/41b, est un mot pour mot identique à 50/23b. En 51/41 le premier membre du parallélisme est consacré à *ššk*, qui n'est autre qu'une désignation de Babel selon le procédé de l'Atbash (cf. plus haut p. 305 sur ce procédé). Le parallélisme de 51/41 est donc synonymique. Je crois qu'on peut affirmer que le parallélisme de 50/23 est également synonymique, ce qui peut être un indice syntaxique.

Dans le parallélisme de 50/23, *ptyš* est une autre désignation de *bbl*. Appeler Babylone un marteau c'est changer d'isotopie. On peut donc parler ici de métaphore.

DÉLIMITATION DE LA MÉTAPHORE

Les membres parallèles de 50/23, chacun consacré à l'un des sujets de la métaphore, permettent de délimiter aisément les énoncés : 23a est énoncé métaphorisant et 23b énoncé métaphorisé. Aucun foyer pour l'instant ne peut être dégagé, dans la mesure où les termes décrivant le marteau ne sont pas repris pour décrire Babylone.

Seul *'yk* est commun aux deux énoncés. Ce terme peut être un interrogatif (cf. 2 S 1/5, Jr 36/17), mais dans ce cas on attendrait une réponse après l'interrogation, ce qui n'est pas le cas ici. Il peut être exclamatif, ce qui convient ici, et dans ce cas cette exclamation peut être celle d'une lamentation : cf. 2 S 1/19, 25, 27 (avec le mot *qynh* en 1/17), Ez 26/17 (avec ce même mot *qynh*), Jr 9/18 (avec *nhy*), Jr 48/39 (avec *mspd*), ainsi que Jr 49/25, 51/41, Es 14/4, 12, Abd 6, So 2/15, Ps 73/19. Ici le rythme de 23a et 23b, avec trois accents puis deux, est celui de la qinah. Ce texte est donc bien une lamentation, comme le contenu invite aussi à le penser. Le terme *'yk* commun aux deux énoncés indique que le marteau et Babylone sont pleurés, autant l'un que l'autre.

En 50/22 se trouve la mention de *šèbhèr* de la même racine que *šbr* en 50/23. A cela s'ajoute la mention de *h'rṣ* en 22 et 23a, en sorte qu'un vocabulaire commun est utilisé en 22 et dans la description du marteau. Comme il n'est pas précisé de quel brisement il s'agit en 22, la présence du verbe *šbr* en 23a permet de dire que le brisement annoncé en 22 est celui du marteau, en sorte que 50/22 appartient déjà à l'énoncé métaphorisant. Cela est confirmé par le fait que le rythme de la qinah est déjà celui de 50/22 (trois accents puis deux) : ainsi la lamentation sur le marteau permet-elle

de délimiter l'énoncé métaphorisant à 22 et 23a :
« Bruit de guerre sur la terre et grand brisement !
Comment ! le marteau de toute la terre est détruit, brisé ! »[39]

Par ailleurs, *šèbhèr*, qui n'est pas précisé en 50/22, peut aussi être employé pour un peuple (cf. *šbr ʿmy* en 6/14 et *šbr bt ʿmy* en 8/11, 21). On trouve même *šbr gdwl* suivi du niphal de *šbr* en 14/17 pour Israël et en 48/3-4 pour Moab. C'est donc aussi à l'isotopie des peuples qu'appartient *šbr gdwl*, en sorte qu'après cette expression on s'attendrait à trouver le niphal de *šbr* avec Babylone pour sujet. Cela permet de préciser deux points : tout d'abord que 50/22 peut aussi être une lamentation concernant Babylone, ensuite que le niphal de *šbr*, aussi employé pour des peuples, se présente ici comme foyer de la métaphore (« Babylone est brisée comme est brisé un marteau »). Ce foyer est mis en avant par la mention de *šèbhèr*, en 50/22, qui est une partie mitoyenne aux deux énoncés. Ainsi la lamentation sur Babylone permet-elle de délimiter l'énoncé métaphorisé à 22 et 23b :

« Bruit de guerre sur la terre et grand brisement !
Comment ! Babylone est devenue un lieu désolé parmi les nations !

En 50/24, se trouve une autre métaphore (celle de l'oiseleur) sans lien avec celle du marteau. En 50/21 se trouvent des ordres, qui n'ont pas leur place dans une lamentation et qui n'ont aucun lien avec l'image du marteau.

ÉTABLISSEMENT DU TEXTE

La seule difficulté dans ce passage apparaît avec la traduction que fait la LXX de 50/22 (= 27/22) : « Bruit de guerre et grand brisement dans le pays des Chaldéens ». Selon la LXX le mot *'rṣ* serait déplacé de 22a à 22b et complété par la mention des Chaldéens. En fait, le *kai suntribê megalê en gei Chaldakôn* de la LXX se retrouve mot pour mot chez elle en 51/54 (= 28/54), où la LXX suit le TM. Là où le TM a deux expressions différentes (50/22b et 51/54b), la LXX n'en a qu'une, ce qui permet de voir en cette dernière une harmonisation, c'est-à-dire un texte facilior. Le TM est donc à conserver.

On peut voir dans le texte de la LXX une sorte de midrash. Dans les oracles sur Babylone, en effet, l'expression *šbr gdwl* ne se trouve qu'en 50/22 et 51/54. Dans le TM le responsable de la destruction de Babylone en 50/22 est assez mystérieux : il doit s'agir de l'interlocuteur anonyme auquel s'adresse Dieu en 50/21. Par contre, il est clair en 51/54 que c'est Dieu qui est responsable de ce désastre babylonien, comme cela est précisé

---

39. En plus du rythme commun à 22 et 23a, en plus de la reprise du terme *'rṣ* et de la racine *šbr*, on peut noter certaines proximités phoniques : entre *gdwl* et *gdʿ*, ainsi qu'entre *qwl* et *kl*. Ces différents liens font apparaître sur le plan phonique une construction en chiasme, avec aux extrémités *qwl b'rṣ* et *kl h'rṣ* et au centre, encore en position chiasmique *wšbr gdwl* et *ngdʿ wyšbr*.

en 51/55. Devant l'imprécision de 50/22, la LXX a voulu préciser quel est le responsable de la destruction de Babylone : elle le fait en reprenant en 50/22 l'expression de 51/54, en sorte que le passage moins clair (50/22) est éclairé par celui qui l'est plus (51/54), ce qui permet de lever toute équivoque : c'est bien Dieu le grand responsable de la destruction de Babylone. En outre, elle éclaire 50/22s en précisant que l'interlocuteur de Dieu est une épée (*machaira*) en sorte que c'est d'un coup d'épée que le marteau babylonien est brisé. Cette épée, bien sûr, ne peut être que celle de Dieu, puisque le rapprochement avec 51/54s attribue à Dieu seul la responsabilité de la destruction de Babylone. La LXX explique et commente : en cela son texte relève du *midrash*.

ÉTUDE DU MÉTAPHORISANT

> *Bruit de guerre sur la terre et grand fracas !*
> *Comment ! Le marteau de toute la terre est détruit, brisé !*

Le mot *pṭyš* n'apparaît que trois fois dans l'AT, en Es 41/7, Jr 23/29 et 50/23. Pour la LXX, qui traduit ici par *sphura* (= marteau, maillet, houe, c'est-à-dire un outil), comme en Es 41/7, et pour la Vulgate, qui traduit par *malleus* (qui désigne aussi un outil : le marteau, le maillet), ce mot désigne un outil. C'est l'opinion aussi de KB[3] et BDB, qui précisent qu'il s'agit d'un marteau de forge, en faisant le rapprochement avec l'arabe *fiṭṭis* (= marteau de forge). C'est ainsi que Neher pourra parler ici de Dieu comme du « grand Forgeron » (1980, p. 198).

Le sens de « marteau de forge » pour *pṭyš* convient parfaitement pour Es 41/7, où l'enclume (*p'm*) est aussi nommée ; mais il convient déjà moins bien pour Jr 23/29, où *pṭyš* sert à casser du rocher (*sl'*). Ce marteau ne sert donc pas au seul forgeron, il est également utilisé par les casseurs de cailloux. En Jr 50/22-23a aucun autre terme de l'isotopie du forgeron ou de celle du casseur de cailloux n'apparaît, en sorte qu'il est difficile de préciser à quel marteau nous avons affaire. L'énoncé métaphorisant, par contre, semble indiquer que le bruit fait par le marteau en se cassant fait partie des bruits que l'on entend lors d'un combat (*qwl mlḥmh*), ce qui m'invite à penser que ce marteau, présent sur un champ de bataille, doit être une arme. Schaeffer signale (1939, p. 120) l'existence de marteau-d'armes. Sur un bas relief hittite on voit deux dieux tenant un marteau dans la main droite et une hache dans la gauche (cf. Pritchard 1954, fig. 611), ce qui, comme on l'a vu déjà pour la hache (cf. plus haut p. 401 ss.), laisse penser que le marteau est bien une arme. On voit mal à quoi pourrait servir une hache pour un dieu forgeron ou pour un dieu casseur de cailloux. A côté de tels dieux, celui qui tient un marteau et une hache doit être un guerrier. Avec toutes ces informations, je crois pouvoir dire qu'en 50/22-23a l'énoncé métaphorisant fait plutôt de *pṭyš* une arme. Le « grand brisement », ce « bruit de guerre » que l'on entend sur toute la terre est le bruit que fait le marteau en se brisant (*yšbr*). Que ce bruit soit entendu sur toute la terre est normal, puisque le marteau lui-même est à la dimension de la terre : « le marteau de toute la terre ».

Un tel marteau ne peut être tenu que par un dieu. Ce dieu, avec un marteau à la taille du monde, apparaît comme le maître de la terre entière.

L'expression *šbr gdwl* se retrouve plusieurs fois dans l'AT : So 1/10, Jr 4/6, 6/1, 14/17, 48/3, 50/22, 51/54 ; elle décrit toujours une catastrophe militaire. Comme cette expression est ici présente dans une lamentation, on s'attend à ce qu'il soit question en 50/23 du vaincu, mais si l'on s'en tient au seul verset 22, on ne sait pas encore quel est ce vaincu, quel est ce brisement entendu dans la bataille.

En 50/23, la lamentation décrit une réelle surprise : comment ! ce qui est brisé, c'est le marteau de toute la terre ! Comment se peut-il qu'un marteau d'une telle taille soit cassé, inutilisable ? Si ce marteau ne peut être tenu que par un dieu, ce ne peut être qu'un dieu aussi qui l'a brisé. Mais de cela l'énoncé ne parle pas, il signale simplement que le marteau est à la taille du monde et donc particulièrement puissant et redoutable.

Avec *šbr* peut se poser la question des soins ou de la réparation, comme on l'a vu plus haut (cf. p. 448), en sorte que ce marteau brisé pourrait encore être réparé afin de servir à nouveau, même si on peut penser que la réparation risque d'en faire une arme plus fragile. Mais avec *gd'* la question de la réparation ne se pose plus. Ce verbe est très souvent (10 fois sur 22) utilisé avec *šbr* (au niphal en Jr 48/25, 50/23, Ez 6/6, au piel en Dt 7/5, 12/3, Es 45/2, Ps 107/16, 2 C 14/2, 31/1, 34/4) et son sens (« casser », « détruire ») est voisin de celui de *šbr*. Mais il doit être plus fort, car pour toutes les occurrences de *gd'* dans l'AT ne se pose jamais la question d'une réparation. Ce qui est cassé ou détruit est irréparable. Non seulement ce qui est en bois peut être cassé (*gd'*) (cf. Es 10/33, Za 11/10, 14, Es 9/9), mais encore ce qui est en métal peut l'être aussi (cf. des verrous de fer en Es 45/2, Ps 107/16, un clou en Es 22/25). Avec *gd'* on peut donc considérer que ce n'est pas simplement le manche du marteau qui est cassé, mais que c'est aussi sa tête et que cette cassure est définitive : le marteau est « détruit ». Il est inutilisable, pour toujours. Entonner sur lui une lamentation montre bien le caractère irrémédiable de la destruction.

Entonner une lamentation sur un marteau n'est pas insolite, car il ne s'agit pas de n'importe quel marteau : « le marteau de toute la terre ». Autant Gilgamesh a pu pleurer son tambour et sa baguette (ou bien son cerceau et son bâton), sans que cela prête à rire, autant la lamentation sur « le marteau de toute la terre » est une réelle lamentation, à prendre au sérieux. Peu importe quel dieu le tenait, peu importe quel dieu l'a cassé, cette redoutable arme qui a fait trembler la terre entière peut légitimement être l'objet d'une lamentation, maintenant qu'elle est hors d'usage.

ÉTUDE DU MÉTAPHORISÉ

> *Bruit de guerre sur la terre et grand brisement !*
> *Comment ! Babylone est devenue un lieu désolé parmi les nations !*

D'après la traduction qu'il fait de 50/23a, le Targum pense que le marteau désigne un roi : « Comment ! Il est rompu et brisé le roi qui était l'effroi de toute la terre » ; mais cette destruction fait disparaître la métaphore et ne respecte pas le parallélisme du verset. Une telle interprétation ne peut être retenue.

Pour tous les commentateurs modernes que j'ai pu consulter le marteau est Babylone (cf. aussi KB³ et BDB qui signalent que le marteau désigne ici Babylone). Une telle désignation de Babylone serait métonymique si le marteau était une arme typiquement babylonienne ou bien s'il ne se trouvait que dans la main d'un dieu babylonien. Ce serait alors pars pro toto que Babylone serait désignée par le marteau. Mais cela ne semble pas être le cas, puisque des dieux hittites ont été représentés avec un marteau d'armes à la main. Le fait que ce texte met en avant un point de ressemblance (*šbr*) permet bien de dire qu'il s'agit d'une métaphore.

Le « grand brisement » est aussi celui de Babylone, en sorte que cette ville, ou cette nation, est considérée ici comme « brisée » (*nšbr*). Cette situation fait l'objet d'une lamentation. Je renvoie donc ici à ce qui a déjà été dit à propos des lamentations sur le brisement de Moab en 48/17 et 38 (cf. plus haut p. 456 s et 460).

Si une ville brisée est anéantie ou proche de l'anéantissement, le reste de l'énoncé montre que pour Babylone c'est l'anéantissement total. « Babylone devient un lieu désolé » : lorsque Jérémie emploie le terme *šmh*, c'est généralement accompagné de la mention de la disparition de la population (cf. 2/15, 4/7, 48/9, 50/3, 51/29, 37, 43), *šmh* décrit un lieu devenu désert à la suite d'une catastrophe, comme le décrit très clairement 51/43 en particulier. Le métaphorisant choisi souligne que Babylone ne pourra plus se relever de son anéantissement ; elle ne pourra plus être restaurée, comme le marteau ne pourra plus être réparé. Si l'on note que *gdʻ* peut aussi être employé pour une population pour dénoter sa disparition (cf. Jg 21/6), on peut considérer aussi ce verbe comme sous-entendu pour Babylone : le marteau détruit (*gdʻ*) c'est Babylone rayée de la carte des peuples (*gdʻ*).

D'après le contexte de la métaphore on peut savoir que c'est Dieu lui-même (50/24) ou son envoyé (50/21) qui sont venus à bout de Babylone. Si l'on rapproche de 51/20-24 on peut dire qu'il y a un retournement dans le fait que Dieu avant de vaincre Babylone s'est d'abord servi d'elle comme d'une arme. Dieu serait ainsi à la fois l'utilisateur et le destructeur du marteau. Mais ce n'est pas sur cela qu'insiste la métaphore, qui laisse dans l'ombre l'utilisateur et le destructeur du marteau. Tout est centré sur le seul marteau détruit, sur la seule Babylone détruite, sur cette situation de fait qui est l'objet d'une lamentation. Grâce au métaphorisant choisi, Babylone est présentée comme une puissance internationale capable de soumettre la terre, ou plutôt comme la puissance internationale qu'elle a été et qui d'un coup a été détruite définitivement. L'ombre jetée sur le responsable de cette fin laisse penser qu'il s'agit d'un texte composé à l'époque où Babylone est encore au faîte de sa puissance, à l'époque où l'on ne sait si l'on pourra venir à bout d'elle. La métaphore annonce la fin de la dominatrice de toute la terre, avec une telle certitude qu'elle prend la forme d'une lamentation, comme si cette fin était déjà passée.

L'expression *'yk hyth lšmh* est reprise en 51/41 comme un refrain sur Babylone. En dehors de ces deux textes, cette expression ne se retrouve qu'en So 2/15 à propos de Ninive. Si, comme c'est très vraisemblable, So 2/15 est de peu antérieur à Jr 50/23, la métaphore de Jérémie devient plus persuasive pour ceux qui douteraient de la fin de Babylone. Tout comme Ninive, qui fut un jour la dominatrice de la terre, a vu sa fin venir, Babylone, la dominatrice de l'heure, verra venir la sienne et comme Ninive elle sera l'objet de lamentations, de la même lamentation : « Comment ! elle est devenue un lieu désolé ! »

6. MÉTAPHORE DE LA COUPE (51/7-8)

Babylone ! Une coupe d'or dans la main du Seigneur, enivrant toute la terre. Les nations ont bu de son vin, voilà pourquoi les nations délirent. Soudain elle est tombée, Babylone, et elle s'est brisée : lamentez-vous sur elle.

REPÉRAGE DE LA MÉTAPHORE

C'est un indice sémantique qui permet ici de déceler la métaphore ; dire, en effet, que Babylone est une coupe est insolite. Cet insolite s'accompagne d'un changement isotopique, ce qui permet de conclure qu'il y a ici une métaphore.

DÉLIMITATION DE LA MÉTAPHORE

Avec la mention de la coupe, se trouvent d'autres termes (enivrer, vin, boire, délirer), qui appartiennent tous à la même isotopie, celle de la coupe. En dehors de la mention de Babylone (métaphorisé), l'ensemble du verset 7, relatif à la coupe, appartient donc à l'énoncé métaphorisant. Dans le verset 6, aucun terme de l'isotopie métaphorisante ne se trouve, en sorte que la métaphore commence bien avec le verset 7.

En 51/8, le verbe *npl* a pour sujet *bbl* et s'applique donc au métaphorisé ; cependant, la construction de la phrase est telle (le verbe avant le sujet) qu'à la simple lecture des deux premiers mots de 51/8, on peut se demander s'il ne s'agit pas de la suite de la description de la coupe (*kws* est féminin et pourrait être sujet de *nplh*). Une coupe, en effet, peut « tomber »[40]. Ce fait montre que l'image se poursuit et que dans l'énoncé métaphorisé (« Babylone est tombée ») se trouve sous-entendu « la coupe est tombée ». Ce sous-entendu et l'appartenance de *npl* aux deux isotopies font de ce verbe un foyer de la métaphore (Babylone tombe comme tombe une coupe).

Il en va de *npl* comme de *šbr*. Ce dernier verbe a pour sujet le métaphorisé et appartient de ce fait à l'énoncé métaphorisé. Ce même verbe, selon

---

40. *npl* n'est jamais employé pour *kws* dans l'AT. Cependant, des figues tombent (Na 3/12), ainsi que des briques (Es 9/9), un manteau (2 R 2/13, 14), un clou (Es 22/25), une couronne (Lm 5/16), une épée (2 S 20/8)... autant d'objets qui permettent de dire qu'une coupe peut aussi tomber.

Hitzig, ne pourrait pas être sous-entendu pour la coupe étant donné que celle-ci, étant en or, est incassable. Je crois que Hitzig se trompe. Le verbe *šbr*, en effet, est employé dans l'AT pour différents objets de métal : pour la mer de bronze (2 R 25/13, Jr 52/17), des portes de bronze (Es 45/2, Ps 107/16), des colonnes de bronze (Jr 52/17, 2 R 25/13), des verrous (Lm 2/9, Am 1/5), une épée (Os 2/20) ; une coupe en or peut donc bien se briser (*šbr*). Comme *npl*, le verbe *šbr* est ici sous-entendu pour la coupe : Babylone est brisée comme est brisée une coupe d'or.

« Lamentez-vous sur elle » prolonge l'énoncé métaphorisé et le suffixe de *'lyh* renvoie à *bbl* dernière nommée. Cependant le verbe *yll*, aussi construit avec *'l*, peut également être employé pour des objets (cf. Jl 1/5, où des hommes se lamentent « sur » du vin nouveau, Jl 1/11, où des hommes se lamentent « sur » du froment et de l'orge). Le sous-entendu se poursuit donc encore et un nouveau foyer apparaît : lamentez-vous sur Babylone comme on se lamente sur une coupe en or.

Qu'en est-il de la suite du verset 8 (« prenez du baume pour ses plaies, peut-être guérira-t-elle ! ») ? Ce qui concerne Babylone peut-il être sous-entendu pour la coupe ? Le verbe *rp'*, employé pour un objet en 1 R 18/30 (un autel, que l'on restaure), pourrait être également employé pour une coupe que l'on veut réparer ; cependant, il n'en est pas de même de *mk'wb* et de *šry*. Le terme *mk'wb* est employé dans l'AT seulement pour des individus, pour des peuples ou des villes, mais jamais pour des objets[41]. En outre, *šry* relève, comme *mk'wb* et *rp'*, de l'isotopie médicale et n'est jamais employé dans l'AT pour la restauration d'un objet[42]. Cela dit, il ne peut plus être question ici de sous-entendus pour la coupe. Dans la métaphore de la coupe, l'énoncé métaphorisant se limite donc à 51/7 (sauf la mention de Babylone) et l'énoncé métaphorisé à *bbl*, en 51/7, et au début de 51/8, jusqu'à *'lyh*.

Une remarque peut être faite sur la suite du verset 8. Le terme *šry* y est employé à propos de Babylone. Or, ce terme désignant un médicament (du baume ou de la résine) est certainement inadéquat en ce qui concerne la restauration d'une ville. L'emploi insolite de ce terme est indice de métaphore, indiquant que Babylone est décrite comme une femme (« prenez du baume pour ses plaies, peut-être guérira-t-elle »). Comme le terme *mk'wb* peut aussi s'appliquer à une personne (cf. n. 41) et *rp'* également (cf. Gn 20/17, Nb 12/13, 2 R 20/5, 8...), on s'aperçoit qu'après la métaphore de la coupe vient la métaphore de la femme, qui d'ailleurs se poursuit en 51/9. Cependant, à proprement parler, ces deux métaphores ne se succè-

---

41. Pour des individus en Es 53/3, Jr 30/15, 45/3, Ps 32/10, 38/18, 69/27, Jb 33/19, Ec 1/18, 2/23, Lm 1/12 ; pour des peuples en Ex 3/7, Es 53/4, 2 C 6/29 ; pour Sion, en Lm 1/18, comparée à une femme.

42. *šry* désigne un produit commercialisé (Gn 37/25, 43/11, Ez 27/17) et utilisé comme médicament (Jr 8/22, 46/11, 51/8). Il s'agit d'une résine. On voit mal comment un objet de métal pourrait être réparé avec de la résine.

dent pas de façon abrupte et tranchée. En effet, si la femme doit être soignée, c'est pour ses plaies (*mk'wb*), mais aussi pour sa brisure (*šbr*)[43]. Avec ce qui précède, on peut dire que c'est en tombant (*npl*), que cette femme s'est blessée[44]. Ainsi apparaît en 51/8-9 une métaphore, où Babylone est comparée à une femme (« Soudain elle est tombée, Babylone, et elle s'est fait une fracture ; lamentez-vous sur elle[45], prenez du baume pour ses plaies, peut-être guérira-t-elle ! Nous avons essayé de guérir Babylone, mais elle est inguérissable ; abandonnez-là et que chacun retourne à sa terre. »)

Le verbe *šbr*, qui fait l'objet de cette étude, se trouve dans deux métaphores (celle de la coupe et celle de la femme) qui sont imbriquées l'une dans l'autre. Pour la clarté de l'analyse, ces deux métaphores doivent être étudiées séparément. Je laisserai de côté la métaphore féminine, conformément à ce qui a été dit plus haut (cf. p. 65).

ÉTABLISSEMENT DU TEXTE

Le texte de la LXX (= 28/7-8) diffère de celui du TM sur un point seulement : le dernier mot du verset 7 (*gwym*) en est absent. On pourrait penser que le traducteur grec a délibérément laissé de côté ce mot pour éviter une répétition (cf. la double occurrence de *gwym* en 7b), mais comme le deuxième *gwym* est aussi absent dans la Peshitta et la Vulgate, il serait étonnant que tous ces traducteurs aient eu exactement la même réaction. Il paraît plus vraisemblable de penser que dans le TM un scribe, après un premier *gwym*, a répété (par inadvertance ?) ce terme à la fin du verset. Ce qui peut aussi faire penser à un ajout dans le TM, c'est qu'en l'absence du deuxième *gwym* en 7b, on retrouve pour 7a et 7b un rythme de qinah (trois accents puis deux), qui convient bien pour la situation « lamentable » de Babylone. Avec Duhm, Condamin, Rudolph et d'autres, je suis donc la LXX sur ce point.

Le verset 8 dans la LXX commence par *kai*, ce qui ne se trouve pas cette fois dans d'autres versions anciennes. Ce *kai* est plus une liberté de traducteur que l'attestation d'un waw originel. Le TM doit donc être maintenu sur ce point.

Bien des commentateurs (Duhm, Weiser, Rudolph...) pensent que l'expression *byd yhwh* en 51/7 est un ajout pour relier ce texte à 25/15ss. Cette expression étant attestée dans tous les manuscrits et appuyée par tou-

---

43. En ce qui concerne des personnes, le verbe *rp'* est employé en relation avec la racine *šbr* dans trois passages : en Ps 147/3, où il s'agit de guérir ceux qui ont le cœur brisé, en Jr 8/11, où doit être guérie la brisure du peuple comparé à une fille, de même qu'en Lm 2/13, où cette fois c'est Sion qui est comparée à une fille.

44. Cf. 2 S 4/4, par exemple, où un enfant tombe et devient boiteux. C'est dire qu'une chute n'est pas forcément mortelle (comme c'est le cas en 1 S 4/18) et que la question des soins peut alors se poser.

45. *yll* dénote aussi des cris de lamentation pouvant être proférés à propos de personnes : cf. Am 8/3, So 1/11.

tes les versions anciennes peut difficilement être supprimée. L'enlever, en effet, brise le rythme de la qinah. Mais cette question devra être reprise dans l'étude du métaphorisant, car elle est liée à l'interprétation que l'on en a.

ÉTUDE DU MÉTAPHORISANT

Une coupe d'or dans la main du Seigneur, enivrant toute la terre. Les nations ont bu de son vin, voilà pourquoi elles délirent. (Soudain elle est tombée et elle s'est brisée : lamentez-vous sur elle).

Le mot *kws* désigne une coupe, que l'on peut trouver dans la main d'un Pharaon (Gn 40/11, 13, 21) comme dans celle d'un pauvre homme (2 S 12/3), dans celle du Psalmiste (Ps 116/13) comme dans celle de Dieu (Es 51/17, 22, Jr 25/15, Hb 2/16, Ps 75/9), en sorte que, à lui seul, ce mot ne semble pas avoir de connotation particulière : *kws* peut appartenir au mobilier d'un temple, d'un palais ou d'une pauvre maison. *kws* peut contenir une boisson forte (Ps 75/9) ou simplement du jus de raisin (Gn 40/11), mais aussi de l'eau (2 S 12/3 : si la brebis boit dans la coupe, c'est du lait ou de l'eau, mais sans doute pas du vin). Enfin, *kws* peut être lié à un événement positif (réconfort en Jr 16/7, victoire en Ps 116/13) ou négatif (colère de Dieu et vertige en Es 51/17, 22, Jr 25/15). Bref, le seul mot *kws* n'est pas connoté ; il faut s'en tenir au reste de l'énoncé métaphorisant pour saisir la signification de cette coupe.

La coupe est en or, mais c'est la seule coupe en or mentionnée dans l'AT. On peut simplement dire que, par la mention de l'or, la coupe apparaît comme un objet précieux et qu'elle peut être celle d'un palais ou d'un temple[46].

Certains exégètes (Duhm, Weiser, Rudolph, Peake...) pensent que *byd yhwh* est un ajout et que le texte peut très bien se passer de cette expression (ce qui est vrai : l'énoncé est centré sur la coupe et les suffixes renvoient à elle ; c'est elle qui enivre et non celui qui la tient ; le vin est celui de la coupe et non celui de son possesseur ; on ne sait qui fait tomber la coupe). Selon ces exégètes, la métaphore (sans *byd yhwh*) mettrait l'accent sur la richesse et la luxure de Babylone et la coupe serait brisée pour mettre fin à cette luxure. L'ajout de *byd yhwh* aurait pour intention de rapprocher la métaphore de 25/15ss, ce qui aurait pour effet de transformer la coupe de la luxure en coupe de la colère de Dieu.

Je crois avec Volz que, même si on enlève *byh yhwh*, 51/7 renvoie de toute façon à 25/15ss; En effet, mis à part la mention de l'or, tout le voca-

---

46. A noter que, si *kws* est dans la main de Pharaon en Gn 40/13, ce mot n'apparaît jamais à propos d'un roi ou d'un palais d'Israël ou de Babylone, mais on peut tout de même penser que de telles coupes pouvaient se trouver dans le palais de Jérusalem ou de Babylone. De même, *kws* n'apparaît jamais dans la description du mobilier du Temple, mais la coupe que tient le psalmiste peut appartenir tout de même à ce mobilier.

bulaire de 51/7 se retrouve en 25/15ss : *kws* (25/15, 17, 28), *škr* (25/27), *yyn* (25/15), *šth* (25/16), *gwym* (25/15), *ythll* (25/16). La mention de la main de Dieu ne crée pas un lien avec 25/15ss, elle renforce ce lien déjà existant. Tout montre que (avec ou sans *byd yhwh*) l'auteur de 51/7 considère que la coupe en or est celle que Dieu tient en 25/15 ; autant donc laisser en 51/7 la mention de cette main de Dieu, qui ne modifie pas le sens de l'énoncé métaphorique en ce verset.

Si l'auteur de 51/7-8 reprend le vocabulaire de 25/15ss et s'appuie sur ce passage, alors les nouveautés apparaissant en 51/7ss par rapport à 25/15ss auront une particulière importance[47].

Dans la parenté de vocabulaire entre 25/15ss et 51/7s, on peut aussi noter l'emploi du verbe *npl* (25/27 et 51/8). Avec ce verbe apparaît une première différence importante entre les deux textes. En 25/27, ce sont les buveurs, les nations qui, dans leur ivresse, tombent. En 51/7-8, on attendrait qu'il en soit de même et que les peuples ivres, dans leur délire, tombent. Or, la surprise, soulignée par la soudaineté (*pt'm* : « soudain »), c'est de voir la coupe tomber. La coupe fait en 51/8 ce que font les buveurs en 25/27. C'est dire que, avec l'arrière-plan de 25/15ss, la coupe et les buveurs ont un sort commun : ils tombent. Le sort de la coupe n'est pas meilleur que celui des buveurs.

Le lien entre la coupe et les buveurs est souligné par un autre détail de l'énoncé, un jeu de mots. Ceux qui boivent sont ivres (*škr* en 51/7) ; quant à la coupe, elle se brise (*šbr*)[48]. Si donc ceux qui tombent sont ivres (*škr* et *npl* en 25/27), celle qui tombe maintenant se brise (*npl* et *šbr* en 51/8). Tout cela décrit le lien qui unit la coupe aux buveurs et le sort commun qui leur est réservé.

Ce lien explique pourquoi, une fois la coupe brisée, les buveurs devront se lamenter (*hylylw*). On pourrait se demander à qui s'adresse l'impératif *hylylw*. « Aux alliés et aux mercenaires de Babylone », pense TOB. Certainement pas, car ceux-ci ne sont pas nommés dans l'énoncé. Seul Dieu est nommé, mais il l'est au singulier et l'impératif au pluriel ne peut s'adresser à ce détenteur de la coupe. L'impératif ne peut s'adresser ici qu'aux nations, victimes de la coupe. De même que l'on trouve en 25/27 des impératifs (« buvez, enivrez-vous, vomissez, tombez ») adressés aux nations (*gwym* en 25/15), de même l'impératif « lamentez-vous » s'adresse à ces

---

47. D'autres textes de l'AT se rapportent à la coupe de la colère tenue par Dieu (Es 51/17, 22, Hb 2/16, Ps 75/9 et peut-être Ez 23/31-33, Lm 4/21, Jr 49/12) en sorte qu'on pourrait voir aussi ces textes à l'arrière-plan de Jr 51/7. Selon Humbert (1944, p. 189, 193, 274) tous ces textes sont postérieurs à Jr 25/15ss. Sans les perdre de vue, j'en resterai donc au seul lien entre 51/7s et 25/15ss.

48. Le même jeu de mots se retrouve en 23/9, où Jérémie le cœur brisé (*šbr*) se compare à un homme ivre (*škr*). En 23/9 le jeu de mots est tel que la LXX s'est même trompée et a lu deux fois le verbe *šbr*. Le même jeu de mots apparaît encore en 48/25-26, en Es 24/9-10 et peut être en Es 51/19-21.

mêmes nations (*gwym* en 51/7), avec le même passage de la 3ᵉ personne du pluriel à la 2ᵉ du pluriel.

Mais ces nations sont des victimes. S'agit-il alors d'une lamentation forcée et hypocrite demandée à ceux qui au contraire voudraient se réjouir de la fin de leur supplice ? Je ne crois pas. Des ivrognes, en effet, pleurent toujours réellement la coupe qui les a enivrés, même s'ils en ont souffert[49]. Ici les nations ont tout lieu de se lamenter réellement. Sur la coupe elle-même (cf. « lamentez-vous *sur elle* »), parce qu'elle est en un métal très précieux (*zhb*) ; mais certainement aussi sur la boisson, qui est du vin (*yyn*) et non un poison ou quelque infâme breuvage. Si les nations pouvaient refuser de boire avant d'avoir goûté à la coupe (cf. 25/28), voilà qu'après y avoir goûté ces mêmes nations se lamentent comme si elles en voulaient encore. Triste réalité de l'ivresse, d'une calamité que l'on se prend à aimer ; prison que l'on finit par aimer car elle est en or !

Certainement cet amour et cet attachement pour une coupe en or, qui a enivré, est insensé, mais précisément les buveurs sont décrits ici comme des insensés : ils délirent (*ythllw*). Grâce à un jeu de mots, il est dit à ceux qui délirent (*ythllw*) : « lamentez-vous » (*hylylw*). La lamentation ne sera pas feinte et hypocrite. Les buveurs dans leur folie crieront et pleureront vraiment, certainement plus encore que les éventuels alliés de Babylone qui auraient assisté au spectacle de l'enivrement.

Je crois que le jeu de mots va plus loin. Ceux qui délirent (*hthll*), victimes de la coupe, avaient tout pour acclamer (*hll*) la fin de la coupe ; mais leur délire les pousse à se lamenter (*yll*).

Le prolongement de l'énoncé dans la métaphore de la femme montre deux choses : que les buveurs ont voulu réparer (*rp'*) la coupe (preuve qu'ils y tenaient) et que cette réparation est impossible, en sorte que l'on peut considérer la coupe comme définitivement hors d'usage : les cris des ivrognes peuvent se transformer en lamentation funèbre.

S'il en est terminé de la coupe, il n'en est pas de même des buveurs ; quoiqu'insensés ces derniers peuvent encore retourner chez eux.

Selon Press (p. 126, n. 6) la coupe de Jr 25/15ss est une coupe d'ordalie, qui dénonce et punit le péché de ceux qui en boivent. Press ne parle pas de 51/7, mais comme ce verset s'appuie sur 25/15ss la question se pose. Le fait que la coupe soit en or pourrait aller dans le sens retenu par Press ; Joseph, en effet, n'utilise-t-il pas un récipient en argent pour pratiquer la divination (Gn 44/2, 5) ? La question à élucider, cependant, et dont Press ne parle pas, c'est que les allusions à l'ordalie dans l'AT (cf. Nb 5/11ss, Ex 32/20) font intervenir l'eau et non le vin, comme c'est le cas aussi, à ma connaissance, dans le reste du Proche-Orient (cf. Cardascia, p. 126 ss.,

---

49. Cf. Jl 1/5, où des gens ivres (*škr*) se lamentent sur (*yll 'l*) le vin nouveau qui leur manque. Cf. aussi Pr 23/29-35, qui décrit bien à la fois la souffrance des ivrognes et leur désir de recommencer (« j'en redemanderai encore » : Pr 23/35).

139 ss., 145 ss. ; Seux p. 56, n. 40, 367, n. 8 ; Reymond p. 217 ss.). La présence ici de vin me fait dire qu'il ne s'agit pas d'une coupe d'ordalie (jusqu'à preuve du contraire).

ÉTUDE DU MÉTAPHORISÉ

Babylone (...) Soudain elle est tombée, Babylone, et elle s'est brisée : lamentez-vous sur elle.

Le fait que Babylone soit le métaphorisé de la coupe ne fait pas l'ombre d'un doute ; cependant l'interprétation reliant 51/7-8 à 25/15ss peut être remise en cause. Babylone, en effet, ou plus exactement le roi de Babylone, doit aussi boire à la coupe (25/26). Babylone ne peut donc pas être à la fois la coupe et parmi ceux qui doivent boire. Il est à remarquer qu'en 25/26 la mention du roi de Babylone manque dans la LXX et que dans le TM elle se trouve à la fin de la liste des nations, comme en appendice : « et le roi de Sheshak boira après eux ». A mon avis, ces derniers mots sont un ajout, datant de l'époque récente où l'*Atbash* est utilisé[50]. Considérer les derniers mots de 25/26 comme un ajout rend dès lors possible l'interprétation de 51/7 ; le mot *gwym* désigne en 51/7, comme en 25/15, tout un groupe de nations, à l'exclusion de Babylone. Ce sont ces nations qui, dans chacun des deux textes, doivent boire. Quant à Babylone, elle est la coupe, ce que ne précise pas 25/15ss.

Cette identification de la coupe étant faite, on s'aperçoit que, par rapport aux autres nations, Babylone a un statut tout à fait particulier. Ne buvant pas à la coupe le vin qui s'y trouve (et 25/15 nous apprend que le métaphorisé de « vin » est « colère »), Babylone est à l'abri de la colère de Dieu ; elle ne tombera pas comme les autres nations, qui doivent subir la colère de Dieu. Singularité de Babylone ainsi choisie par Dieu comme instrument de sa colère. De même qu'une coupe ne peut être ivre du vin qu'elle contient, de même Babylone est à l'abri de la colère de Dieu.

Et pourtant, Babylone tombe à son tour (*npl*) ! Certes, elle ne tombe pas comme les autres nations semblables à des ivrognes qui tombent dans leur délire. Elle tombe tout de même, comme tombe une coupe. Peut-être était-elle à l'abri de la colère de Dieu ; sans doute a-t-elle été utilisée par Dieu, cependant il n'y avait en cela aucun privilège : être dans la main de Dieu ne donne aucun privilège. Si Babylone a fait tomber des nations comme des gens ivres, elle tombe à son tour comme une coupe. Elle n'est pas ivre (*škr*), mais elle est brisée (*šbr*).

Le verbe *npl* est rarement employé dans l'AT pour des villes (cf. Es 21/9 pour Babylone et Mi 7/8 pour Jésuralem). D'après les contextes de ces passages, *npl* pour des villes doit appartenir à l'isotopie militaire et dénoter une

---

50. C'est-à-dire une époque se situant entre la LXX et Symmaque, comme on l'a vu plus haut (p. 305 s.). A noter qu'ici Symmaque, à la différence de la LXX, traduit les derniers mots de 25/26.

défaite. En effet, si Babylone tombe en Es 21/9 c'est parce que les Mèdes l'ont assiégée (Es 21/2). Pour Jérusalem, en Mi 7/8, cf. la mention de l'ennemi. Des nations peuvent également tomber (cf. Assur en Es 31/8 et des nations africaines en Ez 30/5), ce qui dénote encore une défaite militaire (cf. Ez 30/5 « elles tombent sous l'épée »). Cf. aussi Jr 25/27, où il est dit que les nations tombent devant une épée.

Si une ville peut être brisée (*šbr*) par le vent ou par la mer (cf. Ez 27/26, 34), on a vu plus haut (cf. p. 449) que cette « brisure » d'une ville peut être liée au fait que les verrous (Jr 51/30, Am 1/5, Lm 2/9) ou les remparts (Es 30/13) de cette ville sont brisés ou écroulés (*šbr*). Dans ce cas, *šbr* appartient encore à l'isotopie militaire (cf. Jr 51/30 où c'est dans un contexte de guerre que les verrous sont brisés). Ici le contexte de l'oracle semble bien indiquer que la chute et la « brisure » de Babylone proviennent d'une défaite militaire (cf. 51/3-4), ce qui s'accorde bien avec la lamentation entonnée sur la ville (cf. plus haut p. 192).

Si donc Babylone doit subir une défaite militaire soudaine (*pt'm*), il est toujours possible qu'un jour elle soit en mesure de se « relever » (cf. Mi 7/8), c'est-à-dire de rebâtir ses fortifications (cf. Mi 7/11). De même aussi les nations que Babylone a fait tomber (25/27) pourront un jour se relever de leur défaite militaire. Grâce aux métaphorisants choisis (des ivrognes qui tombent, une coupe qui tombe), ces différentes défaites apparaissent sous des jours différents. Si les nations tombent comme des ivrognes, elles pourront se relever. Si Babylone tombe comme une coupe brisée et irréparable, alors il n'est plus question pour elle de se relever. Avec le transport de sens en 51/7-8, la chute de Babylone apparaît comme définitive.

Aussi surprenant que cela puisse paraître, la chute de Babylone ne provoque pas la joie des nations qu'elle a elle-même fait tomber, mais leur consternation. « Lamentez-vous sur elle ». L'étude du métaphorisant a montré que cette lamentation n'était ni feinte, ni hypocrite. Les nations vaincues par Babylone seraient-elles bien comme des ivrognes pleurant la coupe qui les a enivrés ?

Juste avant la métaphore, en 51/6, un premier ordre est donné : « fuyez de Babylone ». Cet ordre semble être donné aux nations qui se trouvent dans cette ville, c'est-à-dire à des exilés. Cet ordre semble être donné juste avant la chute de Babylone. « Ne périssez pas », est-il dit juste avant le moment où les exilés peuvent périr en même temps que les Babyloniens lors de la défaite de cette ville. En 51/7-8 la chute de Babylone vient de se produire (« elle est tombée ») ; c'est dire qu'entre temps, entre 51/6 et 51/7-8, certains exilés sont partis et d'autres pas. Toujours est-il qu'après la chute de Babylone il s'en trouve encore, à qui l'on peut dire : « lamentez-vous sur elle ». Certains exilés n'ont pas voulu partir quand il était temps. Pourquoi ce refus de partir ? Sans doute parce que Babylone est une coupe d'or capable d'enivrer de son vin, c'est-à-dire un lieu qui, bien que lieu d'exil, est un lieu attirant par ses richesses. C'est dire que des exilés ont fini par prendre goût à leur situation d'exil, ont fini par trouver un certain bien-être dans une situation qui pourtant a été infligée par Dieu dans sa colère. De même que des ivrognes finissent par regretter une coupe qui pourtant les fait délirer et souffrir, de même des exilés finissent par aimer l'exil, au point de se lamenter si l'exil doit finir. Il y a là un délire comparable au délire des ivrognes. Tel est le sens, me semble-t-il, de cette métaphore. C'est dire que ceux que Dieu frappe dans sa colère finissent parfois par trouver un certain plaisir dans leur malheur. Le fait est que de Babylone tous les exilés ne sont pas rentrés chez eux. C'est à eux qu'il est dit avec insistance, juste après la métaphore : « rentrez dans votre pays » (51/9). Cela est dit à ceux des exilés qui ont fait de vains efforts pour restaurer Babylone (51/9).

La métaphore de la coupe date donc, à mon avis, de l'époque de la chute de Babylone, de l'époque où l'on peut constater avec étonnement que tous les exilés ne veulent pas partir ; puisque ces gens-là délirent (*ythllw*), qu'ils se lamentent donc (*hyllw*) sur celle à laquelle ils sont attachés !

CONCLUSION

Le verbe *šbr* est moins utilisé que le verbe *šḥt* dans les métaphores et l'on peut se demander si *šbr* (« briser ») apporte quelque chose de neuf par rapport à *šḥt* (« détruire »), tant ces verbes sont proches. En réalité, sur le plan métaphorique, *šbr* présente des particularités par rapport à *šḥt* et c'est sur ces différences que je mettrai l'accent ici.

Avant de le faire, on peut tout de suite remarquer que dans Jérémie aucune métaphore avec *šbr* ne met en avant ce qui « ne se brise pas ». Alors qu'Esaïe métaphorise avec un roseau qui n'est pas brisé (Es 42/3), il n'y a rien de semblable en Jérémie, où *šbr* est toujours utilisé sans négation. En outre si *šbr* dans une métaphore peut décrire quelque chose de positif (cf. Ps 124/7, où la rupture d'un filet dénote la libération des oiseaux qui s'y trouvaient prisonniers), l'emploi de *šbr* dans les métaphores de Jérémie ne provoque jamais la joie. L'accent est mis sur le négatif, en sorte que la proximité avec les métaphores utilisant *šḥt* est bien réelle.

Avec *šḥt* la destruction est telle qu'il n'est pas question de soins éventuels à porter pour y remédier ; en outre *šḥt* ne provoque pas de lamentations, pour attirer la faveur divine sur celui qui est détruit. Cela vient du fait que *šḥt* appartient à l'isotopie des fléaux et qu'il sert à décrire l'ennemi envoyé par Dieu. On ne soigne pas les coups portés par un fléau destructeur ; on n'implore pas l'aide d'un dieu qui punit. Avec *šḥt* la destruction est totale. Avec *šbr* il n'en est pas de même ; ce verbe n'est jamais utilisé par Jérémie pour décrire un fléau, jamais utilisé dans les métaphores pour dépeindre l'activité de l'ennemi du Nord. De ce fait, il est envisageable de soigner et d'attirer sur soi la faveur divine ; on peut espérer un rétablissement et le secours de Dieu.

Les métaphorisés décrits par Jérémie sont de deux types : ou bien il s'agit de faux dieux (2/13), ou bien il s'agit de villes et de peuples (19/11-12, 48/17, 38, 50/23, 51/7). Autant il semble difficile de soigner des dieux et d'attirer sur eux la faveur d'autres dieux, autant il paraît possible de restaurer des villes (cf. 51/8), de soigner des populations (puisqu'il est possible de soigner des hommes, même si c'est parfois difficile, cf. Pr 6/15, 29/1 ; cf. Ez 34/16, Za 11/16 pour des animaux).

C'est à cette double question (soins et lamentations) posée par *šbr* que les métaphorisants choisis par Jérémie portent des réponses.

On peut noter que tous ces métaphorisants sont des objets (citernes, gargoulette, bâton, branche, objet, marteau, coupe). Il n'est jamais question d'animaux ou d'êtres humains, en sorte que ces objets ne peuvent pas se réparer eux-mêmes ou se lamenter. La question est alors déplacée sur ceux qui utilisent ou subissent ces objets.

A propos des répartitions de ces objets, on peut remarquer que dans chacune des métaphores la question est exclue d'une manière ou d'une autre. Pour les citernes (2/13) la brisure n'est pas accidentelle, mais il s'agit d'un vice de forme dès la construction, en sorte que pour bien faire il faudrait rebâtir de nouvelles citernes. La gargoulette est brisée (19/10) de telle manière qu'on ne peut plus réparer, comme cela est spécifié dans l'énoncé parallèle (19/11). Pour le bâton et la branche (48/17) toute réparation semble être possible. La brisure du marteau est semblable à celle d'autres armes (cf. Os 2/20), elle disqualifie cette arme. Pour la coupe enfin (51/7-8), la suite laisse entendre que la réparation est impossible. Un seul objet pourrait être réparé (48/38), mais comme il est sans intérêt, ce serait peine perdue que de le réparer. Grâce au transfert de sens dans ces métaphores, l'éventualité de soins à porter à Jérusalem, Moab ou Babylone se trouve écartée : la restauration est impossible ou n'en vaut pas la peine.

La « brisure » d'une personne entraîne normalement la tristesse de l'entourage, mais elle peut provoquer la joie, suivant les relations que pouvait avoir cette personne avec son entourage (cf. Na 3/19). Il en est de même au niveau des peuples. La fin d'un tyran fait l'objet d'une lamentation en Es 14/4, mais cette même fin fait aussi éclater des cris de joie (Es 14/7), en sorte que de ces deux réactions la seconde est vraie, alors que la première est certainement hypocrite ou moqueuse. Qu'en est-il des nombreuses lamentations provoquées par *šbr* en Jérémie ? Ce sont encore les métaphorisants choisis qui permettent de mieux répondre à la question. En 48/17, ce sont les voisins qui se lamentent sur Moab et l'on ne sait pas quel type de relation pouvait exister entre Moab et ses voisins ; mais par le métaphorisant choisi (un bâton insigne de gouvernement, puis une branche), on découvre que ce qui pouvait être une réelle lamentation (sur le bâton de puissance) n'est en fait qu'une moquerie (une lamentation sur une branche). En 48/38, la lamentation est certainement sérieuse, puisque les Moabites pleurent sur Moab, mais avec le métaphorisant choisi (« un objet dans lequel on n'a aucun plaisir ») la lamentation ne peut attirer la sympathie ni des autres ni des dieux ; elle ne peut que faire rire. La lamentation sur Babylone, en 50/23, peut être vraie dans la bouche des Babyloniens ; mais comparée à une arme, Babylone est surtout envisagée dans ses relations conflictuelles avec les autres nations, en sorte que ces dernières doivent plutôt être soulagées et ne s'associeront que de manière hypocrite à cette lamentation. Dans la deuxième lamentation sur Babylone (51/7), il n'y a cette fois ni hypocrisie, ni moquerie de la part des autres nations ; Babylone est réellement pleurée ; avec le métaphorisant choisi (une coupe d'or enivrante) cette lamentation apparaît comme étant l'expression d'un délire.

Étant donné qu'il n'est pas question de réparer les objets brisés, les brisures des métaphorisés deviennent des anéantissements, en sorte que les lamentations ne sont pas entonnées sur des blessés, mais sur des morts. Alors que šbr ne connote pas forcément la mort (cf. Ex 22/9, 13, où un animal est ou mort ou « brisé », c'est-à-dire blessé), dans les métaphores de Jérémie il décrit une mort. En 48/17, 38, 50/23, 51/7-8, les lamentations sont des lamentations funèbres.

Dans les deux métaphores où il n'y a pas de lamentation (2/13 et 19/10-12), il est intéressant de noter qu'il y a tout de même chaque fois une allusion à la mort. Les citernes, en effet, sont décrites en opposition avec la fontaine d'eau « vive » et 2/13 sous-entend que ces citernes serviront de tombes. En 19/1-2 le lieu choisi pour briser la gargoulette est la vallée de la Géhenne. Un glossateur a vu là un signe de mort, puisqu'au beau milieu de l'énoncé métaphorique (en 19/11b) il ajoute : « Faute de place pour ensevelir on ensevelira même à Tapheth » !

Lamentations, tombes : toutes les métaphores avec šbr dénotent ou connotent la mort. C'est dire leur profonde unité, malgré la diversité des métaphorisants choisis et la diversité des métaphorisés.

L'IMAGE DE LA FILLE

Par trois fois dans les chapitres précédents, une métaphore étudiée a été mêlée à une image qu'il faut maintenant étudier, celle de la fille. Il a été question, ainsi, de la « fille mon peuple » en 4/11 dans la métaphore du vent (cf. plus haut p. 124 ss.), de la « fille Sion » en 6/2 dans la métaphore des bergers (cf. p. 345 ss.) et de la « fille Babel » en 51/33 dans la métaphore de l'aire (cf. p. 408 ss.). Dans ces trois passages, l'utilisation du mot *bt* est le même : ce mot est au singulier et en construction génitivale. Les grammairiens s'accordent à voir dans cette construction un *genitivus explicativus*[1], grâce auquel Sion, Babel ou le peuple sont représentés comme une fille, personnifiés sous les traits d'une fille. Parmi les nombreuses images féminines que l'on trouve dans Jérémie, je n'étudierai ici que celle de la fille (*bt*) ; plus précisément, j'étudierai les seuls passages où *bt* est employé en construction génitivale et au singulier, afin de savoir à quel type d'image nous avons à faire (métaphore ? métonymie ?) et quelle est la signification de cette image.

L'emploi de *bt* au singulier dans une construction, qui peut être celle d'un *genitivus explicativus*, se trouve dans l'AT dans les passages suivants (classés par ordre décroissant de fréquence) :

---

1. Ce point me paraît être acquis, malgré certaines traductions (comme « fille *de* Sion », « fille *de* Babylone »...), que l'on trouve encore et qui me paraissent ambiguës. J 129f parle de « génitif de nom propre » et rejoint GK 128k, qui parle de *genitivus explicativus*, ou de *genitivus epexegeticus* (cf. KB³ à l'article *bt* § 3), ou encore de *genitivus appositionis*. Le terme *bt* est bien là à l'état construit. Dans un seul passage (cf. liste plus loin), on trouve *hbt yrwšlm* (Lm 2/13), où *hbt* est absolu et en apposition. Mais dans tous les autres passages *bt* est à l'état construit, ce qui apparaît clairement si l'on compare avec *btwlt yśr'l* (cf. Am 5/2). Il faut traduire par « fille Sion », « vierge Israël », comme on traduit aussi « fleuve Euphrate », et non par « fille *de* Sion », qui pourrait laisser croire que Sion est une mère, ayant une fille. Je préfère parler avec GK de *genitivus explicativus*, plutôt que de « génitif de nom propre », car à côté de « fille Sion » ou « fille Babylone » se trouve aussi « fille mon peuple », qui est une construction semblable, mais sans nom propre. C'est le peuple qui *est* une fille et ce n'est pas le peuple qui *a* une fille.

— Fille Sion : 2 R 19/21, Es 1/8, 10/32, 16/1, 37/22, 52/2, 62/11, Jr 4/31, 6/2, 23, Mi 1/13, 4/8, 10, 13, So 3/14, Za 2/14, 9/9, Ps 9/15, Lm 1/6, 2/1, 4, 8, 10, 13, 18, 4/22.

— Fille mon peuple : Es 22/4, Jr 4/11, 6/26, 8/11, 19, 21, 22, 23, 9/6, 14/17, Lm 2/11, 3/48, 4/3, 6, 10.

— Fille Jérusalem : 2 R 19/21, Es 37/22, Mi 4/8, So 3/14, Za 9/9, Lm 2/(13), 15.

— Fille Babylone : Es 47/1, Jr 50/42, 51/33, Za 2/11, Ps 137/8.

— Fille Juda : Lm 1/15, 2/2, 5.

— Fille Égypte : Jr 46/11, 19, 24.

— Fille Chaldée : Es 47/1, 5.

— Fille Edom : Lm 4/21, 22.

— Fille Dibon : Jr 48/18.

— Fille Gallim : Es 10/30.

— Fille Tarsis » Es 23/10.

— Fille Sidon : Es 23/12.

— Fille Tyr : Ps 45/13.

On doit pouvoir ajouter *bt gdwd* en Mi 4/14, étant donné les emplois déjà mentionnés de *bt* en 4/8, 10, 13.

Quelques points de critique textuelle sont à relever :

— en Es 10/32 (« fille Sion »), le Ketib est *byt*, mais il faut corriger avec le Qeré *bt*, qui rejoint la LXX, la Vulgate, le Targum, ainsi qu'un manuscrit de Qumrân (cf. BHS) ;

— en Ps 45/13 (« fille Tyr »), la LXX a traduit par « filles ». Ce passage est difficile à expliquer ; pour Gunkel (*Die Psalmen, ad loc.*), par exemple, la construction est bien celle d'un *genitivus explicativus*, mais pour Maillot et Lelièvre (T. I, *ad loc.*), il s'agit d'un génitif objectif, ne désignant pas Tyr comme une fille, mais désignant une fille originaire de Tyr. C'est peut-être, en effet, dans la liste ci-dessus, le seul cas où le génitif n'est pas forcément *genitivus explicativus*.

— Jer 8/11 en entier manque dans la LXX ;

— « fille Sion » est rajouté par LXX et Vulgate en Ps 73/28 ;

— en So 3/14, la LXX transforme un « Israël » du TM en « fille Jérusalem », ce qui semble être une harmonisation avec la fin du verset ;

— en Jr 31/21, le « vierge Israël » du TM devient « vierge fille Jérusalem » dans l'Alexandrinus de la LXX ;

— en Mi 1/15, le « Israël » du TM devient « fille Israël » dans la LXX ;

— en Es 16/2, « les filles de Moab » (TM) devient « fille Moab » dans la LXX, mais sans doute par harmonisation avec la « fille Sion » de Es 16/1 ;

— en Mi 4/14, le *bt gdwd* devient « fille Ephraïm » dans la LXX ;

— en Es 23/10, la mention de « fille Tarsis » disparaît dans la LXX, qui a un autre texte ; la Vulgate, elle, parle de « *filia maris* » ;

— en Lm 2/2, la Vulgate n'a pas « fille Juda » (TM et LXX) mais « vierge Juda » ;

— en Jr 48/18 le mot *bt* n'est traduit dans la LXX que par l'Alexandrinus, et le nom de Dibon manque dans certains manuscrits grecs pour être remplacé par une forme verbale (*ektribetai*).

Il paraît difficile de résoudre tous ces problèmes textuels, tant que l'image de la fille n'est pas comprise. Je préfère donc pour l'instant étudier cette image, telle qu'elle se présente dans le TM.

A ma connaissance, Cazelles est le premier à s'être penché de près sur cette image de la fille (1964, p. 51-71). Cazelles constate entre autres qu'un tel emploi du mot « fille » ne se trouve pas ailleurs dans le Proche-Orient[2] ; je fais la même constatation que lui. Je note aussi avec lui que dans l'AT l'expression génitivale avec *bt* apparaît seulement au VIIIe s. et plus précisément dans le Royaume du Sud ; ce sont, en effet, Michée et Esaïe qui nous en donnent les premières attestations, alors qu'on ne la trouve jamais sous la plume d'Osée ou d'Amos. Cazelles note encore que dans l'AT on appelle « fille » une ville dépendante d'une ville plus importante, ce qui est juste[3] ; mais je ne suivrai pas Cazelles dans la déduction qu'il fait, à savoir que, dans la construction qui nous occupe, c'est ce sens de « ville dépendante d'une autre » qu'il faut donner au mot *bt*. Comment se fait-il, en effet, qu'Israël ait retenu pour sa capitale plus que pour toute autre ville israélite cette expression, qui aurait dû convenir aux autres villes et non à « fille Sion » ou « fille Jérusalem » ?

Cazelles s'efforce de répondre à la question en émettant l'hypothèse qu'à l'origine il a d'abord été question de « fille Sion » et que Sion était alors un faubourg distinct de Jérusalem, la capitale, en sorte qu'il était appro-

---

2. « L'origine de cette expression, écrit-il p. 52 s., reste mystérieuse. A ma connaissance elle n'est attestée ni en Mésopotamie, ni en Phénicie, ni en Égypte ». Il ajoute (p. 53, n. 13) : « Mais la collectivité peut être personnifiée. Ainsi dans l'inscription de Menephtah (1225 av. J.C.) l'Égypte est dite « fille unique » (*sryt*) du dieu Re' ». Cazelles a raison : il peut y avoir en dehors de l'AT des personnifications sous les traits d'une fille, mais l'on ne trouve pas d'équivalent de la construction génitivale. Menephtah parle de l'Égypte comme d'une « fille unique », alors que Jérémie parle de la « fille Égypte » (46/24). La construction n'est pas la même et le contenu de l'image peut, du coup, être différent.

3. Les mentions de ces « filles » (ou « filiales ») dans l'AT sont très nombreuses. Tous les textes ne sont pas forcément anciens, mais, comme le note Cazelles, cette désignation de villes secondaires doit être ancienne. Comme villes ayant des filiales on trouve ainsi Hesbon (Nb 21/25, 26, Jg 11/26), Yazer (Nb 21/32), Qenath (Nb 32/42, 1 C 2/23), Eqron (Jos 15/45), Ashdod (Jos 15/47), Gaza (Jos 15/47), Beth Shean (Jos 17/11, 16, Jg 1/27, 1 C 7/29), Yibleam (Jos 17/11, Jg 1/27), Dor (Jos 17/11, Jg 1/27, 1 C 7/29), Ein Dor (Jos 17/11), Taanak (Jos 17/11, Jg 1/27, 1 C 7/29), Megiddo (Jos 17/11, Jg 1/27, 1 C 7/29), Aroer (Jg 11/26), Qiriat Arba (Ne 11/25), Dibon (Néh 11/25), Beer Sheba (Néh 11/27), Meconah (Néh 11/28), Azeqah (Néh 11/30), Béthel (Néh 11/31, 1 C 7/28, 2 C 13/19), Gézer (1 C 7/28), Sichem (1 C 7/28), Aya (1 C 7/28), Gath (1 C 18/1), Yeshana (2 C 13/19), Ephron (2 C 13/19), Soko (2 C 28/18), Timna (2 C 28/18), Guimzo (2 C 28/18). La question se pose pour Samarie (Ez 16/46, 53, 55), Sodome (Ez 16/46, 48, 49, 53, 55) et Jérusalem (Ez 16/20, 31, 48, 55, 61).

prié de parler de « fille Sion » par rapport à Jérusalem. Cazelles en veut pour preuve un texte, qu'il considère comme des plus anciens : Mi 4/8-10[4]. Si, dans ce passage, Sion est, comme le pense Cazelles, distincte de Jérusalem, il faudrait alors en conclure que l'oracle parlerait d'une inversion des rôles et des primautés (la royauté passant de Jérusalem à Sion, le titre de « filiale » passerait de Sion à Jérusalem) : ce serait la seule explication de l'emploi de *bt* pour Sion comme pour Jérusalem, dans le même verset 8. On pourrait lire ainsi ce verset 8, mais on se demande alors pourquoi, une fois opéré le transfert d'autorité de Jérusalem à Sion, une fois le roi présent à Sion (4/9), cette dernière continue à être appelée « fille » (4/10). Cazelles reconnaît que très vite, dès Es 37/22, « fille Sion » et « fille Jérusalem » sont devenus synonymes ; mais s'il y a synonymie, si Sion et Jérusalem sont deux noms de la capitale, pourquoi Israël a-t-il continué d'appeler sa capitale « fille Sion » et « fille Jérusalem » ? De quelle ville Sion-Jérusalem est-elle « filiale » ?

Le second texte ancien sur lequel s'appuie Cazelles pour son hypothèse est Es 22/4, où se trouve « fille mon peuple », qu'il commente ainsi : « Cette expression évoque évidemment la « fille de Sion » et la distingue de Jérusalem » (p. 60). Il est clair que dans ce passage « fille mon peuple » est dit pour une population vaincue, distincte des Jérusalémites, qui se réjouissent, eux, de ne pas avoir été vaincus. Mais je ne vois pas en quoi « fille mon peuple » désigne « évidemment » Sion. Une telle évidence ne ressort pas du texte. L'expression désigne plutôt tous les Judéens qui ne sont pas à Jérusalem, c'est-à-dire les campagnes et villages environnants. Certes ces villages environnants sont des filiales de Jérusalem, mais cela ne signifie pas que Sion soit au nombre de ces filiales. Cazelles force les textes.

En fait, peu importe si un jour Sion a été ou non distincte de Jérusalem. L'important est de constater que Sion et Jérusalem ont été ensemble appelées « fille », dans les mêmes textes et à différentes époques : 2 R 19/21, Es 37/22, Mi 4/8, So 3/14, Za 9/9, Lm 2/13. On peut comprendre qu'Israël ait appelé Babylone « fille Babylone », par dérision ou par moquerie, mais on ne comprend pas pourquoi Israël a gardé pour sa propre capitale ce même nom, si c'était le nom donné à des filiales (et je ne note ni dérision ni moquerie à l'égard de Jérusalem-Sion dans Mi 4/8, So 3/14, Za 9/9). Je crois qu'il faut renoncer à l'hypothèse de Cazelles, même si certains éléments de son analyse sont à conserver.

En lisant Cazelles, on pourrait se demander s'il n'aurait pas été plus judicieux d'appeler Sion-Jérusalem « mère » et non « fille » ; mais il est

---

4. A noter la critique que fait Renaud (p. 191 s.) de cette lecture de Cazelles. Pour Renaud, 4/8 n'est pas à rattacher aux deux versets suivants (p. 183) et doit être considéré comme postexilique (p. 184). Si 4/8 est vraiment postexilique, la thèse de Cazelles est vraiment très affaiblie.

à noter que dans le TM cela n'est jamais le cas[5]. Une seule ville dans le TM est appelée « mère », et l'on est surpris de voir qu'il s'agit d'une des villes les plus modestes d'Israël, même si elle a des fortifications : Abel-Beth-Maakah (2 S 20/19). Cette ville est dite « mère en Israël ». Par sa traduction (*mêtropolis*) la LXX a compris qu'il s'agissait d'une métropole, pouvant avoir des filiales. Cependant, « mère en Israël » pourrait simplement signifier que cette ville jouissait d'une certaine influence dans le domaine de la sagesse[6]. Quel que soit le sens de l'expression, Jérusalem aurait pu prétendre à un tel titre. Or, elle n'est appelée que « fille Jérusalem », ce qui semble inviter à renoncer à chercher dans les questions de métropoles et de filiales pour expliquer les expressions avec *bt*.

Après Cazelles, mais sans s'y référer, Fitzgerald s'est penché sur la même question, en élargissant cette fois au titre de *btwlh* (1972 p. 403-416 et 1975 p. 167-183). Sa thèse est que ces titres (*bt* et *btwlh*) s'appliquaient à des capitales pour les désigner comme des partenaires du dieu local. Fitzgerald s'appuie en particulier sur le fait que capitales et déesses recevaient les mêmes titres. L'hypothèse est intéressante, mais bien des points doivent en être critiqués.

Il est un fait que dans le Proche-Orient déesses et villes reçoivent des titres parfois communs (cf. plus bas, celui de « grande »). Il est un fait aussi que dans l'AT *btwlh* et *bt* sont employés de la même manière dans des constructions du type genitivus explicativus (cf. « vierge Israël », « fille Sion »). Mais le tort de Fitzgerald est d'étudier ces titres tous ensemble, sans se deman-

---

5. Le TM ne parle jamais de « mère Sion » ou de « mère Jérusalem », mais il est à noter que dans la LXX on trouve en Ps 87/5 l'expression « mère Sion » (*Mêtêr Siôn*). Pour les traducteurs grecs le titre n'était certainement pas incongrü pour la capitale (cf. *mêtropolis*, qui désigne une ville qui a fondé ou colonisé d'autres villes, ses filiales : situation que l'on pouvait supposer pour la capitale Israélite). Mais peut-être est-ce là une façon de voir qui est grecque et non israélite.

6. L'expression « mère en Israël » ne se retrouve qu'en Jg 5/7, où elle est appliquée à Deborah, ce qui pour elle est un titre sapiential. Il se pourrait que « mère en Israël » soit aussi pour une ville une désignation de son importance dans le monde de la sagesse. C'est ainsi que le comprend, par exemple, De Boer (p. 60), pour qui Abel-Beth-Maakah serait une ville où l'on allait consulter des sages. En tant que lieu d'oracles, la ville aurait reçu le titre de mère. Ce qui plaide pour le sens de « métropole », c'est que ce sens pour une ville existe bien dans le Proche-Orient. Fitzgerald (1972 p. 406) signale que sur des pièces de monnaie phéniciennes de l'époque hellénistique *'m* y a le sens de « métropole » (cf. Jean/Hoftijzer, qui pour *'m* reconnaissent ce sens de « métropole » sur des pièces de monnaie). Parmi ces pièces, on trouve : *lṣdnm 'm kmb 'p' kt ṣr*, qui pour Fitzgerald signifie « (pièce) des Sidoniens, la mère de Cambe, Hippo, Citium et Tyr » ; ou encore : *lṣr 'm ṣdnm*, où Tyr apparaît comme métropole pour les Sidoniens. Une de ces pièces porte l'inscription : *ll'dk' 'm bkn'n* ; Fitzgerald n'en donne pas la traduction, mais il semble que la ville de *l'dk* (?) y apparaît comme mère en Canaan. Si cette lecture est bonne, le sens de « métropole » pour Abel-Beth-Maakah, « mère en Israël », n'est pas à exclure. De toute façon, quel que soit le sens de *'m* (métropole ou lieu d'oracles), le titre de « mère » pouvait parfaitement convenir à Jérusalem.

der si une telle mise en commun est justifiée. C'est pour avoir négligé l'étude séparée de chaque titre que les conclusions de Fitzgerald sont fragiles.

En ce qui concerne *btwlh*, ses emplois dans l'AT avec un genitivus explicativus sont les suivants :
— Vierge Israël : Jr 18/13, 31/4, 21, Am 5/2.
— Vierge fille Sion : 2 R 19/21, Es 37/22, Lm 2/13.
— Vierge fille Juda : Lm 1/15.
— Vierge fille Sidon : Es 23/12.
— Vierge fille Babylone : Es 47/1.
— Vierge fille Égypte : Jr 46/11.
— Vierge fille mon peuple : Jr 14/17.

Pour une ville, le titre de *btwlh* ne précède jamais immédiatement le nom de la ville. C'est un titre qui est toujours rajouté à celui de *bt*, qu'il ne remplace pas, mais complète. On ne peut en conclure que ces titres ne sont pas interchangeables. Pour une ville le titre de « vierge » semble être secondaire par rapport à celui de « fille », qui, lui, est plus fréquent et semble être plus approprié pour une ville (Sion et Babylone sont plus souvent appelées « fille » que « vierge fille », et jamais simplement « vierge »). Si le titre de « vierge » est second pour une ville, ce n'est qu'après avoir étudié le titre de « fille » qu'on pourra étudier celui de « vierge ».

Le seul nom auquel « vierge » est directement attaché n'est pas un nom de ville, mais celui d'un peuple ou d'un pays : Israël. Or, Israël n'est jamais par ailleurs appelé « fille Israël », ce qui montre encore une fois que ces titres ne sont pas interchangeables. On peut se demander si le titre de « vierge » n'a pas d'abord été celui d'un peuple ou d'un pays avant d'être celui d'une ville. Cela est d'autant plus vraisemblable que c'est dans un des plus vieux textes (Am 5/2) que le titre est appliqué à une nation. Or, Amos n'emploie jamais le titre de « fille ». On peut se demander si ce n'est pas en passant du Royaume du Nord au Royaume du Sud que le titre est passé d'une nation à une ville.

Inversement (et cela semble être implicitement acquis par Cazelles comme par Fitzgerald) le titre de « fille » semble avoir été à l'origine celui d'une ville avant de passer à une nation. Un examen des emplois de *bt* le fait apparaître. Il faut attendre Jérémie (« fille Égypte »), les Lamentations (« fille Juda », « fille Edom ») et le deuxième Esaïe (« fille Chaldée ») pour voir le titre de « fille » appliqué à une nation. Seul Es 22/4 parle de « fille mon peuple », ce qui n'est pas un nom propre de nation. Il est tentant, me semble-t-il, de dire que « fille » et « vierge » ont eu des histoires différentes ; le premier passant des villes aux nations, le second des nations aux villes. Tout cela pousse à étudier ces titres séparément.

Si l'AT nous pousse à étudier séparément les titres de « fille » et de « vierge », le Proche-Orient nous y pousse aussi. Pour ce qui est du titre de « vierge », on le trouve employé pour des déesses (à Ugarit, c'est le titre par excellence d'Anat), en sorte qu'il y a là effectivement un très bon arrière-plan pour l'AT, ce qui donne raison sur ce point à Fitzgerald. L'étude de ce titre dans l'AT pour une nation ou pour une ville doit donc être étudié en sachant que le Proche-Orient donnait ce même titre à certaines déesses. Mais on doit faire une remarque : le titre de « vierge », à ma connaissance, donné à certaines déesses, n'a jamais été donné dans le reste du Proche-Orient à une nation, un pays ou une ville, en sorte que l'emploi qu'en fait l'AT est tout à fait original ; il s'agit là, semble-t-il, d'une initiative israélite et non d'une reprise.

A propos du titre de « fille », on peut dire que dans le Proche-Orient aucune déesse n'a reçu un tel titre ; à côté de « vierge Anat », aucune déesse n'est appelée « fille X »[7]. En outre, aucune ville, aucune nation, aucun pays ne reçoit le titre de « fille », comme l'a noté Cazelles[8]. Si donc le rapprochement avec une divinité est possible pour le titre de « vierge », il ne l'est pas pour celui de « fille ». En cela, Fitzgerald à tort de tirer pour « fille » les mêmes conclusions que pour « vierge ». Il faut donc laisser ouverte la possibilité de trouver pour « fille » une autre origine que pour « vierge ».

La partie la plus intéressante dans le travail de Fitzgerald est sa mise en avant du titre de « rbt », l'un des rares titres donnés dans le Proche-Orient à la fois à une déesse et à une ville. C'est ce titre commun, qui, sans aucun doute, a pu être des plus élogieux pour une ville, puisque des déesses le recevaient aussi. A mon avis, une ville appelée « rbt » (= « la grande ») pouvait s'enorgueillir non parce que ce titre pouvait donner une idée de la longueur de ses remparts, mais parce qu'elle partageait ce titre avec une déesse.

En ce qui concerne les déesses, on trouve à Ugarit la mention de rbt aṯrt ym (traduit par « la dame Athirat Yam » dans Caquot, Sznycer et Herdner[9]), mais aussi une fois rbt špš (« la dame Shapash », ibid., p. 553) et une fois špš rbt (ibid., p. 376, où c'est traduit aussi par « la dame Shapash », malgré l'inversion des termes). En phénicien le titre est donné à Astarté avec une construction en apposition : lrbt l'štrt (cf. Gibson T. 3, p. 154, ligne 1) ou lrbty l'štrt (ibid., p. 117, ligne 1) ; on trouve aussi hrbt b'lt gbl (ibid., p. 94, lignes 2 et 15), ainsi que rbty b'lt gbl (ibid., p. 94, lignes 3bis, 7 et 8).

Appliqué à une ville le titre apparaît tant dans l'AT que dans les pays

---

7. Une déesse peut, bien sûr, être appelée fille de tel ou tel dieu, mais il ne s'agit pas là d'un titre avec *genitivus explicativus*.

8. En dehors de l'AT, Fitzgerald ne trouve qu'un texte du Proche-Orient à mettre en avant, mais il le fait avec hésitation. Il dit qu'à Ugarit on trouve « peut-être » une fois le titre de fille pour une ville. A la ligne 11 du texte 1006 se rencontre la mention de bt ugrt. Ce texte est un pacte d'affranchissement énumérant des personnes, parmi lesquelles il y a snt bt ugrt (= Snt fille d'Ugarit). La construction génitivale, désignant une habitante de la ville (de même que bn ugrt en 32 1/4 et 32 1/18 désigne un habitant de cette même ville), n'est donc pas celle d'un *genitivus explicativus* ; elle signifie « fille d'Ugarit » et non « fille Ugarit ».

9. Cf. p. 173, 177 ... Sauf erreur ou omission, cette expression revient 22 fois dans les textes d'Ugarit.

voisins : cf. Hamath la grande (Am 6/2), Sidon la grande (Jos 11/8, 19/28), Babylone la grande (Dn 4/27) ; cf. aussi à Ugarit la mention de *udm rbt* (in Caquot, Sznycer et Herdner, p. 524, 531, 534, 535 = Oudoum la grande), *ḥbr rbt* (*ibid.*, p. 543, 544, 547), ainsi que de *aršḥ rbt* (Ug 5 7/63). Ce titre peut même devenir le seul nom d'une ville et son nom propre, ce qui unit encore plus étroitement cette ville à sa déesse ; c'est ainsi que la capitale des Ammonites s'appelle tout simplement « la Grande » (*rbh*, cf. Jos 13/25, 2 S 11/1...). De même que certaines déesses ont fini par se faire appeler par le seul nom de « la Dame » (cf. *ḥrbt*, cité plus haut ; le nom est à l'état absolu avec l'article), certaines villes ont fini par se faire appeler par le seul nom de « la Grande » (cf. *ḥrbh*, qui est le nom d'une ville israélite en Jos 15/60). Le rapprochement entre ville et déesse est alors extrêmement poussé, et sur ce point encore Fitzgerald a certainement raison de rendre attentif à ce rapprochement.

En ce qui concerne le titre de « *rbt* », le rapprochement entre déesse et ville ne peut échapper, quand on constate qu'à Ugarit aucune femme humaine n'est appelée ainsi. Le titre que l'on peut donner à une femme est celui de *mṭt* (cf. Caquot, Sznycer et Herdner p. 328, note x). Ce titre est donné à des femmes de haut rang : ainsi Danatay (*ibid.*, p. 428 s.) ou Harray (*ibid.*, p. 524, 535, 542-545, 547, 570). Aucune ville, aucune déesse ne reçoit ce titre. C'est donc bien qu'avec le titre de « *rbt* », une ville n'est pas rapprochée d'une simple femme, mais d'une déesse.

Face au titre de « *rbt* » très élogieux pour une ville, que dire du titre de « fille », que l'on trouve dans l'AT appliqué à une ville ? On peut remarquer que, d'un côté, les Ammonites ont fait de « la Grande » le nom de leur capitale, que ce titre a été donné à des grandes villes, sinon des capitales, et que, de l'autre, Israël a donné à sa capitale, ainsi qu'à d'autres grandes villes, le titre de « fille ». Pour des villes sans doute d'égale importance, les uns parlent de « *rbt* » et les autres de « *bt* ». La ville d'Israël qui aurait pu prétendre le plus au titre de « la Grande » est précisément celle à qui a été donné avec le plus de continuité le nom de « fille » : « fille Sion », « fille Jérusalem ». Là où l'on serait en droit d'attendre « *rbt* », il n'y a que « *bt* » ! Il y a là un jeu de mots qui ne peut échapper ; ce jeu de mots, facile pour la plupart des langues sémitiques, va peut-être éclairer le titre de « fille » propre à l'AT.

LA MÉTAPHORE DE LA FILLE DANS L'ORACLE SUR LES AMMONITES (Jr 49/1-6)

REPÉRAGE DE LA MÉTAPHORE

En 49/4, une fille est interpellée (*hbt hšwbbh*) et il semble difficile de voir en cette fille autre chose qu'une désignation de la ville de Rabba, mentionnée en 49/2 sous la forme *rbt*. Entre *hbt* et *rbt* il y a un jeu de mots, qui pourrait être l'indice de la présence d'une métaphore, où *hbt* désignerait métaphoriquement *rbt*. Entre l'isotopie des villes et celle des filles, il y a changement, du moins semble-t-il.

Ce changement isotopique, précisément, est difficile à apprécier. Décrire Rabba sous les traits d'une fille pourrait aussi bien être métonymique, sans changement isotopique. En effet, en hébreu, toutes les villes sont du genre féminin, en sorte qu'il est aisé de personnifier une ville à partir d'éléments féminins de sa population. Décrire une ville (contenant) par sa population (contenu), ou par une partie seulement de sa population (les femmes en général ou l'une d'elles prise collectivement), est métonymique. En cela, toute description d'une ville sous les traits d'une femme, qui peut habiter dans cette ville, est métonymique, sans changement isotopique. En 49/2-4 se trouve donc aussi une métonymie dans la description de Rabba comme une « fille ». Mais cela n'empêche pas que sur cette base métonymique peut être bâtie une métaphore ; on pourra dire que c'est le cas dès lors qu'on repèrera un foyer, dès lors qu'on pourra repérer que la ressemblance se substitue à la contiguïté, sans forcément effacer cette dernière.

Un foyer apparaît dans le bref propos rapporté en 49/4 : « qui viendra à moi ? ». Ces propos, pouvant être dits aussi bien par une ville que par une fille, dans des isotopies très différentes, font apparaître un point de recoupement entre ces isotopies, ce qui peut se ramener à la métaphore suivante : Rabba dit « qui viendra à moi ? » comme une fille dit « qui viendra à moi ? ». A propos d'une ville en situation de guerre comme l'est Rabba (cf. *trw't mlḥmh* en 49/2), « qui viendra à moi ? » exprime l'arrogance d'une ville sûre d'elle-même, un défi : « qui s'attaquera à moi ? ». Dans la bouche d'une fille ces mêmes paroles sont une invitation ou une provocation, mettant en avant le sexuel : « qui couchera avec moi ? » (cf. plus haut p. 350). Avec cette expression, on voit qu'il y a entre Rabba et « fille » passage de l'isotopie militaire à l'isotopie amoureuse et que le verbe *bw'* est foyer. On peut donc parler de métaphore (sur une base métonymique) avec Rabba pour sujet métaphorisé et « fille » pour sujet métaphorisant.

DÉLIMITATION DE LA MÉTAPHORE

La description du sujet métaphorisant (la fille) et le contenu de ses propos occupent l'ensemble du verset 4. Il faut y ajouter 5a, où l'on trouve, d'une part, un suffixe (*'lyk*) qui désigne encore cette fille et, d'autre part, une réponse à sa question par la reprise du verbe du foyer (*mby'*). 5a fait donc aussi partie de l'énoncé métaphorisant. Il n'en est pas de même de 5b, où l'emploi du masculin fait sortir de la métaphore féminine.

Le sujet métaphorisé (Rabba) est mentionné une première fois en 2aβ, et une deuxième en 49/3. Avec Rabba sont mentionnées ses filiales par deux fois (49/2 et 3). Ces filiales sont mises en relation avec le sujet métaphorisé (« ses filiales », « les filiales de Rabba ») et doivent être retenues dans l'énoncé métaphorisé, car leur désignation en tant que filiales (*bnwt*) prépare le sujet métaphorisant en jouant sur différentes acceptions du terme *bt*.

Au total, la métaphore peut être ainsi délimitée : l'énoncé métaphorisé en 2aβ-3 et l'énoncé métaphorisant en 4-5a. On s'aperçoit alors que la métaphore (2aβ-5a) se situe exactement au centre de l'oracle sur les Ammonites (1-6) et qu'elle en constitue la majeure partie.

Aucun élément féminin n'apparaît en 49/1 et 6 ; cependant, dans ces versets, il est plusieurs fois question de « fils » (*bny 'mwn* et *bnym lyśr'l* en 49/1, puis *bny 'mwn* en 49/6), ce qui, par contraste, met en évidence la métaphore de la fille.

ÉTABLISSEMENT DU TEXTE

Dans cet oracle les points de critique textuelle sont très nombreux ; je ne retiendrai ici que certains d'entre eux, ceux qui sont directement liés à la métaphore.

L'ensemble du verset 6 est absent dans la LXX ; reste à savoir s'il s'agit là d'un oubli de la LXX ou d'un ajout du TM. Ce dernier verset de l'oracle utilise l'expression *hśyb śbwt*, qui, avec Dieu pour sujet, est extrêmement fréquente dans le livre de Jérémie. On la trouve employée pour la restauration d'Israël en 29/14, 30/3, 32/44, 33/7, 11, 26, et pour la restauration d'autres nations en 49/6 (Ammon) et 49/39 (Elam)[10]. On peut noter que dans la LXX certaines de ces expressions manquent, tant pour Israël (29/14 et 33/26) que pour les nations (49/6), mais non pas toutes, en sorte que le thème est tout de même présent chez elle. Rien ne peut expliquer pourquoi la LXX aurait laissé de côté certaines de ces expressions et pas les autres. Si, par exemple, elle avait voulu censurer l'annonce de la restauration des nations païennes, on ne voit pas pourquoi elle maintiendrait l'annonce de la restauration d'Elam (49/39). Il est plus facile de penser que c'est le TM qui a fait des ajouts. Il est tout à fait envisageable, en effet, qu'après l'exil le thème de la restauration soit devenu un leitmotiv pour célébrer Dieu comme étant le responsable du retour d'Israël comme des nations, pour le célébrer comme celui qui agit sur l'ensemble de l'univers. On peut donc voir en 29/14, 33/26, et 49/6 des développements postexiliques[11]. Avec Cazelles (1981 p. 39), Christensen (p. 498 ss.), North (p. 37 ss.), Condamin, Bright, Rudolph et d'autres, on peut considérer 49/6 comme un ajout dans le TM. Ce verset est de toute façon hors métaphore, mais l'oracle, ainsi réduit à 1-5, accorde une place encore plus grande à la métaphore.

En 49/2, la LXX ne mentionne pas les « fils d'Ammon ». Certains exégètes, comme Duhm, Giesebrecht, North et Christensen, donnent raison à la LXX contre le TM. L'enjeu est de taille, car la suppression de *bny 'mwn* en 49/2 entraînerait un changement de l'état construit (*rbt*) en état absolu (*rbh*) et, par là-même, la disparition du jeu de mots entre *rbt* et *hbt*. En 49/2 et 3, les manuscrits de la LXX offrent plusieurs orthographes pour le nom de la capitale des Ammonites[12]. L'important est de noter l'absolue

---

10. D'autres expressions concernant la restauration des nations se trouvent chez Jérémie, comme on le voit par exemple en 46/26, mais je m'en tiens ici à la seule expression présente en 49/6.

11. On peut en dire de même de 46/26, qui manque dans la LXX.

12. En 49/2, qui nous intéresse ici plus que 49/3, le nom de la capitale est orthographié *rabbath*, *rabath*, *rabaath* ou bien *arath*. Le nombre de *a* et le redoublement

unanimité pour la présence du *th* final en 49/2. Qu'en est-il dans le reste de l'AT ? En hébreu le nom de cette capitale est à l'état absolu (*rbh*) en Jos 13/25, 2 S 11/1, 12/27, Ez 25/5, Am 1/14 et 1 C 20/1*bis*. Il est à l'état construit (*rbt*) en Dt 3/11, 2 S 12/26, 17/27 et Ez 21/25. Il est avec un *h* paragogique en 2 S 12/29 (*rbth*). Pour un tel nom à l'orthographe variable les traductions de la LXX sont intéressantes. On peut d'abord laisser de côté les deux passages où elle traduit par un nom commun (*hê akra* en Dt 3/11 et *hê polis* en Ez 25/5). Pour le reste, la LXX offre plusieurs orthographes du nom propre : on trouve tantôt *rabbath* (2 S 11/1, 12/26, 27, 29, 17/27, Jr 49/2, 3, Ez 21/25) tantôt *rabba* (Jos 13/25, Am 1/14, 1 C 20/1*bis*)[13]. Si la LXX n'offre pas une orthographe unifiée pour l'ensemble de la Bible, on peut remarquer qu'à l'intérieur de chaque livre biblique l'orthographe est unifiée : *rabbath* en Samuel, Jérémie et Ezéchiel, *rabba* en Josué, Amos et Chroniques. On peut penser que pour chaque livre, le traducteur a voulu unifier pour que le lecteur ne pense pas à deux villes quand il ne s'agit que d'une[14]. Le choix de l'orthographe adoptée dans chaque livre semble être

---

du *b* sont fluctuents, mais il y a une parfaite unanimité pour la présence du *th*. Cela est appuyé par le Rabôth que l'on trouve dans les versions éthiopienne et arménienne. En 49/3 la présence du *th* est variable : à côté du *rabbath* de la plupart des manuscrits, on trouve *rabbab* dans le codex Chisianus (où le *b* final semble venir d'une confusion), *rabba* dans les minuscules 26, 86, 233, 544 et 710, *raba* dans les minuscules 46 et 534. Ziegler (p. 59) note que ces minuscules sont presque tous dépendants entre eux. Aucun n'est antérieur au IXe s. et, mis à part le minuscule 233, ils sont tous proches du codex Marchalianus. D'après Ziegler (p. 63) ces minuscules proviennent de modèles qui ont été retouchés à partir de la *Vorlage* du TM, ce qui explique chez eux l'absence du *th* final en 49/3. Quant au minuscule 233, Ziegler (p. 84) le trouve proche de Lucien, qui, on le sait, est plus proche de la recension longue (TM) que de la courte (LXX). Ceci dit, on peut conclure qu'en 49/3 la LXX orthographie le nom de la capitale ammonite avec un *th* final.

13. La LXX ajoute une mention de *rabba* en Am 6/2, qu'il faut prendre en considération ici, même si dans ce verset ce n'est pas forcément la capitale ammonite que ce nom désigne ; je m'en tiens ici seulement aux orthographes des noms. En 1 C 20/1, on trouve dans l'Alexandrinus l'orthographe *rabbath* ; cette orthographe est certainement *facilior* ; elle reprend, en effet, celle du texte parallèle en 2 S 11/1 ; il faut donc garder en 1 C 20/1 le *rabba difficilior*.

14. Face aux variations dans l'orthographe hébraïque du nom de la capitale ammonite, il peut être intéressant de voir comment d'autres traducteurs ont procédé. On peut ainsi noter que la Vulgate a adopté une attitude assez semblable à celle de la LXX. Elle n'a pas unifié pour l'ensemble de l'AT, mais elle a unifié le plus souvent à l'intérieur de chaque livre. On trouve ainsi l'orthographe *Rabba* dans Josué, Amos et Chroniques et l'orthographe *Rabbath* en Deutéronome, Jérémie et Ezéchiel (ce qui revient à une harmonisation en *Rabbath* des occurrences de ce nom en Jr 49/2, 3, ainsi qu'en Ez 21/25, 25/5). Seul le livre de Samuel présente une particularité dans la Vulgate : on y trouve une harmonisation en *Rabbath* partout, sauf en 2 S 11/1, où subsiste un *Rabba*, qui s'explique très bien par le fait qu'il fait écho au *Rabba* du texte parallèle en 1 C 20/1. Les traducteurs modernes présentent aussi des textes intéressants. En effet, à côté de TOB, Darby et BJ, par exemple, qui ont une orthographe unique (« Rabba ») pour l'ensemble de la Bible, on peut noter que

assez clair. Lorsque le texte hébreu offre dans un même livre une orthographe unifiée, celle-ci est respectée par la LXX : *rbh* en Josué, Amos et Chroniques reste donc *rabba* et *rbt* en Ezéchiel reste *rabbath*, transcrits en caractères grecs. Mais lorsqu'un livre présente en hébreu plusieurs orthographes
la LXX harmonise en *rabbath* : ainsi en Samuel où *rbh*, *rbt* et *rbth* deviennent tous *rabbath*. Pour ce qui est de Jérémie la LXX traduit chaque fois
par *rabbath* ; une telle orthographe est inexplicable si la LXX a lu chaque
fois *rbh* ; par contre, elle s'explique fort bien si la LXX a lu, au moins une
fois, le nom hébreu avec un *taw*, sinon elle en serait restée à l'orthographe
sans *theta* final, comme c'est le cas en Josué, Amos et Chroniques. Si en
Jr 49/3 la LXX n'a pu lire autre chose que *rbh*, alors en 49/2 sa *Vorlage*
portait forcément un *taw*, comme on le voit dans le TM. La graphie *rbth*
paraît exclue, si l'on note que le hiphil de *šm'* n'est jamais construit dans
l'AT avec un *h* de direction. Il faut donc conclure que la LXX a lu en 49/2
rbt et que cette forme construite, forcément suivie par quelque chose, devait
être suivie par ce que nous lisons dans le TM : *bny 'mwn*. La LXX avait
donc à traduire le même texte que celui du TM ; elle s'est contentée de traduire par un simple *rabbath*. Une telle traduction réductrice est facile à expliquer ; étant donné, en effet, que les *bny 'mwn* étaient déjà mentionnés en
49/1 comme destinataires de l'oracle, il ne pouvait y avoir aucun doute sur
le fait que la ville de Rabba était celle des Ammonites. Après la mention
des *bny 'mwn* en 49/1, la LXX a donc vraisemblablement jugé superflue
la répétition de cette mention dans le verset suivant. Mais, lisant *rbt*, elle
a transcrit en *rabbath* et elle a repris cette orthographe en 49/3 pour éviter
toute équivoque. Bref, le *th* de *rabbath* dans la LXX n'est pas une invitation à enlever *bny 'mwn* en 49/2, mais c'est une invitation à l'y maintenir.

Alors qu'en 49/3 *thugateres rabbath* correspond bien au *bnwt rbh* du
TM, il n'en va pas de même en 49/2, où *bntyh* n'est pas rendu par *thugateres autês*, mais par *bômoi autês*, ce qui laisse penser que la LXX n'a pas
lu *bntyh*, mais *bmtyh*. Est-ce une erreur de la LXX ou une harmonisation
du TM (entre 49/2 et 3) ? Tous les commentateurs, à ma connaissance, optent
ici pour le TM ; cependant aucun d'eux n'argumente ce choix ! Pourquoi
le TM n'aurait-il pas harmonisé avec le *bnwt* de 49/3 ? Il est difficile ici

---

Crampon n'harmonise qu'à l'intérieur de chaque livre : « Rabbath » en Deutéro-
nome et Ezéchiel, « Rabba » en Josué, Samuel, Chroniques, Jérémie et Amos (avec
« Rabbah » cependant en Jr 49/3 et Am 1/14, peut-être dû à l'imprimeur !). En
BP, on trouve « Rabbath » en Deutéronome, Amos et Jérémie, « Rabbah » en Josué,
Samuel et Chroniques ; BP harmonise donc à l'intérieur de chaque livre, à l'exception d'Ezéchiel, où l'on trouve « Rabbah » en 25/5 et « Rabbath » en 21/25. Dans
Segond, on a « Rabba » en Josué, Samuel, Chroniques et Amos et « Rabbath »
en Deutéronome ; il harmonise donc dans Samuel, mais non en Jérémie (« Rabbah »
en 49/3 et « Rabbath » en 49/2) et Ezéchiel (« Rabba » en 25/5 et « Rabbath » en
21/25). Mais, laissons ces curiosités de traductions pour en revenir à la LXX, somme
toute plus logique que certains traducteurs modernes !

de trancher. La difficulté vient du fait qu'on ne peut dire si le passage de *bnwt* à *bmwt*, ou l'inverse, est une simple erreur de copiste ou une correction réfléchie[15]. On ne peut avoir que des présomptions. Dans le TM les « filles de Rabba » (49/3), mises en parallèle avec Heshbon, ne peuvent désigner que des villes, c'est-à-dire des « filiales » de la capitale (il y a ici unanimité des exégètes, en tout cas de ceux qui s'expriment sur ce point : Duhm, Cheyne, Rudolph, Bright...), en sorte que 49/3 offre une énumération de villes. En 49/2 il doit en être de même (le parallélisme est cette fois entre Rabba et ses filiales). Il se peut que la LXX ait fait un contresens sur cette mention des « filles de Rabba ». En effet, à cause de l'invitation faite à ses filles de se lamenter et de se vêtir de sacs, la LXX a pu penser que ces « filles » étaient les habitantes et non les filiales de la capitale. Du coup, l'annonce par Dieu que les « filles de Rabba » seraient passées au feu lui aurait paru choquante de la part d'un Dieu qui interdit de telles pratiques. Ne comprenant pas qu'il s'agissait de « filiales » incendiées, la LXX aurait alors corrigé *bntyh* en *bmtyh*, ce qui offrait un texte tout à fait orthodoxe, puisqu'il annonçait la fin des sanctuaires païens. Il s'agit là d'une hypothèse, qui plaide en faveur du TM.

En 49/1 et 3, les Massorètes vocalisent *malkâm*, mais les versions semblent être témoins d'une autre lecture, ne lisant pas un nom commun (« leur roi »), mais un nom propre. Dans les manuscrits de la LXX on trouve *Melchol*, *Melchom*, *molchom*, *Melchon*, *molchon*, *moachom* ou *moloch*. Lucien a *Melchom*. La Vulgate lit *Melchom*. La Peshitta va dans le même sens. Les commentateurs modernes que j'ai pu consulter sont unanimes pour rejeter la vocalisation massorétique et pour traduire par « Milchom », nom du dieu des Ammonites. Cela me paraît juste. En effet, le suffixe masculin pluriel des Massorètes est curieux dans ce contexte, où il n'est question que d'antécédents possibles au féminin. Pour ce suffixe, il faut chercher l'antécédent en 49/1 (*bny ʿmwn*), ce qui est en réalité un renvoi au titre de l'oracle. Quand on connaît le goût qu'ont les Massorètes pour estropier les noms des dieux païens, on comprend qu'ils aient transformé « Milcom » en « leur roi ». Le parallélisme avec 48/7 (comme le note Cheyne) s'ajoute à cela pour faire penser qu'en 49/3 c'est bien un dieu, désigné par son nom propre, qui part en exil.

Si, en 49/4, le premier mot de *hbt hswbbh* est appuyé par toutes les versions anciennes, [16]il n'en va pas de même du second, comme l'indique BHS.

---

15. La confusion entre *m* et *n*, ou bien entre une labiale et une nasale, n'est pas mentionnée par Tov (cf. 1981, p. 195 ss., 229 ss.) ; il me semble donc qu'il s'agit plus d'une correction que d'une erreur.

16. Christensen est le seul (p. 498, n. 4) à supprimer les articles de *bt* et de *šwbbh*, pour la raison qu'en poésie l'article ne se rencontre que s'il a valeur démonstrative. Cette ablation opérée par Christensen me paraît tout à fait excessive. Il est un fait que l'article est rare en poésie, mais, précisément, sa présence ici ne fait que rendre plus évident le jeu de mots entre *hbt* et *rbt*.

Pour ce terme, BHS, reprenant une proposition faite par Duhm, invite à corriger en *hš'nnh*, ce que font North et Steinmann, par exemple. Cette correction est sans fondement [17]. Pas un seul emploi de la racine *š'n*, en effet, n'est traduit dans la Vulgate par *delicatus*, dans la LXX et (pour ce qu'il en reste) les autres versions grecques par *atimia*, *itamia* ou par *aichmalôtizein*. En outre, je ne peux pas comprendre comment on serait passé de *š'nnh* à *šwbbh*.

Le terme *šwbbh* est rare ; on ne le trouve qu'en Mi 2/4, Jr 31/22 et 49/4. Ce fait laisse déjà penser que les versions ont pu avoir du mal à traduire un terme aussi rare. Or, en Jr 31/22, se retrouve la même expression (*hbt hšwbbh*) ; celle-ci est traduite dans la LXX par *thugatêr êtimômenê*, sans que BHS ne signale une différence de Vorlage ! Pourquoi faudrait-il corriger en 49/4, où la LXX traduit par *thugatêr atimias* (quand *atimia* et le participe de *atimoun* ont presque le même sens) ?[18] Si la LXX ne traduit pas tout à fait de la même façon en 31/22 et 49/4 cela ne signifie pas qu'elle ait lu dans ces deux passages des expressions différentes[19]. Une dernière remarque interdit de corriger le texte du TM : il y a un jeu de mots entre *hšwbbh* et *sbybyk*[20], qui s'ajoute au jeu de mots entre *hbt* et *rbt*, en sorte que le sujet métaphorisant (*hbt hšwbbh*) de cette métaphore apparaît comme un pivot en lien avec le début de l'énoncé métaphorique (*rbt*) et la fin (*sbybyk*).

Les premiers mots de 49/4 (*mh tthlly b'mqym zb 'mqk*) posent de grosses difficultés[21]. Dans la LXX, on trouve à leur place *ti agalliasêi en tois pediois Enakim* (« pourquoi te réjouir dans les plaines d'Enakim ? »). Le dernier mot de la LXX n'est pas dans tous les manuscrits (il manque en particulier dans le Sinaïticus) et Ziegler a raison de le considérer comme un doublet de *tois pediois* ; en effet, *Enakim* n'est rien d'autre qu'une transcription de *'mqym*, déjà traduit par *tois pedicis*[22]. S'il en est ainsi, ce que je

---

17. En réalité, la correction doit venir du fait qu'en Es 32/9, 11 *š'nn* est appliqué à des femmes, qui sont aussi décrites avec le verbe *bṭḥ* (cf. Es 32/9, 10, 11), aussi utilisé en Jr 49/4 pour la fille.

18. Pour l'hésitation dans la LXX entre *atimia* (« sans honneur ») et *itamia* (« effronterie »), celle-ci peut venir d'une confusion dans le grec et non de l'hébreu.

19. J'en veux pour preuve que bien des traducteurs modernes, qui ont pourtant une même expression hébraïque à traduire en 31/22 et 49/4, traduisent différemment dans ces deux versets : cf. TOB (« fille perdue » en 49/4 et « fille apostate » en 31/22), Segond («fille rebelle » en 49/4 et « fille égarée » en 31/22), Rabbinat («fille présomptueuse » en 49/4 et « fille désordonnée » en 31/22)... !

20. En 31/22 se trouve un jeu de mots semblable entre *hšwbbh* et *tswbb*.

21. Darby, qui suit de près le TM, traduit par « Pourquoi te glorifies-tu des vallées ? Ta vallée ruissellera ». Darby se distingue ici de beaucoup d'autres, qui prétendent suivre le TM, mais qui ajoutent un suffixe au mot « vallées » : ainsi BP, Segond, Rabbinat, Crampon, qui mettent « tes vallées ». Or il n'y a pas de suffixe à *b'mqym* ! TOB fait encore mieux : « Pourquoi te vantes-tu de ta vallée (au singulier !) ? Ruisselante est ta vallée ».

22. C'est aussi l'opinion de Giesebrecht et de Condamin.

crois, l'expression *zb 'mqk* manque dans la LXX. Cette expression a été expliquée de manière très ingénieuse par Duhm, qui a vu en elle une variante, d'abord signalée par un scribe en marge du texte. Le corps du texte serait donc : *mh tthlly b'mqym* (« pourquoi te glorifier des vallées ? »), qui correspond au texte transmis par les meilleurs manuscrits de la LXX ; l'annotation marginale serait : *z(h) b'myk* (« c'est-à-dire de ta vallée »), pour signaler une autre variante : *mh tthlly b'mqk* (« pourquoi te glorifier de ta vallée ? »). Au lieu de choisir entre les deux variantes, un scribe aurait inséré l'annotation marginale dans le corps du texte en déplaçant une lettre (*zb 'mqk*), ce qui donne le texte actuel du TM. Duhm est suivi dans cette explication par Condamin, Aeschimann, Rudolph, Steinmann.

D'autres exégètes (Bright, Thompson, Schreiner, Nicholson) préfèrent une autre explication donnée par Dahood (1959 p. 166). Ce dernier s'en tient au TM en précisant que le mot *'mq* ne signifie pas ici « vallée », mais, d'après Ugarit, « force »[23]. Il traduit alors le passage par : « Pourquoi te glorifier en ta force ? Ta force décline ». Je ne vois pas pourquoi les commentateurs choisissent entre Duhm et Dahood, comme si leurs explications s'excluaient mutuellement. Duhm s'attache à résoudre un point de critique textuelle sans s'arrêter sur le sens du terme *'mq*. Dahood s'attache au sens du terme *'mq*, sans se soucier du point de critique textuelle. C'est le reproche que l'on peut faire à Dahood. Ce dernier, en effet, ne se préoccupe pas de savoir si *zb 'myk* est bien établi, ce qui le pousse à malmener le texte en introduisant subrepticement un suffixe (« pourquoi te glorifier de *ta* force ? »), que personne dans ceux qui le suivent n'explique. Bright, par exemple, parle d'un mem enclitique dans *b'mqym*, mais traduit tout de même avec un suffixe[24]. La difficulté du passage n'est donc pas totalement levée. Le point de critique textuelle non abordé par Dahood me paraît être bien expliqué par Duhm. Quant au sens du mot *'mq*, j'opte avec Dahood pour « force ». Retenant la variante repérée par Duhm, je traduirai alors *mh tthlly b'mqk* par : « Pourquoi te glorifier de ta force ? », sans oublier le sens possible de « Pourquoi te glorifier de ta vallée ? », car métaphorisé et métaphorisant peuvent jouer sur les différentes acceptions du mot *'mq*.

Avant d'étudier le contenu de la métaphore de la fille, il faut encore s'assurer de l'unité littéraire des versets concernés (2aβ-5a), c'est-à-dire à peu de choses près l'ensemble de l'oracle (1-5). Cette question de l'unité du passage ne se pose pas pour ceux qui, comme Giesebrecht, voient dans l'ora-

---

23. Pour *'mq* = « force », cf. Gordon, Glossary, n° 1874. Driver (1946 p. 61) semble avoir été le premier à proposer le sens de « force » pour *'mq* ; il l'a fait pour Jr 47/5 et Jb 39/21. Albright (1955 p. 14) appuie cela pour Jb 39/21 en faisant un rapprochement avec l'accadien *emûqu*. Un tel sens de *'mq* est accepté (avec hésitation) par KB³. C'est Dahood qui, le premier, propose ce même sens pour Jr 49/4.

24. Thompson, Nicholson et Schreiner font de même. Ce suffixe donne un meilleur sens au texte, mais il est un ajout gratuit. Il évite, en fin de compte, d'aborder le point de critique textuelle.

cle un texte postexilique, mais elle se pose à partir du moment où l'on reconnaît en certains points la marque de Jérémie. Cette marque jérémienne est reconnue par beaucoup dans le verset 1. Ce verset, en effet, par ses questions bâties autour de *h*, *'m* et *mdw'*, est tout à fait caractéristique du style de Jérémie, comme le font remarquer Bardtke (1936 p. 249), Peake, BC et Holladay (1962 p. 48)[25]. Je crois aussi que par cette triple question 49/1 peut être attribué à Jérémie ; qu'en est-il de la suite de l'oracle ?

Si Rudolph attribue à Jérémie les versets 1 et 3-5, le verset 2, par contre, lui paraît être très fragile, principalement en 2b, car, selon lui, la possibilité d'une revanche d'Israël sur Ammon n'a pu être réelle qu'après l'exil (ce que pensent aussi Hyatt et Peake). Bardtke (1936 p. 250 s.) et Christensen (1973 p. 498 s.) répondent à cela qu'à l'époque de l'expansionnisme de Josias Israël a pu aussi avoir de telles prétentions, ce qui permet, à leurs yeux, de voir en cet oracle un des plus anciens de Jérémie, ce que je crois aussi. La conquête ammonite, à laquelle fait allusion 49/1, est à situer, me semble-t-il (cf. aussi Condamin, Bright, BC, Nicholson), aux environs de l'année 734 ; à cette époque, en effet, les Ammonites ont pu profiter de la victoire assyrienne sur Israël (2 R 15/29) pour prendre quelques portions de territoire au vaincu. Am 1/13-15 semble faire allusion à cette expansion ammonite. Il fallait un affaiblissement de l'emprise assyrienne pour qu'Israël espère reconquérir ses territoires occupés par les Ammonites. C'est ce qui arriva sous Josias, qui profita de l'affaiblissement de l'Assyrie pour étendre son royaume. C'est ainsi qu'on voit ce roi intervenir à Béthel (2 R 23/15) et dans les villes de Samarie (2 R 23/19) pour faire appliquer sa réforme et qu'on le voit aller en armes jusqu'à Megiddo (2 R 23/29) comme s'il était chez lui. Dans ce contexte Josias pouvait donc bien convoiter les territoires de Gad conquis par Ammon. Après Josias, il n'est pas possible de penser que Jérémie appuie une quelconque politique expansionniste ; son message est au contraire celui de la dépossession de Juda. 2 R 24/2 nous informe d'une action des Ammonites contre Juda à l'époque de Joyaqim. Weiser et Thompson se demandent alors si Jr 49/1-5 ne serait pas à situer dans un tel contexte. Giesebrecht a raison d'objecter qu'à l'époque de Joyaqim Jérémie prêche la soumission à Babylone et non l'expansionnisme israélite.

En faveur de l'unité littéraire de 49/1-2, Hoeffken fait remarquer (1977 p. 81) que les deux emplois de la racine *yrš* en 2b renvoient aux deux autres emplois de cette même racine en 49/1 pour former une inclusion. Je crois donc que 49/2 peut aussi être attribué à Jérémie.

Pour Volz et Bardtke (1936 p. 249), 3b est une glose inspirée de Am 1/15. Le lien avec l'oracle d'Amos sur les Ammonites[26] est ici tout à

---

25. Cf. 2/14, 31, 8/4-5, 19, 14/19, 22/28, 49/1 et plus haut p. 341. Brueggemann a fait une étude (1973 p. 358 ss.) sur ces triples questions, mais il ne dit rien de particulier sur 49/1.

26. On peut émettre des doutes sur l'authenticité de certains oracles d'Amos sur les nations, mais ce n'est pas le cas de Am 1/13-15. Cf. sur ce point l'état de la question dans Martin-Achard (1984 p. 40, 128, 130).

fait réel, mais il n'est pas le seul. Déjà, en effet, 49/1-2 fait directement écho à cet oracle d'Amos. L'inclusion notée, avec la racine yrš, est l'expression de l'expansionnisme israélite de l'époque de Josias, ce qui constitue une réplique à l'expansionnisme ammonite dénoncé par Am 1/13, une réponse par l'affirmation qu'Israël a des fils, malgré les exactions commises par les Ammonites sur les femmes israélites enceintes. Sur le plan du vocabulaire, l'inclusion de 49/1-2 insère des emprunts faits à l'oracle d'Amos : yṣt et 'š repris de Am 1/14, trw'h et mlḥmh repris de Am 1/14. A la suite de ces emprunts, 49/3b n'apparaît donc plus comme un ajout dans l'oracle, mais 3b est un indice supplémentaire, qui montre que Jérémie a composé son oracle en faisant référence à celui d'Amos. Je me demande même si la double mention de ywm en Am 1/14 ne serait pas à l'arrière-plan de Jr 49/2, qui annonce que ces jours-là (ymym), annoncés par Amos, sont sur le point d'arriver, ce qui ne ferait pas de l'expression utilisée par Jérémie en 2a une expression eschatologique tardive.

Hoeffken (1977 p. 81 s.) voit en 3-5 une ou même deux (3 puis 4-5) relectures. Christensen (1973 p. 498 ss.) me semble avoir trouvé la réplique. Inscrivant son travail dans la ligne de la recherche des prototypes et copies ouverte par Holladay (1960 p. 351 ss.), Christensen a repéré en 49/5 un de ces prototypes : la formule pḥd mkl sbybyk serait le prototype de ce qui est devenu par la suite le mgwr msbyb typique de Jérémie (cf. 6/25, 20/3, 10, 46/5, 49/29 et l'étude d'Holladay 1972 p. 305 ss. sur cette expression). L'analyse de Christensen me paraît sur ce point tout à fait juste : l'ébauche que constitue pḥd mkl sbybyk de la part du jeune Jérémie interdit de voir en ce passage une relecture et corrobore l'idée que 49/1-5 est un des plus anciens oracles de Jérémie.

Non seulement l'unité de 1-5 me semble être acquise, mais encore je peux dire que cet oracle du jeune prophète s'appuie sur celui d'Amos, qu'il prolonge. S'il en est ainsi, on comprend alors pourquoi aucune menace babylonienne ne plane ici sur les Ammonites. Le thème de l'exil annoncé par Jérémie est une reprise faite à Amos (1/15). Si une guerre est annoncée, la menace ne vient pas de Babylone, mais d'Israël (49/2), c'est-à-dire des armées de Josias.

ÉTUDE DU MÉTAPHORISANT

Pourquoi faire la fière dans les vallées, fille infidèle, qui fait confiance en ses trésors ? — Qui viendra à moi ? — Voici que je fais venir sur toi la terreur de la part de tous tes voisins.

Ou bien, selon la variante repérée par Duhm : « Pourquoi te glorifier de ta force, fille infidèle, qui fait confiance en ses trésors ? — Qui viendra à moi ? — Voici que je fais venir sur toi la terreur de la part de tous tes voisins.

Si l'arrière-plan d'Amos est important pour cet oracle, il est alors intéressant de noter qu'Amos mentionne la ville de Rabba (1/14), mais sans faire le moindre jeu de mots sur elle. En outre, Amos ne donne à aucune ville le titre de « fille ». Aucune métaphore féminine ne se trouve dans son oracle sur Ammon. Nous sommes donc, en Jr 49/1-5, en présence d'un oracle, où, au milieu des reprises faites à Amos, la métaphore de la fille est l'élément de Jérémie le plus original. On a noté l'importance de cette métaphore en 49/1-5, elle apparaît maintenant dans toute son originalité sur la toile de fond empruntée à Amos, toile de fond qui décrit un scandale, celui du sort des femmes israélites lors d'une campagne militaire : des femmes enceintes sont éventrées.

En 4-5a, Dieu parle (par la bouche de Jérémie) à une fille, dont il rapporte les propos : « Qui viendra vers moi ? ». De la part d'une fille, ces propos sont très connotés sexuellement (cf. plus haut p. 350) et ne signifient rien d'autre que : « quel est l'homme qui viendra à moi ? ». Dans le tableau brossé par l'oracle, les paroles de la fille pourraient être une lamentation. Avec Milcom, en effet, les chefs et les prêtres sont partis en exil (49/3), c'est-à-dire un bon nombre d'hommes. Ce départ en exil provoque de la part des filles (*bnwt* en 49/3) une réaction normale : elles prennent le deuil. Dans cette situation, où des hommes sont partis avec leur dieu, on comprendrait qu'une fille se lamente, soit parce que son mari fait partie des exilés, soit, plus vraisemblablement, parce qu'elle a peur de ne plus trouver de mari. Ainsi pourrait-on entendre « dans les vallées », vidées de la plupart de ses hommes, les pleurs d'une fille, se désolant à l'idée de devenir vieille fille : « Qui viendra vers moi ? ».

Cependant, s'il est vrai que des filles se lamentent (*yll* en 49/3), celle à qui Dieu s'adresse n'en fait rien ; au contraire, elle fait la fière (*hll*). Le contraste est frappant et peut-être que le jeu de mots entre *yll* et *hll* dénonce la duplicité de cette fille qui veut faire prendre *hll* pour *yll*.

Celle que Dieu interpelle en 49/4 est appelée par lui *šwbbh*. Ce terme est rare, mais les dictionnaires s'accordent à lui donner un sens peu flatteur (Gesenius : *perversus, rebellis* ; KB[2] : *abtrünnig* ; BDB : *backturning, apostate*). Quel que soit le sens exact de *šwbb* (infidèle, rebelle, traître, pervers), ce terme est péjoratif, en sorte que *bt* ici n'a rien d'affectueux dans la bouche de Dieu.

D'après la première variante du texte (« pourquoi faire la fière dans les vallées ? »), la situation de la fille semble être celle d'une coureuse, allant provoquer les quelques hommes qu'elle pourra rencontrer : « qui viendra à moi ? ». La suite du verset montre bien que cette fille n'est pas vertueuse : « elle fait confiance en ses trésors ». Lorsque *bṭḥ b* est employé pour dénoter la confiance en quelqu'un d'autre (Pr 31/11) ou bien en Dieu, en sa parole ou sa fidélité (2 R 18/5, 19/10, Es 26/4, 37/10, 50/10, Jr 17/7, So 3/2, Ps 9/11, 13/6, 21/8, 22/5, 6, 25/2, 26/1, 27/3, 28/7, 32/10, 33/21, 37/3, 40/4, 52/10, 55/24, 56/5, 12, 62/9, 78/22, 84/13, 91/2, 115/9, 10, 11, 119/42, 125/1, 143/8), cette expression est toujours positive. Cette même expression devient négative chaque fois qu'elle est utilisée pour celui qui a confiance en lui-même ou en ce qui lui appartient (Dt 28/52, Es 47/10,

Jr 5/17, Ez 16/15, Os 10/13, Ps 41/10, 44/7, 52/9, Pr 11/28, 28/26). Proche de notre passage, on peut noter la critique faite à l'égard de celui qui compte sur *sa* richesse (Ps 52/9, Pr 11/28), sur *sa* force militaire (Os 10/13, Dt 28/52, Jr 5/17, Ps 44/7), ou de celle qui compte sur *sa* beauté (Ez 16/15). Ici, la présence du suffixe en *b'ṣrtyh* va dans le sens de cette critique dans la confiance en ses propres biens (cf. la même critique dans la confiance de Moab en ses trésors en 48/7). Que penser de la confiance de cette fille en ses trésors, sinon qu'elle compte sur eux pour soudoyer des hommes ?

D'après la deuxième variante (« pourquoi te glorifier de ta force ? »), on pourrait penser que la fille, à laquelle Dieu s'adresse, est une femme forte, c'est-à-dire prête à résister à des hommes entreprenants. Grâce à sa force, cette fille, sûre d'elle-même, pourrait s'écrier « qui viendra vers moi ? », comme un défi lancé par une femme vertueuse, prête à dire elle-même la réponse : « personne ne viendra vers moi ». Dans ce cas, traiter cette fille d'infidèle serait injuste et diffamant. Mais l'expression *hthll b* ne permet pas de se tromper sur les réelles intentions de cette fille. En effet, lorsqu'il est question de « se glorifier en » Dieu, l'expression est toujours positive (Es 41/16, 45/25, Jr 9/23, Ps 34/3, 63/12, 64/11, 105/3, 106/5, 1 C 16/10 et peut-être Jr 4/2) ; dans tous les autres cas, cette expression est négative (Jr 9/22*ter*, Ps 49/7, 52/3, 97/7, Pr 25/14, 27/1). Puisque ce n'est pas en Dieu (ou même en Milcom) que cette fille se glorifie, elle est criticable et justement appelée « infidèle » (ne serait-ce qu'infidèle vis-à-vis de son dieu, en qui elle devrait se glorifier). La suite du verset renchérit sur la critique (« elle fait confiance en ses trésors »), comme on vient de le voir. Une fois son dieu en exil, cette fille se trouve livrée à elle-même, ne comptant que sur elle-même et sur ses biens pour soudoyer des hommes. Mais pourquoi parler de la « force » de la fille ? Qu'un homme fort se glorifie de sa force (cf. 9/22), on le comprend, mais une fille ! Parler de sa force ne peut être que moqueur, en faisant ressortir le caractère dérisoire de cette force.

S'il est difficile de penser qu'une fille puisse sérieusement se glorifier de sa force, d'autant plus si elle est riche et si cette richesse peut faire encore plus d'envieux, on peut aussi se demander si *'mq*, à propos d'une fille, ne peut pas dénoter autre chose que sa « force ». Étant donné le reste de l'énoncé métaphorisant, je me demande si *'mq* ne pourrait pas signifier encore « vallée » (« pourquoi te glorifier de ta vallée ? »), pour désigner euphémiquement quelque endroit de l'anatomie de la fille. On peut le penser quand on voit que *nḥl* est choisi en Ct 6/11 pour désigner la « gorge » d'une fille, comme le propose Lys (1968 p. 244). Il est à noter que le terme *pedion* choisi ici par la LXX pour traduire *'mq* désigne euphémiquement les « parties de la femme » (cf. Bailly). Un tel euphémisme peut très bien avoir aussi existé en hébreu. Si en Ez 16/15 une femme fait confiance en (*bṭḥ b*) sa beauté pour se prostituer, c'est un peu la même situation qui est ici décrite, en d'autres termes : « pourquoi te glorifier de ta vallée, fille infidèle, qui fait confiance en ses trésors ? — Qui viendra vers moi ? »[27].

La réponse aux propos de la fille est donnée en 5a, avec la reprise du verbe *bw'* ; mais cette fois avec une autre préposition : ce n'est plus *'l*, qui est utilisé, mais *'l*, sans doute à cause du mot *pḥd* qui suit. Le verbe *bw'* peut être employé à propos de *pḥd* (cf. Pr 1/26, 27), mais ce que l'on rencontre le plus souvent c'est *npl 'l* : « la frayeur tombe sur quelqu'un » (Ex 15/16, 1 S 11/7, Ps 105/38, Jb 13/11, Est 8/17, 9/2, 3). Ici, Dieu ne fait pas « tomber » la frayeur sur la fille, mais il « fait venir » la frayeur sur elle, ce qui est une manière de reprendre l'expression courante, dont seule la préposition (*'l*) est gardée, en l'adaptant au verbe qui était dans la bouche de la fille (*bw'*), pour bien montrer qu'il s'agit d'une réponse.

C'est donc la panique qui s'empare de cette fille avenante. Devant la panique, une personne peut demeurer pétrifiée (Ex 15/16), mais le plus souvent elle s'enfuit (Jr 48/44, Ps 31/12) ; ici, étant donné que la frayeur vient de toute part (*mkl sbybyk*), il n'y a plus aucune fuite possible. Mais de quelle frayeur s'agit-il ? Si Dieu fait venir la peur, est-ce de Dieu que cette fille a peur, ou bien des hommes qui l'encercleraient[28]. La dernière expression de la métaphore (*mkl sbybyk*) donne une réponse.

Le terme *sbyb* est un de ces vocables hébreux qui a deux formes de pluriel : un pluriel de forme féminine (*sbybwt*), qui est de loin le plus fréquent (71 fois[29]), et un pluriel de forme masculine (*sbybym*) beaucoup plus rare (12 fois[30]). Outre son utilisation adverbiale (= « autour de »), ce terme peut

---

27. Si l'on garde le texte actuel du TM (« Pourquoi faire la fière dans les vallées ? Ta vallée s'écoule, fille infidèle ») et si l'on reconnaît un euphémisme dans « ta vallée », alors l'emploi du verbe *zwb*, pouvant décrire les règles d'une femme (cf. Lv 15/25), rend ce verset encore plus cru. L'impureté de la fille est alors proclamée devant tous, avec mépris, puisque cette fille attire à elle des hommes malgré son indisposition.

28. Lorsque Dieu fait naître la frayeur chez quelqu'un, celle-ci peut être celle que l'on éprouve devant lui ou devant quelqu'un d'autre. Il y a dans l'AT trois autres passages où Dieu est sujet d'un verbe dont le complément est *pḥd*. Dans ces trois passages le verbe utilisé est *ntn*, construit avec *'l*. Dans ces passages le suffixe de *pḥd* précise alors de qui Dieu fait ainsi avoir peur. En Dt 2/25 et 11/25, Dieu donne aux nations (2/25) ou au pays (11/25) d'avoir peur d'Israël. En 1 C 14/17, le suffixe est ambigü en sorte que l'on ne sait pas si c'est de David ou de Dieu que les nations ont peur. En Jr 49/5 l'absence de suffixe à *pḥd* laisse la queston ouverte. En outre, comme *pḥd* est une désignation de Dieu en Gn 31/42, 53, c'est peut-être devant Dieu que cette fille peut être prise de frayeur.

29. Gn 35/5, 41/48, Ex 7/24, Lv 25/44, Nb 11/24, 31, 32, 16/34, 22/4, 35/2, Dt 6/14, 13/8, 17/14, 21/2, Jos 19/8, 21/11, 42, Jg 2/12, 7/18, 1 S 26/5, 7, 2 S 22/12, 2 R 6/17, 17/15, Jr 17/26, 50/32, Ez 5/2, 5, 6, 7bis, 12, 14, 15, 6/5, 13, 11/12, 12/14, 16/57, 28/24, 26, 31/4, 32/22, 23, 24, 25, 26, 34/26, 36/36, Za 7/7, Ps 18/12, 27/6, 44/14, 79/3, 4, 89/9, Jb 22/10, 29/5, 41/6, Ecc 1/6, Dn 9/16, Esd 1/6, Néh 5/17, 6/16, 12/28, 29, 1 C 4/33, 6/40, 9/27, 2 C 14/13, 17/10.

30. Jr 21/14, 32/44, 33/13, 46/14, 48/17, 39, 49/5, Ps 50/3, 76/12, 89/8, 97/2, Lm 1/17.

avoir un sens neutre : « les alentours ». Mais le double pluriel peut aussi donner lieu à une autre utilisation, pour désigner, suivant le genre, les « voisins » (cf. KB³, qui donne ce sens en Jr 48/17, 39, Ps 76/12, 89/8, Lm 1/17) ou les « voisines » (sans doute en Ps 44/14). Ici, l'emploi du masculin et le fait que *sbybym* désigne bien les voisins en Jr 48/17, 39, invitent à penser que ce mot désigne bien les « voisins »[31]. Les propos de la fille deviennent alors cohérents ; alors qu'une bonne partie des hommes de chez elle sont partis en exil, c'est aux voisins qu'elle s'adresse, mais l'attitude des voisins ne correspond pas à son attente : « Je vais faire venir sur toi la terreur de la part de tous tes voisins ». Sans doute ne recevra-t-elle qu'humiliation et mauvais traitements de la part de ceux à qui elle a voulu se donner. Rien n'est dit sur les sévices que cette fille va subir, seule sa frayeur est mentionnée, mais cela suffit pour comprendre.

La frayeur de la fille est provoquée par la venue ou par le comportement des voisins, mais Dieu est pour quelque chose dans cette frayeur (cf. « je vais faire venir »). La traduction de la TOB en 5a est intéressante à ce sujet : « je vais amener contre toi la Terreur par tous tes voisins ». En mettant un T majuscule, la TOB précise en note que *phd* est un titre divin. Cela souligne que c'est bien de Dieu que vient le déclanchement de la peur ; c'est lui qui fait avoir peur des voisins. Pour rendre cela, on pourrait aussi traduire par : « je vais faire venir sur toi une sacrée peur de la part de tous tes voisins ».

Il est intéressant de voir combien les voisins sont laissés dans l'ombre tout au long de l'énoncé métaphorique pour n'apparaître qu'in extremis, comme dernier mot de l'énoncé métaphorisant. Leur mention est même retardée par une formule oraculaire[32], qui souligne l'effet de surprise. Surprise

---

31. Cf. ici TOB : « tous tes voisins ». Cette traduction est préférable à celles trop dépersonnalisées de Crampon, Segond, Darby, qui mettent tous trois « tous tes alentours », de BJ 1 (« de tous côtés »), de BJ 2 (« tous les alentours »), du Rabbinat (« toutes parts »)... Il est intéressant de noter que la LXX a traduit ici par *tês perioikou sou* (et dans l'Alexandrinus par *tês paroikou sou*), ce qu'elle ne fait nulle part ailleurs dans l'AT (elle traduit le plus souvent *sbyb* par *kuklôi* ou par *kuklothen*). *hê perioikos* ou *hê paroikos* désigne ici, non pas « la voisine », mais « le voisinage » (cf. *hê perioikos* en Gn 19/25, 29). La LXX ne privilégie pas ici les personnes masculines du voisinage, mais elle a vu que *sbyb* avait ici un sens moins abstrait qu'à l'accoutumée. Aquila et Symmaque corrigent malheureusement pour revenir à l'habituel *kuklôi*.

32. La LXX a *eipen kurios*, là où le TM a *n'm 'dny yhwh ṣb'wt*, ce qui fait penser que la LXX n'a lu que *n'm yhwh*. Sur ce point, les commentateurs adoptent des attitudes très variables. Giesebrecht, par exemple, suit le TM, Condamin suit la LXX, Rudolph supprime complètement la formule, Thompson garde la formule du TM, mais la déplace à la fin de 5a. La place de la formule est la même dans le TM et dans la LXX et doit être conservée, ce qui met en relief la mention des voisins. Quant à la formule elle-même, celle du TM n'est pas du style de Jérémie. En effet, elle se retrouve chez lui sous cette forme en 2/19 et 50/31, où elle est encore mal établie. En 50/31, la LXX, encore une fois, n'a lu que *n'm yhwh*, comme en

pour l'auditeur, qui croyait la fille au milieu d'autres filles en pleurs ; effet de surprise également pour la fille, qui s'aperçoit que le comportement des voisins n'est pas celui qu'elle attendait.

ÉTUDE DU MÉTAPHORISÉ

Un léger doute flotte sur l'identité du sujet métaphorisé, auquel est appliquée l'image de la fille : à qui s'adressent, en effet, les propos de 4-5a ? Grammaticalement parlant, Heshbon est la dernière ville interpellée au féminin singulier (3a), mais elle n'est pas la dernière nommée : Rabba est mentionnée après elle en 3a. Aucun exégète, à ma connaissance, n'a soutenu que 4-5a s'adresse à Heshbon. Heshbon est simplement mentionnée dans le décor, avec les autres filiales de Rabba, qui, en tant que capitale, occupe dans cet oracle la principale place. Mais c'est surtout le jeu de mots entre *hbt* et *rbt*, qui permet d'assurer que c'est à Rabba que la métaphore de la fille est appliquée.

Bardtke s'est demandé (1936 p. 251) si la fille ne pouvait pas désigner la population israélite de Gad opposée à son retour à Israël, après l'annexion et la libération de la ville. Mais ce n'est là qu'une supposition de la part de Bardtke (« *Vielleicht* », écrit-il). Ce point de vue me paraît être difficilement soutenable, dans la mesure où un tel métaphorisé serait encore plus éloigné du métaphorisant que ne l'est Rabba (Gad n'est mentionné qu'au verset 1, alors que Rabba l'est en 49/2 et 3). En outre, si 4-5a s'adresse aux Gadites, il s'agirait en fin de compte plus d'un oracle sur les Gadites que sur les Ammonites. C'est bien Rabba qui par un jeu de mots est visée ici (cf. Rudolph qui ne mentionne pas le jeu de mots, mais qui tout de même, contre Bardtke, pense que c'est bien à Rabba que s'adresse 4-5a).

La première chose que nous apprenons de Rabba dans cet oracle est que celle-ci va se trouver dans une situation de guerre, qui va tourner à la défaite des filiales comme de la capitale (49/2). Il s'agit même d'une guerre sainte, puisque c'est Dieu lui-même qui fait entendre la *trw'h*, c'est-à-dire la clameur de la guerre sainte. Guerre sainte, où le dieu ammonite est aussi partie prenante : il sera vaincu et exilé (49/3). Le rôle d'Israël en 2b semble indiquer que c'est de l'armée israélite que Dieu se sert pour cette guerre. Les filiales ammonites vaincues doivent entonner une lamentation, comme il est d'usage de le faire après une défaite. Tel est le contexte, dans lequel résonne 4-5a, qu'il faut lire maintenant comme s'appliquant à Rabba : « Pourquoi te glorifier de ta force, filiale infidèle, qui fait confiance en ses trésors ? — Qui s'attaquera à moi ? — Voici que je fais venir sur toi la terreur de la part de tous tes voisins. »

49/5. Quant à 2/19, la LXX traduit par *legei kurios ho theos sou* qui ne semble être rien d'autre qu'un doublet de ce qu'elle écrit déjà en 2/19a. Dans ces trois textes du TM, on peut penser à un travail rédactionnel à partir d'une formule initiale plus brève (*n'm yhwh*), dont la LXX est le témoin. De toute manière, quelle que soit la forme de la formule oraculaire en 5a, cette formule existe à la place attestée par le TM et par la LXX, provoquant ainsi le retard de la mention de *mkl sbybyk*.

Après une double mention des filiales de Rabba (49/2, 3), une telle insistance sur le mot *bnwt* ne peut que faire ressortir combien le vocatif *hbt* est inapproprié pour la capitale, pour la seule ville qui ne peut être appelée « filiale ». Si la capitale reçoit ici le même titre que ses filiales, si elle est aussi appelée *hbt*, c'est-à-dire à la fois « fille » et « filiale » (on ne peut séparer les deux acceptions de ce terme, étant donné l'exploitation métaphorique qui en est faite), ce ne peut être qu'une injure humiliante. Et l'injure est d'autant plus grande que la description faite en 4-5a de la fille n'a rien d'affectueux. Comparer une capitale à une fille qui se donne au premier venu, tout en la traitant de filiale, est profondément injurieux, d'autant plus que cette injure tourne en dérision le nom même de cette capitale. En jouant sur le nom de la ville (*hbt* et non *rbt*), c'est la personnalité-même de la ville qui est touchée. Son nom est maintenant « La Fille » et non plus « La Grande », ce nom qui témoigne d'un lien profond entre la ville et le dieu qu'elle adore. En faisant suivre *hbt* de *hšwbbh*, il est même insinué que la ville est infidèle à son dieu parti en exil. L'injure porte atteinte à la dimension religieuse de Rabba, à son culte comme à son dieu, que l'on présente ici comme un exilé.

L'injure (« fille infidèle » ou « filiale infidèle ») est ici dans la bouche de Dieu, c'est-à-dire dans la bouche de l'ennemi qui conduit la guerre sainte contre les Ammonites. Que l'injure soit prononcée par un ennemi n'a rien d'étonnant : aucun Ammonite, en effet, n'oserait parler ainsi de sa capitale. Dans un contexte de guerre, il est habituel que des adversaires s'injurient. Dans le cas présent, le nom de la capitale fait l'objet d'un jeu de mots développé de façon assez grossière.

Appliquée à une ville, la première expression de 49/4 ne peut signifier que « pourquoi te glorifier de ta force ? ». On découvre au travers de cette expression que Rabba devait être une capitale sûre de sa force, de sa propre force ; cette force, qui pouvait mettre en confiance des filiales, est ici remise en cause, puisqu'elle est décrite ici comme celle d'une fille, c'est-à-dire dans ce contexte guerrier ce qu'il y a de plus faible. La force de Rabba n'est même pas celle d'une femme, ce qui est déjà dérisoire, mais celle d'une fillette : il ne peut y avoir d'image plus dérisoire pour parler de la puissance militaire d'une capitale. Et ce genre d'image s'inscrit ici à côté de toutes celles que l'on rencontre dans le Proche-Orient. C'est un lieu commun, en effet, dans une situation de guerre, que de comparer un adversaire à une femme. A propos de l'Égypte, Grapow rapporte (p. 131) que Ramsès III dit à propos de nègres contre lesquels il lutte : « Ils sont comme des femmes » ; il rapporte aussi que des princes vaincus par Pianchi ne pouvaient à peine entrer dans le palais, car « leurs jambes étaient des jambes de femmes ». Ce même Pianchi victorieux est acclamé comme « le Seigneur puissant qui a transformé des taureaux en femmes ». Grapow signale enfin qu'on trouve dans la bouche d'un prince vaincu, s'adressant au Pharaon, « Tu es mon dieu, je suis ton serviteur, je suis une femme ». En Mésopotamie le récit du combat de Marduk contre Tiamat, en insistant sur le fait que Tiamat est une femme, ne peut qu'annoncer la défaite de cette dernière ; le texte n'est pas métaphorique, mais il souligne l'infériorité des femmes à la guerre : « Tiamat, qui est une femme, marchera en armes contre toi », est-il dit à Marduk (in Labat, Caquot, Sznycer et Vieyra p. 46, ligne 111). Mais le plus important est de noter que dans l'AT lui-même plusieurs passages soulignent la faiblesse des femmes à la guerre et humilient une armée en la comparant à des femmes (cf. Es 19/16, Jr 50/37, 51/30, Na 3/13).

Dans l'autre variante du texte (« pourquoi faire la fière dans les vallées ? ») il serait fait allusion aux fanfaronnades de l'armée ammonite venue se battre dans des vallées : c'est dans les vallées, en effet, que se déroulent le plus souvent les combats (cf. 1 S 17/2-3).

« Celle qui a confiance en ses trésors » : cette expression laisse entendre, me semble-t-il, que Rabba était assez riche pour entretenir une armée et même se payer des mercenaires. C'est ce qui lui permet de lancer alors un défi à quiconque voudrait l'attaquer : « qui viendra à moi ? ». Tous les commentaires insistent sur l'assurance que de tels propos reflètent de la part d'une capitale en situation de conflit ; les traducteurs font de même, je n'insiste pas sur ce point (cf. Bible du Rabbinat, qui traduit par : « qui osera m'attaquer ? »). Ce que les interprètes ne disent pas, c'est que cette assurance est ici tournée en dérision par le transport de sens du métaphorisant sur le métaphorisé, grâce auquel le défi guerrier devient la parole d'une coureuse qui aguiche.

La déconvenue est la plus totale en 5a, car Dieu fait venir contre Rabba la terreur de la part de tous ses voisins, et même une « sacrée terreur », ce qui souligne que Dieu conduit la guerre sainte. Si Rabba voulait acheter des mercenaires et éventuellement promettre à quelque nation alliée une part de ses richesses, personne ne répond à cette offre. Aucun pays voisin ne se comportera en allié. Le conflit, d'après 5b, finit dans la débandade des Ammonites.

« Filiale infidèle » : si le terme d'« infidèle » est ici appliqué à Rabba, on peut supposer qu'il peut s'agir d'une infidélité religieuse de sa part, mais on peut aussi penser, étant donné la réaction des peuples voisins, à une infidélité vis-à-vis d'un ancien allié. On peut même penser à une situation de tutelle de Rabba par rapport à une capitale voisine ; « filiale infidèle » ne serait que le rappel humiliant de cette situation de Rabba, devenue filiale d'une capitale voisine, mais une « filiale infidèle », ayant voulu reprendre son autonomie. Parmi les peuples voisins il y a bien sûr Israël. Amos dénonçait les actes de rébellion (pš' en 1/13) d'Ammon. Jérémie pourrait reprendre ses anciens griefs contre Ammon pour rappeler qu'il fut un temps (en tout cas sous David) où Rabba n'était que la filiale de Jérusalem. Tel pourrait être le sens de cette apostrophe de Rabba (« filiale infidèle ») dans ce contexte de guerre sainte menée par Dieu à l'époque de Josias.

Cette métaphore extrêmement riche permet de découvrir que si Rabba est appelée « fille » cela repose sur un jeu de mots. Ce jeu de mots est fait dans une situation de guerre et prononcé par des ennemis, qui veulent tourner en dérision celle qu'on devrait nommer « La Grande » et qui est appelée « La Fille ». Ce jeu de mots tourne en dérision la puissance militaire de l'injuriée et laisse même entendre que la ville ainsi appelée pourra devenir « filiale » de la capitale du vainqueur. Ce jeu de mots découvert chez Jérémie à propos de la ville de Rabba est-il une invention de Jérémie pour la capitale des Ammonites ou bien la reprise d'un jeu de mots déjà existant, expliquant le titre de « fille » donné à d'autres villes ?

Les villes étrangères qui reçoivent le titre de « fille » sont, comme on l'a vu (p. 478), Tyr, Tarsis, Sidon, Dibon et Babylone. Si l'on met à part Tyr pour laquelle le titre de fille en Ps 45/13 n'est pas évident (cf. plus haut p. 478), on peut faire pour les autres quelques remarques sur la façon dont ce titre est employé.

A propos de Babylone, on peut noter qu'elle n'est jamais appelée « fille » par Jérémie dans les textes où elle apparaît comme la grande force dont Dieu se sert. Elle est appelée « fille » en 50/42 et 51/33, dans les oracles qui annoncent sa fin : en 50/42 elle est entourée par l'armée qui va la vaincre, en 51/33 c'est la métaphore de l'aire, qui la voue au piétinement de ses vainqueurs. En Es 47/1 Babylone descend (*yrd*) dans la poussière, dans un passage qui annonce sa fin. En Za 2/11 Sion est invitée à s'échapper d'une Babylone dont la fin a sonné. En Ps 137/8 Babylone reçoit l'épithète de « ravagée » (*hšdwdh*) dans un contexte d'appel à la vengeance guerrière. Ces textes ont en commun d'annoncer la fin de la puissance militaire de Babylone et de présenter cette ville comme une adversaire et non comme une alliée. Si Dibon a pu un temps dépendre d'Israël (Nb 32/34, 33/45, 46), elle ne reçoit le titre de « fille » que dans un texte, où elle est considérée comme une étrangère (Jr 48/18) ; ce texte est le seul à mentionner sa force militaire, en parlant de ses forteresses, mais c'est pour annoncer leur destruction (*šḥt*). La « fille Dibon » doit descendre (*yrd*) de sa gloire ; comme pour Babylone, c'est une cuisante défaite qui lui est annoncée. De Tarsis certains textes parlent de façon très positive (Es 66/19, Ps 72/10), mais le seul à la traiter de « fille » est celui qui est pour elle le plus négatif (Es 23/10). Si Tarsis est réputée pour son commerce (Ez 27/12, 25, 38/13), l'oracle d'Es 23 est le seul texte à parler de sa puissance militaire, de sa forteresse (23/14) pour annoncer qu'elle est détruite. Même chose pour Sidon qui dans cet oracle est également appelée « fille » (Es 23/12) et qui ne vaut pas mieux que Tarsis. Pour Sidon, c'est après l'avoir appelée « forteresse de la mer » (Es 23/4) qu'Esaïe l'appelle « fille », pour lui annoncer qu'elle sera violentée. Pour Babylone, Dibon, Tarsis et Sidon le ton n'est pas celui de la compassion, lorsqu'elles sont appelées « fille » ; et ce titre n'a rien d'affectueux. Ces villes sont traitées comme l'est Rabba en Jr 49/4s. Toutes ces villes sont menacées dans leur puissance militaire et leur défaite est proche. Cela n'entraîne pas la compassion de ceux qui leur donne le titre de « fille », car ils transmettent là le point de vue des adversaires et non des alliés.

On peut ensuite noter que ces villes sont des villes importantes, voire des capitales ; toutes sont en mesure d'avoir des filiales. Pour Babylone c'est évident. Tarsis est lointaine et l'AT sait peu de choses d'elle, mais il sait tout de même que cette ville a des rois (Ps 72/10), ce qui en fait une capitale. Même chose pour Sidon, dont les rois sont mentionnés en Jr 25/22, 27/3. Sur Dibon l'AT donne peu d'informations, mais le roi Mesha de Moab se présente dans la stèle qui nous reste de lui (et qui a été retrouvée à Dibon) comme originaire de cette ville. Gibson parle de Dibon comme de la capitale de Mesha (T. I, p. 79). Telles sont donc ces villes qui, de par leur importance politique et militaire, sont tout à fait semblables à Rabba. Si Jr 49/2, 3 parle des filiales de Rabba, il n'est jamais question dans l'AT des filiales de Tarsis, Sidon, Dibon ou Babylone (en 1 R 17/9 seulement Sarepta apparaît comme dépendant de Sidon). Cependant, il y a tout lieu de penser que ces villes avaient des filiales et que pour elles le titre de « fille » ou « filiale » ne pouvait être qu'infamant.

De toutes ces villes, qui reçoivent le titre de « fille », le cas de Sidon est intéressant. L'AT donne rarement le titre de « la grande » à des villes étrangères ; or, il le donne à Sidon (Jos 11/8, 19/28). Lorsque Sidon est appelée ainsi, le titre n'est ni flatteur ni péjoratif ; il semble être simplement transmis comme étant l'un des titres officiels, que Sidon devait sans doute se donner elle-même. Quand Sidon est appelée « fille » en Es 23/12, le ton de l'oracle est celui du mépris et il y a de fortes chances pour que cette ville n'ait pas revendiqué pour elle un tel titre. Une des rares villes a être appelées « la grande » est Babylone ; c'est en Dn 4/27, dans la bouche de Nabuchodonosor, ce qui est un point de vue babylonien, ce qui contraste encore avec « fille Babylone », qui ne s'entend que dans la bouche des adversaires de cette ville. Par ailleurs, dans les monnaies qui nous sont restées de Sidon (cf. plus haut p. 481, n. 6), cette ville se donne à elle-même le titre de « mère », vraisemblablement parce qu'elle a des filiales. Ces monnaies sont, certes, relativement récentes, mais elles reflètent une situation qui peut être plus ancienne. Donner à cette « mère » le nom de « fille » ne peut être encore une fois que méprisant, et sans doute en est-il de même pour Tarsis, Dibon et Babylone.

Le cas de Sidon nous fait toucher du doigt un point, à savoir que le jeu de mots relevé en Jr 49/2-4 disparaît quand il s'agit de Sidon. Il n'y a plus de jeu de mots entre « Sidon la grande » (ṣydwn rbh) et « fille Sidon » (bt ṣydwn), principalement à cause de la disparition du taw. Pour Tarsis, Dibon et Babylone, il en serait de même en hébreu. Finalement, le jeu de mots n'est possible qu'avec la seule ville de Rabba, parce que dans certaines constructions le nom de cette ville devient rbt, et Jérémie a saisi cette occasion. Telle est la situation en hébreu ; cependant, il n'en est pas de même pour beaucoup de langues voisines sémitiques. En effet, pour certaines langues sémitiques le jeu de mots entre « fille » et « grande » est extrêmement facile. C'est le cas en ugaritique, où « fille » se dit « bt » et où le titre de « rbt » est donné à des villes (cf. plus haut p. 484). C'est le cas aussi en punique (*rbt* et *bt*), ainsi qu'en phénicien (*bt* et *rbt* cf. plus haut p. 483). En araméen, le jeu de mots n'est pas le même, mais il est aussi très facile ; il suffit, en effet, d'une métathèse pour passer de *rbt'* (« la grande », cf. Dn 4/27) à *brt'* (« la fille »).

Mon hypothèse est la suivante : le jeu de mots repris par Jérémie pour la ville de Rabba serait d'origine étrangère. Ce jeu de mots aurait circulé dans les armées voisines pour injurier une ville ennemie, pour laquelle on supprimerait le titre de « grande » trop flatteur pour substituer celui de « fille ». Comme toutes les tournures injurieuses, où un soldat ennemi est traité de femme, ce titre de « fille » aurait permis de tourner en dérision la force de l'ennemi, tout en laissant entendre que la ville ainsi appelée deviendrait une « filiale » du vainqueur (sans parler de tous les développements obscènes que des soldats pouvaient ajouter en pensant aux filles de l'adversaire). Si, en dehors de l'AT, ce jeu de mots n'apparaît pas dans les textes du Proche-Orient, c'est peut-être parce que nous avons essentiellement des textes officiels (où sont consignés les titres officiels : « mère », « grande ») et non des textes rapportant des injures de soldats.

Comme on l'a vu (cf. p. 478), à côté des villes, des nations étrangères reçoivent aussi le titre de « fille » : l'Égypte, la Chaldée et Edom. Cela se trouve dans des textes relativement récents (pas avant l'époque de Jérémie) et l'on peut penser, comme il a été dit plus haut, que ce titre, d'abord appliqué aux villes, a été donné de manière secondaire aux nations. Quand l'Égypte est appelée « fille » (Jr 46/11, 19, 24), elle est comparée en 46/11 à une blessée de guerre, dont les plaies sont incurables ; en 46/19 elle est une exilée ; en 46/24 elle est prisonnière ; le contexte est toujours celui de la défaite égyptienne. La « fille Chaldée » apparaît comme une doublure de la « fille Babylone », dans le même texte (Es 47/1, 5) déjà vu. Pour Edom l'accent est plus celui du jugement (Lm 4/21-22), mais par opposition à la déportation de la « fille Sion », le sort de la « fille Edom » semble bien être aussi celui de la déportation.

Pour les nations, le ton des textes est, encore une fois, celui de la moquerie et non de la compassion, en sorte qu'Israël se range au côté des adversaires et non des alliés de ces nations. Pour la moquerie, on notera l'emploi du verbe « monter » pour se moquer de l'Égypte en 46/11 (cf. plus haut p. 150) ; on peut aussi mentionner le passage de *ywšbt bt mṣrym* (46/19) à *hbyšh bt mṣrym* (46/24). De manière très claire cette fois la moquerie devient franchement obscène ; ainsi voit-on la « fille Chaldée » retrousser ses jupes (Es 47/2-3) et la « fille Edom » ivre, se mettant à nu (Lm 4/21).

Rares sont les villes israélites, qui ont reçu le titre de « fille » : ce sont Sion (2 R 19/21, Es 1/8, 10/32, 16/1, 37/22, 52/2, 62/11, Jr 4/31, 6/2, 23, Mi 1/13, 4/8, 10, 13, So 3/14, Za 2/14, 9/9, Ps 9/15, Lm 1/6, 2/1, 4, 8, 10, 13, 18, 4/22), Jérusalem (2 R 19/21, Es 37/22, Mi 4/8, So 3/14, Za 9/9, Lm 2/13, 15) et Gallim (Es 10/30).

Il est clair que le titre est presqu'entiellement réservé à la capitale et qu'ainsi Sion-Jérusalem se trouve rangée au côté des capitales étrangères ;

cependant, le contexte où apparaît ce titre fait-il toujours de lui une insulte ou une injure humiliante ?

Si Gallim est la seule ville, en dehors de Jérusalem, à recevoir cette appellation, on peut noter que cette mention de Gallim précède de peu celle de « fille Sion » (Es 10/30, 32), comme si elle l'introduisait, et que ce passage annonce une invasion militaire étrangère contre laquelle la puissance de l'armée israélite paraît dérisoire. Si on peut vraiment dire « fille » à Gallim, qui a de fortes chances d'être effectivement une filiale, cette appellation semble indiquer que Sion ne vaut pas mieux que Gallim et qu'elle ne pourra pas plus résister militairement qu'une petite bourgade aux forces dérisoires. On le voit c'est pour Sion qu'il y a insulte et pour elle-seule, en fin de compte ; en fait, dans tout l'AT, c'est la capitale israélite, qui est par excellence, traitée de « fille » !

Si Jérusalem est appelée « fille », c'est toujours (sauf Lm 2/15) en parallèle avec « fille Sion », à qui le titre est appliqué par excellence. Or, c'est Sion qui semble être, à l'intérieur de Jérusalem, le lieu le plus fortifié, le mieux défendu militairement (cf. sa forteresse, en 2 S 5/7). Dans tout le royaume Sion est le point qui pourra le mieux résister à un quelconque envahisseur, mais aussi le lieu le plus humilié en cas de défaite. De ce fait, Sion est le point de mire d'un envahisseur avec son armée et son lot d'injures.

Suivant les auteurs bibliques l'expression « fille Sion » ou « fille Jérusalem » n'a pas la même saveur.

Jérémie ne parle que de « fille Sion » (4/31, 6/2, 23) et jamais de « fille Jérusalem ». Dans les trois passages concernant Sion, celle-ci est humiliée par les propos du prophète. En 4/31 il la dépeint comme une coquette qui veut soudoyer ses amants (4/30), alors que l'heure est celle de la défaite militaire (cf. tout l'oracle de 4/5ss). La description de Sion ressemble fort à celle de Rabba : Rabba faisait la fière avant d'être prise de panique devant ceux qu'elle aguichait, Sion en fait de même et découvre que ses amants ne sont que ses assassins. Pour Sion les amants n'ont que mépris (4/30) : tout porte à croire que Jérémie partage ce mépris. En 6/2, la situation est la même : Sion se fait belle quand ses ennemis l'encerclent (cf. plus haut la métaphore des bergers) ; le double sens, sexuel et guerrier, de *bw' 'l* est en 6/3 comme en 49/4 pour Rabba. En 6/23 la situation est toujours la même : la défaite de Sion ne fait aucun doute. Ces trois passages font partie d'oracles, où Dieu apparaît comme celui qui suscite et conduit l'ennemi du Nord (cf. *ṣpwn* en 4/6, 6/1, 22). En parlant de « fille Sion », Jérémie ne fait rien d'autre que d'adopter le langage injurieux des soldats ennemis : celle qui par excellence pouvait être appelée « mère », « Sion la grande », voilà que le prophète l'appelle « fille Sion » pour se moquer d'elle et de sa force armée. On pouvait comprendre que Jérémie se moque des étrangers en parlant de « fille Dibon », « fille Égypte », « fille Babylone » ou en jouant sur le nom de Rabba, mais il était inacceptable que Jérémie parle de « fille Sion » ; l'injure était blessante dans la bouche d'un soldat ennemi ; elle l'est encore plus dans celle d'un enfant du pays. « Tu es en train de passer aux Chaldéens » lui a-t-on reproché (37/13) : il y avait bien de quoi le penser !

Mais Jérémie n'a pas toujours parlé ainsi ; on le voit, en effet, adopter un autre ton en 31/22, où il reprend pour Israël l'expression *hbt hšwbbh* appliquée à Rabba en 49/4. L'expression est toujours aussi peu flatteuse (« fille infidèle »), mais pour Israël le passage parle d'une grande nouveauté (*ḥdš̌h*), qui est l'œuvre de Dieu (*br'*). Israël, ou Sion, est toujours aussi peu aimable (« fille infidèle »), mais avec cette fille-là, toujours identique à elle-même, Dieu va opérer un retournement (*š̌wb*) radical, un retournement tel que le jeu de mots entre *š̌wbb* et *sbb* est cette fois inversé. La fille encerclée va maintenant encercler le fort, le soldat (*gbr*) qui l'avait encerclée. Le titre de « fille » demeure pour souligner que le retournement annoncé ne vient pas d'Israël, mais de Dieu seul, qui crée du neuf. Le titre de « fille » demeure pour souligner que c'est à partir de la faiblesse militaire, qui peut prêter à moquerie, que Dieu crée : et de cette fille Dieu fait une femme (*nqbh*). Le ton moqueur a disparu dans la bouche de Jérémie ; mais si l'humiliation a disparu, ce n'est pas en nommant Sion « mère » ou « grande » : l'humiliation disparaît en faisant mention de l'acte créateur de Dieu. Si une femme encercle un soldat, cela ne vient pas de la supériorité de son armement, mais d'un acte novateur de Dieu.

Jérémie n'est pas le premier à avoir parlé de « fille Sion » : qu'en est-il des auteurs qui l'ont précédé ? Ceux qui l'ont précédé sont comme lui des prophètes. Même s'il est difficile parfois de dater les textes, le même retournement remarqué dans Jérémie se trouve dans le livre de Michée. D'une part, le titre de « fille » est appliqué à Sion dans des passages qui soulignent la faiblesse militaire de la capitale ; c'est très clair en 1/13, dans un oracle qui décrit la victoire de l'ennemi et le malheur que Dieu lui-même envoie contre son peuple (1/12), comme s'il était l'ennemi du peuple ; même chose en 4/10, qui décrit Sion vaincue et exilée. D'autre part, ce même titre est repris pour annoncer à Sion son relèvement (4/8, 10) et même sa victoire sur les nations (4/13). En reprenant le même titre pour la chute et la victoire, on remarque que le prophète accepte de faire sien un titre, qui dans la bouche de l'ennemi tourne en dérision la force militaire d'Israël, car il est vrai, en effet, que la force militaire d'Israël est dérisoire et sujette à moquerie. En faisant sien le langage des soldats ennemis, le prophète annonce cependant le relèvement et la victoire de cette même « fille », non pour dire que le jugement porté sur son armée doit être révisé, mais pour dire que la force de Sion est ailleurs : non dans son armée, mais dans son Dieu qui la relève, qui la rachète de la main de son ennemi (4/10), qui transforme la corne en fer et le sabot en bronze (4/13). Si aucun peuple du Proche-Orient n'a gardé pour lui-même et pour ses villes le titre humiliant de « fille », c'est peut-être parce qu'aucun autre peuple qu'Israël n'a eu l'humilité d'accepter qu'on tourne en dérision sa puissance militaire. En présentant Sion comme victorieuse, quoique « fille », Mi 4/13 ose reprendre le vocabulaire troupier, ose adopter le point de vue de l'ennemi pour reconnaître le dérisoire de la force armée israélite et pour souligner que, s'il y a malgré tout victoire, c'est parce que tout revient à Dieu seul.

La même chose peut être dite à partir des textes d'Esaïe. En 1/8 et 10/32 est clairement noté le dérisoire de la puissance militaire de Sion. En 37/22 (et 2 R 19/21 parallèle) Sion répond par la moquerie (*l'g*) et par le mépris (*bwz*) à l'envahisseur assyrien qui se moque de sa force et de son Dieu. En parlant de Sion comme d'une « fille », Esaïe n'entend pas réhabiliter l'armée d'Israël sujette à moquerie face à la multitude des chars assyriens (37/24), mais entend attirer le regard sur la seule action de Dieu (cf. 37/32-35) ; il souligne à la fois la faiblesse dérisoire d'Israël et la force de Dieu, qui sait agir sans la moindre intervention armée de la « fille Sion ». C'est cette force divine et non sa force armée, qui permet à la « fille Sion » de se moquer de la puissante armée assyrienne (37/22). En 16/1, les conciliabules entre diplomates de Moab et de Sion sont dépeints comme étant ceux de la « fille Sion » (16/1) et des « filles de Moab » (16/2) ; la faiblesse militaire de Sion est ici assumée par le prophète pour dénoncer l'arrogance de Moab (16/6).

Avec le deuxième Esaïe l'accent n'est que sur le relèvement ; c'est l'époque où Israël ne peut plus se faire d'illusion sur sa force, l'heure où le ton méprisant de Jérémie sur cette force n'est plus de mise. La « fille Sion » est captive (Es 52/2) et s'il lui est parlé de force (52/1), le titre de « fille » lève toute équivoque : la force de Sion ne peut pas être militaire. Le ton est le même en So 3/14, en Za 2/14, 9/9 et en Es 62/11. Ces textes gardent pour Sion le titre de « fille » pour tourner en dérision sa force militaire, afin qu'il n'y ait pas d'équivoque sur sa réelle force, celle qui lui vient de Dieu. Le mépris contenu dans ce terme demeurera tant que Sion croira en sa force armée ; il est comme un rappel ou un avertissement. Il prépare ainsi cette fille à savoir accueillir celui qui vient sur un âne et non comme un soldat sur un cheval (Za 9/9). Le titre de « fille » finit par devenir affectueux, dès lors que cette fille sait reconnaître et assumer sa faiblesse.

Dans le livre des Lamentations le titre met l'accent sur l'humiliation militaire de Sion (1/6, 2/1, 4, 8, 10, 15, 18) et sur la préparation d'un relèvement (2/13, 4/22), qui ne peut pas être militaire. En Ps 9/14-15 l'humiliation et le relèvement du psalmiste fait passer celui-ci des portes de la mort aux portes de Sion, c'est-à-dire aux portes de cette « fille », qui sait ce qu'est l'humiliation et le salut de Dieu.

Comme pour les nations étrangères, le titre de « fille » est appliqué à Juda (Lm 1/15, 2/2, 5), ainsi que d'une manière plus générale au peuple (Es 22/4, Jr 4/11, 6/26, 8/11, 19, 21, 22, 23, 9/6, 14/17, Lm 2/11, 3/48, 4/3, 6, 10).

L'expression « fille Juda » apparaît dans des textes récents (uniquement Lamentations), pour élargir au peuple ce qui est dit de « fille Sion ». Dans ces trois passages l'accent porte de façon très claire sur la destruction de la puissance militaire du peuple. Lm 2/2 décrit la destruction des forteresses par Dieu lui-même ; cela est répété en 2/5, qui précise qu'en se comportant ainsi Dieu apparaît comme un ennemi (*'wyb*). Devant un tel Dieu ennemi, le titre de « fille » pour Juda est alors tout indiqué ; s'il s'agit d'une moquerie forgée par des soldats face à leurs adversaires, il est alors normal de présenter Dieu ennemi face à « fille Juda ». Lm 1/15 va dans le même sens en mentionnant l'expulsion par Dieu des vaillants du peuple et le piétinement de Dieu, qui est bien celui d'un ennemi ne ménageant pas plus Juda qu'un fouleur de raisin ne ménage les grappes (pour *drk*, cf. la métaphore de l'aire en Jr 51/33).

L'expression « fille mon peuple » est profondément ancrée dans la tradition jérémienne ; en dehors d'Es 22/4, on ne la trouve que dans Jérémie et Lamentations. Cette expression frappe à plusieurs titres. Le suffixe du mot « peuple » est toujours celui de la première personne : à côté de « fille mon peuple » on ne trouve jamais « fille ton peuple », « fille son peuple »... ou « fille peuple de X ». Ensuite, cette expression désigne exclusivement le peuple d'Israël (ou le peuple de Juda) ; il n'y a rien d'équivalent pour les peuples étrangers.

On a vu que dans Jérémie, l'emploi de « fille » devant un nom propre se trouve dans des textes généralement très moqueurs, sarcastiques, sans la moindre affection ou la moindre sympathie. Avec « fille mon peuple » le ton change radicalement, la moquerie disparaît pour faire place à la sympathie, en sorte que l'injure disparaît devant le terme affectueux. Certes, les reproches concernant la fille n'ont pas disparu (cf. 9/6), mais la description qui est faite des fautes (9/7) ne concerne plus la force militaire illusoire. Aucun des textes qui parlent de « fille mon peuple » ne mentionne les forteresses, les fortifications ou autres appareils militaires. Le reproche concerne maintenant les relations entre membres du peuple ; s'il y a guerre, le vocabulaire guerrier utilisé en 9/6-7 est employé métaphoriquement pour décrire les relations mensongères à l'intérieur-même du peuple.

En dehors de 9/6 tous les passages de Jérémie concernant le « fille mon peuple » parlent de la désolation du peuple après la guerre. Le mot qui revient le plus souvent est celui de « brisure » (*šbr* cf. 8/11, 21, 14/17). L'expression « fille mon peuple » est choisie pour la description de la faiblesse et de la misère du peuple vaincu (8/11, 21, 23, 14/17) ou sur le point de l'être (4/11, 6/26). Jusque là rien de bien nouveau : la faiblesse de ce peuple vaincu peut faire l'objet de moquerie. Or, ce n'est pas le cas.

Si la « fille mon peuple » est invitée à prendre le deuil (6/26), celui qui lui parle prend lui-même également le deuil (8/23, 14/17), car la brisure du peuple est la sienne (8/21). L'absence de moquerie ne peut échapper : celui qui parle au peuple sympathise, souffre avec le peuple. Quel est donc celui qui parle ainsi au peuple en lui disant : « fille mon peuple » ? Il est parfois difficile de le dire, mais en 14/17 c'est clairement Dieu ; en 6/26 ce ne peut être que Jérémie, se considérant comme membre à part entière du peuple en deuil (« car soudain vient sur *nous* le dévastateur »). En 8/19, 21, 22, 23, Dieu et Jérémie sont si proches que l'on ne sait s'ils parlent successivement ou ensemble ; leur compassion pour le peuple est la même. Découvrir ainsi les larmes de Dieu et du prophète (8/23, 14/17) fait apparaître combien « fille mon peuple » est chargé d'affection et de sympathie. La présence du suffixe de la première personne, jamais rencontrée dans les expressions précédentes, balaie la distance méprisante (« fille Sion », « fille Babylone »...) pour souligner la proximité. A la place de « fille Sion » ou « fille Juda », qui classait la ville ou le peuple au rang des ennemis et Dieu au rang des adversaires, le suffixe exprime un lien personnel : « fille *mon* peuple ».

Ce qui frappe aussi dans ces textes de Jérémie, c'est que « fille mon peuple » ne se trouve plus employé dans des passages érotiques ou obscènes ; le mot « fille » ne désigne plus ce qui pourrait être un objet sexuel, pour devenir un simple terme de tendresse. Étant donné la construction génitivale de l'expression, le suffixe de *'my* peut être considéré comme s'appliquant tout autant au mot « peuple » qu'au mot « fille » ; il peut donc s'agir ici de « ma fille mon peuple ». Un glissement s'opère de l'isotopie guerrière à l'isotopie familiale, ce qui explique le passage des invectives des soldats à l'affection que l'on éprouve pour les siens (à noter que *'m*, comme *bt*, appartient à l'isotopie familiale pour désigner la « parenté », cf. 2 R 4/13, Jr 37/12).

On peut enfin remarquer que dans les passages où il est question de la « fille mon peuple » la sympathie de Dieu et du prophète n'est pas motivée par une absence de péché, puisque ce péché est dénoncé en 9/6, ni par un repentir de la « fille ». La sympathie de Dieu (14/17) précède le repentir du peuple (14/20-22) et n'est pas dictée par lui. Cette même sympathie ne ferme pas les yeux de Dieu sur le péché du peuple (9/6) et ne lui fait pas accepter non plus n'importe quel repentir (cf. 14/11-12 et 15/1, où Dieu refuse le repentir du peuple). Malgré tout cette souffrance de Dieu pour son peuple existe ; celui-ci dénonce le péché (9/6) et pleure en même temps sur la souffrance que le peuple vit à cause de son péché (14/17). Le peuple est à la fois pécheur et victime de son péché et Dieu pleure la victime en dénonçant le péché par lequel le peuple se détruit lui-même comme dans une guerre intestine (9/7). Le lien qui unit Dieu et Jérémie au peuple est celui de la compassion, mais sans complaisance ; il est exprimé ici par des termes empruntés à l'isotopie familiale (« ma fille ma parenté ») : isotopie qui peut évoquer une affection capable de faire face à la faute de l'autre.

Le livre des Lamentations pousse à l'extrême ce qui se trouve en Jérémie. C'est encore la brisure (*šbr*) du peuple qui est au centre de ces textes (Lm 2/11, 3/48, 4/10), ainsi que le deuil partagé (2/11, 3/48). C'est Lm 4/10, qui exprime sans doute le mieux à quel point le peuple est dans une impasse ; si le peuple est brisé, il en est responsable (cf. le péché de la fille dénoncé en 4/3, 6), mais l'impasse réside dans le fait que la brisure du peuple engendre une nouvelle situation de péché, où les mères en viennent à manger leurs enfants. Il y a là un engrenage tel que le peuple est pire que Sodome (4/6). A cause de la brisure du peuple, qui est déjà une punition de son péché, la « fille mon peuple » est poussée à tuer ses propres enfants pour survivre : impasse totale ! Lorsque les mains faites pour aimer deviennent des mains de bourreaux, il n'y a même plus place pour le repentir. Il faut encore renvoyer ici à Jr 31/22 pour entendre que c'est à cette « fille infidèle » qu'est annoncée une intervention radicalement nouvelle de Dieu, que cette fille se repente ou non de son infidélité.

En Es 22/4 le ton est le même, celui de la sympathie du prophète ou de Dieu. On pourrait penser que ce verset est un ajout inspiré par la tradition jérémienne, mais ce ne doit pas être le cas, car le vocabulaire est différent ; au lieu de *šbr bt 'my* , que l'on trouve en Jr 8/11, 21 et Lm 2/11, 3/48, 4/10, il est question de *šd bt 'my* qui n'appartient pas au vocabulaire jérémien.

CONCLUSION

Le titre de « fille » précédant un nom propre n'est jamais chargé d'affection et est souvent chargé de moquerie. Il dénonce une force militaire illusoire, le plus souvent la force militaire de l'adversaire, que cet adversaire soit une nation étrangère ou bien le peuple d'Israël, auquel Dieu s'oppose comme un ennemi. Il apparaît comme une insulte, parfois obscène, dans la bouche d'un adversaire en temps de guerre. Il vise essentiellement une capitale ennemie. Si cette capitale est en droit de se donner elle-même le nom de « grande » (ce qui est sans doute le cas pour Sidon et Babylone), l'ennemi lui refuse ce titre pour l'appeler « fille ». Ce passage de « grande » à « fille » fait l'objet d'un jeu de mots en Jr 49/2-4, jeu de mots plus facile dans d'autres langues sémitiques qu'en hébreu, en sorte qu'on peut émettre l'hypothèse que Jérémie a emprunté ce jeu de mots aux peuples voisins et que ce jeu de mots est né dans les insultes des soldats lors de combats contre des villes fortes. On peut noter que seul Israël (et principalement les prophètes) a eu le courage de garder ce jeu de mots infamant en se l'adressant à lui-même. Par ce titre méprisant, les prophètes entendent ainsi dénoncer et assumer la situation de faiblesse militaire d'Israël pour faire ressortir que la force d'Israël est ailleurs, non dans son armée, mais en Dieu. Par ce titre les prophètes acceptent l'humiliation du peuple pour parler du relèvement par Dieu. Ils acceptent le titre non comme une diffamation, mais parce qu'elle correspond à la réalité. Mais aussi vrai que le peuple est militairement faible, aussi vraie est l'action de Dieu dans un tel peuple.

A côté des expressions où « fille » accompagne un nom propre se trouve « fille mon peuple » adressé à aucun autre qu'à Israël. A cause de la présence du suffixe, cette expression ne peut pas être dite par un étranger et venir de l'étranger. Elle ne peut être dite que par un membre du peuple ou par Dieu. Cette expression contraste avec les autres par l'absence d'ironie ; elle seule est chargée d'affection. Elle s'applique au peuple, se trouvant dans une même situation de faiblesse militaire, non pour dénoncer cette faiblesse, mais, d'une part, pour dénoncer le péché auquel est liée cette faiblesse et, d'autre part, pour exprimer que la souffrance des victimes est partagée par Dieu et par son prophète.

Les titres de « fille Sion », plein d'ironie, et de « fille mon peuple », plein d'affection, pour désigner le même peuple, n'apparaissent pas dans des traditions différentes. C'est en particulier dans la tradition jérémienne que se trouvent en même temps la plus grande ironie avec « fille Sion » et la plus grande sympathie avec « fille mon peuple ». C'est dans le même oracle que l'on trouve « fille Sion » (6/23) et « fille mon peuple » (6/26), dans la même Lamentation que l'on trouve « fille Sion » (Lm 2/10, 13) et « fille mon peuple » (Lm 2/11). Pour Israël les deux titres sont inséparables, parce que tous les deux vrais : la véritable affection n'épargne pas toujours la dureté de la vérité.

Dans toutes ces images, la fille qui sert de modèle pour parler d'une ville ou d'un peuple peut être une habitante de la ville insultée (« fille Sion », « fille Babylone »...) ou une habitante du peuple, avec lequel on sympathise (« fille mon peuple »), en sorte qu'il y a toujours relation métonymique (c'est pars pro toto qu'une ville ou une nation est appelée « fille »). A partir de cette relation métonymique peut être développée une métaphore privilégiant la ressemblance par rapport à la contiguïté, comme on l'a vu en Jr 49/2-4. Cet établissement d'une métaphore sur la métonymie n'est pas obligatoire. En Jr 9/6, par exemple, où il est question de la « fille mon peuple », l'isotopie de la fille n'est pas développée ; les suffixes masculin pluriel, que l'on trouve en ce passage avant (cf. ṣwrpm et bḥntym en 9/6a) comme après (cf. lšwnm en 9/7a) la mention de « fille mon peuple » (9/6b) montrent que c'est du peuple (= un collectif) qu'il s'agit et non de la fille, qui est simple désignation métonymique. Il faudrait passer en revue tous les textes, mais Jr 9/6 et 49/2-4 suffisent pour pouvoir dire que l'image de la fille peut être exploitée de deux manières : métonymiquement ou métaphoriquement.

BILAN PROVISOIRE

Je ne peux parler ici que de « bilan provisoire » et non de « conclusion ». Il serait, en effet, prématuré de conclure sur les métaphores de Jérémie, étant donné que j'ai fait l'étude d'une quarantaine de métaphores seulement, c'est-à-dire un septième environ des métaphores du livre de Jérémie : c'est trop peu. Mais il est bon de faire quelques remarques dans ce bilan : c'est une manière de préparer la suite, de poser des jalons pour des travaux ultérieurs. Si cela m'est possible, ce que je souhaite, je serais heureux de pouvoir moi-même poursuivre l'étude des métaphores de Jérémie. Je serais heureux, également, de voir d'autres que moi s'atteler à cette tâche ; cela permettrait d'affiner la méthode d'analyse, de confronter les résultats et d'avancer plus vite. Il serait aussi intéressant d'étudier l'histoire de l'interprétation de ces métaphores, dans le Judaïsme et dans le Christianisme en particulier ; il faudrait pour cela d'autres compétences que les miennes ; cela ferait apparaître différentes lectures des métaphores, ce qui par contrecoup nous permettrait de cerner de plus près ce qu'est une métaphore.

En ce qui me concerne, la poursuite de l'étude des métaphores devrait se faire à partir de la définition de la métaphore que j'ai donnée ici (cf. p. 10 ss.), car elle me paraît opératoire. Renoncer, en particulier, à la distinction faite par la rhétorique classique entre métaphore et comparaison pour adopter une nouvelle distinction faite entre ces deux figures par la rhétorique moderne me semble, à l'usage, être tout à fait opératoire. Étudier les métaphores en les regroupant par foyers me paraît être aussi très fructueux pour saisir l'importance des métaphores dans le message du prophète ; d'autres regroupements de métaphores sont possibles mais celui-ci me paraît aller beaucoup plus en profondeur dans l'épaisseur métaphorique, en retenant et en privilégiant ce qui est au cœur de la métaphore : son foyer. Pour des travaux ultérieurs, je conserverai aussi la méthode d'analyse, telle que je l'ai décrite ici (p. 99 s.), car elle doit pouvoir s'appliquer à toutes les métaphores, sans malmener ces dernières, du moins me semble-t-il.

Plusieurs fois dans cette étude, il est apparu qu'un texte métaphorique n'était pas purement métaphorique. C'est là un point qui demanderait à être approfondi. On a vu, en effet, que certains textes métaphoriques avaient aussi une dimension métonymique (cf. p. 62, n. 34, 66, 457), que d'autres avaient aussi une dimension catachrésique (cf. p. 21 s.), que d'autres enfin glissaient de la métaphore à la parabole (cf. p. 62). Il s'ensuit que la métonymie, la catachrèse et la parabole sont à cerner de plus près, de façon à mieux comprendre les liens qui unissent ces figures à la métaphore. L'étude de ces liens permettra certainement d'avancer dans deux secteurs. Tout d'abord, dans ce que j'ai appelé les « métaphores féminines » (cf. p. 66 ss.) ; après l'étude de l'image de la fille (cf. p. 477 ss.), je crois pouvoir dire que l'appellation « métaphores féminines » que j'ai utilisée (p. 66) est trop inexacte ; elle devrait être revisée, car certains de ces textes sont métaphoriques, mais d'autres ne le sont pas : beaucoup sont tout simplement métonymiques ; cependant comme la plupart sont à la fois métaphoriques et métonymiques, c'est dans l'étude des liens entre ces deux figures de style qu'on pourra progresser dans ces textes où une ville ou une nation sont représentées sous les traits d'une femme. Ensuite, l'étude des liens entre catachrèse et métaphore permettra de cerner de plus près le discours sur Dieu, car les métaphores à dimension catachrésique sont essentiellement celles qui ont Dieu pour sujet métaphorisé.

A partir du tableau de la page 67, il a été observé (p. 68) que les métaphores se situent principalement dans les textes poétiques et qu'elles sont presqu'absentes dans la prose. Même si la distinction entre prose et poésie demande à être précisée, c'est un fait indéniable, d'ailleurs constaté dans d'autres langues que l'hébreu[1]. Les métaphores sont poétiques à double titre. Tout d'abord, elles le sont, au sens étymologique du terme (« poétique » vient de *poiein* = faire, fabriquer, créer), parce qu'elles fabriquent du sens, parce qu'elles sont créatrices de sens, essentiellement par le transport de sens du métaphorisant sur le métaphorisé. Je me suis efforcé dans cette étude de relever au passage ces transports, créateurs de sens ; mais j'ai laissé de côté l'autre dimension poétique de la métaphore, cette dimension qui relève de la stylistique. Quelques allitérations et jeux de mots ont été relevés, mais il faudrait faire plus, tant il est vrai que chaque métaphore peut être une œuvre d'art. Pousser plus encore que je ne l'ai fait l'approche stylistique des métaphores permettrait peut-être de mieux repérer, entre Jérémie et ses disciples, quels peuvent être les auteurs des métaphores.

A propos de cette distinction entre prose et poésie, une remarque peut être faite sur les métaphores étudiées ici. En dehors de 13/1-10, 12-14, 18/2-6, 19/1ss, qui sont des textes en prose, ces métaphores se trouvent dans des textes poétiques (si l'on s'en tient à la typographie adoptée par BHS). D'une façon générale, on peut dire que dans les textes poétiques l'isotopie

---

1. Cf. cette remarque de Kramer (1983 p. 44) à propos du sumérien : « On ne peut manquer (...) d'être frappé par l'abondance et la qualité des images ou métaphores, en quoi l'on verrait volontiers, à Sumer comme ailleurs, une des marques de la langue « poétique », surtout si on l'oppose à la sécheresse des documents non littéraires. »

dominante est celle du métaphorisé ; l'énoncé métaphorisant apparaît brutalement, de manière abrupte, en sorte que la métaphore s'impose au lecteur par ce choc (cf. la mention de la coupe d'or, qui apparaît sans préparation en 51/7, dans un oracle qui concerne Babylone, le métaphorisé, et qui ne prépare pas l'auditeur à entendre parler d'une coupe, le métaphorisant). Dans les textes en prose on observe l'inverse : l'isotopie dominante est celle du métaphorisant ; l'énoncé métaphorisé ne surprend pas par sa présence car il est attendu ; seule l'identité du sujet métaphorisé peut surprendre ; s'il y a choc, celui-ci ne peut être que dans la révélation de l'identité du sujet métaphorisé (cf. en 13/1ss, le récit de la ceinture, entièrement consacré à ce sujet métaphorisant, jusqu'à la mention en 13/9 du sujet métaphorisé ; même chose en 13/12-14, en 18/2-6 et en 19/1ss). On le voit, la dimension métaphorique du texte n'est pas exploitée de la même manière en prose et en poésie. En outre, les textes en prose sont totalement ou presque totalement habités par la métaphore, ce qui n'est pas le cas en poésie, où la métaphore a une étendue beaucoup moins grande. Il s'agit là d'une remarque qui porte sur les seules métaphores étudiées ici et il serait dangereux de généraliser. En effet, ce qui a été observé en poésie se rencontre aussi en prose (cf. 29/17, où la mention des figues surprend dans ce texte) ; on peut simplement dire qu'il y a deux manières d'utiliser des métaphores et que chez Jérémie l'une est plus fréquente en poésie (avec l'isotopie du métaphorisé comme isotopie dominante dans le texte) et l'autre plus fréquente en prose (où l'isotopie dominante est celle du métaphorisant).

Cette remarque me permet de préciser un point, sur lequel j'ai laissé planer un certain flottement tout au long de cette étude. Ce point concerne les formules prophétiques (« oracle du Seigneur », « ainsi parle le Seigneur ») présentes dans les énoncés métaphoriques. J'ai parfois considéré ces formules comme étrangères à l'énoncé métaphorique, parce qu'elles n'appartiennent à aucune des isotopies mises en jeu par la métaphore (cf. p. 305 pour 51/1-2, p. 397 pour 46/22-23, p. 409 pour 51/33, p. 458 pour 48/38-39) ; parfois j'ai laissé ces formules dans l'énoncé métaphorique (cf. p. 240 ss. pour 13/1ss, p. 437 pour 19/1ss). Je peux maintenant m'expliquer : cette double appréciation des formules est liée au style des textes concernés. Dans les textes en prose, où l'isotopie dominante est celle du métaphorisant, l'énoncé métaphorique est d'une telle ampleur que le texte n'a plus aucune cohérence si l'on en retire la métaphore ; c'est cette incohérence du texte sous la métaphore qui permet de dire que tout le texte est métaphorique ; c'est parce que l'ensemble du texte est métaphorique que les formules prophétiques doivent être retenues dans l'étude de la métaphore (c'est très clair en 13/1-10, où il ne resterait que des formules prophétiques, si l'on en retirait l'énoncé métaphorique). Dans les textes poétiques, il en va autrement : l'énoncé métaphorique y est d'une moins grande ampleur, en sorte que le texte demeure cohérent si l'on retire cet énoncé. Dans ce cas, puisque la présence de la métaphore n'est pas essentielle pour la cohérence du texte, il n'est pas nécessaire de rattacher à la métaphore les formules prophétiques, qui, elles, sont essentielles à la cohérence du texte (étant donné que ces formules permettent de définir le genre littéraire du texte). On le voit, tout dépend de la cohérence du texte une fois enlevée la métaphore. Ceci dit, il est des cas où la trame-même du texte est métaphorique (le plus souvent en prose), et d'autres où la métaphore est un des motifs du texte (le plus souvent dans la poésie). On comprend que la métaphore-motif soit plus fréquente en poésie, où l'esthétique d'un texte est plus importante qu'en prose.

Dans cette étude une grande place a été accordée au foyer, au point de ressemblance entre métaphorisant et métaphorisé. Je crois pouvoir dire que dans chaque métaphore étudiée le foyer décrit une analogie, qui n'est pas analogia entis, mais analogia situationis. Cela apparaît très clairement grâce à la distinction faite entre sujet métaphorisant et énoncé métaphorisant (cf. p. 17). Si, par exemple, en 18/6 le peuple était simplement comparé à de l'argile et Dieu à un potier, on pourrait sans doute parler d'une analogia entis entre Dieu et un potier, le peuple et de l'argile. Mais la métaphore ne se limite pas à la simple mention de sujets métaphorisant et métaphorisé ; ces sujets sont accompagnés de termes décrivant une situation précise ; Dieu n'est pas comparé à *un* potier, mais à *ce* potier : le démonstratif renvoie à 18/2-4, où est décrit le potier en question en train de travailler au tour, recommençant un pot à la suite d'un échec. Le peuple n'est pas comparé à de l'argile, mais à l'argile que travaille ce potier là, observé par Jérémie. S'il y a analogie, c'est entre des situations (situation d'un potier bien précis, visité par Jérémie, ratant un pot et en faisant un autre ; à cette situation est comparée la situation d'échec entre Dieu et Israël, avec possibilité d'un renouveau) et non entre des essences. Ce qui est dit de 18/6 peut l'être de toutes les métaphores étudiées : dans chacune d'elles l'énoncé métaphorisant présente le sujet métaphorisant en situation (un aigle qui s'élève au-dessus de sa proie en 49/22, le Nil en crue inondant la terre en 46/7, un arbre planté au bord d'un canal et donnant des fruits malgré la sécheresse en 17/8...) ; c'est à cette situation du métaphorisant qu'est comparée la situation du métaphorisé. Parler pour ces métaphores d'analogia entis serait ne pas tenir compte du fait que le sujet métaphorisant est toujours accompagné d'un énoncé, même si cet énoncé est sous-entendu (cf. « il monte comme des nuages » en 4/13, où l'énoncé métaphorisant explicite se limite à la mention du sujet, « des nuages », mais où l'énoncé métaphorisant implicite est « des nuages montent », le verbe « monter » décrivant la situation des nuages en train de s'élever).

Cette constatation me permet de préciser un point laissé dans l'ombre jusqu'ici. On aura remarqué que dans le tableau des foyers (cf. p. 98) ne figure pas le verbe *hyh*. Or, ce verbe est par excellence celui qui pourrait permettre de parler d'*analogia entis* à la base des métaphores. Sauf erreur ou omission, le verbe *hyh* apparaît dans des énoncés métaphoriques en 2/28, 31, 4/17, 5/8, 13, 7/11, 8/2, 11/13, 12/8, 13/10, 14/8, 9, 15/18, 19, 16/4, 17/6, 8, 20/9, 16, 17, 22/24, 23/9, 25/33, 31/9, 12, 48/28, 41, 49/22, 50/6, 8, 37, 51/30. Quatre de ces métaphores ont été ici étudiées : 2/31, 13/10,

17/6, 8. D'après ce qu'il a pu être dit de 2/31 (cf. p. 336 ss.), Dieu n'est pas comparé dans cette métaphore à n'importe quel désert, mais au désert que le peuple a traversé au temps de l'exode, à un lieu bien précis dans une situation historique bien précise ; dans cette métaphore le foyer n'est pas *hyh* mais *bw'* ; ce foyer compare une situation (le peuple ne veut plus aller vers Dieu) à une autre situation (le peuple ne veut plus revivre la traversée du désert lors de l'exode) ; dans cet énoncé, *hyh* ne fait qu'introduire le verbe *bw'*, qui est le véritable foyer. Il en va de même en 13/10 (« que ce peuple... soit comme cette ceinture », cf. p. 240 ss.) dans cet énoncé l'emploi des démonstratifs est très significatif ; il ne s'agit pas dans cette métaphore de comparer un peuple à une ceinture (« un peuple est comme une ceinture » : on pourrait parler ici d'*analogia entis*), mais « ce » peuple, c'est-à-dire Juda dans une situation précise (celle qui est décrite dans le même verset : « ce peuple mauvais, refusant d'écouter mes paroles, marchant d'après l'obstination de son cœur et suivant d'autres dieux pour les servir et se prosterner devant eux »), à « cette » ceinture, c'est-à-dire celle que Jérémie s'est acquise et qui est dans une situation bien précise (« elle n'est plus bonne à rien ») à la suite d'actions décrites en 13/1-7. Dans cette métaphore le foyer n'est pas *hyh* mais *şlḥ*, qui compare deux situations (« ce peuple n'est plus bon à rien comme cette ceinture n'est plus bonne à rien »). S'il y avait *analogia entis*, le peuple serait, dans son essence même, « bon à rien », en sorte que son comportement ne serait rien d'autre que mauvais. Il y aurait là une sorte de fatalité d'un comportement mauvais ; or, l'étude de cette métaphore a montré que c'est précisément contre cette fatalité que s'élève cet oracle. Il en va de même, enfin, en 17/6, 8 (cf. p. 369 ss.) ; ces deux métaphores n'affirment rien sur l'essence de l'homme, mais décrivent en les opposant deux manières de se comporter dans l'existence, et plus précisément deux manières de vivre l'alliance (vivre en s'appuyant sur la faiblesse humaine ou vivre en s'appuyant sur Dieu) ; dans ces métaphores, ces deux manières d'« exister » (*hyh*) sont comparées à des situations : celle d'un arbuste qui ne goûte pas dans le désert le bonheur qui vient et celle d'un arbre transplanté au bord d'un canal et qui porte des fruits malgré la sécheresse. Dans ces métaphores *hyh* n'est pas un foyer, mais on peut parler d'un foyer diffus.

Comme on peut le constater pour ces quatre métaphores, le verbe *hyh* n'est pas un foyer ; il introduit simplement le foyer ; il ne décrit pas des « êtres », mais des manières d'êtres dans telle ou telle situation. Même avec *hyh*, il n'y a pas *analogia entis*, mais *analogia situationis*. Cela devra être vérifié pour les autres métaphores utilisant *hyh*, mais un coup d'œil rapide sur ces dernières me permet d'estimer qu'il en va de même. Je ne prends que quelques exemples.

En 8/2, 16/4 et 25/33 des hommes sont comparés à du fumier, sans autre foyer, semble-t-il, que le verbe *hyh*. Or, *hyh* n'est pas le foyer de cette métaphore ; ces textes, en effet, renvoient tous à 9/21 (cf. plus haut, p. 62), qui n'utilise pas *hyh* et dont les foyers sont *npl* et *'sp*. De ce fait *hyh* en

8/2, 16/4 et 25/33 est à considérer comme une introduction aux foyers réels qui sont *npl* et *'sp*. C'est à une situation précise (du fumier qui tombe et qui n'est pas ramassé) que sont comparées des situations précises (celles de cadavres tombant sur le sol sans être ramassés pour être ensevelis), celles d'individus bien précis (ceux qui sont énumérés en 8/1, 9/20, 16/3 et 25/33). En 5/13 des prophètes sont comparés à du vent ; on pourrait parler d'*analogia entis* si ce verset était isolé de son contexte ; mais en maintenant l'unité de 5/13-14, la métaphore se poursuit par la description d'un feu, en sorte que le vent en question n'est pas n'importe lequel, il s'agit du vent pris dans une situation bien précise : celle d'attiser un feu qui dévore des fagots ; les prophètes sont dans la situation de faux prophètes ; une situation est bien comparée à une autre ; le verbe *hyh* n'est pas foyer ; il joue le même rôle que *ntn* en 5/14, lequel n'est pas utilisé comme foyer, mais appartient à une tournure comparative (cf. p. 35) qui introduit le foyer de cette métaphore : *'kl*. Il en est de même dans d'autres métaphores beaucoup plus claires : en 22/24, où Joyakin, rejeté par Dieu, est comparé à un sceau que l'on enlève de sa main (*ntq*) pour le jeter (*twl* en 22/26) (le foyer n'est pas *hyh* mais *twl*) ; en 5/8, où les Israélites en situation d'adultère sont comparés à des chevaux en rut (avec comme foyer non *hyh* mais *shl* qui signifie « hennir » pour des chevaux et « jubiler » pour des hommes ; cf. plus haut p. 58). Comme on peut encore le constater, dans ces métaphores *hyh* n'est pas un foyer, mais l'introduction à un foyer : il est utilisé dans des descriptions où deux situations sont comparées : *analogia situationis* et non *analogia entis*.

Dans son ouvrage sur les métaphores, Westermann signale à plusieurs reprises (cf. p. 104, 118 ss.) que les métaphores ont des fonctions différentes ; il a raison : les métaphores diffèrent dans leurs fonctions suivant le genre littéraire des textes dans lesquels elles se trouvent. En ce qui concerne les textes ici étudiés les genres littéraires varient : un regroupement de ces textes par genres va nous permettre d'apprécier certaines fonctions des métaphores.

Le genre littéraire de 17/5-8 (cf. plus haut, p. 369 ss.) est celui des bénédictions et malédictions prononcées dans le cadre de la conclusion ou du renouvellement de l'alliance (cf. Dt 27/15ss, 28/1ss, 15ss) à l'intention des hommes engagés dans cette alliance en tout temps et en tout lieu. N'importe quel Israélite est ici concerné. Dans ce genre littéraire la métaphore de 17/5-8 innove, par le fait qu'elle ne donne pas de directives précises (cf. Dt 27/15ss qui, au contraire, énumère des actes à ne pas accomplir) ; elle ne laisse cependant pas le destinataire livré à lui-même, puisqu'elle propose deux styles de vie, qu'elle illustre de manière telle qu'elle permet de choisir. On le voit, la métaphore a ici fonction d'enseigner : elle oriente en laissant à chacun le soin de vivre cette orientation dans des actes libres.

La métaphore de l'arbre est une citation (11/19) ; les propos rapportés relèvent d'un genre particulier : celui du complot. Cette fois, la personne visée n'est pas n'importe qui, en n'importe quel temps et en n'importe quel lieu, mais une personne bien précise (à l'occurrence Jérémie). Dans ce complot la métaphore permet de voiler l'identité de la personne visée ; on peut dire qu'elle a une fonction dissimulatrice.

Par ces deux exemples on peut déjà constater que les métaphores peuvent avoir des fonctions extrêmement variées, voire opposées ; soit pour accompagner un propos d'intérêt assez général, soit pour accompagner une parole visant un seul individu ; soit pour éclairer, soit pour dissimuler. Cela montre que le rapprochement entre métaphorisant et métaphorisé peut éclairer le métaphorisé ou au contraire le dissimuler.

Toutes les autres métaphores examinées dans cette étude se trouvent dans des oracles, ce qui ne me permet pas de parler ici de la fonction que peut avoir une métaphore dans quantité d'autres genres littéraires (cf. la littérature de la sagesse avec les proverbes, les textes liturgiques avec les psaumes...). Un oracle est une parole de Dieu pour un destinataire précis, engagé dans une situation particulière. Quelle est la fonction des métaphores dans de tels textes ?

Dans les oracles, les métaphorisés des métaphores étudiées sont divers. Il peut s'agir des destinataires des oracles : les Israélites en 2/30[2], 5/10[3], 5/26[4], 8/7, 13/1-10, 12-14, 18/2-6, 19/1ss, 22/6-7[5], l'Égypte en 46/7-8, Moab en 48/17, 38-39, Ammon en 49/2-5[6] et Babylone en 50/22-23, 51/7-8, 20-24, 25-26, 33. Il peut s'agir d'un ennemi du destinataire : de l'ennemi d'Israël en 4/7, 11-13, 6/2-3, 12/9-11, de l'Égypte en 46/18, 20, 22-23, des Philistins en 47/2-3, d'Elam en 49/36 ou de Babylone en 51/1-2, 27[7], 42. Il peut aussi s'agir d'un allié des destinataires (cf. Pharaon en 15/9 allié d'Israël). Il peut encore s'agir de Dieu (2/31, 18/6, 49/9-10, 19-20, 22) ou des faux dieux (2/13). Tous ces métaphorisés ne sont rien d'autre que des actants de l'histoire dans laquelle sont engagés les destinataires des oracles. Lorsque Dieu est métaphorisé, il est présenté comme intervenant dans l'histoire des destinataires ; lorsqu'il s'agit des faux dieux, c'est négativement qu'est considéré leur rôle dans l'histoire des destinataires israélites. Lorsqu'il s'agit d'un ennemi, celui-ci est toujours à considérer comme un adjuvant de Dieu dans sa relation avec le destinataire de l'oracle. Quand il s'agit d'un allié, celui-ci est écarté par Dieu, qui se retrouve alors seul en face du destinataire.

---

2. Le métaphorisé en 2/30 est plus précisément « votre épée », mais à travers l'épée c'est métonymiquement l'ensemble du peuple qui est visé.

3. En 5/10 le métaphorisé est Jérusalem, ce qui métonymiquement concerne aussi l'ensemble du peuple.

4. En 5/26 le métaphorisé est « des méchants » ; cependant ces méchants se trouvent dans le peuple, en sorte que c'est encore le peuple, le destinataire de l'oracle, qui se trouve concerné par cette métaphore.

5. Le métaphorisé est ici « la maison du roi de Juda », c'est-à-dire un lieu important où se prennent des décisions concernant tout le peuple.

6. Plus précisément, le métaphorisé est ici Rabba, c'est-à-dire la capitale des Ammonites ; là encore ce métaphorisé concerne bien l'ensemble du peuple ammonite.

7. Le métaphorisé est ici les chevaux de l'armée ennemie, ce qui désigne métonymiquement l'ensemble de cette armée.

En fin de compte, après avoir déconsidéré ou écarté, le cas échéant, allié et faux dieux, l'oracle présente toujours le destinataire face à Dieu (accompagné ou non de son adjuvant) ; il le présente toujours dans un moment précis de son histoire, dans une situation singulière où Dieu a son mot à dire et intervient. Étant singulière, cette situation a quelque chose d'unique ; appartenant à l'histoire, engageant l'avenir, cette situation mobilise la sagacité des intéressés pour être comprise ; il y a dans toute situation historique une part d'inconnu, qui demande à être éclairée. C'est là que la métaphore à une fonction révélatrice importante.

Autant la situation dans laquelle se trouvent les destinataires et les métaphorisés a une part d'inconnu, autant les métaphorisants choisis décrivent des situations parfaitement connues par les destinataires des oracles. Tous les métaphorisants choisis appartiennent au cadre de vie ou bien au monde culturel des destinataires. Parmi ces situations métaphorisantes on peut trouver par exemple un coucher de soleil (15/9), des oiseaux migrateurs (8/7), l'attaque d'une génisse par un taon (46/20), une crue du Nil (en 46/7-8, dans un oracle adressé à l'Égypte)... Le métaphorisant peut être emprunté à un mythe connu des destinataires (cf. Tiamat en 51/42, dans un oracle adressé à Babylone). Il peut encore renvoyer à un événement important de l'histoire passée des destinataires (cf. 2/31, avec un rappel de la traversée du désert dans un oracle adressé aux Israélites, ou encore la victoire égyptienne de Megiddo, en 46/18, dans un oracle adressé à l'Égypte). Il arrive que le métaphorisant décrive un événement vécu par un seul individu et non par le destinataire, mais dans ce cas l'événement en question est longuement décrit aux destinataires en sorte que cela devient pour eux une histoire connue (cf. 13/1ss, où Jérémie raconte l'aventure d'une ceinture, 18/2-6, où Jérémie raconte sa visite chez un potier, 19/1ss où le prophète brise une gargoulette devant les destinataires de l'oracle). Dans tous les cas, d'une manière ou d'une autre, le métaphorisant fait appel à une situation connue des destinataires et il est utilisé pour éclairer la situation (difficile à connaître parce que Dieu y intervient) dans laquelle sont engagés, ou vont être engagés les destinataires. C'est en cela que la métaphore à une fonction révélatrice. Elle n'est pas une révélation abstraite sur l'essence de Dieu considéré hors de l'histoire, mais elle est révélation d'une rencontre, d'une histoire dans laquelle Dieu est engagé au même titre que les destinataires des oracles. A la différence de la magie qui, en manipulant un métaphorisant, manipule le métaphorisé en l'enfermant dans les liens d'une fatalité (cf. l'étude de 13/1ss), les métaphores des oracles éclairent l'histoire que Dieu donne à vivre à des hommes, libres devant lui.

BIBLIOGRAPHIE ET INDEX DES AUTEURS CITÉS

Cette bibliographie est loin d'être exhaustive. Ne s'y trouvent mentionnés que les ouvrages cités dans cette étude. Les pages de la présente étude, où sont cités les ouvrages, sont toutes indiquées après un tiret à la fin de chaque référence bibliographique.

Les différentes traductions françaises utilisées (cf. p. 8) sont toutes regroupées à « Traductions ».

AESCHIMANN A. : *Le prophète Jérémie*. Delachaux et Niestlé, Neuchâtel 1959.
— p. 7, 134 n. 24, 185, 186, 204, 206, 246 n. 40, 264, 274, 278, 298, 327, 348, 355, 363 n. 15, 381 et n. 29, 384, 388, 397 et n. 42, 444, 445, 491.

AIMÉ-GIRON N. : « Ba'al Ṣaphon et les dieux de Taḥpanḥès dans un nouveau papyrus phénicien » in *Annales du Service des Antiquités de l'Égypte*, 40, 1940 p. 433-460.
— p. 114 n. 10, 115 et n. 13.

ALBRIGHT W.F. : « Baal-Zephon » in *Festchrift für Alfred Bertholet*, p. 1-14. J.C.B. Mohr, Tübingen 1950.
— p. 115, 157.
—   « Some canaanite-phoenician sources of hebrew wisdom » in *VT* Supp 3, 1955 p. 1-15.
— p. 491 n. 23.

ALTHANN R. : « Jeremiah iV 11-12 : Stichometry, Parallelism and Translation » in *VT* 1978 p. 385-391.
— p. 127, 130.

AMSLER S. : « Les prophètes et la communication par les actes » in *Werden und Wirken des Alten Testaments* (Festschrift Westermann). Vandenhoeck und Ruprecht, Göttingen 1980 ; p. 194-201.
— p. 252 n. 46.

ARISTOTE : *Poétique* (Trad. J. Hardy). Les belles lettres, Paris 1932.
— p. 10 et n. 3, 16 et n. 11, 20 n. 15, 57, 58, 65, 102.
—   *Rhétorique* (Livres I et II, Trad. M. Dufour). Les belles lettres, Paris 1967. (Livre III, Trad. M. Dufour et A. Wartelle). Les belles lettres, Paris 1980.
— p. 13 et n. 5, 14 et n. 7 et 8, 16 et n. 10.

AUVRAY P. : « Le Psaume 1. Notes de grammaire et d'exégèse », in *RB* 1946, p. 365-371.
— p. 378.

BAILLY A. : *Dictionnaire Grec-Français*. Hachette, Paris 1950.
— p. 184, 495.

BARDTKE H. : « Jeremia der Fremdvölkerprophet » in *ZAW* 1935 p. 209-239, *ZAW* 1936 p. 240-262.
— p. 149, 153 n. 35, 158 n. 43, 159 n. 46, 180 n. 63, 389, 390, 492, 498.

BARGUET P. : *Le Livre des Morts des anciens Égyptiens* (LAPO 1). Cerf, Paris 1967.
— p. 151 n. 32 et 33.

BARTHÉLÉMY D. : « Qui est Symmaque ? » in *CBQ* 1974 p. 451-465.
— p. 224 n. 24.

BARUCQ A. et DAUMAS F. : *Hymnes et prières de l'Égypte ancienne* (LAPO 10). Cerf, Paris 1980.
— p. 110 n. 6, 145 et n. 28, 394, 432.

BAUMANN E. : « Der linnene Schuz, Jer 13/1-11 » in *ZAW* 1953 p. 77-81.
— p. 247, 248, 249.

BERRIDGE J.M. : *Prophet, People and the Word of Yahweh*. Evz Verlag, Zürich 1970.
— p. 131, 138, 292.

BEURLIER E. : « Chariot » in *DB* T. II col. 590-592. Letouzey et Ané, Paris 1926.
— p. 423.

BĬC M. : « Zur Problematik des Buches Obadjah » in *VT* Supp 1, 1953 p. 11-25.
— p. 298.

BODENHEIMER F.S. : *Animal and man in Bible lands* (Collection des Travaux de l'Académie internationale d'Histoire des Sciences, 10), Brill, Leiden 1960.
— p. 112 et n. 7, 184 n. 68.

DE BOER P.A.H. : « The Counsellor » in *VT* Supp 3, 1955 p. 42-71.
— p. 481 n. 6.

BONNET H. : *Die Waffen der Völker des Alten Orients*. J.C. Hinzichsche Buchhand-lung, Leipzig 1926 (Reproduction photomécanique 1977).
— p. 401 et n. 44.

BOTTERO J. : « Deux tablettes de fondation, en or et en argent, d'Assurnasirpal II » in *Semitica* 1948 p. 25-32.
— p. 455 et n. 37.

BRIGHT J. : *Jeremiah* (The anchor Bible, 21). Doubleday, New York (Garden city) 1981.
— p. 7, 11, 28, 107, 118, 130, 131, 134 n. 24, 136, 146, 147, 167, 168, 176, 179, 185, 207, 210, 217, 226 n. 25 et 26, 236, 246 n. 40, 253, 254, 264, 274, 277, 280 n. 75, 293, 299, 303, 304, 307, 318, 325, 348 et n. 7, 381, 393 n. 38, 398, 399, 405, 410, 411, 421, 434, 439, 486, 489, 491, 492.

BROWN F., DRIVER S.R. et BRIGGS C.A. : *A Hebrew and English Lexicon of the Old Testament*. Clarendon Press, Oxford 1962.
— p. 11 n. 4, 19 n. 14, 135, 185, 213 et n. 14, 226 n. 26, 263, 303, 316, 319 n. 98, 339, 346, 348, 351, 353, 357, 374, 376, 390, 392, 393 n. 38, 427, 435, 436, 438 et n. 19, 439 et n. 20, 455, 460, 463, 465, 494.

BRUEGGEMANN W.A. : « Jeremiah's use of rhetorical questions » in *JBL* 1973 — p. 358-374.
— p. 341 n. 4, 492 n. 25.

BUDDE C. : « Uber die Capitel 50 und 51 der Buches Jeremia » in *Jahrbücher für deutsche Theologie*, 1878 p. 428-470, 529-562.
— p. 326.

BURKITT F.C. : « Justin Martyr and Jeremiah 11/19 » in *JTS* 1931/32, p. 371-373.
— p. 225.

CAIRD G.B. : *The language and imagery of the Bible*. Westminster Press, Philadelphia (Pennsylvania) 1980.
— p. 9, 10 n. 2, 12, 15, 16, 20, 21.

CAQUOT A. : « Anges et démons en Israël » in *Génies, anges et démons* (Sources orientales, 8). Seuil, Paris 1971, p. 113-152.
— p. 113 et n. 19.

CAQUOT A. et LEMAIRE A. : « Les textes araméens de Deir 'Alla » in *Syria* 1977 p. 189-208.
— p. 356.

CAQUOT A., SZNYCER M. et HERDNER A. : *Textes Ougaritiques* (LAPO 7). Cerf, Paris 1974.
— p. 115 et n. 12, 122, 157, 227, 316, 350, 396, 404, 411, 432 n. 14, 455 n. 38, 483, 484.

CARDASCIA G. : *Les lois assyriennes* (LAPO 2). Cerf, Paris 1969.
— p. 401, 471.

CAZELLES H. : « Fille de Sion et Théologie mariale dans la Bible » in *Mariologie et Œcuménisme*, T. III p. 51-71. P. Lethielleux, Paris 1964.
— p. 479 et n. 2 et 3, 480 et n. 4, 481, 482, 483.
—   « La vie de Jérémie dans son contexte national et international » in *Le livre de Jérémie*, (BETL 54) 1981 p. 21-39. University press, Leuven 1981.
— p. 486.

CHEYNE T.K. : *Jeremiah* (The Pulpit Commentary) ; Kegan Paul, Trench and Co. T. I Londres 1883, T. II Londres 1885.
— p. 7, 146, 304, 318, 365 n. 17, 438 n. 19, 489.

CHILDS B.S. : « The enemy from the North and the Chaos tradition » in *JBL* 1959 p. 187-198.
— p. 117 et n. 17, 123.

CHRISTENSEN D.L. : ‘‘« Terror on every side » in Jeremiah’’ in *JBL* 1973 p. 498-502.
— p. 486, 489 n. 16, 492, 493.

CONDAMIN A. : « L'unité d'Abdias » in *RB* 1900 p. 261-268.
— 298.
—   *Le livre de Jérémie* (Études bibliques). Gabalda, Paris 1920.
— p. 7, 14, 36 n. 24, 39 n. 25, 107, 119, 126, 127, 128, 136, 137, 149, 167, 171, 172 et n. 54, 179, 180, 185, 207, 210, 214 n. 16, 234, 235, 246 n. 40, 247, 248, 249, 253, 266, 274, 277, 289, 299 n. 83, 304, 306 n. 89, 314, 326, 327, 355, 373, 393 n. 39, 397, 405, 426, 439, 444, 456, 468, 486, 490 n. 22, 491, 492, 497 n. 32.

CONTENAU G. : *La magie chez les Assyriens et les Babyloniens*. Payot, Paris 1947.
— p. 220 n. 19, 252 n. 46, 254 et n. 48, 255 n. 49.
—   *Le déluge babylonien*. Payot, Paris 1952.
— p. 283 n. 78.

COUROYER B. : « Amenemope 1/9, 3/13 : Égypte ou Israël ? » in *RB* 1961 p. 394-400.
— p. 379 n. 27.
—   « L'origine égyptienne de la sagesse d'Amenemopé » in *RB* 1963 p. 208-224.
— p. 379 n. 27.

CURTIS J.B. : « An investigation of the mount of olives in the Judeo-Christian Tradition » in *HUCA* 1957 p. 137-180.
— p. 113 et n. 9.

DAHOOD M. : « The value of Ugaritic for textual criticism » in *Biblica* 1959 p. 160-170.
— p. 491 et n. 23.
— « Ugaritic studies and the Bible » in *Gregorianum* 43, 1962 p. 55-79.
— p. 226 et n. 25, 227.
— *Psalms* (The anchor Bible). Doubleday, New York (Garden city) T. I 1965/66, T. II 1968, T. III 1970.
— p. 226 et n. 27, 377 n. 26, 378.

DAUDET A. : *Lettres de mon moulin*. Livre de poche 848, Paris 1983.
— p. 186 n. 73.

DAVIDSON R. : « The interpretation of Jeremiah XVII 5-8 » in *VT* 1959 p. 202-205.
— p. 378, 381 et n. 28.

DAY J. : *God's conflict with the dragon and the sea*. Cambridge university press, Cambridge 1985.
— p. 122.

DEIST F.E. : *Towards the text of the Old Testament* (Translated by W.K. Winckler). Church Booksellers, Pretoria 1978.
— p. 205 n. 4.

DELCOR M. : « Prendre à témoin le ciel et la terre » in *VT* 1966 p. 8-25.
— p. 425, 436.
— « Two special meanings of the word *yd* in Biblical Hebrew » in *JSS* 1967 p. 230-240.
— p. 350.

DHORME P. : *Le livre de Job* (Études bibliques). Gabalda, Paris 1926.
— p. 438 n. 19.

DHORME E. : *Les religions de Babylonie et d'Assyrie* (Mana). Presses Universitaires de France, Paris 1949.
— p. 115 n. 14.
— *L'emploi métaphorique des noms de parties du corps en hébreu et en akkadien* (Édition anastatique d'un ouvrage publié en 1923). Librairie orientaliste Paul Geuthner, Paris 1963.
— p. 20.

DRIOTON E. : « Sur la Sagesse d'Aménémopé » in *Mélanges bibliques rédigés en l'honneur de André Robert*, p. 254-280. Bloud et Gay, Paris 1957.
— p. 379 n. 27.

DRIVER D.D. : *The book of the prophet Jeremiah*. Hodder and Stoughton, Londres 1906.
— p. 7, 130, 137, 263, 305, 363 n. 15.

DRIVER G.R. : « Difficult words in the hebrew prophets » in *Studies in Old Testament Prophecy* (Mélanges Robinson). Edinburgh 1946.
— p. 491 n. 23.
— "On *'lh* « went up country » and *yrd* « went down country »" in *ZAW* 1957 p. 74-77.
— p. 109 et n. 3.

DUHM B. : *Das Buch Jeremia* (Kurzer Hand-Commentar zum Alten Testament, 11). J.C.B. Mohr, Tübingen und Leipzig 1901.
— p. 7, 107, 108, 109, 110, 116 n. 16, 118, 126, 127, 131, 134 n. 24, 136, 138, 158 n. 44, 168, 169, 171, 172, 173, 187, 204, 206, 210, 215, 217 et n. 18, 226, 236,

242, 247, 253, 274, 277, 288, 289, 297, 298, 304 et n. 87, 305, 307, 314, 318, 320, 340, 347, 355, 363, 376 et n. 25, 378, 381, 384, 391, 393 n. 39, 396 n. 40, 398 et n. 43, 411, 441, 468, 469, 486, 489, 490, 491, 493.

DUPONT-SOMMER A. : « Une inscription nouvelle du roi Kilamou et le dieu Rekoub-el » in *RHR* 1947/48 p. 19-33.
— p. 185 n. 72.
— « Un papyrus araméen d'époque saïte découvert à Saqqa-rah » in *Semitica* 1948 p. 43-68.
— p. 161 n. 49.

DUSSAUD R. : *Les Arabes en Syrie avant l'Islam*. Ernest Leroux, Paris 1907.
— p. 376 et n. 25.

EISSFELDT O. : « Der Gott des Tabor und seine Verbreitung » in *Kleine Schriften* T. II p. 29-54 (1934). J.C.B. Mohr, Tübingen 1963.
— p. 290, 389.
— « Hebräisches *āh* und Ugaritisches *āy* als Steigerungs-Afformative » in *Kleine Schriften* T. V p. 212-215. J.C.B. Mohr, Tübingen 1971.
— p. 357.

ELLIGER K. : « Der Sinn des hebräischen Wortes *ṣ⁽ᵉ⁾phî* » in *ZAW* 1971 p. 317-329.
— p. 128, 129.

ELMALEH A. : *Dictionnaire Hébreu Français* (5 tomes). Yavneh, Tel Aviv 1973.
— p. 10.

EMERTON J.A. : « Notes on some problems in Jeremiah 5/26 » in *Mélanges bibli-ques et orientaux en l'honneur de M. Henri Cazelles* (Altes Orient une Altes Testament, 212) p. 125-133. Neukirchener Verlag, Vluyn 1981.
— p. 215, 216, 217 et n. 18.

ENGNELL I. : « Planted by the streams of water » in *Studia Orientalia Ioanni Peder-sen* p. 85-96. Einar Munksgaard, Hauniae 1953.
— p. 378.

ERMAN A. : *L'Égypte des Pharaons*. Payot, Paris 1952.
— p. 110 n. 6, 218, 220 n. 19, 379 n. 27, 394, 395, 400.

FINET A. : *Le code d'Hammurapi* (LAPO 6). Cerf, Paris 1973.
— p. 220 n. 19, 237 et n. 37, 454 n. 34, 455 n. 36.

FITZGERALD A. : « The Mythological Background for the presentation of Jerusa-lem as Queen and False Worship as adultery in the OT » in *CBQ* 1972 p. 403-416.
— p. 481 et n. 6, 482, 483 et n. 8, 484.
— « BTWLT and BT as titles for capital cities » in *CBQ* 1975 p. 167-183.
— p. 481, 482, 483 et n. 8, 484.

FITZMYER J.A. : « The Aramaic Letter of King Adon to the Egyptian Pharaoh » in *Biblica* 1965 p. 41-55.
— p. 161 n. 49.

FOHRER G. : *Die symbolischen Handlungen der Propheten* (Abhandlungen zur Theologie der Alten und Neuen Testaments, 54). Zwingli Verlag, Zürich/Stutt-gart 1968.
— p. 252 n. 46.
— *Die Propheten der alten Testaments*. Gütersloher Verlagshaus Gerd Mohn, Gütersloh (T. II) 1974, (T. IV) 1975.
— p. 7, 119, 145, 246 n. 40, 262, 304.

FREEHOF S.B. : *Book of Jeremiah*. (The Jewish commentary for Bible readers) New York 1977.
— p. 7, 373.

GAFFIOT F. *Dictionnaire illustré Latin-Français*. Hachette, Paris 1934.
— p. 184 n. 70.

GALLING K. : « The Scepter of wisdom. A note on the gold Sheath of Zendjirli and Ecclesiastes 12/11 » in *BASOR* 119, 1950 p. 15-18.
— p. 185 n. 72.

GELSTON A. : « Some Notes on Second Isaiah » in *VT* 1971 p. 517-527.
— p. 128.

GESENIUS W. et KAUTZSCH E. : *Gesenius'Hebrew Grammar*. Clarendon Press, Oxford 1966.
— p. 32, 212, 213, 217, 227 n. 28, 247, 254, 280, 288, 320 n. 100, 340, 357, 392, 410, 477 n. 1.

GIBSON J. : *Textbook of Syrian Semitic Inscriptions*. Clarendon Press, Oxford (T. I) 1973, (T. II) 1975, (T. III) 1982.
— p. 114 n. 10, 128, 227, 263, 290, 390 n. 37, 483, 502.

GIESEBRECHT F. : *Das Buch Jeremia* (Handkommentar zum AT, III 2.1). Vandenhoeck und Ruprecht, Göttingen 1894.
— p. 7, 127, 243, 264, 277, 278, 286, 292, 304, 306, 326, 338, 355, 356, 398 n. 43, 410, 451 n. 30, 486, 490 n. 22, 491, 492, 497 n. 32.

GORDON C. : *Ugaritic Textbook* (Analecta Orientalia, 38). Pontificium Institutum Biblicum, Rome 1965.
— p. 227, 491 n. 23.

GRAPOW H. : *Die bildlichen Ausdrücke des Aegyptischen*. J.C. Hinrichs'sche Buchhandlung, Leipzig 1924.
— p. 105 n. 1, 110 n. 6, 183 n. 65, 220 n. 19, 367, 499.

GRELOT P. : *Documents araméens d'Égypte* (LAPO 5). Cerf, Paris 1972.
— p. 109 n. 3.

GRESSMANN H. : *Altorientalische Bilder zum AT*. J.C.B. Mohr, Tübingen 1909.
— p. 115 n. 13.
    —   « Die neugefundene Lehre des Amen-em-ope und die vorexilische Spruchdichtung Israels » in *ZAW* 1924 p. 272-296.
— p. 379 n. 27.

GROLLENBERG L. : *Grand Atlas de la Bible* (Traduction et adaptation françaises par J.P. Charlier). Sequoia, Paris-Bruxelles 1962.
— p. 112.

GUILLAUME A. : *Prophétie et divination*. Payot, Paris 1941.
— p. 227.

GUNKEL H. : *Die Psalmen* (Handkommentar zum AT). Vandenhoeck und Ruprecht, Göttingen 1926.
— p. 478.

HATCH E. et REDPATH H. : *A concordance to the Septuagint*. Akademische Druck und Verlagsanstalt, Graz 1975.
— p. 126 n. 21.

HEINTZ J.-G. : « Langage métaphorique et représentation symbolique dans le prophétisme biblique et son milieu ambiant » in *Image et signification* (IIᵉ rencontres de l'École du Louvre) p. 55-72. La documentation française, Paris 1983.
— p. 115 n. 12, 208 et n. 8, 209.

HEMPEL J. : « Jahwegleichnisse der israelitischen Propheten » in *ZAW* 1924 p. 74-104.
— p. 108, 116 n. 15.

HERODOTE : *L'enquête* (Traduction A. Barguet ; Œuvres complètes, Bibliothèque de la Pléïade). Gallimard, Paris 1979.
— p. 159 n. 46, 161, 396 n. 40, 437 n. 17.

HITZIG F. : *Der Prophet Jeremia*. Verlag von S. Hirzel, Leipzig 1866.
— p. 7, 107, 130, 132, 180, 181, 226, 243, 245, 261, 263, 267 n. 61, 274, 277, 305, 306 et n. 89, 355, 375, 428, 467.

HOEFFKEN P. : *Untersuchungen zu den Begründungselementen der Völkerorakel des Alten Testaments* (Thèse dactylographiée). Bonn 1977.
— p. 146, 318, 492, 493.

HOFFMANN G. : « Kleinigkeiten » in *ZAW* 1882 p. 175.
— p. 326.

HOFTIJZER J. : « Une lettre du roi hittite » in *Von Kanaan bis Kerala, Festschrift Van der Ploeg* (Alter Orient und Altes Testament, 211), p. 379-387. Neukirchener Verlag, Vluyn 1982.
— p. 366 n. 20.

HOLLADAY W.L. : « Prototype and copies : a new approach to the poetry-prose problem in the Book of Jeremiah » in *JBL* 1960 p. 351-367.
— p. 493.
        — « Style, irony and authenticity in Jeremiah » in *JBL* 1962 p. 44-54.
— p. 341 n. 4, 373 et n. 21, 384 n. 32, 492.
        — « The covenant with the patriarchs overturned : Jeremiah's intention in « terror on every side » (Jer 20/1-6) » in *JBL* 1972 p. 305-320.
— p. 493.
        — « Structure, Syntax and meaning in Jeremiah IV 11-12a » in *VT* 1976 p. 28-37.
— p. 127, 128.

HOUBERG R. : « Note sur Jérémie 11/19 » in *VT* 1975 p. 676-677.
— p. 225, 226 et n. 26.

HOUTSMA T. : « Textkritisches » in *ZAW* 1907 p. 57-59.
— p. 113.

HUFFMON H.B. : « The treaty background of hebrew *Yada'* » in *BASOR* 181, 1966 p. 31-37.
— p. 358.

HUFFMON H.B. et PARKER S.B. : « A further note on the treaty background of hebrew *Yada'* » in *BASOR* 184, 1966 p. 36-38.
— p. 358.

HUMBERT P. : "Die Herausforderungsformel « *hinnenî êlékâ* »" in *ZAW* 1933 p. 101-108.
— p. 323, 324.
        — *Problèmes du livre d'Habacuc* (Mémoires de l'Université de Neuchâtel, 18). Secrétariat de l'Université, Neuchâtel 1944.
— p. 470 n. 47.
        — « Étendre la main » in *VT* 1962 p. 383-395.
— p. 324, 325, 326.

HUMMEL H.D. : « Enclitic Mem in early Northwest semitic, especially hebrew » in *JBL* 1957 p. 85-107.
— p. 227 n. 28, 289.

HYATT J.P. : « The peril from the North in Jeremiah » in *JBL* 1940 p. 499-513.
— p. 117 n. 17.
— *The Book of Jeremiah* (The interpreter's Bible, T. V). Abingdon Press, Nashville 1956.
— p. 7, 139, 140, 273, 278, 280 n. 75, 294, 304, 318, 453, 492.

JACQUET L. : *Les Psaumes et le cœur de l'homme*. Duculot 1975.
— p. 378.

JANSSEN J.M.A. : « Que sait-on actuellement du pharaon Taharqa ? » in *Biblica* 1953 p. 23-43.
— p. 146 n. 29, 147.

JEAN C.F. et HOFTJZER J. : *Dictionnaire des inscriptions sémtiques de l'Ouest*. Brill. Leiden 1960.
— p. 185 n. 72, 481 n. 6.

DE JONG C. : « Deux oracles contre les nations, reflets de la politique étrangère de Joaqim » in *Le livre de Jérémie* (BETL 54) p. 369-379. Leuven University Press, Louvain 1981.
— p. 149.

JOSEPHE F. : *Antiquités juives* (traduction Arnauld d'Andilly). Caillau, Chardon, Gissey, Bordelet et Henri, Paris 1735.
— p. 211 n. 11.

JOUON P. : « Le sens du mot hébreu *š^ephî* » in *Journal Asiatique*, janv.-fév. 1906 p. 137-142.
— p. 128, 129.
— *Grammaire de l'hébreu biblique*. Institut biblique pontifical, Rome 1923.
— p. 26, 27, 28 et n. 20, 29, 30, 32, 36, 40 n. 26, 58, 136, 146, 157, 168, 170, 213, 217, 226 et n. 27, 236, 247, 253, 254, 260 n. 55, 262, 279, 280, 281, 288, 299, 340, 348 n. 7, 357, 388, 398, 410, 442 n. 24, 443, 477 n. 1.
— "Divers emplois métaphoriques du mot « *Yad* » en hébreu" in *Biblica* 1933 p. 452-459.
— p. 348.

JUSTIN : *Dialogue avec Tryphon* (traduction Georges Archambault). Librairie Alphonse Picard, Paris 1909.
— p. 223 et n. 21, 224 et n. 22 et 23, 225.

KEEL O. : « Erwägungen zum Sitz im Leben des vormosaischen Pascha und zur Etymologie von *pèsaḥ* » in *ZAW* 1972 p. 414-434.
— p. 114.

KELSO J. : « The ceramic vocabulary of the OT » in *BASOR* Supp. 5-6, 1948.
— p. 437 et n. 18, 459.

KOEHLER L. : « Jer 2/31 » in *ZAW* 1926 p. 62.
— p. 340.
— « Hebräische Vokabeln » in *ZAW* 1936 p. 287-293.
— p. 355.
— « Lexikologisch-Geographisches » in *ZDPV* 62, 1939 p. 115-125.
— p. 109 n. 3.

KOEHLER L. et BAUMGARTNER W. : *Lexicon in Veteris Testamenti Libros*. Brill., Leiden 1953.
— p. 128, 134, 340, 494.
— *Hebräisches und Aramäisches Lexikon zum Alten Testament*. Brill, Leiden (T. I) 1967, (T. II) 1974, (T. III) 1983.
— p. 19 n. 14, 111, 112, 185, 213, 226 n. 25, 227, 263, 303, 316, 319 n. 98, 338,

339, 340, 346, 348, 351, 357, 374, 376, 390, 392, 393 n. 38 et 39, 404, 423, 427, 435, 436, 437 n. 18, 438 et n. 19, 439 et n. 20, 445 n. 26, 463, 465, 477 n. 1, 491 n. 23, 497.

KOESTLER A. : *La tour d'Ezra* (traduction Hélène Claireau). Calman Levy (Livre de poche 467-468).
— p. 129, 130.

KRAMER S.N. : *L'histoire commence à Sumer.* Arthaud, Paris 1975.
— p. 192.
—   *Le mariage sacré à Sumer et à Babylone* (traduit de l'anglais et adapté par Jean Bottéro). Berg international, Paris 1983.
— p. 155 n. 36, 350, 512 n. 1.

KUTSCH E. : « Denn Yahwe vernichtet die Philister : Erwägungen zu Jer 47/1-7 » in *Die Botschaft und die Boten* (Festschrift H.W. Wolff), p. 253-267. Neu-kirchener Verlag, Vluyn 1981.
— p. 152, 158 n. 44, 159.

LABAT R. : *Le poème babylonien de la création.* Adrien-Maisonneuve, Paris 1935.
— p. 123.

LABAT R., CAQUOT A., SZNYCER M. et VIEYRA M. : *Les religions du Proche-Orient asiatique* . Fayard/Denoël 1970.
— p. 123, 133, 193, 269 n. 66, 290, 291 n. 81, 310 n. 94, 366, 451, 500.

LEMAIRE A. : "Note épigraphique sur la pseudo-attestation du mois « ṣḥ »" in *VT* 1973 p. 243-245.
— p. 128.
—   *Inscriptions hébraïques* (LAPO 9). Cerf, Paris 1977.
— p. 263, 390 n. 37.

LESETRE H. : « Moisson » in *DB* T. IV col. 1215-1221. Letouzey et Ané, Paris 1926.
— p. 423.
—   « Potier » in *DB* T. V col. 577-581. Letouzey et Ané, Paris 1926.
— p. 282.

LESLAU W. : "An ethiopian parallel to hebrew *'lh* « went up country » and *yrd* « went down country »" in *ZAW* 1962 p. 322-323.
— p. 109 n. 3.

LIPINSKI E. : « Macarisme et Psaumes de congratulation » in *RB* 1968 p. 321-367.
— p. 378, 379 et n. 27.

LISOWSKY G. : *Konkordanz zum Hebräischen Alten Testament.* Württembergische Bibelanstalt, Stuttgart 1958.
— p. 48, 98, 106, 124 et n. 20, 135, 213, 214 n. 16, 263, 351, 370, 371, 372, 376 n. 25, 388, 427, 435.

Von LOEWENCLAU I. : « Zu Jeremia II/30 » in *VT* 1966 p. 117-123.
— p. 204, 206, 210, 211 n. 12.

LUNDBOM J. : *Jeremiah : a study in ancient hebrew rhetorique* (Dissertation series, 18). Scholars Press, Montana 1975.
— p. 105, 312, 313, 315, 318, 395.

LYS D. : « Alchimie du verbe et démythisation » in *Hommage à Wilhelm Vischer*, p. 114-126. Causse, Montpellier 1960.
— p. 43 et n. 28.
—   « *Rûach* » *le souffle dans l'AT.* Presses Universitaires de France, Paris 1962.
— p. 118, 119 et n. 18, 130, 304.
—   *La chair dans l'Ancien Testament « Bâsâr ».* Éditions Universitaires, Paris 1967.
— p. 383.

Lys D. : *Le plus beau chant de la création* (Lectio Divina 51). Cerf, Paris 1968.
— p. 340 n. 2, 353 n. 10, 495.
—   *L'Ecclésiaste ou Que vaut la vie ?* Service de reproduction des thèses, Université de Lille III 1973.
— p. 364, 377.
—   « Jérémie 28 et le problème du faux-prophète, ou la circulation du sens dans le diagnostic prophétique » in *RHPR* 1979 p. 453-482.
— p. 298.

MAILLOT A. et LELIÈVRE A. : *Les Psaumes* (Tome I). Labor et Fides, Genève 1961.
— p.478.

MARTIN-ACHARD R. : *De la mort à la résurrection*. Delachaux et Niestlé, Neuchâtel 1956.
— p. 115 n. 14, 427 n. 8.
—   *Amos, l'homme, le message, l'influence*. Labor et Fides, Genève 1984.
— p. 492 n. 26.

MAY H.G. : "Some cosmic connotations of *Mayim Rabbim*, « Many Waters »" in *JBL* 1955 p. 9-21.
— p. 190 n. 77.

MCKANE W. : « Jeremiah 13/12-14 : a problematic proverb » in *Israelite wisdom : theological and literary Essays in Honor of Samuel Terrien*, p. 107-120. Scholars Press, for Union Theological Seminary, New York 1978.
— p. 262, 263, 264, 267 n. 62.

MEEK T.J. : « Archeology and a point in hebrew syntax » in *BASOR* 122, 1951 p. 31-33.
— p. 208.

MICHAELI F. : *Textes de la Bible et de l'Ancien Orient* (Cahiers d'Archéologie Biblique 13). Delachaux et Niestlé, Neuchâtel 1961.
— p. 290 n. 80.
—   *Le livre de l'Exode*. Delachaux et Niestlé, Neuchâtel 1974.
— p. 237 n. 37.

MONTET P. : *L'Égypte et la Bible* (Cahiers d'Archéologie Biblique 11). Delachaux et Niestlé, Neuchâtel 1959.
— p. 373, 375 n. 23.

MORGENSTERN J. : "The « Son of man » of Daniel 7/13 f, a new interpretation" n *JBL* 1961 p. 65-77.
— p. 325.

MOWINCKEL S. : *Psalmenstudien*. Verlag P. Schippers, Amsterdam 1961.
— p. 378.

NEHER A. : *Jérémie*. Stock, Paris 1980.
— p. 7, 463.

NICHOLSON E.W. : *Jeremiah* (The cambridge Bible commentary). Cambridge (T. I) 1973, (T. II) 1975.
— p. 7, 167, 169, 176, 185, 239, 242, 244, 273, 274, 293, 303, 306, 314, 318, 378, 384, 393 n. 38 et 39, 491 et n. 24, 492.

NORTH F. : « The oracle against the Ammonites in Jeremiah 49/1-6 » in *JBL* 1946 p. 37-43.
— p. 486, 490.

NOWACK W. : Die Kleinen Propheten. Vandenhoeck und Ruprecht, Göttingen 1903.
— p. 298.

ORIGÈNE : *Homélies sur Jérémie* (Traduit par Pierre Husson et Pierre Nautin ; Sources Chrétiennes 232 et 238). Cerf, Paris 1976 et 1977.
— p. 224 n. 23, 263, 264, 280 n. 74.

PARROT A. : *Babylone et l'Ancien Testament* (Cahiers d'Archéologie Biblique 8). Delachaux et Niestlé, Neuchâtel 1956.
— p. 189, 316.
—   *Le Musée du Louvre et la Bible* (Cahiers d'Archéologie Biblique 9). Delachaux et Niestlé, Neuchâtel 1957.
— p. 220 n. 19, 316.
—   *Assur* (Univers des formes). Gallimard 1969.
— p. 423.
—   *Bible et Archéologie* (Cahiers d'Archéologie Biblique 1 et 2). Delachaux et Niestlé, Neuchâtel 1970.
— p. 321.

PEAKE A.S. : *Jeremiah* (The Century Bible). T.C. et E.C. Jack, Einburgh (T. I) 1910, (T. II) 1911.
— p. 7, 273, 326, 365 n. 17, 453, 469, 492.

PLINE L'ancien : *Histoire naturelle* (traduction M.E. Littré). Dubochet, Le Chevalier, Paris 1851.
— p. 146, 192.

POSENER G. : « Nouveaux textes hiératiques de proscription » in *Mélanges syriens offerts à René Dussaud*, p. 313-317. T. II 1939.
— p. 446 n. 28.
—   « Les richesses inconnues de la littérature égyptienne » in *Revue d'Égyptologie* 6, 1951 p. 27-49.
— p. 379 n. 27.
—   « Les textes d'envoûtements de Mirgissa » in *Syria* 1966 p. 277-287.
— 446 n. 28.

PRAT F. : « Le nom divin est-il intensif en hébreu ? in *RB* 1901 p. 497-511.
— p. 340 et n. 3.

PRESS R. : « Das Ordal im Alten Testament » in *ZAW* 1933 p. 121-140, 227-255.
— p. 471.

PRITCHARD J.B. : *Ancient Near Eastern Texts Relating to the Old Testament*. Princeton University Press, Princeton (New Jersey) 1950.
— p. 122, 156 n. 38, 192, 290 et n. 80, 291, 366, 396 n. 41, 402, 413, 445.
—   *The Ancient Near East in Pictures Relating to the Old Testament*. Princeton University Press, Princeton 1954.
— p. 316, 401, 403 n. 45, 412, 423, 463.

RAHLFS A. : *Septuaginta*. Privilegierte Württembergische Bibleanstal Stuttgart 1935.
— p. 8, 165.

RAMLOT L. : « Prophétisme » in *SDB* T. VIII col. 811-1222. Letouzey et Ané, Paris 1972.
— p. 255 n. 50.

REINER E. : « La magie babylonienne » in *Le Monde du Sorcier* (Sources Orientales 7). Seuil, Paris 1966. p. 67-98.
— p. 446.

RENAUD B. : *La formation du livre de Michée* (Études Bibliques). Gabalda, Paris 1977.
— p. 480 n. 4.

Von REVENTLOW H. : *Liturgie und prophetisches Ich bei Jeremia*. Gerd Mohn (Gütersloher Verlagshaus), Gütersloh 1963.
— p. 43, 107, 108, 114 n. 10, 118, 123, 131, 227.

REYMOND P. : « L'eau, sa vie et sa signification dans l'AT » in *VT* Supp 6, 1958.
— p. 120, 129, 164 n. 51, 190 n. 77, 263 et n. 57, 384, 428 n. 9, 429 et n. 11, 431 n. 13, 433, 472.

RICŒUR P. : *La métaphore vive*. Seuil, Paris 1975.
— p. 10, 12, 13 et n. 6, 14 et n. 9, 16 n. 11, 18, 19, 20.

ROBERT P. : *Dictionnaire alphabétique et analogique de la langue française*. Société du Nouveau Littré, Paris 1970.
— p. 15, 16, 19, 452 n. 32.

De ROBERT P. : *Le berger d'Israël* (Cahiers théologiques 57). Delachaux et Niestlé, Neuchâtel 1968.
— p. 170 n. 52, 239, 353.

ROBINSON T.H. : *Die Zwölf kleinen Propheten* (Handbuch zum Alten Testament). J.C.B. Mohr, Tübingen 1938.
— p. 298.

De ROCHE M. : « Israel's two evils » in *VT* 1981 p. 369-372.
— p. 430 n. 12.

ROWLEY H.H. : *Men of God*. Thomas Nelson, Londres 1963.
— p. 230.

RUDOLPH W. : « Zum Text des Jeremia » in *ZAW* 1930 p. 272-286.
— p. 217 n. 18, 324.
—   « Obadja » in *ZAW* 1931 p. 222-231.
— p. 298.
—   *Jeremia* (Handbuch zum AT). J.C.B. Mohr, Tübingen 1966.
— p. 7, 28, 36 n. 24, 39 n. 25, 43, 107, 108, 119, 126, 127, 134 et n. 24, 135, 136, 145, 149, 150 n. 31, 171, 172, 181, 185, 207, 210, 217 n. 18, 218, 226, 234, 235, 236, 246 et n. 40, 247, 253, 256, 261, 264 n. 58, 268, 273, 274, 275, 281, 286, 288, 292, 298, 299, 301, 304 et n. 87, 305, 307, 313, 314, 318, 319, 323, 324, 327, 340, 347, 348 n. 7, 363, 373, 375, 378, 381 et n. 28, 386, 387, 391, 393 n. 38, 397 et n. 42, 405, 410, 411, 421, 435, 439, 441, 443, 444, 451 n. 30, 468, 469, 486, 489, 491, 492, 497 n. 32, 498.

SALONEN A. : *Jagd und Jagdtiere im alten Mesopotamien*. Suomalainen Tiedeakatemia, Helsinki 1976.
— p. 110 n. 6, 316.

SARSOWSKY   : « Notizen zu einiger biblischen geographischen ethnographischen Namen » in *ZAW* 1912 p. 146-151.
— p. 306.

SAUNERON S. : « Le monde du magicien égyptien » in *Le Monde du Sorcier* (Sources Orientales 7) p. 27-66. Seuil, Paris 1966.
— p. 252 n. 46, 254 n. 48.

SAUNERON S. et YOYOTTE J. : « La naissance du monde selon l'Égypte ancienne » in *La naissance du monde* (Sources Orientales 1) p. 17-91. Seuil, Paris 1959.
— p. 147.

SCHAEFFER C. : « Une hache d'armes mitianienne de Ras Shamra » in *Ugaritica* 1, 1939 p. 107-125.
— p. 208 n. 8 et 9, 463.

SCHNEIDER D. : *Der Prophet Jeremia*. Wuppertaler Studienbibel, Wuppertal 1977.
— p. 7, 167, 204, 206, 249, 253, 270 n. 67, 327, 456.

SCHREINER J. : *Jeremia* (Die neue echter Bibel). Echter Verlag, Würzburg (T. I) 1980, (T. II) 1984.
— p. 7, 211 n. 11, 242, 245, 249, 262, 268 n. 64, 273, 314, 363 n. 15, 377 n. 26, 421, 491 et n. 24.

SCOTT R.B.Y. : « Meteorological Phenomena and Terminology in the Old Testament » in *ZAW* 1952 p. 11-25.
— p. 120.

SEUX M.-J. : *Hymnes et prières aux dieux de Babylone et d'Assyrie* (LAPO 8). Cerf, Paris 1976.
— p. 110 n. 6, 220 n. 19, 251, 254, 472.

SOGGIN J.A. : « Jeremias XII 10a : eine Parallelstelle zu Deut. XXXII 8/LXX ? » in *VT* 1958 p. 304-305.
— p. 235 et n. 36.
— « Der prophetische Gedanke über den heiligen Krieg, als Gericht gegen Israel » in *VT* 1960 p. 79-83.
— p. 292.
— ''La « negazione » in Geremia 4/27e, 5/10a, cfr 5/18b » in *Biblica* 1965 p. 56-59.
— p. 138 n. 25.
— « Zum wiederentdeckten Altkanaanäischen Mondt ṣḥ » in *ZAW* 1965 p. 83-86, 326.
— p. 127 n. 22, 128.

SOLLBERGER E. et KUPPER J.R. : *Inscriptions royales sumériennes et akkadiennes* (LAPO 3). Cerf, Paris 1971.
— p. 110 n. 6, 220 n. 19.

SPELEERS L. : « La version du chapitre XVII du Moyen Empire » in *Recueil d'études égyptologiques*, p. 621-649. Édouard Champion, Paris 1922.
— p. 151 n. 33.

STAERK W. : « Zu Habakuk 1/5-11 : Geschichte oder Mythos ? » in *ZAW* 1933 p. 1-28.
— p. 116, 117.

STEINMANN J. : *Le prophète Jérémie* (Lectio Divina 9). Cerf, Paris 1952.
— p. 7, 108, 127 n. 22, 137, 171, 180 et n. 63, 218, 226, 235, 236, 244, 246, 253, 262, 274, 278, 289, 298, 348, 361, 374, 378, 387, 393, 394, 402, 405, 437, 443, 444, 490, 491.

THACKERAY H. : *A grammar of the Old Testament in Greek*. Georg Olms Verlag, Hidesheim, New York 1978 (reprint de 1921).
— p. 165, 355, 437 n. 17.

THIEL W. : *Die deuteronomistiche Redaktion von Jeremia 1-25* (Wissenschaftliche Monographien zum Alten und Neuen Testament, 41). Neukirchener Verlag, Vluyn 1973.
— p. 242, 245, 246 et n. 40, 262, 273, 285 n. 79, 444.

THOMAS D.W. : « A consideration of some unusual ways of expressing the superlative in hebrew » in *VT* 1953 p. 219-224.
— p. 339, 340 n. 2 et 3.

THOMPSON J.A. : *The Book of Jeremiah* (The new international commentary on the OT). Michigan 1981.
— p. 7, 118, 134 n. 24, 136, 158 n. 44, 167, 168, 169, 179, 189, 211 n. 11, 226 n. 25, 249, 250, 253, 266, 274, 293, 303, 307, 314, 363 n. 15, 377 n. 26, 382, 398, 399, 434, 445, 491 et n. 24, 492, 497 n. 32.

TORCZYNER H. : « *'byr* kein Stierbild » in *ZAW* 1921 p. 296-300.
— p. 393 n. 38.

TOV E. : *The Septuagint Translation of* Jeremiah and Baruch : a discussion of an
early revision of the LXX of Jeremiah 29-52 and Baruch 1/1-3/8 (Harvard
Semitic Monographs, 8). Harvard 1976.
— p. 165.
—   « Midrash-type exegesis in the LXX of Joshua » in *RB* 1978 p. 50-61.
— p. 205 n. 4.
—   *The text-critical use of the Septuagint in biblical research*. Simor LTD,
Jérusalem 1981.
— p. 100 n. 35, 165, 177, 178 n. 62, 205 n. 5, 347, 390 n. 36, 409, 489 n. 15.

TRADUCTIONS

De BEAUMONT P. : *La Bible*. Fayard-Mame, Paris/Ottawa 1981.
— p. 8, 121, 211, 374.

BIBLE DU CENTENAIRE : *Les Prophètes* (T. II). Société biblique de Paris, rue des St-
Pères, 1947.
— p. 8, 131 n. 23, 132, 136, 137, 142, 170, 177, 179, 185, 204, 206, 211, 213, 218,
243, 268, 271 n. 69, 277, 278, 289, 292, 294, 298, 307, 314, 315, 323, 324, 341, 342,
356, 386 n. 33, 389, 405, 411, 421, 445, 446, 451 n. 30, 459, 492.

BIBLE EN FRANÇAIS COURANT. Alliaque biblique universelle ; Cerf/Société biblique
française, Paris 1982.
— p. 8, 121, 211, 213, 289, 291, 314, 451, 452, 455, 459.

BIBLE DE LA PLÉIADE : *Ancien Testament* (T. II). Gallimard, Paris 1959.
— p. 8, 14, 28 et n. 17, 49, 50, 54 n. 30, 162, 163, 164, 167, 169, 172 et n. 54, 180,
185, 211, 213, 218, 236, 247, 274, 279 n. 73, 280, 281, 283, 294, 304, 351, 393 n. 39,
427, 428, 439, 459, 487 n. 14, 490 n. 21.

CHOURAQUI A. : *Yrmeyah*. Desclée de Brouwer, 1976.
— p. 8, 211, 213, 218, 227 n. 29, 299, 307 n. 92, 321, 373, 391, 434, 459.
—   *L'univers de la Bible* (T. IV). Éditions Lidis, Paris 1983.
— p. 8, 211, 213, 218, 227 n. 29, 275, 307 n. 92, 321, 373, 391, 434, 459.

CRAMPON A. : *La Sainte Bible*. Desclée et Co., Tournai 1939.
— p. 8, 28 n. 17, 142, 172 n. 55, 211, 213, 214 n. 16, 229 n. 33, 274, 279 n. 73,
280, 281, 283, 294, 304, 307, 321, 351, 374, 456, 459, 487 n. 14, 490 n. 21, 497 n. 31.

DARBY J.N. : *La Sainte Bible*. La bonne semence, Valence 1972.
— p. 8, 33, 172 n. 54, 211, 213, 214 n. 16, 229 n. 33, 274, 279 n. 73, 299, 304, 306
n. 89, 321, 351, 375 n. 23, 451, 459, 487 n. 14, 490 n. 21, 497 n. 31.

ÉCOLE BIBLIQUE DE JÉRUSALEM : *La Sainte Bible* (= BJ). Cerf, Paris 1961.
— p. 8, 169, 211, 261, 280, 281, 288, 289, 292, 294, 304, 307, 319 n. 99, 374, 435,
459, 487 n. 14, 497 n. 31.
Nouvelle édition. Cerf, Paris 1973.
— p. 8, 172 n. 54, 211, 214 n. 16, 281, 288, 292, 304, 307, 321, 374, 435, 456, 487
n. 14, 497 n. 31.

OSTERVALD J.F. : *La Sainte Bible*. Société biblique protestante, Paris 1823.
— p. 8, 130, 139, 140, 163, 271 n. 69, 306 n. 89, 374.

OSTY E. et TRINQUET J. : *La Bible*. Seuil, Paris 1973.
— p. 8, 137, 213, 246 n. 40, 274, 314, 315, 351, 459.

Rabbinat français : *La Bible*. Librairie Colbo, Paris 1966.
— p. 8, 170, 211, 213 n. 13, 280, 283, 292, 294, 304, 321, 374, 490 n. 19 et 21, 497 n. 31, 500.

Segond L. : *La Sainte Bible*. Alliance Biblique Française, Paris 1960.
— p. 8, 124 n. 20, 143, 169, 172 n. 55, 211, 213 n. 13, 214 n. 16, 229 n. 33, 274, 279 n. 73, 280, 283, 289, 299, 304, 307, 319 n. 99, 321, 351, 375 n. 23, 451, 453, 457, 459, 487 n. 14, 490 n. 19 et 21, 497 n. 31.

Traduction œcuménique de la bible : *Ancien Testament*. Cerf, Paris 1975.
— p. 8, 28, 49, 50, 54 n. 31, 128, 136, 142, 162, 163, 167, 169, 185, 211, 213, 214 n. 16, 218, 236, 274, 275, 280 et n. 75, 283, 289, 294, 304, 306 et n. 89, 314, 319 n. 98, 321, 351 n. 9, 371, 372, 374, 388, 398 n. 42, 439, 451, 452, 455, 457, 459, 470, 487 n. 14, 490 n. 19 et 21, 497 et n. 31.

Tromp N. : *Primitive conceptions of death and the nether world in the OT* (Biblica et Orientalia, 21). Pontifical Biblical Institute, Rome 1969.
— p. 115 n. 14.

Vercoutter J. : « La Nubie au Sud d'Abou-Simbel » in *Journal des savants* 1963
— p. 129-134.
— p. 446 n. 28.

Vermeylen J. : "Essai de Redaktionsgeschichte des « Confessions de Jérémie »" in *Le livre de Jérémie* (BETL 54), p. 239-270. University Press, Leuven 1981.
— p. 228 n. 31.

Version synodale : *La Sainte Bible*. Société biblique de France, Paris (imprimé aux États-Unis), Société biblique américaine, New York, 1927.
— p. 8, 121, 132, 172 n. 55, 181, 211, 229 n. 33, 274, 289, 294, 314, 351, 375 n. 23, 451, 457, 459.

Vigouroux F. : « Armées étrangères » in *DB* T. I col. 982-1000. Letouzey et Ané, Paris 1926.
— p. 401.
—   « Athbasch » in *DB* T. I col. 1210-1211. Letouzey et Ané, Paris 1926.
— p. 306 n. 90.
—   « Bel » in *DB* T. I col. 1556-1560. Letouzey et Ané, Paris 1926.
— p. 403 n. 45.
—   « Cage » in *DB* T. II col. 30-32. Letouzey et Ané, Paris 1926.
— p. 113 n. 8.

Vila A. : « Un dépôt de textes d'envoûtement au Moyen Empire » in *Journal des Savants* 1963 p. 135-160.
— p. 446 et n. 28, 447.

Virolleaud C. : « Lettres et documents administratifs provenant des archives d'Ugarit » in *Syria* 1940 p. 247-276.
— p. 366, 367.
—   *Le Palais Royal d'Ugarit* (T. V). Paris 1965.
— p. 366 et n. 19, 374 et n. 22.

Volz P. : *Der Prophet Jeremia* (Kommentar zum Alten Testament, 10). Deichertsche Verlagsbuchhandlung, Leipzig 1922.
— p. 7, 11, 107, 113, 119, 126, 127, 131, 134 n. 24, 136, 145, 152, 153, 168, 169, 171, 179, 185, 204, 206, 210, 211 n. 11 et 12, 225, 226, 235 et n. 36, 244, 246 n. 40, 249, 253, 261, 262, 264, 265 n. 60, 268, 273, 274, 281 et n. 76, 286, 289, 292, 304 et n. 87, 305, 307, 314, 315, 320, 326, 339, 340, 347, 356, 361, 363 et n. 15, 373, 374, 378, 381, 387, 388, 391, 394, 397 n. 42, 410, 411, 435, 443, 444, 456, 469, 492.

Weiser A. : *Das Buch des Propheten Jeremia*. Göttingen (T. I) 1952, (T. II) 1955.
— p. 7, 11, 108, 116, 119, 120, 127 n. 22, 131, 136, 167, 169, 172, 176, 181, 185, 207, 217, 218, 226, 232, 239, 246 n. 40, 249, 253, 264, 266, 293, 298, 304 et n. 87, 318, 327, 363 n. 15, 373, 378, 382, 393 n. 38, 394, 396 n. 40, 402, 421, 434, 439, 445, 468, 469, 492.

Wernberg-Moller P. : « Short note » in *VT* 1958 p. 305-307.
— p. 427.

Westermann C. : *Vergleiche und Gleichnisse im alten und Neuen Testament* (Calwer Theologische Monographien, 14). Calwer Verlag, Stuttgart 1984.
— p. 9, 12, 62 n. 33, 64, 516.

Williams R.J. : « The alleged semitic original of Amenemope » in *JEA* 47, 1961 p. 100-106.
— p. 379 n. 27.

Wiseman D.J. : *Chronicles of Chaldaen Kings (626-556 BC) in the British Museum*. British Museum publications LTD, Londres 1956.
— p. 408 et n. 46.

Wisser L. : *Jérémie, critique de la vie sociale*. Labor et Fides, Genève 1982.
— p. 214, 217, 218, 219, 360.

Wurthwein E. : *The Text of the Old Testament*. Londres 1980.
— p. 434 n. 16.

Ziegler J. : *Septuaginta* (T. XV). Vandenhoeck et Ruprecht, Göttingen 1976.
— p. 486 n. 12, 490.

INDEX BIBLIQUE

37/2 : 80
37/3 : 96
37/4 : 79, 84, 88
37/5 : 30, 84, 90, 159 n. 46, 265
  n. 60, 368
37/7 : 84, 95, 96, 267 n. 62
37/8 : 86, 95, 191
37/9 : 30, 81
37/10 : 86, 87, 92, 95, 346
37/11 : 30, 90, 265 n. 60
37/12 : 30, 81, 84, 508
37/13 : 88, 97, 230, 504
37/14 : 79, 88, 97
37/15 : 87, 88, 91
37/16 : 79, 85, 93
37/17 : 30, 86, 88, 96
37/18 : 88
37/19 : 79
37/20 : 88, 95
37/21 : 30, 35, 85, 88, 91
38/1 : 81, 441, 443
38/2 : 84, 85
38/3 : 86, 88, 191
38/4 : 26, 27, 81, 95, 96, 441
38/5 : 83, 274
38/6 : 86, 96, 97, 429
38/7 : 85, 88
38/8 : 30, 81, 84
38/9 : 30, 91, 94, 97
38/10 : 30, 86, 90
38/11 : 30, 79, 86, 96
38/12 : 30, 91
38/13 : 30, 85, 90
38/14 : 30, 86, 96
38/16 : 80, 88, 91
38/17 : 84
38/18 : 30, 84, 88
38/19 : 80, 88, 90
38/20 : 81, 83, 88
38/21 : 84, 93
38/22 : 83, 84, 95, 96
38/23 : 30, 84, 97
38/24 : 83, 441
38/25 : 30, 79, 81
38/26 : 88, 95, 314 n. 95
38/27 : 26, 30, 79, 441, 443
38/28 : 29, 85, 86, 191, 265 n. 60
39/1 : 79
39/3 : 79, 85, 93
39/4 : 29, 84, 93
39/5 : 81, 86, 90
39/7 : 79, 87
39/9 : 88, 93, 95
39/10 : 30, 35, 88, 93, 95
39/11 : 93

39/12 : 29, 32, 81, 86, 91, 94
39/13 : 93, 96
39/14 : 30, 35, 84, 85, 86, 88, 96
39/15 : 90
39/16 : 79, 81, 83, 260 n. 54, 267 n. 62
39/17 : 30, 88
39/18 : 88
40/1 : 30, 86, 93, 96
40/2 : 81, 86, 93
40/3 : 29, 79, 81, 91
40/4 : 30, 79, 81, 83, 91, 93, 94
40/5 : 35, 81, 85, 88, 91, 93, 95, 96
40/6 : 79, 85, 95
40/7 : 30, 91
40/8 : 79
40/9 : 30, 83, 84, 85
40/10 : 78, 79, 85, 90, 97
40/11 : 35, 88, 91
40/12 : 30, 78, 79, 87, 93, 95, 434
40/13 : 79
40/14 : 78, 83, 87, 96
40/15 : 77, 81, 83, 87, 91, 92
40/16 : 81, 91
41/1 : 30, 78, 79, 93
41/2 : 87, 91, 92, 93
41/3 : 87
41/4 : 83
41/5 : 27, 30, 79
41/6 : 26, 30, 79, 81, 84
41/7 : 26, 79
41/8 : 87
41/9 : 30, 86, 87, 91, 97
41/10 : 81, 89, 91, 93, 95
41/11 : 91
41/12 : 81, 86, 87, 93
41/13 : 26, 93
41/14 : 30, 81, 95
41/15 : 30, 81
41/16 : 30, 86, 87, 95
41/17 : 26 et n. 16, 79, 81, 85
41/18 : 30, 84, 87, 91
42/1 : 30, 80
42/2 : 29, 30, 88, 93, 95
42/3 : 81, 91
42/4 : 26, 30
42/5 : 26, 31, 32, 78, 91, 96
42/6 : 83, 94, 96
42/7 : 30
42/8 : 30, 80
42/9 : 88, 96
42/10 : 85, 87, 89, 91, 95, 98
42/11 : 30, 84, 85, 88
42/12 : 35, 88, 94, 95
42/13 : 85
42/14 : 79, 85, 93

Job

Proverbes

9/5   : 339
9/9   : 339
9/12 : 265 n. 60
9/16 : 496 n. 29
9/26 : 202
10/4 : 145, 251
10/5 : 249
11/4 : 404
11/15 : 110, 191
11/17 : 201
11/20 : 449
11/22 : 448
11/25 : 229 n. 34
11/26 : 448
11/45 : 156 n. 39
12/5 : 145
12/6 : 145, 249
12/7 : 145, 249
12/10 : 126 n. 21
13/34 : 297

Esdras

1/3 : 265 n. 60
1/4 : 265 n. 60
1/5 : 265 n. 60
1/6 : 496 n. 29
1/11 : 265 n. 60
2/51 : 445
2/68 : 265 n. 60
3/1 : 265 n. 60
3/7 : 379
4/6 : 265 n. 60
7/7 : 265 n. 60
7/9 : 246 n. 40
7/27 : 265 n. 60
8/29 : 265 n. 60
8/31 : 265 n. 60
8/32 : 265 n. 60
9/9 : 265 n. 60
10/7 : 265 n. 60
10/12 : 33

Néhémie

1/2 : 265 n. 60
2/2 : 434
2/11 : 265 n. 60
2/12 : 265 n. 60
2/20 : 265 n. 60
3/9 : 265 n. 60
3/12 : 265 n. 60
4/1 : 194
4/2 : 265 n. 60
4/16 : 265 n. 60

5/13 : 33
5/17 : 496 n. 29
6/3 : 279
6/16 : 496 n. 29
7/2 : 265 n. 60
7/53 : 445
9/17 : 245
9/25 : 191
9/26 : 339
10/34 : 355
11/1 : 265 n. 60, 348
11/2 : 265 n. 60
11/3 : 265 n. 60
11/6 : 265 n. 60
11/17 : 445
11/25 : 479 n. 3
11/27 : 479 n. 3
11/28 : 479 n. 3
11/30 : 479 n. 3
11/31 : 479 n. 3
12/9 : 445
12/25 : 445
12/27 : 265 n. 60
12/28 : 496 n. 29
12/29 : 265 n. 60, 496 n. 29
13/6 : 265 n. 60
13/7 : 265 n. 60
13/17 : 245
13/20 : 265 n. 60
13/22 : 269 n. 65

1 Chroniques

1/44 : 177
2/6 : 168
2/8 : 168
2/21 : 350 n. 8
2/23 : 479 n. 3
3/4 : 265 n. 60
3/5 : 265 n. 60
4/33 : 496 n. 29
5/9 : 246 n. 39
5/36 : 265 n. 60
5/41 : 265 n. 60
6/17 : 265 n. 60
6/29 : 168
6/40 : 496 n. 29
7/23 : 350 n. 8
7/28 : 479 n. 3
7/29 : 479 n. 3
8/28 : 265 n. 60
9/24 : 404
9/27 : 496 n. 29
9/34 : 265 n. 60
11/5 : 191

ABRÉVIATIONS

BASOR	*Bulletin of the American Schools of Oriental Research*
BC	*Bible du Centenaire* (cf. Biblio. p. 532)
BDB	Brown, Driver, Briggs : *Lexicon* (cf. Biblio. p. 520)
BETL	*Éphéméride Biblique et Théologique de Louvain*
BHK	*Biblia Hebraica*, Kittel
BHS	*Biblia Hebraica Stuttgartensia*
BJ	*Bible de Jérusalem* (cf. Biblio. p. 532 : École Biblique)
BP	*Bible de la Pléïade* (cf. Biblio. p. 532)
CBQ	*Catholic Biblical Quartely*
DB	*Dictionnaire de la Bible* (Letouzey et Ané, Paris 1926)
DISO	Jean et Hoftijzer : *Dictionnaire* (cf. Biblio. p. 526)
FC	*Bible en Français Courant* (cf. Biblio. p. 532)
GK	Gesenius, Kautzsch : *Grammar.* (cf. Biblio. p. 524)
HUCA	*Hebrew Union College Annual*
J	Joüon : *Grammaire* (cf. Biblio. p. 526)
JBL	*Journal of Biblical Literature*
JEA	*Journal of Egyptian Archaeology*
JSS	*Journal of Semitic Studies*
JTS	*Journal of Theological Studies*
KB	Koehler et Baumgartner : *Lexikon* (cf. Biblio. p. 526)
LAPO	*Littératures Anciennes du Proche-Orient*
LXX	*Septante*
RB	*Revue Biblique*
RHPR	*Revue d'Histoire et de Philosophie Religieuse*
RHR	*Revue de l'Histoire des Religions*
SDB	*Supplément au Dictionnaire de la Bible*
TM	*Texte Massorétique*
TOB	*Traduction Œcuménique de la Bible* (cf. Biblio. p. 533)
VS	*Version Synodale* (cf. Biblio. p. 533)
VT	*Vetus Testamentum*
ZAW	*Zeitschrift für die Alttestamentliche Wissenschaft*
ZDPV	*Zeitschrift des Deutschen Palästina-Vereins*

TABLE DES MATIÈRES

Photocomposé en Times de 10 et achevé d'imprimer en décembre 1987
par l'Imprimerie de la Manutention à Mayenne
N° 160-87